内閣府モデル定款から読み解く

公益・一般法人の法人運営手続 上巻

財団編

渋谷幸夫 著

全国公益法人協会

はじめに（改題にあたって）

　公益法人制度改革関連３法（一般法人法・公益法人認定法・整備法）が施行されて、既に10年を経過しました。これにより、多くの公益法人、一般法人の運営については、関係法令等を遵守し、適正に行われるようになりました。しかし、数多い新設一般法人の中には、法令遵守に欠けているものがかなり存在しているようです。

　本書は、内閣府公益認定等委員会のモデル定款に準拠し、これに詳細な解説を行うことにより、公益財団法人、一般財団法人の適正な運営に資することを目的として、平成25年６月に刊行した『内閣府モデル定款準拠　定款の逐条解説　公益財団法人・一般財団法人編』を『内閣府モデル定款から読み解く公益・一般法人の法人運営手続　財団編』として加筆修正のうえ改題したものです。

　平成25年６月以降、以下のような一般法人法等の改正が行われました。その概要は、次の①・②のとおりであり、これについて新たに解説をいたしました。

① 　平成27年５月１日には「会社法の一部を改正する法律の施行に伴う関係法律の整備等に関する法律」により、一般法人法115条に関連して「外部役員等（外部理事、外部監事又は会計監査人）」の概念が廃止され、新たに「非業務執行理事等（業務執行理事、当該法人の使用人である理事を除く理事、監事、会計監査人）の概念が設けられ、責任限定契約の対象者とする等の改正が行われました。

　　また、理事会設置一般社団法人、一般財団法人の「業務の適正を確保するための体制」に関する規定（法施行規則14条・62条）の改正、あるいは「商業登記規則等の一部を改正する省令」（平成27年２月27日施行。一般社団法人等登記規則３条）の改正により、役員等の変更の登記についての手続きの改正も行われました。

② 　平成29年６月２日に公布された「民法の一部を改正する法律の施行に伴う関係法律の整備等に関する法律」（一部の例外を除き、令和２年４月１日から施行）により、一般法人法の一部について改正が行われました。すなわち、

84条2項につき民法108条の適用について、理事会の承認を受けた一般法人法84条1項2号の直接取引に加え、3号の間接取引についても適用除外となりました。

　このほか、一般法人法140条（引受けの無効又は取消しの制限）、165条（財産の拠出の無効又は取消しの制限）の規定についても、所要の改正が行われました。

　今回の改題に当たっては、原書の初版が1,200頁に近い内容のものであるため、これをより利用しやすくするため、これを上巻（第1章総則から第6章役員〈及び会計監査人〉）と、下巻（第7章理事会から第14章雑則）の2冊に分冊し、提供させていただくことといたしました。

　以上が今回の本書の改題の大要でありますが、その他として最近の理事の高年齢化に伴う定年制の問題が提起されている現状にかんがみ、この上巻（31条役員〈及び会計監査人〉の任期・10理事の任期と定年制）においてこれを採り上げ、解説をいたしました。

　本書は、公益財団法人・一般財団法人の実務全般につき、かなり詳細に解説しております。本書を通じて、法人の管理運営に従事されておられる役職員等の方々に利用され、より適正な法人運営等に寄与できれば幸いです。

　最後になりますが、本書の原書のとき以来、格別の配慮をいただいている全国公益法人協会理事長の宮内章氏に感謝申し上げるとともに、常務理事・編集局長の桑波田直人氏、本書の編集を担当された編集長代理の江川大祐氏並びにアートディレクターの宗田瞳氏に深く感謝の意を表します。

　令和元年11月4日

　　　　　　　　　　　　　　　　　　　　　　　　　　　　　渋谷幸夫

は じ め に

　公益法人制度改革関連３法（一般法人法・公益法人認定法・整備法）が施行（平成20年12月１日）されて、まもなく５年を迎えようとしている。そして、特例民法法人から公益法人（公益社団法人・公益財団法人）への移行認定、一般社団法人又は一般財団法人への移行認可の行政庁への申請期限もこの平成25年11月30日で終了することとなる。

　改正前民法34条に基づき設立許可された公益法人（社団法人・財団法人）の業務運営は、旧主務官庁の監督の下に行われ、法人自治は殆ど認められなかった。そのため、公益法人の設立時に作成された定款・寄附行為についても、旧主務官庁の作成に係るものが半ば強制的に適用されてきた。

　新しい法人制度における法人の業務運営は、法人自治と自己責任経営に基づき行われなければならない。そのためには、法人自身において、ガバナンス、関係法令、定款、諸規程（規則）等の遵守（コンプライアンス）が強く求められ、特に公益法人に関しては透明性のある業務運営（情報開示）が法人の基本方針として確立されるべきものと考えられる。

　一般法人法においては、法人の機関（社員総会・評議員会・理事会など）等につき、かなり詳細に規定がなされている。しかし、その条文構成に関しては、基本的には会社法の規定（株式会社等に固有の規定を除く。）に倣っている。法人の業務運営に当たっては、公益法人にあっては一般法人法、公益法人認定法等に基づき、また一般社団法人又は一般財団法人にあっては一般法人法、整備法（移行法人の場合）等に基づき行われるが、ある一定の事項に関しては、定款に定めがあることがその要件とされている事項がある。したがって、法人の業務運営に際しては、一般法人法、公益法人認定法等と定款を一体として、これを適用することにより、それぞれの法人の適正な管理運営が可能なものとなることになる。

　定款は、法人の基本的規則であり、定款に記載し、または記録しなければならない事項には、必要的記載事項（絶対的記載事項）、相対的記載事項、任意的記載事項とがある。これらのうち、任意的記載事項につきこれをどこまで定款

に記載するかは、それぞれの法人の判断により異なるが、法令に規定されている事項につき特に定款に記載しなくても差し支えない事項まで記載すると、かなりの条文構成となってしまうおそれがある。したがって、任意的記載事項の記載には、自ずから限度があると言える。

このようなことから、本書の編集に際しては、以上のようなことを踏まえ、以下の諸点に配慮した。

なお、本書の記載内容は、平成22年1月から平成24年6月までの間、全国公益法人協会の機関誌に53回（『月刊公益法人』に15回、『非営利法人』に9回、『公益・一般法人』に29回）連載したものに、加筆と補正を加えたうえ、これを社団法人と財団法人とに区分し、それぞれ単行本として刊行の運びとなったものである。

1．条文構成については、内閣府公益認定等委員会のモデル定款を準拠とし、これに一定の他の条項を付加することとしたものである。

2．本書は、公益財団法人及び一般財団法人の定款の逐条解説となっているので、文中の法人名については、特に公益法人認定法の規定の適用がある公益財団法人固有の条項を除き、これを「公益（一般）財団法人」として記載することとした。そして、公益法人認定法に関わる事項については、別項目として解説することにした。

3．判例については、一般法人法の構成が会社法の規定に多く倣っていることから、会社法（改正前の商法を含む。）の判例であっても、公益（一般）財団法人に関する判例として参考になり得るものについては、これを引用することとした。

4．公益財団法人の業務運営等に関しては、「公益認定等ガイドライン（内閣府公益認定等委員会）」、「新しい公益法人制度に係る質問への回答（FAQ）（内閣府公益認定等委員会事務局）」が示されているので、必要に応じこれを引用した。

5．定款の条項との関係で関係規程（規則）の制定が必要とされるものについては、できる限りこれを1の規程（規則）例として記載することとした。

6．一般法人法等との関係では様式の制定の必要性が求められていないもので

あっても、様式があることによって、より適正な業務運営が図られることになると考えられるものについては、これを様式化して記載することにした。

7．定款の条項の解釈上、一般法人法、公益法人認定法等の関係条項の制定趣旨等の説明が必要と考えられるものについては、できる限りこれを記載することにした。なお、一般法人法に関する事項につき、現在、解釈として通説化されているものが少ないので、そのような場合には、同じ条文構成からなる会社法上の解釈等を参考にした。

8．各条項の解説については、できる限り詳細にという考え方に基づき行った。そのため結果的にかなりの分量のものとなっている。特に、解散・清算、合併等に関してはこれが顕著であるが、これらに関する一般法人法の関係規定は手続規定であるため、やむを得ず分量的に多くなったことによるものである。

9．各条項の解釈、運用等に関し、筆者の個人的見解に基づき記述した部分がかなりある。これに関しては、関係各位のご叱正、ご指導を賜りたい。

　本書は、以上のような趣旨等に基づき編集されているが、これが新しい法人制度の下でそれぞれの法人の適正管理、業務運営等に携わっておられる役員等、職員、あるいは法人実務関係者等に幅広く利用され、少しでもそれぞれの法人の健全な発展に寄与できれば幸いである。

　最後に、本書の出版をご快諾下された全国公益法人協会前理事長の深町辰次郎氏及び理事長の宮内章氏に感謝申し上げるとともに、約1年間にわたり本書の原稿の整理、校正に多大なご苦労をおかけした全国公益法人協会の編集局長の桑波田直人氏並びに本書の編集を担当された江川大祐氏に深く感謝の意を表します。

　　平成25年6月吉日

　　　　　　　　　　　　　　　　　　　　　　　　　　渋谷幸夫

凡　例

本書での略称 （　）内は条文引用表示の場合の略称	法令名称等
一般法人法 （法）	一般社団法人及び一般財団法人に関する法律（平成18年6月2日法律第48号）
一般法人法施行令 （法施行令）	一般社団法人及び一般財団法人に関する法律施行令（平成19年3月2日政令第38号）
一般法人法施行規則 （法施行規則）	一般社団法人及び一般財団法人に関する法律施行規則（平成19年4月20日法務省令第28号）
公益法人認定法 （認定法）	公益社団法人及び公益財団法人の認定等に関する法律（平成18年6月2日法律第49号）
公益法人認定法施行令 （認定法施行令）	公益社団法人及び公益財団法人の認定等に関する法律施行令（平成19年9月7日政令276号）
公益法人認定法施行規則 （認定法施行規則）	公益社団法人及び公益財団法人の認定等に関する法律施行規則（平成19年9月7日内閣府令第68号）
整備法	一般社団法人及び一般財団法人に関する法律及び公益社団法人及び公益財団法人の認定等に関する法律の施行に伴う関係法律の整備等に関する法律（平成18年6月2日法律第50号）
整備法施行規則	一般社団法人及び一般財団法人に関する法律及び公益社団法人及び公益財団法人の認定等に関する法律の施行に伴う関係法律の整備等に関する法律施行規則（平成19年9月7日内閣府令第69号）
公益法人	公益法人認定法第2条第3号に定める公益社団法人又は公益財団法人
一般社団法人又は一般財団法人	一般法人法によって設立された一般社団法人又は一般財団法人
特例民法法人	特例社団法人又は特例財団法人
ガイドライン	公益認定等に関する運用について（公益認定等ガイドライン）（平成20年4月11日　内閣府公益認定等委員会）
FAQ	新しい公益法人制度に係る質問への回答（内閣府公益認定等委員会事務局）
チェックポイント	公益目的事業のチェックポイントについて（平成20年4月11日　内閣府公益認定等委員会）
指導監督基準	公益法人の設立許可及び指導監督基準（平成8年9月20日閣議決定）
指導監督基準運用指針	公益法人の設立許可及び指導監督基準の運用指針（平成8年12月19日　公益法人等の指導監督等に関する関係閣僚会議幹事会申合せ）
内閣府公益認定等委員会留意事項	移行認定又は移行認可の申請に当たって定款の変更の案を作成するに際し特に留意すべき事項について（平成20年10月10日　内閣府公益認定等委員会）
内閣府公益認定等委員会モデル定款	移行認定のための「定款の変更の案」作成の案内（平成21年11月11日　内閣府公益認定等委員会）

目　　次

第1章　総則

第1条　名称

　1　法人の名称 ……………………………………………………… 3

　　(1)　一般社団法人・一般財団法人の名称 ………………………… 3

　　　①　公益法人制度改革に関する有識者会議報告書における一般的な

　　　　非営利法人制度 …………………………………………………… 3

　　　②　法律の立案の段階での審議経過 ……………………………… 4

　　　③　収益事業等の実施 ……………………………………………… 4

　　　④　公益社団法人・公益財団法人との名称の区分の必要性 ……… 4

　　　⑤　一般財団法人の名称の意義 …………………………………… 5

　　　⑥　名称に関する文字の使用制限 ………………………………… 5

　　(2)　公益認定を受けた一般財団法人の名称の変更 ………………… 6

　2　名称の登記におけるローマ字その他の符号の使用 ……………… 6

　3　同一の所在場所における同一の名称の登記の禁止 ……………… 8

　4　一般社団法人・一般財団法人、公益社団法人・公益財団法人と誤認

　　させる名称等の使用の禁止 ………………………………………… 9

　　(1)　一般社団法人・一般財団法人、公益社団法人・公益財団法人と誤

　　　認させる名称等の使用の禁止 …………………………………… 9

　　(2)　不正目的による名称等の使用の禁止 …………………………… 9

　　　①　一般社団法人・一般財団法人 ………………………………… 9

　　　②　公益社団法人・公益財団法人 ……………………………… 10

　5　自己の名称の使用を他人に許諾した一般社団法人・一般財団法人の

　　責任 ………………………………………………………………… 11

　　(1)　一般法人法8条の趣旨 ………………………………………… 11

　　　①　禁反言の意義 ………………………………………………… 11

　　　②　権利外観理論の意義 ………………………………………… 12

　　(2)　名称使用の許諾 ………………………………………………… 12

　　(3)　事業又は営業の同種性 ………………………………………… 13

(4)　相手方の誤認混同　……………………………………………………　13
　　(5)　取引によって生じた債務　………………………………………………　13
　6　商法11条の商号の選定等の規定について一般財団法人への適用除
　　外　…………………………………………………………………………………　14
　7　一般財団法人の名称の変更手続　……………………………………　15
　　(1)　名称の変更　………………………………………………………………　15
　　(2)　評議員会の招集・特別決議　………………………………………………　15
　　　①　評議員会の招集通知　……………………………………………………　15
　　　②　評議員会の特別決議　……………………………………………………　16
　　(3)　名称の変更登記　…………………………………………………………　18
　8　譲渡法人の名称を使用した譲受法人の責任等　…………………　20
　　(1)　譲受法人の弁済責任　……………………………………………………　20
　　(2)　名称の譲受法人の免責と登記　…………………………………………　21
　　(3)　譲渡法人の責任の除斥期間　……………………………………………　21
　　(4)　名称使用の場合における譲渡法人債権者の保護　…………………　21
　9　公益財団法人の名称変更と行政庁への届出　……………………　22
　　(1)　一般財団法人から公益財団法人への名称変更の手続　……………　22
　　(2)　公益財団法人の名称変更の手続　………………………………………　23
　　(3)　行政庁への名称変更の届出　……………………………………………　24

第2条　事務所
　1　法人の住所（主たる事務所）……………………………………………　27
　　(1)　一般法人法4条と改正前民法50条との関係　………………………　27
　　(2)　「主たる事務所」の意義　…………………………………………………　28
　　(3)　主たる事務所の所在地（本条1項関係）……………………………　29
　　　①　一般法人法4条の「所在地」の意義　…………………………………　29
　　　②　定款記載の「主たる事務所」の所在地　………………………………　29
　　(4)　住所としての法律効果　…………………………………………………　30
　　　①　債務履行の場所（民法484条、商法516条）………………………　31
　　　②　民事訴訟にかかる普通裁判籍　………………………………………　31
　　(5)　一般法人法上の訴え等　…………………………………………………　31
　　　①　専属管轄　………………………………………………………………　31
　　　②　非訟事件の管轄　………………………………………………………　32
　2　従たる事務所（本条2項関係）…………………………………………　32
　　(1)　従たる事務所の意義　……………………………………………………　32
　　(2)　従たる事務所の設置　……………………………………………………　33

3 　主たる事務所と登記 ……………………………………… 33
　(1) 　一般財団法人の設立の登記 ………………………… 33
　(2) 　主たる事務所の移転と登記 ………………………… 34
　　① 　主たる事務所の移転と定款の変更 ……………… 34
　　② 　変更の登記手続 …………………………………… 34
4 　従たる事務所と登記 ……………………………………… 35
　(1) 　従たる事務所の設置の登記 ………………………… 35
　(2) 　従たる事務所の移転の登記 ………………………… 36
　(3) 　従たる事務所の廃止と登記 ………………………… 36
　(4) 　従たる事務所と支部組織 …………………………… 36
　　① 　従たる事務所としての支部 ……………………… 37
　　② 　支部と登記 ………………………………………… 37
5 　行政区画の変更等による主たる事務所及び従たる事務所の変更と登
　　記 …………………………………………………………… 38
　(1) 　行政区画、郡又はそれらの名称の変更に伴う主たる事務所及び従
　　たる事務所の変更 …………………………………… 38
　(2) 　住居表示の実施による主たる事務所又は従たる事務所の変更と登
　　記 …………………………………………………… 39
6 　公益法人の主たる事務所又は従たる事務所の変更に伴う認定申請等
　　…………………………………………………………… 40
　(1) 　事務所の設置数等と所管行政庁との関係 ………… 40
　(2) 　主たる事務所又は従たる事務所の所在場所の変更に係る行政庁へ
　　の認定申請 ………………………………………… 41
　(3) 　主たる事務所又は従たる事務所の所在場所の変更に関する行政庁
　　への届出 …………………………………………… 43
7 　移行法人の住所等の変更に伴う認可行政庁への届出 …………… 45

第2章　目的及び事業

第3条　目的
1 　目的の意義 ……………………………………………… 51
2 　目的の要件 ……………………………………………… 52
　(1) 　「目的」の具体性 …………………………………… 52
　(2) 　「目的」の明確性 …………………………………… 53
　(3) 　「目的」の適法性 …………………………………… 53

① 一定の資格を有する個人でなければ営むことができない業務
………………………………………………………… 54
② 営業免許を要する業務 ……………………………… 54
③ 法律の施行前に、当該法律で規律される事業を法人の目的に掲
げること ………………………………………………… 54
(4) 「目的」の非営利性 ……………………………………… 54
① 会社法における営利性と目的 …………………………… 55
② 一般法人法における非営利性と目的 …………………… 56
③ 公益財団法人の非営利性 ………………………………… 56
(5) 法人の理念等その他の事項 ……………………………… 57
3 目的と権利能力との関係 ……………………………………… 57
(1) 営利法人の場合 …………………………………………… 58
(2) 非営利的法人の場合 ……………………………………… 59
(3) 公益法人の場合 …………………………………………… 60
4 目的の変更 ……………………………………………………… 61
(1) 目的変更の手続 …………………………………………… 62
① 評議員会の特別決議 ……………………………………… 62
② 変更登記 …………………………………………………… 62
(2) 公益法人の目的変更に関する行政庁の認定手続 ……… 62
① 公益目的事業を行う都道府県の区域の変更に伴い、公益目的事
業の内容も変わる場合 …………………………………… 62
② 公益目的事業の種類の変更 ……………………………… 63
③ 公益目的事業又は収益事業等の内容の変更 …………… 64
④ 行政庁の変更の認定と登記 ……………………………… 65
⑤ 公益目的事業の種類又は内容の変更・収益事業等の内容の変更
に係る行政庁への変更認定申請 ………………………… 65
⑥ 公益目的事業又は収益事業等の内容の変更に係る行政庁への変
更届出 ……………………………………………………… 67
5 移行法人の実施事業等の内容等の変更に伴う認可行政庁への変更認
可申請 …………………………………………………………… 69
(1) 公益目的事業の内容の変更の場合 ……………………… 69
(2) 継続事業の内容の変更の場合 …………………………… 69
(3) 実施事業等の追加・廃止の場合 ………………………… 69
(4) 認可行政庁への公益目的支出計画変更認可申請 ……… 69
6 移行法人の公益目的支出計画の変更に伴う認可行政庁への変更届出
…………………………………………………………………… 70

(1) 公益目的支出計画の軽微な変更（整備法125条3項2号・同法施行規則35条）……………………………………………………… 71

(2) 事業に必要な許認可等の変更 ……………………………… 72

(3) 申請時の収支見込の変更（事前届出）…………………… 72

(4) 認可行政庁への公益目的支出計画等変更届出書の提出 ……… 72

第4条　事業

1　第3条と本条との関係 ……………………………………… 76

　① 目的の条項に実施する事業のすべてを号建てする場合の条文形式 ……………………………………………………… 76

　② 目的と事業を別条項としつつ、具体的な事業を号建てする場合の条文形式 ………………………………………… 77

2　公益目的事業 ………………………………………………… 77

(1) 公益目的事業の定義・種類 ……………………………… 77

(2) 公益の概念 ………………………………………………… 79

　① 民法上の公益の概念 …………………………………… 79

　② 有識者会議報告書における公益性に関する考え方 ………… 80

(3)「不特定かつ多数の者の利益の増進」の概念 ………… 81

　① 公益目的事業のチェックポイント …………………… 81

　② 事業区分ごとの公益目的事業のチェックポイントにおける事実認定 ……………………………………………… 82

　③ ②の事業区分に該当しない事業についてチェックすべき点 ……………………………………………………… 83

3　公益法人が行う収益事業等 ……………………………… 84

(1) 公益法人認定法と収益事業等との関係 ……………… 85

　① 収益事業 ………………………………………………… 86

　② その他の事業 …………………………………………… 86

(2) 法人税法上の収益事業と公益目的事業との関係 …………… 87

4　「その他この法人の目的を達成するために必要な事業」の解釈と運用 …………………………………………………… 87

5　公益目的事業の実施区域と行政庁との関係 ………… 88

(1) 公益法人を所管する行政庁の定め方 ………………… 88

(2) 公益目的事業の実施区域の定め方 …………………… 89

(3) 事業を行う地理的範囲の意義 ………………………… 89

(4) 定款上の公益目的事業の実施に関する定めが、実態を伴わない場合の実施区域 ……………………………………… 90

第3章　資産及び会計

第5条　財産の種別

1　定款上の基本財産の位置付け ……………………………… 97
　(1)　一般財団法人 ………………………………………… 97
　(2)　公益財団法人 ………………………………………… 98
2　基本財産 ………………………………………………… 98
　(1)　基本財産の意義 ……………………………………… 98
　(2)　基本財産の構成 ……………………………………… 99
　　①　理事会で決定した財産 …………………………… 99
　　②　不可欠特定財産 ………………………………… 100
3　その他の財産（本条3項関係）………………………… 102
4　寄附財産の取扱いについて（本条4項関係）………… 102
　(1)　公益目的事業財産としての寄附財産 ……………… 102
　(2)　寄附財産の種類 ……………………………………… 103
　(3)　寄附財産の受入手続 ………………………………… 103
5　一般財団法人の設立者の財産の拠出と定款の定め ……… 104
　(1)　一般財団法人の設立者による財産の拠出とその価額 ………… 104
　(2)　設立者の拠出財産の定款の規定方法 ……………… 105

第6条　基本財産の維持及び処分

1　基本財産の維持管理に関する善管注意義務（本条1項関係）…… 108
　(1)　公益財団法人の基本財産の維持管理 ……………… 108
　(2)　基本財産に対する善管注意義務 …………………… 109
2　基本財産の処分・除外（本条2項関係）……………… 109
　(1)　処分の種類 …………………………………………… 110
　(2)　処分・除外の手続 …………………………………… 111

第7条　財産の管理及び運用

1　財産管理運用規程の制定 ……………………………… 112
2　財産管理運用規程 ……………………………………… 113
3　資金運用規程 …………………………………………… 117
　(1)　資金運用規程の制定の必要性 ……………………… 117
　(2)　資金運用対象財産 …………………………………… 117
　　①　資金運用対象外財産 ……………………………… 117

②　資金運用対象財産　‥‥‥‥‥‥‥‥‥‥‥‥‥‥‥ 118
⑶　資金運用基本方針　‥‥‥‥‥‥‥‥‥‥‥‥‥‥‥‥ 118
⑷　資金運用規程　‥‥‥‥‥‥‥‥‥‥‥‥‥‥‥‥‥‥ 118

第8条　事業年度
1　事業年度の定義　‥‥‥‥‥‥‥‥‥‥‥‥‥‥‥‥‥ 122
2　事業年度に関する定款の定め方　‥‥‥‥‥‥‥‥‥‥ 123
3　会計年度・営業年度　‥‥‥‥‥‥‥‥‥‥‥‥‥‥‥ 124
⑴　会計年度の意義　‥‥‥‥‥‥‥‥‥‥‥‥‥‥‥‥ 124
⑵　会計年度の始期　‥‥‥‥‥‥‥‥‥‥‥‥‥‥‥‥ 125
⑶　営業年度　‥‥‥‥‥‥‥‥‥‥‥‥‥‥‥‥‥‥‥ 125
4　公益法人制度改革関連三法の制定による法人区分の変動に伴う事業
　　年度の扱い　‥‥‥‥‥‥‥‥‥‥‥‥‥‥‥‥‥‥‥ 126
5　法人税法上の事業年度の定め　‥‥‥‥‥‥‥‥‥‥‥ 127
⑴　事業年度の定義　‥‥‥‥‥‥‥‥‥‥‥‥‥‥‥‥ 127
⑵　みなし事業年度　‥‥‥‥‥‥‥‥‥‥‥‥‥‥‥‥ 127
⑶　法人区分の変更とその該当することとなった日　‥‥‥‥ 128

第9条　事業計画及び収支予算
1　定款と収支予算書等との関係　‥‥‥‥‥‥‥‥‥‥‥ 130
⑴　一般財団法人の場合　‥‥‥‥‥‥‥‥‥‥‥‥‥‥ 130
⑵　公益財団法人の場合　‥‥‥‥‥‥‥‥‥‥‥‥‥‥ 131
2　収支予算書等と理事会等の承認との関係　‥‥‥‥‥‥ 132
⑴　公益財団法人の場合　‥‥‥‥‥‥‥‥‥‥‥‥‥‥ 132
⑵　一般財団法人の場合　‥‥‥‥‥‥‥‥‥‥‥‥‥‥ 133
3　事業計画　‥‥‥‥‥‥‥‥‥‥‥‥‥‥‥‥‥‥‥‥ 133
⑴　事業計画の意義　‥‥‥‥‥‥‥‥‥‥‥‥‥‥‥‥ 133
⑵　事業計画の策定　‥‥‥‥‥‥‥‥‥‥‥‥‥‥‥‥ 134
　　①　定款に定める事業（目的）との整合性　‥‥‥‥‥ 134
　　②　中長期事業計画との関連性　‥‥‥‥‥‥‥‥‥‥ 134
　　③　前事業年度の事業計画の達成状況を勘案すること　‥‥‥ 135
　　④　事業の実施可能性があること　‥‥‥‥‥‥‥‥‥ 135
　　⑤　事業計画の明瞭性・具体性　‥‥‥‥‥‥‥‥‥‥ 135
　　⑥　重点事業のランク付け　‥‥‥‥‥‥‥‥‥‥‥‥ 136
　　⑦　収支予算の裏付け　‥‥‥‥‥‥‥‥‥‥‥‥‥‥ 136
⑶　事業計画書の様式　‥‥‥‥‥‥‥‥‥‥‥‥‥‥‥ 136

4 収支予算 ………………………………………………… 137
　(1) 収支予算の意義・機能 ……………………………… 137
　　① 計画機能 ………………………………………… 137
　　② 調整機能 ………………………………………… 137
　　③ 統制機能 ………………………………………… 138
　(2) 予算の編成 ………………………………………… 138
　　① 予算編成方針の決定 …………………………… 138
　　② 各部門における事業計画（案）・収支予算（案）の作成 … 139
　　③ 各部門から提出された事業計画（案）及び収支予算（案）の調
　　　整 ………………………………………………… 139
　　④ 法人全体の事業計画（案）及び収支予算（案）の決定 …… 139
　(3) 収支予算書の構成 ………………………………… 139
　(4) 収支予算書の様式 ………………………………… 140
5 資金調達及び設備投資の見込みを記載した書類 ………… 141
6 収支予算書等の備置き・閲覧・保存期間 ………………… 143
　(1) 収支予算書等の備置き …………………………… 143
　(2) 収支予算書等の閲覧 ……………………………… 143
　(3) 収支予算書の保存期間 …………………………… 144
7 行政庁への収支予算書等の提出・閲覧等 ……………… 145
　(1) 行政庁への収支予算書等の提出 ………………… 145
　(2) 収支予算書等の閲覧又は謄写 …………………… 146
8 一般財団法人が公益認定を受けて公益財団法人となった場合の収支
　予算書等の取扱い ……………………………………… 146
9 補正予算 …………………………………………………… 148
　(1) 補正予算の必要な場合 …………………………… 148
　(2) 補正予算の種類 …………………………………… 149
　(3) 事業計画と補正予算との関係 …………………… 149
　(4) 理事会等の承認 …………………………………… 150
　(5) 補正収支予算書の様式 …………………………… 150
　(6) 補正収支予算書の行政庁への提出は不要 ……… 150
　(7) 補正収支予算書の備置き、閲覧 ………………… 151
10 暫定予算 ………………………………………………… 151
　(1) 暫定予算の意義 …………………………………… 151
　(2) 暫定予算の必要性 ………………………………… 152
　(3) 暫定予算の性質及び効力 ………………………… 152
　(4) 暫定予算の編成方法 ……………………………… 152

(5) 暫定収支予算書の様式例 ……………………………… 153

(6) 公益財団法人の収支予算と暫定予算との関係 ……………… 154

第10条 事業報告及び決算
1 毎事業年度終了後作成すべき計算書類等 …………………… 161
2 適用すべき会計基準 ……………………………………… 162
(1) 一般財団法人と会計基準 ………………………………… 162
(2) 公益財団法人と会計基準 ………………………………… 164
3 計算書類等の作成 ………………………………………… 165
(1) 貸借対照表 ……………………………………………… 165
① 貸借対照表の内容 …………………………………… 165
② 貸借対照表の区分 …………………………………… 165
(2) 損益計算書（正味財産増減計算書） …………………… 166
(3) 計算書類の附属明細書 …………………………………… 167
(4) 財産目録 ………………………………………………… 169
① 財産目録の内容 ……………………………………… 169
② 公益法人認定法と財産目録 ………………………… 169
③ 財産目録の区分 ……………………………………… 169
④ 財産目録の各項目の名称 …………………………… 170
⑤ 財産目録の様式・記載例 …………………………… 170
(5) キャッシュ・フロー計算書 …………………………… 173
① キャッシュ・フロー計算書を作成しなければならない公益財団法人 ……………………………………………… 173
② 会計監査人の設置を要する公益財団法人 ………… 174
③ キャッシュ・フロー計算書の表示区分 …………… 175
④ 事業活動によるキャッシュ・フロー計算書の表示方法 …… 176
(6) 運営組織及び事業活動の状況の概要及びこれらに関する数値のうち重要なものを記載した書類 ……………………… 181
(7) 計算書類等の電磁的記録による作成 ………………… 184
4 事業報告及びその附属明細書 ………………………… 184
(1) 事業報告 ………………………………………………… 185
① 事業報告の意義・役割 ……………………………… 185
② 事業報告の記載内容 ………………………………… 186
③ 公益（一般）財団法人の事業報告に記載すべき具体的事項 …………………………………………………… 191
(2) 事業報告の附属明細書 ………………………………… 193

① 事業報告の附属明細書の作成 ……………………… 193
　　② 事業報告の附属明細書の記載事項 ……………… 194
　(3) 事業報告とその附属明細書の記載例 ……………… 196
5　計算書類等の監査 …………………………………… 204
6　計算書類等の理事会等の承認・報告等 ………… 204
(1) 理事会の承認 ……………………………………… 204
(2) 計算書類等の評議員への提供 …………………… 205
7　計算書類等の定時評議員会への提出等 ………… 206
(1) 一般法人法126条1項の規定に基づく計算書類及び事業報告の提
　　出等 ……………………………………………… 206
(2) 公益財団法人が作成する財産目録・キャッシュ・フロー計算書の
　　提出等 …………………………………………… 207
8　計算書類・財産目録等の定時評議員会における承認・報告 …… 207
(1) 計算書類・財産目録等の承認 …………………… 207
(2) 事業報告の内容の報告 …………………………… 207
(3) 本条2項（定款10条2項）の解釈 ……………… 208
9　会計監査人設置法人の特則 ……………………… 208
10　計算書類等の備置き・閲覧等 …………………… 209
(1) 公益（一般）財団法人 …………………………… 209
　　① 計算書類等の備置き …………………………… 209
　　② 評議員・債権者の閲覧等 ……………………… 210
　　③ 計算書類等の提出命令 ………………………… 210
(2) 公益財団法人 ……………………………………… 211
　　① 財産目録等の備置き …………………………… 211
　　② 財産目録等の閲覧 ……………………………… 211
(3) 本条3項（定款10条3項）の解釈 ……………… 212
11　行政庁への財産目録等の提出 …………………… 212
12　貸借対照表等の公告 ……………………………… 213
(1) 公告の方法 ………………………………………… 213
(2) 不適正意見がある場合等における公告事項 …… 214

第11条　公益目的取得財産残額の算定

1　公益目的取得財産残額の定義・計算方法 ……… 217
2　各事業年度の末日における公益目的取得財産残額 ………… 218

3 公益目的取得財産残額の「運営組織及び事業活動の状況の概要及び
これらに関する数値のうち重要なものを記載した書類」への記載
.... 220

第4章　評議員

第12条　評議員の定数
1 改正前民法34条に基づく財団法人における評議員及び評議員会の
意義・役割 223
2 一般法人法における評議員の意義・役割 225
3 評議員の員数 225
(1) 一般法人法上の員数 225
(2) 評議員の適正員数 226
① 「評議員は、〇人以内とする」と定款で定める場合 227
② 「評議員は、〇人以上とする」と定款で定める場合 227
③ 「評議員は、〇人とする」と定款で定める場合 228
④ 「評議員は、〇人以上〇人以内とする」と定款で定める場合
.... 228

第13条　評議員の選任及び解任
1 評議員の選任及び解任 235
(1) 定款で定める評議員の選任及び解任の方法 235
① 評議員の選任及び解任の方法が定款の必要的事項とされている
理由 235
② 理事又は理事会が評議員の選任又は解任を行う旨を定款で定め
ることが禁止されている趣旨 235
(2) 「評議員の選任及び解任の方法」に関する定款の定めのあり方
.... 236
① 評議員の構成についての考え方 236
② 具体的「評議員の選任及び解任の方法」についての考え方
.... 237
2 評議員の選任及び解任を評議員選定委員会において行う場合（A案）
の解釈・運用 237
(1) 評議員選定委員会の委員構成 237
(2) 選定委員の選任（本条2項・3項関係） 238

- ① 評議員 ……………………………………………………… 238
- ② 監事 ………………………………………………………… 238
- ③ 事務局員 ………………………………………………… 238
- ④ 外部委員 ………………………………………………… 238
- (3) 評議員候補者の推薦（本条4項・5項関係）………………… 240
- (4) 評議員選定委員会運営規則の制定（本条4項関係）………… 241
- (5) 補欠の評議員の選任（本条7項〜9項関係）………………… 243
- (6) 評議員の兼職の禁止（本条10項関係）……………………… 243
- (7) 評議員の就任承諾 ………………………………………… 243
- (8) 評議員の選任登記 ………………………………………… 244
  - ① 定款 ……………………………………………………… 244
  - ② 評議員の選任に関する書面 …………………………… 244
  - ③ 就任承諾書 ……………………………………………… 245
  - ④ 新任の評議員の本人確認証明書（法登規則3条、商登規則61条7項）……………………………………………………… 245
- (9) 行政庁への異動の届出（本条11項関係）…………………… 246
- (10) 租税特別措置法40条1項後段の適用を受ける場合に必要な条項について ……………………………………………………… 246
- 3 「評議員の構成を公益法人認定法第5条第10号及び第11号に準じたものにする」旨を定める方法により評議員会の決議で評議員の選任及び解任を行う場合（B案）の解釈・運用 ……………………… 247
  - (1) 公益法人制度改革に関する有識者会議報告書における評議員の選任及び解任に対する考え方 ……………………………… 247
  - (2) 一般法人法179条から195条までの規定による評議員会の開催手続（本条1項関係）………………………………………… 248
  - (3) 評議員と特別の関係がある者（本条2項関係）……………… 248
  - (4) その他について ………………………………………… 249
- 4 「外部の特定の者に評議員の選任及び解任を委ねる方法」（C案）による場合の解釈・運用 ………………………………………… 249
- 5 評議員の資格 …………………………………………………… 250

第14条　評議員の任期

- 1 評議員の任期（本条1項関係）……………………………………… 253
  - (1) 評議員の任期の考え方 …………………………………… 253
  - (2) 任期の起算点 ……………………………………………… 254
  - (3) 定時評議員会の終結の時より前又は後に評議員を選任した時の任

期 ……………………………………………………………… 255
2 補欠・増員評議員の任期（本条２項関係）……………………… 256
　(1) 補欠評議員の任期 ……………………………………………… 256
　(2) 増員評議員の任期 ……………………………………………… 257
3 評議員に欠員を生じた場合の措置（本条３項関係）………… 257
　(1) 一般法人法175条１項の趣旨 ……………………………… 257
　(2) 評議員の権利義務承継者 …………………………………… 258
　　① 数人の評議員が同時に退任した場合 ………………… 258
　　② 権利義務承継者の退任年月日 ………………………… 258
　　③ 権利義務承継者の権限 ………………………………… 259
　　④ 権利義務承継者の辞任及び解任 ……………………… 259
4 一時評議員の選任 ……………………………………………… 259
5 評議員の退任 …………………………………………………… 259
　(1) 任期満了 ………………………………………………………… 260
　(2) 辞任 ……………………………………………………………… 260
　(3) 死亡 ……………………………………………………………… 261
　(4) 解任 ……………………………………………………………… 261
　(5) 欠格事由に該当（資格喪失）……………………………… 262
　(6) 評議員の破産手続開始の決定 ……………………………… 262

第15条　評議員の報酬等

1 一般法人法196条の趣旨 …………………………………… 263
2 評議員の報酬等 ………………………………………………… 264
　(1) 委任と報酬との関係 ………………………………………… 264
　(2) 報酬等の意義 ………………………………………………… 264
　(3) 報酬等の額の決定方法（本条１項関係）………………… 265
　(4) 公益財団法人の評議員の報酬額 ………………………… 265
3 職務執行のための費用の支給と報酬規制との関係（本条２項関係）
　……………………………………………………………………… 266
4 １日当たりの評議員の報酬額 ……………………………… 267
5 評議員に報酬を支給しない場合の定款の定め ………… 268
　(1) 評議員は、無報酬とし、旅費交通費なども支給しない場合の定款
　　の定め ………………………………………………………… 268
　(2) 評議員は、無報酬とし、旅費交通費などを支給する場合の定款の
　　定め ……………………………………………………………… 269

第5章　評議員会

第16条　構成
　　1　一般法人法上の機関としての評議員会 ………………………… 273
　　2　評議員会と理事会との権限の分配 ……………………………… 274

第17条　権限
　　1　評議員会の権限 …………………………………………………… 275
　　2　剰余金を分配する旨の決議の禁止 ……………………………… 276
　　3　法律に規定する決議事項の授権の禁止 ………………………… 276

第18条　開催
　　1　定時評議員会 ……………………………………………………… 278
　　2　臨時評議員会 ……………………………………………………… 279

第19条　招集
　　1　評議員会の招集権者（本条1項関係）………………………… 281
　　2　招集事項の決定 …………………………………………………… 282
　　　(1)　評議員会の日時及び場所 …………………………………… 282
　　　　①　開催日時（法181条1項1号）………………………… 282
　　　　②　開催場所（法181条1項1号）………………………… 283
　　　(2)　評議員会の目的である事項（議題）……………………… 283
　　　(3)　そのほか、法務省令で定める事項 ………………………… 283
　　3　評議員から理事（代表理事）に対する評議員会の招集請求（本条2
　　　　項関係）…………………………………………………………… 284
　　4　評議員会の招集通知（本条3項関係）………………………… 285
　　　(1)　招集通知の発送期限 ………………………………………… 285
　　　(2)　招集通知の方法 ……………………………………………… 285
　　　(3)　評議員に通知すべき事項 …………………………………… 286
　　5　招集手続の省略 …………………………………………………… 286
　　6　評議員会の招集通知例 …………………………………………… 288
　　7　評議員提案権 ……………………………………………………… 290
　　　(1)　評議員提案権の意義・種類 ………………………………… 290
　　　(2)　議題提案権 …………………………………………………… 291
　　　(3)　議案提案権 …………………………………………………… 292

(4)　議案の要領の通知請求権 ……………………………………292
　8　評議員会の招集手続等に関する検査役の選任 ………………293
　　(1)　評議員会検査役制度の趣旨 …………………………………293
　　(2)　検査役の調査・報告 …………………………………………293
　　(3)　裁判所による評議員会招集等の決定 ………………………294

第20条　議長

　1　議長の選出方法 ……………………………………………………295
　2　議長を代表理事とすることの可否 ………………………………295
　3　議長の権限 …………………………………………………………296

第21条　決議

　1　評議員会の普通決議（本条1項関係）……………………………298
　2　可否同数の場合の扱い（本条1項・2項関係）…………………298
　3　評議員会の特別決議（本条3項関係）……………………………300
　4　評議員の議決権 ……………………………………………………301
　　(1)　評議員の議決権の数 …………………………………………301
　　(2)　特別の利害関係を有する評議員 ……………………………301
　　(3)　議決権の行使の方法 …………………………………………301
　5　評議員会の決議事項の制限 ………………………………………302
　6　評議員会における理事又は監事の選任議案の決議方法（本条4項関
　　係）……………………………………………………………………302
　7　評議員会に提出された資料等の調査 ……………………………303
　　(1)　評議員会に提出された資料等の調査者の選任 ……………303
　　(2)　評議員が招集した評議員会における業務及び財産の状況を調査す
　　　る者の選任 ……………………………………………………304
　　(3)　調査者による報告 ……………………………………………304
　8　評議員会における理事等の説明義務 ……………………………305
　　(1)　説明義務制度の趣旨 …………………………………………305
　　(2)　説明義務者 ……………………………………………………306
　　(3)　説明義務の限界 ………………………………………………306
　　(4)　説明を拒絶できる正当理由 …………………………………307
　　　①　質問事項が評議員会の目的である事項に関しないものである場
　　　　合（法190条ただし書）……………………………………307
　　　②　評議員が説明を求めた事項について説明をするために調査をす
　　　　ることが必要である場合（法施行規則59条1号）……………308

③　評議員が説明を求めた事項について説明をすることにより法人
その他の者（当該評議員を除く。）の権利を侵害することとな
る場合（法施行規則59条2号）……………………………… 308
④　評議員が当該評議員会において実質的に同一の事項について繰
り返して説明を求める場合（法施行規則59条3号）………… 309
⑤　その他評議員が説明を求めた事項について説明をしないことに
つき正当な理由がある場合（法施行規則59条4号）………… 309
(5)　説明義務違反の効果　………………………………………… 309
9　評議員会の延期又は続行の決議　……………………………… 309
(1)　延期・続行の意義　…………………………………………… 310
①　延期　………………………………………………………… 310
②　続行　………………………………………………………… 310
(2)　延期・続行の決議　…………………………………………… 310
(3)　決議の内容　…………………………………………………… 311
(4)　延期・続行の決議後開催の評議員会の決議の効力　………… 311
10　評議員会の決議の瑕疵　……………………………………… 312
(1)　評議員会の決議の取消しの訴え　…………………………… 312
①　訴えの性質　………………………………………………… 312
②　取消事由　…………………………………………………… 312
③　提訴権者・被告　…………………………………………… 313
④　出訴期間　…………………………………………………… 313
⑤　判決の効力　………………………………………………… 313
⑥　裁量棄却　…………………………………………………… 314
(2)　評議員会の決議の不存在の訴え　…………………………… 315
①　訴えの性質　………………………………………………… 315
②　不存在事由　………………………………………………… 315
③　提訴権者・被告・出訴期間　……………………………… 315
④　判決の効力　………………………………………………… 316
(3)　評議員会の決議の無効確認の訴え　………………………… 316
①　訴えの性質　………………………………………………… 316
②　無効事由　…………………………………………………… 316
③　提訴権者・被告・出訴期間　……………………………… 317
④　判決の効力　………………………………………………… 317

第22条　評議員会の決議の省略
1　評議員会の決議の省略制度の趣旨　………………………… 319

 2 決議の省略の要件 ……………………………………… 320

 3 決議の省略の成立の効果 …………………………………… 320

 4 同意の意思表示をした書面又は電磁的記録の備置き及び閲覧等

   ………………………………………………………………… 321

 5 定時評議会を決議の省略で済ませた場合の定時評議員会の終結

   ………………………………………………………………… 321

 6 評議員会の決議の省略の提案・同意の手続の具体的方法 ……… 322

  (1) 理事会における決定 ……………………………………… 322

  (2) 提案の方法 ………………………………………………… 322

  (3) 同意の方法 ………………………………………………… 323

 7 議事録の作成・備置き・閲覧謄写請求 …………………… 323

  (1) 議事録の作成 ……………………………………………… 323

  (2) 議事録の備置き・閲覧謄写の請求 ……………………… 324

 8 登記申請書の添付書類 ……………………………………… 324

 9 罰則 …………………………………………………………… 325

 10 提案書等の書式例 ………………………………………… 325

第23条　評議員会への報告の省略

 1 評議員会への報告の省略制度の趣旨 ………………………… 333

 2 報告の省略の要件 …………………………………………… 334

 3 議事録の作成・備置き・閲覧謄写請求 …………………… 335

  (1) 議事録の作成 ……………………………………………… 335

  (2) 議事録の備置き・閲覧謄写の請求 ……………………… 335

 4 報告事項通知書等の書式例 ………………………………… 336

第24条　議事録

 1 評議員会の議事録の意義 …………………………………… 339

  ① 証拠保全 …………………………………………………… 340

  ② 法人の登記申請時の添付書面 …………………………… 340

  ③ ディスクロージャーの充実 ……………………………… 340

 2 議事録の作成義務者 ………………………………………… 341

 3 議事録の作成時期と作成通数 ……………………………… 341

  (1) 議事録の作成時期 ………………………………………… 341

  (2) 議事録の作成通数 ………………………………………… 342

 4 議事録の作成 ………………………………………………… 343

  (1) 議事録の作成方法 ………………………………………… 343

(2)　議事録の表題（名称）……………………………………… 343
　(3)　議事録の記載事項　…………………………………………… 344
　　①　評議員会が開催された日時及び場所（当該場所に存しない理事、
　　　監事、会計監査人又は評議員が評議員会に出席した場合におけ
　　　る当該出席の方法を含む。3項1号）…………………………… 344
　　②　評議員会の議事の経過の要領及びその結果（3項2号）…… 344
　　③　決議を要する事項について特別の利害関係を有する評議員があ
　　　るときは、当該評議員の氏名（3項3号）…………………… 345
　　④　次に掲げる規定により評議員会において述べられた意見又は発
　　　言があるときは、その意見又は発言の内容の概要（3項4号）
　　　……………………………………………………………………… 345
　　⑤　評議員会に出席した評議員、理事、監事又は会計監査人の氏名
　　　又は名称（3項5号）…………………………………………… 346
　　⑥　評議員会の議長が存するときは、議長の氏名（3項6号）
　　　……………………………………………………………………… 346
　　⑦　議事録の作成に係る職務を行った者の氏名（3項7号）　… 347
　(4)　評議員会議事録への署名又は記名押印　…………………… 347
　5　評議員会議事録の備置き・閲覧等　………………………… 348
　(1)　議事録の備置きの意義　……………………………………… 348
　(2)　議事録の備置き　……………………………………………… 349
　(3)　議事録の閲覧・謄写　………………………………………… 350
　6　評議員会議事録の書式例　…………………………………… 350

第25条　評議員会運営規則
　1　定款と評議員会運営規則との関係　………………………… 354
　2　評議員会運営規則の内容　…………………………………… 355

第6章　役員〈及び会計監査人〉

第26条　役員〈及び会計監査人〉の設置
　1　旧民法法人における理事の員数の考え方　………………… 360
　2　一般法人法における理事の員数の考え方　………………… 361
　(1)　公益（一般）財団法人の場合　……………………………… 361
　(2)　理事の適正員数　……………………………………………… 361
　(3)　定款上の理事の員数の定め方　……………………………… 362

① 理事は、「○人以内」と定款に定める場合 ………………… 362

② 理事は、「○人以上」と定款に定める場合 ………………… 363

③ 理事は、「○人」と定款に定める場合 …………………………… 363

④ 理事は、「○人以上○人以内」と定款で定める場合 ……… 363

3 監事の設置・員数 ……………………………………………………… 364

(1) 公益（一般）財団法人における監事の設置 ………………… 364

(2) 監事の員数の考え方 ……………………………………………… 364

① 旧民法法人における監事の員数の考え方 ………………… 364

② 一般法人法における監事の員数の考え方 ………………… 365

(3) 監事の適正員数 …………………………………………………… 365

① 監事は、「○人以上」と定款に定める場合 ………………… 365

② 監事は、「○人」と定款に定める場合 ……………………… 365

③ 監事は、「○人以内」と定款に定める場合 ………………… 366

④ 監事は、「○人以上○人以内」と定款で定める場合 ……… 366

4 代表理事の員数 ………………………………………………………… 366

(1) 代表理事の設置 …………………………………………………… 366

(2) 代表理事の員数 …………………………………………………… 366

5 代表理事を「理事長」と定款に表記する場合の扱い …… 367

6 理事長以外の役付理事の員数 …………………………………… 368

7 業務執行理事の員数 ………………………………………………… 368

8 会計監査人の設置 …………………………………………………… 369

第27条 役員〈及び会計監査人〉の選任

1 役員及び会計監査人の選任（本条1項関係） …………… 370

(1) 理事の選任 ………………………………………………………… 371

① 理事の選任議案の決議方法 ………………………………… 371

② 評議員会の理事の選任権限と第3者が関与できる範囲 …… 371

③ 理事の選任の効果 …………………………………………… 372

④ 理事の就任承諾書の書式例 ………………………………… 373

(2) 監事の選任 ………………………………………………………… 374

(3) 会計監査人の選任 ……………………………………………… 375

① 会計監査人の選任に関する監事の議案の内容の決定 …… 375

② 会計監査人の選任議案と記載事項 ……………………… 376

③ 会計監査人の意見陳述権 …………………………………… 377

④ 会計監査人の就任承諾 ……………………………………… 377

(4) 補欠役員の選任 …………………………………………………… 378

① 補欠役員の選任決議 …………………………………………… 378
② 決定事項 …………………………………………………………… 379
③ 補欠役員の選任決議の効力期間 …………………………… 380
④ 補欠役員の就任要件 …………………………………………… 381
⑤ 補欠役員の任期 ………………………………………………… 382
2 代表理事（理事長）等の選定（本条2項関係） ……………… 382
(1) 代表理事の選定 ……………………………………………………… 382
① 代表取締役の選定・解職と株主総会の権限との関係 ……… 383
② 代表理事の選任・解職と評議員会の権限との関係 ……… 383
③ 理事会の決議省略の方法により代表理事を選定する場合 … 384
④ 代表理事選定の理事会議事録・就任承諾書の書式例 ……… 384
⑤ 代表理事の変更登記 ……………………………………………… 386
(2) 業務執行理事等の選定 ……………………………………………… 387
① 代表理事以外の業務執行理事の選定 ………………………… 387
② 副理事長・専務理事等の役付理事の選定 …………………… 388
3 役員の資格等 …………………………………………………………… 389
(1) 役員の欠格事由 ……………………………………………………… 389
(2) 定款による資格制限 ………………………………………………… 390
(3) 役員の兼任禁止 ……………………………………………………… 390
① 理事 ……………………………………………………………… 390
② 監事 ……………………………………………………………… 390
4 会計監査人の資格等 ………………………………………………… 393
(1) 会計監査人の資格 …………………………………………………… 393
① 公認会計士 ……………………………………………………… 394
② 外国公認会計士 ………………………………………………… 394
③ 監査法人 ………………………………………………………… 394
(2) 会計監査人の職務を行うべき社員の選定・通知 ……………… 395
(3) 会計監査人の欠格事由 ……………………………………………… 396
① 公認会計士法の規定により、一般法人法123条2項に規定する
計算書類について監査をすることができない者（法68条3項
1号） …………………………………………………………… 396
② 公益（一般）財団法人の子法人若しくはその理事若しくは監事
から公認会計士若しくは監査法人の業務以外の業務により継続
的な報酬を受けている者又はその配偶者（法68条3項2号）
………………………………………………………………… 397
③ 監査法人でその社員の半数以上が前号に掲げる者であるもの

（法68条3項3号）……………………………………………397
　⑷　違反の効果 ……………………………………………………398
　　①　無資格者による監査 …………………………………………398
　　②　選任後の欠格 …………………………………………………398
5　公益法人における理事等の構成 ……………………………………398
　⑴　同一親族等関係者が理事等に占める割合の制限 ………………398
　⑵　他の同一団体関係者が理事等に占める割合の制限 ……………399
　　①　「他の同一の団体」の意義 ……………………………………399
　　②　政令で定める「他の同一の団体において相互に密接な関係にあ
　　　る者」……………………………………………………………400
　　③　公益法人又はこれに準ずる団体 ………………………………401
　　④　監事に関する3分の1規定の解釈 ……………………………401
6　租税特別措置法40条等の適用を受ける場合の役員等の構成 ……402
　⑴　租税特別措置法40条1項後段の適用を受ける場合の役員等の構
　　成 ……………………………………………………………………402
　　①　定款において、その理事、監事、評議員その他これらの者に準
　　　ずるもの（以下「役員等」という。）のうち親族関係を有する
　　　者及びこれらと次に掲げる特殊の関係がある者（以下「親族等」
　　　という。）の数がそれぞれの役員等の数のうちに占める割合は、
　　　いずれも3分の1以下とする旨の定めがあること（租税特別措
　　　置法施行令25条の17第6項1号・同法通達18⑴イ㈠）……403
　　②　定款において、公益法人が解散した場合にその残余財産が国若
　　　しくは地方公共団体又は租税特別措置法40条1項に規定する
　　　公益法人等に帰属する旨の定めがあること（租税特別措置法施
　　　行令25条の17第6項3号・同法通達18⑴イ㈡）……………404
　　③　贈与又は遺贈に係る財産が贈与又は遺贈をした者又はこれらの
　　　者の親族が法人税法第2条第15号に規定する役員となってい
　　　る会社の株式又は出資である場合には、その株式又は出資に係
　　　る議決権の行使に当たっては、あらかじめ理事会において理事
　　　総数（理事現在数）の3分の2以上の同意を得ることを必要と
　　　すること（租税特別措置法通達18⑴イ㈢）…………………405
　⑵　一般財団法人のうち法人税法上の非営利型法人における理事等の
　　構成 …………………………………………………………………406
　　①　非営利性が徹底された法人 ……………………………………406
　　②　共益的活動を目的とする法人 …………………………………407

第28条　理事の職務及び権限

1 理事の職務及び権限（本条1項関係） ………………………… 411
- (1) 理事の職務・権限 ………………………………………… 411
- (2) 業務執行 …………………………………………………… 411
- (3) 理事の職務執行の監督 …………………………………… 411
- (4) 理事会で決定すべき事項 ………………………………… 412

2 代表理事（理事長）と業務執行権 ………………………… 413
- (1) 代表理事（理事長） ……………………………………… 413
- (2) 代表理事（理事長）の権限 ……………………………… 413
  - ① 代表権の範囲 ………………………………………… 413
  - ② 代表権の制限 ………………………………………… 414

3 代表理事以外の業務執行理事 ……………………………… 418
- (1) 業務執行理事の定義 ……………………………………… 418
- (2) 選定業務執行理事の業務執行権限 ……………………… 418
  - ① 業務執行の統一性 …………………………………… 419
  - ② 選定業務執行理事の選定権の問題 ………………… 419
- (3) 代表理事及び選定業務執行理事以外の理事 ………… 420

4 使用人兼務理事 ……………………………………………… 420
- (1) 意　義 ……………………………………………………… 420
- (2) 業務担当理事と使用人兼務理事の違い ……………… 421
- (3) 業務執行理事が法人事務局長を兼務することとの関係 ……… 421
  - ① 法人税法上の使用人兼務役員の扱い ……………… 422
  - ② 法人事務局長を兼ねる選定業務執行理事の取扱い ………… 423

5 表見代表理事 ………………………………………………… 424
- (1) 代表権を有すると認められる名称 ……………………… 424
- (2) 外観創出への法人の帰責原因 …………………………… 425
- (3) 外観への信頼 ……………………………………………… 425

6 業務執行理事の報告義務（本条3項関係） ……………… 425
- (1) 職務の執行状況の定期報告制度の意義 ……………… 425
- (2) 報告の回数とその時期 …………………………………… 426
- (3) 報告者と報告の内容・方法 ……………………………… 427
  - ① 報告者 ………………………………………………… 427
  - ② 報告内容 ……………………………………………… 427
  - ③ 報告の方法 …………………………………………… 428
- (4) 理事会への報告事項の付議基準 ……………………… 429

第29条　監事の職務及び権限
1　監事の職務と権限を定める一般法人法99条の趣旨 ……………… 432
2　監事の職務権限とその範囲 ……………………………………… 433
　(1)　監事の監査の対象 ……………………………………………… 433
　(2)　業務監査 ………………………………………………………… 434
　　①　業務監査の意義 …………………………………………… 434
　　②　適法性監査と妥当性監査 ………………………………… 434
　(3)　会計監査 ………………………………………………………… 436
3　監事の各個の職務・権限 ………………………………………… 437
　(1)　理事・使用人に対する報告請求権と業務・財産状況調査権（本条
　　　2項関係） ……………………………………………………… 437
　　①　理事・使用人に対する報告請求権 ……………………… 438
　　②　業務及び財産状況の調査権 ……………………………… 439
　(2)　子法人に対する報告請求権と業務・財産状況調査権 ……… 439
　　①　子法人報告・調査権の趣旨 ……………………………… 439
　　②　子法人報告・調査権の内容 ……………………………… 440
　　③　報告・調査の拒絶 ………………………………………… 440
　(3)　理事の報告義務 ………………………………………………… 441
　　①　法人に著しい損害を及ぼすおそれのある事実 ………… 441
　　②　報告義務のある理事 ……………………………………… 442
　　③　報告の時期・方法 ………………………………………… 442
　　④　報告を受けた者の対応 …………………………………… 443
　(4)　理事会出席権・意見陳述義務 ………………………………… 443
　(5)　監事による理事会の招集請求等 ……………………………… 444
　(6)　評議員会提出議案の調査及び報告義務 ……………………… 445
　　①　調査義務 …………………………………………………… 445
　　②　報告義務 …………………………………………………… 446
　(7)　監事による理事の行為の差止請求権 ………………………… 447
　　①　本条の趣旨 ………………………………………………… 447
　　②　差止請求権の性質 ………………………………………… 447
　　③　差止請求権の要件 ………………………………………… 447
　　④　差止請求権の行使の方法及び効果 ……………………… 448
　　⑤　仮処分 ……………………………………………………… 449
　(8)　法人と理事との間の訴訟の代表 ……………………………… 449
　　①　法人と理事との間の訴訟における法人代表者 ………… 449
　　②　監事が法人を代表すべき訴訟の範囲 …………………… 450

(9) 理事の賠償責任額の制限の議案等の同意権 ……………………… 450
(10) 各種の訴えの提起権 ………………………………………………… 450
(11) 会計監査人に対する報告請求権 ………………………………… 451
(12) 監査費用 …………………………………………………………… 451
　① 監査費用の範囲 ……………………………………………… 452
　② 監査費用の請求 ……………………………………………… 452
4　監事監査規程の制定 ……………………………………………… 453
(1) 監査に関する規程の整備の必要性 …………………………… 453
(2) 監事監査規程の作成 …………………………………………… 454
5　監査体制の整備 ………………………………………………… 457
(1) 監事の職務遂行のための組織の確立 ………………………… 457
　① 監事の監査体制 ……………………………………………… 457
　② 特定監事 ……………………………………………………… 457
　③ 職務の分担 …………………………………………………… 458
　④ 監事補助者 …………………………………………………… 458
(2) 会計監査人との連携 …………………………………………… 460
(3) 監事の職務の適切遂行に必要な理事等との意思疎通等 ……… 460
　① 理事等との意思疎通・情報収集・監査環境の整備（法施行規則
　　16条2項・62条）………………………………………………… 461
　② 監事の独立性（法施行規則16条3項・62条）……………… 462
　③ 他の監事等との意思疎通・情報交換（法施行規則16条4項・
　　62条）……………………………………………………………… 463
6　監事監査・監査報告 …………………………………………… 464
(1) 定時評議員会の日程と監事監査との関係 …………………… 464
(2) 計算関係書類等の作成 ………………………………………… 467
(3) 計算書類等の監査の通則 ……………………………………… 468
(4) 会計監査人非設置法人における監事の計算関係書類の監査・監査
　報告 ………………………………………………………………… 468
　① 監査報告の内容 ……………………………………………… 469
　② 監査報告の通知期限等 ……………………………………… 473
(5) 会計監査人設置法人における監事の計算関係書類の監査・監査報
　告 …………………………………………………………………… 474
　① 計算関係書類の提供 ………………………………………… 474
　② 監事の監査報告の内容 ……………………………………… 475
　③ 監査報告の通知期限 ………………………………………… 479
(6) 公益法人における計算関係書類の監事監査 ………………… 480

(7) 事業報告等の監査・監査報告 ……………………………… 481
　　① 事業報告等の監査 ………………………………………… 481
　　② 事業報告及びその附属明細書に関する監事の監査報告の内容
　　　　…………………………………………………………………… 482
　　③ 監査報告の通知期限等 ………………………………………… 485
(8) 監査報告書の一体化 ………………………………………… 487

第30条　会計監査人の職務及び権限
1　会計監査人の基本的職務・権限 ……………………………… 494
2　会計監査人の個別的職務・権限 ……………………………… 495
(1) 会計帳簿・資料の閲覧・謄写又は理事等に対する報告請求（本条
　　2項関係） ………………………………………………………… 495
(2) 法人又は子法人の業務・財産状況の調査 …………………… 496
　　① 法人の業務・財産状況の調査 ……………………………… 496
　　② 子法人の業務・財産状況の調査 …………………………… 497
(3) 補助者の欠格事由 ……………………………………………… 497
(4) 定時評議員会における意見陳述 ……………………………… 498
　　① 会計監査人の意見陳述権 …………………………………… 498
　　② 会計監査人の意見陳述義務 ………………………………… 499
(5) 会計監査人の善管注意義務 …………………………………… 499
(6) 意思疎通・監査環境の整備 …………………………………… 500
(7) 会計監査人の守秘義務 ………………………………………… 501
3　会計監査人と監事との関係等 ………………………………… 502
(1) 一般的関係 ……………………………………………………… 502
(2) 会計監査人の監事に対する報告義務 ………………………… 502
(3) 会計監査人に対する監事の報告請求権 ……………………… 503
(4) 会計監査人の職務の遂行に関する事項の通知義務 ………… 504
(5) 会計監査人の報酬等の決定に関する監事の関与 …………… 506
4　会計監査人の責任 ……………………………………………… 507
(1) 会計監査人の法人に対する責任 ……………………………… 507
　　① 任務懈怠による損害賠償責任 ……………………………… 507
　　② 職員の不正行為と会計監査人の責任 ……………………… 507
　　③ 職務担当社員・補助者を選任した場合の責任 …………… 508
　　④ 法人の損失と過失相殺 ……………………………………… 508
　　⑤ 複数の会計監査人が選任された場合の責任 ……………… 509
(2) 会計監査人の責任の免除 ……………………………………… 509

⑶　会計監査人の第三者に対する責任　‥‥‥‥‥‥‥‥‥‥‥‥‥　510
　⑷　会計監査人の刑事責任　‥‥‥‥‥‥‥‥‥‥‥‥‥‥‥‥‥‥‥　511
5　一時会計監査人　‥‥‥‥‥‥‥‥‥‥‥‥‥‥‥‥‥‥‥‥‥‥‥‥‥　511
6　会計監査人の監査、会計監査報告　‥‥‥‥‥‥‥‥‥‥‥‥‥‥　513
　⑴　会計監査人の監査　‥‥‥‥‥‥‥‥‥‥‥‥‥‥‥‥‥‥‥‥‥‥　513
　⑵　会計監査報告　‥‥‥‥‥‥‥‥‥‥‥‥‥‥‥‥‥‥‥‥‥‥‥‥　513
　　①　計算関係書類の提供　‥‥‥‥‥‥‥‥‥‥‥‥‥‥‥‥‥‥‥　513
　　②　会計監査報告の作成　‥‥‥‥‥‥‥‥‥‥‥‥‥‥‥‥‥‥‥　514
　　③　会計監査報告の内容　‥‥‥‥‥‥‥‥‥‥‥‥‥‥‥‥‥‥‥　515
　　④　会計監査報告の通知期限等　‥‥‥‥‥‥‥‥‥‥‥‥‥‥‥‥　517
　　⑤　会計監査報告書の書式例　‥‥‥‥‥‥‥‥‥‥‥‥‥‥‥‥‥　519

第31条　役員〈及び会計監査人〉の任期

1　理事の任期（本条1項関係）　‥‥‥‥‥‥‥‥‥‥‥‥‥‥‥‥‥　525
　⑴　理事の任期　‥‥‥‥‥‥‥‥‥‥‥‥‥‥‥‥‥‥‥‥‥‥‥‥‥　525
　⑵　任期の起算点　‥‥‥‥‥‥‥‥‥‥‥‥‥‥‥‥‥‥‥‥‥‥‥‥　526
　⑶　予選　‥‥‥‥‥‥‥‥‥‥‥‥‥‥‥‥‥‥‥‥‥‥‥‥‥‥‥‥　527
　⑷　定時評議員会が開催されない場合の任期の満了の時期　‥‥‥‥　527
　⑸　任期の短縮と伸長　‥‥‥‥‥‥‥‥‥‥‥‥‥‥‥‥‥‥‥‥‥‥　527
2　監事の任期（本条2項関係）　‥‥‥‥‥‥‥‥‥‥‥‥‥‥‥‥‥　528
3　補欠の理事及び監事の任期（本条3項関係）　‥‥‥‥‥‥‥‥‥　529
4　増員の理事及び監事の任期（本条3項なお書）　‥‥‥‥‥‥‥‥　529
5　補欠役員の選任　‥‥‥‥‥‥‥‥‥‥‥‥‥‥‥‥‥‥‥‥‥‥‥‥　531
　⑴　補欠役員制度　‥‥‥‥‥‥‥‥‥‥‥‥‥‥‥‥‥‥‥‥‥‥‥‥　531
　⑵　補欠の役員を選任する場合決定しなければならない事項　‥‥‥　531
　　①　当該候補者が補欠の役員である旨（法施行規則12条2項1号）
　　　‥‥‥‥‥‥‥‥‥‥‥‥‥‥‥‥‥‥‥‥‥‥‥‥‥‥‥‥‥‥　531
　　②　当該候補者を1人又は2人以上の特定の役員の補欠の役員とし
　　　て選任するときは、その旨及び当該特定の役員の氏名（同条2
　　　項2号）　‥‥‥‥‥‥‥‥‥‥‥‥‥‥‥‥‥‥‥‥‥‥‥‥‥‥　532
　　③　同一の役員（2人以上の役員の補欠として選任した場合にあっ
　　　ては、当該2人以上の役員）につき2人以上の補欠の役員を選
　　　任するときは、当該補欠の役員相互間の優先順位（同条2項3
　　　号）　‥‥‥‥‥‥‥‥‥‥‥‥‥‥‥‥‥‥‥‥‥‥‥‥‥‥‥‥　532
　　④　補欠の役員について、就任前にその選任の取消しを行う場合が
　　　あるときは、その旨及び取消しを行うための手続（同条2項4

号）‥‥‥‥‥‥‥‥‥‥‥‥‥‥‥‥‥‥‥‥‥‥‥ 532

(3) 補欠の役員の選任に係る決議が効力を有する期間（法施行規則
12条3項）‥‥‥‥‥‥‥‥‥‥‥‥‥‥‥‥‥‥‥‥‥‥‥ 533

6　役員等に欠員を生じた場合の措置 ‥‥‥‥‥‥‥‥‥‥ 535

(1) 一般法人法75条の趣旨 ‥‥‥‥‥‥‥‥‥‥‥‥‥‥‥ 535

(2) 役員に欠員を生じた場合（本条4項関係）‥‥‥‥‥‥‥‥ 535

① 権利義務の継続の要件 ‥‥‥‥‥‥‥‥‥‥‥‥‥ 535

② 権利義務者の地位 ‥‥‥‥‥‥‥‥‥‥‥‥‥‥‥ 537

(3) 一時役員の選任 ‥‥‥‥‥‥‥‥‥‥‥‥‥‥‥‥‥ 538

(4) 一時会計監査人の選任 ‥‥‥‥‥‥‥‥‥‥‥‥‥‥ 539

① 一時会計監査人制度 ‥‥‥‥‥‥‥‥‥‥‥‥‥‥ 539

② 一時会計監査人の資格・権限・任期等 ‥‥‥‥‥‥‥ 540

7　代表理事に欠員を生じた場合の措置 ‥‥‥‥‥‥‥‥‥ 541

(1) 一般法人法79条の趣旨 ‥‥‥‥‥‥‥‥‥‥‥‥‥‥ 541

(2) 代表理事の権利義務者 ‥‥‥‥‥‥‥‥‥‥‥‥‥‥ 541

① 代表理事の退任態様と留任義務 ‥‥‥‥‥‥‥‥‥ 542

② 代表理事権利義務者の地位 ‥‥‥‥‥‥‥‥‥‥‥ 542

(3) 一時代表理事の選任 ‥‥‥‥‥‥‥‥‥‥‥‥‥‥‥ 543

8　理事の職務を代行する者の権限 ‥‥‥‥‥‥‥‥‥‥ 545

(1) 職務執行停止・職務代行者の選任の趣旨 ‥‥‥‥‥‥‥ 545

(2) 職務代行者の法的地位 ‥‥‥‥‥‥‥‥‥‥‥‥‥‥ 545

(3) 職務代行者の権限 ‥‥‥‥‥‥‥‥‥‥‥‥‥‥‥ 546

(4) 裁判所の許可 ‥‥‥‥‥‥‥‥‥‥‥‥‥‥‥‥‥ 546

(5) 職務代行者の権限踰越行為と法人の責任 ‥‥‥‥‥‥‥ 547

9　会計監査人の任期（本条5項関係）‥‥‥‥‥‥‥‥‥ 547

(1) 会計監査人の任期の法定と当然再任制 ‥‥‥‥‥‥‥‥ 547

(2) 会計監査人の任期 ‥‥‥‥‥‥‥‥‥‥‥‥‥‥‥ 549

(3) 会計監査人の自動再任 ‥‥‥‥‥‥‥‥‥‥‥‥‥‥ 550

(4) 会計監査人設置に係る定款規定の廃止と会計監査人の退任 ‥‥ 551

10　理事の任期と定年制 ‥‥‥‥‥‥‥‥‥‥‥‥‥‥ 552

(1) 理事の在任期間の長期化 ‥‥‥‥‥‥‥‥‥‥‥‥‥ 552

(2) 在任期間長期化への対応策と定年制 ‥‥‥‥‥‥‥‥‥ 553

(3) 理事の定年制導入の方法 ‥‥‥‥‥‥‥‥‥‥‥‥‥ 554

① 定款で理事の定年制を設ける方法‥‥‥‥‥‥‥‥‥ 554

② 理事会規則で理事の定年制を設ける方法‥‥‥‥‥‥‥ 556

(4) 理事の定年制導入と留意点 ‥‥‥‥‥‥‥‥‥‥‥‥ 558

① 定年制導入に関する定款変更と理事会の同意……………………558
② 理事会規則に定める理事の定年制についての留意点…………559

第32条　役員〈及び会計監査人〉の解任

1　理事及び監事の解任　……………………………………………563
　(1)　解任事由　………………………………………………………563
　　①　職務上の義務に違反し、又は職務を怠ったとき（法176条1項
　　　　1号）……………………………………………………………563
　　②　心身の故障のため、職務の執行に支障があり、又はこれに堪え
　　　　ないとき（同条1項2号）………………………………………563
　(2)　解任手続　………………………………………………………564
2　会計監査人の解任　………………………………………………564
　(1)　評議員会の決議による会計監査人の解任（本条2項関係）……564
　　①　職務上の義務に違反し、又は職務を怠ったとき（法176条2項・
　　　　71条1項1号）…………………………………………………565
　　②　会計監査人としてふさわしくない非行があったとき（法176条
　　　　2項・71条1項2号）……………………………………………565
　　③　心身の故障のため、職務の執行に支障があり、又はこれに堪え
　　　　ないとき（法176条2項・71条1項3号）………………………565
　(2)　監事による会計監査人の解任（本条3項関係）……………………565
　　①　解任事由　……………………………………………………566
　　②　解任手続　……………………………………………………566
3　役員等の解任決議不成立と解任の訴え　………………………567
　(1)　評議員会の解任決議　…………………………………………567
　(2)　解任事由　………………………………………………………567
　(3)　提訴権者等　……………………………………………………568
　(4)　職務執行停止の仮処分、訴えの利益及び判決の効果　………569

第33条　役員〈及び会計監査人〉の報酬等

1　一般法人法89条・105条の趣旨　…………………………………573
2　委任と報酬との関係　……………………………………………573
　(1)　委任無償の原則　………………………………………………573
　(2)　わが国の無償原則　……………………………………………574
　(3)　報酬請求権の発生要件　………………………………………575
3　報酬等の意義　……………………………………………………575
　(1)　職務執行の対価としての法人から受ける財産上の利益　………576

① 職務執行の対価 ……………………………………………… 576
　　② 財産上の利益 ………………………………………………… 577
　　③ 法人から出捐されているか ………………………………… 577
　(2) 職務執行のための費用の支給と報酬規制との関係（本条2項関
　　係）………………………………………………………………… 578
　(3) 費用弁償の支給とその額 …………………………………………… 579
　　① 費用弁償の意義 ……………………………………………… 579
　　② 費用弁償の額・支給方法 …………………………………… 579
　(4) 使用人兼務理事の使用人給与分と報酬規制との関係 ……… 580
　　① 使用人兼務理事の意義 ……………………………………… 580
　　② 使用人兼務理事と法人との関係 …………………………… 581
　　③ 使用人兼務理事制度のメリット …………………………… 582
　　④ 使用人兼務理事の使用人としての給与 …………………… 582
　　⑤ 使用人兼務理事の使用人給与支払と自己取引との関係 …… 583
4　報酬等の決定方法 …………………………………………………… 585
　(1) 定款又は評議員会で定める意義 …………………………………… 585
　(2) 定款又は評議員会の決議による決定の方法 ……………………… 585
　(3) 監事の協議による決定の方法 ……………………………………… 585
　(4) 評議員会における監事の報酬等についての意見陳述権 ……… 586
5　賞与 …………………………………………………………………… 587
6　退職慰労金（退職手当）・弔慰金 ……………………………………… 587
　(1) 報酬該当性 …………………………………………………………… 587
　(2) 退職慰労金（退職手当）の決定方法 ……………………………… 588
　　① 理事の退職慰労金 …………………………………………… 588
　　② 監事の退職慰労金 …………………………………………… 590
　　③ 「一定の基準」を決定する主体 …………………………… 591
　(3) 役員等の責任軽減後における退職慰労金に関する特則 ……… 591
7　公益財団法人の理事等に対する報酬等についての規制 ………… 592
　(1) 報酬等の支給基準を定めることの趣旨 ………………………… 593
　(2) 報酬等の支給の基準に定める事項 ……………………………… 593
　　① 理事等の勤務形態に応じた報酬等の区分（FAQ問V-6-⑥：①）
　　………………………………………………………………………… 593
　　② その額の算定方法（FAQ問V-6-⑥：②）………………… 594
　　③ 支給の方法（FAQ問V-6-⑥：③）………………………… 594
　　④ 支給の形態（FAQ問V-6-⑥：④）………………………… 595
　(3) 報酬等支給基準を決定する主体 ………………………………… 595

⑷　退職慰労金の決定方法　……………………………………………… 596

　⑸　モデル定款のＡ（案）、Ｂ（案）の選択について（本条１項関係）

　　　……………………………………………………………………………… 596

　　①　モデル定款Ａ（案）について　…………………………………… 596

　　②　モデル定款Ｂ（案）について　…………………………………… 596

　⑹　常勤・非常勤の概念　………………………………………………… 597

　　①　勤務日数による常勤・非常勤の区分　…………………………… 597

　　②　役員報酬の有給・無給との関係からの常勤・非常勤の区分

　　　…………………………………………………………………………… 598

　　③　会社法上の常勤監査役の「常勤」の意義　……………………… 598

　　④　実務上の常勤・非常勤の区分　…………………………………… 599

8　会計監査人に支払うべき報酬等（本条３項関係）　……………… 599

9　理事等に対する報酬等の支給基準の開示　…………………………… 600

　⑴　公益財団法人の理事等に対する報酬等の支給基準の開示　…… 600

　⑵　一般財団法人の理事等に対する報酬等の支給基準の開示　…… 601

10　役員等の報酬等及び費用弁償に関する規程の作成について　…… 601

　⑴　役員の報酬と評議員会の決議との関係　…………………………… 601

　　①　理事の報酬（常勤）　………………………………………………… 602

　　②　監事の報酬（常勤）　………………………………………………… 602

　⑵　評議員の報酬の定め方　……………………………………………… 602

　⑶　報酬等の支給の基準の作成　………………………………………… 603

第34条　取引の制限

1　一般法人法84条の趣旨　…………………………………………………… 610

2　理事の競業避止義務（本条１項１号関係）　………………………… 611

　⑴　競業避止義務の意義　………………………………………………… 611

　⑵　規制の対象　…………………………………………………………… 612

　　①　法人の事業の部類に属する取引　………………………………… 612

　　②　「自己又は第三者のために」の意味　……………………………… 612

　⑶　重要な事実の開示と理事会の承認　………………………………… 613

　　①　重要な事実の開示　………………………………………………… 613

　　②　理事会の承認の方法と時期　……………………………………… 614

　⑷　競業避止義務違反の行為の効力　…………………………………… 614

　　①　取引の効力　………………………………………………………… 614

　　②　損害賠償責任　……………………………………………………… 615

3　理事の利益相反取引の規制（本条１項２号・３号関係）　………… 616

(1)	規制の趣旨	616
(2)	規制の対象	616
①	直接取引	616
②	間接取引	618
(3)	重要な事実の開示と理事会の承認	618
(4)	利益相反取引規制違反の行為の効果	619
①	取引の効力	619
②	無効を主張できる者	621
③	損害賠償責任	621
(5)	民法108条との関係	622
4	競業取引後・利益相反取引後の理事会への報告義務	623
(1)	報告義務者	623
(2)	報告の意義	624
(3)	報告の時期・内容	624

第35条　役員等の責任の一部免除又は限定

1	一般法人法111条の趣旨	628
2	役員等の損害賠償責任	628
(1)	責任原因	628
①	任務懈怠	628
②	競業取引による損害賠償責任の特則	631
③	利益相反取引による損害賠償責任の特則	632
④	理事が自己のためにした取引に関する特則	633
(2)	役員等の責任の免除	634
①	責任の免除の種類	634
②	責任の全部免除	634
③	責任の一部免除	635
④	役員損害賠償責任保険	648
3	役員等の第三者に対する損害賠償責任	649
(1)	一般法人法117条の機能	649
(2)	一般法人法117条1項の責任	649
①	責任の性質	649
②	任務懈怠行為と悪意・重過失の対象	652
③	「第三者」の範囲	653
④	損害賠償責任の消滅時効	653
(3)	一般法人法117条2項の責任	654

①　一般法人法117条2項の趣旨　　　　　　　　　　　　　654
②　役員等の計算書類等の虚偽記載・虚偽公告等の責任　　654
⑷　役員等及び評議員の連帯責任　　　　　　　　　　　　　655

第36条　名誉理事長及び顧問
1　任意機関の設置と定款上の定め　　　　　　　　　　　658
2　公益法人における任意機関の設置の場合の留意事項　　658
3　任意機関を設置する場合の要件　　　　　　　　　　　659
⑴　任意機関の設置根拠　　　　　　　　　　　　　　　　659
⑵　任意機関の設置目的　　　　　　　　　　　　　　　　659
⑶　任意機関の職務・権限　　　　　　　　　　　　　　　660
⑷　任意機関の選任・解任　　　　　　　　　　　　　　　660
⑸　任意機関の人数・任期　　　　　　　　　　　　　　　660
⑹　報酬等の支払いの有無　　　　　　　　　　　　　　　660
⑺　任意機関の形骸化の防止　　　　　　　　　　　　　　661
4　本条に基づく任意機関の設置　　　　　　　　　　　　661
⑴　名誉理事長及び顧問の設置は例示　　　　　　　　　　661
⑵　名誉理事長等の定数（本条1項関係）　　　　　　　　661
⑶　名誉理事長等の職務・権限　　　　　　　　　　　　　662
⑷　名誉理事長等の選任・解任（本条3項関係）　　　　　663
⑸　名誉理事長等の任期（本条4項関係）　　　　　　　　663
⑹　名誉理事長等に対する報酬等の支払い（本条5項関係）　663

【参考】　各種書式例一覧（※下巻のCD-ROMにデータを収録）

〈上巻〉
1-1　法人名変更時の評議員会議事録の書式例　　　　　　　　　17
1-2　公益（一般）財団法人の名称の変更登記申請書の書式例　　　19
1-3　一般財団法人が公益認定を受けた場合の変更登記申請書の書式例
　　　　　　　　　　　　　　　　　　　　　　　　　　　　23
1-4　公益財団法人が名称を変更した場合、行政庁に提出する変更届出書
　　の記載例　　　　　　　　　　　　　　　　　　　　　　25
2-1　変更認定申請書の記載例　　　　　　　　　　　　　　　42
2-2　変更届出書の記載例　　　　　　　　　　　　　　　　　45
2-3　公益目的支出計画等変更届出書の記載例　　　　　　　　46
3-1　変更認定申請書の記載例　　　　　　　　　　　　　　　66

3-2	変更届出書の記載例	68
5-1	寄附書の書式例	103
7-1	財産管理運用規程の例	113
7-2	財産管理台帳の書式例	116
7-3	資金運用規程の例	119
9-1	資金調達及び設備投資の見込みを記載した書類の様式	142
9-2	補正収支予算書の様式例	150
9-3	暫定収支予算書の様式例	153
9-4	参考：収支予算書（損益ベース）	155
9-5	参考：収支予算書内訳表（損益ベース）	156
10-1	計算書類の附属明細書の様式例	168
10-2	財産目録の様式及び記載例	171
10-3	キャッシュ・フロー計算書様式（直接法）	178
10-4	キャッシュ・フロー計算書様式（間接法）	179
10-5	運営組織及び事業状況の概要書の様式	182
10-6	事業報告の記載例	197
10-7	事業報告の附属明細書の記載例	203
13-1	評議員候補者推薦書の書式例	241
13-2	評議員選定委員会運営規則の例	242
13-3	就任承諾書の書式例	244
13-4	評議員選定委員会議事録の書式例	245
14-1	評議員の辞任届の書式例	261
19-1	評議員会招集手続省略の提案書の書式例	287
19-2	評議員会招集手続省略の同意書の書式例	288
19-3	評議員会招集通知の書式例	289
22-1	理事に対する提案書の書式例	326
22-2	監事に対する提案書の書式例	327
22-3	理事の同意書の書式例	328
22-4	監事の異議の有無の確認書の書式例	328
22-5	理事会の決議の省略の議事録の書式例	329
22-6	評議員会における決議の省略の提案書の書式例	330
22-7	評議員の同意書の書式例	331
22-8	評議員会の決議があったものとみなされた評議員会議事録の書式例	331
22-9	就任承諾書の書式例	332
23-1	評議員への報告事項通知書の書式例	336

23-2	評議員の同意書の書式例 ……………………………	337
23-3	評議員会への報告があったものとみなされた評議員会議事録の書式	
	例 …………………………………………………………	337
24-1	評議員会の議事録の書式例 ……………………………	351
27-1	理事の就任承諾書の書式例 ……………………………	373
27-2	監事への監事選任議案に関する同意を求める場合の書式例 ……	374
27-3	監事選任議案に関する監事の同意書の書式例 ………………	375
27-4	会計監査人の選任議案（候補者が監査法人である場合）の記載例	
	…………………………………………………………	377
27-5	会計監査人の就任承諾書の書式例 ……………………	378
27-6	代表理事選定時の理事会議事録の書式例 ……………	385
27-7	代表理事の就任承諾書の書式例 ………………………	386
28-1	職務執行状況報告書の書式例 …………………………	429
29-1	監事監査規程の例 ………………………………………	454
29-2	計算書類・その附属明細書に関する監査報告書の書式例 ………	471
29-3	会計監査人設置法人の監査報告書の書式例 …………	478
29-4	事業報告・その附属明細書に関する監査報告書の書式例 ………	485
29-5	会計監査人非設置法人の事業報告・計算書類等の監査報告書の書式	
	例 ………………………………………………………………	488
29-6	会計監査人設置法人の事業報告・計算書類等の監査報告書の書式	
	…………………………………………………………	489
30-1	公益社団・財団法人で法定監査である場合の文例（文例1）……	520
33-1	役員及び評議員の報酬等に関する規程の例 …………	603
33-2	役員等の費用弁償規程の例 ……………………………	605
35-1	責任免除に関する監事の同意書の書式例 ……………	639
35-2	評議員会において役員等の責任の免除を議案とした場合の議事録の	
	書式例 …………………………………………………	640
35-3	責任限定契約書の書式例 ………………………………	647

第1章

総　則

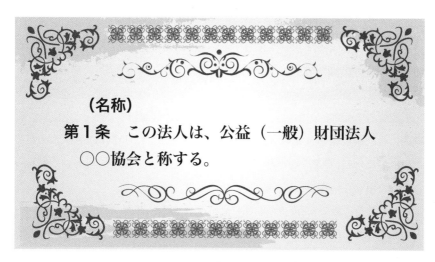

1　法人の名称

(1) 一般社団法人・一般財団法人の名称

① 公益法人制度改革に関する有識者会議報告書における一般的な非営利法人制度

　公益法人制度改革に関する有識者会議報告書（平成16年11月19日。以下「報告書」という。）において、基本方針として、「公益法人制度の抜本的改革に関する基本方針」（平成15年6月27日閣議決定）に基づき、「法人格の取得と公益性の判断が一体となった公益法人制度を改め、一般的な非営利法人制度については、公益性の有無に関わらず、準則主義（登記）により簡便に法人格を取得できるものとする」とし、その名称として、「非営利法人」という仮称が用いられていた（注1）。
　この場合の一般的な非営利法人制度における法人類型は、一定の目的の下に結合した人の集合に法人格を付与する社団形態の非営利法人と一定の目的の下に結合された一団の財産に法人格を付与する財団形態の非営利法人の2種類と

し、前者は「営利を目的としない社団」と定義し、後者については、財団における「非営利」の意味と併せて検討する必要があると報告している（報告書5頁）。

② 法律の立案の段階での審議経過

　上記報告を受け、法律の立案の段階において、「非営利」という用語は、伝統的には「剰余金の分配を目的としない」（注2）という意味に用いられるが、そのほかに「収益事業を行わない」、あるいは「利益を追求しない」という異なった意味で用いられることがある。

　むしろ社会一般では、後者の意味で理解されることが多いため、「非営利法人」という名称を採用すると、法律上もそのような制約のある法人であるとの誤解を招くおそれがあるとの指摘がされた（注3）。

③ 収益事業等の実施

　一般社団法人・一般財団法人は、社員又は設立者に剰余金又は残余財産の分配を受ける権利を付与することができない（法11条2項・153条3項2号）ので、前述の伝統的な意味における「非営利」の法人ではあるが、収益事業を行うことは何ら妨げられない（注4）。

　また、行政庁による公益認定（認定法4条）を受けた公益社団法人・公益財団法人であっても、公益目的事業（認定法2条4号）以外の事業（収益事業等）を行い得ることが前提とされている（認定法5条7号等）。

④ 公益社団法人・公益財団法人との名称の区分の必要性

　以上のような経緯から、非営利法人に関する名称について改めて検討が加えられた結果、新たに創設される法人制度は、剰余金の分配を目的としない限り、幅広い活動を行う団体等について、その行う事業の公益性の有無にかかわらず、登記によって一般的に法人格を付与するものであり、また行政庁による公益認定を受けた法人の名称である「公益社団法人」及び「公益財団法人」という名称と区別する必要があることから、その法人の名称は「一般社団法人」及び「一

般財団法人」とすることが適当であると判断されたことによるものである。

　なお、法人の名称を「社団法人」及び「財団法人」としなかったのは、「社団法人」、「財団法人」という名称は、明治29年に民法が制定（明治29年4月27日公布、同31年7月16日施行）されて以来、公益を目的とする法人を意味する名称として広く用いられていること、また、公益法人制度改革関連3法の施行後（平成20年12月1日以後）、平成25年11月30日までの5年間（移行申請期間）の経過後も移行登記が終了するまでの間、特例民法法人（整備法42条。整備法106条1項〔121条1項において読み替えて準用する場合を含む。〕の登記をしていない特例社団法人・特例財団法人）が、「社団法人」及び「財団法人」という名称を使用し続けること等の理由により、その誤認混同による社会的混乱を防ぐ必要があるということによるものである（注5）。

⑤　一般財団法人の名称の意義

　一般財団法人の名称は、自然人における戸籍上の氏名や会社の商号に相当するものであり、定款の必要的記載事項（絶対的記載事項）とされている（法153条1項2号）。また、名称は登記が強制されるので（法302条2項2号）、登記ができるものでなければならない。

　「名称」とは、一般財団法人が他の法人と区別し、自己を個別化するために用いる言語的符号である（注6）。通常、「この法人は、一般財団法人○○（協）会と称する」というように記載される。法人の同一性を表す名称は一つであるので、当然に法人の名称は一つに限られる。

⑥　名称に関する文字の使用制限

　一般財団法人は、その種類に従い、その名称中に、「一般財団法人」という文字を用いなければならない（法5条1項）。

　その趣旨は、一般財団法人はその法人類型によって組織が異なるため、いかなる種類の法人であるかを名称中に明示させることによって、一般財団法人と取引しようとする第三者の保護を図ることにある（注7）。

また、一般社団法人は、その名称中に、一般財団法人であると誤認されるおそれのある文字を、一般財団法人は、その名称中に、一般社団法人であると誤認されるおそれのある文字を使用してはならないとされている（法5条2項・3項）。その趣旨は、一般法人法5条1項と同様に、取引の安全を図り、相手方が他の類型の法人であると誤認することを避けることにある（注8）。

このため、例えば、一般財団法人がその名称中に「社団」という文字を使用することはできない。

なお、この一般法人法5条2項又は3項の規定に違反した者は、20万円以下の過料に処せられる（法344条1号・2号）。

⑵　公益認定を受けた一般財団法人の名称の変更

一般財団法人として新規に設立した後に、当該法人が公益目的事業を行う場合には、公益法人認定法4条の規定により行政庁の公益認定を受けることができる。

公益認定を受けた一般財団法人は、その名称中の一般財団法人の文字を、公益財団法人と変更する定款の変更をしたものとみなすこととされている（認定法9条1項）。そして、行政庁からの公益認定を受けたことを証する書面を一般財団法人変更登記申請書に添付し、一般財団法人から公益財団法人への名称変更を行う（同条2項）。

公益財団法人は、その名称中に公益財団法人という文字を用いなければならない（同条3項）。

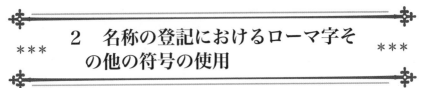

2　名称の登記におけるローマ字その他の符号の使用

一般社団法人等登記規則3条において商業登記規則50条の規定（商号を登記するには、ローマ字その他の符号で法務大臣の指定（告示）するものを用いることができる。）が準用されているので、公益（一般）財団法人についても、その名称の

登記にローマ字その他の符号を使用することができる。

名称の登記に使用できる文字については、以下のローマ字と符合を使用することができるものとされている（平成14年7月31日法務省告示第315号）。

① ローマ字（AからZまでの大文字及び小文字）

② アラビヤ数字（０１２３４５６７８９）

③ アンパサンド「&」

④ アポストロフィー「'」

⑤ コンマ「,」

⑥ ハイフン「-」

⑦ ピリオド「.」

⑧ 中点「・」

ただし、符合の使用については一定の制限があり、②のアラビヤ数字を除く符合（③～⑧）については、字句（日本文字を含む。）を区切る際の符合として使用する場合に限り用いることができるが、法人の種類を表す部分を除いた名称の先頭又は末尾に使用することはできない（ただし、ピリオドについては、省略を表すものとして、名称の末尾に使用することができる。平成14年7月31日民商第1839号民事局長通達〔記1〕）。

なお、ローマ字を用いて複数の単語を表記する場合に限り、当該単語の間を空白（スペース）によって区切ってもよいとされている（平成14年7月31日民商第1841号民事局商事課長依命通知記の第1の1(3)なお書）。

また、ローマ字名称について、㋐法令により使用が義務付けられている文字の使用、㋑法令により使用が制限されている名称、㋒公序良俗に反する名称の使用制限については、従前どおりとされている（上記商事課長依命通知記の第1の2）。

3 同一の所在場所における同一の名称の登記の禁止

　一般法人法330条において、商業登記法27条（商号の登記は、その商号が他人の既に登記した商号と同一であり、かつ、その営業所〔会社にあっては、本店。以下この条において同じ。〕の所在場所が当該他人の商号の登記に係る営業所の所在場所と同一であるときは、することができない。）が準用されている。

　したがって、公益（一般）財団法人は、他の法人が既に登記した名称と同一であり、かつ、主たる事務所の所在場所が当該他の法人の主たる事務所の所在場所と同一である場合、登記をすることができないことになる。

　「同一の名称」とは、公益（一般）財団法人の種類を表す部分を含め、名称全体の表記そのものが完全に一致することをいう。漢字と平仮名のように、読み方が同一であっても表記が異なるときは、同一の名称には当たらない。

　商業登記法27条の趣旨は、法人の同一性を誤解することによる社会の混乱を回避する点にあるから、現存する法人である限り、清算手続中の法人についても同条の規律は妥当するが、清算結了後の閉鎖登記簿に係る法人については、同条の規律は妥当しない。

　次に、「同一の主たる事務所（本店）」とは、既に登記された他の法人の主たる事務所の所在場所と区分することができない場所に主たる事務所があることをいう。例えば、他の法人の主たる事務所が「○○ビル」と既に登記されているときは、同一名称の法人は、その主たる事務所を「○○ビル○階」として登記することはできない（注9）。

　なお、同一の名称・同一の主たる事務所の関係にない場合は、商業登記法27条には抵触しないが、不正の目的をもって他の公益（一般）財団法人と誤認されるおそれのある名称等を使用する者は、その侵害の停止又は予防の請求の訴え（法7条）を提起されるおそれがある。

第1条　名称

第1章
総則

4　一般社団法人・一般財団法人、公益社団法人・公益財団法人と誤認させる名称等の使用の禁止

＊＊＊

一般法人法6条及び7条は、一般社団法人又は一般財団法人と誤認されるおそれのある名称又は商号の使用については、取引の安全を図り、相手方の誤認を避けるため、以下のような規律を定めている。

(1)　一般社団法人・一般財団法人、公益社団法人・公益財団法人と誤認させる名称等の使用の禁止

一般法人法6条は、「一般社団法人又は一般財団法人でない者は、その名称又は商号中に、一般社団法人又は一般財団法人であると誤認されるおそれのある文字を用いてはならない」と規定する。

公益社団法人又は公益財団法人の名称についても、これと同様の規定が設けられており（認定法9条4項）、また会社法7条にも同様な規定が設けられている。

一般法人法6条の「一般社団法人又は一般財団法人であると誤認されるおそれのある文字」とは、一般社団法人又は一般財団法人という文字は勿論のこと、それに限定されない（注10）。

なお、この一般法人法6条の規定に違反した者は、20万円以下の過料に処せられる（法344条3号）。一方、公益法人認定法9条4項の規定に違反した者は、50万円以下の罰金に処せられる（認定法63条1号）。

(2)　不正目的による名称等の使用の禁止

①　一般社団法人・一般財団法人

ⅰ　使用禁止の要件

一般法人法7条1項は、「何人も、不正の目的をもって、他の一般社団法人

又は一般財団法人であると誤認されるおそれのある名称又は商号を使用してはならない」と定めている。

「不正の目的」とは、ある名称又は商号を使用することにより、第三者をして、自己の事業又は営業を、その名称又は商号によって表示される一般社団法人又は一般財団法人の事業であるかのように誤認させようとする意思をいうと解されている（注11）。

また、「名称又は商号の使用」の形態としては、契約締結等の自己の法律行為に関して使用する場合に限らず、看板、広告等において事実上使用する場合も含まれる（注12）。

なお、この一般法人法7条1項の規定に違反した者は、20万円以下の過料に処せられる（法344条4号）。

ii 効果

一般法人法7条1項に違反する行為によって事業に係る利益を侵害され、または侵害されるおそれがある一般社団法人又は一般財団法人は、その事業に係る利益を侵害する者又は侵害するおそれがある者に対し、その侵害の停止又は予防を請求することができる（法7条2項）。

なお、一般法人法7条2項の要件を満たすような態様の利益侵害行為であれば、十分、民法709条の不正行為に該当することが認められるものと解される。

② 公益社団法人・公益財団法人

公益社団法人又は公益財団法人についても、公益法人認定法9条5項において、一般法人法7条1項の規定と同じ内容の規定が設けられている。すなわち、「何人も、不正の目的をもって、他の公益社団法人又は公益財団法人であると誤認されるおそれのある名称又は商号を使用してはならない」という規定である。解釈としては、一般法人法7条1項と同じである。

なお、この公益法人認定法9条5項の規定に違反して、他の公益社団法人又は公益財団法人であると誤認されるおそれのある名称又は商号を使用した者は、50万円以下の罰金に処せられる（認定法63条2号）。

一般法人法7条1項の規定の違反者には20万円以下の過料（金銭罰）であるのに対し、公益法人認定法9条5項の規定の違反者は50万円以下の罰金（財産刑）であり、重い処罰を受けることとなる。

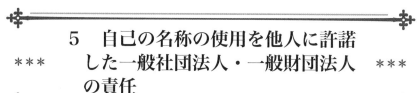

5　自己の名称の使用を他人に許諾した一般社団法人・一般財団法人の責任

(1) 一般法人法8条の趣旨

　一般法人法は、自己の名称を使用して事業又は営業を行うことを他人に許諾した一般社団法人又は一般財団法人のいわゆる名板貸し（本人が他人に対して自己の名義を貸与して取引することを許諾すること）による責任について、当該一般社団法人又は一般財団法人が当該事業を行うものと誤信して当該他人と取引をした者に対し、当該他人と連帯して、当該取引によって生じた債務を弁済する責任を負う旨を規定している（法8条）。

　この8条は、自己の名称の使用を他人に許諾し、もって、当該他人のする取引が自己の取引であるかのような外観を作り出した一般社団法人又は一般財団法人は、この外観を信頼して取引した第三者に対し、自ら責任を負うべきであるという、英米法上の原則である禁反言ないしドイツ法における権利外観理論に基礎を置く規定である（注13）。

① 禁反言の意義

　英米法上の原則であるエストッペル（estopel）の訳で、わが国では「禁反言」と言っている。自らがなした先行行為を信頼して利害関係を持つにいたった者に対する矛盾行為を禁じ、取引の安全を保護するために重要な機能を持っている。禁反言には、㋐記録による禁反言、㋑捺印証書による禁反言、㋒表示による禁反言、㋓法廷外の行為による禁反言などがある。このうち、㋒の「表示に

内閣府モデル定款から読み解く公益・一般法人の法人運営手続　財団編（上巻）

よる禁反言」が最も重要とされている。

　民法94条2項、109条等が、この法理の具体的表れであるとされている。例えば、Aがある行為ないし表示をし、法律関係の相手方BがそのAの行為を信頼して行動したのに、後にAが自己の行為と矛盾する主張をした結果、法文の文理によればBが不利益を受けざるを得なくなるという場合に、このようなAの主張は反倫理的なものであるとして排除されるのである。

②　権利外観理論の意義

　ドイツ法におけるRechtsscheintheorie（法外観の理論）に由来するもので、真実と異なる権利の外観を作出した者は、その外観を信頼して行為をした者に対して、外観どおりの責任を負うべきであるいう理論で、外観主義ともいう。禁反言と機能的に類似している。

　一般的には、外観作出者にはそれについての帰責事由があり、外観を信頼した者は善意かつ無過失であることが要求される。外観に対する信頼を保護することによって、取引の安全と迅速性に資することを目的とする。

　民法にも、意思表示の表示主義に関する規定（民法93条・94条2項・96条3項）、表見代理の規定（民法109条・110条・112条）など、権利外観理論に基づく規定がある。

⑵　名称使用の許諾

　許諾は、その方法を問わず、明示の場合のみならず、黙示の許諾も含まれる（最高裁昭和30年9月9日・昭和33年2月21日）。しかし、他人が自己の名称を使用して事業又は営業を行うことを知りながら、これを阻止しないからといって、当然に黙示の許諾を擬制されるわけではない。第三者における事業主の誤認の可能性との関係において、放置することが社会通念上妥当でないと認められる状況においてこれを放置した場合に、黙示の許諾と認められると解すべきである。

(3) 事業又は営業の同種性

　被許諾者に名称使用が許諾される事業又は営業は、許諾者が行っている事業又は営業と同種のものであることが要求されるかである。判例は、一般論としては「特段の事情のない限り、名称使用の許諾を受けた者の事業がその許諾をした者の事業と同種の事業であることを要するものと解するのが相当である」と解している（最高裁昭和43年6月13日）。その根拠として、一般には、事業の同種性がなければ取引相手方に事業主体の誤認混同も生じないからだとされている。

(4) 相手方の誤認混同

　一般法人法8条は、権利外観理論に基づくものであるから、取引相手方において誤認したことにつき、重過失がないことを要求するのが、判例である（最高裁昭和41年1月27日）。判例は、「たとえ誤認が取引をなした者の過失による場合であっても、名義貸与者はその責任を免れ得ないものというべく、ただ重大な過失は悪意と同様に取り扱うべきものであるから、誤認して取引をなした者に重大な過失があるときは、名義貸与者はその責任を免れるものと解するのを相当とする」としている。これによれば、取引相手方の重過失は、名板貸人において証明責任を負うものと解される（最高裁昭和43年6月13日）。

(5) 取引によって生じた債務

　名板貸人の責任は、名称使用の許諾を与えた事業又は営業の範囲内で、第三者と名板借人との取引によって生じた名板借人の債務について負う。取引によって生じた債務は、直接取引により生じた債務に限らず、名板借人の債務不履行による損害賠償支払債務、契約解除による原状回復義務なども含まれる。

　従業員との雇用契約から生じる雇主の債務も、取引により生じた債務であるが（東京高裁昭和52年10月19日）、従業員が事業主につき悪意となり、または過失があった時以後の債務については、名板貸人は責任を負わない（神戸地裁昭

和35年8月19日、東京地裁昭和42年4月12日)。

　名板借人による不法行為債務については、それが交通事故等の事実的不法行為によるものである場合には、事業主体の誤認という外観信頼の要素が認められないので、一般法人法8条には該当しない（最高裁昭和52年12月23日）。

　しかし、取引的不法行為の場合には、事業主体の誤認という外観信頼の要素が十分あり得るので、一般法人法8条に該当すると解するのが判例である（最高裁昭和58年1月25日）。

　例えば、名板借人により詐欺的取引が行われたような場合には、それによって取引相手方が主張する損害賠償請求権につき、名板貸人は責任を免れないこととなる。

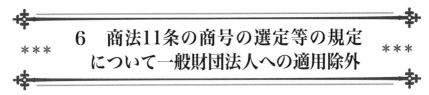

6　商法11条の商号の選定等の規定について一般財団法人への適用除外

　一般法人法9条は、商号の選定等について定める商法11条から15条まで、商業帳簿について定める同法19条及び支配人について定める同法20条から24条までの規定は、一般社団法人又は一般財団法人については適用しないことを規定している。

　商号に関する規定（商法11条〔商号の選定〕、12条〔他の商人と誤認させる名称等の使用の禁止〕、13条〔過料〕、14条〔自己の商号の使用を他人に許諾した商人の責任〕、15条〔商号の譲渡〕）を適用除外としているのは、一般財団法人の名称に関する規定と抵触又は重複するからである。

　また、商業帳簿に関する規定（商法19条）を適用除外としているのは、一般財団法人の会計帳簿に関する規定と重複するためである。

　さらに、支配人に関する規定（商法20条〔支配人〕、21条〔支配人の代理権〕、22条〔支配人の登記〕、23条〔支配人の競業の禁止〕、24条〔表見支配人〕）を適用除外としているのは、商人である一般財団法人であっても、支配人を選任することができないことを明らかにする必要があるためである。

なお、一般法人法9条によって適用除外とされていない商法総則の規定は、商人である（商行為をすることを業とする）一般財団法人に適用されることになる（注14）。

7　一般財団法人の名称の変更手続

(1) 名称の変更

一般財団法人は、その成立後、評議員会の決議によって、定款を変更することができる（法200条1項本文）。

一般財団法人の名称は、自然人の戸籍上の氏名に相当するものであり、定款の必要的記載事項とされているから（法153条1項2号）、これを変更するためには必ず定款変更の手続が必要である。

また、公益財団法人が名称変更をした場合には、行政庁に名称変更の届出をしなければならないこととされている（認定法13条1項1号・同法施行規則11条1項）。以下、名称変更の手続について説明する。

(2) 評議員会の招集・特別決議

定款は、一般財団法人の基本的規則であるから、定款を変更するには、評議員会の特別決議が必要である（法189条2項3号）。

① 評議員会の招集通知

評議員会を招集する場合には、理事会の決議によって、評議員会の目的である事項に係る議案（当該目的である事項が議案となるものを除く。）の概要（議案が確定していない場合にあっては、その旨）を定めなければならない（法181条1項3号・同法施行規則58条）。

したがって、法人の名称を変更するための評議員会の招集通知には、名称の変更の概要を記載し、または書面による招集通知に代えて、評議員の承諾を得

て、電磁的方法により通知を発する場合には、名称の変更の概要を記録しなければならない（法182条）。

　なお、一般法人法施行規則58条の「評議員会の目的である事項に係る議案（当該目的である事項が議案となるものを除く。）」とする（　）の意味は、議題が「議案となるもの」は議案の概要の記載が必要である議題から除き、それ以外の議題に係る議案の概要を評議員会の招集通知の記載事項とするということである。

　これは、平成21年7月22日に公布された「一般社団法人及び一般財団法人に関する法律施行規則の一部を改正する省令（平成21年法務省令第36号）」により、58条に規定されていた1号（役員等の選任）、2号（役員等の報酬等）、3号（事業の全部の譲渡）、4号（定款の変更）、5号（合併）に関する規定は削除され、58条が「法第181条第1項第3号に規定する法務省令で定める事項は、評議員会の目的である事項に係る議案（当該目的である事項が議案となるものを除く。）の概要（議案が確定していない場合にあっては、その旨）とする」と改正されたことによるものである。

②　評議員会の特別決議

　公益（一般）財団法人は、その成立後、評議員の決議によって、定款を変更することができる（法200条1項本文）。定款（名称）を変更をするためには、評議員会の特別決議、すなわち、議決に加わることができる評議員の3分の2（これを上回る割合を定款で定めた場合にあっては、その割合）以上に当たる多数をもって行わなければならない（法189条2項3号）。

　評議員会が終了したときは、法人変更登記申請書に添付する評議員会議事録を作成する。この場合の評議員会の議事録の書式例を示せば、次のようなものとなる。

【1-1　法人名変更時の評議員会議事録の書式例】

評議員会議事録

1　開催日時　令和○年○月○日　午前10時30分～11時30分
2　開催場所　当法人本部会議室
3　出 席 者　評議員総数　　　　　　○名
　　　　　　　出席評議員　　　　　　○名

$$\begin{pmatrix} ○○○○ & ○○○○ \\ ○○○○ & ○○○○ \end{pmatrix}$$

　　　　　　　出席理事　　　　　　　○名
　　　　　　　　代表理事（理事長）　○○○○
　　　　　　　　専務理事　　　　　　○○○○
　　　　　　　　常務理事　　　　　　○○○○
　　　　　　　出席監事　　　　　　　○名
　　　　　　　　　　　　　　　　　　○○○○
　　　　　　　　　　　　　　　　　　○○○○
　　　　　　　（会計監査人　　　　　○○○○）
4　議長　　　○○○○（議事録作成者）
5　議事の経過の要領及びその結果
　　定款第○条の規定により、出席した評議員の互選により選出された○○○○氏が議長となり、本会は、一般法人法第189条第2項に規定する議決に加わることができる評議員の3分の2以上に当たる多数の評議員が出席したので、適法に成立した旨を告げた。
　　なお、議事録署名人については、議長一任とする提案がなされたので、議長は○○○○氏と○○○○氏の2名を指名し、本会はこれを承認するとともに、両人も承諾した。直ちに議案の審議に入った。
〔決議事項〕
第1号議案　定款の一部変更の件
　議長の指名により、当法人の理事○○○○から、別紙「定款変更新旧対照表」に基づき、第1条の名称を次のとおり変更したい旨の説明があり、かつ、その承認を求めたところ、満場一致の決議によって可決承認した。
　　（名称）
　第1条　この法人は、公益（一般）財団法人△△協会と称する。

内閣府モデル定款から読み解く公益・一般法人の法人運営手続　財団編（上巻）

　第２号議案　○○○○○の件

　　〜

　議長は、以上をもって本日の議事は終了した旨を述べ、午前11時30分閉会を宣し、解散した。

　上記の決議を明確にするため、この議事録を作成し、議長及び議事録署名人２名がこれに記名押印する。

　令和○年○月○日

　　　　　　　　　　　　公益（一般）財団法人△△協会臨時評議員会

　　　　　　　　　　　　（変更前の名称：公益（一般）財団法人○○協会）

　　　　　　　　　　　　議　長（議事録作成者）　○○○○　㊞

　　　　　　　　　　　　　　　　　　評議員　○○○○　㊞

　　　　　　　　　　　　　　　　　　評議員　○○○○　㊞

（注）　押印する印鑑は、認印で差し支えない。

⑶　名称の変更登記

　公益（一般）財団法人は、名称を変更する定款変更の効力が生じたときから（302条２項２号）、その主たる事務所の所在地においては２週間以内に、その従たる事務所の所在地においては３週間以内に、登記をしなければならない（法303条・312条４項・２項１号）。

　なお、「定款の変更の効力が生じたとき」とは、評議員会の承認決議のあったときである。

　名称の変更の結果、他の公益（一般）財団法人が既に登記した名称と同一であり、かつ、その主たる事務所の所在場所が当該他の公益（一般）財団法人の登記に係る主たる事務所の所在場所と同一であるときは、その変更の登記の申請は受理されない（法330条。商業登記法27条・24条13号）。

　しかし、従たる事務所の所在場所については、このような制限はない。

　また、例えば「公益（一般）財団法人○○協会」を「○○協会公益（一般）財団法人」に改めたり、「公益（一般）財団法人日本○○協会」を「公益（一般）

第1条　名称

財団法人ジャパン○○アソシエーション」と改める場合も名称の変更に該当するため、定款を変更し、その登記をしなければならないと解されている。

　公益（一般）財団法人の名称の変更の登記を行う場合の申請書の書式例としては、次のようなものとなる。

【1-2　公益（一般）財団法人の名称の変更登記申請書の書式例】

公益（一般）財団法人変更登記申請書

```
1．名称　　　　　　　　公益（一般）財団法人○○協会（※1）
1．主たる事務所　　　　○県○市○町○丁目○番○号
（1．従たる事務所　　　○県○市○町○丁目○番○号）
1．登記の事由　　　　　名称の変更
1．登記すべき事項　　　別添CD-Rのとおり
1．登録免許税　　　　　金30,000円
1．添付書類　　　　　　評議員会議事録
　上記のとおり登記の申請をする。
　　令和○年○月○日
　　　　　　　　　　　　○県○市○町○丁目○番○号
　　　　　　　　　　　　申請人　公益（一般）財団法人△△協会（※2）
　　　　　　　　　　　　○県○市○町○丁目○番○号
　　　　　　　　　　　　代表理事　○○○○　㊞（※3）


○○法務局（○○地方法務局）
○○支局（○○出張所）御中
```

（※1）変更前の名称を記載する。

（※2）変更後の名称を記載する。

（※3）法人を代表する者の住所、氏名を記載する（法330条・商業登記法17条2項1号）。なお、法人を代表する者が複数いる場合は、実際に申請をする1名(印鑑の届出をしている者に限る。)を記載すれば足りる。

8 譲渡法人の名称を使用した譲受法人の責任等

　公益(一般)財団法人が事業譲渡契約において、譲渡法人(事業を譲渡する公益(一般)財団法人)の事業によって生じた債権又は債務を移転しない旨を定めた場合、当該債権についての債権者・債務者は依然として譲渡法人である。

　しかし、事業譲渡の後、事業を譲り受けた公益(一般)財団法人(譲受法人)が、譲渡法人の名称を継続して使用(続用)する場合について、債権者及び債務者保護の観点から特別の規定が設けられている(法9条、商法17条)。

(1) 譲受法人の弁済責任

　譲受法人が譲渡法人の名称を引き続き使用する場合には、譲受法人も譲渡法人の債権者に対して、譲渡法人の事業によって生じた債務を弁済する責任を負う(法9条の規定による商法17条1項の適用)。ここでいう「商号の使用(続用)」とは、事実上の使用であって、登記の有無を問わないと解されている。

　次に、「譲渡法人の事業によって生じた債務」には、譲渡法人の取引上の債務ばかりでなく、譲渡法人が事業上負担することとなった不法行為による損害賠償債務(最高裁昭和29年10月7日)や不当利得を理由とする債務も含まれると解される(注15)。

　また、譲受法人も「弁済する責任を負う」とは、譲受法人が重畳的債務引受け(連帯債務者となるということ。)を行った場合と結果的には同じことになるが、譲渡法人と譲受法人は、債権者に対して不真正連帯債務者(不真正連帯債務とは、数人の債務者が同一の給付を目的とする債務を別個の原因によって負担し、いずれかの債務者が債権者を満足させると、その限りにおいて債務が消滅する債権債務関係をいう。)の関係に立つことになる。したがって、譲受法人が弁済した場合は、譲渡法人に求償することができる。

(2)　名称の譲受法人の免責と登記

　譲受法人が名称を使用する場合であっても、事業を譲り受けた後、遅滞なく、譲受法人がその主たる事務所の所在地において、譲渡法人の債務を弁済する責任を負わない旨を登記した場合には、譲受法人は、債権者一般に対して商法17条1項の弁済責任を負わない（法9条、商法17条2項前段）。

　登記の事由は、「名称の譲受け及び名称譲渡人の債務についての免責」であり、登記すべき事項は、譲渡法人の債務に関する免責の登記であり、譲受法人の登記記録中「名称区」に記録される（一般社団法人等登記規則2条2項。別表第1・第2）。

　免責の登記の申請には、事業の譲受けの決定は、通常であれば「重要な業務の執行の決定」に当たるため、譲受法人における理事会の議事録（法90条2項1号・197条）を証する書面を添付することとなる（法317条2項）。

　なお、会社の場合とは異なり、譲渡法人の承諾書の添付は必ずしも必要とされていない（法330条の規定による商業登記法31条2項の準用がない。）。

(3)　譲渡法人の責任の除斥期間

　譲受法人が一般法人法9条の規定により、商法17条1項の適用に基づき弁済責任を負う場合に、譲渡法人はいつまで弁済責任を負担するかにつき、商法17条3項は、事業譲渡の日から2年以内に請求又は請求の予告をしない債権者に対しては、2年を経過した時に譲渡法人の責任は消滅することを定めている。この2年の期間は、除斥期間である。

　請求の予告をも含めている趣旨は、条件未成就、期限未到来の債権者を保護するためである。この期間経過後は、譲受法人のみが責任を負う。

　なお、この期間経過前でも、その債権が短期消滅時効（民法174条等）により、債務が時効消滅することがあり得る。

(4)　名称使用の場合における譲渡法人債務者の保護

　譲受法人が譲渡法人の名称を使用する場合には、譲渡法人の債務者は、事業

譲渡があったことを知らないことが多い。そこで、商法17条4項は、名称使用がある場合に、譲渡法人の事業によって生じた債権について、その譲受法人に対してなされた弁済は、弁済者が善意でかつ重大な過失がないときは、その効力を有することを定めている。

　この規定は、外観保護のためのものである。名称が使用されている場合には、債務者は事業譲渡の事実を知らないで譲受法人を譲渡法人と誤認する。すなわち、現に事業を営んでいる法人を依然として譲渡法人と考えることが多いので、債務者のそのような外観に対する信頼を保護しようとするものである。したがって、本項でいう「善意」とは、事業譲渡のあったことを知らないことをいう。

　本項が適用されれば譲受法人への弁済が有効となるため、弁済者は真の債権者である譲渡法人への二重払いの必要はなくなる。譲渡法人は、譲受法人が受領した金銭等について、不当利得（民法703条・704条）を根拠にして返還を請求できる。

　なお、「事業によって生じた債権」には、不法行為債権も含まれる。

9　公益財団法人の名称変更と行政庁への届出

(1) 一般財団法人から公益財団法人への名称変更の手続

　公益認定を受けた一般財団法人は、その名称中の一般財団法人の文字を公益財団法人と変更する定款の変更をしたものとみなされる（認定法9条1項）。

　このため、行政庁から公益認定を受けた時点で定款変更の効力が生じ、評議員会の承認は必要としない。

　公益認定を受けた法人は、登記上の名称も変更する必要があるので、その主たる事務所の所在地においては2週間以内に、その従たる事務所の所在地においては3週間以内に、名称の変更登記をしなければならない（法303条・312条4項）。

第1条　名称

　公益認定による名称の変更の登記手続において、「登記すべき事項」は、法人の名称、名称を変更した旨及び変更年月日であり、登記の申請書には、公益認定を受けたことを証する書面を添付する（認定法9条2項）。なお、登録免許税は課されない（登録免許税法5条14号）。

　一般財団法人の公益認定による名称変更の登記申請書の書式例としては、次のようなものとなる。

【1-3　一般財団法人が公益認定を受けた場合の変更登記申請書の書式例】

一般財団法人変更登記申請書

1．名称　　　　　　　　　一般財団法人○○協会（※1）
1．主たる事務所　　　　　○県○市○町○丁目○番○号
1．登記の事由　　　　　　公益認定による名称変更
1．登記すべき事項　　　　別添CD-Rのとおり
1．認定書到達の年月日　　○年○月○日
1．添付書類　　　　　　　公益認定を受けたことを証する書面　1通

　上記のとおり登記の申請をする。
　　令和○年○月○日
　　　　　　　　　　　　　　　　　○県○市○町○丁目○番○号
　　　　　　　　　　　　　　　　　申請人　公益財団法人△△協会（※2）
　　　　　　　　　　　　　　　　　○県○市○町○丁目○番○号
　　　　　　　　　　　　　　　　　代表理事　○○○○　㊞

○○法務局（○○地方法務局）
○○支局（○○出張所）御中

（※1）変更前の名称を記載する。
（※2）変更後の名称を記載する。

⑵　公益財団法人の名称変更の手続

　公益財団法人がその名称を変更する場合、評議員会の特別決議を経ること、

名称変更の登記をすることについては、一般財団法人の名称の変更の場合と同じである。

(3) 行政庁への名称変更の届出

　公益財団法人が名称変更を行ったときは、変更届出書（様式第3号・認定法施行規則11条1項）に必要書類を添付して、遅滞なく、行政庁に届け出なければならない（認定法13条1項1号・同法施行規則11条3項）。

　変更届出書に添付する書類は、次のとおりである（認定法施行規則11条3項の規定により、認定法7条2項各号に掲げる書類のうち、変更に係るもの）。

① 　届出書（かがみ文書）
② 　別紙1　法人の基本情報及び組織について（変更認定申請・変更届出の手引〔公益法人が変更認定申請・変更届出をする場合〕内閣府／都道府県　Ⅲ変更届出書類の記載方法等Ⅲ－4）
③ 　定款（変更後の定款で変更内容の分かるもの・例えば、新旧対照表、認定法7条2項1号）
④ 　登記事項証明書（認定法7条2項6号・同法施行規則5条3項1号）
⑤ 　確認書（認定法5条10号及び11号に規定する公益認定の基準に適合していること。同法6条1号ロからニまで、3号及び6号に規定する欠格事由に該当しないこと。認定法7条2項6号・同法施行規則5条3項3号～5号）
⑥ 　事業・組織体系図（既に行政庁に提出されているものに変更がある場合のみ）

　なお、行政庁への名称変更に関する変更届出書の記載例としては、次のようなものとなろう。

第1条　名称

【1-4　公益財団法人が名称を変更した場合、行政庁に提出する変更届出書の記載例】

令和○年○月○日

内閣総理大臣（都道府県知事）殿

法人の名称（※1）

代表理事　　○○○○㊞

変更届出書

　公益社団法人及び公益財団法人の認定等に関する法律第13条第1項に掲げる変更をしたので、同項の規定により、下記のとおり届け出ます。

記

変更に係る 事　　項	区分	変　更　後	変　更　前
	ア	公益財団法人△△協会	公益財団法人○○協会
変更の理由		主たる公益目的事業に対応した名称とするため	
変更年月日		令和○年○月○日（※2）	

（※1）変更後の名称を記載する。

（※2）評議員会での名称変更の決議があった日を記載する。

【注記（第1条）】

（注1）　非営利法人制度の創設に関する試案（公益法人制度改革に関する有識者会議
　　　　非営利法人ワーキング・グループ。平成16年10月12日）は、「一般的な非営利法人
　　　　制度を創設する意義・理念」につき、次のように説明している（1頁）。

　　　　「営利(剰余金の分配)を目的としない団体に一般的に法人格取得の機会を与える
　　　　ことによって、人々の自由活発な活動を促進するとともに、設立者が一定の目的の
　　　　下に提供した財産に法人格取得の機会を広げることによって、設立者の創意に基づ
　　　　く財産の社会的な活用を促進する。」。

（注2）　同上試案。2頁（第2総則的事項1定義）。

（注3）　新公益法人制度研究会編著『一問一答公益法人関連三法』、14頁、商事法務。

（注4）　上掲書、14頁。16頁～17頁（Q11）。

（注5）　同上書、14頁～15頁。

（注6）　同上書、29頁、108頁。

（注7）　同上書、23頁。

（注8）　同上書、23頁。

（注9）　松井信憲『商業登記ハンドブック』（第2版）、8頁～9頁、商事法務。

（注10）　江頭憲治郎編『会社法コンメンタール1　総則・設立(1)』、136頁、商事法務。

（注11）　新公益法人制度研究会前掲書、24頁。江頭同上書、140頁～141頁。酒巻俊雄他編『逐条解説会社法　第1巻総則・設立』、123頁～124頁、中央経済社。

（注12）　江頭前掲書、141頁～142頁。門口正人他編『会社法大系1　会社法制・会社概論・設立』、120頁、青林書院。

（注13）　新公益法人制度研究会前掲書、25頁。

（注14）　同上書、25頁～26頁。

（注15）　江頭前掲書、215頁。酒巻俊雄他前掲書、203頁。

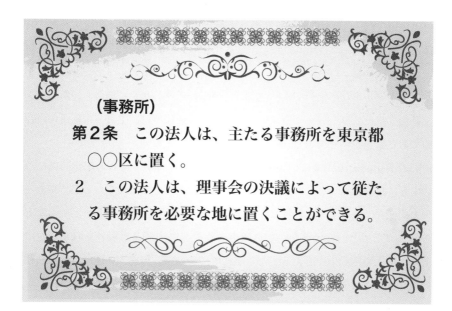

(事務所)
第2条　この法人は、主たる事務所を東京都〇〇区に置く。
2　この法人は、理事会の決議によって従たる事務所を必要な地に置くことができる。

1　法人の住所（主たる事務所）

(1)　一般法人法4条と改正前民法50条との関係

　民法は、各人の生活の本拠をその者の住所とする（民法22条）と規定している。一般法人法では、3条において、「一般社団法人及び一般財団法人は、法人とする」旨を定めており、これを受けて、同法4条は、「一般社団法人及び一般財団法人の住所は、その主たる事務所の所在地にあるものとする」旨を定めている。

　これは、改正前民法50条（「法人の住所は、その主たる事務所の所在地にあるものとする」という規定）と同様の規定である。このような規定は、特定非営利活動促進法6条、私立学校法27条、社会福祉法28条、会社法4条などにもそれぞれ規定されている。

　改正前民法50条の設置理由について、「民法修正案（前三編）の理由書」に

おいては、「法人ノ事務所ハ其活動ノ本拠ナルヲ以テ自然人ノ生活ノ本拠ヲ其住所ト做スト同一ノ理由ニ基キ之ヲ法人の住所ト看做シ民事上住所ニ関スル規則ハ法人ノ性質ノ許ス限リハ之ヲ茲ニ適用スヘキモノトスルヲ至当トセリ本案ニ於テ主タル事務所ト云ヘルハ数所ニ於テ事務所ヲ設ケタル場合ニ住所ニ関スル疑義ヲ生セサラシメンガ為メナリ」と、法人の住所は、主たる事務所の所在地である旨を説明している（注1）。

　この改正前民法50条については、一般的にはこれまで法人の法律関係についても、自然人につきそれぞれ一定の土地が住所として定められる必要があるのと同様に、法人もまた同様に住所を必要とし、さらに裁判管轄を定めるなどの便宜のためというようなことを理由に改正前民法50条は設けられた規定であり、法人の活動の中心たる主たる事務所について、自然人の住所と同じ法律効果を生じさせるものである、との説明がなされている（注2）。

　なお、この考え方に対し、改正前民法50条は、法人の住所は主たる事務所の所在地にあると規定しているが、この規定が何を目的としているか必ずしも明瞭ではない。現在では裁判所の管轄は法人の「住所」を基準としないで、「主たる事務所の所在地」を基準として規定されている場合が多いこと等から必要はなく、削除すべきであると主張する見解もある（注3）。

⑵　「主たる事務所」の意義

　法人の事務所は、法人の事業活動等の実態に即して必要個所数だけ設けても差し支えないが、その中でも法人の事業活動の中心となる事務所を「主たる事務所」と位置付け、その他の事務所を「従たる事務所」と称している。

　「主たる事務所」は、複数の事務所がある場合には、内部的には法人の事業活動の本拠として、法人を管理運営する最高の首脳部が全事業を統括し、最高の意思決定を行う場所である。

　定款に記載され（法153条1項3号）、かつそのとおり登記されている主たる事務所（形式的な主たる事務所。法302条2項3号）と事実上のそれとして機能しているもの（実質上の主たる事務所）とが一致しない場合、一般法人法4条にい

う「主たる事務所」は実質上の「主たる事務所」と解すべきか、または形式上の「主たる事務所」と解すべきかという問題が生じる。

この場合、そのいずれを「主たる事務所」とするかは、当該法律効果を生じさせる規定の趣旨から個別的に判断される。

しかし、一般法人法4条が一般財団法人の住所を「主たる事務所の所在地」と定めたのは、住所を形式的に定めようとの趣旨と解されるので、同条の「主たる事務所」は「形式上の主たる事務所」を指すと解すべきことになろう（注4）。

(3) 主たる事務所の所在地（本条1項関係）

① 一般法人法4条の「所在地」の意義

公益（一般）財団法人の「主たる事務所の所在地」は、目的・名称とともに定款の必要的記載事項であり（法153条1項3号）、主たる事務所（及び従たる事務所）が登記事項とされている（法302条2項3号）。定款所定の「主たる事務所の所在地」が一般法人法4条の「主たる事務所の所在地」となり、そこに住所があるものとされる。

「主たる事務所」の「所在地」とは、「主たる事務所」の置かれる最小独立行政区画（市町村・東京都の区）を意味する。これに対し、住所は、地番を含む「所在場所」（法302条2項3号）のはずであるから、一般法人法4条にいう「所在地」は、「主たる事務所」の所在場所の意味と解すべきであるとする有力な説がある（注5）。

② 定款記載の「主たる事務所」の所在地

定款に記載すべき公益（一般）財団法人の主たる事務所の所在地は、独立の最小行政区画をもって記載すれば足りるとされている（明治34年8月15日民刑第863号民刑局長回答・大正13年12月17日民事第1194号司法次官回答）。「独立の最小行政区画」とは、市町村及び東京都の特別区の存する区域にあっては区をいう。なお、所在地としては、政令指定都市（地方自治法252条の19第1項）及び都道

府県名と同一名称の市(例えば、和歌山県和歌山市)を除いては、都道府県名も記載するのが相当とされている(昭和32年12月24日民事甲第2419号民事局長回答)。

定款には、独立の最小行政区画以外に、具体的な所在場所まで定めること(例えば、「東京都中央区日本橋○丁目○番地」のように、番地まで特定すること)も可能である。ただし、この場合には、主たる事務所を同一の最小行政区画内で移転するときでも、必ず定款変更の手続が必要となる。

ところで、登記事項としての「主たる事務所の所在場所」(法302条2項3号)は、主たる事務所の具体的な所在場所、すなわち具体的な所在地番(住居表示番号)である。

(4) 住所としての法律効果

公益(一般)財団法人の住所としての法律効果は、自然人の住所におけるのと同じであるとされている(注6)。しかし、民法22条(住所)は、自然人の住所の一般的定義を示すのみで、住所を基準として処理される法律関係については触れることなく、これを個々の規定に委ねている。それらの規定を見ると、実体(私)法上の法律効果は僅かであり、手続法上の住所の効果がむしろ主要なものとなっている。

民法上、住所の法律効果のうち、主要なものは、裁判管轄の標準となる場合であるが、これ以外に次のようなものがある(注7)。

① 不在及び失踪の標準(民法25条・30条)
② 債務履行の場所を定める標準(民法484条・商法516条)
③ 相続の開始地(民法883条)
④ 手形行為等の場所(手形法2条3項・4条・21条・22条2項・27条など、小切手法8条)
⑤ 裁判管轄の標準(民事訴訟法4条2項、人事訴訟法4条、家事事件手続規則6条〜9条・29条、非訟事件手続法5条〜10条、破産法4条など)
⑥ 裁判上の期間の伸縮及び付加期間(民事訴訟法96条2項)
⑦ 国際私法上の準拠法を定める標準(法の適用に関する通則法5条・6条)

しかし、自然人の住所に付せられる民事法上の諸効果のうち、法人の性質上生じる余地のないものがある。以下、法人の法律関係で、当該住所に法律効果が結びつく場合のうち、2点につき説明する。

① 債務履行の場所（民法484条、商法516条）

民法484条は補充的任意規定であり、当事者の特約はもとより取引慣行や信義則によって履行場所が決まるのが通常である。「債権者の現在の住所」（民法484条）とは、現に弁済をする時の住所の意味である。履行期の住所ではない。したがって、弁済する以前に債権者がその住所を変更した場合には、新住所が弁済地となる。

なお、会社の場合には、債務の履行の場所は、債権者の現在の営業所（営業所がない場合には、その住所）を住所に優先させている（商法576条）。

② 民事訴訟にかかる普通裁判籍

法人その他の社団又は財団の普通裁判籍は、その主たる事務所により、事務所がないときは代表者その他の主たる業務担当者の住所により定まるとされている（民事訴訟法4条4項）。

訴訟書類送達の場所（民事訴訟法103条1項）、破産事件等の管轄についても、同様である（破産法5条1項、民事再生法5条1項、会社更生法5条1項）。

(5) 一般法人法上の訴え等

① 専属管轄

公益（一般）財団法人の組織に関する訴えは、被告となる公益（一般）財団法人の主たる事務所の所在地を管轄する地方裁判所の管轄に専属する（法270）。また、公益（一般）財団法人の役員等の解任の訴えも、同様に当該法人の主たる事務所の所在地を管轄する地方裁判所の管轄に専属する（法286条）。

なお、これらの訴えの管轄が「主たる事務所の所在地を管轄する地方裁判所

の専属管轄」とされている理由は、同一の原因に基づき複数の者から訴えが提起される可能性があるので、弁論・裁判を併合して行うことにより判断が区々になることを防止するためである。そのため、管轄は形式的・画一的に定めることが必要であり、したがって、そこにいう「主たる事務所の所在地」とは、定款で定め登記した主たる事務所（形式上の主たる事務所）の所在地を意味すると解されることになる（注8）。

② 非訟事件の管轄

　一般法人法の規定による非訟事件（法275条4項の申立てに係る事件は除く。）は、公益（一般）財団法人の主たる事務所の所在地を管轄する地方裁判所の管轄に属する（法287条1項）。

　このことについて、この場合は専属管轄ではないから、形式上の主たる事務所のほかに実質上の主たる事務所があるときは、双方の主たる事務所の所在地の地方裁判所に管轄を認めてよいとする見解があるが、「主たる事務所の所在地」とは、形式上の「主たる事務所の所在地」を意味すると解される。

2　従たる事務所（本条2項関係）

(1) 従たる事務所の意義

　「従たる事務所」とは、「主たる事務所」以外の事務所をいう。「従たる事務所」といい得るためには、「主たる事務所」から独立して、一定地域における対外的活動を営むことが認められていることが必要であり、独立性が認められていない出張所、会員等の単なる連絡場所などは「従たる事務所」とは言えない。

　「従たる事務所」の事業活動は、定款及び評議員会の決議の範囲内にとどまる。また「従たる事務所」の法律行為は、すべて当該法人に属する。

(2) 従たる事務所の設置

　改正前民法37条3号（財団法人について、民法39条）には定款の記載事項として、「事務所の所在地」と規定されていたことから、事務所が2つ以上存在するときは、当該法人の事業活動の中心となるものを「主たる事務所」とし、他を「従たる事務所」として、そのすべてを定款に記載しなければならないものとされていた。

　これに対して、一般法人法の定款の記載事項は、「主たる事務所の所在地」となったので（法153条1項3号）、「従たる事務所」については、これを設けた場合でも定款には記載する必要がないこととなった。ただし、定款に「従たる事務所の所在地」を記載することもできる（注9）。

　一般法人法においては、「従たる事務所」は、理事会の決議によって設置することができる（法90条4項4号・197条）。本条2項が「この法人は、理事会の決議によって従たる事務所を必要な地に置くことができる」ということを規定しているのは、この一般法人法90条4項4号（法197条）の規定に基づくものである。

3　主たる事務所と登記

(1) 一般財団法人の設立の登記

　一般財団法人は、その主たる事務所の所在地において設立の登記をすることによって成立する（法163条）。その設立の登記は、一般法人法161条1項の規定による調査（設立時理事及び設立時監事による財産の拠出の履行が完了していること、当該法人の設立の手続が法令又は定款に違反していないことの調査）が終了した日又は設立者が定めた日のいずれか遅い日から2週間以内にしなければならない（法302条1項）。

　なお、一般財団法人の設立の登記は、当該一般財団法人を代表すべき者の申

請によってしなければならない（法319条1項）。

設立登記事項は、一般法人法302条2項各号に列挙されているが、一般財団法人については、一般社団法人と異なり、理事会及び監事は必ず置かれることから（法170条1項）、理事会設置一般財団法人である旨及び監事設置一般財団法人である旨は登記されない。

⑵　主たる事務所の移転と登記

①　主たる事務所の移転と定款の変更

主たる事務所の移転にあっては、定款の変更を必要とする場合と定款の変更を必要としない場合とがある。

現在の所在地以外の地に主たる事務所を移転するときは、定款を変更してその所在地を変更後の所在地に改める必要があるが、定款で定められた所在地内（例えば、同一区内）での移転であるときは、定款の変更を必要としない（この場合には、理事会を開催して、具体的な主たる事務所の所在地番（○町○丁目○番○号）と移転年月日を決定する。）。

これに対して、定款に主たる事務所の所在場所（地番まで）まで具体的に定めている場合には、主たる事務所の移転については、必ず定款の変更が必要となる。

②　変更の登記手続

公益（一般）財団法人がその主たる事務所を同一の登記所の管轄区域内において移転した場合には、当該登記所において、移転の日から2週間以内に、その主たる事務所の移転の登記をしなければならない（法303条・302条2項3号）。

次に、公益（一般）財団法人がその主たる事務所を他の登記所の管轄区域内に移転した場合には、移転の日から2週間以内に、変更前の所在地においては移転の登記をし、変更後の新所在地においては設立登記事項と同一事項（法304条1項2号・302条2項）、法人成立の年月日並びに主たる事務所を移転した

旨及びその年月日を登記しなければならない（法304条2項）。

　変更後の所在地において登記すべき事項は、設立の際に登記すべき事項のみならず、設立後に登記された一般財団法人に関する登記事項のすべてである。これらの事項のほか、変更前の所在地で登記されていた理事、監事、代表理事、評議員及び会計監査人の就任の年月日も登記しなければならない（一般社団法人等登記規則3条、商業登記規則65条2項）。

　この場合の変更後の所在地における登記の申請は、旧所在地を管轄する登記所を経由し、しかも、この登記の申請は旧所在地における登記の申請と同時にすることとされている（法330条、商業登記法51条1項・2項）。

　なお、主たる事務所を移転した場合には、従たる事務所の所在地においては、主たる事務所の移転の日から3週間以内に、主たる事務所の移転による変更の登記をしなければならない（法312条2項2号・4項）。登記申請期間の起算点となる「主たる事務所の移転の日」とは、主たる事務所を現実に移転した日をいう。

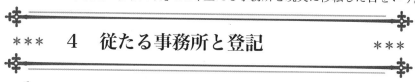

4　従たる事務所と登記

(1)　従たる事務所の設置の登記

　公益（一般）財団法人の成立後、従たる事務所を設けた場合には、主たる事務所の所在地においては、これを現実に設置した日から2週間以内に、従たる事務所の設置による変更の登記をしなければならない（法303条・302条2項3号）。

　一方、従たる事務所の所在地においては、従来の主たる事務所の管轄登記所の管轄内に新たに従たる事務所を設けた場合を除き（この場合には、主たる事務所の所在地における変更の登記だけをすれば足りる。）、3週間以内に、㋐名称、㋑主たる事務所の所在場所及び当該従たる事務所の所在場所、㋒当該法人の成立の年月日、㋓従たる事務所を設置した旨及びその年月日を登記することを要する（法312条1項～3項）。

　なお、既に登記された従たる事務所を管轄する登記所の管轄区域内に新たに

従たる事務所を設けたときは、当該従たる事務所の所在場所・設置した旨及び
その年月日を登記すれば足りる（法312条2項ただし書）。

(2) 従たる事務所の移転の登記

　従たる事務所の移転は、特に定款で制限していない限り、理事会の決議により行うことができる（法90条4項4号・197条）。従たる事務所の所在地は、定款の必要的記載事項ではないので、従たる事務所の移転については、原則として定款変更の手続を要しない。

　従たる事務所を移転したときは、主たる事務所の所在地においては、現実に移転した日から2週間以内に、従たる事務所移転による変更の登記をしなければならない（法303条・302条2項3号）。

　そして、その従たる事務所を他の登記所の管轄区域内に移転したときは、当該従たる事務所の変更前の所在地においては、3週間以内に移転の登記をし、変更後の所在地においては、4週間以内に従たる事務所の設置と同一の事項を登記するほか、一般財団法人の成立の年月日並びに従たる事務所を移転した旨及びその年月日をも登記しなければならない。ただし、従たる事務所の所在地を管轄する登記所の管轄区域内に主たる事務所又は他の従たる事務所が既にある場合には、単に変更の登記をすれば足りる（法313条）。

(3) 従たる事務所の廃止と登記

　従たる事務所の廃止は、理事会の決議により行うことができる（法90条4項4号・197条）。

　従たる事務所を廃止したときは、その廃止の日から主たる事務所の所在地では2週間以内に、当該従たる事務所の所在地では3週間以内に、従たる事務所の廃止の登記をしなければならない（法303条・302条2項3号・312条）。

(4) 従たる事務所と支部組織

　改正前民法34条の規定により設立した公益法人において、法人の事業活動

第2条　事務所

の地域が全国的に及ぶような場合には、その活動区域を分割、例えば都道府県
単位で事業活動を行うことがより効果であるということで、当該都道府県を支
部と称して、支部組織を設けているものがある。

　また、新しい法人制度の下においても、同様に支部組織を設けている法人も
かなり存在する。

①　従たる事務所としての支部

　支部が主たる事務所から独立して、一定地域において対外的活動を行うこと
が認められているときは、その支部の法律上の性質は、従たる事務所に当たる。

　これに対し、支部と呼称していても、例えば、会費の徴収など当該法人の内
部的な行為だけをする権限しか与えられていない支部は、法律的にはなんら特
別の意味を有しない。

　支部の事業活動は、管轄区域内では主たる事務所（本部）から独立して行わ
れるが、その行為の効果はすべて本部に帰属する。支部の運営は、定款及び評
議員会の議決に拘束される。

②　支部と登記

　支部は、一般的には会社の支店に匹敵するものであるから、一般法人法上の
従たる事務所と位置付ける場合には、登記をしなければならない（法302条2項
3号）。したがって、支部と呼称していても登記をしない限りにおいては、当
該法人内部の単なる出先事務所、出張所、駐在員事務所などの位置付けにすぎ
ない。

　次に、当該公益（一般）財団法人において、「支部」という文字を使用する
法人の登記をすることができるかである。これについて、平成21年7月16日
付けの法務省民商第1679号民事局商事課長回答（同日付法務省民商第1679号法務
省民事行政部長・地方法務局長あて民事局商事課長通知）において、「商号又は名称
に「支部」という文字を使用する会社又は法人の登記をすることができる」と
された。

037

これについての理由として、「名称に〔支部〕という文字を使用する組織の実態は様々であり、それらの中には、法令上の「支店」(会社法930条等)又は「従たる事務所」(一般法人法312条等)にすぎないもののみではなく、独立して法人格を有するものも存在し、法令上もこれを前提として用いられていると考えられる用例が認められる（法人税法施行令5条1項29号ヌ参照）。したがって、商号又は名称に「支部」という文字を使用する会社又は法人の登記の申請について、一律に独立した法人格を有しないものとして却下する（商業登記法24条10号参照）ことは相当ではなく、当該登記をすることもできるものと考えられる」と解説されている。

また、この通知は、商号又は名称に「支部」という文字を使用する会社又は法人の登記を認めたものであるから、会社の本店の商号について「支店」、「支社」、「支部」又は「出張所」という文字を付し、本店として登記をすることができないとする旨の「大正10年10月21日民事第2223号民事局長回答」（本店の商号として、例えば、「株式会社東京物産支店」、「株式会社大阪物産東京支店」というような商号を用いることはできないということである。なお、支店の場合には、商号中に支店たることを示す文字を付加しても差し支えないとするのが先例である（明治32年10月12日民刑第1781号回答））中のこの通知と抵触する部分については、変更されたものと考えられている（注10）。

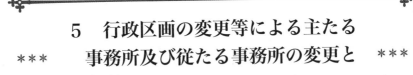

5　行政区画の変更等による主たる事務所及び従たる事務所の変更と登記

(1)　行政区画、郡又はそれらの名称の変更に伴う主たる事務所及び従たる事務所の変更

市町村の合併等により行政区画、郡、区、市町村内の町若しくは字又はそれ

らの名称の変更があったときは、同時に公益（一般）財団法人の登記簿に記録されたこれらの行政区画、郡等について変更の登記があったものとみなされるため（法330条、商業登記法26条）、その変更の登記をする必要はない。この場合には、登記官が職権でその記録の変更をすることになる（一般社団法人等登記規則3条、商業登記規則42条1項）。

しかし、これらの変更に伴い土地の番号に変更があったため、一般財団法人の主たる事務所又は従たる事務所、代表理事の住所等に変更を生じた場合には、その変更の登記をする必要がある（法303条・302条2項3号・6号。昭和4年9月18日民事第8379号民事局長回答参照。注11）。区画整理等によって土地の番号に変更があった場合も、同様である。

土地の番号の変更による主たる事務所又は従たる事務所の変更の登記についても、一般の変更の場合と同様に、その登記事由の発生した日から、主たる事務所の所在地においては2週間以内に、従たる事務所の所在地においては3週間以内に、申請をしなければならない（法303条、302条2項3号、312条2項2号・3号・4項）。

(2) 住居表示の実施による主たる事務所又は従たる事務所の変更と登記

住居表示に関する法律（昭和37年法律第119号）に基づく住居表示の実施（3条3項の告示に掲げる日以後）があった場合には、当該実施に係る区域に主たる事務所又は従たる事務所を有する公益（一般）財団法人は、当該住居表示の実施において定められた街区符号及び住居番号又は道路の名称及び住居番号を用いて、これらを表示しなければならないとされているので（同法6条）、登記事項に変更を生じた場合に準じて、その変更の登記をする必要がある。

なお、この場合の登記手続については、区画整理等による地番の変更の場合と同様に、一般の変更登記手続によれば足りるものと考えられている（昭和37年9月11日民事甲第2609号民事局長通達参照）。

主たる事務所又は従たる事務所の所在地につき住居表示の実施があった場合

には、主たる事務所の所在地においては2週間以内に、従たる事務所の所在地においては3週間以内に、主たる事務所又は従たる事務所の変更の登記を申請することが必要である（法303条、302条2項3号、312条2項2号・3号・4項）。

なお、住居表示の実施による主たる事務所又は従たる事務所の変更の登記の起算日は、住居表示に関する法律3条3項による告示に掲げられる実施期日とされている（昭和38年7月27日民事甲第2206号民事局長回答）。

6　公益法人の主たる事務所又は従たる事務所の変更に伴う認定申請等

(1) 事務所の設置数等と所管行政庁との関係

公益法人（公益社団法人・公益財団法人）に関する内閣総理大臣と都道府県知事の所管の分担については、できる限り裁量の余地が少なく、客観的かつ明確である必要がある。そのため、公益法人認定法における行政庁は、法人の事務所の設置数を含めて、次に掲げる公益法人の区分に応じ、内閣総理大臣又は都道府県知事と定められている（認定法3条）。

①　次に掲げる公益法人は内閣総理大臣
　ⅰ　2以上の都道府県の区域内に事務所を設置するもの（3条1号イ）
　ⅱ　公益目的事業を2以上の都道府県の区域内において行う旨を定款で定めるもの（3条1号ロ）
　ⅲ　国の事務又は事業と密接な関連を有する公益目的事業であって政令で定めるものを行うもの（3条1号ハ）
②　上記①に掲げる公益法人以外の公益法人については、その事務所が所在する都道府県の知事（3条2号）

この結果、「主たる事務所」が都道府県にある法人が、「従たる事務所」を他の都道府県区域内に1つ以上設置すれば、内閣総理大臣の所轄の公益法人となることになる。

第2条　事務所

(2) 主たる事務所又は従たる事務所の所在場所の変更に係る行政庁への認定申請

　公益法人が主たる事務所又は従たる事務所の所在場所の変更をしようとする場合には、行政庁の認定を受ける必要がある。従たる事務所を新設又は廃止しようとする場合も同様である（認定法11条1項）。なお、法人登記では、主たる事務所及び従たる事務所を登記することとなっているので（法302条2項3号）、変更認定の手続が必要かどうかについても、法人登記の記載事項があるかどうかで判断される。

　変更認定を受けようとする場合には、まず理事会において意思決定を行うことが必要である（定款の変更が伴う場合には、評議員会の決議が必要となる。）。そして、変更認定申請書（認定法施行規則8条1項・様式第2号）に、下記のように同法7条2項各号に掲げる書類のうち、変更に係るもの及び同法施行規則8条2項に掲げる書類を添付して行政庁に提出する（認定法11条2項、3項・同法施行規則8条2項）。この場合、行政庁の変更を伴う認定に係る申請書は、変更前の行政庁を経由して提出する必要がある（法12条1項）。この場合、変更前の行政庁には、申請書等の提出書に添えて、「変更認定申請に係る提出書」を提出する。

① 　申請書（かがみ文書）

② 　法人の基本情報及びの組織について（変更認定申請・変更届出の手引き〔公益法人が変更認定申請・変更届出をする場合〕内閣府／都道府県。「Ⅱ-4別紙1」）

③ 　定款の変更の案（定款変更を伴う場合のみ）

④ 　確認書（定款変更を伴う場合のみ）

⑤ 　許認可等を証する書類（既に行政庁に提出されているものに変更がある場合のみ）

⑥ 　事業・組織体系図（既に行政庁に提出されているものに変更がある場合のみ）

⑦ 　当該変更を決議した理事会の議事録の写し（認定法施行規則8条2項1号）

　行政庁から変更の認定を受けた公益法人は、所定の変更を行った後遅滞なく、定款及び登記事項証明書（当該変更の認定に伴い定款又は登記事項証明書の記載事項

に変更がある場合のみ）を行政庁に提出する（同規則8条3項）。

　この変更認定申請書類を作成するに当たって根拠となった資料については、後日、立入検査等において検査・質問が行われることの可能性が高いことから、10年間は保存することが求められている（注12）。

　なお、行政庁へ提出する主たる事務所又は従たる事務所の変更に関する変更認定申請書の記載例としては、次のようなものとなろう。

　この記載例は、従たる事務所の廃止に伴い内閣総理大臣の所管から都道府県知事の所管に変更となる事例であり、公益法人認定法12条の規定が適用される場合である。

【2-1　変更認定申請書の記載例】（従たる事務所の廃止の場合）

令和○年○月○日

東京都知事　殿

東京都中央区日本橋
○丁目○番地○号
公益財団法人○○協会
代表理事　　○○○○　㊞

変更認定申請書

　公益社団法人及び公益財団法人の認定等に関する法律第11条第1項に規定する変更の認定を受けたいので、同条第2項の規定により、下記のとおり申請します。

記

	区　　分	変　更　後	変　更　前
変更に係る事項	ア	廃止	大阪市北区梅田○丁目○番地○号
変更の理由	事業経営の合理化のため、従たる事務所で行っていた業務を、主たる事務所で一括して行うため		
変更予定年月日	令和○年○月○日（※）		

（※）行政庁の変更認定のある月日以後の日が想定される。

(3) 主たる事務所又は従たる事務所の所在場所の変更に関する行政庁への届出

　主たる事務所又は従たる事務所の所在場所を変更しようとする場合でも、次の場合には、当該行政庁への届出で差し支えないとされている（認定法11条1項ただし書・13条1項2号。同法施行規則7条1号・2号）。

① 現在の行政庁が内閣総理大臣である公益法人は、事務所の所在場所の変更（従たる事務所の新設又は廃止を含む。）であっても、当該変更後の事務所の所在場所又は定款で定める公益目的事業の活動区域が2以上の都道府県の区域内となるものであれば、変更届出の手続を行う（認定法施行規則7条1号）。

② 現在の行政庁が都道府県知事である公益法人は、事務所の所在場所の変更（従たる事務所の新設は廃止を含む。）であっても、同一の都道府県の区域内での変更であるものであれば、変更届出の手続を行う（認定法施行規則7条2号）。

　なお、パンフレットにおいて記載する支部、駐在事務所その他の施設の所在場所の変更であっても、法人登記上の事務所でない場合には、変更認定及び変更届出の手続は必要ない。海外事務所についても、法人登記の対象でないため、変更認定及び変更の手続は不要である（注13）。

　行政庁への変更の届出を行う場合には、まず法人内部の意思決定を行い、これに基づいて所定の変更を行い、行政庁へ変更届出書（認定法施行規則11条1項・様式第3号）に、公益法人認定法7条2項各号に掲げる書類のうち、変更に係るものを添付して、提出する必要がある（同規則11条3項）。具体的には、次のような書類である。

　i　主たる事務所の所在場所の変更の場合
　（i）申請書（かがみ文書）
　（ii）法人の基本情報及び組織について「変更認定申請・変更届出の手引き」
　　　（Ⅲ-4別紙1）

(ⅲ) 定款

(ⅳ) 登記事項証明書

(ⅴ) 確認書

(ⅵ) 事業・組織体系図 (既に行政庁に提出されているものに変更がある場合のみ)

ⅱ　従たる事務所の所在場所の変更の場合

(ⅰ) 申請書 (かがみ文書)

(ⅱ) 法人の基本情報及び組織について (上記ⅰ(ⅱ)に同じ)

(ⅲ) 定款 (定款変更を伴う場合のみ)

(ⅳ) 登記事項証明書

(ⅴ) 確認書 (定款変更を伴う場合のみ)

(ⅵ) 事業・組織体系図 (既に行政庁に提出されているものに変更がある場合のみ)

　なお、この行政庁への変更届出書類は、10年間保存することが求められている。それは、変更届出書類を作成するに当たって根拠となった資料については、後日、検査・質問が行われることの可能性が高いことによるものである。

　行政庁へ提出する主たる事務所又は従たる事務所の変更に関する変更届出書の記載例としては、次のようなものとなる。

第2条　事務所

【2-2　変更届出書の記載例】
（認定法施行規則7条2号に掲げる事務所の所在場所の変更の場合）

```
                                       令和〇年〇月〇日（※1）
東京都知事　殿
                            法人の名称
                            代表理事　〇〇〇〇　㊞（※2）

                        変更届出書
　公益社団法人及び公益財団法人の認定等に関する法律第13条第1項に掲げる変更
をしたいので、同項の規定により、下記のとおり届け出ます。

                            記
```

変更に係る事項	区　　分	変　更　後	変　更　前
	ウ（※3）	東京都中央区日本橋△丁目△番地△号	東京都中央区日本橋〇丁目〇番地〇号
変更の理由	主たる事務所が狭隘のため、広い事務所に移転したため	
変更年月日	令和〇年〇月〇日（※4）	

（※1）和暦で届出年月日を記載する。
（※2）㊞は、法人の代表者印を押印する。
（※3）区分は、変更届出書の「備考」の変更区分の分類に従い、その記号を記載する。
（※4）理事会等で意思決定した日を和暦で記載する。

7　移行法人の住所等の変更に伴う認可行政庁への届出

　移行法人（整備法121条1項において読み替えて準用する同法106条1項の移行の登記をした一般財団法人であって、その作成した公益目的支出計画を実施中のもの）が、

当該法人の名称若しくは住所又は代表者の氏名を変更したときは、遅滞なく、その旨を認可行政庁に届け出なければならない（整備法125条3項1号）。

　この場合、移行法人は公益目的支出計画等変更届出書（整備法施行規則37条1項・様式第6号）に、当該変更を証する書類を添付して、認可行政庁に提出する。添付書類としては、㋐変更後の定款、㋑定款変更のための手続きを証明する書類（評議員会等の議事録の写し）、㋒変更後の登記事項証明書、㋓事業・組織体系図（複数の実施事業を行う場合又は複数の事業所で実施事業を行う場合のみ）、を添付することとされている（整備法施行規則37条1項）。

　なお、認可行政庁へ提出する法人の名称・住所等の変更に関する公益目的支出計画等変更届出書の記載例としては、次のようなものとなる。

【2-3　公益目的支出計画等変更届出書の記載例】（住所の変更の場合）

令和○年○月○日

東京都知事　殿

法人の名称

代表理事　○○○○　㊞

公益目的支出計画等変更届

　一般社団法人及び一般財団法人に関する法律及び公益社団法人及び公益財団法人の認定等に関する法律の施行に伴う関係法律の整備等に関する法律第125条第3項に掲げる変更をしたので、同項の規定により下記のとおり届け出ます。

記

変更内容	主たる事務所が狭隘のため、広い事務所に移転したため	
変更に係る事項	変　更　後	変　更　前
	東京都中央区日本橋△丁目△番地△号	東京都中央区日本橋○丁目○番地○号
変更予定年月日	令和○年○月○日	

【注記（第2条）】

（注1）　廣中俊雄編著『民法修正案（前三編）の理由書』、103頁、有斐閣。

（注2）　梅謙次郎『訂正増補民法要義　巻之1総則編』（復刻版）、115頁、有斐閣。

　　我妻　榮『新訂民法総則　民法講義Ⅰ』、181頁〜182頁、岩波書店。

（注3）　川島武宜『民法総則』（法律学全集）、104頁、有斐閣。

（注4）　江頭憲治郎編『会社法コンメンタール　総則・設立(1)』、128頁、商事法務。

（注5）　上掲書、128頁（2・所在地）。

（注6）　我妻前掲書、182頁。

（注7）　我妻　榮他『我妻・有泉コンメンタール民法　総則・物権・債権』（第5版）、79頁、日本評論社。谷口知平・石田喜久夫編集『新版注釈民法(1)総則(1)』（改訂版）、421頁〜422頁、有斐閣。

（注8）　江頭編前掲書、129頁。

（注9）　内閣府公益認定等委員会モデル定款第2条（事務所）関係、28頁（注2）。

（注10）　「商号又は名称に〔支部〕という文字を使用する会社又は法人の登記の可否について」『登記研究』740号、135頁〜136頁、テイハン。神崎満治郎編『株式会社の設立、商号・目的その他の変更』（『商業登記全書』第2巻）、19頁、33頁、中央経済社。

　〔大正10年10月21日民事2223号民事局長回答〕

　（照会）第1項、第2項省略

　第3項　会社本店ノ商号ヲ合名会社伊丹組支店、合名会社伊丹組支社、合名会社伊丹支部、合名会社伊丹組出張所ト称シ登記スルコト得ルヤ是等ノ名称ヲ附シ本店トシテ登記スルコトヲ得可キモノトセハ法律カ本店ト支店ヲ区別シタル趣旨ニ反スル様思料スルモ取扱区々ニナリ疑義ヲ生ス

　（回答）受理スルコトヲ得ス

（注11）　登記研究編集室編『増補商業・法人登記先例解説総覧』、242頁〜244頁、テイハン。

（注12）　内閣府／都道府県「変更認定申請・変更届出の手引き」（公益法人が変更認定申請・変更届出をする場合。平成21年6月15日現在）、39頁（Ⅱ-10(4)）。

（注13）　上掲書3頁（Ⅰ-2(2)）

第2章

目的及び事業

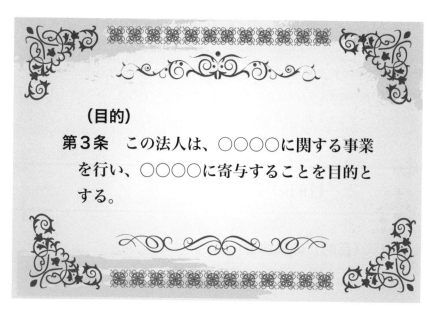

(目的)
第3条　この法人は、○○○○に関する事業を行い、○○○○に寄与することを目的とする。

1　目的の意義

　「目的」とは、一般財団法人、公益財団法人のそれぞれが行う事業をいう。それゆえ事業目的とも言われる。一般財団法人の行い得る目的たる事業の種類については格別の制限がないので、公益的な事業、あるいは収益事業など、強行法規や公序良俗に反しない適法な事業であれば、あらゆる事業を「目的」として掲げることが可能である。目的に関する定款の記載が公序良俗に反するものであるときは、当該定款は無効となる。

　これに対して、公益法人については、「学術、技芸、慈善、祭祀、宗教その他の公益を目的とする法人」(民法33条2項)として、公益目的事業(認定法2条4号)を主として行うことが義務付けられている(認定法5条1号)。

　「目的」は、定款の必要的記載事項であり(法153条1項1号)、また登記事項である(法302条2項1号)。法人の設立に当たっては、一般的に設立趣意書が作成され、それには設立目的、動機、実施事業等が記載される。したがって、

当該法人の基本的目的は、この設立趣旨を踏まえた本条に記載された事業であるが、具体的内容は、別条の「事業」において明記されることになる（株式会社の定款に記載される目的には、「当会社は、次の事業を営むことを目的とする」として、目的及び目的を達成するために営む事業を記載するが、非営利法人の場合には目的と事業を分けて、異なる条文に記載するのが普通である。）。その意味において、本条においては、当該法人が行う基本的目的を記載することになる。

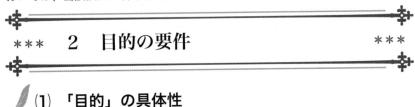

2　目的の要件

(1)　「目的」の具体性

改正前民法39条の規定による寄附行為に記載する「目的」については、「法人の目的が登記事項（改正前民法46条1項1号）とされているのは、これにより法人の権利能力の範囲を明確ならしめるためであるから、これを明確にし得る程度に、目的たる事業内容を具体的に記載すべきである」（昭和28年10月15日民事甲第1897号法務省民事局長通達、昭和39年11月25日民事四発第385号法務省民事局第四課長回答）とされていた。

このことにつき、会社の目的（会社法27条1号〔定款の記載又は記録事項〕・911条3項1号〔株式会社の設立の登記〕）をどの程度具体的に定めるかにつき、「会社の設立の登記等において、会社の目的の具体性については、審査を要しないものとする」（平成18年3月31日法務省民商第782号法務省民事局長通達「会社法の施行に伴う商業登記事務の取扱いについて」第7部第2）とされ、事業の具体性の程度については、会社が自ら判断すべき事項であり、登記官による審査の対象とはならないこととなった（注1）。

一般財団法人の目的の具体性についても、個々の法人に委ねられ、その目的の審査については、会社の登記における取扱いと同様に、具体性の審査を要しないとされている（注2）。

なお、例えば、一般財団法人が公益目的事業（認定法2条4号）を掲げ、行政

庁の認定（同法4条）を受けようとする場合には、公益法人認定法2条4号別表各号掲記の事業のうち、どの公益目的事業に該当するか否かの判断が可能な程度に具体性を持った事業を記載することが適当とされている。

(2) 「目的」の明確性

　「目的の明確性」とは、定款に記載された目的の意義が明瞭であって、何人にも理解できることをいう（注3）。実際に明確性があるかどうかは、㋐目的を示す語句の意義が一般人に明らかであるかどうか、㋑目的全体の意味が明らかであるかどうかを社会通念に従って判断することになる。

　そのため、目的の記載中に特殊な専門用語でその意味が明瞭であってもそれが専門家にしか分からないもの、あるいは外来語で通常の国語辞典や現代用語辞典（『広辞苑』、『イミダス』、『現代用語の基礎知識』等）に掲載されていないようなものは、明確性があるとは言えないと解されている。

　法令に用いられている語句については、一般的に明確性を有すると判断して差し支えないと考えられている。何故ならば、社会生活維持のための支配的な規範である法令に用いられている語句は、当然に明確性を有するという前提に立っているからである。

　なお、目的の記載は、すべて日本語によらなければならない。ただし、ローマ字を含む表記方法が社会的に認知されている語句であれば、明確性の基準に反しない限り、目的の登記に用いても差し支えないとされている（平成14年10月7日民商第2365号民事局商事課長回答「目的の登記にローマ字を含む語句を用いることについて」）。

(3) 「目的」の適法性

　法人は、公序良俗又は強行法規に反する事業（適法性を欠く事業）を目的とすることはできない。それは、公序良俗（民法90条）又は強行法規に反する法律行為は無効であるから、法人がこれらに反する事業を目的とすることができないことは当然である。

なお、どのような目的が適法性を欠くかについては、例えば次のようなものがある。

①　一定の資格を有する個人でなければ営むことができない業務

　法令上、弁護士・司法書士等の一定の資格を有する個人に限って認められている業務（いわゆる資格業務）を法人の目的とすることはできない。

②　営業免許を要する業務

　一定の事業を営むことについて官庁の免許等を要する場合には、免許を得なければ業務を営むことができないとするいわゆる営業免許がある。これは法人設立そのものの許可ではない。したがって、営業免許を得ていない段階においても、これらの業務を目的とする法人の設立登記や目的変更登記の申請は、受理される（注4）。

③　法律の施行前に、当該法律で規律される事業を法人の目的に掲げること

　一般に、新たに法律で規律される事業についても、当該法律の施行前に包括的な禁止規定が存在していない限り、当該法律の施行前にこれを法人の目的とする登記の申請があったときは、これを受理して差し支えないとされている。

　ただし、速やかに営む予定のない事業を目的に掲げることは適切ではないので、法人において、当該法律の施行後に当該事業を開始する意図であるときは、当該法律の施行を停止条件として定款を変更する措置をとることが望ましいと考えられている（注5）。

(4)　「目的」の非営利性

　「非営利」とは、「営利ではないこと」である。この場合の「営利」とは、構成員の経済的利益を追求し、終局的に収益が構成員に分配されることをいう（注6）。したがって、「非営利」とは、法人の利益が構成員個人に分配されないこと、つまり「剰余金の分配を目的としない」という意味であり、そのほかに「収益

事業を行わない」、あるいは「利益を追求しない」と異なった意味で用いられることがある。

①　会社法における営利性と目的

　会社法27条1号において、事業目的を定款の必要的記載事項としているが、これは会社がどのような事業を目的とするかが、出資者にとって極めて重要な意味を有するからである。換言すれば、この1号は、出資者にとって重要な意味を有する事業を記載することを求めていると解される。

　一方、会社法は、105条として株主の権利に関する規定を新設し、1項において株主の権利として、㋐剰余金の配当を受ける権利、㋑残余財産の分配を受ける権利、㋒株主総会における議決権を定め、営利性（対外的事業活動を通じて得た利益を社員に分配すること）が株式会社の本質的要素であることを明らかにしつつ、2項において、株主が定款で「1項1号（上記㋐）及び2号（上記㋑）」の権利の一方あるいは大半を行使しないと定めることを容認している。

　これは、1項で定めた営利性について、定款自治により、いわば営利性の程度を定めることを認めたものと解することができる。剰余金を分配する権利及び残余財産を分配する権利の全部を与えない旨の定めでない限り（これらの権利の全部を与えない旨の定款の定めは無効、会社法105条2項）、定款で営利性の程度を大幅に低下させることができる。

　また、会社法105条2項の定款の定め方としては、営利事業を行うが、その利益の大半を非営利事業に寄附する形のものもあれば、事業目的として営利事業と非営利事業を併記し、非営利事業に支障を与えない範囲で利益を分配するという形のものもあってよいことになる。2項はそうした会社の実態を許容している規定である。とすれば、そうした実態を持つ会社の事業目的が、そのまま、定款、そして登記に反映されなければ、会社法27条1号が、会社の「目的」を定款の必要的記載事項に定めた趣旨に反することになると考えられる（注7）。

② 一般法人法における非営利性と目的

会社法は、会社について法文上「営利」という語を用いていないが、会社法105条2項において、株主について、剰余金の配当を受ける権利（105条1項1号）又は残余財産の分配を受ける権利（同条1項2号）の少なくともどちらか一方を与えるべき旨の規定している。このことから、会社法では「営利」という語は用いられていなくても、営利性を前提としていると解されている。

一方、会社法と同様に、一般法人法においても「非営利」という語は用いられていないが、その理由については、非営利という言葉が「剰余金の分配を目的としない」という言葉のほかに、社会一般において「収益事業を行わない」あるいは「利益を追求しない」という意味にも用いられていることがあり、法律上もそのような制約のある法人であるとの誤解を生ずることを避けるためであるとされている（注8）。

一般法人法においては、一般財団法人は、非営利法人としての制度が設計されている。

一般財団法人の設立者につき「設立者に剰余金又は残余財産の分配を受ける権利を与える旨の定めは、その効力を有しない」と規定している（法153条3項2号）。

この規定は、会社法105条2項が株式会社の営利性を前提としているのに対し、一般財団法人の非営利性につき規定しているものと解することができる。

③ 公益財団法人の非営利性

公益財団法人は、一般財団法人であることが前提であり、公益財団法人も当然のことながら非営利性を没却させるような定款の定めは無効である。

したがって、一般財団法人、公益財団法人は「非営利」であることから、当該法人の事業活動によって生じた利益については、これを設立者に分配することはできず、当該法人の費用に充てなければならないということになる。

第3条　目的

⑸　法人の理念等その他の事項

　定款に目的を定める場合に、当該法人の理念、使命、設立趣旨等を記載することができるということについては、定款に記載することができると考えられている。登記事項としての法人の目的は、「法人の行うべき事業」と解されているので、法人の目的として法人の理念等が登記できるかどうかである。この点については、法務当局の見解に従うことになるものと解されている（注9）。

　法人の目的は一種に限らず、数種でもよく、また、目的として具体的な事業を掲げた後、「その他これに附随する事業」、または「その他これに附帯する事業」等と記載することもできると一般に解されている。しかし、行政庁の監督を受ける事業に関して目的の具体性をどの程度まで緩和することができるかについては、なお注意が必要である。このことについては、第4条（事業）4（「その他この法人の目的を達成するために必要な事業」の解釈と運用）において別途述べることとしている。

✦✦✦　3　目的と権利能力との関係　✦✦✦

　改正後の民法34条は、「法人は法令の規定に従い、定款その他の基本約款で定められた目的の範囲内において、権利を有し、義務を負う」と規定している。

　「基本約款」とは、法人を設立しようとする者が作成するものであり、法人の組織と活動に関する根本規則である（注10）。改正前の民法においては、財団法人における基本的な取り決めは、「寄附行為」と呼ばれていたが（例えば、改正前民法39条・43条）、平成18年改正（施行は平成20年12月1日）によって、「定款」の名称に統一された。法人に関する諸法律においては、一定の要件を備えた定款が要求されているので、基本的な文書の名称に定款という言葉を用いることも必要であると考えられる。ただ、民法34条が「その他の基本約款」という言葉を用いたのは、定款以外の名称を付された文書も例外的にありうることに備えたものと考えられている（地方自治法260条の2以下の「地縁団体」の「規

約」、私立学校法30条以下の「寄附行為」など）。

　この民法34条は、法人に関する一般的規定として、特に準用する旨の規定のない場合でも、一般財団法人、公益法人、会社その他すべての法人に適用される。したがって、民法34条は、一般財団法人等の法人の権利能力が定款所定の目的（一般財団法人の場合は法153条１項１号）によって制限される趣旨を示すものと解される（注11）。

　この「目的の範囲内」というのは、重要な意味を持つ概念であり、ある行為が、その法人の「目的の範囲内」であるかどうかは、各種の法人について問題となる。

(1)　営利法人の場合

　「目的の範囲内」に関する判例は、改正前民法43条（法人は、法令の規定に従い、定款又は寄附行為で定められた目的の範囲内において、権利を有し、義務を負う）に関するものであるが、この条文は改正後の民法34条と実質的に全く変わっていないので、したがって民法34条にも妥当すると解される。

　会社について、判例は興味ある変遷を示している。明治年間においては、定款に記載された個々の事項を文字どおりに解し、これに包含されない行為は「目的の範囲外」であるとする厳格な判断基準を採っていた。大審院（明治36年１月29日）は、会社の創業に際して尽力した者に対し謝意を表するための金員を贈与する契約を無効とし（事業のための附属的商行為）、また事業としての行為である銀行の手形保証さえ目的の範囲外のものであるとした（大審院明治40年２月12日）。

　しかし、このような厳格な解釈は、取引の安全を害するばかりでなく、法人の事業の合理的遂行にも困難を来たすことになるため、定款条項を拡張解釈するようになった。

　大正年代に入ると、定款の目的の記載は冗漫を避け、簡潔を旨とするものであることを前提に、定款所定の目的の範囲は、定款に記載された文言に拘泥して制限的に解釈するのではなく、それより推理演繹することができる事項も包含し、さらにそのようにして確定された目的の範囲内に属する行為だけでなく、

その目的事業を遂行するために必要な事項は、定款に記載されなくてもその目的の範囲内の行為と認められるに至った（大審院大正元年12月25日）。

　その後、昭和年代に入ると、「目的の範囲内の行為」とは、定款所定の目的たる事業自体に属する行為のみならず、目的たる事業を遂行するに必要な事項はことごとく目的の範囲内の行為であるとされるに至った。

　従来の判例法理の集大成として、最高裁（昭和27年2月15日）は、定款に記載された目的自体に包含されない行為であっても、目的遂行に必要な行為は、目的の範囲内に属するものと解すべきであり、その目的遂行に必要であるかどうかについては、当該行為が定款記載の目的に現実に必要であるかどうかの基準によるべきでなく、定款の記載自体から観察して、客観的、抽象的に必要であり得べきかどうかの基準に従って決すべきものであるという判断基準を示している。

　なお、会社の政治献金（最高裁昭和45年6月24日、八幡製鉄政治献金事件）も、「目的の範囲内の行為とは、定款に明示された目的自体に限局されるものではなく、その目的を遂行する上に直接又は間接に必要な行為であれば、すべてこれに包含されるものと解するのを相当とする」とし、そして「必要なりや否やは、当該行為が目的遂行上現実に必要であったかどうかをもってこれを決すべきではなく、行為の客観的な性質に即し、抽象的に判断されなければならない」と判示している。

　このような判例の基準を前提に、学説上、目的による権利能力の制限を否定するのと結果において殆ど相違はないとされ、会社の取引行為について目的の範囲外とされるものは考えられず、実質的にはこの制限は廃棄されていると説明されている。

(2) 非営利的法人の場合

　判例の態度は必ずしも軌を一にしないが、全体の傾向から見ると、やや目的の範囲を厳しく限定的に解している。これは、非営利的な法人においては、取引の相手方を保護するよりも、法人の財政的基礎の安定を図ることによって、

構成員の利益を保護しようとする法人政策（後見的保護主義）の思想が存するからであろうと考えられている（注12）。

例えば、組合員以外の者からの預金の受入れ（員外預金・信用組合の例）は、目的の範囲内としている（最高裁昭和35年7月27日）。非組合員への員外貸付についても、目的事業と関連を持つ第三者への貸付を有効とした例が見られる（農業協同組合の例。最高裁昭和33年9月18日）。中小企業信用協同組合が組合員の手形債務について手形保証することを附帯業務として有効とした例もある（最高裁昭和45年7月2日）。一方、目的事業と関連がないとして否定された例も見られる（農業協同組合の例。最高裁昭和41年4月26日。労働金庫について、最高裁昭和44年7月4日）。

しかし、税理士会については、政党などに金員を寄附することは、税理士法49条2項（現6項）に定める税理士会の目的の範囲外の行為であるとした（最高裁平成8年3月19日）。

(3) 公益法人の場合

公益法人については、法人を保護する要請は強く、その取引活動は会社に比べ相対的に少ない。このため、法人の利益保護の要請を重視して、取引の安全の要請を後退させることに合理性が認められる。

改正前民法34条に関する裁判例として、学術の振興と文化の向上を目的とする財団法人が通常経費の支出に充てるために金銭を借り受けた行為が「目的の範囲」かどうかが争われた事案について、資金の借受けは特段の事情のない限り、法人の事業遂行に必要かつ相当なものとして、目的の範囲内に属するとしたものがある（大阪高裁昭和48年8月2日）。

他方、育英事業を目的とする財団法人が、目的たる育英事業を行うため資金の増殖を図ることは目的達成に必要な行為であることを前提にした上で、その利殖行為は確実な方法によるべきであり、高利の貸付行為は利殖が可能である反面、元金をも失う危険性があるとして目的達成に必要な行為とは言えないとしたものがある（広島高裁岡山支部昭和30年9月16日）。

公益法人は、一定の財産で公益目的事業を達成しなければならない。そのためには、財産が公益目的事業以外に流出しないよう財産の確保が必要である。したがって、公益法人の場合には、目的の範囲を厳格に解し、法人の財政的基礎の安定を図ることが必要である。それゆえに、特に公益法人については、定款所定の目的の社会的機能にも配慮して、行政庁が公益法人の「公益認定」を行い（認定法4条・5条1号・7条1項3号）、目的事業の変更には行政庁の認定が必要とされているのである（同法11条1項2号）。

4　目的の変更

　公益（一般）財団法人の目的は、定款の必要的記載事項であるから（法153条1項1号）、これを変更するには定款の変更をしなければならない。定款の変更につき官庁の許可又は認可が効力の発生要件とされているときは、許可又は認可がなければ定款の変更の効力を生ぜず、したがって、目的の変更の効力が生じないことになる。

　なお、公益（一般）財団法人の場合には、名称や主たる事務所を変更する場合と異なり、設立者が目的についての定款の定めを評議員会の決議によって変更することができる旨を原始定款で定めた場合でない限り、裁判所の許可を得たときを除き、評議員会の決議によってこれを変更することはできない（法200条）。

　目的を変更する場合には、例えば数種の事業のうち1事業を廃止し若しくは新規事業を追加し、または全く異なる事業に転業する場合のように実質的に目的を変更する場合のほか、例えば「○○の調査及び研究」とあるのをその○○の種類を具体的に掲げることとする場合のように、形式的に目的を変更する場合があるが、いずれの場合も定款の変更及び変更の登記を必要とする（注13）。

(1) 目的変更の手続

① 評議員会の特別決議

　一般財団法人・公益財団法人が目的を変更する場合には、評議員会の特別決議を経なければならない（法189条2項3号）。特別決議の要件は、「議決に加わることができる評議員の3分の2（これを上回る割合を定款で定めた場合にあっては、その割合）以上に当たる多数である。

② 変更登記

　目的の変更があったときは、その定款の変更の日から（官庁の許可又は認可が効力要件の場合にあっては、その許可書又は認可書の到達の日から）主たる事務所の所在地において、2週間以内に、当該、公益（一般）財団法人の代表理事がその変更の登記を申請しなければならない（法303条）。

　なお、官庁の許可又は認可が変更事項の効力発生要件である場合には、当該許可書、認可書又はその認証がある謄本の添付が必要とされている（法330条・商業登記法19条）。

(2) 公益法人の目的変更に関する行政庁の認定手続

　公益法人は、㋐公益目的事業を行う都道府県の区域（定款で定めるものに限る。）又は主たる事務所若しくは従たる事務所の所在場所の変更（従たる事務所の新設又は廃止を含む。）、㋑公益目的事業の種類又は内容の変更、㋒収益事業等の内容の変更については（内閣府令で定める軽微な変更は除く。）、行政庁の認定を受けなければならないとされている（認定法11条1項）。

① 公益目的事業を行う都道府県の区域の変更に伴い、公益目的事業の内容も変わる場合

　公益目的事業を行う都道府県の区域を、定款で変更しようとする場合、変更の認定を受ける必要がある（認定法11条1項1号）。これには、主に次のような

第3条　目的

場合が考えられる（注14）。

i　所管行政庁が都道府県知事である公益法人が、定款を変更して、2以上の都道府県の区域で公益目的事業を行う旨、定める場合

ii　所管行政庁が内閣総理大臣である公益法人が、定款を変更して、1の都道府県の区域で公益目的事業を行う旨、定める場合

なお、次の場合には、変更認定ではなく、変更届出の手続を行うこととなる。

iii　所管行政庁が内閣総理大臣である公益法人が、公益目的事業を行う都道府県の区域を定款で変更するが、変更後における公益目的事業の活動区域又は事務所の所在場所が2以上の都道府県の区域内となる場合

ところで、上記 i 〜 iii のように公益目的事業を行う都道府県の区域の変更に伴い、公益目的事業の内容も変わる場合には、「公益目的事業の内容の変更」に係る変更認定も受ける必要がある。具体的には次のとおりである。

まず、上記 i 又は ii の変更に伴い、公益目的事業の内容も変わる場合には、「公益目的事業を行う都道府県の区域」と「公益目的事業の内容」を同時に変更する旨の変更認定申請が必要となる。

次に、上記 iii の変更に伴い、公益目的事業の内容も変わる場合には、まずは「公益目的事業の内容」を変更する旨の変更認定申請を行い、当該変更認定を受けた後、「公益目的事業を行う都道府県の区域」の変更に係る変更届を提出することとなる。

なお、法人登記においては、主たる事務所及び従たる事務所を登記することとなっているので（法302条2項1号）、変更認定の手続が必要かどうかについても、法人登記の記載事項に変更があるかどうかで判断されることとなる。

②　公益目的事業の種類の変更

公益目的事業の種類の変更の場合には、行政庁の認定を受けなければならない（認定法11条1項2号）。

「公益目的事業の種類」とは、公益法人認定法2条4号の別表において該当

する「号」のことをいう（注15）。公益認定の申請時（その後、変更認定を受け、または変更届出を行っている場合には、直近の変更認定申請又は変更届出時。以下同じ。）には、変更認定申請書類（様式。変更認定申請・変更届出の手引き）の別紙2「2.個別の事業の内容について」において、個別の公益目的事業ごとに、公益法人認定法2条4号別表のいずれの号に該当するかを記載しているが、その該当する号を変更しようとする場合には、変更の認定を受ける必要がある。

③　公益目的事業又は収益事業等の内容の変更

　公益目的事業の内容の変更（認定法11条1項2号）又は収益事業等の内容の変更（同条1項3号）の場合（新規事業を立ち上げる場合及び事業の一部を廃止する場合を含む。）には、行政庁の認定を受けなければならない（同条1項2号・3号）。

　ただし、事業の内容の変更であっても、公益目的事業における受益の対象や規模が拡大する場合など、事業の公益性についての判断が明らかに変わらないと認められる場合は、公益法人認定法施行規則7条3号の「公益認定を受けた法7条1項の申請書の記載事項の変更を伴わないもの」とみなし、変更認定ではなく、変更届出の手続きを行うことになる（認定法13条1項2号）。この例としては、専門的知識の普及を行うため、セミナー（公益目的事業）を開催している場合において、従前は、一定の資格を有する者のみ受講できることとしていたが、受講要件を撤廃し、資格の有無にかかわらず受講できることとする場合が考えられる（注16）。

　なお、特定費用準備資金については、実施時期が近づくことに伴う見積りの精緻化などその目的や性格が変わらない範囲での資金の見直しや当該事業の予期せざる損失への充当を除き、資金を取崩して他の事業に使用する場合は、あらかじめ、資金の目的である事業の内容の変更として変更の認定を受ける必要がある。

　また、数年後に新規事業の立ち上げを予定していて、あらかじめ特定費用準備資金又は資産取得資金のみを計上する場合についても、事業の内容の変更として変更認定を受ける必要がある。

第3条　目的

　なお、事業の日程や財務数値など、毎年度変動することが一般的に想定されうるような事項の変更は、②及び③の変更には該当せず、変更の認定を受けること及び変更の届出を行うことは必要がない。

④　行政庁の変更の認定と登記

　公益法人は、公益法人認定法11条1項各号に掲げる変更（認定法施行規則7条で定める軽微な変更を除く。）をする場合には、行政庁の認定を受けなければならないが、当該変更に係る変更の登記の申請書には、当該変更について行政庁の認可を受けたことを証する書面の添付は要しないとされている（注17）。

⑤　公益目的事業の種類又は内容の変更・収益事業等の内容の変更に係る行政庁への変更認定申請

　公益法人は、公益法人認定法11条1項2号に規定する公益目的事業の種類又は内容の変更、3号に規定する収益事業等の内容の変更をしようとするときは、まず法人内部の意思決定（理事会の承認）が必要である（定款の変更が伴う場合には、評議員会の決議が必要となる。）。そして、変更認定申請書（様式第2号・認定法施行規則8条1項）に、公益法人認定法7条2項各号に掲げる書類のうち、変更に係るもの及び同法施行規則8条2項に掲げる書類を添付して、行政庁に提出しなければならない（認定法11条2項・3項・同法施行規則8条1項・2項）。

　なお、変更認定申請書に添付する書類は、次のとおりである（注18）。

ⅰ　申請書（かがみ文書）

ⅱ　法人の基本情報及び組織について（変更認定申請・変更届出の手引き〔公益法人が変更認定申請・変更届出をする場合〕内閣府／都道府県、「Ⅱ-4別紙1」）

ⅲ　別紙2（法人の事業について）

ⅳ　別紙3（法人の財務に関する公益認定の基準に係る書類について、別表A〜F）

ⅴ　定款の変更の案（定款変更を伴う場合のみ）

ⅵ　確認書

ⅶ　許認可等を証する書類（事業の内容の変更に伴い、新たに許認可が必要となる場合のみ）

065

viii 事業計画書

ix 収支予算書

x 事業・組織体系図（既に行政庁に提出されているものに変更がある場合のみ）

xi 寄附の使途の特定の内容が分かる書類（公益目的事業以外に使途を特定した寄附がある場合のみ）

xii 当該変更を決議した理事会の議事録の写し（認定法施行規則8条2項1号）

なお、行政庁から変更の認定を受けた公益法人は、遅滞なく、定款及び登記事項証明書（当該変更の認定に伴い変更がある場合に限る。）を行政庁に提出しなければならない（認定法施行規則8条3項）。

この変更認定申請書類を作成するに当たって根拠となった資料については、後日、検査・質問が行われる可能性が高いことから、10年間は保存することが求められている（注19）。

変更認定申請書の記載例としては、次のようなものとなろう。

【3-1 変更認定申請書の記載例】（新規公益目的事業を追加する場合）

令和○年○月○日

○○都道府県知事　殿

法人の名称

代表者の氏名　○○○○　㊞

変更認定申請書

公益社団法人及び公益財団法人の認定等に関する法律第11条第1項に規定する変更の認定を受けたいので、同条第2項の規定により、下記のとおり申請します。

記

変更に係る事項	区　　分	変　更　後	変　更　前
	イ	別紙2のとおり	別紙2（変更前）のとおり（※1）
変更の理由	公益目的事業の拡大を図るため新規事業を追加するため		
変更予定年月日	令和○年○月○日（※2）		

第3条　目的

（※1）変更前については、公益認定の申請時（その後変更認定を受け、または変更届出を行っている場合は、直近の変更認定申請又は変更届出時）に提出した、別紙2「2．個別の事業の内容について」のうち、変更する事業に係るものの写しを添付することが必要とされている。

（※2）行政庁の変更認定のある日以後の日（事業の変更等の開始日）が想定される。

⑥　公益目的事業又は収益事業等の内容の変更に係る行政庁への変更届出

公益目的事業又は収益事業等の内容の変更であっても、公益目的事業における受益の対象や規模が拡大する場合など、事業の公益性についての判断が明らかに変わらないと認められる場合は、公益法人認定法施行規則7条3号の「公益認定を受けた公益法人認定法7条1項の申請書（公益認定申請書〔様式第1号・認定法施行規則5条1項〕及び変更認定申請書〔様式第2号・認定法施行規則8条1項〕を含む。）の記載事項の変更を伴わないもの」とみなし、行政庁へ変更の届出をすることとなる（認定法13条1項2号。FAQ問XI-1-①3）。

公益法人が変更の届出をしようとする場合には、まず法人内部の意思決定を行い、これに基づいて所定の変更を行い、行政庁へ変更届出書（様式第3号・認定法施行規則11条1項）を提出しなければならない（認定法13条1項・同法施行規則11条1項）。

この変更届出書には、公益法人認定法7条2項各号に掲げる書類のうち、変更に係るものを添付する必要がある（認定法施行規則11条3項）。

なお、複数の事項を変更しようとする場合には、それぞれの事項で必要とされている書類をすべて用意する必要がある。添付すべき書類としては、次のようなものがある（注20）。

　i　届出書（かがみ文書）

　ii　別紙1（法人の基本情報及び組織について）

　iii　別紙2（法人の事業について）

　iv　定款（定款変更を伴う場合のみ）

　v　登記事項証明書（登記事項に変更がある場合のみ）

　vi　確認書

第2章　目的及び事業

067

内閣府モデル定款から読み解く公益・一般法人の法人運営手続　財団編（上巻）

  vii　事業計画書

  viii　収支予算書

  ix　事業・組織体系図（既に行政庁に提出されているものに変更がある場合のみ）

なお、変更届出書の記載例としては、次のようなものとなろう。

【3-2　変更届出書の記載例】（セミナー受講資格要件を撤廃した場合）

令和○年○月○日

○○都道府県知事　殿

法人の名称

代表者の氏名　○○○○　㊞

変更届出書

公益社団法人及び公益財団法人の認定等に関する法律第13条第1項に掲げる変更をしたいので、同項の規定により、下記のとおり届け出ます。

記

変更に係る事項	区　分	変　更　後	変　更　前
	エ	別紙2のとおり	別紙2（変更前）のとおり（※1）
変更の理由	セミナー（公益目的事業）の受講資格を撤廃し、資格の有無にかかわらず受講できるようにするため		
変更の年月日	令和○年○月○日（※2）		

（※1）変更前については、公益認定の申請時（その後変更認定を受け、または変更届出を行っている場合は、直近の変更認定申請又は変更届出時）に提出した、別紙2「2．個別の事業の内容について」のうち、変更する事業に係るものの写しを添付することが必要とされている。

（※2）変更した年月日を和歴で記載する。

第3条　目的

5　移行法人の実施事業等の内容等の変更に伴う認可行政庁への変更認可申請

　移行法人が、公益目的支出計画の変更を行う場合には、内閣府令で定める軽微な変更を除き、あらかじめ、認可行政庁の認可を受ける必要がある（整備法125条1項）。そのうち、実施事業等（公益目的事業、継続事業、特定寄附）の内容に関して変更を生じる場合は、以下の扱いによることになる（FAQ問XI-1-②1）。

(1) 公益目的事業の内容の変更の場合

　公益目的支出計画に記載した実施事業等のうち、公益目的事業の内容に関して変更が生じる場合については、公益法人認定法における考え方と同様の考え方に基づくものとされる（FAQ問XI-1-②1(1)①・FAQ問XI-1-①参照）。

(2) 継続事業の内容の変更の場合

　継続事業の内容に関して変更が生じる場合は、事業の目的・性格等の同一性が認められる場合を除き、認可行政庁の変更の認可が必要である。移行後においては継続事業の追加は認められていないので（ガイドラインⅡ-1(1)ⅲ参照）、公益目的支出計画には変更後の事業を、「公益目的事業」として記載する必要がある（FAQ問XI-1-②1(1)②）。

(3) 実施事業等の追加・廃止の場合

　実施事業や特定寄附を新たに追加する場合又は廃止する場合も、認可行政庁の変更の認可を受ける必要がある（FAQ問XI-1-②1(1)③）。

(4) 認可行政庁への公益目的支出計画変更認可申請

　実施事業等の内容に関して変更をしようとするときは、移行法人は公益目的支出計画変更認可申請書（様式第5号・整備法施行規則36条）に次の書類を添付して、

認可行政庁に提出しなければならない（整備法125条1項・2項・同法施行規則36条）。

① 申請書（かがみ文書）

② 公益目的支出計画の変更の案（整備法施行規則36条1号）

③ 公益目的支出計画の変更について必要な手続きを経ていることを証する
書類（同規則36条2号。評議員会等の議事録の写し）

④ 事業計画書及び収支予算書（同規則36条3号・31条5号・ただし、変更に係
るもの）

⑤ 整備法124条の確認を受けるまでの間の収支の見込みを記載した書類
（同規則36条3号・31条6号・ただし、変更に係るもの）

⑥ 整備法117条2号に掲げる基準に適合することを説明した書類（同規則
36条3号・31条7号・ただし、変更に係るもの）

⑦ その他必要な場合に提出する書類

　i 許認可等を証する書類（実施事業に許認可等が必要な場合のみ）

　ii 会員等の位置付け及び会費に関する細則（定款のほかに、会員等の位置
付け及び会費に関する何らかの定めを設けている場合のみ）

　iii 事業・組織体系図（複数の実施事業を行う場合又は複数の事業所で実施事
業を行う場合のみ）

***　6　移行法人の公益目的支出計画の　***
変更に伴う認可行政庁への変更届出

　移行法人は、次に掲げる場合には、内閣府令（整備法施行規則37条）で定める
ところにより、遅滞なく、その旨を認可行政庁に届け出ることが必要とされてい
る（整備法125条第3項）。

① 名称若しくは住所又は代表者の氏名を変更したとき（整備法125条3項1
号）

② 公益目的支出計画について整備法125条1項の内閣府令で定める軽微な
変更をしたとき（同項2号）

③ 定款で残余財産の帰属に関する事項を定めたとき又はこれを変更したとき（同項3号）
④ 定款で移行法人の存続期間若しくは解散の事由を定めたとき又はこれらを変更したとき（同項4号）
⑤ 解散（合併による解散を除く。）をしたとき（同項5号）

なお、移行法人が、公益目的支出計画の変更を行う場合に、変更の届出が必要になるものは、以下(1)～(3)の場合である（FAQ問XI-1-②2）。

(1) 公益目的支出計画の軽微な変更（整備法125条3項2号・同法施行規則35条）

移行法人が、次に示す公益目的支出計画の軽微の変更を行った場合は、遅滞なく、その旨を認可行政庁に届け出なければならない（整備法125条第3項2号・同法施行規則35条）。

① 実施事業を行う場所の名称又は所在場所のみの変更（整備法施行規則35条1号）。
② 特定寄附の相手方の名称又は主たる事務所の所在場所のみの変更（同条2号）。
③ 各事業年度の公益目的支出の額や実施事業収入の額が変更になる場合であっても、公益目的支出計画が予定どおりに完了することが見込まれるもの（同条3号）。ただし、この場合移行法人はその事業年度の公益目的支出計画実施報告書に、当該変更があった旨を明示して提出すれば足りるとされている（整備法施行規則37条3項）。

なお、この場合移行法人が公益目的支出計画実施報告書を提出したときは、その移行法人が整備法125条3項の規定による公益目的支出計画の変更の届出をしたものとみなされる（同条4項）。
④ 合併の予定の変更又は当該合併がその効力を生ずる予定年月日の変更（同規則35条4号）

(2) 事業に必要な許認可等の変更

実施事業を行うに当たり法令上許認可等を必要とする場合において、それらの許認可等に変更が生じた場合には、認可行政庁に遅滞なくその旨を届け出る必要がある（FAQ問XI-1-②2(2)）。

(3) 申請時の収支見込の変更（事前届出）

移行後において、多額の借入れ等や資産運用方針の大幅な変更などを行うことにより、申請時の収支の見込みが変更される場合には、事前に認可行政庁に届け出ることが必要とされている。

なお、これらの活動により公益目的支出計画が当初の実施期間内に完了しないこととなる場合には、あらかじめ整備法125条1項に規定する公益目的支出計画の変更認可を受けなければならない（ガイドラインⅡ-2）。

(4) 認可行政庁への公益目的支出計画等変更届出書の提出

整備法125条3項1号から4号までに掲げる場合のいずれかに該当して同項の届出をしようとする移行法人は、公益目的支出計画等変更届出書（様式第6号・整備法施行規則37条1項）に当該変更を証する書類を添付して、認可行政庁に提出しなければならない（整備法125条3項・同法施行規則37条1項）。

なお、添付書類としては、次のようなものが必要とされている。

① 当該届出に係る変更があったことを証する書類
② 事業・組織体系図（複数の実施事業を行う場合又は複数の事業所で実施事業を行う場合のみ。ただし必要な場合に提出する添付書類）
③ 各変更における添付書類の例
　ⅰ　名称・住所・代表者の氏名の変更の場合には、変更後の登記事項証明書
　ⅱ　公益目的支出計画の軽微な変更
　　（ⅰ）実施事業を行う場所の名称・所在場所の変更の場合には、当該変更

について必要な手続を経ていることを証する書類（理事会等の議事録の写し）

(ⅱ)　特定寄附の相手方の名称・所在場所の変更の場合には、変更後の名称等を記載した書類（登記事項証明書など）

(ⅲ)　合併の予定等の変更の場合には、変更後の合併予定日を記載した書類

(ⅳ)　定款の変更（解散・残余財産の帰属先等）の場合には、定款変更のための手続きを証する書類（評議員会等の議事録など）

【注記（第3条）】

(注1)　松井信憲『商業登記ハンドブック』（第2版）、9〜10頁、商事法務。「会社の設立の登記等において、会社の目的の具体性については、審査を要しないものとする」については、次の理由によるものとされている。①会社法の制定に伴い類似商号規制が廃止されたこと、②会社の権利能力の範囲を決する「目的の範囲内の行為」という基準は、定款に明示された目的自体に限られず、その目的を遂行する上で直接又は間接に必要な行為であればすべてこれに包含されると解されており、会社の目的を細分化する必要がないこと、③具体性がない目的が定款に定められ、登記簿により公示されることに伴う不利益（会社の具体的な事業内容が明らかでないこと、取締役の目的外行為の差止請求が困難になること等）があったとしても、当該不利益は当該会社の構成員や当該会社を取引相手とした債権者その他の利害関係人が自ら負担すべきものと解することで足りること等の観点から、登記実務の取扱いが変更されたものである。

(注2)　瀬島由起子「一般社団法人及び一般財団法人に関する法律等の施行に伴う法人登記実務Q＆A」Q3、『一般社団・財団法人法の法人登記実務』319頁、テイハン。

(注3)　竹内昭夫他編『新版注釈会社法(2)　株式会社の設立』、77頁、有斐閣。

(注4)　神崎満治郎編『株式会社の設立、商号・目的その他の変更　商業登記全書第2巻』、45頁、中央経済社。

(注5)　松井前掲書、15頁。

（注6）　前田達明他編『新版注釈民法(2)　総則(2)』、187頁、有斐閣。

（注7）　江頭憲治郎編『会社法コンメンタール1　総則・設立(1)』、284〜285頁、商事法務。

（注8）　新公益法人制度研究会編著『一問一答公益法人関連三法』、14頁、商事法務。

（注9）　神崎前掲書、41頁。

（注10）　山田誠一「これからの法人制度（第1回）」、『法学教室』321号、14頁、有斐閣

（注11）　我妻　榮他『我妻・有泉コンメンタール民法　総則・物件・債権』（第5版）、117頁、日本評論社。江頭前掲書、78頁。酒巻俊雄他編『逐条解説会社法　第1巻　総則・設立』、80頁、中央経済社。

（注12）　我妻他前上掲書、118頁。森泉　章『新・法人法入門』、104頁、有斐閣。

（注13）　登記研究編集室編『法人登記書式精義　第1巻』、316〜317頁、テイハン。

（注14）　「変更認定申請・変更届出の手引き」（公益法人が変更認定申請・変更届出をする場合　内閣府／都道府県）、2頁。

（注15）　同上、3頁(3)。

（注16）　同上、3頁(4)。FAQ問XI-1-①3。

（注17）　登記研究編集室編前掲書、494頁。

（注18）　前掲「変更認定申請・変更届出の手引き」、9頁。なお、複数の事項を同時に変更しようとする場合（公益目的事業を行う都道府県の区域の変更に伴い、公益目的事業の内容が変わる場合など）は、それぞれの変更において必要とされている書類をすべて提出することとなっている。

（注19）　同上39頁（(4)関係書類の保存）。

（注20）　同上42頁。

(事業)

第4条　この法人は、前条の目的を達成するため、次の事業を行う。

(1)　○○○○の△△△△その他××××及び○○○○に関する△△△△の普及

(2)　△△△△において××××を行う○○○○○の推進

〜

(n)　その他この法人の目的を達成するために必要な事業

2　前項〈第1号・第1号から第○号まで〉の事業は、〈例①日本全国、例②○○地方、例③○○県、…及び○○県、例④○○県及びその周辺、例⑤○○市、例⑥本邦及び海外〉、同項第○号の事業は、…において行うものとする。

(注)　2項は、例①から例⑥までの事業の実施区域を参考にして規定することになる。

1　第3条と本条との関係

　第3条は、法人の目的（法人の行う事業）を規定したものであるのに対し、本条はその目的を達成するために実施する事業そのものを規定するものである。したがって、その実施する事業は具体的に個々に記載することが必要とされる。

　例えば、一般財団法人が公益目的事業（認定法2条4号）を掲げ、行政庁の認定（同法4条）を受けようとする場合には、公益法人認定法2条別表各号掲記の事業のうち、どの公益目的事業に該当するか否かの判断が可能な程度に具体性を持った事業を記載することが求められる。定款上の目的は、公益目的事業を列挙して定める必要はないが、定款で定める法人の事業又は目的に根拠のない事業は、公益目的事業として認められないことがあり得る（ガイドラインⅠ-1・FAQ問Ⅷ-1-①）。

　なお一般財団法人又は公益法人の場合に、㋐目的の条項に実施する事業のすべてを号建てで規定する条文形式を採る方法と、㋑本条と同じように目的（3条）と事業とは別条項にするが、事業に関してはすべて号建てとして規定する方法を採ることも考えられる。いずれの方法を採るかは、法人の定款の決め方の問題である。

①　目的の条項に実施する事業のすべてを号建てする場合の条文形式

（目的）
第4条　この法人は、〇〇〇〇することを目的とし、その目的を達成するため、次の事業を行う。
(1) 〇〇〇〇
(2) 〇〇〇〇
〜
(n) その他この法人の目的を達成するために必要な事業

2　前項の事業は、○○県において行うものとする。

(注)　この条文形式のうち、2項を除いた形式は株式会社の定款で規定されている例である。

②　目的と事業を別条項としつつ、具体的な事業を号建てする場合の条文形式

（目的）
第3条　この法人は、○○○○に関する事業を行い、○○○○に関することを目的とする。

（事業）
第4条　この法人は、前条の目的を達成するため、次の事業を行う。
　(1)　○○○○
　(2)　○○○○
　～
　(n)　その他この法人の目的を達成するために必要な事業
2　前項の事業は、○○県において行うものとする。

(注)　非営利法人においては、従来から目的と事業は別条項とする形式が採られている。

2　公益目的事業

(1)　公益目的事業の定義・種類

「公益目的事業」とは、㋐学術、技芸、慈善その他の公益に関する公益法人認定法2条4号の別表各号に掲げる種類の事業であって、㋑不特定かつ多数の者の利益の増進に寄与するものをいう（認定法2条4号）。

この別表各号に掲げる公益目的事業の種類は、次のとおりであるが、内容的には、その種類は、認定基準の明確化という今回の公益法人制度改革における重要な要請の下、公益に関する活動をより具体的なものとするためにその性質上何らかの形で「不特定かつ多数の者の利益の増進に寄与するもの」と考えら

れるものとして、国民の利益のために制定されている現行の諸法律の目的規定の内容を分類、整理して、限定列挙したものである（注1）。

【別表に掲げる公益目的事業の種類】

① 学術及び科学技術の振興を目的とする事業

② 文化及び芸術の振興を目的とする事業

③ 障害者若しくは生活困窮者又は事故、災害若しくは犯罪による被害者の支援を目的とする事業

④ 高齢者の福祉の増進を目的とする事業

⑤ 勤労意欲のある者に対する就労の支援を目的とする事業

⑥ 公衆衛生の向上を目的とする事業

⑦ 児童又は青少年の健全な育成を目的とする事業

⑧ 勤労者の福祉の向上を目的とする事業

⑨ 教育、スポーツ等を通じて国民の心身の健全な発達に寄与し、又は豊かな人間性を涵養することを目的とする事業

⑩ 犯罪の防止又は治安の維持を目的とする事業

⑪ 事故又は災害の防止を目的とする事業

⑫ 人種、性別その他の事由による不当な差別又は偏見の防止及び根絶を目的とする事業

⑬ 思想及び良心の自由、信教の自由又は表現の自由の尊重又は擁護を目的とする事業

⑭ 男女共同参画社会の形成その他のより良い社会の形成の推進を目的とする事業

⑮ 国際相互理解の促進及び開発途上にある海外の地域に対する経済協力を目的とする事業

⑯ 地球環境の保全又は自然環境の保護及び整備を目的とする事業

⑰ 国土の利用、整備又は保全を目的とする事業

⑱ 国政の健全な運営の確保に資することを目的とする事業

⑲ 地域社会の健全な発展を目的とする事業

第4条　事業

⑳　公正かつ自由な経済活動の機会の確保及び促進並びにその活性化による国民生活の安定向上を目的とする事業

㉑　国民生活に不可欠な物資、エネルギー等の安定供給の確保を目的とする事業

㉒　一般消費者の利益の擁護又は増進を目的とする事業

㉓　前各号に掲げるもののほか、公益に関する事業として政令で定めるもの

なお、23号の「公益に関する事業として政令で定めるもの」については、社会情勢の変化に伴い「公益」とされるものの具体的な内容も変化し得るものであることから、その変化に的確に対応し、新たに公益目的事業として認めるべきものが生ずる場合には、政令においてこの別表に掲げる以外の種類の事業を定めることができるようにしているものである。

しかし、令和元年5月1日現在では、この政令による公益目的事業の種類の追加は行われていない。

(2)　公益の概念

①　民法上の公益の概念

改正後の民法33条2項は、「学術、技芸、慈善、祭祀、宗教その他の公益を目的とする法人、営利事業を営むことを目的とする法人その他の法人の設立、組織、運営及び管理については、この法律その他の法律の定めるところによる」と規定している。

このため、新しい法人制度の下では、公益法人を含む非営利法人の根拠法が一般法人法となったことにより、公益法人については、一般法人法に加えて、公益法人認定法が根拠法となった。

一方、改正前民法34条は、「学術、技芸、慈善、祭祀、宗教その他の公益に関する社団又は財団であって、営利を目的としないものは、主務官庁の許可を得て、法人とすることができる」と規定していた。この規定から、社団法人又は財団法人の法人格を取得するための要件の1つに「公益に関する」というこ

079

と、つまり公益性を有することが要件であった。

　この場合の「公益」とは、社会全般の利益、いいかえれば不特定多数の者の利益を指すと解されていた（注2）。この公益の概念は、改正後の民法33条2項の「公益」についても、同様の意味に解される（注3）。

　なお、改正前民法34条に基づく公益法人の設立許可に当たっては、この公益に関する概念が幅広く解釈され、⑦同窓会、同好会等構成員相互の親睦、連絡、意見交換等を主たる目的とするもの、①特定団体の構成員又は特定職域の者のみを対象とする福利厚生、相互救済等を主たる目的とするもの、⑦後援会等特定個人の精神的、経済的支援を目的とするものなど、一般的な意味での「公益性」を有しないものまでも公益法人として設立許可がされてきた。

② 有識者会議報告書における公益性に関する考え方

　公益法人制度改革に関する有識者会議報告書（平成16年11月19日）においては、公益性を有する法人が行う公益的な事業に関し、「要件をできるだけ客観的で明確なものとし、公益性の有無の予測可能性を高めることが望ましいことから、現行の関連制度も参考にしつつ、具体的な事業を適切に列挙することとし、これに該当する場合は公益性を有すると判断することが望ましい。また、価値観や社会ニーズが多様化する中、多種多様な公益活動があり得ることから、いわゆるバスケットクローズ（類似条項）を設けることとし、列挙された事業に該当しない場合であっても、当該規定に基づき、判断主体において民間有識者からなる委員会の意見に基づいて特に認めた事業については、公益性を有するものと判断することが適当である」と報告されている（報告書3. (2)②ア具体的事業）。

　この有識者会議の報告を受け、公益法人認定法2条4号の別表各号に掲げられている事業の種類は、認定基準の明確化という今回の公益法人制度改革の重要課題に応え、公益に関する活動をより具体的なものとするために、現行の諸法律の目的規定の内容を分析し、整理して積み上げられた事業を限定列挙の形式で規定化されたものである。

第4条　事業

⑶　「不特定かつ多数の者の利益の増進」の概念

　公益法人認定法2条4号に規定する公益目的事業に該当するためには、2つの要件、すなわち㋐別表各号に掲げる種類の事業であることのほか、㋑その事業が「不特定かつ多数の者の利益の増進に寄与するもの」であることが必要条件となっている。

　㋐の要件については、別表各号に明示されているが、㋑の要件について抽象的であるので、具体的に当該事業につき、どのような要件が具備されていれば、「不特定かつ多数の者の利益の増進に寄与するもの」として認められるかが重要である。

①　公益目的事業のチェックポイント

　法人の行う事業が公益目的事業に該当するか否かについては、公益法人認定法5条各号の基準への適合性を審査するに際して、公益認定等委員会又は都道府県の合議制の機関において判断される。そこで、当該事業につき「不特定かつ多数の者の利益の増進に寄与するもの」という事実があるかどうかを認定するに当たっての留意点として、「公益認定等に関する運用について（公益認定等ガイドライン）」の（参考）「公益目的事業のチェックポイントについて」（平成20年4月11日、内閣府公益認定等委員会）が公表されている。

　なお、このチェックポイントに関しては、これに適合しなければ直ちに公益目的事業としないというような基準ではなく、「不特定かつ多数の者の利益の増進に寄与するもの」の事実認定に当たっての留意点であり、公益目的事業か否かについては、このチェックポイントに沿っているかを勘案して判断することとされている。

　また、このチェックポイントは、事業が「不特定かつ多数の者の利益の増進に寄与するもの」であることを説明するために、法人がどのような点について明らかにすればよいかを示す意義もあるとされている（第1　公益目的事業のチェックポイントの性格）。

081

内閣府モデル定款から読み解く公益・一般法人の法人運営手続　財団編（上巻）

② 事業区分ごとの公益目的事業のチェックポイントにおける事実認定

　公益目的事業のチェックポイント（第2 「不特定かつ多数の者の利益の増進に寄与するもの」の事実認定に当たっての留意点。1）は、その事業の特性に応じた㋐検査検定、㋑資格付与、㋒講座、セミナー、育成、㋓体験活動等、㋔相談、助言、㋕調査、資料収集、㋖技術開発、研究開発、㋗キャンペーン、○○月間、㋘展示会、○○ショー、㋙博物館等の展示、㋚施設の貸与、㋛資金貸付、債務保証等、㋜助成（応募型）、㋝表彰、コンクール、㋞競技会、㋟自主公演、㋠主催公演の17の事業区分に分かれているが、これらの区分は法人の行う多種多様な事業の中から典型的な事業について分類して整理されたものである。

　例えば、「博物館等の展示」の場合には、チェックすべき点として、次のような項目が挙げられている。

⑽　博物館等の展示

　ここでいう「博物館等の展示」は、歴史、芸術、民俗、産業、自然科学等に関する資料を収集・保管し、展示を行う事業のことである。

　法人の事業名としては、○○館、コレクション、常設展示、企画展等としている。

　公益目的事業としての「博物館等の展示」は、歴史、芸術、民俗、産業、自然科学等に関する資料に直接接する機会を不特定多数の者に与えることを趣旨としている必要がある。

　したがって、テーマを適切に定めるとともに、展示内容にそのテーマを反映させているか、一定の質が確保されているか等に着目して事実認定するのが有効であると考えられる。

　このため、公益目的事業のチェックポイントは以下のとおり。

①　当該博物館等の展示が不特定多数の者の利益の増進に寄与することを主たる目的として位置付け、適当な方法で明らかにしているか。

②　公益目的として設定されたテーマを実現するプログラムになって

いるか。(例:テーマに沿った展示内容／出展者にはテーマに沿った展示を厳守させているか／テーマで謳っている公益目的とは異なり、業界団体の販売促進や共同宣伝になっていないか)

③ 資料の収集・展示について専門家が関与しているか。

④ 展示の公開がほとんど行われず、休眠化していないか。

③ ②の事業区分に該当しない事業についてチェックすべき点

法人の行う事業がすべて上記②の17の事業区分に該当するとは限らない。その場合には、17の事業区分を参考にチェックするのが有効とされている。そのチェックポイントは、概ね以下に集約されている。

i 事業目的:不特定かつ多数の者の利益の増進に寄与することを主たる目的として位置付けているか。

ii 事業の合目的性:事業の内容や手段が事業目的を実現するのに適切なものとなっているか。この事業の合目的性につき、次の例示があるが、事業の特性に応じてそれぞれ事実認定上の軽重には差が生じることがある。

(i) 受益の機会が、一般に開かれているか(受益の機会の公開)。

この場合の「受益の機会が、一般に開かれているか」とは、共益的に行われるものを除く趣旨であるとされている(補足〔横断的注記〕(3)各用語の解説ア)。したがって、受益の機会が特定多数の者(例えば、当該法人の会員に限定されている場合)に限定されている場合は、原則として共益と考えられ、公益目的事業にはなり得ないことになる。

ただし、受益の機会が限定されている場合でも、例えば、公益法人認定法2条4号別表各号の目的に直接貢献するといった合理的な理由がある場合には、不特定かつ多数の者の利益の増進に寄与するという事実認識をし得るものとされている(例:特定の資格等を有する者の大半で構成される法人における講習による人材の育成が学術の振興に直接貢献すると考えられる場合、受講者が会員に限定されていても、公益目的事業とし得る。)。

(ⅱ) 専門家が適切に関与し、事業の質を確保するための方策が講じられているか（事業の質を確保するための方策）。

ここでいう「専門家」とは、事業の内容に応じて、企画、指導、審査等を行うのに必要な知識、技術、知見等を教育、訓練、経験等によって備えている者をいうとされている。このチェックを行う趣旨は、事業目的を実現するための質が確保されているかを確認するためである。

専門家の関与の形態としては、必ずしも法人で雇用している必要はなく、事業を遂行するに当たって適切な関与の方法であればよいことになる（補足〔横断的注記〕(3)各用語の解説イ）。

(ⅲ) 資格付与、助成、展示作品等の審査・選考を行い資格を付与したり、作品の受賞者等を決定する場合、その審査・選考が公正に行われているか（審査・選考の公正性の確保）。

個別選考に当たっては、申請者と直接の利害関係者を有する者の排除が求められることになる。

(ⅳ) 公益目的として設定した事業目的と異なり、業界団体の販売促進、共同宣伝になっていないか。

キャンペーン、○○月間、展示会、○○ショー等が公益目的事業の場合には、プログラムの中には業界団体の販売促進や共同宣伝が主眼となっている例もあり得る。また入場者を特定の利害関係者に限定している場合もある。

＊＊＊ 3 公益法人が行う収益事業等 ＊＊＊

公益法人であっても、公益目的事業以外の事業（収益事業等、認定法5条7号）を行うことが可能である。公益法人が健全な運営を維持し、公益活動を積極的に行うために必要な資金を獲得するためには、ある程度の収益を目的とする事業を行うことは、目的遂行上必要なことであり、そのことにより公益を目的とする公益法人の本質に反することにはならない。

第4条　事業

　学校法人の場合でも、私立学校法は「学校法人は、その設置する私立学校の教育に支障のない限り、その収益を私立学校の経営に充てるため、収益を目的とする事業を行うことができる」（私立学校法26条1項）と規定しているが、また社会福祉法人の場合にも同様な規定が社会福祉法に設けられている（社会福祉法26条1項）。

　なお、改正前民法34条により設立許可された公益法人が行う収益事業に関しては、行政実例（昭和35年10月7日民事甲第2531号法務省民事局長事務代理回答）により、「民法法人が行う収益事業が、当該法人の目的と直接関係のない種類であっても、これが目的達成の手段として行われる場合は差し支えない。この場合には、寄附行為中に収益事業に関する事項を明示すべきである」とされていた。

(1)　公益法人認定法と収益事業等との関係

　公益法人は、公益目的事業を行うことを主たる目的とすること（認定法5条1号）、その行う事業が公益法人の社会的信用を維持する上でふさわしくないものは行わないこと（認定法5条5号・同法施行令3条）、事業活動を行うに際し、公益目的事業比率が100分の50以上となると見込まれるものであること（認定法5条8号・15条）、公益目的事業の実施に支障を及ぼすおそれがないこと（認定法5条7号）等が求められているが、これらに反しない限りにおいて収益事業等を行うことができるとされている。

　収益事業等を行う場合には、公益目的事業に関する会計から区分して、各収益事業等ごとに特別の会計として経理しなければならないものとされている（認定法19条）。この場合の「各収益事業等ごとに特別の会計として経理する」際の事業単位については、当該法人の収益事業等のうち、まず㋐収益事業と㋑その他の事業を区分し、次に必要に応じ、事業の内容、設備・人員、市場等により、さらに区分することになっている（ガイドラインⅠ-18(1)）。

① 収益事業

上記㋐の「収益事業」とは、一般的に利益を上げることを事業の性格とする事業である（上記ガイドライン（注））。収益事業はこれに関連する小規模事業又は付随的事業を含めて、「○○等事業」とすることができる。

② その他の事業

上記㋑の「その他の事業」には、法人の構成員を対象として行う相互扶助等の事業が含まれる。

例えば、構成員から共済掛金の支払を受け、共済事故の発生に関し、共済金を交付する事業、構成員相互の親睦を深めたり、連絡や情報交換を行ったりなど構成員に共通する利益を図る事業などは、「その他の事業」である（上記ガイドライン（注））。

一事業として取り上げる程度の事業規模や継続性がないもの（雑収入・雑費程度の事業や臨時収益・臨時費用に計上されるような事業）はまとめて「その他事業」とすることができる。

収益事業等から生じた収益については、その収益に内閣府令で定める割合を乗じて得た額を公益目的事業のために使用しなければならないが（認定法18条4号）、その内閣府令で定める額は100分の50である（同法施行規則24条）。

この措置が適正に遵守されているかを把握するためには、公益目的事業と収益事業等の事業活動の実態をそれぞれ確認するとともに、ある収益事業等から生じた収益が、他の収益事業等の赤字の補塡に使用されていないかなどを確認する必要がある。

そのようなことから、公益法人認定法においては、収益事業等と公益目的事業を区分経理するとともに、収益事業等ごとに区分経理することとしたものである（注4）。

(2) 法人税法上の収益事業と公益目的事業との関係

　公益法人認定法において用いられている「収益事業等」の語は、「公益目的事業以外の事業」（認定法5条7号）の意味で用いられており、法人税法上の収益事業とは直接関係がない。

　新法人制度においては、法人税法上の収益事業でない事業が公益目的事業であるということではなく、公益目的事業であるか否かは、公益法人認定法2条4号に規定する公益目的事業の要件に該当するか否かにつき、公益法人認定法に則り公益認定等委員会又は都道府県の合議制の機関において判断されるものである。

　したがって、法人税法上の収益事業に該当する事業であっても、公益法人認定法上の公益目的事業の要件に該当すれば、収益事業からは除外される。これに関し法人税法施行令5条2項1号は、「公益社団法人又は公益財団法人が行う前項各号に掲げる事業（34業種）のうち、公益社団法人及び公益財団法人の認定等に関する法律第2条第4号（定義）に規定する公益目的事業に該当するもの」は、同条1項に規定する収益事業に含まれないものと定めている。

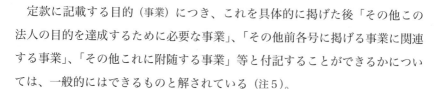

4 「その他この法人の目的を達成するために必要な事業」の解釈と運用

　定款に記載する目的（事業）につき、これを具体的に掲げた後「その他この法人の目的を達成するために必要な事業」、「その他前各号に掲げる事業に関連する事業」、「その他これに附随する事業」等と付記することができるかについては、一般的にはできるものと解されている（注5）。

　これを記載しておけば、列記されていない事業を行う場合でも、列記されている事業と関連していれば事業として行うことが可能と解される。この記載方法については、一般財団法人の定款、公益法人が行う共益目的事業や収益目的事業に係るものであれば差し支えないと考えられる。

それでは、公益法人の公益目的事業に関して、「その他この法人の（公益）目的を達成するために必要な事業」として、列記されてない公益目的事業を行うことができるかという問題がある。

定款で定める法人の事業又は目的に根拠がない事業は、公益目的事業と認められないことがあり得るとされている（ガイドラインⅠ-1・FAQ問Ⅷ-1-①2）。また、法人の公益目的事業を網羅的に定款の事業又は目的に定める必要はないが、各事業との対応関係が分かる程度に具体的に事業又は目的が定まっている必要がある。個別の公益目的事業の定款上の根拠を、「その他この法人の目的を達成するために必要な事業」とするのは、個別事業と定款の規定との対応関係が明確ではないため、不適切と解されている（公益認定等に関する運用について〔公益認定等ガイドライン〕案に関する意見募集手続（パブリック・コメント）の結果について・平成20年4月28日内閣府公益認定等委員会事務局　1-1）。

したがって、公益目的事業に関する「その他この法人の目的を達成するために必要な事項」の規定は、定款に規定していても、この条項を根拠として定款に定める公益目的事業であるとする説明は困難と解される。その意味において、この条項に基づいて公益目的事業を実施することはできない、と解するのが一般的ではないかと思われる。

5　公益目的事業の実施区域と行政庁との関係

(1)　公益法人を所管する行政庁の定め方

新たな公益法人制度においては、所管の行政庁は法人及び行政庁の双方にとって外形的に判断できる基準が望ましいとの考えの下、法人の事務所が所在する場所と事業を行う地理的範囲とに着目して、内閣総理大臣か都道府県知事かの所管を定めることとしている（認定法3条）。

具体的には、㋐2以上の都道府県の区域内に事務所を設置する公益法人（同条1号イ）、㋑公益目的事業の実施区域を定款で定める場合に、2以上の都道府

県の区域内において行う旨を定める公益法人（同条1号ロ）は内閣総理大臣が行政庁となる（同条1号）。ウⒶ及びⒷ以外の公益法人は、その事務所が所在する都道府県の知事となる（同条2号）。また、公益目的事業を国内のほか海外でも実施する旨定款で定める公益法人は、内閣総理大臣が行政庁となる（FAQ問Ⅰ-9-①3）。

このほか、国の事務又は事業と密接な関連を有する公益目的事業であって政令で定めるものを行うもの（認定法3条1号ハ）も内閣総理大臣の所管となっているが、これに関する政令は今後定められることになっている。

⑵ 公益目的事業の実施区域の定め方

公益法人が行う公益目的事業の実施区域についての定めは、定款の必要的記載事項ではないが（法153条参照）、公益目的事業の実施区域に着目すると、公益法人認定法3条1号ロの規定により、2以上の都道府県の区域内において公益目的事業を実施することを定款で定める法人の申請先は内閣総理大臣、これ以外の法人の申請先は事業を実施する都道府県となっていることから、定款において実施区域を明らかにしておくことが望ましいものとされている（FAQ問1-9-③1・2）。

公益目的事業の実施区域の定款上の定め方の例としては、本条（4条）2項のように、「前項〈第1号・第1号から第○号まで〉の事業は、〈例①日本全国、例②○○地方、例③○○県…及び○○県、例④○○県及びその周辺、例⑤○○市、例⑥本邦及び海外〉、同項第○号の事業は、……において行うものとする。」といった記載方法が考えられる。

⑶ 事業を行う地理的範囲の意義

公益法人の事務所が一つの都道府県の区域内だけにとどまる場合であっても、例えば、芸術団体で他の都道府県でも興行している法人、学術団体や産業団体で他の都道府県からも幅広く社員、会員を組織し、全国規模又は広域での学術や産業の発展を図るなど、達成すべき目的が一の都道府県内に限定されない法

人は、2以上の都道府県において事業を実施するものと考えられるので、定款で他の都道府県を含めて公益目的事業の実施区域を定款に定めることになる（FAQ問 I - 9 - ①4⑵）。

⑷ 定款上の公益目的事業の実施に関する定めが、実態を伴わない場合の実施区域

公益目的事業を2以上の都道府県で行う定款の定めのある法人について、その定めが実態を伴わない場合には、実態に合わせた申請を行政庁にするものとされている。

その場合の事業例として、㋐ネットワークを通じて他の都道府県の居住者もアクセスが可能である情報提供事業、他の都道府県の居住者も購入が可能な物品頒布事業、他の都道府県の居住者も来場し又は利用が可能な展示又は施設運営事業など、事業の受益者が他の都道府県に存在していても、法人自らが県境を越えて他の都道府県で事業を実施しているとは評価されない場合、㋑法人の事業計画書の内容等から他の都道府県で事業を行わないことが明白である場合、㋒他の都道府県における事業が単発的であったり不確定であったりする場合、㋓他の都道府県において共催事業を行うとしていても共催の実態がない場合などが考えられる。また、海外も含めて事業区域を定めている法人についても同様の考え方で判断するものとされている（FAQ問 I - 9 - ①4⑵（注））。

そのため、例えば、単発的に実施する事業や時期又場所の見通しが立っていない事業についての事業区域に他県も含めている場合には、行政庁を決める際には原則として、2以上の都道府県について定めがあるものとはみなされない。また、共済事業等について共済等の名義貸しのみであったり、申請時に事業計画書等の提出書類から当該区域において事業を行わないことが明白であったりする場合も同様に考えることとされている。

したがって、事後的に上記のような状況が確認されれば、実態に沿うような公益目的事業の変更の認定（認定法11条1項）を申請するよう行政庁の指導を通じて、行政庁の変更がなされることも考えられる（FAQ問 I - 9 - ③4）。

【注記（第4条）】

（注1）　新公益法人制度研究会編著『一問一答公益法人関連三法』、192頁〜193頁、商事法務。

（注2）　前田達明他編『新版注釈民法(2)　総則(2)』187頁、有斐閣。

（注3）　我妻　榮他『我妻・有泉コンメンタール民法　総則・物権・債権』（第5版）、113頁、日本評論社。

（注4）　新公益法人制度研究会前掲書、218頁。

（注5）　竹内昭夫他編『新版注釈会社法(2)　株式会社の設立』77頁、有斐閣。酒巻俊雄他編『逐条解説会社法　第1巻総則・設立』、248頁、中央経済社。

第3章

資産及び会計

【公益財団法人の場合】
（財産の種別）
第5条　この法人の財産は、基本財産及びその他の財産の2種類とする。
2　基本財産は、次に掲げるものをもって構成する。
　⑴　この法人の目的である事業を行うために不可欠なものとして理事会で定めた財産
　⑵　公益社団法人及び公益財団法人の認定等に関する法律（以下「公益法人認定法」という。）第5条第16号に規定する公益目的事業を行うために不可欠なものとして特定された財産
3　その他の財産は、基本財産以外の財産とする。
4　公益認定を受けた日以後に寄附を受けた財産については、その半額（半額以上。ただし、寄附者の意思により使途が特定されている場合には、それに従う。）を公益目的事業に使用するものとし、その取扱いについては、理事会の決議により別に定める

寄附金等取扱規則によるものとする。

【一般財団法人の場合】
（財産の種別）
第5条　この法人の財産は、基本財産及びその他の財産の2種類とする。
2　この法人の目的である事業を行うために不可欠なものとして理事会で定めた財産を基本財産とする。
3　その他の財産は、基本財産以外の財産とする。

1 定款上の基本財産の位置付け

(1) 一般財団法人

　一般法人法172条2項は、「一般財団法人の財産のうち一般財団法人の目的である事業を行うために不可欠なものとして定款で定めた基本財産があるときは、定款で定めるところにより、これを維持しなければならず、かつ、これについて一般財団法人の目的である事業を行うことを妨げることとなる処分をしてはならない」旨を定めている。この規定のとおり、「一般法人法上の基本財産」とは、一般財団法人の目的である事業を行うために不可欠なものとして定款で定めた財産であり、改正前の民法34条の規定により設立許可された財団法人において、旧主務官庁の指導（指導監督基準及び運用指針・5財務及び会計など）により寄附行為において置くことが義務付けられた基本財産とは、根本的に異なるものである。

　定款に基本財産を定めるに当たっては、ある程度具体的に判別できるような方法で定款に記載することが望ましいとされているが、その定め方については、原則として各法人において種々の事情に応じて任意であると考えられる。

　新法人制度の下においては、法律上の基本財産は一般財団法人の目的である事業を行うために不可欠なものとして定めた上、維持義務と処分制限がかかり（法172条2項）、その滅失により法人の目的事業の成功が不能となったときは、法人の解散事由になるものとして（法202条1項3号）定められている。そのため、一般財団法人においては、新法人制度の下での基本財産の要件と効果を見定めた上で、改めて定款で基本財産を定めることになる。

　基本財産を定めた場合には、貸借対照表の資産の部において基本財産として計上する。なお、新法人制度では一般財団法人であっても、必ずしも基本財産を定めなければならないというものではない。

(2) 公益財団法人

　本条（第5条）は、公益財団法人で一般法人法172条2項に規定する基本財産を保有していることを前提とし、また公益法人認定法5条16号に規定する公益目的事業を行うために不可欠な特定の財産（不可欠特定財産）がある場合を含めての規定である。

　そのため、不可欠特定財産を保有しないで基本財産を有する公益財団法人の場合にあっては、本条を次のような規定形式とすることでよいと考えられる。

【不可欠特定財産を保有せず基本財産を有する場合の規定例】

> （財産の種類）
> 第5条　この法人の財産は、基本財産及びその他の財産の2種類とする。
> 2　基本財産は、この法人の目的である事業を行うために不可欠な財産として理事会で定めたものとする。
> 3　その他の財産は、基本財産以外の財産とする。
> 4　（省略）

　なお、内閣府公益認定等委員会モデル定款における公益財団法人の基本財産に関する規定のうち、不可欠特定財産を有しない場合には、第6条第1項を「この法人の目的である事業を行うために不可欠な財産は、理事会において別に定めるところにより、この法人の基本財産とする」として利用することも考えられる（別表表示はしない。）。

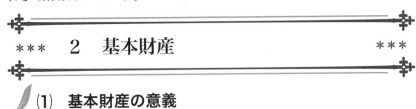

2　基本財産

(1) 基本財産の意義

　改正前民法34条の規定により旧主務官庁より設立許可された財団法人の基

第5条　財産の種別

本財産は、当該財団法人の存立の基礎となる財産であり、法人格付与の対象となる財産の集合体と解されていた。

しかも、財団法人の設立のための基本財産の額については、旧主務官庁の内部通知等によりあらかじめ定められている場合が多く、実施する事業の種類によって億単位の資金がなければ財団法人の設立が許可されなかった例もあった。

これに対し、新しい法人制度においては、「一般財団法人の財産のうち一般財団法人の目的である事業を行うために不可欠なものとして定款で定めた財産」が法律上の基本財産である（法172条2項）。改正前民法には基本財産に関する規定がなく、財団法人は寄附された一定の財産に対し法人格が付与され、その寄附された財産をもって基本財産と位置付けられていたことにおいて、新法人制度における基本財産とはその法的性格を異にするものである。

なお、不可欠特定財産については、公益財団法人の不可欠特定財産に係る定款の定めは、基本財産としての定め（法172条2項）も兼ね備えるものとされ、公益社団法人で不可欠特定財産がある場合には、計算書類上、基本財産として表示することとなっている（ガイドラインⅠ-15(2)）。

(2)　基本財産の構成

本条（5条）2項は、「基本財産は、次に掲げるものをもって構成する」と規定するが、これはどのような内容の財産が基本財産の構成要素となるかを明確にしたものである。

①　理事会で決定した財産

本条2項1号は「この法人の目的である事業を行うために不可欠なものとして理事会で定めた財産」と規定する。

一般法人法172条2項が「一般財団法人の目的である事業を行うために不可欠なものとして定款で定めた基本財産」と規定しているが、この規定を受けて定款に基づき具体的にいずれの財産を基本財産とするかは、理事会の決議によることとするのが妥当と考えられる。本号は、このことを明定したものである。

理事会の決議により定める基本財産としては、次のような場合がある。

i　寄附金で寄附者の意思に従い基本財産として取り扱うこととなるもの（寄附金等取扱規則に定める手続きを経ているもの）

ii　その他新規取得財産等で基本財産として位置付けることが適当と理事会で判断されたもの

②　不可欠特定財産

i　不可欠特定財産の定義

公益法人認定法5条16号は、「公益目的事業を行うために不可欠な特定の財産があるときは、その旨並びにその維持及び処分の制限について、必要な事項を定款で定めているものであること」と定めている。

この場合の「不可欠特定財産」とは、当該法人の目的、事業と密接不可分な関係にあり、それなくして事業の実施が困難で、その法人が保有・使用することに意義がある特定の財産をいう（ガイドラインI-15(1)）。

不可欠特定財産に関する規定が認定基準として設けられた趣旨については、以下のような考え方に基づくものである（注1）。

公益法人は、その設立目的を達成するため、将来にわたり、安定的かつ継続的に公益目的事業を行うことが期待されている。しかし、公益目的事業を行うために不可欠な特定の財産がある場合に、その安易な処分を認めれば、その事業の実施に支障が生じるおそれがある。

一方、このような処分を防止するために必要以上の規制を及ぼすことは、法人による自律的な意思決定を過度に制約することとなり、その自主的な公益目的事業の実施を阻害する危険性もある。

このため、法人による自律的な意思決定を尊重しつつ、その財産の安易な処分を防止するための措置として、公益目的事業を行うために不可欠な特定の財産がある場合には、公益法人自らが、その財産の維持及び処分の制限に係る必要な事項を定款で定めていることを、認定基準として設けることとしたものである。

ii 不可欠特定財産と考えられる財産

不可欠特定財産に該当する財産としては、一定の目的の下に収集され、展示され、再収集が困難な美術館の美術品や、歴史的文化的価値があり、再生不可能な建造物等が該当する（ガイドラインⅠ-15(1)）。したがって、不可欠特定財産として定める場合には、その法人の公益目的事業の中での当該財産の重要度の判断が重要な意義を有することとなる。美術館、博物館等の管理運営を行っている法人を除き、一般的には不可欠特定財産を保有する公益法人は極めて少ないのではないかと考えられる。

iii 不可欠特定財産と考えられないもの

看板、運搬用自動車、什器備品などの財産は不可欠特定財産とはなり得ない。

なお、金融資産や通常の土地・建物は、処分又は他目的への利用の可能性などから必ずしも不可欠特定という性質はないと考えられることから、法人において基本財産として定めることは可能であるが、不可欠特定財産には該当しないと解されている（ガイドラインⅠ-15(注)）。

iv 不可欠特定財産の表示

法人において不可欠特定財産と定めても、結果として公益目的事業に認定されなかった事業の用に供されていたり、不可欠特定であると認められなかったりした場合には、その財産は不可欠特定財産とはならない。そのため、公益認定の申請書においてどの事業の用に供する財産であるかを明らかにする必要がある。

財産目録には、基本財産かつ不可欠特定財産である旨、また公益認定前に取得した財産については、公益認定取消時等において他の公益法人等に贈与しなければならない公益目的取得財産残額の計算から控除される（認定法30条2項1号・18条6号）ため、公認認定前の取得財産である旨表示しなければならない。

v 不可欠特定財産と基本財産との関係

公益法人が不可欠特定財産を保有するときは、当該財産は基本財産となる。

公益財団法人における不可欠特定財産に係る定款の定めは、基本財産とし

ての定め（法172条2項）も兼ね備えるものとされている（ガイドラインⅠ-15(2)）。その意味において、不可欠特定財産は基本財産の概念に包摂するものと解される。したがって、不可欠特定財産しか保有しない場合でも、基本財産としての位置付けとなる。

3　その他の財産（本条3項関係）

その他の財産とは、基本財産以外の財産をいう。基本財産以外の財産は、一般的には運用財産と呼ばれている。その他の財産としては、流動資産、特定資産、その他固定資産等がこれに含まれることになる。

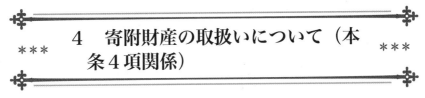

4　寄附財産の取扱いについて（本条4項関係）

本条4項は、公益法人への移行後において寄附を受けた財産の取扱いについては、その半額又は半額以上（寄附者の意思により、使用目的が特定されている寄附財産については、寄附者の意思に基づいて使用する。）を公益目的事業に使用することとし、具体的な手続等に関しては、別途理事会の決議によって定める寄附金等取扱規則（注2）によることとしたものである。

(1)　公益目的事業財産としての寄附財産

公益法人認定法18条1号は、公益認定を受けた日以後に寄附を受けた財産（寄附をした者が公益目的事業以外のために使用すべき旨を定めたものを除く。）は、公益目的事業を行うために使用し、または処分しなければならないと定めている。ただし、内閣府令で定める正当な理由がある場合、すなわち、㋐善良な管理者の注意を払ったにもかかわらず、財産が滅失又はき損した場合（認定法施行規則23条1号）、㋑財産が陳腐化、不適応化その他の理由によりその価値を減じ、当該財産を廃棄することが相当な場合（同条2号）にあっては、処分して

第5条　財産の種別

も差し支えないとされている。

　寄附を受けた財産を公益目的事業にどのように使用するかについては、１つには寄附者の意思に従い、２つには寄附者の意思が特定されていない場合には、本条４項の規定に従い寄附財産の半額又は半額以上というように公益目的事業に使用することになる。

⑵　寄附財産の種類

　寄附とは、反対給付のない資金、資源の提供である。寄附金は、寄附者が相手法人が行う公益目的事業に要する経費に充てるため、反対給付を受けることなく給付する金銭である。寄附金以外の財産については、物品、固定資産等がある。

⑶　寄附財産の受入手続

　寄附財産を受入れるに当たっての具体的手続は、寄附金等取扱規則に定めるところに従い処理するのであるが、寄附者の寄附意思、寄附財産の内容・数量・価値等を法人としても把握しておく必要がある。

　そのためには、法人所定の寄附書を提出してもらい、事後の事務処理の適正を図ることとすべきものと考えられる。

　また、寄附財産のうち法人の基本財産として処理すべきものについては、理事会の決議を経ることも必要とされる。

　なお、寄附書の書式例としては、次のようなものとなろう。

【5-1　寄附書の書式例】

寄　附　書

令和○年○月○日

公益財団法人○○協会
代表理事（理事長）○○○○殿

住　所
氏　名○○○○　㊞

103

私は、下記のものを貴法人に寄附いたします。

記

1　現金（有価証券）　　　　円
2　物品・固定資産（量・種類等の内訳を記載）
3　上記の利用目的
　(1)　○○事業に使用されたい。
　(2)　貴法人の公益目的事業全般に使用されたい。
　(3)　特に使用目的については特定しません。
4　その他

5　一般財団法人の設立者の財産の拠出と定款の定め

(1)　一般財団法人の設立者による財産の拠出とその価額

　一般財団法人の定款には、その法人の設立に際し、「設立者（設立者が２人以上あるときは、各設立者）が拠出する財産及びその価額」を記載しなければならないと規定している（法153条１項５号）。

　「設立者が拠出する財産及びその価額」を定款に記載するのは、設立者が設立に際して現実に拠出すべき財産を具体的に特定するためである。「設立者が２人以上あるときは、各設立者」とされていることから、設立者が複数の場合、定款には設立者全員につき、誰が何をどれだけ拠出するかについて、明確に記載しなければならない。これは財産の拠出の履行の際の各設立者の義務の内容を明確にするためである（注３）。

　なお、拠出する財産の価額の合計額は、300万円を下回ることはできないが（同条２項）、拠出金額は登記事項とはされていない。遺言で財産を拠出するときは、その性質に反しない限り、民法の遺贈に関する規定が準用される（法158条２項）。

第5条　財産の種別

(2)　設立者の拠出財産の定款の規定方法

設立者が拠出する財産の定款上の規定方法には、次のような方法がある。

ⅰ　設立者が拠出する財産の内訳については定款の別表とする方法

　　例えば、次のような規定形式のものである。

（財産の拠出）

第○条　設立者は、別表第1及び別表第2の財産を、この法人の設立に
　　　際して拠出する。

別表第1　基本財産（公益目的事業を行うために不可欠な特定の財産以外のもの）

設立者　甲

財産種別	場所・物量等
土地	所在　東京都○○区○○町○丁目 地番　○番○ 地目　宅地 地積　○○平方メートル 価額　○○○万円
建物	所在　東京都○○区○○町○丁目○番○ 家屋番号　○番○ 種類　居宅 構造　鉄筋コンクリート造2階建 床面積　1階　○○○平方メートル 　　　　2階　○○○平方メートル 価額　○○○万円
投資有価証券	××株式　○○株

第3章　資産及び会計

内閣府モデル定款から読み解く公益・一般法人の法人運営手続　財団編（上巻）

別表第2　公益目的事業を行うために不可欠な特定の財産

設立者　乙

財産種別	場所・物量等
美術品	絵画○点 ○年○月以前取得 価額　　○○○万円

ii　**定款の附則に拠出財産を規定する方法**

　　例えば、次のような規定形式のものである。

　　　　附　則

1　○○○○～○○○○○○

2　この法人の設立者は、次に掲げる者とする。

〻　東京都○○区○○町○丁目○番○号　　○○○○

5　この法人の設立に際して設立者が拠出する財産及びその価額は次の
　　とおりとする。

　　宅地　東京都○○区○○町○丁目○番○

　　地積　○○平方メートル

　　価額　○○○万円

---

iii　**定款の附則に、法人の設立者の氏名、住所及び設立時に拠出する財産並
びにその価額を1つに規定する方法**

　　例えば、次のような規定形式のものである。

【注記（第5条）】

　　　　附　則

1　○○○○～○○○○○○

〻

5　この法人の設立者の氏名、住所及び設立時に拠出する財産並びに
　　その価額は、次のとおりとする。

106

第5条　財産の種別

> 設立者の氏名　○○○○
>
> 住所　東京都○○区○○町○丁目○番○
>
> 現金　○○○万円

（注1）　新公益法人制度研究会編著『一問一答公益法人関連三法』210頁、商事法務。

（注2）　寄附金等取扱規則については、拙著『公益社団法人・公益財団法人・一般社団法人・一般財団法人の機関と運営』（第5版）（全国公益法人協会）の附章第6節3「寄附金等取扱規則」、1228頁〜1233頁を参照されたい。

（注3）　新公益法人制度研究会前掲書、109頁。

(基本財産の維持及び処分)
第6条 基本財産は、この法人の目的を達成するために善良な管理者の注意をもって管理しなければならない。
2 やむを得ない理由により基本財産の一部を処分しようとするとき及び基本財産から除外しようとするときは、あらかじめ評議員会の承認を受けなければならない。

1 基本財産の維持管理に関する善管注意義務（本条1項関係）

(1) 公益財団法人の基本財産の維持管理

　法人の目的である事業を行うために不可欠な財産については、これを定款において基本財産として定めた場合には、これを適正に維持管理するとともに、当該法人の目的に適った使用や運用をすることが必要である。

　基本財産の維持管理等に適正を欠くことに起因し、基本財産の滅失等による法人の目的である事業の成功の不能は、法人の解散事由となる（法202条1項3

号)。

　公益財団法人が公益目的事業を行うための不可欠特定財産を保有するときは、その旨並びにその維持及び処分の制限について必要事項を定款で定めていることが必要であるが(認定法5条16号)、その扱いは基本財産として行うことになる。

(2) 基本財産に対する善管注意義務

　基本財産は、当該法人の目的を達成するために必要な財産であるから、最大の注意をもって維持管理されなければならない。その場合の注意を払うべき基準となるものは、善良な管理者の注意（善管注意義務・民法644条）である。

　法人の財産管理者（代表理事・代表理事から委任された財産管理責任理事）は、委任の本旨に従い、民法のいわゆる「自己のためにするのと同一の注意」（民法827条・財産の管理における注意義務)、「自己の財産に対するのと同一の注意」（民法659条・無償受寄者の注意義務）等において求められている程度の注意をもって維持管理に努めることが必要である。

　財産管理者の善管注意義務違反によって法人に損害を与えた場合には、民法上の債務不履行の一般原則（民法415条）によって損害賠償の責任を負うことになる。

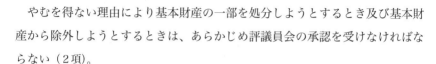

2　基本財産の処分・除外（本条2項関係）

　やむを得ない理由により基本財産の一部を処分しようとするとき及び基本財産から除外しようとするときは、あらかじめ評議員会の承認を受けなければならない（2項）。

　基本財産は、当該法人の目的を達成するために必要な財産であるから、やむを得ない理由により処分等を行う場合には、定款に定める適正な手続を経なければ行うことができないこととしたのが本項である。

　一般法人法172条2項は、基本財産については㋐定款で定めるところにより

「維持」し、かつ、④法人の目的である「事業を行うことを妨げることとなる処分」をしてはならないと規定しているが、それらの具体的な方法は法令には規定されていない。したがって、維持及び処分の方法は、それぞれの法人自治に委ねられていると解される。維持管理に当たっては、本条1項において基本財産は善管注意義務をもって管理することが義務付けられている。

(1) 処分の種類

「処分」については、「法人の目的である事業を行うことを妨げることとなる」場合は認められないが、やむを得ない理由がある場合のみ認められている。

「処分」とは、財産について既存の権利を売却等により法律的に変動させたり、その目的物の現状や性質を変更したりする行為をいう。この処分に当たるものに、基本財産の売却、贈与、交換、取壊し、質権・抵当権の設定、基本財産からその他の財産への振替などがある。

なお、改正前民法34条に基づき設立許可された財団法人の基本財産について、次のような場合については、原則として処分に該当するものとして取り扱うこととされた（総官管第55号平成17年3月23日「公益法人会計基準の改正等について」（平成16年10月14日公益法人等の指導監督等に関する関係省庁連絡会議申合せ）等の実施に伴う基本財産の指導監督について（総務省大臣官房管理室長通知））。

① 基本財産となっている資産の喪失

災害による滅失等のため基本財産となっている資産が失われた場合である。

② 法人の意思に基づく基本財産としての性質の著しい変更

基本財産を土地による運用から定期預金による運用に変更する場合等、法人の意思に基づき基本財産の性質に著しい変更を行う場合である。

③ 法人の意思に基づく基本財産の額の減少

基本財産を縮小し、法人の運営資金を得る場合等、法人の意思に基づき基本財産額を減少させる場合である。

ただし、減価償却や時価評価に伴う減少額等の会計上の認識にとどまってい

第6条　基本財産の維持及び処分

る基本財産の減少額については、これを処分に該当しないものとして取り扱うこととされている。

　次に、「除外」とは、基本財産を基本財産以外の他の財産に変更することをいう。広い意味での「処分」に含まれる概念である。

(2)　処分・除外の手続

　本項（2項）は、不可欠特定財産を含む公益財団法人の基本財産に係る一部の処分及び基本財産からの除外に当たっては、評議員会の承認事項としたものである。この場合の評議員会の承認は特別決議である（定款17条7号〔評議員会の権限・基本財産の処分又は除外の承認〕・21条3項5号〔評議員会の決議・基本財産の処分又は除外の承認〕）。

　なお、基本財産である不可欠特定財産の処分又は除外についてのみ評議員会の決議事項とし、その他の基本財産については理事会の決議事項とすることも、定款の定めによって可能である。その場合の2項の規定は次のようになる。

【基本財産たる不可欠特定財産の処分又は除外のみ評議員会の決議とした場合の規定例】

> 2　やむを得ない理由により基本財産の一部を処分しようとするとき及び基本財産から除外しようとするときは、あらかじめ理事会の承認を受けなければならない。ただし、基本財産である不可欠特定財産の場合にあっては、評議員会の承認を受けなければならない。

　上に示したような条項とした場合には、評議員会の権限に関する後記、定款17条7号〔評議員会の権限・基本財産の処分又は除外の承認〕及び21条3項5号〔評議員会の決議・基本財産の処分又は除外の承認〕における「基本財産の処分又は除外の承認」の規定は、基本財産を不可欠特定財産として「不可欠特定財産の処分又は除外の承認」と変更することが必要となる。

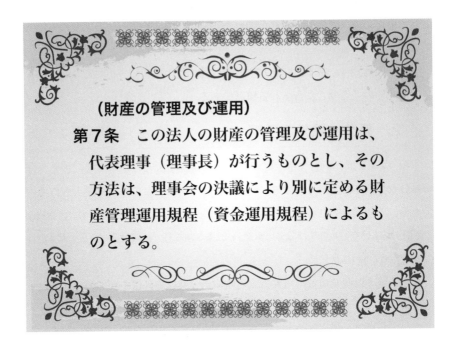

(財産の管理及び運用)
第7条 この法人の財産の管理及び運用は、代表理事(理事長)が行うものとし、その方法は、理事会の決議により別に定める財産管理運用規程(資金運用規程)によるものとする。

❋❋❋ 1 財産管理運用規程の制定 ❋❋❋

　法人が有する財産(基本財産及びその他の財産)は、代表理事(理事長)がその維持管理を適正に行わなければならない。

　基本財産の維持管理、処分(法172条2項)、不可欠特定財産の維持管理、処分の制限に必要な事項(認定法5条16号)は、一定の基準を設けて対応することが求められる。その一定基準となるものが「財産管理運用規程」である。

　なお、資金の運用に関する基準については、この財産管理運用規程のほかに、別途「資金運用規程」を設け、これにより対応することが適正な方法と考えられる。

2　財産管理運用規程

　公益財団法人において不可欠特定財産を保有する場合は非常に限定されているので、一般的なものとして、不可欠特定財産を除く基本財産及びその他の財産に係る財産管理運用規程を掲示すれば、次のようなものとなる。

【7-1　財産管理運用規程の例】

公益財団法人○○協会財産管理運用規程

　第1章　総則

（目的）

第1条　公益財団法人○○協会（以下「この法人」という。）の財産の管理及び運用は、定款第7条の規定に基づき、この財産管理運用規程（以下「この規程」という。）によるものとする。（※1）

（財産管理責任者）

第2条　代表理事（理事長）は、前条に規定する財産の管理及び運用の適正を期するため、理事の中から財産管理責任者を任命し、その管理及び運用に当たらせるものとする。（※2）

2　財産管理責任者は、この規程及び財産管理台帳（別表様式）に基づき、当該財産を管理及び運用しなければならない。（※3）

　第2章　基本財産の維持管理等

（基本財産の定義）

第3条　この規程における基本財産（不可欠特定財産を除く。）とは、この法人の目的である事業を行うために不可欠なものとして理事会において定めた財産をいう。（※4）

（維持管理）

第4条　代表理事（理事長）及び財産管理責任者は、前条に定める基本財産について、善良な管理者の注意をもって、適正な維持管理に努めなければならない。

2　基本財産は、財産管理台帳において使用している事業との関連性を明確にしておかなければならない。（※5）

3　金融資産としての基本財産の資金運用については、別に定める資金運用規程によるものとする。

内閣府モデル定款から読み解く公益・一般法人の法人運営手続　財団編（上巻）

（処分等）

第5条　基本財産は、この法人の事業遂行上やむを得ない場合に限り、その一部を処分し、又は基本財産から除外することができる。

2　前項の場合には、あらかじめ評議員会の承認を受けなければならない。

第3章　その他の財産の維持管理等

（維持管理等）

第6条　代表理事（理事長）及び財産管理責任者は、その他の財産（第3条に定める基本財産以外の財産）について、この規程に基づき、適正な維持管理、処分及び運用に努めなければならない。（※6）

2　金融資産については、常に社会経済情勢を勘案しつつ、有効適切な運用を図るものとする。

3　前項の金融資産に係る資金運用は、別に定める資金運用規程によるものとする。

4　その他の財産が管理業務のほかその他必要な事業活動の財源に充てる財産である場合には、財産目録においてその使用目的等を記載するとともに、財産管理台帳においても同様に記載しなければならない。

第4章　補則

（改廃）

第7条　この規程の改廃は、理事会の決議を経て行う。

（補則）

第8条　この規程に定めるもののほか、この法人の財産に関し必要な事項は、代表理事（理事長）が別に定める。

　　　附　　則

この規程は、令和〇年〇月〇日から施行する。

（※1）目的について

　　この財産管理運用規程の制定根拠については、定款第7条にあることを明記している。

（※2）財産管理責任者について

　　法人の財産の管理者は代表理事（理事長）であるが、実質的には財産管理責任者を別途任命し管理を行わせることが妥当と考えられる。その場合、財産管理責任者に誰をもって充てるかについては、法人の財産の管理も理事の委任に含まれることから、理事をもって充てるべきである。当該理事については、業務執行理事をもって財産管理責任者とすることが望ましい。

　　財産管理責任者の任命につき、理事会の承認事項とするかについては、代表理事（理事長）の専決権限の中での委任と解されるので、理事会の承認事項としなくて差し支えないものと解される。

第7条　財産の管理及び運用

（※3）**財産管理台帳について**

　　財産を適正に管理するためには、当該財産の取得方法、取得年月日、取得価額、使用目的等を記載した台帳の作成が必要とされる。財産管理台帳の様式について、既存のものがあればそれを使用することで差し支えない。類似の財産の場合には、一括して整理することも可能である。

　　財産管理台帳の様式を参考に掲示すれば、下記のようなものとなる。

（※4）**基本財産の定義**

　　法人の所有する不可欠特定財産については、再収集が困難な美術館の美術品、歴史的・文化的価値があり、再生不可能な建造物等に限定されるので、通常の法人では不可欠特定財産を所有することはない。

　　不可欠特定財産を除く基本財産については、定款の定めるところにより理事会又は評議員会の決議によって基本財産と定めることができる。

　　そこで、3条においては、この財産管理運用規程が適用される基本財産の範囲については、この規程において「基本財産」とは、不可欠特定財産を除き、この法人の目的である事業を行うために不可欠なものとして理事会において定めた財産をいうと定義付けしたものである。したがって、理事会において基本財産として定められなければ、基本財産として取り扱うことができない。

（※5）**財産管理台帳と事業との関連性について**

　　法人が保有する財産については、公益目的事業や収益事業等の活動に使用することが具体的に定まっていない場合、遊休財産額となることから（認定法16条2項）、どの財産が何の目的のために使用してるかを財産管理台帳に明記する必要がある。

　　建物によっては、例えば、1階〜2階部分は公益目的保有財産で○○事業の施設に使用し、3階〜5階部分は△△事業に使用しているときには、その使用内容を財産管理台帳に記載し、財産目録に個々の財産の使用目的等を記載するときに役立つようにする。

（※6）**その他の財産の維持管理について**

　　基本財産以外のその他の財産の維持管理についても、基本財産に対するのと同様に適正に行うことが必要である。その他の財産の維持管理、処分等については、法令上の規制を受けないが、代表理事（理事長）、財産管理責任者は善良な管理者の注意をもって、その維持管理等に努めるべきである。

第3章　資産及び会計

内閣府モデル定款から読み解く公益・一般法人の法人運営手続　財団編（上巻）

【7-2　財産管理台帳の書式例】

財産管理台帳

（土地・建物・備品）（基本財産）

所　在　地			財産目録上の表示区分	
地　　　目			公益目的事業実施のために保有	公益目的保有財産
用　　　途				
面　　　積		㎡	公益目的事業を支える収益事業財産	収益事業・管理活動財産
取得年月日	・	・		
登記年月日	・	・		
取得価額		円		
償却方法			その他記載事項	
耐用年数		年		
減価償却額	当　期　累　計　帳簿価額			
	円　　　　　円　　　　　円			

（基金・有価証券・定期預金等）（基本財産・その他の財産）

取得価額	円	内　　訳	
取得年月日	・　　・		
銘　　柄			
財産目録上の表示区分			
公益目的事業に果実を充当	公益目的保有財産		
単に公益目的とのみ定め積み立てているもの	遊休財産	その他記載事項	
〜			

注1．この様式は、参考的なものであり、各法人の保有する財産の種類に適合するように様式を定めて、管理することが望ましい。

2．現在、財産管理台帳を持っている法人にあっては、これを修正などして使用することで差し支えない。

3．特定資産等の管理についても、この管理台帳により行うことが望ましい。

3 資金運用規程

　法人が保有する財産には、不可欠特定財産、基本財産（不可欠特定財産は除く。）、その他の財産等があるが、すべての財産が資金運用の対象となりうるものではない。資金運用の対象となりうるものについては、積極的に資金運用に充て、公益目的事業等に必要な財源を確保することが望ましいと考えられる。

(1) 資金運用規程の制定の必要性

　法人の財産の維持管理、処分等に係る基本的事項については、財産管理運用規程において定めることが適当と解せられるが、そのうち、資金運用の対象となりうる財産に関しては、別途資金運用規程に基づいて資金運用を行うのが適切な管理方法であると考えられる。

　財産の維持管理は、代表理事（理事長）、財産管理責任者の責任において行うべきものであるが、資金運用の場合には、その運用方法につき判断を誤ると、法人に大きな損害を与えることになるので、資金運用規程等に定める一定の基準に従い運用を行うことが必要と考えられる。そのためには財産管理運用規程とは別に、資金運用規程の制定が望ましいものとされている。

(2) 資金運用対象財産

① 資金運用対象外財産

　資金運用規程が適用される財産には、代替不可能な美術館、博物館などの美術品、歴史的・文化的な建造物等の不可欠特定財産は含まれない。

　そのほか、不動産などの実物資産、無体財産権（知的財産権、知的所有権ともいい、主なものに人間の知的創作活動の所産である創作物に対する権利である特許権、実用新案権、意匠権、著作権や営業に関する識別標識に対する権利である商標権などがある。）、寄附者や理事会においてその財産の保有形態が指定されている財産も含まれな

内閣府モデル定款から読み解く公益・一般法人の法人運営手続　財団編（上巻）

い。

②　資金運用対象財産

　資金運用規程の適用の対象となる財産は、①に含まれる財産を除き、具体的には基本財産のうち法人の裁量で運用ができる財産、その他の財産が含まれる。その他の財産には、⑦特定資産である退職給付引当資産、減価償却引当資産、○○会館建設引当資産、○○記念事業引当資産、⑦特定の目的のために積み立てられた資産（公益法人認定法上の特定費用準備資金、資産取得資金）、⑦基本財産としていない公益目的保有財産、⑦繰越剰余金などが含まれる。

⑶　資金運用基本方針

　基本財産のうち、資金運用の対象となる資産については、資産価値の維持を図ることを旨として、最善と考えられる方法により運用されなければならない。

　一般法人法172条2項において、基本財産について、「定款で定めるところにより、これを維持しなければならず、かつ、これについて一般財団法人の目的である事業を行うことを妨げることとなる処分をしてはならない」と定められているが、この規定の趣旨に則った運用が求められる。

　一方、その他の財産については、その財産の使用目的、運用可能期間などは必ずしも同一ではないので、それぞれの財産の特性に応じた運用をすることが必要となる。基本財産の資金運用とは異なり、資産価値の維持を図るという規制はないが、資産の適正な維持管理という目的に反するようなことは避けなければならないことはいうまでもない。

⑷　資金運用規程

　公益財団法人における資金運用規程としては、上記のような諸要件を備えた内容のものを整備することが必要である。不可欠特定財産等資金運用の対象となりえないものを除く基本財産及びその他の財産についての資金運用規程を掲示すれば、次のようなものとなる。

第7条　財産の管理及び運用

【7-3　資金運用規程の例】

公益財団法人○○協会資金運用規程

（目的）

第1条　この規程は、公益財団法人○○協会（以下「この法人」という。）の定款第7条の規定に基づき、この法人の資金の運用方針、運用手続等について定め、資金の適正にして効率的な運用を図り、もって公益目的事業等の安定的かつ継続的な進展に寄与することを目的とする。

（運用対象財産）

第2条　この規程において資金運用の対象とする財産は、この法人が保有する財産のうち、定款第5条第2項第2号に規定する公益目的事業を行うために不可欠な特定の財産又は不動産、無体財産権並びに寄附者の意思若しくは理事会の決議により、財産の保有形態が指定されている財産を除くこの法人の裁量により効率的に運用すべき資金とする。

（資金運用責任者）

第3条　資金の運用責任者は、代表理事（理事長）とする。（※1）

2　代表理事（理事長）は、理事会の承認を得て、理事の中から資金運用執行責任者を任命することができる。

3　代表理事（理事長）及び資金運用執行責任者は、善良な管理者の注意をもって資金の運用に当たるとともに、法令及び定款の定めるところに従い、この法人のために忠実に職務を執行しなければならない。（※2）

4　代表理事（理事長）は、翌事業年度における資金の運用方針につき、理事会の承認を得なければならない。（※3）

（基本財産の運用基本方針）

第4条　この法人の目的である事業を行うために不可欠なものとして、理事会で基本財産とすることを決議した財産については、当該基本財産の目的に応じて資産価値の維持を図ることを旨として、最善と考えられる方法により運用しなければならない。

（その他の資金の運用基本方針）

第5条　その他の資金については、資金の積立目的、運用可能期間等その資金の特性を勘案し、適正な運用に努めなければならない。

（理事会への資金運用状況の報告）

第6条　代表理事（理事長）は、資金の運用状況につき、年2回又は必要に応じ理事会に報告しなければならない。（※4）

第3章　資産及び会計

内閣府モデル定款から読み解く公益・一般法人の法人運営手続　財団編（上巻）

（資金の運用事務手続）

第7条　第3条第2項に定める資金運用執行責任者は、資金の運用に当たっては、財務課長等に関係金融商品を調査させ、関係役員等との協議を経た後、関係書類を添付して代表理事（理事会）の決裁を受けなければならない。（※5）

2　運用に係る金融商品が満期になり、引き続き同種の金融商品で運用を行う場合においても、前項の規定に準じ事務手続を行わなければならない。

3　運用に係る金融商品について、満期に至るまで継続することができない特別の事情が発生したときは、資金運用執行責任者は直ちに代表理事（理事長）と協議し、適切な措置を講じなければならない。（※6）

（改廃）

第8条　この規程の改廃は、理事会の決議を経て行う。

（補則）

第9条　この規程に定めるもののほか、資金の運用に関する必要な事項は、代表理事（理事長）が別に定める。

附　則

この規程は、令和〇年〇月〇日から施行する。

（※1）資金運用責任者について

①　代表理事（理事長）

　　法人の財産の管理者は、法人の代表者である代表理事（理事長）であるから、財産である資金の運用の責任者も法人の代表者である代表理事（理事長）ということになる。

②　資金運用執行責任者

　　代表理事（理事長）は、資金の運用責任者であるが、具体的な資金の運用方針を策定し、日常的に運用状況を把握し、管理する者として、理事の中から（例えば、業務執行理事である常務理事）、資金運用執行責任者を理事会の承認を得て任命することが適当である。この場合、「財産管理運用規程」において理事の中から選出し、任命する財産管理責任者（2条1項）をもって資金運用執行責任者を兼任させることも可能であり、むしろ望ましいと考えられる。

（※2）資金運用責任者の善管注意義務等について

　　理事は、法人との関係は委任に関する規定に従う（172条1項）とされていることから、資金の運用に当たっては善良な管理者の注意をもってこれを執行する責務を負っている（民法644条）。

　　また、理事は、法令及び定款を遵守し、法人のため忠実にその職務を行わなければならないことから（忠実義務。法83条・197条）、資金運用に当たる理事には、法人に対しより適切な運用責任が求められると解される。

第7条　財産の管理及び運用

（※3）**資金運用方針等の策定・理事会の承認について**

　　代表理事（理事長）は、毎事業年度開始の日の前日までに、当該事業年度の事業計画書、収支予算書等を作成し（認定法21条1項）、理事会等の承認を受けることとされている（認定法施行規則37条）。そこで、資金の運用方針については、翌事業年度の事業計画書、収支予算書等を審議する理事会において、これらに併せて審議し、承認を受けることが手続的には適当である。

　　この運用方針は、当該法人の運営状況、公益目的事業等の遂行状況、運用資金の性質、使用目的、運用可能期間、さらには経済金融環境等の一切の状況を勘案して策定すべきものである。なお、運用方針は内容において変更がない場合であっても、毎事業年度ごとに理事会の承認が必要である。

（※4）**資金の運用状況の理事会への報告について**

　　その事業年度の資金の運用方針につき理事会の承認を受けているのであるから、代表理事（理事長）は、その運用状況につき理事会に報告することが適当である。

　　報告の時期については、特別にこの報告のために理事会を開催する必要はないが、例えば、一般法人法91条2項の規定に基づき行われる業務執行理事が職務の執行状況を報告するため、毎事業年度少なくとも2回以上開催される理事会において運用状況を報告することも一つの方法である。そのほか、評議員会の招集との関係において開催される理事会で報告することも考えられる。

（※5）**資金運用に当たっての代表理事（理事長）決裁について**

　　資金の運用に当たっては、金融商品の十分な調査が不可欠である。金融情報は複数の金融機関から収集し、それを基に金融商品を決定する必要がある。

　　運用すべき金融商品の決定に際しては、資金運用執行責任者の独断で決定すべきではなく、財務（管理）課長等の担当課長、事務局長、常勤の副理事長などの理事等と協議の上、関係書類を添付して代表理事（理事長）の決裁を受けることが必要とされる。

　　法人の事業規模等により資金の運用額が大きい場合には、資金運用委員会を設置し、その委員会での審議を経て金融商品の決定を行う方法も考えられる。資金運用委員会の構成員については、外部の有識者等を含める場合と含めない場合とがあり得る。外部の有識者等を含める場合には、委員会の開催日の調整等に日時を要することが多いことから、法人の実態に合わせた委員構成とするのが望ましいと考えられる。なお、資金運用委員会を設置する場合には、この規程に資金運用委員会の設置の条項を追加規定することになる。

（※6）**臨機な対応措置について**

　　資金の運用事業年度中に経済金融環境が急激に変動したときには、資金運用の結果に重大な影響が生じるおそれが想定される。このような事態になったときは、運用方針の変更をしなければ法人に損害が生じると判断される場合には、臨機な対応が必要となる。しかし、どの時点でどのような措置が必要かについては、難しい問題であるが、時間の経過に伴い法人の損害が大きくなるような場合には、直ちに適正な措置を採ることが重要となる。なお、「直ちに」とは、時間的即時性が最も強いもので、「即時に」、「間を置かずに」という趣旨を表す。このほか、多くの法令には「遅滞なく」という用語が使用されているが、正当な理由ないし合理的な理由がない限り、直ちに行わなければならないという意味を表す。また、「速やかに」は、訓示的な意味を持たせて「できる限り早く」という意味を表す場合に用いられる。

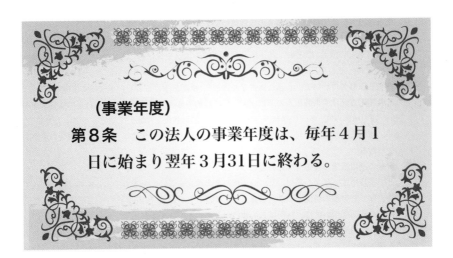

(事業年度)
第8条　この法人の事業年度は、毎年4月1日に始まり翌年3月31日に終わる。

1　事業年度の定義

　法人は、その事業活動を反復・継続して行うものであって、短期間に事業を終了するものではない。そのため、当該法人の事業活動の成果を把握し、事業運営の状況、財産の状態を明らかにする必要があるが、事業の開始時から終了までを一期間として計算したのでは不十分である。よってこの連続的な事業活動を定期的に区切って、事業成果、財産の変動やその現状を明らかにするため、一定の期間を定める必要がある。

　「事業年度」(法153条1項10号)とは、公益(一般)財団法人が作成する計算書類等の基礎となる一定の期間(会計期間・通常は1年間。法施行規則29条1項参照)をいう。

　公益(一般)財団法人は、法務省令で定めるところにより、各事業年度ごとにその計算書類等を作成しなければならないとされており(法123条2項・199条)、これは事業年度を変更するには定款変更という慎重な手続を必要とする趣旨である(注1)。

　改正前の民法には、民法法人につき事業年度に関する規定が設けられていな

第8条　事業年度

かったが、一般法人法においては、公益（一般）財団法人の事業年度は定款の必要的記載事項（絶対的記載事項）とし、定款に定めた事業年度については、法人の事業計画・収支予算も事業年度単位で策定されること等からも（法90条4項・公益法人については、認定法21条1項参照）、その変更には評議員会の特別決議を要することとしている（189条2項3号）。なお、会社法においては、事業年度は定款の必要的記載事項とはなっていない（会社法27条参照）。

2　事業年度に関する定款の定め方

　事業年度は、通常1年間という単位で定款に定められる。一般法人法施行規則29条1項において、「各事業年度に係る計算書類及びその附属明細書の作成に係る期間は、当該事業年度の前事業年度の末日の翌日（当該事業年度の前事業年度がない場合にあっては、成立の日）から当該事業年度の末日までの期間とする。この場合において、当該期間は、1年（事業年度の末日を変更する場合における変更後の最初の事業については、1年6箇月）を超えることができない」旨が規定されている。

　事業年度を1年という期間の中で、その初め（期首）と終わり（期末）の定め方については、特に制限がないので定款に定めるところによる。公益法人会計基準（平成20年4月11日内閣府公益法人認定等委員会）第1総則3（事業年度）では、「公益法人の事業年度は、定款で定められた期間によるものとする」と定めている。

　本条（第8条）では、毎年4月1日（期首）から事業年度が始まり、翌年3月31日（期末）に事業年度が終わるという規定形式を採っているが、一般的に多くの法人が採用している方法である。

　この期間については、国や地方公共団体の会計年度が毎年4月1日から翌年の3月31日までとなっていること（財政法11条・地方自治法208条1項）との関連において、国、地方公共団体からの補助金、委託費等の受入れに伴う予算措置、その決算処理等の期間との整合性などから、改正前の民法34条に基づく

民法法人の多くが採用してきた経緯があると考えられる。

　公益（一般）財団法人が事業年度を定款に定めるに際しては、当該法人の事業活動の実態に則して、例えば、1月1日から12月31日までの暦年制とすること、10月1日から翌年の9月30日までとするなどいろいろな期間の定め方が可能である。

3　会計年度・営業年度

(1) 会計年度の意義

　事業年度に並ぶものとして会計年度がある。別名、営業年度という俗称が与えられている。国及び地方公共団体の収入・支出は、本来、継続的に発生するものであるが、財政管理の便宜上、計算期間の区分が設けられている。これを会計年度という。会計年度を略して「年度」と称することもある。民間企業等では、従来はこれに相当するものを「営業年度」と呼んでいた。

　会計年度は、国及び地方公共団体の収入支出の計算を区分整理して、その関係を明確にするために設けられた一定の期間であり、経理の簡明を図るために採られた技術的な方法の一つということができる（注2）。

　前述のとおり国及び地方公共団体の会計年度は、毎年4月1日に始まり、翌年3月31日に終わるものとするとされている（財政法11条・地方自治法208条1項）。

　なお、地方公営企業法においては、「地方公営企業の事業年度は、地方公共団体の会計年度による」（地方公営企業法19条）とされている。これは、地方公営企業も地方公共団体の諸活動の一分野であり、一般会計等地方公共団体の他の会計との関係が極めて密接であるので、その予算、決算の期間を一般会計等の予算、決算の期間と一致させることにより、地方公共団体としての財政運営の状況を同一の期間に一体的に把握できるようにしているものである。

(2) 会計年度の始期

　会計年度は、わが国ばかりでなく諸外国においても、1箇年を原則としている。これは、会計年度は余り長期でも、また短期でも経理の締め括りをつける上で適当でないということ等からの理由によるものである。

　わが国の会計年度は、明治2年には10月1日から翌年の9月30日まで、明治5年には暦年、明治7年には7月1日から翌年の6月30日までという変遷を経て、現行のような4月1日から翌年の3月31日までとなったのは、明治19年（1886年）以来のことである。

　諸外国における会計年度の主なものは、次のとおりである（注3）。

1月-12月制	フランス、ドイツ、ベルギー、オランダ、スイス、ソ連、南米諸国
4月-3月制	日本、イギリス、インド、ニュージーランド、カナダ
7月-6月制	スウェーデン、オーストラリア
10月-9月制	アメリカ、タイ

(3) 営業年度

　改正前商法における「営業年度」（改正前商法293条の5第1項参照）は、会社法では「事業年度」（会社法435条2項参照）という用語に改められたため、事業年度という用語を使用している。

　また、改正前商法における決算期（改正前商法281条1項参照。取締役ハ毎決算期ニ左ニ掲グルモノ及其ノ附属明細書ヲ作リ取締役会ノ承認ヲ受クルコトヲ要ス）という用語も、会社法では使用されていない。従来の株式会社の定款では、「当会社の営業年度は、毎年4月1日から翌年3月31日までの1年とし、毎営業年度末を決算期とする」などの記載例が一般的となっていた。この場合、改正前商法では「決算期」という語句を「毎営業年度の末日」を指して使用されていたことになる。会社法の制定に伴い、定款の表現形式として、「毎営業年度末を決算期とする」という表現を使用しないのは、会社法において決算期という用語が用いられなくなったことに対応するものである。

しかし、会社法においては、「決算期」という用語を当該定款において、「定義付け」しているものまで否定する理由はないので、「当会社の事業年度は、毎年4月1日から翌年3月31日までの1年とし、毎年3月31日を決算期とする」と定款に定めることも可能とされている（注4）。

なお、会社法においては、事業年度は定款の必要的記載事項となっていない（会社法27条参照）ので、必ずしも定款において事業年度を規定しておく必要はないが、取締役及び監査役の任期や剰余金の配当金の時期と関連しているので、これを定款で定めておくのが一般的である（事業年度の期間については、会社計算規則59条2項に規定されている。）。

4 公益法人制度改革関連三法の制定による法人区分の変動に伴う事業年度の扱い

平成20年12月1日に公益法人制度改革関連三法が施行されて、一般財団法人から公益財団法人への公益認定により法人区分の変動が生じたときは、事業年度の扱いは、次のようになる。

一般財団法人が行政庁から公益認定（認定法4条）を受けたときには、貸借対照表などの計算書類を事業年度開始の日から公益認定を受けた日の前日までの期間と公益認定を受けた日からその事業年度の末日までの期間とに分けて作成するものとされているが（認定法施行規則38条2項）、当該法人の事業年度は2つに区分されずに1つである。すなわち、一般財団法人としての事業年度が継続されているためである。決算作業において1つの事業年度を2つの期間に区切るのは、一般財団法人と公益法人とに区分して決算を行うためのものである。

しかし、これら2つの決算書類は、これを一体として、当該事業年度終了後の定時評議員会に提出し、承認を得ることで差し支えないこととされている。

ただし、法人税法上は、一般財団法人が行政庁から公益認定を受けたときは、貸借対照表などの計算書類を事業年度開始の日から公益認定を受けた日の前日

までの期間と公益認定を受けた日からその事業年度の末日までの期間とに分けて作成することとされているので、これに伴い事業年度を区分することとなる。

5　法人税法上の事業年度の定め

(1) 事業年度の定義

法人税法においては、「事業年度」とは、法人の財産及び損益の計算の単位となる期間（会計期間）で、法令で定めるもの又は法人の定款、寄附行為、規則、規約その他これらに準ずるもの（定款等）に定めるものをいうと定義付けられている（法人税法13条1項）。このため、税法上だけの事業年度を定めることはできないこととされている。

(2) みなし事業年度

公益法人等が事業年度の中途において普通法人に該当することとなった場合又は普通法人が事業年度の中途において公益法人等に該当することとなった場合には、定款等で定めた事業年度の開始の日から、その該当することとなった日の前日までの期間及びその該当することとなった日からその定款等で定めた事業年度終了の日までの期間をそれぞれ1事業年度とみなすこととされている（法人税法14条1項20号）。

法人税法においても、新たな法人区分の創設に伴い、法人区分の変動がある場合には、それぞれの該当することとなった日において事業年度を区分することとなる。

〔事業年度の区分（みなし事業年度）〕

(3) 法人区分の変更とその該当することとなった日

次の表に掲げる法人区分の変更があった場合には、次の①の期間と②の期間がそれぞれ1事業年度となる。

① 定款で定めた事業年度開始の日からその該当することとなった日の前日まで

② その該当することとなった日から定款で定めた事業年度終了の日まで

【税法上の法人区分と変更】

法人区分の変更			該当することとなった日	根拠法令等
公益社団法人 公益財団法人 【公益法人等】	→	非営利型法人 【公益法人等】	公益認定の取消しの日（同時に非営利型法人の要件の全てに該当することとなった場合）	法13①、法基通1-2-3(2)
	→	非営利型法人以外の法人 【普通法人】	公益認定の取消しの日	法14①二十、法基通1-2-6(1)イ
一般社団法人・一般財団法人	非営利型法人 【公益法人等】	→ 公益社団法人 公益財団法人 【公益法人等】	公益認定を受けた日	法13①、法基通1-2-3(1)
		→ 非営利型法人以外の法人 【普通法人】	非営利型法人の要件に該当しなくなった日	法14①二十、法基通1-2-6(1)ロ
	非営利型法人以外の法人 【普通法人】	→ 公益社団法人 公益財団法人 【公益法人等】	公益認定を受けた日	法14①二十、法基通1-2-6(2)イ
		→ 非営利型法人 【公益法人等】	非営利型法人の要件の全てに該当することとなった日	法14①二十、法基通1-2-6(2)ロ

(注) 1 出典 国税庁「新たな公益法人関係税制の手引」（平成24年9月）、14頁（特例社団法人、特例財団法人に関する事項は削除）。
　　 2 根拠法令等
　　　 (1) 法　　　　　　法人税法
　　　 (2) 法基通　　　　法人税基本通達
　　 3 法人区分の【　】内は税法上の区分を指す。

第8条　事業年度

【注記（第8条）】

（注１）　新公益法人制度研究会編著『一問一答公益法人関連三法』、30～31頁、商事法務。

（注２）　井上　鼎『体系官庁財政会計事典』(昭和60年版)、61頁、公会計出版センター。

（注３）　設楽岩久編著『予算用語の手引』(平成元年11月5日初版第1刷)、36頁、日本電算企画。

（注４）　土井万二・内藤卓編集代表『新会社法定款事例集　設立認証・既存会社の定款変更』(平成18年5月30日初版第3刷)、192頁、日本加除出版。

第3章　資産及び会計

（事業計画及び収支予算）
第9条　この法人の事業計画書、収支予算書、資金調達及び設備投資の見込みを記載した書類については、毎事業年度開始の日の前日までに、代表理事（理事長）が作成し、理事会の承認を受けなければならない。これを変更する場合も、同様とする。
2　前項の書類については、主たる事務所（及び従たる事務所）に、当該事業年度が終了するまでの間備え置き、一般の閲覧に供するものとする。

1　定款と収支予算書等との関係

(1)　一般財団法人の場合

　一般法人法には、計算書類及び事業報告並びにこれらの附属明細書の作成に関する規定はあるが（法123条・199条）、事業計画及び収支予算に関する定めはない。したがって、一般財団法人にあっては、事業計画及び収支予算に関する

規定を定款に定めるかどうかについては、法人の自由である。ただし、事業計画及び収支予算に関する規定を定款に定めることが特に規定されていないことをもって、事業計画及び収支予算の作成が必要でないということにはならない。

一般法人法90条4項各号（法197条）に掲げる事項については、理事会において決定し、理事に委任することができないとされているが、「その他の重要な業務執行の決定」の中には、事業計画及び収支予算の承認・変更等も含まれるものと解される。

その意味において、一般財団法人の定款で事業計画及び収支予算に関する規定が設けられていなくても、理事会等においてこれらについて定めることは可能である。しかしながら、現実に毎事業年度の事業計画及び収支予算を定めているのであれば、その作成根拠について定款に定めておくことが望ましいと解せられる。

(2) 公益財団法人の場合

公益法人認定法においては、「公益法人は、毎事業年度開始の日の前日までに（公益認定を受けた日の属する事業年度にあっては、当該公益認定を受けた後遅滞なく）、内閣府令で定めるところにより、当該事業年度の事業計画書、収支予算書その他の内閣府令で定める書類（認定法施行規則27条3号。資金調達及び設備投資の見込みを記載した書類。以下「収支予算書等」という。）を作成し、当該事業年度の末日までの間、当該書類をその主たる事務所に、その写しをその従たる事務所に備え置かなければならない」ことを定めている（認定法21条1項）。

新しい公益法人制度においては、法人の業務執行におけるガバナンスの確保が重要視されている観点から、公益法人認定法上作成が義務付けられている収支予算書等の作成については、定款に規定しておくことが適当と解される。

2 収支予算書等と理事会等の承認との関係

(1) 公益財団法人の場合

　公益財団法人は、公益法人認定法21条1項に規定する収支予算書等について、毎事業年度開始の日の前日までに、内閣府令で定めるところにより、行政庁に提出しなければならないこととされている（認定法22条1項）。

　この場合、行政庁に提出する収支予算書等は、理事会の承認を受けたことを証する書類（理事会議事録）を添付することとされていることから、収支予算書等は理事会の承認が必要となる。したがって、定款にはその旨を定めることとなる（認定法施行規則37条）。

　なお、理事会の承認に代えて、評議員会の承認を受けた場合にあっては、当該評議員会の承認を受けたことを証する書類（評議員会議事録）を添付することとされている（同条かっこ書）。

　収支予算書等につき、評議員会の承認を受けることとした場合には、本条（第9条）第1項中の「理事会の承認」は、「理事会の決議を経て、評議員会の承認」という規定形式になる。このような条項を採用した場合、例えば、事業年度が「4月1日から翌年の3月31日まで」と定められている場合には、3月中に臨時評議員会の開催が必要となってくる。

　収支予算書等につき、これを評議員会の承認事項とするか否かは、それぞれの法人の判断に基づき定款で定めることである。

　なお、収支予算書等につき、本条のように理事会の承認事項とした場合、評議員に対しては、定款において例えば、「直近の評議員会に報告する」ことと定めることにより収支予算書等の内容を知らしめること、または運用により同様の方法を採ることもできる。

(2) 一般財団法人の場合

　一般財団法人が定款において事業計画書及び収支予算書の作成を定めた場合、理事会だけの承認に止(とど)めるか、評議員会の承認とするかは、特に法令上の規制がないので、公益財団法人の場合と同じように定款の定め方による。

　事業計画書及び収支予算書の作成は、本来理事会の業務執行の決定の問題であることから考えるならば、その承認は理事会で差し支えないものと解される。

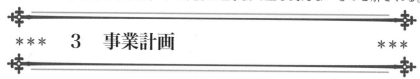

3　事業計画

　公益財団法人が公益法人認定法21条1項及び同法施行規則27条の規定により作成しなければならない書類は、㋐事業計画書、㋑収支（損益）予算書、㋒資金調達及び設備投資の見込みを記載した書類である。

　一般財団法人に関する事業計画書及び収支予算書については、一般法人法には何も規定がないので、これらについての考え方は、公益財団法人が作成する事業計画書及び収支予算書に準ずることとなる。以下、これらについて解説する。

(1) 事業計画の意義

　公益財団法人は、積極的に不特定かつ多数の者の利益の増進に寄与することを目的として事業を行わなければならない。その実施する事業については、具体的には定款に定められていることが必要である。

　「事業計画」とは、定款に規定されている目的事業が抽象的・包括的に表現されていることから、それを目的事業ごとに実施方法、手順、対象事業、規模等を明確にし、更にこれを実現可能な程度にまで具体的かつ計画的に表示したものである。そして、事業計画を収支予算と調整し、体系的に整理されたものが事業計画書である。事業計画書と収支予算書とは一体のものであり、収支予算の裏付けのない計画は実行できないことになる。

(2) 事業計画の策定

　毎事業年度ごとに策定される事業計画は、法人を取り巻く社会的及び経済的諸環境、資金の状況、中長期的事業計画との関係など基本的要件を前提にして策定されなければならない。

　実際には、事業計画と事業報告（実績）とでは、乖離することが少なくない。これを避けるために、事業年度の途中で事業計画を変更する場合がある。計画値と実績値の乖離を最小にすることが重要である。事業計画は、「計画と実績の差を読むこと」によって、次に効果的な一手を打つことが可能になる。各事業年度ごとの事業計画の策定に当たっては、次のような事項に留意する必要がある。

① 定款に定める事業（目的）との整合性

　事業計画書に記載される事業は、定款に定められている事業（目的）である。公益財団法人の定款に定められている公益目的事業は、公益法人認定法2条4号の公益目的事業として、公益認定等委員会又は都道府県の合議制の機関において判断がされているものである。

　定款において、「その他この法人の目的を達成するために必要な事業」というような包括的規定が設けられている場合、この規定を根拠に公益目的事業を行うことはできないと解するのが一般的ではないかと思われる。

　公益財団法人は、必ずしも公益目的事業しか行ってはならないものではないので、公益認定の基準を満たす範囲で、公益目的事業以外の事業（収益事業等）を行うことができる（認定法5条1号、5号、7号、8号・15条）。

　したがって、定款に収益事業等を定めている場合には、事業計画書においては公益目的事業と同様に、その計画を記載することとなる。

② 中長期事業計画との関連性

　事業計画には適用期間により長期計画（5年〜10年）、中期計画（3年〜5年）

と年次計画（1年）がある。中長期事業計画に基づき実施すべき事業については、これらの事業計画を基に、当該事業年度に実施する事業計画を決定する必要がある。なお、中長期事業計画は固定的・不変的なものではなく、社会経済情勢の変化に応じて見直しをする必要がある。それによってより経済的、より効率的な方法を策定することができる。

③　前事業年度の事業計画の達成状況を勘案すること

事業計画の策定に当たり、継続事業については常に前事業年度における事業計画に対する達成状況等を分析し、その結果を基に検討する必要がある。継続事業であるからといって、ただ漫然と実施するようなことはせず、そのときどきの社会経済情勢等を勘案しつつ、事業のあり方を決定すべきである。

特に、収益事業で経営成績が悪く赤字状態が続いているものについては、収益事業として実施している意義がないので、廃止すべきものと解される。

④　事業の実施可能性があること

事業計画として策定される事業は、実施可能なものでなければならない。新規事業の取扱いについては、事業計画の策定段階でまだ内容的に未確定な要素が多い場合には、原則的には当該事業年度の当初の事業計画の中に入れるべきではないと考えられる。むしろ事業年度の途中において実施の可能性が明確に認識された時点で、事業計画及び収支予算の補正措置を採るべきである。

なお、公益財団法人の場合には、公益目的事業の種類又は内容の変更、収益事業等の内容の変更については、行政庁の認定が必要とされており（認定法11条1項）、またこれに伴う定款の変更が生じることとなる場合も考えられる。

⑤　事業計画の明瞭性・具体性

事業計画は、各事業の内容が容易に分かる名称並びに内容の説明でなければならない。事業の記載順序は、定款に定める順序とするのが一般的である。

また、各事業の実施の方法、手続について、明瞭に記載する必要がある。事

業の実施方法は、各実施事業ごとにその事業規模（職員数、実施期間、場所、予算等その他）等が具体的に分かるように記載する。

⑥ 重点事業のランク付け

目的事業であっても資金の裏付け等から、すべての事業を画一的に実施することはできない。そこには、自ずと事業の重点度が考えられる。

したがって、重点事業のランク付けを行い、事業の優先順位を明らかにしておくことが必要とされる。

⑦ 収支予算の裏付け

事業計画は、活動目的ではなく活動予定であることから、資金的な裏付けのない事業を事業計画に含めることはできない。そのためには、収支予算上の位置付けが必要となる。

例えば、公益目的事業の規模等の拡大を図るような場合には、会員数の増加、寄附金の募集活動の活発化、収益事業からの繰入金の増額、資金収入の基盤強化等を図る必要がある。

⑶ 事業計画書の様式

事業計画は、最終的には収支予算等との調整を行い、これを体系的に整理し事業計画書となる。公益法人認定法21条１項では、公益財団法人が事業計画書を作成し、これを当該事業年度の末日までの間、その主たる事務所に、またその写しを従たる事務所に備え置くべきことを定めているが、作成する事業計画書の様式に関しては、内閣府令にも定められていない。

改正前民法34条に基づき設立許可された民法法人の場合には、旧主務官庁が作成した「公益法人事務の手引」、あるいは旧主務官庁の通知、例えば「公益法人の運営に係る届出・報告等の提出について」等において標準的様式を示し、統一を図っていた。

新法人制度の下における事業計画書の様式については、これまでの様式と変

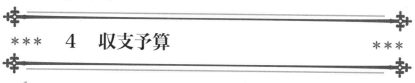

4　収支予算

(1) 収支予算の意義・機能

　公益財団法人は、目的たる事業を達成するため毎事業年度ごとに事業計画を策定し、その事業計画を実現するための財政的な裏付けとして財源とされる収入を見積り、その収入予算を各事業ごとに按分して全体の支出予算を定める。この収入予算と支出予算を併せて「予算」、あるいは「収支予算（書）」という。
　予算には、一般に㋐計画機能、㋑調整機能、㋒統制機能があると言われている。その概要は、次のとおりである。

① 計画機能

　予算は、当該事業年度の事業計画を具体的に収益（収入）及び費用（支出）として計数化したものである。法人の事業活動の予定を金額で表現したものが予算であり、実質的に事業計画の策定は予算の策定と一体であるということである。

② 調整機能

　予算は、これを編成する過程と具体的に執行する過程において、それぞれ法人内部の各部門との調整が必要とされる。この調整が円滑に行われることにより、法人全体の管理運営に自覚と責任が生まれる。
　予算編成の過程においては、各部門からの予算要求に対して、収入財源との関係において、予算担当部門が全体調整して予算編成を行う。
　また、予算の執行過程においては業務量の増加、突発的な出来事に対応する場合には予算措置としての予算の流用、補正予算等の調整が行われる。

内閣府モデル定款から読み解く公益・一般法人の法人運営手続　財団編（上巻）

③　統制機能

　予算は、その実施過程と決算時において統制機能を有する。予算の実施過程では、予算の着実な執行が法人の事業活動そのものとなることから、予算によって予定された事業活動を自律的に行うことが求められる。

　次に、予算とその実績との関係については、結果的には差異が生じることは避けられない。期中においては、予算差引簿、月次決算等の資料によっても可能で、これによる予算統制が期待される。

　事後の予算統制としては、決算時に作成される損益計算書（正味財産増減計算書）の決算額との比較において、その差異が著しい項目については、その差異についての分析を通じて法人の置かれている環境の実態を知り、これに対応していくことで事業活動の管理に役立たせることができる。

　また、この分析によって、次年度以降の事業計画の策定、予算の編成等に重要な判断資料を提供することになるものと言える。

　以上の三つの予算に関する機能は、一つひとつが単独にその機能を発揮するというものではなく、それぞれが相互に関連を持ちながら、有効に機能するものである。

⑵　予算の編成

　公益財団法人の事業活動は、「事業計画書」及び「収支予算書」に基づき行われるものであるから、予算の編成についても事業計画の策定の場合と同様に、法人の組織全体で収支予算の編成に当たる必要がある。予算編成は、一般的には次のような手続により行うのが普通である。

①　予算編成方針の決定

　普通規模の公益財団法人にあっては、事業計画及び予算編成の指針となるもの、つまり「事業計画大綱及び予算編成方針（基本方針）」を定め、これに基づき単年度ごとの「事業計画及び予算編成方針」を決定し、法人の各部門はこれ

138

に準拠して事業計画を策定し、予算編成手続を進めるのが一般的なやり方である。

なお、「事業計画大綱及び予算編成方針（基本方針）」については、あらかじめ理事会の承認を得ておくべきである。これに基づく単年度の「事業計画及び予算編成方針」については、代表理事（理事長）の決裁で決定して差し支えないと解される。

この「事業計画及び予算編成方針」は、予算編成会議等において各部門の責任者又は担当者に説明し、一定の期日までに関係資料が提出されるように指示することが必要である。

② 各部門における事業計画（案）・収支予算（案）の作成

各部門においては、「事業計画及び予算編成方針」に基づき、現年度の事業実績、前年度までの決算状況、国、県市町村等から委託費、補助金等の見通し、会員の増減状況等を勘案して事業計画（案）及び収支予算（案）を作成する。

③ 各部門から提出された事業計画（案）及び収支予算（案）の調整

法人事務局（予算担当部門）においては、各部門から提出された事業計画（案）及び収支予算（案）を集計し、その内容につき各部門とヒアリングを行い、事業の継続、縮少、中止等につき代表理事（理事長）、業務執行理事等を交えた予算調整会議等で方向付けを行う。

④ 法人全体の事業計画（案）及び収支予算（案）の決定

代表理事（理事長）等との調整が終了したならば、理事会等に提出する翌事業年度の「事業計画（案）及び収支予算（案）」を確定する。

(3) 収支予算書の構成

公益法人認定法21条1項、同法施行規則27条2号の規定により作成する収支予算書は、次のように区分することとされている（認定法施行規則30条1項）。

内閣府モデル定款から読み解く公益・一般法人の法人運営手続　財団編（上巻）

① 経常収益（30条1項1号）

② 事業費（同条1項2号）

③ 管理費（同条1項3号）

④ 経常外収益（同条1項4号）

⑤ 経常外費用（同条1項5号）

　更に、事業費に係る区分については、公益目的事業に係る事業費と収益事業等に係る事業費に区分して表示しなければならない（認定法施行規則30条2項）。また、経常収益、経常外収益、経常外費用については、公益目的事業に係る額を明示しなければならないとされている（同条3項）。

(4)　収支予算書の様式

　公益財団法人が作成する収支予算書は、⑦損益計算ベース、かつ④事業別に区分されたもので、公益法人会計基準（平成20年4月11日内閣府公益認定等委員会）の運用指針に掲げる様式2-1の正味財産増減計算書及び様式2-3の同内訳表に準じた様式で作成する。

　なお、損益ベースの収支予算書では、科目間流用によって科目予算の不足が対処できない場合には、予算の補正が考えられる。

　しかし、従来の資金収支ベースの収支予算書では予備費の概念があったが、損益ベースの収支予算書では法人のガバナンスによって予算超過が認められることとなるので、予備費は想定されていないと考えられている（注1）。したがって、様式の中には「予備費」の科目は設けられていない。

　公益財団法人以外の法人が収支予算書を作成する場合には、これらに準じて作成することになる。収支予算書（損益ベース）及び同内訳表の様式例は、後掲のとおりである。

5 資金調達及び設備投資の見込みを記載した書類

　公益法人認定法21条1項の規定により作成する書類には、事業計画書、収支予算書のほかに内閣府令で定める書類として、「資金調達及び設備投資の見込みを記載した書類」がある（認定法施行規則27条3号）。

　平成16年改正公益法人会計基準において、正味財産増減計算書が財務諸表の一つと位置付けられ、従来の収支計算書は内部管理事項とされているが、収支計算書の重要な要素であった借入れと設備投資については、正味財産増減計算書からは把握できない。このため、規律ある財務運営を求める観点から、これらを把握するためにも、収支予算書に加えて、「資金調達及び設備投資の見込みを記載した書類」を作成することが求められた。そのため、収支予算書の作成に当たっては、この書類も併せて作成することとなったものである。

　様式については、「定期提出書類の手引き　公益法人編（事業計画書、事業報告書等を提出する場合）」（内閣府／都道府県）の「Ⅱ事業計画書等の記載方法等・Ⅱ-3資金調達及び設備投資の見込みについて」により作成することとなる。その様式例としては、次のようなものである。

内閣府モデル定款から読み解く公益・一般法人の法人運営手続　財団編（上巻）

【9-1　資金調達及び設備投資の見込みを記載した書類の様式】

事業 年度	自	年　　月　　日	法人コード	
	至	年　　月　　日	法 人 名	

資金調達及び設備投資の見込みについて

(1)　資金調達の見込みについて

　　当期中における借入れの予定の有無を記載し、借入予定がある場合は、その借入先等を記載してください。

借入れの予定		□	あり	□	なし
事業 番号	借入先		金額	使途	

(2)　設備投資の見込みについて（※1）

　　当期中における重要な設備投資（除却又は売却を含む。）の予定の有無を記載し、設備投資の予定がある場合には、その内容等を記載してください。

設備投資の予定	□	あり	□	なし
事業 番号	設備投資の内容	支出又は収入の 予定額	資金調達方法 又は取得資金の使途
			（※2）

（※1）**設備投資の見込みについて**

　　　財産の価額、法人の総資産に占める割合、財産の保有目的等を考慮の上、法人において「重要な設備投資」であると判断するものについて、その内容等を記載する。

（※2）**資金調達方法又は取得資金の使途**

　　　資産取得資金の取崩しによって設備投資を行う場合は、「○○資金の取崩し」のように記載する。

6 収支予算書等の備置き・閲覧・保存期間

(1) 収支予算書等の備置き

　公益法人認定法21条1項及び同法施行規則27条の規定により毎事業年度開始の日の前日までに理事会等の承認を得た「事業計画書」、「収支予算書」及び「資金調達及び設備投資の見込みを記載した書類」は、当該事業年度の末日までの間、それらの書類の原本をその主たる事務所に、また従たる事務所が設けられている場合には、それらの書類の写しをその従たる事務所に備え置かなければならない（認定法21条1項・同法施行規則27条）。

　これらの書類については、当該事務所の一定の場所に備え置くことが必要である。

(2) 収支予算書等の閲覧

　公益財団法人の場合には、何人（なんびと）もその法人の業務時間内であるならば、いつでも次に掲げる請求をすることができる。この請求に対しては、法人は正当な理由がないのにこれを拒むことができない（認定法21条4項）。

① 公益法人認定法21条1項及び同法施行規則27条の規定に基づき作成する収支予算書等が書面をもって作成されているときは、その書面又はその書面の写しの閲覧の請求（認定法21条4項1号）

　謄写の請求があった場合にこれを認めるかどうかについては、当該法人の情報公開規則等の定めによる。

② 収支予算書等が電磁的記録をもって作成（認定法21条3項・同法施行規則34条）されているときは、その電磁的記録に記録された事項を内閣府令で定める方法（認定法施行規則35条・当該電磁的記録に記録された事項を紙面又は出力装置の映像面に表示する方法）により表示したものの閲覧の請求（認定法

21条4項2号)

(3) 収支予算書の保存期間

　公益財団法人が作成する収支予算書については、作成後1年間その主たる事務所等への備置き義務が課せられているが（認定法21条1項）、これを何年間保存すべきかについては規定が設けられていない。

　公益法人会計基準（昭和60年9月17日公益法人指導監督連絡会議決定）においては、「公益法人の収支予算書、会計帳簿及び計算書類は、最低10年間保存しなければならない」旨定められていたが（第9　書類の保存）、平成16年の改正公益法人会計基準（平成16年10月14日公益法人等の指導監督等に関する関係省庁連絡会議申合せ）では、内部管理事項（会計処理規程、会計帳簿、収支予算書及び収支計算書の作成並びに書類の保存）については、基準においては特段の定めを置かないこととされた（公益法人会計基準の改正等について　4　内部管理事項について）。

　なお、平成20年4月11日に内閣府公益認定等委員会が新たに設定した公益法人会計基準においても、同様な扱いとなっている。

　一方、一般法人法においては、計算書類（貸借対照表及び損益計算書〔正味財産増減計算書〕）及びその附属明細書は、作成した時から10年間保存しなければならないと定められている（法123条4項・199条）。

　また、平成17年3月23日に総務省から公表された「公益法人会計における内部管理事項について」（公益法人等の指導監督等に関する関係省庁連絡会議幹事会申合せ）において、平成16年の改正公益法人会計基準を適用する場合に実施すべき内部管理事項について、書類の保存については、「公益法人の財務諸表、会計帳簿、収支予算書及び収支計算書は、最低10年間保存しなければならない」と定めているが（5　書類の保存について）、一般法人法では、計算書類及びその附属明細書については一般法人法123条4項に、また会計帳簿及びその事業に関する重要な資料については同法120条2項に、それぞれ10年間保存しなければならないことが規定されている。

　公益法人認定法には収支予算書の保存期間についての直接の規定はないが、

144

改正前の公益法人会計基準において、収支予算書の保存期間が会計帳簿や計算書類と同列に規定されていたこと、また一般法人法においてこれらの書類の保存期間が10年と定められていること等から比較衡量すれば、収支予算書の保存期間については、10年という保存期間が妥当ではないかと考えられる。

7 行政庁への収支予算書等の提出・閲覧等

(1) 行政庁への収支予算書等の提出

公益財団法人は、毎事業年度開始の日の前日までに、行政庁に対し公益法人認定法施行規則37条に定める「事業計画書等に係る提出書」（様式第4号）に、㋐事業計画書、㋑収支予算書、㋒資金調達及び設備投資の見込みを記載した書類、㋓㋐から㋒までに掲げる書類について理事会（評議員会の承認を受けた場合にあっては、当該評議員会）の承認を受けたことを証する書類（理事会の議事録〔評議員会議事録〕）を添付して提出しなければならないものとされている（認定法22条1項・同法施行規則37条）。

改正前民法34条の規定により設立された民法法人の場合には、旧主務官庁が定める「公益法人の設立及び監督に関する規則」において、毎事業年度の開始前に原則的として翌事業年度の事業計画書及び収支予算書を旧主務官庁に提出すること（ただし、やむを得ない事情がある場合には、事業年度開始後3箇月以内）を定めている場合と、事業年度開始後3箇月以内に提出することを原則としている場合がある。

公益法人認定法においては、収支予算書等の作成、理事会等の承認、備置き、行政庁への提出が毎事業年度開始の日の前日まで（例えば、事業年度が4月1日から翌年の3月31日までの場合には、3月31日まで）とされていることから、非常災害などやむを得ないと認められる場合を除き、事業年度開始後に収支予算書等を作成すること等は認められないものと解される（特定非常災害の被害者の権

利利益の保全等を図るための特別措置に関する法律・平成23年東北地方太平洋沖地震による災害についての特定非常災害及びこれに対し適用すべき措置の指定に関する政令参照)。

(2) 収支予算書等の閲覧又は謄写

　公益財団法人から行政庁に提出された収支予算書等について閲覧又は謄写の請求があった場合には、行政庁は、内閣府令で定めるところにより、その閲覧又は謄写をさせなければならないこととされている（認定法22条2項）。

　この場合の閲覧又は謄写については、行政庁が定める場所において行い、また行政庁はその場所につきインターネットの利用その他の適切な方法により公表するものとされている（認定法施行規則39条）。

　公益財団法人が作成する収支予算書等については、公益財団法人に対し情報開示を求める場合には閲覧が認められるが（認定法21条4項）、行政庁に対すると同様な謄写の請求は認められていない。

　したがって、特定の公益財団法人の収支予算書等の内容を知りたいと考える者にとっては、例えば、閲覧だけでは十分目的が達せられないような場合には、最初から行政庁に謄写請求をした方が得策である。

***　8　一般財団法人が公益認定を受けて公益財団法人となった場合の収支予算書等の取扱い　***

　一般法人法に基づき新たに一般財団法人を設立し、その後公益法人認定法に定める手続きを経て公益財団法人として、行政庁から公益認定（認定法4条）を受けた場合における収支予算書等の取扱いについては、公益法人認定法21条1項かっこ書の適用がある。

　したがって、公益認定を受けた公益財団法人は、「遅滞なく」事業計画書、収支予算書を作成し、その主たる事務所に備え置くことになる。この場合の「遅滞なく」とは、用語の意義を通常の言葉で表せば、時間的に「速やかに」又は「す

第9条　事業計画及び収支予算

ぐに」ということであるが、法令用語としては、この種の時間的即時性を表す用語として、「遅滞なく」のほかに、「直ちに」と「速やかに」とがある。いずれも時間的に遅れてはならないことを示す副詞であるが、以下それぞれ少しずつニュアンスの差がある。

① 「直ちに」の意味

　これら３つのうち、時間的即時性が最も強いのは、「直ちに」であり、「即時に」、「間を置かずに」という趣旨を表すときに用いられ、「何をさておいてもすぐに行わなければならない」という意味を表す。

　このため、「直ちに」という場合には、一切の遅滞は許されないのが通例である。

② 「遅滞なく」の意味

　「遅滞なく」というのは、「直ちに」や「速やかに」と比べると時間的即時性はやや弱くなり、正当な又は合理的な理由があれば、その限りでの遅れは許されるものと解されており、「事情が許す限り、最も早く」といった意味で用いられている。

　「遅滞なく」も「直ちに」と同様、多くの法令で用いられている用語である。

③ 「速やかに」の意味

　「直ちに」と「遅滞なく」の中間的なものが「速やかに」であり、「できるだけ早く」、という意味を表すものであるが、「直ちに」や「遅滞なく」が、違反した場合に違法又は不当の問題を生ずるのに対して、「速やかに」は訓示的な意味で使われることが多いと言われている。

　このような意味で使われるものとしては、「できる限りすみやかに」（地方自治法9条の4）、「できるだけすみやかに」（警察官職務執行法3条2項前段）、「なるべくすみやかに」（国家公務員法95条）というような形で、訓示的であることが分かるような使い方をする場合も見られる。

　「遅滞なく」や「速やかに」では、いつまでかということが不明確である。このため、各種の観点から期限を明示することが求められる場合がある。そのようなときは、「いつまでに」を明確にするために確定期限をもっ

第3章　資産及び会計

147

て定められる。

　なお、昭和40年法律第47号による改正前の鉄砲刀剣類所持等取締法17条1項にも「すみやかに」の文言が用いられており、これについて、あいまいな規定であるとして違憲とされたこともある。もっとも、控訴審では破棄された（昭和37年12月10日大阪高裁判決）。このようなこともあって、同項の規定は、昭和40年の改正で、現行の「20日以内」に改められた。

　なお、一般財団法人が公益認定を受けて公益法人となった場合の最初の事業年度に係る事業計画書等については、行政庁への提出は不要とされている（注2）。

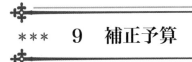 9　補正予算

　収支予算は、事業計画を計数化したものであるから、事業の執行過程において変化を生じた場合には、それに対応する措置を採ることが必要となる。本条1項（第9条第1項）ただし書において、「これを変更する場合も、同様とする」と規定しているのは、一定の事由により事業計画、収支予算等の補正を行う場合には、本文に定める手続に従い行うべきであることを定めているものである。

(1) 補正予算の必要な場合

　収支予算の補正が必要な場合としては、一般的には、予算科目間の流用によっても、対応できない場合が考えられる。

　当初予算が成立した後、経済事情の変化など予期しない事態の発生により、当初の計画どおり予算の執行ができない場合が生じることがあり得る。その場合、一定の基準に従い予算科目間の流用が考えられる。損益ベースの収支予算書の場合、支出権限の付与という従来型の予算準拠主義の考え方ではなく、一般事業会社における予算統制と同じような概念となる。したがって、予算統制は各法人のガバナンスに委ねられているので予算超過支出もあり得る。そのため、予算の流用の概念がなくなっている法人もある。

第9条　事業計画及び収支予算

　予算科目間の流用については、これを無制限に認められることになれば、収支予算につき理事会等の承認の意味が失われてしまうことになる。

　したがって、そこには自ら制限がある。また、一方で科目間流用を一切認めないとすると、法人の弾力的な運営ができなくなる。そのような意味において、予算科目間の流用は、会計処理規程等において、その手続、予算科目間の流用範囲等を定めておくことが必要と解される。

⑵　補正予算の種類

補正予算には、その内容により次のような種類のものがある。

①　追加の補正予算

　　追加の補正予算は、既設の予算総額を追加増額するものである。

②　修正予算

　　変更の補正予算は、予算の変更であるから、金額だけに限らない。この場合は追加以外の変更である。予算総額は増額しないで予算科目を変更する場合と、予算総額を減額する補正とがある。

③　振替予算

　　これは、当初の予算総額は変更しないで、当初の目的やその内容を替える補正である。

⑶　事業計画と補正予算との関係

　事業計画と収支予算は表裏一体の関係にあるので、当初の事業計画の策定段階では予定していなかった新規事業が発生したり、事業規模の拡大又は縮少、あるいは事業の廃止等の必要性が生じた場合には、事業計画の変更が伴うことになる。

　このような場合には、補正予算と事業計画の変更が必要となるので、併せて理事会等の承認を得ることになる。

⑷　理事会等の承認

　理事会等の承認方法について、必ずしも理事会等を開催しなくても、理事会等の決議の省略（法96条・197条、194条）により行うことも可能である。

⑸　補正収支予算書の様式

　補正収支予算書の様式としては、収支予算書（損益ベース）に補正予算額欄を設けた次のような補正収支予算書（損益ベース）の様式例となる。

【9-2　補正収支予算書の様式例】

補正収支予算書

令和○年○月○日から令和○年○月○日まで

（単位：千円）

科　　　　目	当初予算額	補正予算額	補正後予算額	補正理由
Ⅰ　一般正味財産増減の部				
1．経常増減の部				
（1）　経常収益				
（2）　経常費用				
〜				
2．経常外増減の部				
（1）　経常外収益				
（2）　経常外費用				
〜				
Ⅱ　指定正味財産増減の部				
〜				
Ⅲ　正味財産期末残高				

⑹　補正収支予算書の行政庁への提出は不要

　公益財団法人が、公益法人認定法において行政庁に提出することとされてい

る収支予算書は、毎事業年度開始の日の前日までに作成し、その主たる事務所等に備え置くべきものであり、当該事業年度の途中で編成した補正予算については行政庁に提出することは求められていない（認定法21条1項）。

したがって、従来のように、補正予算を編成した都度、旧主務官庁に提出したようなことは必要がなくなった。

なお、事業年度終了後に、当該法人が作成し、備え置かなければならない計算書類等（法129条1項・2項）は、補正予算による修正を経た後の事業計画に対する実績に基づいて作成することとなるので、行政庁に報告する公益目的事業比率なども、補正予算の実行を踏まえた実績を基礎に計算する必要がある（FAQ問Ⅵ-5-③）。

(7) 補正収支予算書の備置き、閲覧

理事会等の承認を得た補正収支予算書（事業計画についても変更があった場合には、変更事業計画書を含む。）は、当該事業年度の当初の収支予算書とともにその主たる事務所等に備え置くことになる（認定法21条1項）。

この補正収支予算書の閲覧を希望する者は、当該公益財団法人の業務時間内であれば、その閲覧の請求を行うことができる（認定法21条4項）。

なお、当該法人が情報公開規則等において補正収支予算書につき、誰にでも閲覧のほかに謄写を認めていない場合にあっては、当該法人に対して謄写の請求を行うことはできない（認定法21条4項）。

10 暫定予算

(1) 暫定予算の意義

「暫定予算」とは、物理的若しくは経済的な制約により、また特別な事態の発生により、翌事業年度の開始前に収支予算の成立を見ない場合に、一定の手続の下に、翌事業年度の収支予算の成立までの一定期間、暫定措置として認め

られた予算をいう。「暫定」という字義の示すとおり一時的、かつ仮の予算ということである。

(2) 暫定予算の必要性

予算の執行は、定款の定めにより毎事業年度開始前に決定された事業計画書及び収支予算書に基づき行われるべきものである。

しかし、毎事業年度開始前に収支予算（案）の承認がない場合には、業務執行理事は、予算の執行ができないことになる。

このような場合に、予算の執行権の根拠として、暫定予算の措置が必要とされている。

(3) 暫定予算の性質及び効力

暫定予算は、事業年度が開始されても予算が成立しない場合において、本来の予算が成立するまでの間、暫定的に執行される予算である。その期間は一定の期間、つまり本予算の成立の時までである。

本予算が成立すれば、暫定予算の有効期間に関係なく、また支出残額の有無にかかわらず、その時に失効して本予算に吸収される。そして暫定予算に基づいて行われた支出は、当該事業年度の本来の予算に基づいて執行したものとみなされる。

(4) 暫定予算の編成方法

暫定予算も予算であるから、その作成手続については、定款に定める正式な手続を経て作成されることが必要である。従来の定款の記載例としては、次のようなものが一般的である。

第9条　事業計画及び収支予算

> **（暫定予算）**
> 第○条　前条（事業計画及び収支予算）の規定にかかわらず、やむを得ない理由により予算が成立しないときは、理事長は、理事会の議決を経て、予算成立の日まで前年度の予算に準じ収入支出をすることができる。
> 2　前項の収入支出は、新たに成立した予算の収入支出とみなす。

(5) 暫定収支予算書の様式例

暫定予算を編成する場合、その様式は本予算の様式例に準じて作成する。例えば、次のような様式例となる。

【9-3　暫定収支予算書の様式例】

暫定収支予算書
令和○年○月○日から令和○年○月○日まで

（単位：千円）

科　　目	暫定予算額	備　　考
Ⅰ　一般正味財産増減の部 　1．経常増減の部 　　(1) 経常収益 　　(2) 経常費用 　　　〜		
2．経常外増減の部 　　(1) 経常外収益 　　(2) 経常外費用 　　　〜		
Ⅱ　指定正味財産増減の部 　　　〜		
Ⅲ　正味財産期末残高		

153

(6) 公益財団法人の収支予算と暫定予算との関係

　公益法人認定法21条1項に規定する収支予算書については、毎事業年度開始の日の前日までに作成し、かつ行政庁に提出しなければならないこととし、これについては、非常災害の場合などを除き例外扱いが認められていない(認定法21条1項・22条1項)。また一方、補正収支予算書を作成したときには、行政庁への提出が不要とされている。

　このことから解するならば、毎事業年度開始の日の前日までに作成する収支予算には暫定予算は含まれないと解することになる。

　翌事業年度の事業計画書、収支予算書などを審議する理事会等の開催に際し、地震災害等の発生により理事会等が開催できないため、事業年度開始の日の前日までに事業計画書、収支予算書などの承認が得られず行政庁にも提出できない場合は、「特定非常災害の被害者の権利利益の保全等を図るための特別措置に関する法律」の適用があることになる。

　公益財団法人の収支予算と暫定予算との関係については、したがって定款において、暫定予算に関する規定を設けることはできないものと解すべきであろう。

　一方、一般財団法人の収支予算については、一般法人法上の規制がないので、定款において事業計画書、収支予算書に関する規定を設けることもでき、またこれに関連して従来と同じような暫定予算に関する規定を設けることも可能である。

第9条　事業計画及び収支予算

【9-4　参考：収支予算書（損益ベース）】

収 支 予 算 書
令和○年4月1日から令和○年3月31日まで

（単位：千円）

科　　目	当年度	前年度	増　減
I　一般正味財産増減の部			
1．経常増減の部			
（1）経常収益			
基本財産運用益			
特定資産運用益			
受取会費			
事業収益			
受取補助金等			
雑収益			
経常収益計			
（2）経常費用			
事業費			
給料手当			
退職給付費用			
減価償却費			
・・・			
雑　費			
管理費			
役員報酬			
給料手当			
福利厚生費			
・・・			
雑　費			
経常費用計			
評価損益等調整前当期経常増減額			
基本財産評価損益等			
特定資産評価損益等			
投資有価証券評価損益等			
評価損益等計			
当期経常増減額			
2．経常外増減の部			
（1）経常外収益			
固定資産売却益			
・・・・・・・			
経常外収益計			
（2）経常外費用			
固定資産売却損			
・・・・・・・			
経常外費用計			
当期経常外増減額			
他会計振替額			
当期一般正味財産増減額			
一般正味財産期首残高			
一般正味財産期末残高			
II　指定正味財産増減の部			
受取補助金等			
・・・・			
一般正味財産への振替額			
・・・・			
当期指定正味財産増減額			
指定正味財産期首残高			
指定正味財産期末残高			
III　正味財産期末残高			

155

内閣府モデル定款から読み解く公益・一般法人の法人運営手続　財団編（上巻）

【9-5　参考：収支予算書内訳表（損益ベース）】

収支予算書内訳表

令和　年　月　日から令和　年　月　日まで

（単位：千円）

科　　　目	公益目的事業会計				収益事業等会計				法人会計	内部取引等消去	合計
	A事業	B事業	共通	小計	a事業	b事業	共通	小計			
Ⅰ　一般正味財産増減の部											
1．経常増減の部											
(1)　経常収益											
基本財産運用益											
特定資産運用益											
受取会費											
事業収益											
受取補助金等											
雑収益											
経常収益計											
(2)　経常費用											
事業費											
中科目別記載											
管理費											
中科目別記載											
経常費用計											
評価損益等調整前当期経常増減額											
基本財産評価損益等											
特定資産評価損益等											
投資有価証券評価損益等											
評価損益等計											
当期経常増減額											
2．経常外増減の部											
(1)　経常外収益											
中科目別記載											
経常外収益計											
(2)　経常外費用											
中科目別記載											
経常外費用計											
当期経常外増減額											
他会計振替額											
当期一般正味財産増減額											
一般正味財産期首残高											
一般正味財産期末残高											
Ⅱ　指定正味財産増減の部											
受取補助金等											
・・・・・・											
一般正味財産への振替額											
・・・・・・											
当期指定正味財産増減額											
指定正味財産期首残高											
指定正味財産期末残高											
Ⅲ　正味財産期末残高											

156

第9条　事業計画及び収支予算

【注記（第9条）】

（注1）　公益法人実務研究会編『一般・公益社団・財団法人の実務　法務・会計・税
　　　務　第3巻』、296の28頁、新日本法規。

（注2）「定期提出書類の手引き　公益法人編（事業計画書、事業報告書等を提出す
　　　る場合）」（内閣府／都道府県・平成25年3月28日現在）のⅠ定期提出書類の作成・
　　　提出・開示手続の概要・Ⅰ-1定期提出書類の作成等・注5。

第3章　資産及び会計

157

【会計監査人を置いていない場合】

（事業報告及び決算）

第10条　この法人の事業報告及び決算については、毎事業年度終了後、代表理事（理事長）が次の書類を作成し、監事の監査を受けた上で、理事会の承認を受けなければならない。

(1)　事業報告
(2)　事業報告の附属明細書
(3)　貸借対照表
(4)　損益計算書（正味財産増減計算書）
(5)　貸借対照表及び損益計算書（正味財産増減計算書）の附属明細書
(6)　財産目録
〈(7)　キャッシュ・フロー計算書〉

2　前項の承認を受けた書類のうち、第1号、第3号、第4号及び第6号（及び第7号）の書類については、定時評議員会に提出し、第1号の書類についてはその内容を報告し、その他の書類については、承認を受けなければならない。

3　第1項の書類のほか、次の書類を主たる事務所に5年間（、また、従たる事務所に3年間）備え置き、一般の閲覧に供するとともに、定款を主たる事務所（及び従たる事務所）に備え置き、一般の閲覧に供するものとする。
(1)　監査報告
(2)　理事及び監事並びに評議員の名簿
(3)　理事及び監事並びに評議員の報酬等の支給の基準を記載した書類
(4)　運営組織及び事業活動の状況の概要及びこれらに関する数値のうち重要なものを記載した書類

【会計監査人を置いている場合】
（事業報告及び決算）
第10条　この法人の事業報告及び決算につい

ては、毎事業年度終了後、代表理事（理事長）が次の書類を作成し、監事の監査を受け、かつ、第3号から第7号までの書類について会計監査人の監査を受けた上で、理事会の承認を受けなければならない。

(1) 事業報告

(2) 事業報告の附属明細書

(3) 貸借対照表

(4) 損益計算書（正味財産増減計算書）

(5) 貸借対照表及び損益計算書（正味財産増減計算書）の附属明細書

(6) 財産目録

〈(7) キャッシュ・フロー計算書〉

2 前項の承認を受けた書類のうち、第1号、第3号、第4号、第6号及び第7号の書類については、定時評議員会に報告するものとする。ただし、一般社団法人及び一般財団法人に関する法律施行規則第64条において準用する同規則第48条に定める要件に該当しない場合には、第1号の書類を除き、定時評議員会への報告に代えて、定時評議員会の承認を受けなければならない。

3 第1項の書類のほか、次の書類を主たる

事務所に5年間(、また、従たる事務所に3年間)備え置き、一般の閲覧に供するとともに、定款を主たる事務所(及び従たる事務所)に備え置き、一般の閲覧に供するものとする。
(1) 監査報告
(2) 会計監査報告
(3) 理事及び監事並びに評議員の名簿
(4) 理事及び監事並びに評議員の報酬等の支給の基準を記載した書類
(5) 運営組織及び事業活動の状況の概要及びこれらに関する数値のうち重要なものを記載した書類

(注) キャッシュ・フロー計算書を作成しない場合、〈 〉内は不要である。

1 毎事業年度終了後作成すべき計算書類等

　一般財団法人は、法務省令で定めるところにより、各事業年度に係る計算書類(貸借対照表及び損益計算書)及び事業報告並びにこれらの附属明細書を作成しなければならない(法123条2項・199条)。

一方、公益財団法人の場合にあっては、上記の書類のほか、㋐財産目録、㋑役員等名簿（理事、監事及び評議員の氏名及び住所を記載した名簿）、㋒理事、監事及び評議員に対する報酬等の支給の基準を記載した書類、㋓キャッシュ・フロー計算書（作成している場合又は認定法5条12号の規定により会計監査人を設置しなければならない場合に限る。）、㋔運営組織及び事業活動の状況の概要及びこれらに関する数値のうち重要なものを記載した書類を作成しなければならないこととなっている（認定法21条2項、同法施行規則28条1項）。

2 適用すべき会計基準

(1) 一般財団法人と会計基準

　一般財団法人が適用する会議基準について、特に義務付けられている会計基準はなく、「その行う事業に応じて、一般に公正妥当と認められる会計の基準その他の会計の慣行」によることが求められている（法119条・法施行規則21条）。

　旧民法34条に基づく民法法人の会計については、「公益法人の設立許可及び指導監督基準」（平成8年9月20日閣議決定）において、「原則として公益法人会計基準に従い、適切な会計処理を行うこと」（5　財務及び会計(1)）とされていたが、一般法人法においては、「一般財団法人の会計は、その行う事業に応じて、一般に公正妥当と認められる会計の慣行に従うもの」（法119条・199条）とされているので、従来のように、所管官庁の指導監督の下、公益法人会計基準に従わなければならないということはない。

　「一般に公正妥当と認められる会計の慣行」とはどのようなものかについては、どれか特定のものだけを指しているわけではなく、複数存在することが考えられる。そして、「公正妥当」とは、法人の財産や損益の状況を正しく明らかにするのに適していることを意味し、「慣行」とは、ある程度実践されていることを前提としつつも、新しい形態の取引等が出現し、発展する可能性があることを考えると、近い将来に広く実践され慣行となることが合理的に予測される

第10条　事業報告及び決算

ものであれば足りると考えられている（注１）。

　一般法人法施行規則21条では、第２節（計算）の「用語の解釈及び規定の適用に関しては、一般に公正妥当と認められる会計の基準その他の会計の慣行をしん酌しなければならない」とされている。これは、一般法人法やその委任を受けた法務省令における計算規定は必ずしも網羅的なものではなく、実務上、公正妥当な会計慣行がある以上、それを尊重し、一般法人法の趣旨に反しない限り、その公正妥当な会計慣行に従うことが一般法人法上も要請されるということを意味しているものと解せられる。

　「一般に公正妥当と認められる会計の慣行」であるか否かは、一般法人法中の計算規定の目的、すなわち法人の財産及び損益の状況を明らかにするという目的に照らして判断されるが、「会計の基準」とは、法人の会計において採用されるべき会計処理方法を成文化したもので、公益法人会計基準のみならず、企業会計の基準も含まれ、法人が行う事業に応じて準拠している限り認められるものである。

　ところで、一般財団法人においては、貸借対照表及び損益計算書並びにこれらの附属明細書の作成が義務付けられており（法123条・199条）、これらの書類は損益計算をベースとして作成することが求められている。そのためには、損益計算を基礎とした会計基準に基づき、計算書類等を作成することが必要となる。

　一般財団法人は、その事業に格別の制限はなく、法人が行う事業に応じて、当該事業を実施する法人の実態を正しく表示するためには、一般に公正妥当と認められる他の会計の基準を選択適用することもできる。例えば、企業会計の基準を適用することも可能である。一般法人法119条にいう「その行う事業に応じて」とは、上記のことを確認的に示すものであり、法人が行う事業ごとに異なった会計基準を採用するという意味ではない。しかし、どのような会計基準を選択する場合であっても、法令に則った書類を作成することが必要となる。

　そういう意味において、新しい法人制度に合わせて作成された公益法人会計基準は、一般法人法で定められた附属明細書や基金を含む会計基準であるので、この「公益法人会計基準」に従って計算書類等を作成することは、法人の会計

第３章　資産及び会計

処理の利便に資するものと考えられる。

(2) 公益財団法人と会計基準

　公益法人には、第2章第1節（計算）、第2節（財産目録等）及び第4章（公益目的取得財産残額）の用語の解釈及び規定の適用に関しては、「一般に公正妥当と認められる公益法人の会計の基準その他の公益法人の会計の慣行をしん酌しなければならない」とされている（認定法施行規制12条）。しかし、これは特定の会計基準の適用を義務付けるものではない。ただし、どのような会計基準を選択する場合であっても、法令で定められた書類を法令に則った方法により作成し、行政庁に提出する必要がある。

　公益財団法人が法令で作成することを定められた会計上の書類としては、貸借対照表及び損益計算書並びにこれらの附属明細書、キャッシュ・フロー計算書（作成している場合又は会計監査人の設置義務がある公益法人のみ。認定法21条2項4号、同法施行規則28条1項1号）、財産目録である。

　また、基金についての規定が設けられたり（法131条）、収益事業等の区分経理（認定法19条）や公益目的で保有する財産の表示（認定法18条7号）が必要とされたりなど、書類の作成方法についても新たに規定が設けられている。

　なお、法令上作成が必要な書類や公益認定基準のうち財務会計関係の基準は、損益計算をベースとすることとされており、公益財団法人が作成する計算書類等は、損益計算を基礎とした会計基準、つまり公益法人会計基準により作成することが必要となる。

　公益法人会計基準における公益法人の定めについては、公益法人会計基準の運用指針の「2．公益法人会計基準における公益法人について」において、「公益法人会計基準における公益法人は、以下に定める法人とする」として、「公益法人認定法第2条第3号に定めのある公益法人（公益社団法人又は公益財団法人）」と定めている。

3 計算書類等の作成

(1) 貸借対照表

貸借対照表の区分については、一般法人法施行規則において、㋐資産、㋑負債、㋒純資産の部に区分して表示しなけらばならないと規定されているが（法施行規則30条1項）、公益法人会計基準においては、貸借対照表の内容、区分につき、その概要を次のように定めている。

① 貸借対照表の内容

貸借対照表は、当該事業年度末現在におけるすべての資産、負債及び正味財産の状態（財政状態）を明瞭に表示するものでなければならない（会計基準第2 貸借対照表1）。

② 貸借対照表の区分

貸借対照表は、資産、負債の部及び正味財産の部に分かち、更に資産の部を流動資産及び固定資産に、負債の部を流動負債及び固定負債に、正味財産の部を指定正味財産及び一般正味財産に区分しなけらばならない。なお、正味財産の部には、指定正味財産及び一般正味財産のそれぞれについて、基本財産への充当額及び特定資産への充当額を内書きとして記載するものとする（会計基準第2　2）。

貸借対照表の様式については、公益法人会計基準の運用指針（13．様式について(1)貸借対照表〔様式1-1〕）による。

なお、公益財団法人が会計区分を有する場合には、貸借対照表の内訳表も併せて作成する必要がある（様式1-3）。会計区分は公益目的事業会計、収益事業等会計及び法人会計に区分するが、法人会計区分は、管理業務に関するものやその他の法人全般に係る公益目的事業会計・収益事業等会計に区分できない

内閣府モデル定款から読み解く公益・一般法人の法人運営手続　財団編（上巻）

ものを表示するものとしている。

⑵　損益計算書（正味財産増減計算書）

　一般法人法123条２項において作成が義務付けられている損益計算書については、企業会計原則に基づいて作成される損益計算書だけでなく、「一般に公正妥当と認められる会計の慣行」として認められる公益法人会計基準に基づき、上記損益計算書に相当するものとして作成される正味財産増減計算書もこれに含まれるものと解されている（注２）。

　「正味財産増減計算書」とは、その法人の当該事業年度における正味財産（貸借対照表上の資産の合計額から負債の合計額を控除した差額）の増減を収益と費用によって総額表示する様式（いわゆるフロー式）を採用する計算書をいうと解されている。正味財産増減計算書の役割は、正味財産の期中の増減状況を、その発生原因別に表示することにある。

　損益計算書は、収益若しくは費用又は利益若しくは損失について、適当な部又は項目に区分して表示しなければならないと規定されているが（法施行規則32条）、公益法人会計基準においては、正味財産増減計算書の区分につき、次のように定めている（会計基準第３・２）。

　正味財産増減計算書は、一般正味財産増減の部及び指定正味財産増減の部に分かち、更に一般正味財産増減の部を経常増減の部及び経常外増減の部に区分するものとされている。

　正味財産増減計算書の様式については、公益法人会計基準の運用指針（13.様式について⑵正味財産増減計算書〔様式２－１〕）によることになる。

　なお、公益財団法人の会計区分については、正味財産増減計算書の内訳表（様式２－３）として表示する。会計区分のうち公益目的事業内の区分については、法人が事業の内容に即して集計単位を定めることができる。

　正味財産増減計算書の内訳表を作成する目的は、公益認定を受ける法人あるいは受けた法人においては、公益目的事業を明らかにする必要があり、一般財団法人に移行した移行法人においては、公益目的支出計画の対象となった実施

事業を明らかにする必要があるためである（注3）。

(3) 計算書類の附属明細書

　公益（一般）財団法人は、計算書類の作成に際しては、その計算書類の附属明細書を作成しなければならない（法123条2項）。各事業年度の計算書類の附属明細書には、次の事項を表示するものとされている（法施行規則33条）。
① 重要な固定資産の明細（33条1号）
② 引当金の明細（33条2号）
③ 貸借対照表及び損益計算書の内容を補足する重要な事項（33条本文）
　公益法人会計基準（第6　附属明細書）において、「1　附属明細書の内容」として、「附属明細書は、当該事業年度における貸借対照表及び正味財産増減計算書に係る事項を表示するものとする」とともに、「2　附属明細書の構成」では、次の事項を表示するものとされている。
① 基本財産及び特定資産の明細
② 引当金の明細
③ 貸借対照表及び正味財産増減計算書の内容を補足する重要な事項
　なお、財務諸表の注記に記載している場合には、附属明細書においては、その旨の記載をもって内容の記載は省略することができるとしている。
　附属明細書の様式については、公益法人会計基準の運用指針（13．様式について(5)附属明細書）において、次のように定められている。

内閣府モデル定款から読み解く公益・一般法人の法人運営手続　財団編（上巻）

【10-1　計算書類の附属明細書の様式例】

計算書類の附属明細書

1．基本財産及び特定資産の明細

（単位：円）

区　分	資産の種類	期首帳簿価額	当期増加額	当期減少額	期末帳簿価額
基本財産	土　地 建　物 ……… ………				
	基本財産計				
特定資産	退職給与引当資産 ○○積立資産 ……… ………				
	特定資産計				

（記載上の留意事項）
・　基本財産及び特定資産について、財務諸表の注記に記載をしている場合には、その旨を記載し、内容の記載を省略することができる。
・　重要な増減がある場合には、その理由、資産の種類の具体的な内容及び金額の脚注をするものとする。

2．引当金の明細

（単位：円）

科　目	期首残高	当期増加額	当期減少額		期末残高
			目的使用	その他	
賞与引当金 ………					

（記載上の留意事項）
・　期首又は期末のいずれかに残高がある場合にのみ作成する。
・　当期増加額と当期減少額は相殺せずに、それぞれ総額で記載する。
・　「当期減少額」欄のうち、「その他」の欄には、目的使用以外の理由による減少額を記載し、その理由を脚注する。
・　引当金について、財務諸表の注記において記載している場合には、その旨を記載し、内容の記載を省略することができる。

168

⑷ 財産目録

① 財産目録の内容

　「財産目録」とは、その事業年度末現在における法人のすべての資産及び負債につき、その名称、数量、使用目的、価額を詳細に表示する書類をいう。平成16年改正公益法人会計基準では、財務諸表を会計基準上で取扱う書類と定め、貸借対照表、正味財産増減計算書、財産目録及びキャッシュ・フロー計算書を含めていたが、平成20年設定公益法人会計基準では、財産目録は財務諸表の範囲から除かれている。その理由は、公益法人制度行革関連三法における会計に関する書類の定めとの整合性を図ったことによるものである。

　財産目録の内容、区分、価額については、公益法人会計基準第7に定められている。

② 公益法人認定法と財産目録

　一般法人法においては、一般財団法人には財産目録を作成することは必要とされていない。公益法人会計基準運用指針において、「公益法人会計基準に定める財産目録については、一般財団法人は、これを作成しないことができる」と定めている（運用指針4．財産目録の作成について）。

　一方、公益財団法人については、毎事業年度経過後3箇月以内に、財団目録を作成しなければならないこととされている（認定法21条2項1号）。

③ 財産目録の区分

　公益法人認定法施行規則31条は、公益法人認定法21条2項1号の財産目録の区分については、㋐資産の部、㋑負債の部に区分して表示し、資産の部はこれを更に流動資産、固定資産に区分するとともに、各項目は、適当な項目に細分することができる。負債の部についても同様に適当な項目に細分することができる（認定法施行規則31条1項・2項）。

内閣府モデル定款から読み解く公益・一般法人の法人運営手続　財団編（上巻）

④　財産目録の各項目の名称

　財産目録の各項目については、その項目の内容を示す適当な名称を付さなければならないが、公益目的保有財産については、公益法人認定法施行規則25条1項の方法（財産目録、貸借対照表又はその附属明細書において、財産の勘定科目をその他の財産の勘定科目と区分して表示する方法）により表示することが必要とされている（認定法施行規則31条3項）。

　なお、公益目的保有財産とは、次の5つの類型の財産をいう。

　〔不可欠特定財産〕

　i　公益目的事業を行うために不可欠な特定の財産（認定法18条6号）

　〔公益認定前に取得した財産〕

　ii　公益認定日前に取得し、認定日以後に公益目的事業の用に供する旨を表示した財産（認定法18条7号）

　iii　移行公益法人（特例民法法人から移行登記した公益法人）の公益目的事業の用に供する財産（認定法施行規則附則2項1号）

　〔公益認定後に取得した財産〕

　iv　公益目的事業財産となっている寄附金、補助金等を支出することにより取得した財産（認定法18条5号、同法施行規則26条6号）

　v　公益認定を受けた日以後に、公益法人認定法施行規則26条1号から5号まで及び公益法人認定法18条1号から4号までに掲げる財産以外の財産を支出することにより取得した財産で、同日以後に財産目録等に所定の方法（認定法施行規則25条）により表示した財産（認定法施行規則26条7号）

⑤　財産目録の様式・記載例

　財産目録の様式及び記載例については、「公益法人会計基準」の運用指針（13.様式について⑹財産目録）において、以下のように示されている。

170

第10条　事業報告及び決算

【10-2　財産目録の様式及び記載例】

財　産　目　録
令和　年　月　日現在

(単位：円)

貸借対照表科目		場所・物量等	使用目的等	金額
(流動資産) 現金		手元保管	運転資金として	×××
預金		普通預金 ○○銀行○○支店	運転資金として	×××
流動資産合計				×××
(固定資産)				
基本財産	土　地	○○m² ××市▽▽町3−5−1	公益目的保有財産であり、○○事業の施設に使用している。	×××
	建　物	○○m² ××市▽▽町3−5−1 4階建	3〜4階部分：公益目的保有財産であり、○○事業の施設に使用している。	×××
			1〜2階部分：△△事業に使用している。	×××
	美術品	絵画　○点 ○年○月以前取得	公益目的保有財産であり、○○事業に供している不可欠特定財産である。	×××
	投資有価証券	第○回利付国債他	公益目的保有財産であり、運用益を○○事業の財源として使用している。	×××
特定資産	○○積立資産	定期預金 ○○銀行○○支店	○○事業の積立資産であり、資産取得資金として管理されている預金	×××
	○○積立資産	××社債	満期保有目的で保有し、運用益を○○事業の財源として使用している。	×××
		○○株式	寄付により受け入れた株式であり、長期間保有することにより、運用益を○○事業の財源として使用している。	×××

第3章　資産及び会計

171

	建　物	○○m^2 東京都△△区▲▲4−6−2	公益目的保有財産であり、○○事業に使用している。	×××
その他固定資産	……	……	……	×××
固定資産合計				×××
資　産　合　計				×××
(流動負債)	未払金	○○に対する未払額	○○事業に供する備品購入の未払い分	×××
	短期借入金	○○銀行○○支店	運転資金	×××
流動負債合計				×××
(固定負債)	退職給付引当金	従業員に対するもの	従業員○○名に対する退職金の支払いに備えたもの	×××
	長期借入金	○○銀行○○支店	△△事業に関する建物を取得するための借入れ	×××
固定負債合計				×××
負　債　合　計				×××
正　味　財　産				×××

（記載上の留意事項）

・　支部を有する法人は、支部単位での明細を作成するものとする。

・　資産を他の事業等と共用している場合には、法人において、区分、分離可能な範囲で財産を確定し、表示する。ただし、物理的な特定が困難な場合には、一つの事業の資産として確定し、共用財産である旨を記載するものとする。

・　特定費用準備資金や資産取得資金を有する場合には、使用目的等の欄に明示するものとする。

・　不可欠特定財産を有する場合には、使用目的等の欄に明示するものとする。

・「公益社団法人及び公益財団法人の認定等に関する法律施行規則第25条に基づき、財産目録により公益目的保有財産を区分表示する場合には、上記ひな型例に従い、貸借対照表科目、資産の種類、場所、数量、取得時期、使用目的の事業等を詳細に記載するものとする。なお、上記ひな型では詳細な記載を表示できない場合には、下記に従い明細を作成する。

公益目的保有財産の明細

財産種別	公益認定前取得不可欠特定財産	公益認定後取得不可欠特定財産	その他の公益目的保有財産	使用事業
土　地			○○m² ××市▽▽町３－５－１ ×××円	○○事業 （△△事業と共有）
建　物			○○m² ××市▽▽町３－５－１ ４階建の３〜４階部分 ×××円	○○事業
美術品	○○像 ×××円 ○○図 ×××円 ……			○○事業
…				
合　計	×××円		×××円	

⑸　キャッシュ・フロー計算書

　キャッシュ・フロー計算書は、当該事業年度の法人のキャッシュ・フローの状況を報告する書類で、基本財務諸表の１つである。

　公益法人認定法21条２項４号において内閣府令で定める書類として、毎事業年度経過後３箇月以内に作成する書類の１つに、キャッシュ・フロー計算書がある（認定法施行規則28条１項１号）。

　なお、公益法人会計基準「第４　キャッシュ・フロー計算書」においては、㋐キャッシュ・フロー計算書の内容、㋑キャッシュ・フロー計算書の区分㋒キャッシュ・フロー計算書の資金の範囲をキャッシュ・フロー計算書に記載するものとさている。

①　キャッシュ・フロー計算書を作成しなければならない公益財団法人

　公益法人認定法５条12号の規定により、会計監査人を設置しなければなら

ない公益財団法人以外は、作成するか否かは法人の任意である。公益法人認定法施行規則28条1項1号では、キャッシュ・フロー計算書は、当該公益財団法人が任意に作成している場合又は公益法人認定法5条12号の規定により会計監査人を設置しなければならない場合に限ると規定している。

②　会計監査人の設置を要する公益財団法人

　公益法人認定法5条12号は、公益認定の基準として「会計監査人を置いているものであること。ただし、毎事業年度における当該法人の収益の額、費用及び損失の額その他の政令で定める勘定の額がいずれも政令で定める基準に達しない場合は、この限りでない」と規定し、政令で定める一定基準を満たす法人に対しては、会計監査人の設置を義務付けている。公益法人認定法施行令6条に定める会計監査人を設置しなければならない公益財団法人は、次のいずれの基準にも達した法人である。

　ⅰ　最終事業年度に係る損益計算書の収益の部に計上した額の合計額が1,000億円以上

　ⅱ　最終事業年度に係る損益計算書の費用及び損失の部に計上した額の合計額が1,000億円以上

　ⅲ　最終事業年度に係る貸借対照表の負債の部に計上した額の合計額が50億円以上

なお、「公益法人会計基準」の運用指針（3．キャッシュ・フロー計算書の作成について(1)）においても、キャッシュ・フロー計算書については、公益法人認定法5条12号の規定により会計監査人を設置する公益財団法人以外の公益財団法人は、これを作成しないことができるとされている。

　会計監査人の設置については、公益（一般）財団法人の場合には、最終事業年度に係る貸借対照表の負債の部に計上した額の合計額が200億円以上の場合（大規模公益（一般）財団法人）、会計監査人の設置が義務付けられている（法2条3号・171条）。

第10条　事業報告及び決算

③　キャッシュ・フロー計算書の表示区分

　キャッシュ・フロー計算書には、次に掲げる区分を設けて、キャッシュ・フローの状況を記載しなければならないとされている。この場合において、各区分は、適当な項目に細分することができる（認定法施行規則32条1項。「公益法人会計基準」の第4キャッシュ・フロー計算書〔2キャッシュ・フロー計算書の区分〕参照）。

ⅰ　**事業活動によるキャッシュ・フロー**（認定法施行規則32条1項1号）

　　この区分においては、当該法人の主たる活動に係るキャッシュ・フローが記載される。具体的には、基本財産運用収入、会費収入、事業収入、事業費支出、管理費支出などに係るキャッシュ・フローがここに記載される。事業活動によるキャッシュ・フローを表示することにより、その法人が主たる事業活動から自力でどの程度のキャッシュ・フローを獲得する能力があるかということが明らかにされることになる。

ⅱ　**投資活動によるキャッシュ・フロー**（同条1項2号）

　　この区分においては、当該法人が事業活動で得たキャッシュをどのように再投資したかが示される。具体的には、固定資産売却収入、投資有価証券売却収入、固定資産取得支出、投資有価証券取得支出などがここに記載される。

ⅲ　**財務活動によるキャッシュ・フロー**（同条1項3号）

　　この区分においては、当該法人がどのように資金調達を行い、これにより当該法人のキャッシュはどのように変動したのかが示される。具体的には、借入金収入、借入金返済支出などがここに記載される。

　　このように、キャッシュ・フロー計算書を3つの活動別に区分することによって、当該法人の主たる事業活動によるキャッシュ・フローが明確に区分されることになり、その法人の将来の事業見通しを理解する上で有用な情報となる（注4）。

ⅳ　**現金及び現金同等物の増加額又は減少額**（同条1項4号）

ⅴ　**現金及び現金同等物の期首残高**（同条1項5号）

第3章　資産及び会計

175

vi 現金及び現金同等物の期末残高 （同条1項6号）

　　キャッシュ・フロー計算書における「キャッシュ」とは、「現金及び現金同等物」のことをいう（公益法人会計基準第4〔3キャッシュ・フロー計算書の資金の範囲〕）。現金同等物には、当座預金、普通預金、通知預金のようにすぐに現金化できる預金や、取得日から3箇月以内に満期を迎える定期預金やMMFのように3箇月以内に決済日が到来する価格変動リスクのない短期的な投資が含まれる。

　なお、キャッシュ・フロー計算書の資金の範囲と重要な非資金取引は、公益法人会計基準では、「第5　財務諸表の注記(15)」に、また公益法人会計基準の運用指針（13.様式について(4)財務諸表に対する注記「2.重要な会計指針(5)」）の中で「資金の範囲（現金及び現金同等物）」を記載するとともに、注記「(15).キャッシュ・フロー計算書における資金の範囲及び重要な非資金取引」の中で、現金及び現金同等物の期末残高と、貸借対照表に掲載されている金額との関係及び重要な非資金取引を記載することとされている。

④ 事業活動によるキャッシュ・フロー計算書の表示方法

　　事業活動によるキャッシュ・フロー計算書の区分については、直接法又は間接法のいずれかを用いて記載することとされており、2つの方法の選択適用が認められている（公益法人会計基準の運用指針3.(2)）。

i 直接法による場合

　　事業活動によるキャッシュ・フローを直接法による場合には、公益法人会計基準の運用指針（13.様式について(3)キャッシュ・フロー計算書）の「様式3-1」により表示する。

　　この方法は、主要な取引ごとにキャッシュ・フローを総額で表示するものであり、事業活動による収入と、事業活動による支出とをそれぞれ主な取引ごとに総額で表示し、事業活動収入から事業活動支出を差し引くことで事業活動によるキャッシュ・フローを求める方法である。

ii 間接法による場合

　事業活動によるキャッシュ・フローを間接法による場合には、「様式3-2」により表示する。

　この方法は、正味財産増減計算書の「当期一般正味財産増減額」からスタートし、これに「キャッシュ・フローへの調整額」（減価償却費、引当金などの増減額といった資金の支出を伴わない正味財産の金額に影響を与える項目・事業活動に係る資産・負債の増減額）を加減等して表示する方法である。

　直接法と間接法を比較した場合、直接法による表示の場合は、法人が主としてどのような活動によりキャッシュを獲得しているかが一目瞭然となっていて、事業活動の内訳項目別のキャッシュ・フローの状況が分かりやすいという利点がある。

　ただし、直接法による方法は、主要な取引ごとにキャッシュの収入額・支出額を導き出すためには、事業活動に係る債権・債務がそれぞれどの取引により発生したものであるかを調査・分析し、これを正味財産増減計算書に計上された各項目に加算・減算することによりキャッシュ・イン・フローの金額及びキャッシュ・アウト・フローの金額を求めるという処理が必要とされるため、作成する法人にとっては手数がかかるというデメリットがある。

　これに対して、間接法の場合もある程度の勘定分析は必要とされているが、直接法ほど精緻に行う必要はないため、直接法により作成する場合より作成手続は容易であるというメリットがある。

iii キャッシュ・フロー計算書の様式

　公益法人会計基準の運用指針に定めるキャッシュ・フロー計算書の様式は、次のとおりである。

【10-3　キャッシュ・フロー計算書様式（直接法）】

（様式3-1）　　　**キャッシュ・フロー計算書**

令和　年　月　日から令和　年　月　日まで

（単位：円）

科　　　　目	当年度	前年度	増　減
I　事業活動によるキャッシュ・フロー			
1．事業活動収入			
基本財産運用収入			
……………			
入会金収入			
……………			
会費収入			
……………			
事業収入			
……………			
補助金等収入			
……………			
事業活動収入計			
2．事業活動支出			
事業費支出			
……………			
管理費支出			
……………			
事業活動支出計			
事業活動によるキャッシュ・フロー			
II　投資活動によるキャッシュ・フロー			
1．投資活動収入			
固定資産売却収入			
……………			
投資活動収入計			
2．投資活動支出			
固定資産取得支出			
……………			
投資活動支出計			
投資活動によるキャッシュ・フロー			

第10条　事業報告及び決算

Ⅲ　財務活動によるキャッシュ・フロー			
1．財務活動収入			
借入金収入			
……………			
財務活動収入計			
2．財務活動支出			
借入金返済支出			
……………			
財務活動支出計			
財務活動によるキャッシュ・フロー			
Ⅳ　現金及び現金同等物に係る換算差額			
Ⅴ　現金及び現金同等物の増減額			
Ⅵ　現金及び現金同等物の期首残高			
Ⅶ　現金及び現金同等物の期末残高			

第3章　資産及び会計

【10-4　キャッシュ・フロー計算書様式(間接法)】

（様式3-2）

キャッシュ・フロー計算書
令和　年　月　日から令和　年　月　日まで

（単位：円）

科　　　目	当年度	前年度	増　減
Ⅰ　事業活動によるキャッシュ・フロー			
1．当期一般正味財産増減額			
2．キャッシュ・フローへの調整額			
減価償却費			
基本財産の増減額			
退職給付引当金の増減額			
未収金の増減額			
貯蔵品の増減額			
未払金の増減額			
指定正味財産からの振替額			
……………			
小　計			
3．指定正味財産増加収入			

補助金等収入			
……………			
指定正味財産増加収入計			
事業活動によるキャッシュ・フロー			
II 投資活動によるキャッシュ・フロー			
1．投資活動収入			
固定資産売却収入			
……………			
投資活動収入計			
2．投資活動支出			
固定資産取得支出			
固定資産取得支出			
……………			
投資活動支出計			
投資活動によるキャッシュ・フロー			
III 財務活動によるキャッシュ・フロー			
1．財務活動収入			
借入金収入			
……………			
財務活動収入計			
2．財務活動支出			
借入金返済支出			
……………			
財務活動支出計			
財務活動によるキャッシュ・フロー			
IV 現金及び現金同等物に係る換算差額			
V 現金及び現金同等物の増減額			
VI 現金及び現金同等物の期首残高			
VII 現金及び現金同等物の期末残高			

第10条　事業報告及び決算

⑹　運営組織及び事業活動の状況の概要及びこれらに関する数値のうち重要なものを記載した書類

　公益法人認定法21条2項4号の内閣府令で定める書類には、キャッシュ・フロー計算書のほかに、「運営組織及び事業活動の状況の概要及びこれらに関する数値のうち重要なものを記載した書類」がある（認定法施行規則28条1項2号）。

　この様式については、「定期提出書類の手引き（公益法人編）」（事業計画書、事業報告等を提出する場合・内閣府／都道府県・平成25年3月28日現在）において、次のように具体的に示されている（Ⅲ-3　別紙1：運営組織及び事業活動の状況の概要及びこれらに関する数値のうち重要なものを記載した書類について）。

第3章　資産及び会計

181

内閣府モデル定款から読み解く公益・一般法人の法人運営手続　財団編（上巻）

【10-5　運営組織及び事業状況の概要書の様式】

【別紙1：公益社団法人及び公益財団法人の認定等に関する法律施行規則第28条第1項第2号に掲げる書類】

事業	自　　　年　　　月　　　日	法人コード	
年度	至　　　年　　　月　　　日	法人名	

運営組織及び事業活動の状況の概要等について

1．法人の基本情報について

法　人　の　名　称	
設　立　登　記　日（注）	
法　人　の　目　的	（※1）
主たる事務所の所在場所	（※2）
社員の資格の得喪の条件（公益社団法人のみ）	（※3）
社員の数（公益社団法人のみ）	人

注　旧民法に基づき設立された法人にあっては、新制度への移行登記をした日付になります。

2．事業活動等について

(1)　収支相償（※4）

収益事業等から生じた利益の繰入割合	50%　□　　　　50%超　□		
第2段階の合計	収入の額		費用の額
		円	円
収入＞費用の場合の対応			

(2)　公益目的事業比率（※5）

公益目的事業比率（①欄の額÷①欄～③欄の合計額）		%
①　公益実施費用額		円
②　収益等実施費用額		円
③　管理運営費用額		円

182

第10条　事業報告及び決算

(3)　寄附を受けた財産の額（※6）

寄附を受けた財産の額		円	うち個人から		円
			うち法人から		円

(4)　金融資産の運用収入の額（※7）

金融資産の運用収入の額		円

(5)　資産、負債及び正味財産の額（※8）

資産額		円	負　債　額		円
			正味財産額		円

(6)　遊休財産額（※9）

遊休財産額の保有上限額		円
遊休財産額		円

(7)　当事業年度の末日における公益目的取得財産残額（※10）

公益目的取得財産残額（①欄＋②欄の合計額）		円
①　公益目的増減差額		円
②　公益目的保有財産の帳簿価額の合計額		円

(8)　理事、監事及び評議員の報酬等の額（※11）

理事等の報酬等の総額		円
（うち、退職手当の額）		円

(9)　公益法人認定法に基づく行政庁からの勧告又は命令の有無（※12）

当事業年度の勧告又は命令の有無（注）	無 □　　　　有 □

注　当事業年度以前に受けた勧告又は命令でまだ改善がなされていないものを含みます。

（※1）**法人の目的**

　　定款における目的を簡潔に記載する。

（※2）**主たる事務所の所在場所**

　　登記済みの主たる事務所の所在場所を登記のとおり記載する。

（※3）**社員の資格の得喪の条件**

　　定款における内容を要約して記載する。

(※4) 収支相償

「収支の額」、「費用の額」欄は、別表A(1)13欄又は別表A(2)16欄から転記する。

「収入＞費用の場合の対応」欄は、別表A(1)の「収支相償の額（収入－費用欄）」がプラスとなる場合の今後の剰余金の扱い等」の欄（以下「剰余金の扱い欄」という。）で記載した内容を記載する。この場合、剰余金の扱いにおいて、事業名を「公1」と記載している場合であっても、この様式においては、「○○事業」のように、事業の内容が分かる記載とする。

(※5) 公益目的事業比率

別表B(1)3欄、13欄、23欄、33欄より転記する。

(※6) 寄附を受けた財産の額

寄附を受けた財産がある場合は、損益計算書等より記載する。

指定正味財産増減の部に計上したものも含めて記載する。

(※7) 金融資産の運用収入の額

金融資産の運用収入がある場合は、損益計算書より転記する。

(※8) 資産、負債及び正味財産の額

貸借対照表より転記する。

(※9) 遊休財産額

別表C(1)40欄、41欄より転記する。

(※10) 公益目的取得財産残額

別表H(1)1欄、21欄、24欄より転記する。

(※11) 理事、監事及び評議員の報酬額

理事、監事及び評議員に対して支給された報酬等の額を記載する。

(※12) 勧告及び命令の有無

当該事業年度において、公益法人認定法28条の規定により行政庁から受けた勧告又は命令の有無をチェックする。また、当該事業年度以前に受けた勧告又は命令でまだ改善がなされていないものがあれば、「有」にチェックする。

(7) 計算書類等の電磁的記録による作成

計算書類及び事業報告並びにこれらの附属明細書、財産目録及びキャッシュ・フロー計算書などについては、電磁的記録をもって作成することができる（法123条3項、認定法21条3項・同法施行規則34条）。

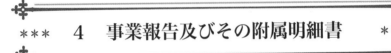

4 事業報告及びその附属明細書

公益（一般）財団法人は、法務省令で定めるところにより、各事業年度にお

いて事業報告及びにその附属明細書を作成し（法123条2項・199条）、監事の監査を受け（法124条1項・2項・199条）、更に理事会の承認を受けて（法124条3項・199条）、定時評議員会の招集の通知に際しては、事業報告を評議員に提供しなければならない（法125条・199条）。これを受けて、事業報告及びその附属明細書に関する通則として、一般法人法施行規則34条1項で明記されている。すなわち、一般法人法123条2項の規定により作成すべき「事業報告及びその附属明細書については、この条の定めるところによる。ただし、他の法令に別段の定めがある場合は、この限りでない」という規定であるという点に留意が必要となる。以下、事業報告及びその附属明細書について説明する。なお、事業報告に「書」が付かないのは、事業報告は、書面をもって作成されている場合と電磁的記録をもって作成されている場合（法123条3項・199条）とがあるためである。

(1) 事業報告

① 事業報告の意義・役割

　事業報告とは、ある事業年度の当該法人の状況に関する重要な事項及び当該法人の業務の適正を確保するための体制の整備についての決議があるときに、その内容を記載する書類である（法施行規則34条2項・64条）。改正前民法34条に基づき設立許可された公益法人の事業報告については、旧主務官庁の「公益法人の設立及び監督に関する府省令等」において、事業報告書の作成が義務付けられ、事業年度終了後3箇月以内に、旧主務官庁に提出するものとされていた。

　そして、この場合の事業報告書の役割として、公益法人の事業報告及び決算報告は、当該公益法人が、会費収入、寄附者や会員から信託された財産等により、その目的とする公益事業をいかに実施したか、資金の収支、財産の増減と現況はどうか等の実態を示し、理事の責任を明らかにするもので、公益法人にとって重要な資料であると説明されてきた。

　また、事業報告書は、当初予定した事業計画をいかに実行したかを主眼にし、

管理、庶務事項等の非会計情報を記載し、計算書類と相俟って当該公益法人の活動・実態を一層明瞭に表示するための報告であると位置付けされた。

さらに、指導監督基準においては、「7情報公開」において、事業報告書は主たる事務所に備えて置き、原則として、一般の閲覧に供するものとされている。

ところで、一般法人法における事業報告は、改正前民法34条に基づく公益法人が作成してきた事業報告に相当するものであるが、しかし、記載事項は必ずしも従来の事業報告書と同じではない。一般法人法では、会計に関する記載事項は、すべて計算書類及びその附属明細書の内容とすることとし、事業報告には会計に関する部分が存在しないものとして整理されている（法施行規則34条2項1号かっこ書・64条）。

事業報告に関する法務省令委任事項は、事業報告の内容（法123条2項・197条）、監査（法124条1項、2項・197条）及び提供（法125条・197条）に分かれており、一般法人法施行規則においても、その区分に従って、款を分けて規定している（法123条2項に関しては、第2章第2節第4款事業報告（法施行規則34条・64条）、法124条1項・2項の規定による監査については、第6款事業報告等の監査（法施行規則44条〜46条・64条）、法125条の規定による事業報告の提供に関しては、第7款第1目計算書類等の評議員への提供（47条・64条））。

② 事業報告の記載内容

i 改正前民法34条に基づく公益法人の事業報告の記載事項

旧主務官庁においては、「公益法人の設立及び監督に関する府省令等」に基づく公益法人に対する通知、あるいは「公益法人事務の手引」等において、事業報告書の作成例を示して様式の統一を図っているところが多かった。この場合における事業報告書の記載内容としては、次のような事項が掲げられている。

(i) 事業の状況

① 事業計画書の記載例に準じて作成し、計画と実績が対比できるように記載すること

② 実施状況を定款（寄附行為）に定める各事業ごとに記載すること

第10条　事業報告及び決算

(ii)　処務の概要

① 　役員等に関する事項

⑦役職名、④氏名、⑤任期、④常勤・非常勤の区分、⑦報酬等の支給有無、⑦当該法人以外の現職などを記載する。

② 　職員に関する事項

⑦職名等、④氏名、⑤就任年月日、④担当職務、⑦給与等

③ 　役員会等に関する事項

(イ)　理事会

⑦開催年月日、④議事事項、⑤会議の結果

(ロ)　社員総会

理事会の記載例に準じて記載すること

(ハ)　評議員会

理事会の記載例に準じて記載すること

④ 　許可、認可、承認等に関する事項

⑦申請年月日、④申請事項、⑤許可等年月日等

⑤ 　契約に関する事項

⑦契約年月日、④契約の相手方、⑤契約の概要

借入金契約、借地契約、借家契約、工事請負契約その他重要な契約を記載する。

⑥ 　主務官庁の指示に関する事項

⑦ 　その他重要事項

訴訟問題の経過、紛議その他重要事項の内容、処理状況を記載する。

ii　日本公認会計士協会の作成に係る公益法人における事業報告の記載例

日本公認会計士協会・非営利法人委員会研究報告第5号（平成13年4月16日）には、「公益法人における事業報告書の記載例について」として、次のような事項が記載内容とされている。

(i)　法人の概況

① 　設立年月日

第3章　資産及び会計

187

Ⅲ 定款（寄附行為）に定める目的

Ⅳ 定款（寄附行為）に定める事業内容

Ⅴ 所管官庁に関する事項

Ⅵ 会員に関する事項

Ⅶ 主たる事務所・支部の状況

Ⅷ 役員等に関する事項

Ⅸ 職員に関する事項

(ii) 事業の状況

Ⅰ 事業の実施状況

Ⅱ 重要な契約に関する事項

Ⅲ 役員会等に関する事項（理事会、評議員会、社員総会等）

Ⅳ 収支及び正味財産増減の状況並びに財産の状態の推移

(iii) 法人の課題

(iv) 株式を保有している場合の概要

(v) 決算期後に生じた法人の状況に関する重要な事実

iii　一般法人法等に基づく事業報告に記載すべき事項

　計算書類の内容等については、一般法人法119条（法199条）により一般に公正妥当と認められる会計の慣行に従うものとされているが、一般法人法では、事業報告は会計に関する事項を含まないと整理されているため、会計基準のようなものは存在せず、一般法人法独自の立場からその内容等が規律されることになる。

　(i)　事業報告の内容

　　　一般法人法施行規則34条第2項は、次に掲げる事項をその内容としなければならないと規定する（法施行規則34条2項・64条）。

　　①　当該公益（一般）財団法人の状況に関する重要な事項（計算書類及びその附属明細書の内容となる事項を除く。法施行規則34条2項1号）

　　②　一般法人法90条4項5号（法197条）に規定する体制の整備についての決定又は決議があるときは、その決定又は決議の内容の概要及び当該

体制の運用状況の概要（法施行規則34条2項2号）

(ii)　当該法人の状況に関する重要な事項

　「当該公益（一般）財団法人の状況に関する重要な事項」にどのような事項が含まれるかは、何がその法人の状況に関する「重要な」事項であると言えるかどうかによって判断される。

　なお、「計算書類及びその附属明細書の内容となる事項を除く」とされているのは、事業報告を会計監査人の監査の対象からはずすため、事業報告には会計に関する事項は含まれないという整理をしたためである（注5）。

　ところで、一般法人法施行規則においては、事業報告の内容としなければならない事項について、「当該法人の状況に関する重要な事項」以外の事項で、重要な事項に何が含まれるかについては何も規定していない。

　一方、株式会社の事業報告の記載内容に関しては、会社法施行規則118条以下に、詳細に規定されている。

①　会社法施行規則に定める公開会社における事業報告の内容

　会社法施行規則においては、118条はすべての株式会社に共通する事業報告の内容について規定し、同条の1号及び2号については、一般法人法施行規則34条2項1号及び2号と同じ条文構成となっている。

　次に、119条には、株式会社が当該事業年度の末日において公開会社である場合には、⑦株式会社の現況に関する事項（1号）、⑦株式会社の会社役員に関する事項（2号）等を事業報告の内容に含めなければならない旨定めている。公開会社においては、この119条に定める事項は、事業報告に関する必要的記載事項とされているので、それ以外の事項で重要な事項は、会社法施行規則118条1号を根拠に記載されることになると解されている。更に、120条以下には、次のような規定が設けられている。

(イ)　株式会社の現況に関する事項（会社法施行規則120条）

　「株式会社の現況に関する事項」とは、次に掲げる事項とされている。

　④　主要な事業の内容（同条1項1号）

内閣府モデル定款から読み解く公益・一般法人の法人運営手続　財団編（上巻）

- (ロ)　主要な営業所及び工場並びに使用人の状況（1項2号）
- (ハ)　主要な借入先及び借入額（1項3号）
- (ニ)　当該事業年度における事業の経過及びその成果（1項4号）
- (ホ)　重要な資金調達、設備投資、事業譲渡、吸収分割等の状況（1項5号）
- (ヘ)　直前3事業年度の財産及び損益の状況（1項6号）
- (ト)　重要な親会社及び子会社の状況（1項7号）
- (チ)　対処すべき課題（1項8号）
- (リ)　その他会社の現況に関する重要な事項（1項9号）

(ロ)　株式会社の会社役員に関する事項（会社法施行規則121条）

　会社法施行規則119条2号に規定する「株式会社の会社役員に関する事項」とは、次に掲げる事項である。

- (イ)　会社役員の氏名等（会社法施行規則121条1号・2号・3号）
- (ロ)　会社役員に対する報酬等（同条4号・5号）
- (ハ)　会社役員の報酬等の決定方針（同条6号）
- (ニ)　辞任・解任役員に関する事項（同条7号）
- (ホ)　会社役員の重要な兼職の状況（同条8号）
- (ヘ)　監査役等の財務及び会計に関する知見の記載（同条9号）
- (ト)　その他会社役員に関する重要な事項（同条11号）

(ハ)　会計監査人設置会社における事業報告の内容

　株式会社が当該事業年度の末日において、会計監査人設置会社である場合には、次に掲げる事項を事業報告の内容としなければならないとされている（会社法施行規則126条）。

- (イ)　会計監査人の氏名又は名称（同条1号）
- (ロ)　当該事業年度における会計監査人の報酬等の額及びそれに対する同意の理由（同条2号）
- (ハ)　非監査業務の対価を支払っている場合には、非監査業務の内容（同条3号）
- (ニ)　会計監査人の解任又は不再任の決定の方針（同条4号）

第10条　事業報告及び決算

⊕　会計監査人が現に業務の停止の処分を受け、その停止期間を経過
しない者であるときは、当該処分に係る事項（同条5号）

⊕　会計監査人が過去2年間に業務の停止の処分を受けた者である場
合における当該処分に係る事項のうち、当該株式会社が事業報告の
内容とすることが適切であると判断した事項（同条6号）

⊕　責任限定契約を締結している場合は、その概要（同条7号）

⊕　辞任又は解任された場合には、氏名・名称、解任の理由、会計監
査人の意見など（同条9号）

⊕　その他（同条8号、10号）

(ii)　公益（一般）財団法人の事業報告の内容とすべきものと考えられる事
項

公益（一般）財団法人の事業報告の作成にあたり、その内容とすべき
事項については、上記 i の「改定前民法34条に基づく公益法人の事業
報告の記載事項」、ii の「日本公認会計士協会の作成に係る公益法人に
おける事業報告書の記載例」、上記iii(ii)①の「会社法施行規則に定める
公開会社における事業報告の内容」を参考にしつつ、事業報告の内容と
するのが適当ではないかと解される。

③　公益（一般）財団法人の事業報告に記載すべき具体的事項

一般法人法施行規則34条2項（同規則64条）の規定に基づき作成する公益（一
般）財団法人の事業報告に記載すべき具体的事項としては、概ね次のような事
項になるものと解される。

なお、一般法人法施行規則34条2項1号（同規則64条）の「公益（一般）財
団法人の状況に関する重要な事項」については、特に具体的な事項は規定され
ていない。したがって、その内容に関しては、会社法施行規則119条1号・2号、
120条1項、121条、126条等の規定が参考になると思われる。

i　公益（一般）財団法人の現況に関する事項

(i)　事業の経過及びその成果

(ii) 資金調達等についての状況（重要なものに限る。）

　　　㋐資金調達、㋑設備投資、㋒事業の譲渡等

(iii) 直前3事業年度の財産及び損益の状況

(iv) 当該事業年度の末日における主要な事業内容

(v) 当該事業年度の末日における従たる事務所の状況

(vi) 主要な借入先及び借入額

(vii) 重要な契約に関する事項

(viii) 会員に関する事項

(ix) 職員に関する事項

(x) 役員会等に関する事項

　　　㋐理事会、㋑評議員会等の開催状況

(xi) 許可、認可、承認等に関する事項

(xii) 株式を保有している場合の概要

(xiii) 対処すべき課題

ii 公益（一般）財団法人の役員に関する事項

(i) 役員の氏名等

　　　㋐氏名、㋑地位及び担当、㋒重要な兼職の状況

(ii) 当該事業年度に係る役員の報酬等の額

(iii) 役員に関する責任限定契約の内容の概要

iii 評議員に関する事項

(i) 評議員の氏名等

　　　㋐氏名、㋑重要な兼職の状況

(ii) 当該事業年度に係る報酬等の額

iv 会計監査人に関する事項

(i) 氏名又は名称

(ii) 当該事業年度に係る報酬等の額

(iii) 責任限定契約の内容の概要

ⅴ　業務の適正を確保するための体制等の整備についての決議の内容の概要

　業務の適正を確保するための体制（法90条4項5号・197条）について理事会決議があるときは、その決議の内容の概要及び当該体制の運用状況の概要を事業報告に記載することとされている（法施行規則34条2項2号（同規則64条））。

　一般法人法施行規則では、当該体制の整備が義務付けられているかどうか(すなわち、大規模公益（一般）財団法人かどうか)にかかわらず、これを定めた公益（一般）財団法人であれば、事業報告の内容として、その概要を記載しなければならないこととなる。

　「当該体制の運用状況の概要」は、内部統制システムの客観的な運用状況を意味するものであり、運用状況の評価の記載を求めるものではない。

　具体的な記載内容として明文規定はないが、各法人の状況に応じた記載をする必要がある。例えば、内部統制に係る委員会の開催状況や法人内研修の実施状況等を記載することが考えられる。

　以上が事業報告の内容として記載すべき事項の大要であるが、「公益（一般）財団法人の状況に関する重要な事項」にどのような事項が含まれるかは、何がその法人の状況に関する「重要な」事項であると言えるかどうかによって判断されるので、上記（ⅴを除く。）のうち、その法人の状況に関する重要な事項と判断されるものであればそれを記載し、また上記以外の事項でその状況に関する重要な事項と判断されるものがあれば、これを事業報告の内容として記載することになる。そうすることによって、「当該法人の状況に関する重要な事項」（法施行規則34条2項1号・64条）をその内容とする事業報告となることになる。

(2)　事業報告の附属明細書

①　事業報告の附属明細書の作成

　公益（一般）財団法人に関する事業報告の附属明細書につき、一般法人法は、「一般財団法人は、法務省令で定めるところにより、各事業年度に係る計算書類及び事業報告並びにこれらの附属明細書を作成しなければならない」と規定

し、作成は、電磁的記録によることもできるとしている（法123条2項、3項・199条）。

そして、事業報告の附属明細書は、「事業報告の内容を補足する重要な事項をその内容としなければならない」とされている（法施行規則34条3項・64条）。

改正前民法34条により設立許可された公益法人が作成する事業報告に関しては、事業報告の附属明細書は特に作成されていない。一般法人法は、会社法に倣って作成されていることから、会社法435条2項と同様に、事業報告の附属明細書の作成が義務付けられたものである。

② 事業報告の附属明細書の記載事項

事業報告の附属明細書は、事業報告の内容を補足する重要な事項をその内容としなければならない（法施行規則34条3項・64条）。

i　会社法の事業報告の附属明細書の記載事項

旧商法当時の附属明細書は、貸借対照表、損益計算書及び営業報告書（事業報告書に相当）の内容を補足する書類として位置付けられ、営業報告書の記載事項に会計事項と非会計事項が含まれることから、附属明細書の記載事項も会計事項と非会計事項が混在した。会社法の下では、非会計事項に関する事業報告に係る附属明細書と、会計事項に関する計算書類に係る附属明細書に区分されている。

会社法においては、附属明細書の法定の記載事項が大幅に簡素化され、役員の報酬や兼職の状況等の重要な事項については、必要に応じて事業報告等の記載事項とされる一方、重要性が乏しいと考えられるものについては、必要的な開示事項から除外されている。これは、附属明細書がその作成上の負担に対して閲覧に供される機会に乏しく、また、特に公開会社以外の株式会社においては、その多くが附属明細書を作成してこなかったという現実にかんがみて、法定の具体的な必要的開示事項を定めず、単に「事業報告の内容を補足する重要な事項」を内容とするものでなければならないという規定を設けるにとどめられている（会社法施行規則128条1項）。

そして、公開会社（会社法2条5号。その発行する全部又は一部の株式の内容として、譲渡による当該株式の取得について、株式会社の承認を要する旨の定款の定めを設けていない株式会社）の附属明細書における必要な開示事項として、他の会社の業務執行取締役、執行役、業務を執行する社員又は法人が業務執行者である場合（会社法598条1項）その他これに類する者を兼ねることが、会社法施行規則121条8号（当該株式会社の会社役員（会計参与を除く。）の重要な兼職の状況）の重要な兼職に該当する会社役員についての兼職の状況の明細（他の法人等の事業がその会社の事業と同一の部類のものであるときは、その旨を含む。）を事業報告の附属明細書の内容としなければならないとされている（会社法施行規則128条2項）。

ⅱ　公益（一般）財団法人の事業報告の附属明細書の記載事項

一般法人法施行規則34条3項の規定、すなわち「事業報告の附属明細書は、事業報告の内容を補足する重要な事項をその内容としなければならない」という規定は、会社法施行規則128条1項の規定と全く同じであり、したがって、これは公開会社を含めたすべての株式会社の事業報告の附属明細書の内容と同一に考えることができる。

しかしながら、何が「事業報告の内容を補足する重要な事項」であるかの詳細については、個別の規定を設けていないので、それぞれの法人の裁量に委ねられることとなる。

会社法施行規則128条2項では附属明細書に記載すべき事項とされている他の法人の業務執行者との重要な兼務の状況の明細などが、既に事業報告に記載されている場合には、事業報告の記載を補足するものであるとの附属明細書の趣旨にかんがみ、同一の内容をあえて重複して記載することなく「事業報告○ページに記載のとおり」といった形の記載とすることも可能とされている。そのようなことから、公益（一般）財団法人の事業報告の附属明細書に記載することとする他の公益（一般）財団法人等の業務執行理事等を兼ねている当該法人の役員の兼職の状況の明細についても、同様に事業報告に記載されている場合には、同様の扱いができるものと考えられる。

なお、理事、監事は、監事の兼任禁止（法65条2項・177条）に抵触しない限り、

内閣府モデル定款から読み解く公益・一般法人の法人運営手続　財団編（上巻）

他の公益（一般）財団法人等の業務執行理事を兼ねることは一般法人法上は禁止されていない。しかし、兼務の状況次第では、理事又は監事としての職務の遂行に支障をきたすおそれががあり、また、競業取引（法84条1項1号・197条）や利益相反取引（法84条1項2号、3号・197条）の問題が生ずる可能性があるので、公益（一般）財団法人においても、公開会社に準じて、他の公益（一般）財団法人等の業務執行理事等を兼務している役員については、その兼務の状況（重要であるもの）を附属明細書において、補足説明することは有意義なことと考えられる。

　この場合の兼務状況の記載に当たっては、各理事、各監事ごとに、勤務先及びその法人における役職を記載することになる。

iii　附属明細書の作成上の留意点

　一般法人法の下では、事業報告の附属証明書の記載事項については、それぞれの法人に大幅な裁量が与えられているが、各法人の規模や事情に応じ、およそ「事業報告の内容を補足する重要な事項」が存在しないということは通常考えられない（法人によっては「附属明細書については、特に記載すべき重要な事項はありません」として、作成しないところがある。）。

　また、一般法人法123条2項に基づく法務省令への委任の範囲が、記載事項や方法等を超えて附属明細書の作成の要否についてまで及ぶものとは必ずしも解されないことや、事業報告と附属明細書に記載すべき事項はそれぞれ異なり、両者間に相応な機能分担が図られるべきであると考えられることからして、「重要な事項」がないとして附属明細書の作成義務を免れ得ると解することは不適当であろう。

(3)　事業報告とその附属明細書の記載例

　事業報告とその附属明細書の記載例とそれに関する作成上の留意点は、以下のとおりである。

第10条　事業報告及び決算

【10-6　事業報告の記載例】

事 業 報 告

（令和○年○月○日から

令和○年○月○日まで）

1　当法人の現況に関する事項

⑴　事業の経過及びその成果

　「事業の経過及びその成果」は、その事業年度における法人の事業の概括的情報であり、理事の職務執行状況に関する報告の中核をなすものであって、法人の運営上又は組織上の重要事項を意味する。

事業別	予算額	決算額	達成率
○○事業	千円	千円	％
△△事業			
××事業			

（注）　各事業別の経常収益を計上する。

⑵　資金調達等の状況

　当該事業年度において実施した資金調達等の主なものを記載する。資金調達及び設備投資の状況の記載が求められるのは、その法人の将来の業績や存続可能性を予測するために重要な情報であると考えられるためである。

　①　資金調達

　　経常的な資金調達である場合や金額・目的等にかんがみ重要度が低い事項については記載する必要はない。

　　㋐借入金額、㋑借入目的、㋒借入先、㋓借入年月日、㋔償還期間、㋕借入金利等を記載する。

　②　設備投資

　　次のような事項を記載する。

　ⅰ　重要な固定資産の取得

　ⅱ　重要な設備の新設、増設

　ⅲ　重要な固定資産の売却、除却、滅失等

⑶　直前3事業年度の財産及び損益の状況

　法人の財産及び損益の状態は、1事業年度だけで評価することはできず、その的確な判断のために時系列的な分析が必要であり、また、前事業年度以前の財産及び損益の状況と当該事業年度のそれらとを比較することも重要であるという考え方に基づくものである。

第3章　資産及び会計

「直前3事業年度」とされているもので、その事業年度の財産及び損益の状況は含まない。しかし、当該事業年度分も含め、4事業年度で表示することが考えられる。

(単位：百万円)

区　分	令和○年度	令和○年度	令和○年度	令和○年度 (当該事業年度)
経　常　収　益				
評価損益等調整前 当期経常増減額				
当期経常増減額				
正味財産期末残高				

(注) 記載項目に著しい変動があり、その要因が明らかな場合には、主要な要因を簡潔に注記する。

(4) 主要な事業内容

① 法人の定款上の事業目的ではなく、現に行っている事業の内容を記載する。

「主要な」とは、必ずしも「重要な」という意味ではなく、当該法人の性格を示すものをいう。

② 休止している事業や将来の事業計画等は記載する必要はない。

事　業	主要な事業の内容
○○事業	
△△事業	
××事業	

(5) 従たる事務所の状況

従たる事務所を設けている場合には、その状況を記載する。記載の趣旨は、当該法人が事業を行うための物的施設の状況を明らかにするためである。

名　称	所　在　地	所管区域・事業内容など
○○事業所		
△△事業所		
××事業所		

(6) 主要な借入先及び借入額

当該事業年度末において主要な借入先があるときは、その借入先及び借入額を記載する。具体的には、金融機関等からの借入額がその法人の資金調達において、重要性を持つ場合に限って主要な借入先及び借入額を記載する。

第10条　事業報告及び決算

（単位：百万円）

借　　入　　先	借　　入　　額	償　還　期　限　等

⑺　**重要な契約に関する事項**

　当該事業年度に締結した長期借入金契約、重要な資産の売買契約、重要な工事の発注契約など重要な契約がある場合には、契約の相手方、契約金額、契約の概要等を記載する。

契約年月日	相　手　方	契約金額	契約期間	契約の概要
．　　．		円	～	
．　　．			～	
．　　．			～	
．　　．			～	

⑻　**会員に関する事項**

　①　会員のいる公益（一般）財団法人においては、会員の増減数が当該法人の収支状況や事業活動に重要な影響があることから、会員の増減状況を記載する。

　②　各種の会員がいる場合には、種類別に記載する。

種　　類	前年度末	当年度末	増　　減
正　会　員	名	名	名
一般会員			
賛助会員			
その他			
合　　計			

(9) 職員に関する事項

(令和○年○月○日現在)

職名等	氏　名	就任年月日	担当事務	備　考
事務局長	○○○○	・　・		
○○部長	○○○○	・　・		
○○次長	○○○○	・　・		
○○課長	○○○○	・　・		
○○係長	○○○○	・　・		
一般事務	○○○○	・　・		

(注)1　重要な使用人については、備考欄にその旨記載する。

2　職員数が多い場合には、課長位までとする。その場合には、他の職員については、人数だけを記載する。

3　非常勤等の職員については、その種類ごとに人数だけを記載する。

4　職員には、他の機関等からの出向職員を含む。

(10) 役員会等に関する事項

①　理事会

開催年月日	議　事　事　項	会議の結果
・　・		
・　・		
・　・		

(注)1　「議事事項」欄には、議題としての事項名を記載する。

2　「会議の結果」欄には、可決、否決等の結果を記載する。

②　評議員会

理事会の記載例に準じて記載する。

(11) 許可、認可、承認等に関する事項

申請年月日	申請事項	許可等年月日	備　考
・　・		・　・	
・　・		・　・	

(注)　実施事業につき、行政庁等の許可、認可、承認等を必要とするものについて記載する。

(12) 株式を保有している場合の概要

法人が株式（出資）を保有している場合には、㋐営利企業名、㋑保有する株式数・当該営利企業の総株式数に占める割合、㋒当該株式入手日、㋓議決権の行使、㋔当該法人と当該営利企業との関係（人事、資金、取引等）等について記載する。

第10条　事業報告及び決算

⒀　**対処すべき課題**

　当該法人にとっての対処すべき課題を記載する。法人がおかれている環境の中で、法人の当該事業年度の実績などを踏まえて、法人の事業を維持、発展させるために対処すべき主要な課題を示すとともに、原則として対処の方針を記載する。

2　役員等に関する事項

⑴　理事

(令和○年○月○日現在)

役職名	氏　名	任　期	常勤・非常勤	報酬の有無	他の法人等の代表状況等
代表理事 (理事長)	○○○○	～			
副理事長	○○○○	～			
専務理事	○○○○	～			
常務理事	○○○○	～			
理　事	○○○○	～			
〃	○○○○	～			
〃	○○○○	～			
〃	○○○○	～			

(注)　理事が、他の法人等の代表者その他これに類する者であるときは、その重要な事実を記載する。「法人等」とは、法人その他の団体を指す。いくつかの法人等の代表者を兼ねている場合であっても、そのすべてを記載する必要はない。

⑵　監事

役職名	氏　名	任　期	常勤・非常勤	報酬の有無	他の法人等の代表状況等
監　事	○○○○	～			
〃	○○○○	～			

⑶　評議員

役職名	氏　名	任　期	常勤・非常勤	報酬の有無	他の法人等の代表状況等
評議員	○○○○	～			
〃	○○○○	～			
〃	○○○○	～			
〃	○○○○	～			
〃	○○○○	～			

(4) 退任した役員等

氏　名	退任時の地位	退　任　日	退　任　理　由
○○○○	代表理事 （理事長）	令和○年○月○日	病気のため辞任
○○○○	監　　　事	令和○年○月○日	一身上の都合により辞任
○○○○	評　議　員	令和○年○月○日	死亡

(5) 役員等の報酬等

区　分	人　数	報酬等の総額	備　考
理　　事	○名	千円	
監　　事	○名		
評　議　員	○名		
合　計	○名		

(注)1　上記には、令和○年○月○日開催の第○回定時評議員会の終結の日をもって退任した理
事○名及び監事○名を含む。
　2　理事の報酬等の額には、使用人兼務理事の使用人分給与は含まれていない。
　3　理事の報酬限度額は、令和○年○月○日開催の第○回定時評議員会において、年額○,
○○○万円以内と決議されている。
　4　監事の報酬限度額は、令和○年○月○日開催の第○回定時評議員会において、年額○○
○万円以内と決議されている。
　5　役員と責任限定契約を締結しているときは、その内容の概要を記載する。

3　会計監査人に関する事項

(1) 会計監査人の氏名又は名称

(2) 当該事業年度に係る会計監査人の報酬等の額

　　○○○千円

(3) 責任限度契約の内容の概要

4　業務の適正を確保するための体制等の整備についての決議の内容の概要

　業務の適正を確保するための体制（内部統制システム）を定めている場合には、
理事会で決議したその決議の内容の概要と当該体制の運用状況の概要を記載するが
（法施行規則34条2項2号・64条）、その全文を掲載した方が正確でわかりやすい
と考えられる場合には、その全文を記載することも考えられる。

第10条　事業報告及び決算

【10-7　事業報告の附属明細書の記載例】

事業報告の附属明細書

1　役員の他の法人等の業務執行理事等との重要な兼職の状況

　一般法人法施行規則34条3項（同規則64条）の事業報告の附属明細書の内容は、「事業報告の内容を補足する重要な事項」として記載することが必要とされている。

　その具体例として、会社法施行規則128条2項の公開会社につき求められている「会社役員の他の法人等の業務執行取締役等との兼職状況の明細」に準じてこれを作成するならば、次のような記載例となる。

区　分	氏　名	兼職先法人等	兼職の内容	関　係
理　事	○○○○		代表理事	
	○○○○		専務理事	
監　事	○○○○		常務理事	
	○○○○		副理事長	

(注)1　「重要な兼職」であるか否かは、兼職先の法人等が取引上重要な法人であるか否か、当該理事等が兼職先の法人等で重要な職務を担当するか否か等を考慮して判断されることとなる。

　2　兼職先の他の法人等の事業が事業報告作成法人の事業と同一の部類のものであるときは、「関係」欄にその旨記載する。

2　その他の記載事項

　「事業報告の内容を補足する重要な事項」については、それぞれの法人の実施事業の状況によりその判断が異なるので、事業報告において説明すべき部分と附属明細書でその補足説明をすることにより、全体がより明確となることもある。その意味において、両者のバランスを考えて記載することが必要となろう。

　例えば、次のような事項は、その例として考えることができる。

①　定款に定める事業内容について補足すべき重要な事項

②　事業の実施状況について補足すべき重要な事項

③　許認可等について補足すべき重要な事項

④　役員会等に関する補足すべき重要な事項

⑤　正味財産増減の状況及び財産の増減の推移について補足すべき重要な事項

第3章　資産及び会計

5　計算書類等の監査

　一般財団法人においては、一般法人法123条2項の計算書類（貸借対照表及び損益計算書〔正味財産増減計算書〕）及び事業報告並びにこれらの附属明細書は、法務省令で定めるところにより、監事の監査を受けなければならない（法124条1項・199条）。

　公益財団法人にあっては、公益法人認定法21条2項1号に掲げる財産目録及び同項4号に規定する内閣府令で定める書類（キャッシュ・フロー計算書〔認定法施行規則28条1項1号〕）についても、監事の監査を受けなければならない（認定法施行規則33条2項）。

　なお、会計監査人設置公益（一般）財団法人においては、法務省令で定めるところにより、計算書類等につきそれぞれ以下の者の監査を受ける。

① 　計算書類及びその附属明細書、財産目録及びキャッシュ・フロー計算書（法107条・197条、124条2項1号、認定法23条、認定法施行規則40条）……監事及び会計監査人
② 　事業報告及びその附属明細書……監事

　なお、監事の監査手続、監査報告書の作成等については、監事の職務及び権限（29条）の条項において解説する。

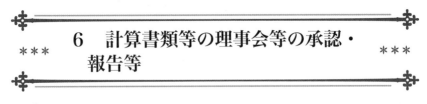

6　計算書類等の理事会等の承認・報告等

(1) 理事会の承認

　監事及び会計監査人の監査を受けた計算書類及び事業報告並びにこれの附属明細書、財産目録及びキャッシュ・フロー計算書は、理事会の承認を受けなければならない（法124条3項・199条、認定法施行規則33条2項）。

一般法人法では、理事会においての決算の承認は、監事等の監査意見を参照して判断することが適切であることから、監査を受けたものに対し承認をすることとされたものである。本条１項（10条１項）は、このことを規定したものである。

(2) 計算書類等の評議員への提供

一般財団法人においては、理事は、定時評議員の招集の通知に際し、法務省令で定めるところにより、評議員に対し、理事会の承認を受けた計算書類及び事業報告並びに監査報告（会計監査人の監査がなされた場合には、会計監査報告を含む。以下「提供計算書類等」という。）を、公益財団法人にあってはこれらに加えて財産目録及びキャッシュ・フロー計算書を提供しなければならない(法125条・199条、認定法施行規則33条２項)。

これは、公益（一般）財団法人においては、評議員会の招集通知に議題が記載又は記録されることもあって（法182条３項）、その議題に関する情報を定時評議員会の開催前に提供して、審議の参考に供させようとするものである。

定時評議員会の招集通知を書面又は電磁的方法により行う場合には、提供計算書類等は次の方法により提供しなければならない（法施行規則47条２項・64条、認定法施行規則33条２項）。

① 書面の提供（法施行規則47条２項１号）
　　次のi又はiiに掲げる場合の区分に応じ、それぞれに定める方法
　i 提供計算書類等が書面をもって作成されている場合
　　　その書面に記載された事項を記載した書面の提供（同条２項１号イ）
　ii 提供計算書類等が電磁的記録をもって作成されている場合
　　　その電磁的記録に記載された事項を記載した書面の提供（同条２項１号ロ）
② 電磁的方法による提供（同条２項２号）
　　次のi又はiiに掲げる場合の区分に応じ、それぞれに定める方法
　i 提供計算書類等が書面をもって作成されている場合

その書面に記載された事項の電磁的方法による提供（同条2項2号イ）
ⅱ 提供計算書類等が電磁的記録をもって作成されている場合
その電磁的記録に記録された事項の電磁的方法による提供（同条2項2号ロ）

なお、定時評議員会の招集に際して評議員に提供される計算書類又は事業報告に印刷ミスその他の事由により誤りがあった場合に、修正後の事項を評議員に周知させる方法を招集通知に併せて通知することができる（法施行規則47条3項・64条、認定法施行規則33条2項）。

本来、計算書類、事業報告に誤りがある場合には、それを修正して評議員に再度提供することが望ましいと解される。

しかしながら、評議員から再提供が要求されると、法人にとって費用負担が大きくなる可能性もある。また、招集通知を発する時期との関係で、定時評議員会の開催日を延期する必要があると解されると、そのための費用の発生や不便が生ずることを避けるために必要なことであると解される。

「評議員に周知させる方法」については、特に規律が設けられていないので、法人のホームページにおいて公表すること、日刊新聞、官報などに掲載して周知させることが考えられる（注6）。

7 計算書類等の定時評議員会への提出等

(1) 一般法人法126条1項の規定に基づく計算書類及び事業報告の提出等

理事は、一般法人法124条3項（法199条）の理事会の承認を受けた計算書類及び事業報告を定時評議員会に提出し、または提供しなければならない（法126条1項・199条）。なお、計算書類及び事業報告に係る附属明細書は、定時評議員会に提出・提供しなくてもよい。

(2) 公益財団法人が作成する財産目録・キャッシュ・フロー計算書の提出等

　公益財団法人の場合には、公益法人認定法施行規則33条2項において準用する一般法人法126条1項（法199条）の規定により、一般法人法124条3項の理事会の承認を受けた財産目録及びキャッシュ・フロー計算書を定時評議員会に提出し、または提供しなければならない（法126条1項・199条、認定法施行規則33条2項）。

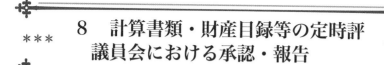

8　計算書類・財産目録等の定時評議員会における承認・報告

(1) 計算書類・財産目録等の承認

　定時評議員会に提出し、または提供された計算書類、財産目録及びキャッシュ・フロー計算書は、定時評議員会の承認を受けなければならない（法126条2項・199条、認定法施行規則33条1項）。

(2) 事業報告の内容の報告

　定時評議員会に提出し、または提供された事業報告は、理事がその内容を定時評議員会に報告しなければならない（法126条3項・199条）。
　事業報告について定時評議員会の承認を必要としない理由は、事業報告には、その事業年度における事業の経過その他の法人の状況を明らかにする重要な事項が記載されるべきであるが、これらの記載事項は、事実であって判断ではなく、記載された事項が事実か否かが問題となるにすぎないから、評議員会がその適否を判断して承認するという性質のものではないためである（注7）。

(3) 本条2項（定款10条2項）の解釈

　定款10条1項は、一般法人法124条3項（法199条）の理事会の承認を受けることを規定したものであるが、本条2項は、一般法人法126条（法199条）の規定による事業報告、計算書類、財産目録及びキャッシュ・フロー計算書の定時評議員会への提出と、事業報告については一般法人法126条3項（法199条）によるその内容の報告をすること、その他の書類（貸借対照表、損益計算書〔正味財産増減計算書〕、財産目録、キャッシュ・フロー計算書）については、一般法人法126条2項（法199条）の規定による定時評議員会の承認を受けなければならないことを規定したものである。

＊＊＊　9　会計監査人設置法人の特則　＊＊＊

　会計監査人設置公益（一般）財団法人については、理事会の承認を受けた計算書類が法令及び定款に従い公益（一般）財団法人の財産及び損益の状況を正しく表示しているものとして、法務省令で定める次のすべての要件を満たす場合には、定時評議員会の承認は不要であり、報告だけで足りる（法127条・199条・法施行規則48条・64条）。

① 　会計監査人の会計監査報告の内容が無限定適正意見であること（一般法人法127条に規定する計算書類についての会計監査報告の内容に一般法人法施行規則39条1項2号イに定める事項が含まれていること。法施行規則48条1号）。

② 　上記①の会計監査報告に係る監査報告の内容として、会計監査人の監査の方法又は結果を相当でないと認める意見がないこと（法施行規則48条2号）。

③ 　監査につき、監査期限の満了によって、監査を受けたものとみなされたものでないこと（計算書類が一般法人法施行規則43条3項の規定により監査を受けたものとみなされたものでないこと。法施行規則48条3号）。

　なお、公益財団法人の場合には、計算書類のほかに、財産目録及びキャッシュ・

フロー計算書が含まれる（認定法施行規則33条2項）。

　法務省令で定める要件に該当する場合には、定時評議員会の承認を要しないものとされた理由については、会計監査の専門家である会計監査人が適正意見を表明し、監事がそれに同意見であれば、監事及び会計監査人とも評議員会で選任され（法63条1項・177条）、かつ、法律上重い責任を負わされていること、また、それらの書類が複雑で技術的かつ専門的なものであることにもかんがみ、それだけでそれらの書類が確定することを認め、その内容を報告することとすることが合理的であるという考慮に基づくものであると解されている（注8）。

10　計算書類等の備置き・閲覧等

(1) 公益（一般）財団法人

① 計算書類等の備置き

i　主たる事務所における備置き

　公益（一般）財団法人は、計算書類等（計算書類及び事業報告並びにこれらの附属明細書〔一般法人法124条1項又は2項の規定の適用がある場合にあっては、監査報告又は会計監査報告を含む。）を、定時評議員会の日の2週間前の日（一般法人法194条1項〈評議員会の決議の省略の提案〉の場合にあってはその提案があった日）から5年間、その主たる事務所に備え置かなければならない（法129条1項・199条）。

ii　従たる事務所における備置き

　公益（一般）財団法人は、計算書類等の写しを、定時評議員会の日の2週間前の日（一般法人法194条1項〈評議員会の決議の省略の提案〉の場合にあっては、その提案のあった日）から3年間、その従たる事務所に備え置かなければならない（法129条2項・199条）。

　ただし、計算書類等が電磁的記録で作成されている場合であって、従た

る事務所における一般法人法129条3項3号及び4号に掲げる請求に応じることを可能とするための措置として法務省令（法施行規則93条3号）で定めるものをとっているときは、この限りでない（法129条2項ただし書・199条）。

② 評議員・債権者の閲覧等

評議員及び債権者は、当該法人の業務時間内は、次のⅰからⅳまでに掲げる請求をすることができる。ただし、債権者がⅱ又はⅳに掲げる請求をする場合には、その法人の定めた費用を支払うことを要する（法129条3項・199条）。

ⅰ　計算書類等が書面をもって作成されているときは、その書面又はその書面の写しの閲覧の請求（法129条3項1号）

ⅱ　上記ⅰの書面の謄本又は抄本の交付の請求（同条3項2号）

ⅲ　計算書類等が電磁的記録をもって作成されているときは、その電磁的記録に記録された事項を法務省令で定めた方法（法施行規則91条10号）により表示したものの閲覧の請求（同条3項3号）

ⅳ　上記ⅲの電磁的記録に記録された事項を電磁的方法であって法人の定めたものにより提供することの請求又はその事項を記載した書面の交付の請求（同3項4号）

③ 計算書類等の提出命令

裁判所は、申立てにより又は職権で、訴訟の当事者に対し、計算書類及びその附属明細書の全部又は一部の提出を命ずることができる（法130条・199条）。

これは、法人関係の訴訟における証拠資料として利用できるようにするためのものであって、会計帳簿についても同様の取扱いがなされている（法122条・199条）。

(2) 公益財団法人

① 財産目録等の備置き

　公益財団法人は、毎事業年度経過後３箇月以内に、次に掲げる書類を作成
し、その書類を５年間その主たる事務所に、その写しを３年間その従たる事務
所に備え置かなければならない（認定法21条２項・認定法施行規則28条１項）。なお、
これらの書類は、電磁的記録をもって作成することができる（認定法21条３項）。

　i　財産目録（認定法21条２項１号）

　ii　役員等名簿（理事・監事及び評議員の氏名及び住所を記載した名簿。同条２項
　　　２号）

　iii　公益法人認定法５条13号に規定する報酬等の支給の基準を記載した書
　　　類（同条２項３号）

　iv　キャッシュ・フロー計算書（同条２項４号・認定法施行規則28条１項１号）

　v　運営組織及び事業活動の状況の概要及びこれらに関する数値のうち重要
　　　なものを記載した書類（同条２項４号・認定法施行規則28条１項２号）

② 財産目録等の閲覧

　何人も、公益法人の業務時間内であれば、公益法人認定法21条１項に規定
する書類（事業計画書、収支予算書、資金調達及び設備投資の見込みを記載した書類）、
上記① i から v までに掲げる書類、定款及び一般法人法129条１項（法199条）
に規定する計算書類等（以下「財産目録等」という。）について、次に掲げる請求
をすることができる。なお、この場合、当該公益法人は、正当な理由がないの
にその請求を拒んではならないとされている（認定法21条４項）。

　i　財産目録等が書面をもって作成されているときは、その書面又はその書
　　　面の写しの閲覧の請求（認定法21条４項１号）

　ii　財産目録等が電磁的記録をもって作成されているときは、その電磁的記
　　　録に記録された事項を内閣府令で定める方法（認定法施行規則35条・紙面又

内閣府モデル定款から読み解く公益・一般法人の法人運営手続　財団編（上巻）

は出力装置の映像面に表示する方法）により表示したものの閲覧の請求（同条4項2号）

なお、公益財団法人は、役員等名簿について、当該公益法人の評議員以外の者から上記 i・ii の請求があった場合には、これらに記載された事項又は記録された事項中、個人の住所に係る記載又は記録の部分を除外して、その閲覧をさせることができる（同条5項）。

✑ (3) 本条3項（定款10条3項）の解釈

本条3項（定款10条3項）は、公益財団法人の財産目録等の備置期間、閲覧につき規定したものである。主たる事務所に5年間、従たる事務所に3年間備え置き、一般の閲覧（認定法21条4項）に供する書類は、次のとおりである。

① 計算書類及び事業報告並びにこれらの附属明細書、監査報告〔会計監査報告〕〈従たる事務所は写し〉（法129条1項、2項・199条）

② 財産目録、キャッシュ・フロー計算書、運営組織及び事業活動の状況の概要及びこれらに関する数値のうち重要なものお記載した書類、役員等名簿、公益法人認定法5条13号に規定する報酬等の支給の基準を記載した書類〈従たる事務所は写し〉（認定法21条2項・認定法施行規則28条1項）

❖❖❖　11　行政庁への財産目録等の提出　❖❖❖

公益財団法人は、毎事業年度の経過後3箇月以内に、内閣府令（認定法施行規則38条）に定めるところにより、財産目録等（定款を除く。）を行政庁に提出しなければならない（認定法22条1項）。

この場合、行政庁に対しては、財産目録等を添付した「事業報告等に係る提出書」（様式第5号・認定法施行規制38条1項）を提出するが、これには次のような書類を添付する（認定法施行規則38条1項）。

① 財産目録

② 役員等名簿

212

③　理事、監事及び評議員に対する報酬等の支給の基準を記載した書類
④　一般法人法129条1項（法199条）に規定する計算書類等（計算書類及び事業報告並びにこれらの附属明細書。監査報告又は会計監査報告を含む。）
⑤　キャッシュ・フロー計算書
⑥　公益法人認定法施行規則28条1項2号に掲げる書類
⑦　公益法人認定法施行規則38条1項2号及び3号に掲げる書類
⑧　滞納処分に係る国税及び地方税の納税証明書

なお、このほか必要な場合に提出すべき添付書類として、㋐許認可等を証する書類、㋑事業・組織体系図、㋒寄附の使途の特定の内容がわかる書類などを添付するものとされている。

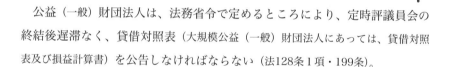

12　貸借対照表等の公告

公益（一般）財団法人は、法務省令で定めるところにより、定時評議員会の終結後遅滞なく、貸借対照表（大規模公益（一般）財団法人にあっては、貸借対照表及び損益計算書）を公告しなければならない（法128条1項・199条）。

(1)　公告の方法

法人が決算公告を行う場合の公告内容等は、法人の採用する公告方法（法331条1項）により異なっている。

電子公告及び法人の主たる事務所の公衆の見やすい場所に掲示する方法により公告を行う場合には、貸借対照表（大規模公益（一般）財団法人にあっては、貸借対照表及び損益計算書）の全文を、官報又は日刊新聞紙により公告を行う場合には、貸借対照表（大規模公益（一般）財団法人にあっては貸借対照表及び損益計算書）の要旨を公告することで足りる（法128条2項・199条）。

なお、一般法人法128条2項の適用のある公益（一般）財団法人は、法務省令で定めるところにより、貸借対照表の内容である情報を、定時評議員会の終結の日後5年を経過までの間、継続して電磁的方法により不特定多数の者が

内閣府モデル定款から読み解く公益・一般法人の法人運営手続　財団編（上巻）

提供を受けることができる状態に置く措置をとることができる（法128条3項・199条）。この方法は、実質的に電子公告によった場合と全く異ならないもので、法人が自らのホームページを利用して計算書類を開示することも可能となっている。この措置により法人の公告費用の軽減及び開示の実効性が高められることが期待されている。

　一般法人法128条3項の規定による貸借対照表等の電磁的方法による公開の方法としての措置は、一般法人法施行規則92条1項1号ロに掲げる方法（送信者の使用に係る電子計算機に備えられたファイルに記録された情報の内容を電子通信回線を通じて情報の提供を受ける者の閲覧に供し、当該情報の提供を受ける者の使用に係る電子計算機に備えられたファイルに当該情報を記録する方法）のうち、インターネットに接続された自動公衆送信装置（公衆の用に供する電子通信回線に接続することにより、その記録媒体のうち自動公衆送信の用に供する部分に記録され、または当該装置に入力される情報を自動公衆送信する機能を有する装置。いわゆるサーバーのこと）を使用する方法と定められている（法施行規則51条・64条。ウェブ・サイト、いわゆるホームページを利用するということ）。

(2)　不適正意見がある場合等における公告事項

　会計監査人設置公益（一般）財団法人が、一般法人法128条1項又は2項の規定による公告（同条3項に規定する措置を含む・199条。）をするときは、次に掲げる事項のいずれかに該当する場合には、それぞれに定める事項を当該公告において明らかにしなければならない（法施行規則49条・64条）。

① 　会計監査人が存しない場合（一般法人法75条4項の一時会計監査人の職務を行うべき者が存する場合を除く・177条。）は、会計監査人が存しない旨（同規則49条1号）

② 　一般法人法施行規則41条3項の規定により監査を受けたものとみなされた場合は、その旨（同規則49条2号）

③ 　その公告に係る計算書類についての会計監査報告に不適正意見がある場合は、その旨（同規則49条3号）

④　その公告に係る計算書類についての会計監査報告が一般法人法施行規則
　　39条1項3号に掲げる事項を内容としているものである場合は、その旨
　　（同規則49条4号）

　なお、この一般法人法施行規則49条は、会計監査設置法人の公告事項の特
則を定めるものであり、会計監査人の会計監査報告に不適正意見がある場合な
どにあっては、その旨を公告において明らかにすることを求めるものである。

　また、会計監査人設置法人の貸借対照表（の要旨）あるいは損益計算書（正
味財産増減計算書〔の要旨〕）ではあるが、会計監査人の無限定適正意見あるいは
限定付適正意見が表明されていないことを明らかにすることによって、公告さ
れた情報を利用する者の注意を喚起することを狙ったものである。

　更に、会計監査人の不適正意見が表明されている場合の多くは、計算書類が
法令・定款に違反している場合であると推測されることから、計算書類が法令・
定款に違反している場合には、当然に評議員会の承認決議は無効であるが（法
265条2項参照）、そのような計算書類を前提に利害関係人が取引等を行う可能
性にかんがみ、利害関係人にそのリスクを知らせるという趣旨もあると考えら
れる。

【注記（第10条）】

（注1）　新会社法実務研究会編『Q＆A新会社法の実務　第2巻』、455～456頁、新
　　　　日本法規。

（注2）　新公益法人制度研究会編著『一問一答公益法人関連三法』、87頁、商事法務。

（注3）　公益法人税務会計研究会編著『公益法人の運営実務と税務・会計Q＆A』（3
　　　　訂1版）、149項、ぎょうせい。

（注4）　久保直生・中村倫子共著『Q＆Aでわかる新公益法人の会計の実務』（改訂版）、
　　　　155～156頁、税務研究会出版局。

（注5）　相澤　哲編著『立案担当者による新会社法関係法務省令の解説』（事業報告〔相
　　　　澤　哲・郡谷大輔〕1事業報告の意義）、43頁、商事法務。

（注6）　弥永真生『コンメンタール会社法施行規則・電子公告規則』、760～761頁、

商事法務。

（注7）　弥永真生『リーガルマインド会社法』（第12版）、382〜384頁、有斐閣。

（注8）　前田　庸『会社法入門』（第12版）、608頁、有斐閣。

第11条　公益目的取得財産残額の算定

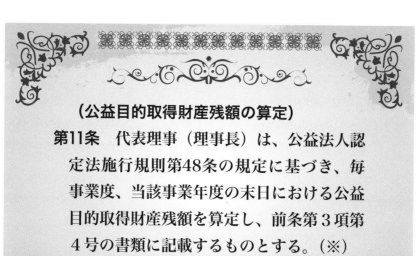

（公益目的取得財産残額の算定）
第11条　代表理事（理事長）は、公益法人認定法施行規則第48条の規定に基づき、毎事業度、当該事業年度の末日における公益目的取得財産残額を算定し、前条第３項第４号の書類に記載するものとする。（※）

※　会計監査人設置法人の場合には、「前条第３項第４号」とあるのは、「前条第３項第５号」とする。

1　公益目的取得財産残額の定義・計算方法

「公益目的取得財産残額」とは、公益認定後に取得形成した公益目的事業財産で公益目的事業のために使用、処分すべき財産のうち、未だ費消、譲渡していないものの額をいう（認定法30条第２項）。

具体的には、公益目的取得財産残額は、次のように計算する。

公益目的取得財産残額＝①－②－③

① 当該公益法人が取得したすべての公益目的事業財産（公益目的事業を行うために不可欠な特定の財産にあっては、公益認定を受けた日前に取得したものを除

く。)(認定法30条2項1号)

② 当該公益法人が公益認定を受けた日以後に公益目的事業を行うために費消し、または譲渡した公益目的事業財産(同項2号)

③ 公益目的事業財産以外の財産であって、当該公益法人が公益認定を受けた日以後に公益目的事業を行うために費消し、または譲渡したもの及び同日以後に公益目的事業の実施に伴い負担した公租公課の支払その他内閣府令で定めるものの額の合計額(同項3号)

2　各事業年度の末日における公益目的取得財産残額

公益財団法人は、毎事業年度、当該事業年度の末日における公益目的取得財産残額を算定しなければならない(認定法施行規則48条1項)。本条は、このことにつき規定したものである。

この場合の公益目的取得財産残額は、次のように算定する(同条2項)。

公益目的取得財産残額＝公益目的増減差額＋公益目的保有財産の帳簿価額の合計額

また、当該事業年度の末日における公益目的増減差額は、次のように計算する。

当該事業年度末日の公益目的増減差額＝前事業年度末日の公益目的増減差額＋Ⓐ－Ⓑ

上記のⒶは、当該事業年度中の公益目的事業財産の増加分であり、Ⓑは当該事業年度中の公益目的事業財産の減少分である。

Ⓐの「当該事業年度中の公益目的事業財産の増加分」は、以下の合計額である。

① 当該事業年度中に寄附を受けた財産の額(認定法施行規則48条3項1号イ)

② 当該事業年度中に交付を受けることとなった補助金その他の財産の額（公益目的事業に使用すべきもののみ。同項1号ロ)

③ 当該事業年度中に行った公益目的事業に係る活動の対価の額(同項1号ハ)

④ 当該事業年度中の各収益事業等から生じた収益の額に100分の50を乗じ

て得た額（同項1号ニ）

⑤　当該事業年度において、吸収合併した他の公益法人の公益目的取得財産残額（同項1号ヘ）

⑥　当該事業年度中に公益目的保有財産から生じた収益の額（同項1号ト）

⑦　当該事業年度の開始の日の前日における公益目的保有財産の帳簿価額の合計額から当該事業年度の末日における公益目的保有財産の帳簿価額の合計額を控除して得た額（同項1号チ）

⑧　当該事業年度において、不可特定財産の改良に要した額（同項1号リ）

⑨　当該事業年度の引当金の取崩額（同項1号ヌ）

⑩　上記①から⑨までに掲げるもののほか、定款又は評議員会の定めにより、当該事業年度において公益目的事業財産となった額（同項1号ル）

Ⓑの「当該事業年度中の公益目的事業財産の減少分」は、以下の合計額である。

①　当該事業年度の損益計算書に計上すべき公益目的事業に係る事業費の額に商品等の譲渡において公益実施費用額に算入することとなった額を加算し、財産の譲渡損又は評価損、財産の運用による損失を減算した額〔公益目的事業の事業費＋譲渡原価－譲渡損失－評価損－財産運用損〕（認定法施行規則48条3項2号イ）

②　上記①に掲げるもののほか、当該事業年度において公益目的保有財産に生じた費用及び損失の額（同項2号ロ）

③　上記①及び②に掲げるもののほか、当該事業年度において公益目的事業の実施に伴って生じた経常外費用の額（同項2号ハ）

④　当該事業年度の末日における公益目的保有財産の帳簿価額の合計額から当該事業年度の開始の日の前日における公益目的保有財産の帳簿価額の合計額を控除して得た額（同項2項ニ）

⑤　上記①から④までに掲げるもののほか、当該事業年度において他の公益法人に対し、当該他の公益法人の公益目的事業のために寄附した財産の価額（同項2項ホ）

なお、公益認定を受けた日の属する事業年度又は公益法人認定法25条1項

の新設合併による地位の承継の認可を受けて設立した法人の成立の日の属する事業年度における前事業年度末の公益目的増減差額は零である(認定法施行規則48条3項本文かっこ書)。

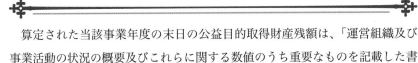

3 公益目的取得財産残額の「運営組織及び事業活動の状況の概要及びこれらに関する数値のうち重要なものを記載した書類」への記載

　算定された当該事業年度の末日の公益目的取得財産残額は、「運営組織及び事業活動の状況の概要及びこれらに関する数値のうち重要なものを記載した書類」(認定法施行規則28条1項2号)に記載する。

　様式については、「定期提出書類の手引き(公益法人編)」(事業計画書、事業報告書等を提出する場合・内閣府／都道府県)の「Ⅲ-3　別紙1：運営組織及び事業活動の状況の概要及びこれらに関する数値のうち重要なものを記載した書類」の「2．事業活動等について(7)当事業年度の末日における公益目的取得財産残額」に定められている。

　この様式に記載する公益目的取得財産残額は、別表H(1)1欄、21欄、24欄より転記することになっている。

第4章

評議員

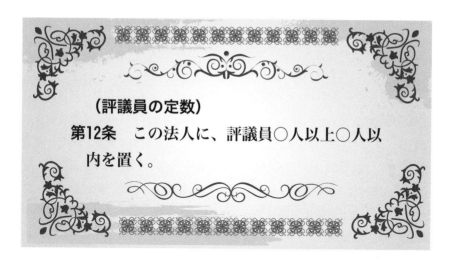

（評議員の定数）
第12条 この法人に、評議員〇人以上〇人以内を置く。

1 改正前民法34条に基づく財団法人における評議員及び評議員会の意義・役割

　改正前民法34条の規定に基づき設立許可された公益法人について、改正前民法は、業務執行機関としては、常設的なものとしての理事（改正前民法52条1項）、臨時的なものとして仮理事（改正前民法56条）、特別代理人（改正前民法57条）について定めていたが、これらのほかに、こういう業務執行機関に対する諮問的又は牽制的地位に立つ機関を定款、寄附行為によって定めることは、特段に禁じられていないと解され、それは法人の自治に委ねられていた。

　そのため、各公益法人においては、その法人の事業規模、事業形態等を勘案し、各種機関を設置している。そういう中にあって、財団法人にあっては、評議員及び評議員会は必要的機関として、その位置付け、役割が期待されていた。

　評議員及び評議員会についての定め方としては、財団法人にあっては寄附行為において㋐機関として評議員会というものの設置を定め、それを構成するメンバーに評議員という名称を付けているものと、㋑評議員という名称をもつ諮

223

問的・牽制的役割を担う職を置き、それが活動するための会議体として評議員会という制度を設けるという、2種類の定め方が考えられていた。どちらの方法をとっても、実質的には差がない。

　一方、指導監督基準及びその運用指針の「4　機関(4)評議員及び評議員会①」・「運用指針(1)」においては、この評議員及び評議員会に関し次のように規定している。すなわち、「財団法人には、原則として、評議員を置き、また、理事及び監事の選任機関並びに当該法人の重要事項の諮問機関として評議員会を置くこと」(指導監査基準4(4)①)とし、運用指針(1)においては、「財団法人は、社団法人と異なり、意思決定機関である社員総会を持たないため、理事の職務権限が大きく、事業運営上、独断専行が生じやすい。そこで、民法上規定がないが、財団法人に理事等の執行機関を客観的立場から牽制し、業務執行の公正、法人運営の適正を図る機関として評議員及び評議員会を設置する必要がある。評議員会には、理事等の業務執行の適正化を図る役割を果たすため、理事の選任機能や重要事項の諮問機能を持たせる必要があるが、これに加え、理事の監督、重要事項の決定等を行わせることも可能である」としている。

　以上のように、改正前民法34条の規定に基づく財団法人における評議員及び評議員会については、㋐理事及び監事の選任機関、㋑当該法人の重要事項に対する諮問機関、㋒理事等の業務執行機関に対する監督的・牽制的機能を果たす機関、㋓理事会が議決すべき事項に対しての同意又は議決、がその地位としての役割であると解されている。

　しかしながら、評議員会の役割として重要な意味をもっているのは、上記㋐の理事及び監事の選任機関と、㋓の同意又は議決機関としての役割であると考えられる。いずれにしても、財団法人に地位付けられている評議員及び評議員会は、理事会との関係においては権限の分配が不明確な存在にあったということである。

2 一般法人法における評議員の意義・役割

　評議員は、公益（一般）財団法人の基本的事項について意思決定を行う機関である評議員会を構成する機関である（法178条1項）。

　一般財団法人は、設立者の意思によって設立されるが（法152条1項）、法人成立後の法人運営は、設立者の権限によってすべてが行われるものではない。また、公益（一般）財団法人の場合には、公益（一般）社団法人における社員のような構成員が存在しないため、法人の機関設計においては、理事の業務執行を他の機関が監督するといったガバナンスの仕組みを構築することが必要と考えられる。

　そこで、一般法人法においては、法人運営のために必要な権限が各種の機関に与えられ、そしてそれぞれの機関がその権限に基づいて職務を遂行することによって、法人の運営を行うという仕組みが採られている。

　評議員も公益（一般）財団法人の運営のための必須の機関として位置付けられ（法170条1項）、評議員会の構成員として議決権を行使し、評議員会の担う牽制・監督の役割を果す。その権限は理事会及び監事を置く公益（一般）社団法人の社員に類似するが（法197条・199条参照）、社員は、社員総会という機関を通してのみ、その意思が法人の運営に反映されるのに対し、評議員は機関として意思決定に関与する点において異なる。

3 評議員の員数

(1) 一般法人法上の員数

　評議員の員数は、「3人以上でなければならない」旨を一般法人法は規定している（法173条3項）。3人という員数については、公益社団法人・理事会設

置一般社団法人、公益（一般）財団法人において「理事は、3人以上でなければならない」（法65条3項・177条）とされているのと同じである。会社法においても取締役会設置会社においては、「取締役は、3人以上でなければならない」とされているが（会社法331条5項）、これは改正前商法255条と同じであり、取締役の員数を3人以上と規定したのは、改正前商法が株式会社について想定した会社の規模からみて、これが適当と考えたからであると解されている（注）。

評議員の3人以上という員数については、一般法人法65条3項（法177条）に規定する理事の員数（3人以上）と同様に、評議員から構成される法律上の必須機関である評議員会としては、会議体を構成できるようにするためには、最低員数として、3人は不可欠の員数と解することによるものと考えられる。

3人は、評議員の法定の最低限であるから、法人は、定款で最低限を高めて例えば8人以上としてもよいし、また定款で最高限を設けて例えば10人以内としてもよい。後者の場合には、評議員の員数は3人以上10人以内と解することになるが、この範囲内で適宜の数を定款で定めて評議員を選任することができ、いったん6人の評議員を選任しても、その数が定款所定の員数として確定するわけではなく、その後に評議員の1人が退任しても、定款所定の最低限の員数を欠かない限り、一般法人法175条1項にいう評議員の員数を欠くに至った場合には当たらない。

(2) 評議員の適正員数

評議員の員数を何人とするかは、それぞれの法人の実態から見て適正なものとする必要がある。指導監督基準の運用指針（4(4)評議員及び評議員会の運用指針(3)）においては、「評議員の定数については、理事と同様、法人の事業規模、内容等から見て適切なものにする必要があるが、理事会を牽制する役割からみて、理事と同数程度以上であることが好ましい」と規定している。

この「理事と同数程度以上」ということの意味については、理事については法人の運営責任があり、余り多人数の場合には機能性に欠けることになるのに対し、評議員の場合には、幅広い知識経験を有する者をもって評議員会を構成

し、法人の運営等について意見を述べることが望ましいという考え方によるものとされている。

　学校法人の評議員の員数について、「評議員会は、理事の定数の２倍をこえる数の評議員をもって、組織する」と定められているが（私立学校法41条２項）、これは理事の評議員兼職が禁止されていないので、理事を兼ねている評議員が評議員の半数以上を占めることのないようにするためである。

　評議員の員数が多い場合、任意機関である従来の評議員は、評議員会に出席できないときは書面による議決権の行使等ができたが、新法人制度の場合にはこれが認められないので、欠席評議員が多いと評議員会の開催に必要な定足数を割ってしまうようなおそれも生じかねない。また、評議員会の決議の省略（法194条１項）の場合、評議員全員の同意が必要とされるが、その手続に時間等もかかると同時に、１人でも反対者がいれば決議の省略は成立しないので全員の同意を得ることに難しい面がある。これらの観点からも、評議員の員数については、極端に多いこと（例えば、数十人という場合）は、評議員会の円滑な運営に支障があると考えられる。法人によっては、現在でも評議員の員数がかなり多いところが存在する。一般的には、評議員の員数としては、理事の員数と同数程度が望ましいと解される。

　なお、評議員の員数については、定款では次のような定め方が考えられる。

① 「評議員は、○人以内とする」と定款で定める場合

　この場合には、法定の３人以上○人以内（例えば８人以内）で、評議員を置くことができる。しかし、上限を余り高くすると、評議員会の運営が困難になることもあり得ることから、上限の定め方に注意が必要である。

② 「評議員は、○人以上とする」と定款で定める場合

　法定の３人以上ならば何人でも差し支えない。この規定からは上限に制限がないことと、下限を高くするとその員数は最低置かなくてはならないので、下限の定め方に注意が必要である。

内閣府モデル定款から読み解く公益・一般法人の法人運営手続　財団編（上巻）

③　「評議員は、○人とする」と定款で定める場合

　この場合には、1人でも退任すると員数を欠くことになる。したがって、評議員の員数の定め方としては不適当ということになろう。

④　「評議員は、○人以上○人以内とする」と定款で定める場合

　この定め方が一般的である。例えば、「6人以上10人以内」と定めた場合には、例えば、7人とか8人の評議員を選任することができ、いったん7人の評議員を選任したとしても、その7人が定款所定の員数と確定するわけではない。この場合、1人の評議員が退任しても、最低限の6人の評議員は存在しているので、定款に定める員数を欠くことにはならない。

　なお、評議員の員数を「6人以上10人以内」と定めても、最低限の6人のみ選任するような場合は、1人でも退任すれば欠員が生じることとなる。結果的には、上記③と同じような員数の規定となってしまう。

　「○人以上○人以内」という規定の場合には、少なくとも最低限より1人以上上回った員数の評議員を選任しなければ、この規定の意味がないと言える。

【注記（第12条）】

　(注)　竹内昭夫他編『新版注釈会社法(6)　株式会社の機関(2)』、34頁、有斐閣。

【評議員の選任及び解任を評議員選定委員会において行う場合】（A案）

（評議員の選任及び解任）

第13条 評議員の選任及び解任は、評議員選定委員会（以下「委員会」という。）において行う。

2 委員会は、評議員1人、監事1人、事務局員1人、次項の定めに基づいて選任された外部委員2人の合計5人で構成する。

3 委員会の外部委員は、次のいずれにも該当しない者を理事会において選任する。

⑴ この法人又は関連団体（主要な取引先及び重要な利害関係を有する団体を含む。以下同じ。）の業務を執行する者又は使用人

⑵ 過去に前号に規定する者となったことがある者

⑶ 第1号又は前号に該当する者の配偶者、3親等内の親族、使用人（過去に使用人となった者も含む。）

4 委員会に提出する評議員候補者は、理事

会又は評議員会がそれぞれ推薦することができる。委員会の運営についての細則は、理事会において定める。

5　委員会に評議員候補者を推薦する場合には、次の事項のほか、当該候補者を評議員として適任と判断した理由を委員に説明しなければならない。

(1)　当該候補者の経歴

(2)　当該候補者を候補者とした理由

(3)　当該候補者とこの法人及び役員等（理事、監事及び評議員）との関係

(4)　当該候補者の兼職状況

6　委員会の決議は、委員の過半数が出席し、その過半数をもって行う。ただし、外部委員の1人以上が出席し、かつ、外部委員の1人以上が賛成することを要する。

7　委員会は、前条で定める評議員の定数を欠くこととなるときに備えて、補欠の評議員を選任することができる。

8　前項の場合には、委員会は、次の事項も併せて決定しなければならない。

(1)　当該候補者が補欠の評議員である旨

(2)　当該候補者を1人又は2人以上の特定の評議員の補欠の評議員として選任する

ときは、その旨及び当該特定の評議員の氏名

⑶ 同一の評議員（2人以上の評議員の補欠として選任した場合にあっては、当該2人以上の評議員）につき2人以上の補欠の評議員を選任するときは、当該補欠の評議員相互間の優先順位

9 第7項の補欠の評議員の選任に係る決議は、当該決議後4年以内に終了する事業年度のうち最終のものに関する定時評議員会の終結の時まで、その効力を有する。

10 評議員は、この法人又はその子法人の理事、監事又は使用人を兼ねることができない。

11 評議員に異動があったときは、2週間以内に登記し、遅滞なくその旨を行政庁に届け出なければならない。

【「評議員の構成を公益法人認定法第5条第10号及び第11号に準じたものにする」旨を定める方法により評議員会の決議で評議員の選任及び解任を行う場合】（B案）

（評議員の選任及び解任）

第13条　評議員の選任及び解任は、一般社団法人及び一般財団法人に関する法律第179条から第195条までの規定に従い、評議員会において行う。

2　評議員を選任する場合には、次の各号の要件をいずれも満たさなければならない。

⑴　各評議員について、次のイからへまでに該当する評議員の合計数が評議員の総数の3分の1を超えないものであること。

イ　当該評議員及びその配偶者又は3親等内の親族

ロ　当該評議員と婚姻の届出をしていないが事実上婚姻関係と同様の事情にある者

ハ　当該評議員の使用人

ニ　ロ又はハに掲げる者以外の者であっ

て、当該評議員から受ける金銭その他の財産によって生計を維持しているもの

ホ　ハ又はニに掲げる者の配偶者

ヘ　ロからニまでに掲げる者の3親等内の親族であって、これらの者と生計を一にするもの

(2)　他の同一の団体（公益法人を除く。）の次のイからニまでに該当する評議員の合計数が評議員の総数の3分の1を超えないものであること。

イ　理事

ロ　使用人

ハ　当該他の同一の団体の理事以外の役員（法人でない団体で代表者又は管理人の定めのあるものにあっては、その代表者又は管理人）又は業務を執行する社員である者

ニ　次に掲げる団体においてその職員（国会議員及び地方公共団体の議会の議員を除く。）である者

①　国の機関

②　地方公共団体

③　独立行政法人通則法第2条第1項

に規定する独立行政法人
　④　国立大学法人法第2条第1項に規定する国立大学法人又は同条第3項に規定する大学共同利用機関法人
　⑤　地方独立行政法人法第2条第1項に規定する地方独立行政法人
　⑥　特殊法人（特別の法律により特別の設立行為をもって設立された法人であって、総務省設置法第4条第15号の規定の適用を受けるものをいう。）又は認可法人（特別の法律により設立され、かつ、その設立に関し行政庁の認可を要する法人をいう。）
3　評議員は、この法人又はその子法人の理事、監事又は使用人を兼ねることができない。
4　評議員に異動があったときは、2週間以内に登記し、遅滞なくその旨を行政庁に届け出なければならない。

1 評議員の選任及び解任

(1) 定款で定める評議員の選任及び解任の方法

　評議員の選任及び解任の方法は、公益（一般）財団法人の定款における必要的記載事項である（法153条1項8号）。評議員の選任及び解任の方法については、理事などのように（法63条1項・177条・176条1項）、一般法人法に特段の規定が設けられていない。したがって、これについてどのような方法で行うかについては、定款で定めた方法で行うことになる（設立時評議員の選任については、定款で定めなかったときは、一般法人法157条1項の規定による財産の拠出が完了した後、定款で定める方法により選任する〔法159条1項〕）。ただし、理事又は理事会が評議員を選任し、または解任する旨の定款の定めは無効である（法153条3項1号）。

① 評議員の選任及び解任の方法が定款の必要的事項とされている理由

　評議員の選任及び解任の方法が何故定款の必要的記載事項とされているかについては、次のような理由によるものと解されている（注1）。すなわち、評議員は、公益（一般）財団法人の運営が設立者の定めた目的に沿って適正に行われているかどうかを監督する重要な立場にある。よって、評議員の選任及び解任の方法は、法人運営の基本となる重要な事項であり、設立者の意思に委ねることが相当であることから、定款で定めた方法によるものとしたものである。

② 理事又は理事会が評議員の選任又は解任を行う旨を定款で定めることが禁止されている趣旨

　一般法人法153条3項1号において、理事又は理事会が評議員を選任し、または解任する旨の定款の定めが無効とされているのは、次の趣旨によるものである（注2）。すなわち、業務執行機関（理事・理事会）がこれを監督すべき評議員会の構成員である評議員を選任することは、被監督者が監督者を選任することとなり、評議員会の業務執行機関への監督が十分に果たされなくなるおそ

れがあるからである。

(2) 「評議員の選任及び解任の方法」に関する定款の定めのあり方

「評議員の選任及び解任の方法」に関する定款の定めのあり方については、内閣府公益認定等委員会留意事項の「各論　6評議員の構成並びに選任及び解任の方法」に、以下のように説明されている。

① 評議員の構成についての考え方

　一般法人法における「評議員」は、一般財団法人の運営がその目的から逸脱していないかを監督する重要な立場にある。すなわち、一般財団法人制度においては、財団法人の運営の適正を確保するため、「評議員」の資格を有している者に対し評議員会の議決権を与え、役員、会計監査人の選任・解任の権限（法63条1項・177条、176条）、報酬等の決定権（法89条・105条1項・197条）を与えて役員等の人事権を独占させた上、決算の承認（法126条2項・199条）、定款の変更（法189条2項3号）など法人運営における重要事項の最終的な意思決定権を付与している。

　さらに、評議員には、理事の違法行為の差止請求権（法88条1項・197条）、役員等の解任の訴えの提訴権（法284条）など法人の適切な業務運営を確保するための種々の権利も付与されている。

　加えて、評議員は広範かつ強大な権限を有するだけでなく、4年間の任期（法174条1項本文）が保障されており、自らの意思で辞任しない限りは原則としてその地位を失うことはないなど、その独立性も強く保障されている。

　上記のように、一般財団法人においては、評議員が、人事権等の重要な権利を適切に行使することにより法人の適正な運営が確保される仕組みとなっており、税制上の優遇措置を受けることとなる公益財団法人の業務運営が公正に行われるためには、広範で強い権限を付与されている評議員の人選が非常に重要となる。

第13条　評議員の選任及び解任

そのため、公益財団法人の運営が、特定の団体や勢力の利益に偏るおそれがなく、不特定かつ多数の者の利益のために適正かつ公正に行われているためには、評議員会を構成する評議員が公益法人の一般的な業務運営に一定の知見を有しているだけでなく、その法人の運営の公正さに疑いを生じさせない立場にある者が評議員会の一定の割合を占めることが法の趣旨に適うことになる。

②　具体的「評議員の選任及び解任の方法」についての考え方

例えば、評議員の選任及び解任を「評議員会の決議で行う」こととすると、「（最初の）評議員」の人選が特定の団体や勢力の関係者で占められた場合には、以後の評議員の選任も当該特定の団体や勢力の関係者に占められることとなり、公正かつ適切な法人の業務運営を確保するために設けられた新法人制度の仕組みが有効に機能しないおそれがある。

また、それだけでなく、㋐当該法人の役員等の人事権等の重要かつ強大な権限を掌握した評議員の人事が評議員で構成される評議員会だけで行われ、いわば最高意思決定機関の人事を最高意思決定機関だけで行うこととなってしまい、㋑評議員の人事を身内だけで行い、外部の者が関与する余地がなくなるため、当該法人の運営が特定の団体や勢力の利益に偏り、その運営の公正さに疑いを生じさせるおそれがある（認定法5条3号、4号等参照）。

2　評議員の選任及び解任を評議員選定委員会において行う場合（A案）の解釈・運用

(1)　評議員選定委員会の委員構成

評議員選定委員会（以下「委員会」という。）の委員を何人とするかは、定款に定めるところによる。例えば、5人とする場合には、評議員を選任する任意の機関の構成員として、「中立的な立場にある者」のほかに、法人関係者（評

内閣府モデル定款から読み解く公益・一般法人の法人運営手続　財団編（上巻）

議員、監事、事務局員等）を加えても差し支えない。しかし、理事が構成員となることは、理事又は理事会による評議員の選任を禁止した一般法人法153条3項1号の趣旨を踏まえ、許されない（内閣府公益認定等委員会留意事項の各論6 評議員の構成並びに選任及び解任の方法〔定款審査における取扱い〕注3）。

委員が5人の場合、評議員が構成員の過半数（3人）を占めることとする定款の定めは、上記1⑵①の考え方の趣旨を踏まえ不相当と解される。

委員5人の構成としては、評議員1人（又は2人）、監事1人、事務局員1人（評議員が2人の場合には、事務局員は構成員にならない。）、外部委員2人が適当である。

⑵　選定委員の選任（本条2項・3項関係）

①　評議員

評議員から選出する選定委員については、評議員の協議によって選出する。具体的には、評議員会に諮って決めることになる。

②　監事

監事が複数在任する場合には、監事の協議によって決めることになるが、1人の場合には、その監事が委員に就任する。なお、監事から選定委員を選出しなくても差し支えない。

③　事務局員

事務局員から選定委員を選出する場合には、例えば、事務局長、部長などの幹部職員から選出することが適当と考えられる。選定委員については、任免権者である代表理事（理事長）が決定する。理事が事務局長を兼任している場合には、選定委員に選出することはできない。

④　外部委員

外部委員は、本条3項各号の要件に該当しないものでなければ選定委員に選

任することができない。この要件の具体的解釈については、平成20年10月14日付けで内閣府大臣官房新公益法人行政準備室から各府省公益法人担当官等宛の事務連絡としての「特例財団法人における最初の評議員の選任について」の中で示された「財団法人○○会における最初の評議員の選任方法（案）」の（注）において、「この法人又は関連団体（主要な取引先及び重要な利害関係を有する団体を含む。以下同じ。）の業務を執行する者又は使用人」について、次のように解説されているが、本条3項1号についても同じ解釈になるものと解される。

i　関連団体

　　当該法人が他の団体（法人、会社、組合その他これらに準ずる事業体を含む。）の財務及び事業の方針の決定に対して重要な影響を与えることができる場合における当該他の団体のほか、主要な取引先及び重要な利害関係を有する団体を含む。

ii　主要取引先

　　主要な取引先に該当するか否かは、当該法人の事業の内容、性質、規模、取引の内容等の具体的な事情を前提として個別に判断されることとなるが、メインバンクや売上高の大きな部分を占める販売先は通常これに該当する。

iii　重要な利害関係

　　当該法人との間で契約関係、補助金の交付、立入検査等の監督指導などの関係にある団体などを想定している。

iv　団体

　　法人（外国法人を含む。）、会社（外国会社を含む。）、組合（外国における組合に相当するものを含む。）その他これらに準ずる事業体をいう（なお、公益法人認定法5条11号において、国の場合には、一般的には事務分掌の単位である省庁単位で、都道府県は各都道府県単位でそれぞれ考えることとされている。）。

v　業務を執行する者

　　公益法人、理事会を設置する一般社団法人及び一般財団法人の場合は代表理事及び業務執行理事をいい、理事会を設置していない一般社団法人の場合はすべての理事をいう。

他の法人形態の場合には、業務執行権限の有無等により判断される。例えば、株式会社の場合には、取締役であっても、業務執行権のない取締役（取締役会設置会社におけるいわゆる平取締役や社外取締役）はこれに該当しない。

vi　使用人

雇用契約を締結する従業員に限らず、委任契約を締結する顧問や相談役も含まれる場合がある。

(3)　評議員候補者の推薦（本条4項・5項関係）

委員会に提出する評議員候補者については、理事会又は評議員会がそれぞれ推薦することができる。

この場合には、㋐評議員候補者の経歴、㋑評議員候補者とした理由、㋒当該評議員候補者と当該法人及び役員等（理事、監事及び評議員）との関係、㋓当該評議員候補者の兼職状況等、候補者を評議員として適任と判断した理由を記載した書類（例えば、下記のような「評議員候補者推薦書」）を委員会に提出して、当該法人の関係者から説明することとなる。

そのため、評議員候補者の原案を理事会において用意した上で、これを委員会の構成員に諮ることとする運用も差し支えないものと解される（内閣府公益認定等委員会留意事項の各論6　評議員の構成並びに選任及び解任の方法〔定款審査における取扱い〕注3）。

第13条　評議員の選任及び解任

【13-1　評議員候補者推薦書の書式例】

評議員候補者推薦書

候補者氏名	区	分	
甲 野 太 郎	住　　　　　所		
	経　　　　　歴		
	推 薦 理 由		
	当法人との関係		
	兼 職 状 況		
乙 野 次 郎	住　　　　　所		
	経　　　　　歴		
	推 薦 理 由		
	当法人との関係		
	兼 職 状 況		

(注) 1．「経歴」については、主たるものを記載する。
　　　2．「推薦理由」については、例えば、現在評議員として在任中の者であれば、「これまでの活動状況から適任である」というように記載する。
　　　3．「当法人との関係」については、現在、法人に関係する職に就いているものを記載する。
　　　4．「兼職状況」については、他の団体の役員等にあるもののうち、主たるものを記載する。
　　　5．この書類に記載されていない事項で特に説明を要するものは、代表理事等から補足説明を行う。

⑷　評議員選定委員会運営規則の制定（本条４項関係）

　本条４項（定款13条４項）において、「委員会の運営についての細則は、理事会において定める」旨が規定されている。

　評議員選定委員会運営規則としては、次のような内容のものとなろう。

内閣府モデル定款から読み解く公益・一般法人の法人運営手続　財団編（上巻）

【13-2　評議員選定委員会運営規則の例】

評議員選定委員会運営規則

（目的）

第1条　この規則は、定款第○条第○項に規定する評議員選定委員会（以下「委員会」という。）の運営に関する必要事項を定め、それによって委員会の適正かつ円滑な運営を図ることを目的とする。

（招集）

第2条　委員会は、代表理事（理事長）が招集する。

2　代表理事（理事長）に事故あるときは、各理事が委員会を招集する。

（招集通知）

第3条　委員会を招集するには、代表理事（理事長）は、委員会の日の1週間前までに、各委員に対して、書面でその通知を発しなければならない。ただし、委員の全員の同意があるときは、招集の手続を経ることなく開催することができる。

（議長）

第4条　委員会の議長は、当該委員会において、出席委員の中から選出する。

（決議）

第5条　委員会の決議は、委員の過半数が出席し、その過半数をもって行う。ただし、外部委員の1人以上が出席し、かつ、外部委員の1人以上が賛成することを要する。

（議事録）

第6条　委員会の議事については、議事録を作成する。

2　議事録は書面をもって作成し、出席した委員は記名押印しなければならない。

3　委員会の議事録は、次に掲げる事項を内容とするものでなければならない。

　(1)　委員会が開催された日時及び場所

　(2)　委員会の議事の経過の要領及びその結果

　(3)　委員会に出席した理事の氏名

　(4)　委員会の議長が存するときは、議長の氏名

4　第1項の議事録は、委員会の日から10年間、その主たる事務所に備え置かなければならない。

（任期）

第7条　委員の任期は、就任後4年以内に終了する事業年度のうち、最終のものに関する定時評議会の終結の時までとする。ただし、再任を妨げない。

（改廃）

第8条　この規則の改廃は、理事会の決議を経て行う。

第13条　評議員の選任及び解任

（補則）
第9条　この規則に定めるもののほか、委員会の運営に関する必要な事項は、代表
　理事（理事長）が別に定める。

　　　附　則
　この規則は、令和○年○月○日から施行する。

(5)　補欠の評議員の選任（本条7項〜9項関係）

　本条（定款13条）7項から9項までは、補欠の評議員の選任に関する規定で
ある。評議員の選任及び解任の方法は、定款の必要的記載事項であるから、定
款12条に定める評議員に欠員が生じた場合に備えた補欠の評議員の選任方法
についても、定款で定めることができる（法153条1項8号）。

　しかし、評議員の員数の定め方によっては、実際に補欠の評議員を選任して
おく必要性は少ないものと考えられる。

(6)　評議員の兼職の禁止（本条10項関係）

　評議員は、公益（一般）財団法人又はその子法人の理事、監事又は使用人を
兼ねることができない（法173条2項）。それは、評議員は理事及び監事の選任
及び解任を通じて、その法人の業務を監督する立場にあるためである。

(7)　評議員の就任承諾

　評議員の選任の効果が生ずるためには、定款に定める選任方法（法153条1項
8号）により選任されるほか、評議員の就任の承諾が必要である。

　評議員の変更登記には、選任に関する書面（議事録）及び就任を承諾したこ
とを証する書面（就任承諾書、法320条2項）の添付（評議員会、評議員選定委員会
等の席上で就任を承諾した場合には、登記申請書に「就任の承諾を証する書面は、○○
会議事録の記載を援用する」などと記載すれば、就任承諾書の添付は要らない。）が必

内閣府モデル定款から読み解く公益・一般法人の法人運営手続　財団編（上巻）

要である（法320条2項）。

就任承諾書の書式例を示せば、下記のようなものとなる。

【13-3　就任承諾書の書式例】

就任承諾書

　私は、令和○年○月○日開催の○○において、貴法人の評議員に選任されましたので、就任することを承諾します。

　令和○年○月○日

　　　　　　　　　　　　　　　　　　　○○県○○市○○町○丁目○番○号

　　　　　　　　　　　　　　　　　　　　○○○○　　㊞

公益（一般）財団法人○○協会　御中

(注)1．日付けは、就任承諾書を提出する日付けを記載する。
　　2．押印する印鑑については、実印を押印しなければならないという制約はない。

⑻　評議員の選任登記

　定款に定める方法により評議員を選任したときは、評議員の氏名は登記事項であるので（法302条2項5号）、選任後2週間以内に、その主たる事務所の所在地において、変更の登記をしなければならない（法303条）。

　評議員の就任による変更の登記の申請書には、次の書面を添付するものとされている。

①　定款

　評議員の選任方法は定款の必要的記載事項（法153条1項8号）であるから、評議員の就任による変更登記の申請書には、定款の添付が必要となる。

②　評議員の選任に関する書面

　申請書には、その選任に関する書面が必要とされるが（法320条2項）、具体的には、選任を行った評議員会議事録、評議員選定委員会議事録等である（法317条2項）。

③ 就任承諾書

　申請書には、評議員の就任を承諾したことを証する書面（就任承諾書）を添付しなければならない（法320条２項）。ただし、評議員会等において評議員の選任が行われた席上でその就任を承諾した場合には、登記申請書に「就任の承諾を証する書面は、○○会議事録の記載を援用する」などと記載すれば、就任承諾書は添付しなくても差し支えない。　なお、この場合、新任の評議員については、評議員会等の議事録に当該評議員の氏名のほか、住所も記載しなければならない。

④ 新任の評議員の本人確認証明書（法登規則３条、商登規則61条７項）

　本人確認証明書とは、㋐住民票の写し又は住民票記載事項証明書、㋑戸籍の附票の写し、㋒個人番号カードの表面のコピー、㋓住民基本台帳カードのコピー、㋔運転免許証等のコピー、などである。

　なお、評議員選定委員会で評議員の選任を行った場合の議事録の書式例を示せば、次のようなものとなる。

【13-4　評議員選定委員会議事録の書式例】

評議員選定委員会議事録

1　開催日時　令和○年○月○日　午後○時○分〜午後○時○分
2　開催場所　当法人の本部会議室
3　出席評議員選定委員

　　　　　　評議員選定委員総数　　○人
　　　　　　出席評議員選定委員　　○人　○○○○　○○○○　○○○○
　　　　　　　　　　　　　　　　　　　　○○○○　○○○○
4　出席理事　代表理事（理事長）
　　　　　　　○○理事
5　議案　評議員選任の件
6　議事の経過の要領及びその結果

内閣府モデル定款から読み解く公益・一般法人の法人運営手続　財団編（上巻）

```
　　出席評議員選定委員全員の一致をもって、次の事項につき可決確定した。
　　議案　評議員選任の件　　○○○○　○○○○　○○○○
　　　　　　　　　　　　　　　○○○○　○○○○　○○○○
　なお、被選任者は、その就任を承諾した。
　上記の決議を明確にするため、この議事録を作成し、出席委員の全員がこれに記
名押印する。


　　令和○年○月○日
　　　　　　　　　　　　　　　公益（一般）財団法人○○協会評議員選定委員会
　　　　　　　　　　　　　　　　　評議員　○○○○　㊞
　　　　　　　　　　　　　　　　　監　事　○○○○　㊞
　　　　　　　　　　　　　　　　　事務局員　○○○○　㊞
　　　　　　　　　　　　　　　　　外部委員　○○○○　㊞
　　　　　　　　　　　　　　　　　外部委員　○○○○　㊞
```

㊟　ここに押印する印鑑については、実印を押印しなければならないという規制はない。

⑼　行政庁への異動の届出（本条11項関係）

　公益財団法人で評議員の退任等により異動があったときは、行政庁への届出
が必要である（認定法13条１項、同法施行規則11条２項）。

　変更届出書（第３号様式・認定法施行規則11条１項）に添付する書類としては、
㋐登記事項証明書（同規則５条３項１号）、㋑就任（又は退任）した理事等の名簿、
㋒理事等の名簿、㋓役員等名簿、㋔確認書、㋕事業・組織体系図を添付するこ
ととされている（認定法７条２項各号に掲げる書類のうち、変更に係るもの）。

⑽　租税特別措置法40条１項後段の適用を受ける場合に必要な条項について

　個人が公益財団法人に対して財産を寄附した場合において、一定の要件を満
たし国税庁長官の承認を受けたときは、その譲渡所得等に係る所得税は非課税
となる（租税特別措置法40条）が、この承認を受けるためには、公益法人の定款

において、一般法人法及び公益法人認定法により記載しなければならない事項のほか、評議員の構成に関して、本条（第13条）に次の1項を付加することが必要とされている（租税特別措置法施行令第25条の17第6項第1号）。

【措税特別措置法40条の適用を受けるために必要な定款上の規定】

> ○　この法人の評議員のうちには、理事のいずれか1人及びその親族その他特殊の関係がある者の合計数、又は評議員のいずれか一人及びその親族その他特殊の関係がある場合の合計数が、評議員総数（現在数）の3分の1を超えて含まれることになってはならない。また、評議員には、監事及びその親族その他特殊の関係がある者が含まれてはならない。

 ## 3　「評議員の構成を公益法人認定法第5条第10号及び第11号に準じたものにする」旨を定める方法により評議員会の決議で評議員の選任及び解任を行う場合（B案）の解釈・運用

(1)　公益法人制度改革に関する有識者会議報告書における評議員の選任及び解任に対する考え方

　公益法制度改革に関する有識者会議の下に、一般的な非営利法人制度のあり方について専門的観点から検討を行った「非営利法人ワーキング・グループ」（民法学者を主体とする7人の構成）の「非営利法人制度の創設に関する試案」（平成16年10月12日、有識者会議報告書の別紙）においては（第四　財団形態の法人、二

管理　2評議員(1)選解任)、「評議員の選任及び解任は、評議員会の決議による
ものとする方向で検討する」と報告されている。これを受けて審議をした「公
益法人制度改革に関する有識者会議」では、報告書（平成16年11月19日）にお
いて、その結果として「評議員の選任及び解任は評議員会の決議によるものと
する」と報告されている（2．一般的な非営利法人制度(4)財団形態の非営利法人制度
②イ(ア)評議員及び評議員会）。

　一般法人法上は、評議員の選任及び解任方法については、理事又は理事会に
よる評議員の選任又は解任は、定款の定めとしては無効とする規定（法153条
3項1号）以外は特にないので、公益（一般）財団法人がどのような方法を選択
するかは自由とされているが、その中の1つにこの「評議員会の決議」による
方法も含まれる。

(2)　一般法人法179条から195条までの規定による評議員会の開催手続（本条1項関係）

　評議員の選任及び解任を評議員会の決議により行う場合には、評議員会に関
し定める一般法人法の手続に従い行うことは当然である。これに関する一般法
人法の規定は、179条から195条までの規定である。

(3)　評議員と特別の関係がある者（本条2項関係）

　本条2項（定款13条2項）は、相互に特別の関係のある評議員が、評議員会
の構成員の3分の1を超えないものであることを規定する。特別の関係のある
評議員が評議員会の構成員の一定割合以上を占めることになれば、それらの者
により評議員会が支配され、それらの者に共通する利益に基づき法人運営がな
されるおそれがあるからである。

　本条2項1号は、公益法人認定法5条10号に規定する理事と特別の関係に
ある（その配偶者又は三親等内の親族等）理事の合計数が理事の総数の3分の1
を超えないものであることと同じ考え方によるものである（理事と特別の関係が
ある者の範囲については、公益法人認定法施行令4条参照）。

第13条 評議員の選任及び解任

また2項2号については、公益法人認定法5条11号に規定する他の同一の団体（公益法人を除く。）において相互に密接な関係にある者が、理事の総数の3分の1を超えないものであることと同じ考え方による（他の同一の団体において相互に密接な関係にある者の範囲については、公益法人認定法施行令5条参照）。

 (4) その他について

本条3項の「評議員の兼職の禁止」、4項の「行政庁への異動の届出」については、前記2(6)評議員の兼職の禁止、(9)行政庁への異動の届出において述べたとおりである。

このほか、評議員の就任承諾、評議員の選任登記、租税特別措置法40条1項後段の適用を受ける場合の必要な条項についても、それぞれ前記2(7)、(8)、(10)においてそれぞれ述べたとおりであるので説明は省略する。

なお、評議員会における評議員選任の議事録については、通常の評議員会議事録と同じであるので、これについては第5章　評議員会　第24条（議事録）において説明する。

第4章 評議員

4　「外部の特定の者に評議員の選任及び解任を委ねる方法」（C案）による場合の解釈・運用

この場合の方法としては、例えば、「一定の知見を有する中立的な立場の法人（事業体）」、つまり特定の分野の団体を束ねる連合体、協議会といったような団体に評議員の選任又は解任を委ねることである。しかし、その連合体、協議会等が当該法人と「重要な利害団体」を有するものである場合には、これらの事業体に評議員の選任又は解任を委ねることは不相当と考えられる。なお、この事業体の構成員のすべてが「中立的な立場にある者」であることが必要である。

この事業体に評議員の選任を委ねることとする場合には、㋐当該事業体の事

249

業等の概要、㋑当該事業体における選任方法、㋒当該事業体と法人との関係（役職員の兼職状況、法人との間での補助金・助成金の交付の有無、契約等の状況等）、㋓当該事業体に評議員の選任及び解任につき委ねることとした理由等は、明確にされていることが必要とされる。

5　評議員の資格

　評議員の資格については、一般法人法65条1項（法173条1項）に規定する理事及び監事と同様の資格要件がある。すなわち、次に掲げる者は、評議員となることができない。

①　法人（法65条1項1号）

②　成年被後見人若しくは被保佐人又は外国の法令上これらと同様に取り扱われている者（法65条1項2号）

③　一般法人法若しくは会社法、または民事再生法、外国倒産処理手続の承認援助に関する法律、会社更生法若しくは破産法に規定する罪を犯し、刑に処せられ、その執行を終わり、またはその執行を受けることがなくなった日から2年を経過しない者（法65条1項3号）

④　上記③に規定する法律の規定以外の法令の規定に違反し、禁錮以上の刑に処せられ、その執行を終わるまで又はその執行を受けることがなくなるまでの者（刑の執行猶予中の者を除く。法65条1項4号）

　なお、一般法人法65条1項の解説は、役員〈及び会計監査人〉の選任（第27条　3役員の資格等）において行うこととしているので、ここでは説明を省略する。また、評議員の解任は、評議員の任期（第14条）との関係において説明する。

【注記（第13条）】

（注1）　宇賀克也・野口宣大『Q＆A新しい社団・財団法人の設立・運営』、103頁〜104頁、新日本法規。新公益法人制度研究会編著『一問一答公益法人関連三法』、109頁、商事法務。

第13条　評議員の選任及び解任

（注2）　新公益法人制度研究会上掲書、118頁。

（評議員の任期）

第14条　評議員の任期は、選任後4年以内に終了する事業年度のうち、最終のものに関する定時評議員会の終結の時までとする。ただし、再任を妨げない。

2　任期の満了前に退任した評議員の補欠として選任された評議員の任期は、前任者（退任した評議員）の任期の満了する時までとする。

3　評議員は、第12条に定める定数に足りなくなるときは、任期の満了又は辞任により退任した後も、新たに選任された者が就任するまで、なお評議員としての権利義務を有する。

1 評議員の任期（本条1項関係）

(1) 評議員の任期の考え方

　評議員の任期は、原則として、「選任後4年以内に終了する事業年度のうち最終のものに関する定時評議員会の終結の時まで」である（法174条1項本文）。理事の任期よりも長期となっているのは、それによって評議員の地位を安定的なものとする趣旨である（注1）。

　さらに、定款によってその任期を「選任後6年以内に終了する事業年度のうち最終のものに関する定時評議員会の終結の時まで」伸長することも可能である（同条1項ただし書）。これは、監事の任期（法67条1項・177条）よりも長期とすることを可能とする趣旨である（注2）。

　改正前民法34条に基づき設立許可された財団法人の評議員の任期については、指導監督基準（4機関(4)評議員及び評議員会④）において、「評議員の任期は、原則として2年を基準とすること」とされていた。これは、理事や監事の任期を2年を基準とすることとした指導監督基準（4機関(1)理事及び理事会③、(2)監事③）の考え方に基づくものである。

　一般法人法では、評議員が法律上の機関として位置付けられたことにより（法170条1項）、その任期についても法定化されたものである（法174条1項）。

　なお、平成17年12月26日に内閣官房行政改革推進事務局が「公益法人制度改革（新制度の概要）」を公表した中では、「3　財団形態の法人(2)機関②評議員、評議員会、理事、理事会、監事及び会計監査人イ」では、その任期については、それぞれ6年、2年、4年及び1年とするが、評議員の任期は、定款によって、10年まで伸長できるものとする案が示された。

　これに対するパブリック・コメントの募集（平成17年12月26日～平成18年1月20日）においては、評議員の任期について、「6年もの長期固定化は、団体のガバナンス上、また社会の変化への対応という点からみても不適切であり（10

年は論外）、仮に理事の任期より長くするとしても、監事の任期並みの４年に止めるべきである」というような意見が提出された。

　最終的には、これらの意見を踏まえ、一般法人法では、一般社団法人又は一般財団法人における監事の任期を旧有限責任中間法人における監事の任期（旧中間法人法53条１項。株式会社の監査役の任期については会社法336条１項参照）と同じく、原則４年としていること（法67条１項本文・177条）との関係において、評議員の任期もこれに合わせた形となっている。理事の職務を監督すべき立場にある点において、監事と評議員はその任務が共通しているとも言えることから、４年という比較的長期の任期を保障することで、監督業務の安定性を図ったものであるということが言える（注３）。

⑵　任期の起算点

　改正前民法34条の規定に基づき設立許可された公益法人の理事、監事、評議員等の任期の起算点については、選任後被選任者の承諾がされた時とされていた。

　一般法人法においては、評議員の任期の起算点について、これを「選任時」（選任決議をした時）としている（法174条）。

　ある者が公益（一般）財団法人の評議員となるには、定款に定める評議員の選任機関（例えば、評議員会、評議員選定委員会など）による選任行為（選任決議）と被選任者の就任承諾とが必要であるが、任期の起算点を「就任時」とすると、就任承諾は被選任者の意向に委ねられる結果、評議員の選任機関の選任決議と就任承諾との間に長期間の隔たりがある場合には、任期の終期が選任機関の意思に反する事態が生じかねない。そこで、そのような事態を避けるため、一般法人法においては、任期の起算点を選任機関のコントロールが及ぶ「選任時」とすることとしたものである。

　なお、選任機関の決議で、選任決議の効力発生時期を遅らせることとしたとしても、その場合の任期の起算点については、選任決議の日と解すべきであるとされている（注４）。

例えば、評議員が5月20日の定時評議員で選任された場合、就任承諾書の提出が例えば5月25日であっても、任期の起算日は5月20日である。つまり、選任前にあらかじめ就任承諾書を提出していようが、選任後に就任承諾書を提出しようが、選任の時から任期を計算することになる。

なお、評議員として選任された者は、就任の承諾により、評議員としての地位を取得するから、就任の承諾をした日を登記の原因日付とすべきであるとされている。

(3) 定時評議員会の終結の時より前又は後に評議員を選任した時の任期

評議員の選任の方法として評議員会以外の機関（例えば、評議員選定委員会）において選任する旨を定款において定めている公益（一般）財団法人において、評議員の選任後4年（又は6年）以内の最終の事業年度に関する定時評議員会の終結の時より前に評議員を選任したときの任期の起算日についてである。

この場合については、具体的な選任行為の内容にもよるが、予選がされたものと解して取り扱うのが相当である場合が多いと考えられる。なお、その場合の予選されたものと解される評議員の任期の起算日は、選任の時となると解されている（注5）。

次に、最終の事業年度に関する定時評議員会の終結の時より後に評議員を選任したときは、前任の評議員は最終の事業年度に関する定時評議員会の終結の時をもって退任し、新任の評議員は、その選任後に就任を承諾した日をもって就任することになると解されている（注6）。ただし、前任の評議員が退任することによって一般法人法又は定款で定めた定員を欠くことになる場合には、後任の評議員の就任の登記をするまでは、前任の評議員の退任の登記をすることができない（法175条1項）。

2 補欠・増員評議員の任期（本条2項関係）

(1) 補欠評議員の任期

　任期の満了前に退任した評議員の補欠として選任された評議員の任期は、定款により、退任した評議員の任期の満了する時までとすることができる（法174条2項）。

　改正前民法34条の規定により設立許可された財団法人においては、評議員は任意機関であり、定款（寄附行為）で補欠として選任された評議員の任期を前任者の残任期間とすることにより、補欠として選任された評議員の任期を退任評議員の任期の満了の時までとする取扱いがされていた。

　この点、一般法人法では、174条2項において補欠として選任された評議員の任期を前任者の任期満了の時までと定款で定めることができる旨を明記したものである。これによって、評議員全員を一度に選任することができることとなる。

　定款に評議員の補欠の選任についての規定を置いていない場合であっても、評議員の予選をすることができる。ただし、予選された評議員の任期については、定款において一般法人法174条2項に規定する定めがない場合には、一般法人法174条1項の規定によることとなる。

　なお、「補欠」の概念については、「広義の補欠」は、任期満了前に退任した評議員の後任として選任されるという意味であり、その任期が、通常の期間（法律又は定款で定めた任期）であると、前任者の残存任期であるとを問わない概念である。これに対し「狭義の補欠」は㋐法律又は定款で定めた評議員の員数を欠く場合において、㋑その後任として、㋒任期を前任者の残任期間として選任される者をいう。この概念は、前任者の退任後に補欠者を選任する場合も、前任者の任期中に補欠者を予選する場合のいずれにも妥当するものである。

(2) 増員評議員の任期

　増員評議員については、理事の場合とは異なり、他の在任評議員と退任時期を揃えるために、定款に他の在任評議員と同時に退任する旨の定めをすることはできないと解される。それは、一般法人法に補欠評議員の任期については、定款に退任した評議員の任期の満了する時までとすることができる旨を規定しているが（法174条2項）、増員評議員については、そのような規定が設けられていないからである。

　したがって、増員評議員は、選任後4年以内に終了する事業年度のうち最終のものに関する定時評議員会の終結の時に退任することになる（法174条1項）。

3　評議員に欠員を生じた場合の措置（本条3項関係）

(1) 一般法人法175条1項の趣旨

　一般法人法又は定款で定めた評議員の員数が欠けた場合には、法人は定款に定める選任方法（法153条1項8号）により、後任の評議員を選任しなければならず、選任の手続を怠ったときは、過料に処せられる（法342条13号）。

　しかし、定款に定める評議員の選解任の方法如何によっては、後任の評議員の選任手続にある程度の日時を要する場合も考えられる。そこで、一般法人法又は定款で定めた評議員の員数が欠けた場合で、退任事由のうち任期満了又は辞任による退任の場合には、後任者が就任するまで退任者は評議員としての権利義務を有し、その職務を続行することとした（法175条1項）。評議員に欠員が生じた場合についても、後任者の選任懈怠によって法人運営に混乱が生ずるおそれは否定できないからである（注7）。

　なお、一般法人法175条1項にいう「法律で定めた評議員の員数が欠けた場合」とは、一般法人法173条3項に規定する評議員が3人未満となった場合を

内閣府モデル定款から読み解く公益・一般法人の法人運営手続　財団編（上巻）

指す。また「定款で定めた評議員の員数が欠けた場合」とは、例えば、定款
12条で評議員の員数を「５人以上10人以内」と定めていた場合において、評
議員が５人未満となった場合を指す。

(2)　評議員の権利義務承継者

　評議員が権利義務を承継（継続）できるのは、評議員が任期（法174条１項）
の満了又は辞任（法172条１項、民法651条１項）によって退任した場合に限られる。
　評議員の終任事由としては、評議員の死亡（法172条１項、民法653条１号）、
解任（法153条１項８号）、欠格事由（法173条１項・65条１項）等があるが、評議
員が死亡の場合には、評議員の権利義務を承継させることが不可能だからであ
る。その他の場合には、法人の評議員に対する信頼関係が失われるのが普通で
あって、評議員に権利義務を承継させることが不適当であるからである。

①　数人の評議員が同時に退任した場合

　数人の評議員が同時に退任して定款に定めた最低数を欠くに至った場合、あ
るいは欠員の一部が補充されたが、未だ最低数を欠いている場合には、退任し
た者の間に順位等の区別を付けることができないから、退任したすべての評議
員がなおその権利義務を有する（昭和37年８月18日民事甲第2350号民事局長回答、
登記研究178号54頁参照）。

②　権利義務承継者の退任年月日

　評議員の権利義務を有する者について退任の登記をするときは、その退任年
月日は、過去における任期満了又は辞任の日となる。後任者の就任に伴い退任
の登記をする場合（昭和31年４月16日民事甲第746号民事局長回答、登記研究102号
31頁）でも、評議員の権利義務を有する者の死亡により退任の登記をする場合
でも、その取扱いは同じである。

③ 権利義務承継者の権限

評議員の権利義務を有する者の権限は、通常の評議員と同じである。

④ 権利義務承継者の辞任及び解任

評議員の権利義務を有する者は、その地位が法律の規定により与えられたものであるため、辞任することができず、また、評議員会等の決議により解任することもできない。

4　一時評議員の選任

評議員に欠員が生じた場合、その退任の事由の如何にかかわらず、裁判所は、必要があると認めるときは、利害関係人の申立てにより、「一時評議員の職務を行うべき者」を選任することができる（法175条2項）。

これは、退任した評議員が権利義務の承継者とならない場合や権利義務の承継者となっても、例えば、その者が病気等により引き続き権利義務者として職務を行うことができない場合等に備えるものである。

当然のことながら、一時評議員の資格、欠格事由等は通常の評議員と同じであり、その権限も同じである。一時評議員の職務を行うべき者の選任の裁判があったときは、裁判所書記官は、職権で、遅滞なく、当該法人の主たる事務所の所在地を管轄する登記所に、その登記を嘱託しなければならない（法315条1項2号イ）。また、裁判所は、一時評議員の職務を行うべき者を選任した場合には、当該公益（一般）財団法人がその者に対して支払う報酬の額を定めることができる（法175条3項）。

5　評議員の退任

評議員も理事や監事と同様、任期満了、辞任、死亡、解任、欠格事由に該当

内閣府モデル定款から読み解く公益・一般法人の法人運営手続　財団編（上巻）

する場合等により退任する。

（1）　任期満了

　評議員は、任期が満了することにより退任する。評議員の任期は、選任後4年以内に終了する事業年度のうち最終のものに関する定時評議員会の終結の時までである（法174条1項本文）。ただし、定款によって、その任期を選任後6年以内に終了する事業年度のうち最終のものに関する定時評議員会の終結の時まで伸長することができる（同条1項ただし書）。

　また、定款によって、任期の満了前に退任した評議員の補欠として選任された評議員の任期を退任した評議員の任期の満了する時までとすることができる（同条2項）。

　ところで、一般法人法又は定款で定めた評議員の員数が欠けた場合には、任期満了により退任した評議員は、新たに選任された評議員（一時評議員の職務を行うべき者を含む。）が就任するまで、なお評議員としての権利義務を有する（法175条1項）ので、これに該当する場合は、新たに選任された評議員が就任するまで、任期満了による退任の登記を申請することはできない。

（2）　辞任

　公益（一般）財団法人と評議員との関係は、委任に関する規定に従うとされているので（法172条1項）、評議員はいつでも辞任することができる（民法651条）。辞任の意思表示の効力発生時期については、いわゆる到達主義によることになるから、辞任の意思表示が当該公益（一般）財団法人に到達した時に生じる（民法97条1項。昭和54年12月8日民四第6104号民事局第四課長回答）。なお、「公益（一般）財団法人に到達した時」とは、その辞任の意思表示を受領する権限を有する者がそれを受領した時である。

　辞任の結果、一般法人法又は定款で定めた評議員の員数を欠くことになる場合には、辞任により退任した評議員は、新たに選任され評議員が就任するまで、なお評議員としての権利義務を有する（法175条1項）。したがって、これに該

260

当する場合には、新たに選任された評議員が就任するまで辞任による退任の登記を申請することはできない。

　なお、辞任届の書式例を示せば、次のようなものとなる。

【14-1　評議員の辞任届の書式例】

辞　任　届

　私は、今般一身上の都合により（○○のため）、貴協会の評議員を辞任いたしたく、お届けいたします。
　　令和○年○月○日

住所　○○○○
氏名　○○○○　㊞

　公益（一般）財団法人○○協会
　代表理事（理事長）　○○○○殿

㊟1．提出日には、辞任届を法人に提出する日付けを記載する。将来の一定の日に効力を生ずる旨の辞任の意思表示をしようとするときは、本文中の「貴協会」の前に、例えば「来る○月○日をもって」、「来る○月○日に開催される定時評議員会の終結の時をもって」というように記載することになる。
　2．押印する印鑑は、認印で差し支えない。
　3．あて先は、「公益（一般）財団法人○○協会　御中」でも差し支えない。

⑶　死亡

評議員は、死亡によって退任する（民法653条1号）。

⑷　解任

　評議員は、定款に定める方法（法153条1項8号）によって解任することができる。この場合は、一般法人法175条1項の規定の適用はないので、解任の結果、一般法人法又は定款で定めた評議員の員数を欠くことになっても、退任の登記について申請しなければならない。

内閣府モデル定款から読み解く公益・一般法人の法人運営手続　財団編（上巻）

　なお、評議員の解任事由については、定款において定めた「評議員の選任及び解任の方法」、例えば、評議員会、評議員選定委員会等でその都度判断することになる。

⑸　欠格事由に該当（資格喪失）

　評議員は、一般法人法65条1項（法173条1項）の欠格事由に該当した場合には、その該当した日に、資格喪失により退任する。この場合には、一般法人法175条1項の規定の適用はない。

　したがって、退任の結果、一般法人法又は定款で定めた評議員の員数を欠くことになっても、退任の登記について申請しなければならない。

⑹　評議員の破産手続開始の決定

　公益（一般）財団法人と評議員との関係は委任に関する規定に従うこととされており（法172条1項）、評議員が自ら破産手続開始の決定を受けたときは、民法上の委任の終了事由に該当することから（民法653条2号）、評議員は、委任関係の終了原因として、いったん、退任することとなる。

　なお、民法上の委任の終了事由には、このほか「受任者が後見開始の審判を受けたこと」も該当するので、評議員が後見開始の審判（民法7条）を受けたときは、退任することになる（民法653条3号）。

【注記（第14条）】

（注1）　新公益法人制度研究会編著『一問一答公益法人関連三法』、121頁、商事法務。

（注2）　同上、121～122頁。

（注3）　坂田純一他編著『一般社団法人・財団法人の法務と税務』、161頁、財務詳報社。

（注4）　相澤　哲他編著『論点解説新・会社法　千問の道標』、285～286頁、商事法務。

（注5）　江原健志編『一般社団・財団法人法の法人登記実務』、327頁（Q21）、テイハン。

（注6）　同上。

（注7）　新公益法人制度研究会前掲書、122頁。

（評議員の報酬等）

第15条 評議員に対して、各年度の総額が〈1日当たり〉○○○○○○円を超えない範囲で、評議員会において別に定める報酬等の支給の基準に従って算定した額を、報酬として支給することができる。

2 評議員には、その職務を行うために要する費用の支払いをすることができる。この場合の支給の基準については、評議員会の決議により別に定める。

(注) 日額報酬とする場合、〈 〉内は不要である。

1 一般法人法196条の趣旨

　一般法人法196条は、「評議員の報酬等の額は、定款で定めなければならない」と規定する。理事・監事の報酬等の額については、これを定款で定めておく必要はなく、定款にその額を定めていないときは、評議員会の決議によって定めればよいものとされている（法197条・89条・105条1項）のとは対照的である。

　これは、監督対象である理事からの独立性を確保する趣旨とされているが(注1)、評議員会の決議に委ねられていない点については、むしろ、その額を変

更するのに特別決議が必要な定款(法189条2項3号)の記載事項にすることで、いわゆるお手盛りの弊害を軽減させる意味の方が大きいのではないかと解せられる。

2 評議員の報酬等

(1) 委任と報酬との関係

公益(一般)財団法人と評議員とは、委任関係にある(法172条1項)。民法648条1項は、「受任者は、特約がなければ、委任者に対して報酬を請求することができない」と規定し、委任は原則として無償とし、契約において報酬を受ける旨の特約があるときにのみ有償とすることができるとしている。

委任が原則として無償とされるのは、委任には、委任者の受任者に対する信任を中核とする精神的要素が含まれているからである(注2)。受任者は、報酬を受けなくてもなお善良な管理者の注意をもってその債務を履行することを要する(民法644条)。

(2) 報酬等の意義

一般法人法89条は、報酬等につき「報酬、賞与その他の職務執行の対価として一般社団法人等から受ける財産上の利益をいう。」と定義している(公益法人認定法5条13号においては、理事、監事及び評議員に対する報酬等につき、「報酬、賞与その他の職務遂行の対価として受ける財産上の利益及び退職手当をいう。」と定義している。)。

報酬等につき同じ定義付けをしている会社法361条(取締役の報酬等)1項の「職務執行の対価として株式会社から受ける財産上の利益」が、㋐報酬等の全体概念を示したものと解するのか、㋑報酬とは異なる「賞与その他」の概念を示すにすぎないのか、㋒「職務執行の対価」を報酬とみるかについて、見解の相違が生じている。

「職務執行の対価」の解釈については、会社法361条1項の規定との関係において、「職務執行の対価」とは、職務執行の期間と経済的利益との関係が明確なものに限らず、インセンティブや福利厚生目的で付与される利益等、およそ取締役としての地位に着目して付与される利益をも広く含むものであると解されている（注3）。

一般法人法上の「報酬等」との解釈においても、名目の如何を問わず、「職務執行の対価」として支給される性格を有するものであれば、退職慰労金、弔慰金も報酬等に該当する。

なお、「報酬等」に関する解釈等については、「役員〈及び会計監査人〉の報酬等」（第33条）において、詳細に解説する。

(3) 報酬等の額の決定方法（本条1項関係）

評議員の報酬等の額は、定款で定めなければならない（法196条）。この場合、定款で定める評議員の報酬等の額の決定方法については、㋐その年度に支給する評議員の報酬額の総額を定款に記載する方法、例えば、非常勤評議員の員数が定款上「5人以上10人以内」と定められている場合において、在任評議員は8人、1日当たりの報酬額は3万円以内、年間3回評議員会を開催するとした場合には、定款には72万円（10人在任する場合には90万円）を記載する場合である。㋑評議員1人1日当たりの報酬額を定款において、例えば、「1日当たり3万円以内」と定める方法、などが考えられる。

そして、具体的な評議員の報酬等の支給基準、手続等については、評議員会において別に定める理事、監事及評議員を対象とした、例えば、「役員等の報酬規程」により処理することが一般的な方法である。なお、「役員等の報酬規程」については、後述の「役員〈及び会計監査人〉の報酬等」（第33条）において、詳細に解説する。

(4) 公益財団法人の評議員の報酬額

公益財団法人の評議員に対する報酬等の支給に関しては、公益法人認定法5

条13号及び20条の規制を受ける。すなわち、支給する報酬等（報酬、賞与その他の職務遂行の対価として受ける財産上の利益及び退職手当）について、「内閣府令で定めるところにより、民間事業者の役員の報酬等及び従業員の給与、当該法人の経理の状況その他の事情を考慮して、不当に高額なものとならないような支給の基準を定めているものであること」が要件となっている。

また、公益法人認定法施行規則３条では、公益法人認定法５条13号に規定する理事、監事及び評議員に対する報酬等の支給の基準においては、「理事等の勤務形態に応じた報酬等の区分及びその額の算定方法並びに支給の方法及び形態に関する事項」を定めるものと規定している。

そして、さらに公益法人認定法20条においては、評議員等に対する報酬等は、その支給基準に従って支給するとともに（同法１項）、その支給基準を公表するものとされている（同条２項）。

なお、理事、監事及び評議員に対する報酬等の支給基準は、公益認定申請書（様式第１号・認定法施行規則５条１項）の添付書類（認定法７条２項５号）として、行政庁に提出することとなっている。

＊＊＊ 3　職務執行のための費用の支給と報酬規制との関係（本条２項関係） ＊＊＊

職務執行の対価は、職務執行の費用とは区別されるべきものである。評議員が職務を執行するについては、旅費交通費など種々の費用を必要とするが、法人がこのような費用を評議員に支払うことは費用の交付であり、職務執行の対価としての支出ではない。

評議員と法人との関係は委任に関する規定に従う（法172条１項）とされていることから、受任者（評議員）は委任事務の処理に必要な費用の支給を委任者（法人）に請求することができる（民法649条・650条）。

評議員に対する支給が費用なのか報酬等なのかにつき、判断が微妙な場合がある。一般論としては、職務との関連性、職務執行のための必要性及び評議員

が職務を離れて私的な便益を受けているか、といった観点から、費用と報酬等とは区別すべきであろうと解せられる。実務上は、例えば、税務基準（所得税基本通達〔委員手当等。28-7〕）により、給与とされなければ一般法人法上も報酬等に当たらないという理解が強いと思われる。

この基本通達には費用と報酬との区別として合理的な基準が含まれており、それらは一般法人法の解釈においても参考になるものと考えられる。

出張した場合の日当は、職務執行に必要な実費として相当な額である限り、報酬にも、また「職務執行の対価として公益（一般）財団法人から受ける財産上の利益」にも当たらない。

評議員に対して、職務遂行の対価として支給する日当や、交通費実費相当額を超えて支給するお車代等を支給する場合には、公益法人認定法5条13号の支給基準でいう報酬等に含まれると解されている（FAQ問Ⅴ-6-③3）。

評議員の費用の支払いに関する基準については、「役職員の旅費に関する規程」等において定められることになる。これについては、「理事の報酬等」（第33条）との関係において詳しく解説するので、「評議員の報酬等」との関係では省略する。

4　1日当たりの評議員の報酬額

非常勤の評議員の1日当たりの報酬額（日額報酬）については、同じ非常勤の理事や監事と同様に、当該法人の資産、収支の状況等からみて、余りに多額になることは不適当である。

一般的に、非常勤の理事、監事及び評議員の日額報酬については、原則として同額であることが望ましいと考えられる。

理事会、評議員会が例えば午前中開催される場合であっても、または午後に開催された場合であっても、その日は1日そのために時間等を費やすことになるので、午前開催又は午後開催と時間帯の区別があっても、その日は丸1日理事会・評議員会のために労力等を費やすことになる。したがって、午前又は午

後の時間帯の開催であっても、報酬等は丸1日分とし、開催時刻で判断する必要はないと解される。

　日額報酬制度を採用したときには、定款において日額を記載することが必要とされる。この場合には、1日当たりの日額報酬をいくらとするかが問題となる。多くの場合、1万円〜3万円程度が普通のようである。しかし、例えば新幹線で東京まで出て来る必要がある評議員の場合には、日額報酬だけでは超過負担となってしまうので、こういう者には別途、「役職員の旅費に関する規程」等に基づいて、旅費交通費等を支給する必要がある。

　そのため、日額報酬の場合にあっては、新幹線などを利用する者に対しては、費用弁償として旅費交通費等の支給が可能とする規定を設けておくことが必要となる。

5　評議員に報酬を支給しない場合の定款の定め

　公益（一般）財団法人において常勤の評議員を置くところもあるが、殆どの法人の評議員は非常勤である。また、非常勤の評議員に対しては、無報酬としているところが多い。この場合にあっても、旅費交通費等も支給していない法人が多い。

(1)　評議員は、無報酬とし、旅費交通費なども支給しない場合の定款の定め

【評議員に旅費交通費等を含めて何らの支給も行わない場合の規定例】

　　（評議員の報酬等）
　第○条　評議員は、無報酬とする。

　このような規定例を採っている場合には、評議員には報酬等は支給しないことになる。また、旅費交通費なども支給しない。

なお、定款においては報酬等を支給することができる旨の規定となっているが、当分の間は報酬を支給する予定がないような場合には、報酬支給基準において無報酬である旨を定めた上、支給する場合の基準は省略しても差し支えない。ただし、将来支給することとなった場合には、支給基準の改訂が必要となる（FAQ問Ⅴ-6-③4）。

⑵ 評議員は、無報酬とし、旅費交通費などを支給する場合の定款の定め

【評議員に旅費交通費等の費用のみ支給する場合の規定例】

（評議員の報酬等）

第○条　評議員は、無報酬とする。

2　評議員には、その職務を行うために要する費用の支払いをすることができる。この場合の支給の基準については、評議員会の決議により別に定める。

このような規定例を採っている場合には、評議員には報酬等を支給することはできないが、「役職員の旅費に関する規程」等に基づいて、旅費交通費などを支給することができる。

旅費交通費については、一率に定額で支給することは不適当である。

【注記（第15条）】

（注1）　新公益法人制度研究会編著『一問一答公益法人関連三法』、131頁、商事法務。

（注2）　我妻　榮他『我妻・有泉コンメンタール民法総則・物権・債権』（第5版）、1308頁、日本評論社。

（注3）　相澤　哲他編著『論点解説新・会社法　千問の道標』、312～313頁、商事法務。

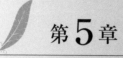

第5章

評議員会

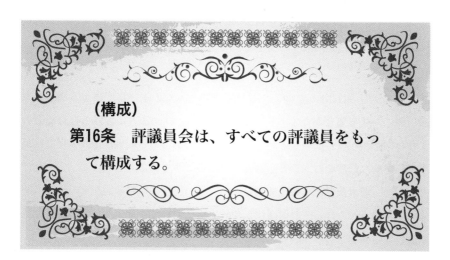

(構成)
第16条 評議員会は、すべての評議員をもって構成する。

1　一般法人法上の機関としての評議員会

　評議員会は、一般法人法に規定する事項及び定款で定めた事項に限り、決議をすることができ、これを通じて理事等による職務の執行を牽制・監督する役割を担う法定機関である（法170条1項）。そして、評議員会は、すべての評議員で構成される合議制の機関である（法178条1項）。

　他の法律においても評議員会制度を設けているものがある。例えば、学校法人の場合には、法定の合議制の機関（私立学校法41条1項）で、法人の運営に関する重要事項についての諮問機関の位置付けとなっている（同法42条1項。寄附行為をもって学校法人の業務に関する重要事項について、議決を要するものとすることができる。同法2項）。

　社会福祉法人では、評議員会は必置機関の位置付けとなっている（社会福祉法36条1項）。評議員会は、社会福祉法に規定する事項及び定款で定めた事項に限り、決議することができる（同法45条の8第2項）。

　一般法人法上の評議員会は、改正前民法34条の規定に基づき設立許可され

た財団法人における評議員会として、指導監督基準に基づき旧主務官庁の指導監督の下に、その権限や運営方法等が寄附行為の定めに委ねられていたのとは異なる。

公益（一般）財団法人については、従来のような旧主務官庁による法人の業務一般に対する監督がなく、また、公益（一般）社団法人における社員総会のような機関が存在しないことから、業務執行機関である理事が法人の目的に反する恣意的な運営を行うことも懸念されるところである。

さらに、理事及び監事の任期制を採用しつつ、法人の自律的なガバナンスを確保する観点からは、一般財団法人の設立後において、理事及び監事を定期的に選任する機関を設ける必要がある。

そこで、一般法人法においては、3人以上の「評議員」全員で構成される「評議員会」（法178条1項）を法定の必置機関として（法170条1項）、理事、監事及び会計監査人の選任、定款変更等、公益（一般）財団法人の基本的事項について決議する権限を与え、これを通じて理事を牽制・監督する役割を担わせることとしたものである。

2 評議員会と理事会との権限の分配

公益（一般）財団法人には、業務執行の意思決定を行う法定上の機関として、理事会の設置が義務付けられている（法170条1項）。

一般法人法は、業務執行の意思決定の多くを理事会の権限とし（法90条・197条）、公益（一般）財団法人の運営に大きな影響がある事項についての意思決定と、特に定款によって定められた事項についての意思決定とを評議員会の権限とするよう、理事会と評議員会の権限分配を明確にしている。

これは、理事会設置一般社団法人・公益社団法人における社員総会と理事会の権限分配に倣ったものである。

(権限)

第17条　評議員会は、次の事項について決議する。

(1)　理事及び監事〈並びに会計監査人〉の選任又は解任
(2)　理事及び監事の報酬等の額
(3)　評議員に対する報酬額の支給の基準
(4)　貸借対照法及び損益計算書（正味財産増減計算書）の承認
(5)　定款の変更
(6)　残余財産の処分
(7)　基本財産の処分又は除外の承認
(8)　その他評議員会で決議するものとして法令又はこの定款で定められた事項

(注)　会計監査人を置かない場合、〈　〉内は不要である。

1　評議員会の権限

　評議員会は、一般法人法に規定する事項及び定款で定めた事項に限り、決議

をすることができる(法178条2項)。評議員は、設立者の意思を尊重し、公益(一般)財団法人の目的達成のために行動することが求められるが(法197条・88条。187条1項。197条・86条1項。112条・198条。114条4項・198条など)、評議員会は、一般社団法人の社員総会のように法人の意思そのものではないことから、評議員会を最高万能な議決機関とすることはできない。そこで理事会設置一般社団法人・公益社団法人における社員総会と理事会との権限分配(法35条2項)に倣うこととしたのが一般法人法178条2項である。

本条は、評議員会の決議事項のうち、主要なものを例示したものでるが、一般法人法に定められている「評議員会等の決議事項例」は、後記(次頁表参照)のようなものとなる。

2　剰余金を分配する旨の決議の禁止

評議員会について、一般法人法35条3項(社員総会は、社員に剰余金を分配する旨の決議をすることができない。)に相当する明文の規定がないのは、社員総会とは異なり、公益(一般)財団法人に関する一切の事項について決議をすることができる機関ではないからである。つまり、評議員会は、一般法人法に規定する事項及び定款で定めた事項に限り、決議をすることができる機関であるから、設立者に剰余金の分配をする旨の決議ができないことは当然だからである。

3　法律に規定する決議事項の授権の禁止

一般法人法の規定により評議員会の決議を必要とする事項について、理事、理事会その他の評議員会以外の機関が決定することができることを定款で定めたとしても、そのような定款の規定は無効である(法178条3項)。

第17条　権限

　この規定は、理事・監事・会計監査人の選解任、定款の変更、事業の全部譲渡、解散、合併の承認などは、いずれも評議員会の専決事項であり、当該公益（一般）財団法人の存続の根幹にかかわる事項については、評議員会以外の機関で意思決定を行うことができないことを明確にしたものである。

【評議員会等の決議事項例】

決議区分	決議事項と一般法人法の条文関係
評議員会の普通決議 （法189条1項）	理事・監事・会計監査人の選任（法177条・63条1項）
	理事・会計監査人の解任（法176条）
	理事の報酬等（定款にその額を定めていない場合。法197条・89条）
	監事の報酬等（定款にその額を定めていない場合。法197条・105条1項）
	計算書類の承認（法199条・126条2項）
	資料調査者等の選任（法191条）
評議員会の特別決議 （法189条2項）	監事の解任（法176条1項）
	役員等の法人に対する責任の一部免除（法198条・113条1項）
	定款の変更（法200条）
	事業の全部譲渡（法201条）
	解散後の継続決定（法204条）
	合併契約の承認（法247条・251条1項・257条）
総評議員の同意が必要な事項	役員等の損害賠償責任の全部免除（法198条・112条）
評議員として行使する権限	理事の行為の差止請求（法197条・88条）
	評議員会の招集手続等に関する検査役の選任の申立て（法187条1項）
	業務の執行に関する検査役の選任の申立て（法197条・86条1項）
	理事会による損害賠償責任免除についての異議（法198条・114条4項）
定款で定めた事項	定款で定めることとされている評議員の選任及び解任の方法を、評議員会の決議による旨定める場合

第5章　評議員会

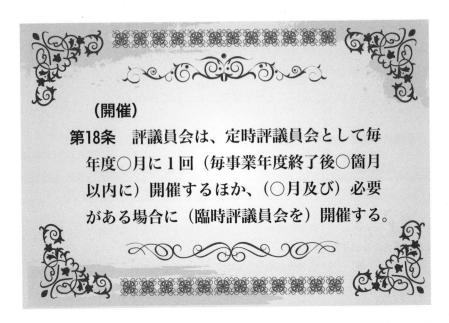

(注) 評議員会には、社員総会の場合と同じように、定時評議員会と臨時評議員会の2種類がある。

1 定時評議員会

　定時評議員会は、毎事業年度の終了後、一定の時期に招集しなければならない（法179条1項）。事業年度は、公益（一般）財団法人が作成する計算書類等の基礎となる一定の期間（通常は1年間）であるから、通常は、1年に1回、定時評議員会を開催しなければならないこととなる。

　本条が定める「一定の時期」とは、一定の時点としての特定の日を意味わけではなく、ある程度の幅をもった一定の期間を意味すると解されている。

　本条は、この一定の期間の具体的な範囲については、特に何も定めていないが、実際には、決算期後3箇月内に定時評議員会を開催する旨、あるいは〇月に定時評議員会を開催する等の一定の暦日内に開催する旨を定款において定めるのが通常である。そして、その定款で定める一定期間において、どの時点を定時

評議員会の開催日とするのかは、理事会の裁量によって決定されることになる。

例えば、事業年度が毎年4月1日から始まり、翌年の3月31日に終わる法人の場合には、5月又は6月に開催されることになる。

公益（一般）財団法人は、各事業年度について貸借対照表、財産目録等の計算書類等を作成しなければならず（法199条・123条2項、認定法21条2項）、この計算書類等は、定時評議員会の承認により確定される（法199条・126条2項、認定法施行規則33条）。また、役員、評議員等の選任も定時評議員会において行われるのが通常である。

なお、定時評議員会を定款所定の期間内に招集するのは理事の義務と解されるから（法179条3項）、その期間内に定時評議員会が招集されない場合には、理事に100万以下の過料が科せられる（法342条9号）。

また、この義務を正当な理由なく怠った場合には、法人等に対し理事は任務懈怠による損害賠償義務を負うことがある（法198条・111条・117条等）。

***　2　臨時評議員会　***

定期的に開催される評議員会のほかに、臨時に生じてくる種々の事項を審議するために、随時評議員会を開催することが必要となる。

一般法人法179条2項は、「評議員会は、必要がある場合には、いつでも、招集することができる」と規定するのは、定時評議員会以外の評議員会の開催の必要性に対処するために設けられたものである。

臨時評議員会は、次のような場合に開催されることになる。

① 理事会が開催を必要と判断したとき

　臨時評議員会の開催の必要性の判断については、法律には特に定められていないが、開催の必要性については、原則として理事会が判断することとなる（法181条）。

　法令・定款により評議員会の承認（例えば、事業計画や収支予算などの承認を定款で評議員会の決議事項としたような場合）又は評議員会への報告すべき

内閣府モデル定款から読み解く公益・一般法人の法人運営手続　財団編（上巻）

事項が生じた場合には、評議員会の招集が必要となるが、この場合には理事会は随時評議員会の招集の決定を行わなければならない。もっとも、このような臨時的事項であっても、時期的に、定時評議員会の議題として扱うことができる場合には、臨時評議員会を開催することなく、定時評議員会で扱えばよいことになる。

　また、法律又は定款に定めた理事、監事又は会計監査人の員数を欠くに至ったにもかかわらず、代表理事らがその選任の手続をとることを怠ったときは過料に処せられることから（法342条13号）、この場合にも臨時評議員会の招集が事実上強制されることになる。

②　評議員から理事（代表理事）に対し、評議員会の目的である事項及び招集の理由を示して、評議員会の招集の請求があったとき（法180条1項）。

③　上記②の規定による請求をした評議員が裁判所の許可を得て、評議員会を招集するとき（法180条2項）。

なお、上記②及び③の関係については、次条において解説する。

280

第19条　招集

（招集）
第19条　評議員会は、法令に別段の定めがある場合を除き、理事会の決議に基づき代表理事（理事長）が招集する。
2　評議員は、代表理事（理事長）に対し、評議員会の目的である事項及び招集の理由を示して、評議員会の招集を請求することができる。
3　評議員会を招集するには、代表理事（理事長）は、評議員会の日の1週間前までに、評議員に対して、会議の日時、場所、目的である事項を掲載した書面で（電磁的方法により）、その通知を発しなければならない。

第5章　評議員会

*** 1　評議員会の招集権者（本条1項関係） ***

　評議員会は会議体の機関であり、有効な決議をするためには、招集権限を有する者が法定の手続によって招集されることが必要である。一般法人法179条3項は、同法180条2項の規定により評議員が裁判所の許可を得て評議員会を

281

招集する場合を除き、理事が招集すること定めている。

評議員会の招集の決定は、理事会の専決的権限としてその決議によらなければならないので（法181条1項）、理事会以外の機関等に委ねることは認められない。

したがって、評議員会の招集は理事会が決定し、代表理事（理事長）が執行する。すなわち、評議員会の招集については、理事会の決議により招集の意思決定が行われ、これに基づいて代表理事（理事長）が評議員会の招集通知を自己の名により評議員に発することになる。

 2 招集事項の決定

評議員会を招集する場合には、理事会の決議によって、次に掲げる事項を決定しなければならない（法181条1項）。

(1) 評議員会の日時及び場所

① 開催日時（法181条1項1号）

定時評議員会の開催日時については、それぞれの法人の例年の開催日時に準拠して定めるのが一般的である。例えば、5月下旬開催を慣例としている法人もあれば、6月中に開催を慣例としている法人などもある。定時評議員会には、決算の承認が関係しているので、計算書類、財産目録等の監事監査、理事会の承認の日程の調整の上で、定時評議員会の日時も決定されることになろう。

また、理事、監事、評議員の任期については、2年・4年以内に終了する事業年度のうち、最終のものに関する定時評議員会の終結する時までとする、こととされているので（法177条・63条・174条）、これとの関係においても定時評議員会の日時を決定することも必要となる。

② 開催場所（法181条1項1号）

評議員の員数は一般的にはそれほど多くないので、法人が会議室を所有している場合には、その会議室を開催場所とすることもできる。しかし、評議員の員数が数十人というように多い場合には、外部の貸会議室等を開催場所とせざるを得ない。

開催場所については、可能な限り法人の会議室等を利用することが望ましいと考えられる。

(2) 評議員会の目的である事項（議題）

定時評議員会の場合、前事業年度の計算書類等（法123条2項）、財産目録及びキャッシュ・フロー計算書（認定法21条2項・同法施行規則28条1項1号）の承認（法126条2項、認定法施行規則33条。会計監査人が置かれている場合には報告。法199条・127条、認定法施行規則33条）、理事等の選任などが会議の目的事項となる。

「評議員会の目的」とは、評議員会の付議議題のことをいい、これには決議事項と報告とがある。報告事項としては、例えば、事業報告の内容の報告（法199条・126条3項）が挙げられる。

評議員会においては、理事会が決定した会議の目的である事項以外について決議することができないから（法189条4項）、必ず議題を定める必要がある。

(3) そのほか、法務省令で定める事項

理事会は、上記(1)、(2)に掲げるもののほか、法務省会で定める事項を決定しなければならない（法181条1項3号）。

この場合の法務省令で定める事項は、評議員会の目的である事項に係る議案（当該目的である事項が議案となるものを除く。）の概要（議案が確定していない場合にあっては、その旨）である（法施行規則58条）。

3 評議員から理事(代表理事)に対する評議員会の招集請求(本条2項関係)

　本来、評議員会を開催する必要があるにもかかわらず、理事(代表理事)が臨時評議員会の招集を怠るという事態が発生することも考えられる。このような場合には、評議員(単独でも可能)から一般法人法180条1項の規定に基づき、理事(代表理事)に対して臨時評議員会の開催を請求(書面でも口頭でも差し支えないが、しかし、「言った言わない」といった無用の紛争を防止する観点からも、書面によることをあらかじめ評議員会運営規則などに定めておくことが望ましいと解せられる。)することができる。

　この請求を受けた理事(代表理事)は、請求が評議員会の決議事項に該当するかなど、請求の適法性のチェックを行い、適法であれば、臨時評議員会の開催の手続を開始することになる。

　請求後、遅滞なく評議員会の招集の手続が行われない場合又は請求があった日から6週間(これを下回る期間を定款で定めた場合にあっては、その期間)以内の日を評議員会の日とする評議員会の招集の通知が発せられない場合には、請求評議員は、裁判所の許可を得て、自ら評議員会を招集することができる(法180条2項)。

　「遅滞なく招集の手続が行われない場合」とは、評議員会の招集に関する理事会の決定、招集通知の発出など評議員会の招集に必要な手続が遅滞なく進められないことをいい、いずれかの段階で遅滞があれば、評議員は裁判所に対して招集の許可を求めることができる。

　評議員会の開催の日を請求の日から6週間以内の日とする招集通知が発せられない場合には請求できるとするのは、手続を遅滞なく進めても肝心の開催日を引き延ばすことにより、権利の行使を無意味にする事態を考慮したものである。

　裁判所から評議員会の招集の許可を得た評議員は、理事(代表理事)が評議

員会を招集する場合と同様、㋐評議員会の日時及び場所、㋑評議員会の目的である事項があるときは当該事項、㋒その他法務省令が定めた事項(法施行規則58条)を決定した上で、自己の名義で招集通知を発しなければならない(法182条)。

4 評議員会の招集通知(本条3項関係)

(1) 招集通知の発送期限

　理事会の決議によって評議員会の招集が決定されたときは、代表理事(理事長。法180条2項の規定により評議員が評議員会を招集する場合にあっては、当該評議員)は、評議員会の日の1週間(これを下回る期間を定款で定めた場合にあっては、その期間)前までに、通知を発しなければならない(法182条1項)。なお、評議員が評議員会を招集する場合には、招集通知は、当該評議員が発することになる。

　この場合の招集通知の発送は、「評議員会の日の1週間前」、すなわち、招集通知の発送の日と評議員会の日とを除いたその間に1週間(7日間)あることを要する(民法140条)。

　招集通知の発送期限は評議員会の日の1週間前までであるが、定款に別途の定めがあれば、この期間を短縮することができるが、評議員の出席及び準備の機会を与えることの必要性からも、極端な短縮(例えば1日～2日)は不適当と考えられる。

(2) 招集通知の方法

　招集通知は、書面によって行うことが原則であるが(法182条1項)、書面による発出に代えて、政令(一般法人法施行令1条)で定めるところにより、評議員の承諾を得て、電磁的方法により通知を発することができる(法182条2項)。例えば、評議員の承諾が得られれば、電子メールで招集通知を行うことが可能であり、このような場合には、書面による招集通知を発したものとみなされる

(法182条2項後段)。

(3) 評議員に通知すべき事項

招集通知は、書面又は電磁的方法によらなされなければならず、かつ、評議員会の開催日時・場所に加えて、評議員会の目的事項等、一般法人法181条1項各号に定められた事項を記載し、または記録しなければならない（法182条3項）。

なお、招集通知に会議の目的たる事項の記録・記録がない場合、または会議の目的として記載・記録がされていない事項について決議がされた場合には、招集手続の法令違反として決議取消事由となる（法266条1項1号）。また、一般法人法182条に違反し、代表理事が招集通知を怠った場合には、100万円以下の過料に処せられる（法342条2号）。

5　招集手続の省略

評議員会は、評議員の全員の同意があれば、招集手続を省略して開催することができる（法183条）。評議員会に関して一定の招集手続が要求されるのは、評議員に評議員会への出席及びその準備の機会を与えるという評議員の利益を考慮して設けられたものであるから、個々の評議員全員がその利益を放棄するのであれば招集手続を省略しても差し支えないことから、一般法人法183条が設けられている。

招集手続を経ない場合であっても、評議員会が一般法人法183条により有効に成立するためには、招集手続を経ずに評議員会を開催することについての評議員全員の同意が必要である。この同意は事前の同意でなければならず、かつ特定された評議員会についての同意でなければならない。評議員全員の同意があるときは、法定の招集期間を短縮することも可能である。

同意の方法については、何らの制約もないので、書面である必要はなく口頭による同意でも認められるが、招集手続の瑕疵は評議員会決議の取消原因にも

第19条　招集

なるので（法266条1項1号）、書面化しておくことが望ましいと考えられる。

　なお、評議員会の招集手続の省略についての提案書及び同意書の書式例を示せば、次のようなものになる。また、評議員会を招集手続の省略により開催したときは、後日のために議事録に同意を得た旨及びその方法(例えば、議長より「本日開催の評議員会は、一般法人法第183条及び定款第○条の規定に基づき、招集手続の省略につき提案したところ、評議員全員の同意を得たことから、招集手続の省略により招集されたものである。」旨の説明があった。)を記載しておくことがよいと考えられる。

【19-1　評議員会招集手続省略の提案書の書式例】

令和○年○月○日

評議員　各位

公益（一般）財団法人○○協会
代表理事（理事長）　○○○○

提　案　書

拝啓　時下益々ご清栄のこととお慶び申し上げます。

　さて、下記のとおり第○回評議員会を開催いたします。この評議員会の招集手続は、一般社団法人及び一般財団法人に関する法律第183条及び定款第○条の規定に基づき、評議員会の招集手続の省略により行いたいと存じます。

　つきましては、ご同意いただける場合は、令和○年○月○日までに、別添「同意書」に記名押印の上、同封の返信用封筒で当協会に必着すべくご送付下さいますようお願い申し上げます。

敬具

記

1　日　　時　　令和○年○月○日（○曜日）　午前（午後）○時
2　場　　所　　当協会会議室
3　議　　題　　理事○○○○の辞任に伴う○○○○氏の理事選任の件

以上

第5章　評議員会

287

【19-2 評議員会招集手続省略の同意書の書式例】

令和○年○月○日

公益（一般）財団法人○○協会　御中

評議員　○○○○　㊞

同　意　書

　私は、当法人の評議員として、一般社団法人及び一般財団法人に関する法律第183条及び定款第○条の規定に基づき、評議員会の招集手続を省略して、下記により第○回評議員会を開催することについて同意します。

記

1　日　　時　　令和○年○月○日（○曜日）　午前（午後）○時
2　場　　所　　当協会会議室
3　議　　題　　理事○○○○の辞任に伴う○○○○氏の理事選任の件

以上

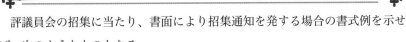

6　評議員会の招集通知例

　評議員会の招集に当たり、書面により招集通知を発する場合の書式例を示せば、次のようなものとなる。

第19条　招集

【19-3　評議員会招集通知の書式例】

令和○年○月○日

評議員　各位

公益（一般）財団法人○○協会

代表理事（理事長）　○○○○

定時評議員会招集通知

拝啓（時候の挨拶）

この度、下記により定時評議員会を開催いたしますので、ご出席くださいますようご通知いたします。

敬具

記

1　日時　令和○年○月○日（○曜日）午前○時

2　場所　当協会会議室

3　評議員会の目的事項

　(1)　報告事項

　　①　令和○年度事業報告の内容報告の件

　　②　○○○○の報告の件

　(2)　決議事項

　　①　第1号議案　令和○年度計算書類等の承認の件

　　②　第2号議案　理事○名選任の件

　　③　第3号議案　監事○名選任の件

4　議案の概要

　第1号議案　令和○年度計算書類等の承認の件

　　議案の概要は、別紙計算書類等に記載のとおりです。

　第2号議案　理事○名選任の件

　　本定時評議員会の終結の時をもって理事全員（○名）は、任期満了となります。

　　つきましては、理事○名の選任をお願いするものであります。

　　理事候補者は、次のとおりであります。

候補者番号	氏名（生年月日）	略歴、地位、担当及び重要な兼職の状況
1	○○○○ （昭和○年○月○日生）	

第5章　評議員会

289

第3号議案　監事○名選任の件

本定時評議員会の終結の時をもって監事全員（○名）は、任期満了となります。つきましては、監事○名の選任をお願いするものであります。なお、本議案につきましては、監事全員の同意を得ております。

監事候補者は、次のとおりであります。

候補者番号	氏名（生年月日）	略歴、地位、担当及び重要な兼職の状況
1	○○○○ （昭和○年○月○日生）	
以下略		

（注）　候補者とこの法人との間に特別の利害関係はありません。

以上

(注)1．計算書類等は、一般法人法126条2項（法199条）及び公益法人認定法施行規則33条の規定により、評議員会の承認が必要とされている（会計監査人が設けられている場合は、報告。法199条・127条、認定法施行規則33条）。

2．事業報告は、一般法人法126条3項（法199条）により、定時評議員会へ報告しなければならないこととされている。

✻✻✻　7　評議員提案権　✻✻✻

(1) 評議員提案権の意義・種類

評議員会の開催に当たって、その議題は理事会が決定するが（法181条1項）、評議員会は評議員によって構成されるため（法178条1項）、評議員にも一定の事項を会議の目的とすることを請求し（法184条）、若しくは会議の目的である事項につき議案を提出すること（法185条）、または評議員会の目的である事項につき、その評議員が提出しようとする議案の要領を招集通知に記載又は記録

第19条　招集

することを請求すること（法186条）が認められている。これらの権利を評議員提案権という。

評議員提案権は、第1は議題提案権であり、第2は議案提案権で、第3が議案の要領の通知請求権である。以下、これらについて説明する。

(2)　議題提案権

「評議員の議題提案権」とは、理事（代表理事）に対して、一定の事項を評議員会の目的とすることを請求する権利をいう（法184条前段）。「一定の事項を評議員会の目的とすること」というのは、評議員会の議題とすることであり、評議員（単独でも可能）が会議の議題の追加を請求することを意味する。

この請求は、評議員会の日の4週間（これを下回る期間を定款で定めた場合にあっては、その期間）前までにしなければならない（法184条）。評議員会は、一般法人法181条1項2号に掲げる評議員会の目的である事項以外の事項については、決議をすることができないとされていることから（法189条4項）、評議員の提案に係る議題を含めた招集通知を発する必要があるからである（議題提案権が認められるということは、その提案事項が招集通知に記載又は記録されなければならないということを意味している。）。

なお、この議題提案権を具体的にどのような場合に行使することができるかは、日頃からの法人の事業等に対する評議員の関心の有無によるものと考えられる。

評議員が意図する議題を評議員会で取り上げられるようにする手段としては、自らが評議員会を招集するという方法（法180条2項）もあるが、裁判所の許可が必要であることから、より簡易で迅速な方法を認めたのがこの権利である。

理事（代表理事）としては、次回の評議員会において理事選任の件や定款の変更の件を議題とすることを考えていない場合でも、評議員から理事選任や定款の変更の件を議題とすることを提案することができる。

提案された議題が評議員会の決議事項でないときは、理事（代表理事）は、それを評議員会の議題とする必要はないが、適法な評議員の提案を無視したと

きは、理事（代表理事）に対し過料が科せられる（法342条10号）。

⑶　議案提案権

「議案提案権」とは、評議員会の議場において、評議員が評議員会の目的である事項（議題）につき、議案を提出できる権利をいう（法185条本文）。

一般法人法184条が議題の提案（例えば、理事選任決議の場合には、「理事選任の件」を指す。）であるのに対し、一般法人法185条は議案の提出であり、この場合の「議案」とは、議題に対する具体案、例えば理事選任決議の場合の「Ａを理事の候補者とする」という案をいう。

評議員が評議員会の目的たる事項につき議案を提出することができるという場合の「会議の目的たる事項」は、法人側より提出されたものとの関係では、修正提案を行うことである。

この議案提案権は、㋐提案された議案が法令若しくは定款に違反する場合、㋑提案された議案と実質的に同一の議案につき、評議員会において議決に加わることができる評議員の10分の1（これを下回る割合を定款で定めた場合にあっては、その割合）以上の賛成を得られなかった日から3年を経過していない場合は、法人はその提案を拒絶することができる（法185条ただし書）。会議体の構成員が審議事項につき自己の議案を提出できることは当然であるから、このただし書の規定の意義は、むしろこの拒絶事由の点にある。なお、この議案提案権は、評議員会当日に行使することが可能である。

⑷　議案の要領の通知請求権

「議案の要領の通知請求権」とは、評議員会の目的である事項につき、当該評議員が提出しようとする議案の要領を理事（代表理事）に対し、他の評議員に通知すること（一般法人法182条1項又は2項の規定により招集通知を書面又は電磁的方法で行う場合にあっては、その招集通知に記載又は記録すること）、を請求する権利をいう（法186条1項）。

この請求権は、評議員が法人の費用負担で評議員会の日の前に自己の議案を

他の評議員に知悉させることができる点に意義がある。

通知請求の対象である議題は、その評議員自身が議題提案権を行使して提案したものであってもよく、また理事(代表理事)が提案すると予想される議題(例えば、理事の選任)であってもよい。

この通知請求権は、評議員会の日の4週間（これを下回る期間を定款で定めた場合にあっては、その期間）前までに行使する必要がある。

議案の通知請求についても、法人は、㋐当該議案が法令若しくは定款に違反する場合、㋑提案された議案と実質的に同一の議案につき、評議員会において議決に加わることができる評議員の10分の1（これを下回る割合を定款で定めた場合にあっては、その割合）以上の賛成を得られなかった日から3年を経過していない場合には、その請求を拒絶できる（法186条2項）。

8　評議員会の招集手続等に関する検査役の選任

(1) 評議員会検査役制度の趣旨

公益（一般）財団法人又は評議員は、評議員会に係る招集の手続及び決議の方法を調査させるため、評議員会に先立ち、裁判所に対し、検査役の選任の申立てをすることができる（法187条1項）。

この評議員会の招集手続等に関する検査役の制度は、評議員会の手続の瑕疵等を原因とする事後的な紛争（法266条1項1号参照）を避け、評議員会の手続の公正を客観的に確保するための制度である。

(2) 検査役の調査・報告

裁判所によって選任された検査役は、必要な調査を行いその結果を裁判所に報告するとともに（法187条4項）、公益（一般）財団法人（検査役の選任の申立てをした者が当該公益（一般）財団法人でない場合にあっては、当該公益（一般）

内閣府モデル定款から読み解く公益・一般法人の法人運営手続　財団編（上巻）

財団法人及び申立てを行った評議員）に当該報告内容を提供しなければならない（同法6項）。

(3)　裁判所による評議員会招集等の決定

　裁判所は、検査役から調査報告を受けた後、必要があると認めるときは、㋐一定の期間内に評議員会を招集すること、㋑調査の結果を評議員に通知することの措置を理事（代表理事）に対し命じなければならない（法188条1項）。

　㋐の評議員会招集の措置が命じられた場合には、当該評議員会において、理事（代表理事）は検査役の調査報告の内容を開示し、併せて理事（代表理事）及び監事は、調査報告の内容について調査した結果を報告しなければならない（法188条2項・3項）。

　なお、裁判所の命令に従って評議員会を招集しない理事（代表理事）は、100万円以下の過料に処せられる（法342条9号）。

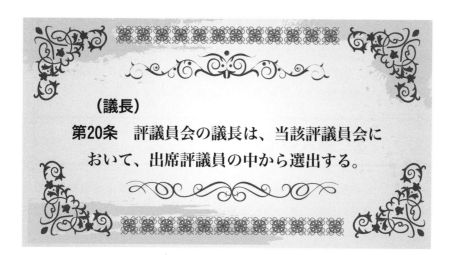

(議長)
第20条　評議員会の議長は、当該評議員会において、出席評議員の中から選出する。

1　議長の選出方法

　評議員会の議長については、一般的には評議員会に出席した評議員の互選により、その都度選出される方法がとられる。その場合、誰を議長に選出するかは、それぞれの法人の慣例に従い決められることが多いと考えられる。

　なお、定款において、評議員のうちに評議員会長を設けている場合には、その者が評議員会の議長に当ることになる。その場合の定款の規定としては、例えば、「評議員会の議長は、評議員会長がこれに当たる」というような形式になる。

2　議長を代表理事とすることの可否

　評議員会の議長について、法令上、規定は設けられていないので、したがって、代表理事が評議員会の議長になることができないわけではない。

　しかしながら、評議員会は、役員の選任解任権等を通して、理事を監督する立場にある。したがって、代表理事が評議員会の議長となることは、監督され

る立場にある者が、監督する立場にある機関の議長を務めることになり、ガバナンス上、問題があり、代表理事が評議員会の議長を務めることは望ましくないと解される。しかし、他方、評議員会の議長を代表理事とする旨を定款に規定することが望ましいと解する考え方もある。

3　議長の権限

　議長は、評議員会の開会中の秩序を維持し、議事を整理する権限を有する。社員総会の議長の権限に関しては、一般法人法に規定されているが（法54条１項）、評議員会の議長の権限についての規定はない。しかし、そのような権限規定がなくても、会議体の一般原則上、当然に認められるものと解される。

(決議)

第21条　評議員会の決議は、決議について特別の利害関係を有する評議員を除く評議員の過半数が出席し、その過半数をもって行う〈、その過半数をもって行い、可否同数のときは、議長の裁決するところによる〉。

〈2　前項の場合において、議長は、評議員会の決議に、評議員として議決に加わることができない。〉

3　前項〈第1項〉の規定にかかわらず、次の決議は、決議について特別の利害関係を有する評議員を除く評議員の3分の2以上に当たる多数をもって行わなければならない。

(1)　監事の解任
(2)　評議員に対する報酬等の支給の基準
(3)　役員等の責任の一部免除
(4)　定款の変更
(5)　基本財産の処分又は除外の承認
(6)　その他法令で定められた事項

4　理事又は監事を選任する議案を決議する

に際しては、各候補者ごとに第1項の決議を行わなければならない。理事又は監事の候補者の合計数が第26条に定める定数を上回る場合には、過半数の賛成を得た候補者の中から得票数の多い順に定数の枠に達するまでの者を選任することとする。

(注) 可否同数の場合の扱いにつき規定しない場合、〈 〉内は不要である

1　評議員会の普通決議（本条1項関係）

　評議員会の普通決議の要件は、議決に加わることができる評議員の過半数が出席し、その過半数の賛成である（法189条1項）。この定足数及び議決要件は、定款で加重することはできるが、軽減することはできない。

　なお、定足数が「議決に加わることができる評議員の過半数」となっているのは、決議について特別の利害関係を有する評議員は議決に加わることができないので（法189条3項）、そのような評議員を除いた数を基準とするためである。

2　可否同数の場合の扱い（本条1項・2項関係）

　過半数の決議の場合には、賛成と反対の数がおのおの同数という場合がありうる。このことにつき、内閣府公益認定等委員会留意事項の各論8（理事会・評議員会の運営方法）の（注）2において、「理事（評議員）の議決権の数は1人

１箇であり、〔可否同数のときは、議長（代表理事、評議員会議長）の決するところによる〕とするような定款の定めを設けることにより、特定の理事（評議員）のみ２個の議決権を与えることとなるような定款の定めは無効である」としている。

他の法律、例えば、私立学校法では、評議員会は必置制とし（同法41条１項）、そして、評議員会の決議に関しては、㋐評議員会は評議員の過半数の出席がなければ、その議事を開き、議決をすることができない（同法41条６項）。㋑評議員会の議事は、出席評議員の過半数で決し、可否同数のときは、議長の決するところによる（同法41条７項）。㋒前項の場合において、議長は、評議員として議決に加わることができない（同法41条８項）、と規定している。

このほか、憲法56条２項、国会法50条、92条２項においても「可否同数のときは、議長（委員長）の決するところによる」と規定されている。この場合には、帝国議会以来の先例で議長は表決に加わらないことになっている。これは、議長に要請される中立的地位が表決権を行使するのを適当としない、と考えられているためと解されている。また、地方自治法116条２項は、「前項の場合（可否同数のとき）においては、議長は、議員として議決に加わる権利を有しない」と規定している。

以上のように、各法令上の会議体における過半数議決の場合は、議長は議決権は行使しないで、裁決権のみを行使することとしている。なお、この場合の過半数決議における出席者数からは議長を除くこととするについては、解釈上定着しているものと解される。

なお、これに関連して、FAQ問１-３-⑪の「6　理事会」において、「一般社団・財団法人法においては、特定の理事（評議員）にのみ２個の議決権を与えることとなるような定款の定めは無効と解され、また、仮に、当初の議決に加わらないこととしている場合であっても、当初の議決において、議長たる理事（評議員）を除く出席理事（出席評議員）の過半数の賛成で決議が成立する旨を定款で定めた場合には、一般社団・財団法人法に定められている決議要件を緩和するものとなり、無効であると考えられます」と解説されている。

内閣府モデル定款から読み解く公益・一般法人の法人運営手続　財団編（上巻）

　過半数決議の場合、他の法令には議長は裁決権のみを有し、議決権は行使しない扱いとしている場合に、出席者から議長を除くことまで規定していないが、実際上は除くことで運営されていることから考えるならば、上記のような「議長たる理事（評議員）を除く出席理事（出席評議員）の過半数の賛成で決議が成立する旨を定めた場合には、一般社団・財団法人法に定められている決議要件を緩和するものとなり、無効であると考えられます」という解釈につき妥当であるかいささか疑問に思われる。この解釈からは、定款に過半数決議に当たっては、出席者から議長を除く旨の定めを置かず、議長は議決には加わらず、可否同数の場合には裁決権を与える旨の規定を置くことは差し支えないこととなる。つまり、他の法令の場合と同じ運用となる。

　なお、この過半数決議の場合の可否同数の関係については、改めて理事会の決議（第42条）において、包括的かつ詳細に解説を行う。

＊＊＊　3　評議員会の特別決議（本条3項関係）　＊＊＊

　評議員会の特別決議の要件は、「議決に加わることができる評議員の3分の2以上に当たる多数」である（法189条2項）。この要件は、普通決議と同様に定款で加重することができる（例えば、4分の3以上）が、軽減することはできない。

　特別決議が必要な事項は、一般法人法189条2項各号に次のように列挙されている。

① 　監事の解任（法176条1項）

② 　役員等の責任の一部免除（法198条・113条1項）

③ 　定款の変更（法200条）

④ 　事業の全部譲渡（法201条）

⑤ 　解散した一般財団法人の継続（法204条）

⑥ 　合併契約の承認の決議（法247条・251条1項・257条）

本条3項は、上記の特別決議のうち主要なもの及びこの定款において評議員

300

会の特別決議を要するものを規定したものである。

4 評議員の議決権

(1) 評議員の議決権の数

　評議員の議決権は、理事の場合と同様、各自平等で1箇であり、公益（一般）社団法人の社員の議決権と異なり、定款で評議員間で議決権に差を設けることができない（法48条1項参照）。

(2) 特別の利害関係を有する評議員

　評議員会の決議について、特別の利害関係を有する評議員は、自己の利益のため議決権を行使する可能性があるため、その決議に加わることができない（法189条3項）。

　この場合、何が特別の利害関係なのかについては、評議員会の決議の公正を担保する見地から、当該利害関係の性質により客観的に判断し、個々具体的に決めるべきである。しかし、「特別の利害関係を有する評議員」には、どのような場合が該当するのかは、理事の場合とは異なり極めて限られたケースとなろう。

　一般的に考えられる場合としては、評議員の選任及び解任につき、定款において評議員会で行う旨を定めている場合、当該評議員会において、ある評議員の解任を決議するときには、当該評議員は特別の利害関係を有する者に該当すると解せられる。

(3) 議決権の行使の方法

　評議員は、社員とは異なり、法人との委任契約に基づき、善良な管理者の注意をもって、その職務を遂行する者であり（法172条1項、民法644条）、評議員の議決権の行使については、書面による議決権の行使、電磁的方法による議決

権の行使、代理人による議決権の行使は認められない。

それは、評議員は、理事と同様、個人的な能力や資質に着目して委任を受けた者であり、評議員会が執行機関に対する牽制・監督を行う機関として十分にその機能を果たすためには、その運営につき、理事会と同様の規律に従うことが相当と考えられるからである（注1）。

5 評議員会の決議事項の制限

評議員会は、原則として、あらかじめ定められた目的である事項以外の事項については、決議をすることができない（法189条4項）。これは、評議員会と理事会の権限分配を合理的なものとするとともに、議題を事前に通知された事項（法181条・182条）に限定し、評議員の議決権行使に当たり、事前準備ができるようにするためである（注2）。

なお、評議員会に提出された資料を調査する者の選任（法191条1項）、評議員会の決議によって法人の業務及び財産の状況を調査する者の選任（法191条2項）、会計監査人の出席を求めること（法197条・109条2項）については、あらかじめ通知されていなくても決議をすることができる（法189条4項ただし書）。

6 評議員会における理事又は監事の選任議案の決議方法（本条4項関係）

評議員会に提出された議案については、各議案ごとに採決するのが原則である。理事の選任議案を評議員で決議する方法について、例えば、8人の理事の選任議案の決議（採決）を8人一括して決議（採決）することとした場合には、本来、1つ1つの議案（1人1人の理事の選任議案）ごとに賛成又は反対の意思を表明することができるはずの評議員に対して、全議案についてすべて賛成か又はすべて反対かという投票を強制することとなり、1議案1議決（1人の理事の選任議案について1議案）の法の趣旨が没却されることとなる。

したがって、評議員会で理事の選任議案を採決する場合には、各候補者ごとに決議する方法を採ることが望ましく、評議員会の議事の運営方法に関する定めの1つとして、「理事の選任議案の決議に際し候補者を一括して採決（決議）すること」を一般的に許容する旨の定めを設けることは許されないこととなる（注3）。

以上のことから、評議員会における理事又は監事の選任議案の決議（採決）に際しては、それぞれの候補者ごとに賛成又は反対の採決が行われることとなる。この場合において、候補者数の方が定数より多い場合には、過半数の賛成を得た候補者の中から、得票数の多い定数の枠に達するまでの者を選任することとなる。一般的には、候補者数の方が定数より多いというような議案の提出方法はないが、学会などの場合には候補者の方が多いということがありうるようである。

7 評議員会に提出された資料等の調査

(1) 評議員会に提出された資料等の調査者の選任

評議員会においては、その決議によって、理事、監事及び会計監査人が当該評議員会に提出し、または提供した資料を調査する者を選任することができる（法191条1項）。

一般法人法191条1項は、評議員会に理事、監事等が提出・提供した資料を調査する者を動議に基づいて特に選任することができることを定めたものである。

理事（代表理事）によって評議員会に提出される資料のうち計算書類については、監事・会計監査人による監査の制度がある。しかし、理事等は法人の内部の機関であるため、十分にその目的を達することができないことがあることから、一般法人法は外部の人が調査に当たる調査制度を設けて、監事制度の補

強を図っているのである。

　調査者は、評議員会がその必要ありと認める場合に、これを選任することができる。調査者を選任する場合、あらかじめ評議員会の招集通知にその旨を記載する必要はなく（法189条4項ただし書）、評議員会当日の動議に基づいて選任することができる。

　調査者の資格については特に法律上の規定はないが、その職務の性質上、理事、監事、会計監査人又はその法人の使用人が兼任することはできないと解される。

　調査者と法人との関係は、準委任の関係の立つと考えられる。何故ならば、調査員は法人から法律行為以外の事務を委託されるからである（民法656条）。したがって、民法の委任の規定が適用されることになる。

　調査者の職務権限は、理事等が評議員会に提出し、または提供した資料の調査に限定される。ここでいう「資料」とは、理事（代表理事）が提出した計算書類、事業報告、財産目録等（法199条・126条1項、認定法21条2項1号・認定法施行規則28条1項1号）、監事による報告事項（法197条・102条）、会計監査人の意見陳述（法197条・109条）などが挙げられる。また、「調査」とは、計算の正否、適法性に限られ、広く業務執行の合目的性の判断には及ばないと解されている（注4）。

(2) 評議員が招集した評議員会における業務及び財産の状況を調査する者の選任

　一般法人法180条の規定により評議員が裁判所の許可を得て招集した評議員会においては、その決議によって、公益（一般）財団法人の業務及び財産の状況を調査する者を選任することができる（法191条2項）。この選任決議は、招集通知に記載されている必要はない（法189条4項ただし書）。

(3) 調査者による報告

　調査員による調査結果の報告方法については、特に法律上の規定はない。したがって、評議員会に出席して口頭で調査の結果を報告すること、または報告

書の提出をもってこれに代えることでも差し支えないと解される。

なお、理事等が一般法人法191条による調査を妨げた場合には、100万円以下の過料に処せられる（法342条5号）。

次に、この「評議員会に提出された資料等の調査」の規定と同じものが、「社員総会に提出された資料等の調査」の規定として一般法人法55条に設けられているが、実務上これらの規定が適用されることは殆どないのではないかと思われる。これは、会社法316条に規定されている「株主総会に提出された資料等の調査」の規定についても同様であろうと思われる。

8　評議員会における理事等の説明義務

(1) 説明義務制度の趣旨

多数決原理が支配する会議体において、議案の提案者が提案理由を説明した後に質疑応答がなされる形で議事が進行するのが、会議体の一般原則（慣行）である。

評議員が評議員会で会議の目的である事項について質問をすることができ、理事等がそれについて説明をする義務があることは、会議体の一般原則として当然である。

これにつき、一般法人法190条において、「理事及び監事は、評議員会において、評議員から特定の事項について説明を求められた場合には、当該事項について必要な説明をしなければならない」と確認的に規定している。

ただし、この制度の趣旨から、㋐その事項が評議員会の目的である事項（決議事項又は報告事項）に関しないものである場合、㋑その他正当な理由がある場合として法務省令（法施行規則59条）で定める場合には、理事等は説明を拒絶することができるとされている（法190条ただし書）。

内閣府モデル定款から読み解く公益・一般法人の法人運営手続　財団編（上巻）

⑵　説明義務者

　説明義務者は、理事及び監事である。理事のうち誰が説明するかは、必ずしも説明を求める評議員の指名には拘束されないと解される。法人の業務執行に関する事項は、代表理事をはじめとする業務執行機関の一員が説明すればよく、そのうちの誰が説明するかは、業務執行機関の責任において判断すべきであって、具体的には、代表理事（理事長）が自ら説明するか、またはその者が指名する理事（例えば、質問された事項を担当する理事）が説明することになろう（注5）。

　監事は独立機関であり、個々にその調査の結果又は意見を報告しなければならないが、それが一致しているときは、その中の1人が説明を行えばよく、評議員の指名する者が必ず説明しなければならないというものではない。

　理事等の評議員会への出席義務については、一般法人法は直接には規定していないが、評議員会における説明義務に関する定めにより、間接的に規定されているということができる。しかし、この出席義務は、基本的には理事等の善管注意義務（民法644条）に基づくものであって、やむを得ない事由（例えば、病気の場合など）によって出席できないときは、善管注意義務違反にはならない（注6）。

⑶　説明義務の限界

　理事等がどの程度の説明をしたなら説明義務を尽したことになるかについては、抽象的には、会議の目的たる事項を合理的に判断するのに客観的に必要と認められる程度に説明することを要し、またそれで足りるとされている（福岡地裁平成3年5月14日参照）。

　それでは、具体的にどの程度の説明で足りるかということになるが、一概には言えない。その点については、どの範囲の事項を説明しなければならないかという間口の広さと、それをどの程度詳しく説明しなければならないかという奥行きの深さとが問題となりうる。

　間口の広さについては、定時評議員会においては、会議の目的たる事項は、

306

報告事項（事業報告の内容の報告〔法199条・126条3項〕、計算書類等の承認を求める必要がない場合のその内容の報告〔法199条・127条後段〕）であると決議事項であるとを問わず、その範囲に含まれるから、したがって、会議の目的たる事項に関しないとして説明を拒み得ることは、個人的な事項とか、法人の秘密に関するもの等を除いては、極めて限られた事項とならざるを得ない。臨時評議員会の場合には、その会議の目的たる事項が何かによって異なることになる。

次に、会議の目的たる事項（報告事項を含む。）に関して説明を求められた場合には、どの程度詳しく説明しなければならないかという奥行きの深さについては、会議体の一般原則及び社会通念に従って、しかも評議員会の特殊性を考慮した上で決められることになる。しかし、その判断に必要な程度とは、特定の評議員の主観的な満足のいくまでではなく、あくまでも客観的に見て、会議の目的たる事項の判断に必要な程度である。したがって、例えば、特定の評議員が発言を独占し、執拗に質問を続けることは、他の出席評議員の存在を無視するものであり、そのような質問については、適当なところで打ち切っても差し支えない。

しかし、また、評議員が説明を求めた場合には、会議の目的たる事項を判断するのに必要であると客観的に認められる程度までは説明する必要があり、このことは、その際に、他の評議員から出された質疑打切りの動議が可決された場合でも変わりがない（注7）。

(4) 説明を拒絶できる正当理由

説明を求める事項が評議員会の目的である事項に関しない場合その他正当な理由がある場合には、理事等は、説明を拒絶することができる（法190条ただし書・法施行規則59条）。

① 質問事項が評議員会の目的である事項に関しないものである場合（法190条ただし書）

一般法人法190条は、評議員に対して、法人に関する包括的な情報開示請求権を与えたものではないので、理事等は、会議の目的である事項に関してのみ、

内閣府モデル定款から読み解く公益・一般法人の法人運営手続　財団編（上巻）

説明を行えばよいことである。

　評議員会の目的は原則として招集通知に記載された議題に限られるので（法189条4項・181条1項2号・182条3項）、これに関連する範囲内において説明を行うことになる。

② 評議員が説明を求めた事項について説明をするために調査をすることが必要である場合（法施行規則59条1号）

　ただし、次に掲げる場合は除かれる。

i 当該評議員が評議員会の日より相当の期間前に当該事項を法人に対して通知した場合（法施行規則59条1号イ）

　この場合の「相当の期間」がどの位の期間であるかについては、評議員の説明を求める事項により異なり、比較的短時間で調査をすることができるような事項であれば「相当の期間」は短く、調査にかなりの時間を要する事項であれば、「相当の期間」は長くなると解すべきであろう。

ii 当該事項について説明をするために必要な調査が著しく容易である場合（同規則57条1号ロ）

　「著しく容易である」か否かは、説明を求められた評議員会の時点において、その状況に基づき判断される。説明をせず、事後的に「著しく容易である」ことが判明したとしても、当該評議員会の場ではそのような判断ができない状況にあった場合には、決議の方法に法令違反はなく、評議員会の決議取消原因（法266条1項1号）にはならないものと考えられる。

③ 評議員が説明を求めた事項について説明をすることにより法人その他の者（当該評議員を除く。）の権利を侵害することとなる場合（法施行規則59条2号）

　この場合の例としては、説明を行うことにより、法人又はその他評議員の名誉・信用その他の権利を侵害する場合が該当するものと考えられる。

　なお、自己負罪の危険、すなわち説明することにより自己又は法人が刑罰を受ける危険がある場合等も含まれるものと考えられる（注8）。

　また、「当該評議員を除く」とされているのは、説明を求めた評議員の権利が侵害されることを理由に、その評議員が説明を求めているにもかかわらず説

明をしないことは適当ではないからである。

> ④ 評議員が当該評議員会において実質的に同一の事項について繰り返して説明を求める場合（法施行規則59条3号）

　この規定は、既に十分説明した事項については説明をしなくても、説明義務違反とはならないと解されることから、これを明らかにするために規定化されたものである。説明を繰り返しても意味はなく、時間が無駄に経過するにすぎないからである。

> ⑤ その他評議員が説明を求めた事項について説明をしないことにつき正当な理由がある場合（法施行規則59条4号）

　この場合の例としては、例えば、説明を求められた事項について、十分な説明をするためには、その調査に過大な費用を要する場合などが考えられる。

(5) 説明義務違反の効果

　評議員に説明を求める機会を与えなかった場合、不当に説明を拒絶した場合、不実の説明をした場合、正当な理由がないのに十分な説明をしなかった場合には、決議の方法が法令に違反したものと解されるので、いずれも評議員会の決議取消しの訴えの原因となる（法266条1項1号）。なお、報告事項についての説明義務違反の場合には、決議取消しの問題は生じない。

　また、正当な理由がないのに、評議員会において、評議員が説明を求めた事項について説明をしなかった理事、監事は、100万以下の過料に処せられる（法342条11号）。

9　評議員会の延期又は続行の決議

　評議員会の成立後に、一定の理由により議事に入れないような場合、審議が紛糾して時間切れとなるような場合には、評議員会決議により、評議員会期日を後日に延期又は続行することができる。この場合には、評議員会の招集のための理事会の決議、評議員会の招集の通知を行うことを要しない（法192条）。

(1)　延期・続行の意義

①　延期

「延期」とは、評議員会の開会後に、議事に入らないで評議員会の開催日を後日に変更することをいう（延期の決議に基づいて後日開催される評議員会を「延会」という。）。

②　続行

「続行」とは、議事に入った後、審議の紛糾や審議時間の不足などの理由により、審議未了のまま会議を一時中止して、残余の議事を後日に継続することをいう（続行の決議に基づいて後日開催される評議員会を「継続会」又は「続会」という。）。

延期又は続行は、いずれも当初の評議員会における議題と同一の事項を議題としている点において、共通性を有する。したがって、その議題の一部が当初の評議員会における議題と同一であっても、当初の評議員会の議題にはない事項を新たな議題として追加している評議員会は、ここにいう延会にも入らない。それは全く別個の新しい評議員会であるから、法定の招集手続を要することになる。

(2)　延期・続行の決議

評議員会の延期又は続行は、評議員会の決議によらなければならない（法192条）。議長が、独断で延期又は続行の宣言をして評議員会を終了させたことのみでは、評議員会の決議がなされていない以上、延期又は続行の効力は生じないものと解されている（東京地裁昭和38年12月5日）。

評議員会において、評議員から延期又は続行の動議が提出されたときは、議長は、原則として評議員会の決議に付すことを要するが、その動議が評議員の権利の濫用と認められるときは、議長は、その権限に基づきこれを却下することができると解される。

(3) 決議の内容

延期又は続行の決議により後日評議員会を開催するためには、その決議の際に、後日の評議員会の開催日時及び開催場所を定めることを要する（東京地裁昭和30年7月8日）。

なお、後日の開催日時及び開催場所を定めることなく、その決定を議長に一任するとの決議をした場合は、その決議は有効と解されている。この場合には、議長は相当の期間内に開催日時及び開催場所を定め、評議員に通知することを要する。

この場合の評議員に対する通知は、最初の評議員会に出席した評議員に対してのみになされることで足りると解されている。

延期又は続行の決議が、特別決議をするには定足数が不足であるためなされたものであるときは、出席しなかった評議員に対しても、通知を行う必要があると解される。

なお、延期又は続行の決議がなされた後、招集権者はその評議員会決議で定められた評議員会の開催日時・開催場所を変更できるかについては、これを否定する見解（東京地裁昭和30年7月8日）と肯定する見解（学説）とがある。学説には、正当な理由があり、かつ評議員に対してしかるべき周知の手続をとる場合には、招集権者限りで開催日時・開催場所を変更したりすることが許されると解するものが多い。

(4) 延期・続行の決議後開催の評議員会の決議の効力

延期又は続行の決議がなされた場合には、後日開催の評議員会の招集についての理事会の決定（法181条）及び招集の通知（法182条）の手続をとることは必要としない（法192条）。延期又は続行の決議に基づいて後日開催された評議員会で成立した決議は、実際に決議された日において成立したものとして取り扱われる。

なお、最初の評議員会の招集手続に関する瑕疵は、当然に後日開催の評議員

会の瑕疵となり、その会議における決議の取消原因となる（法266条1項1号）。

10　評議員会の決議の瑕疵

　評議員会の決議に瑕疵がある場合には、その決議の効力を否定する必要がある。一般法人法は、決議の瑕疵の軽重に応じて、評議員会の決議の取消しの訴え（法266条）、決議の不存在の確認の訴え（法265条1項）、無効の確認の訴え（法265条2項）の3種類に分けて規定している。

(1) 評議員会の決議の取消しの訴え

① 訴えの性質

　一般法人法266条の定める決議の取消しの訴えは、形成の訴えであり、決議取消原因がある決議は取消しを認容する判決により取り消されるまで有効であり、取り消されることにより遡及的に無効となる。

② 取消事由

i　招集の手続又は決議の方法が法令若しくは定款に違反し、または著しく不公正なとき（法266条1項1号）

　「招集の手続の法令違反」としては、一部の評議員への招集通知漏れがあった場合、理事会の決議なしに代表理事により招集がなされた場合などが該当する。

　「決議の方法の法令違反」としては、決議が定足数を欠く場合、招集通知に記載のない事項について決議がなされた場合（最高裁昭和31年11月15日）などがこれに該当する。

　「招集の手続、決議の方法の不公正」とは、出席困難な時期・場所における評議員会の招集、議決権の力ずくによる妨害などがこれに当たる。

ii　決議の内容が定款に違反するとき（法266条1項2号）

　決議の内容上の瑕疵であるが、決議の内容の法令違反（この場合は決議無効事由になる。法265条2項）とは区別される。例えば、定款で理事の員数を8人以内と定める法人で、8人を超える理事を選任する場合などがこれに該当する。この場合は、法令違反とは異なり、法人内部の自治的規則の違反の問題にすぎないので、違反する決議の効力を直ちに無効とするのではなく、一定の者の一定の期間内の訴えにより決議を無効にすれば足りるとの趣旨で、決議の内容の法令違反と区別して、決議取消事由とされているものである。

③　提訴権者・被告

　決議取消しの訴えを提起できる者は、評議員、理事、監事又は清算人及び決議の取消しにより評議員、理事、監事又は清算人になる者（一般法人法の規定により評議員、理事、監事又は清算人としての権利義務を有する者を含む。法175条1項、75条1項・177条、210条4項）である（法266条1項前段）。決議の不存在・無効確認の訴えの場合と異なり、これらの者以外の者は決議取消しの訴えを提起することができない。

　一方、被告となるのは当該法人である（法269条5号）。被告法人を代表するのは代表理事（法197条・77条4項）、清算人（法214条7項）である。

④　出訴期間

　決議取消しの訴えを提起できる期間は、当該決議の日から3箇月以内である（266条1項柱書）。この期間は除斥期間であり、この経過後はもはや新たな取消事由を追加することはできないと解するのが判例（最高裁昭和51年12月24日）、多数説である。

⑤　判決の効力

　訴えにおいて原告が勝訴し、決議取消しの判決が確定したときは、その判決

は第三者に対しても効力を有する（対世的効力。法273条）。多数の法律関係を画一的に確定させるという要請に基づくものである。取消しが確定した決議事項に関し登記がなされているときは、裁判所の嘱託により決議取消しがあった旨の登記が行われることになる（法315条1項1号ロ(2)）。

　一方、原告が敗訴し決議を取り消さないとの判決が確定したときは、決議の有効が確定する。判決のときには通常既に出訴期間が経過しているから（法266条1項）、もはや再び取消しの訴えを提起することはできない。なお、敗訴した原告に悪意又は重大な過失があった場合には、法人に対し損害賠償の責任を負うことになる（法277条）。

⑥　裁量棄却

　決議取消しの訴えでは、評議員会の招集の手続又は決議の方法が法令又は定款に違反するときであっても、㋐その違反する事実が重大でなく、かつ㋑その違反があっても決議に影響を及ぼさないと認められる場合には、裁判所は決議取消しの訴えの請求を棄却することができる（法266条2項）。

　これは「裁量棄却」と呼ばれている制度である。招集手続や決議の方法の瑕疵が重大でなく、結果に影響を及ぼさない場合には、決議を取り消すことによって生じる混乱や法的安定性が害されることを避けるために、このような制度が認められているものである。

　なお、裁量棄却が認められるのは、一般法人法266条1項1号に規定されているもののうち、「招集の手続又は決議の方法が法令若しくは定款に違反するとき」に限られている。手続的な瑕疵の場合、決議をやり直しても同じ結果が予想され、費用・労力の無駄が生ずるだけのケースがあり得るからである（注9）。したがって同号に規定されている「招集の手続又は決議の方法が著しく不公正なとき」は除かれ、また同条1項2号については裁量棄却の対象とはなっていない。

第21条　決議

⑵　評議員会の決議の不存在の訴え

①　訴えの性質

　決議の不存在の主張は訴えの提起を要せず、私法の一般原則に従って、何人^{なんびと}から何人に対しても、いつでもいかなる方法でも主張できるが、法律関係の画一的処理のためにその無効を対世的に確定する必要があることから、一般法人法265条１項の決議の不存在確認の訴えが認められており、この訴えは、確認の訴えでありいつでも、また決議の不存在確認の利益を有する者である限り、何人でもこの訴えを提起し得ることは決議無効確認の訴えの場合と同様である。

②　不存在事由

　「評議員会の決議の不存在」とは、㋐評議員会の開催の事実が全くなく、または決議そのものが事実存在しないのにもかかわらず、登記や議事録にあたかも決議が存在したかの如き虚偽の記載がある場合のほか、㋑一応評議員会及び決議と目すべきものは事実上存在するが、その成立過程の瑕疵が著しく法律上決議があったとは評価できない場合をいう。

　決議の不存在の例としては、㋐招集権者ではない者により招集された会議での決議、㋑招集通知が一部の者に限られており、大多数の者に通知がなされていない場合、㋒理事会の決議に基づかないで代表理事以外の理事が評議員会を招集した場合の決議、㋓会議の定足数を満たしていない場合など、会議の成立要件を欠いたままなされた決議などが考えられる。

③　提訴権者・被告・出訴期間

　決議不存在の確認の訴えの提訴権者については、一般法人法では限定されていないので、確認の利益を有する者であれば、誰でもこの訴えを提起することができる。なお、決議不存在の確認の訴えの被告人は法人である（法269条４号）。

　決議不存在の確認の訴えの出訴期間については、これを制限する規定が一般

法人法には置かれていないので、決議の不存在についての確認の利益が存する限り、いつでも訴えを提起できることとなっている。

④ 判決の効力

決議不存在の確認の訴えは確認の訴えではあるが、一般法人法は法律関係の画一的処理を図るために、その訴えに係る請求を認容する判決は、無効確認判決と同様に対世的効力を有する（法273条）。その他の点も無効確認の判決の場合と同様である。

(3) 評議員会の決議の無効確認の訴え

① 訴えの性質

決議の内容が法令に違反する場合には当該決議は無効であるところ、その無効の主張は訴えの提起を要せず、私法の一般原則に従って、何人から何人に対しても、またいつでも如何なる方法でも無効を主張できるが、法律関係の画一的処理のために、その無効を対世的に確定する必要があるため、一般法人法265条2項の無効確認の訴えが認められている。この訴えは確認の訴えであり、いつでも、また決議無効確認の利益を有する者である限り、何人でもこの訴えを提起することができる。

② 無効事由

評議員会の決議が無効となるのは、「決議の内容が法令に違反すること」（法265条2項）に限定されている。この場合の事例としては、例えば、欠格事由のある者を理事・監事に選任する決議（法177条・65条1項）がこれに該当する。

ここでいう「法令」には、一般法人法の規定が含まれることは当然であるが、それだけに限らず法律行為の効力を否定する効果を生じる法令（強行規定）違反はすべて含まれるので、例えば、公序良俗（民法90条）に違反する場合もこれに該当する（注10）。

第21条　決議

　しかし、決議の「内容」が法令違反であることが必要なので、その決議をなす動機・目的に公序良俗違反（民法90条）があるにとどまる場合には、決議は無効とはならない（株主総会に関する判例として、最高裁昭和35年1月12日。株主総会の決議の内容自体には何ら法令又は定款違反の瑕疵がなく、単に決議をなす動機・目的に公序良俗違反の不法があるにとどまる場合は、当該決議を無効たらしめるものではない。）。

　また、決議内容が定款に違反している場合は、一般法人法が決議取消しの理由としていることから（法266条1項2号）、決議無効の理由にはならない。

③　提訴権者・被告・出訴期間

　決議無効の確認の訴えについても、決議不存在の確認の訴えと同様に、提訴権者を限定していないので、確認の利益を有する者であれば、誰でもこの訴えを提起することができる。被告となるのも、決議不存在の確認の訴えの場合と同様に、法人である（法269条4号）。被告法人を代表するのは、代表理事、清算人である（法197条・77条4項・214条1項）。

　出訴期間についても法律上制限がないので、決議の無効確認の利益が存する限り、いつでも訴えを提訴できる。

④　判決の効力

　決議の無効確認の訴えは確認の訴えではあるが、法は法律関係の画一的処理を図るために、その訴えに係る請求を認容する判決は、第三者に対してもその効力（対世的効力）を有する（法273条）。

　決議の無効確認の訴えについては、決議取消しの訴えのときのような裁量棄却に関する規定は設けられていないが、これらの場合もその訴えが権利濫用のものである場合には、訴権の濫用あるいは権利濫用理論に基づいて請求が却下ないし棄却され得るとする判例がある（最高裁昭和53年7月10日）。

　評議員会の決議に基づいて登記がなされているときは、認容する判決が確定したときは、裁判所の嘱託により決議が無効である旨の登記が行われることに

内閣府モデル定款から読み解く公益・一般法人の法人運営手続　財団編（上巻）

なる（法315条1項1号ロ(1)）。

　なお、原告が敗訴した場合において、原告に悪意又は重大な過失があった場合には、原告は、法人に対し、損害賠償の責任を負うことになる（法277条）。

【注記（第21条）】

（注1）　新公益法人制度研究会編著『一問一答公益法人関連三法』、130頁、商事法務。

（注2）　同上。

（注3）　内閣府公益認定等委員会留意事項の各論（4　社員総会及び評議員会の決議要件〔定足数〕及び理事の選任議案の決議方法）。

（注4）　会社法実務研究会編『わかりやすい会社法の手引(1)』、1008頁、新日本法規。

（注5）　前田　庸『会社法入門』（第12版）、369頁、有斐閣。

（注6）　同上。

（注7）　同上、370〜371頁。

（注8）　同上、372頁。

（注9）　江頭憲治郎『株式会社法』（第7版）、374頁、有斐閣。

（注10）　齋藤雅弘「一般社団・財団法人法が新たに導入した法人関係訴訟の意義と役割（上）」、『月刊公益法人』（平成18年10月号）、33頁、全国公益法人協会。竹内昭夫他編『新版注釈会社法(5)　株式会社の機関(1)』、388頁、有斐閣。

（評議員会の決議の省略）
第22条 理事が評議員会の目的である事項について提案をした場合において、当該提案につき議決に加わることができる評議員の全員が書面又は電磁的記録により同意の意思表示をしたときは、当該提案を可決する旨の評議員会の決議があったものとみなす。

1　評議員会の決議の省略制度の趣旨

　理事が評議員会の目的である事項について提案をした場合において、評議員の全員が書面又は電磁的記録により同意の意思表示をしたときは、当該提案を可決する旨の評議員会の決議があったものとみなされる（法194条1項）。

　これは、評議員会において議決に加わることができる評議員（評議員会の決議について特別の利害関係を有しない評議員。法189条3項）の全員が、決議の目的である事項に賛成している場合には、評議員会を現実に開催することを義務付ける必然性がなく、その省略を認めるのが合理的であるからである。

　また、評議員会において討議をしたり、理事等の説明の機会（法190条）を求めたりすることは評議員の権利であるが、評議員の全員が同意するのであれ

ば、そのような機会を放棄することを認めても問題はないからでもある。

既に実質的に意見の一致をみているような場合には、わざわざ評議員会を開催し、費用と時間をかける必要はない。

この決議の省略制度は、社員総会における決議の省略（法58条1項）、理事会の決議の省略（法197条・96条）、会社法上の株主総会の決議の省略（会社法319条1項）、取締役会の決議の省略（会社法370条）にも、同様に採り入れられている。

2 決議の省略の要件

評議員会の決議の省略が認められるための条件として、㋐理事が評議員会の目的事項について、議決に加わることができる評議員の全員に対して、同意して欲しい旨を提案し、㋑議決に加わることができる評議員の全員から書面又は電磁的記録によって、その目的事項について同意の意思表示があることが必要である。

提案に反対する評議員との質疑応答を通じて議案の賛否を審議する必要がない場合に限られる趣旨である。

なお、その提案について評議員全員からの同意が得られない結果となった場合は、改めて通常の評議員会を招集して決議を行うこともできる。

3 決議の省略の成立の効果

一般法人法194条1項の規定により決議があったものとみなされる効力の発生日は、その提案について議決に加わることができる評議員全員から書面又は電磁的記録により同意があった日である。

1人でも反対の評議員がいる場合や、同意がとれない評議員がいる場合には、決議があったとみなすことはできない。複数の同意がそれぞれ別の日になされた場合は、その最も遅い同意があった日である。

なお、決議があったものとみなされる効力の発生日は、提案の際にあらかじ

め定めておくこともできると解されている。

*** 4 同意の意思表示をした書面又は電磁的記録の備置き及び閲覧等 ***

理事の提案につき評議員の全員が同意の意思表示をした書面又は電磁的記録は、評議員会の議事録に相当するものであるから、評議員会の決議があったものとみなされた日から10年間、その主たる事務所に備え置かなければならない（法194条2項）。

なお、評議員及び債権者は、その法人の業務時間内であれば、いつでも、評議員が同意の意思表示を行った書面又は電磁的記録の閲覧請求又は謄写請求を行うことができる（法194条3項）。この場合、評議員の同意の意思表示が電磁的記録（電子メール等）により行われた場合には、法務省令で定める方法（法施行規則91条13号。電磁的記録に記録された事項を紙面又は映像面に表示する方法）によるものとされている。「紙面に表示する方法」としては、紙に打ち出すこと（プリント・アウト）、「映像面に表示する方法」としては、パソコンのモニタ画面に表示する方法などがある。

*** 5 定時評議員会を決議の省略で済ませた場合の定時評議員会の終結 ***

一般法人法194条1項の規定に基づく決議の省略の方法により、定時評議員会の目的である事項のすべてについての提案を可決する旨の決議があったものとみなされた場合には、その時に当該定時評議員会が終結したものとみなされる（法194条4項）。

役員等及び評議員の任期の終期については、「定時評議員会の終結の時まで」とされている（法177条・66条・67条1項・69条1項・174条1項）。また、計算書類の公告についても「定時評議員会の終結後遅滞なく」公告すべきこと等が定

められている（法199条・128条1項・3項）。

一般法人法194条4項が、定時評議員会を決議の省略で済ませた場合の評議員会終結時点を具体的に定めているのは、これらの規定の適用関係を明確にするためである。

なお、計算書類等の備置き・閲覧や組織再編成時の事前開示書類の備置き・閲覧を定めている条文（法199条・129条1項・2項、229条1項2号、246条2項2号、250条2項2号、256条2項2号）によれば、書類を備え置いて閲覧に供すべき時期の始期は、評議員会の日の1週間前や2週間前などと定められている。そのような箇所に「第194条第1項の場合にあっては、同項の提案があった日」という「かっこ書」が付されたのは、決議の省略で済ませた場合にも、備置き等の開始時期を特定できるようにするためである。

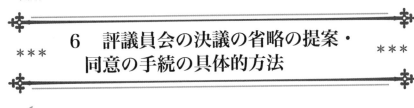

6　評議員会の決議の省略の提案・同意の手続の具体的方法

(1) 理事会における決定

評議員会の決議の省略は、本来評議員会を経た上で決議することを要する事項について、議事の省略を認めるものに過ぎないので、理事会において提案につき決定することが必要である（法181条1項）。この手続を経ないで提案した場合には、決議の取消事由となる（法266条1項1号）。

この場合、理事会の決議の省略（法96条・197条）の方法より評議員会の決議の省略を決定した場合の理事、監事への提案、これに対する同意書、確認書、理事会議事録の書式例は後掲のとおりである。

(2) 提案の方法

①　評議員会の決議の省略をするには、まず理事（代表理事）が評議員会の会議の目的である事項について、その内容を示し、提案しなければならない。

② 提案の方法について、法文上、書面又は電磁的記録によることを求められていないが、提案の内容を明確にするためにも、書面又は電磁的記録の方法によることが適当と解される。

③ 書面による提案の場合には、提案書及び同意書を一緒に、議決に加わることができる評議員全員に送付する。

(3) 同意の方法

理事（代表理事）からの提案に対し、議決に加わることができる評議員全員から、書面又は電磁的記録により同意の意思表示があることが必要である。

同意書に押印する印鑑については、あらかじめ法人に印鑑の届出をしている場合には、当該届出印を押印し、その届出をしていない場合には、認印で差し支えないと考えられる。

7 議事録の作成・備置き・閲覧謄写請求

(1) 議事録の作成

一般法人法施行規則60条4項は、全評議員の同意により、決議や報告があったものとみなされた場合における議事録の作成に関して規定している。

このような場合には、別途同意書面又は電磁的記録の保存・備置きが義務付けられているところであるが（法194条2項）、評議員以外の者にとっては、特定の決議事項や報告が、会議を開催して行われたのか、評議員全員の同意によって行われたのかが明らかではないことから、評議員会の決議あるいは評議員会への報告に関する資料の保存等についての規律の首尾一貫性を確保するため、評議員会の決議又は評議員会への報告があったものとみなされた場合にも、議事録を作成することとしたものである。議事録である以上、一般法人法193条により、備置き、閲覧・謄写等の対象となる。

内閣府モデル定款から読み解く公益・一般法人の法人運営手続　財団編（上巻）

　もっとも、評議員会が開催された場合と異なり、評議員会が開催された日時及び場所並びに評議員会の議事の経過の要領及びその結果といったような記載・記録事項はないし、評議員会の議長が存するということはないから、議長の氏名は記載・記録事項ではないと解される。

　評議員会の決議があったとみなされた場合の議事録には、次の事項を記載するものとされている（法施行規則60条4項1号）。

　①　評議員会の決議があったものとみなされた事項の内容（4項1号イ）

　②　上記①の事項を提案した者の氏名（4項1号ロ）

　③　評議員会の決議があったものとみなされた日（4項1号ハ）

　④　議事録の作成に係る職務を行った者の氏名（4項1号ニ）

　議事録作成者の押印については、法律上は要求されていない。しかし、実務的には作成の真正を担保するためにも押印することが望ましいと考えられる。

(2)　議事録の備置き・閲覧謄写の請求

　評議員会の決議があったものとみなされた場合の議事録も、その決議があったとみなされた日から10年間、その主たる事務所に備え置く必要がある（法193条2項）。

　その他従たる事務所に議事録の写しを5年間備え置くこと（法193条3項）、評議員及び債権者の議事録の閲覧又は謄写の請求等については（法193条4項）、通常の評議員会の議事録についてと同じである。

＊＊＊　8　登記申請書の添付書類　＊＊＊

　登記すべき事項につき評議員会の決議を要するときは、申請書にその議事録を添付しなければならない（法317条2項）。ただし、一般法人法194条1項の規定により評議員会の決議があったものとみなされる場合には、申請書に、一般法人法317条2項の議事録に代えて、その場合に該当することを証する書面を添付しなければならないとされている（法317条3項）。

なお、評議員会の決議があったものとみなされた場合には、一般法人法施行規則60条4項1号により、その決議があったものとみなされた事項等を内容とする議事録を作成することとされている。

この場合には、この議事録をもって、登記の申請書に添付すべき当該場合に該当することを証する書面（法317条3項）として取り扱って差し支えないこととされている（平成20年9月1日法務省民商第2351号法務省民事局長「一般社団法人及び一般財団法人に関する法律等の施行に伴う法人登記事務の取扱いについて（通達）」第3部一般財団法人・第2機関・3評議員会(4)評議員会の決議の省略）。

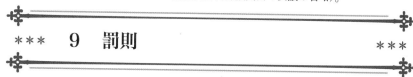

9　罰則

評議員が決議の省略の提案につき同意の意思表示を行った書面又は電磁的記録をその主たる事務所に備え置かなかった場合、または正当な理由がないのに、これらの閲覧・謄写の請求を拒んだときは、理事は100万円以下の過料に処せられる（法342条4号・8号）。

10　提案書等の書式例

提案書、同意書、評議員会の決議があったものとみなされた場合の評議員会議事録、理事就任承諾書の書式例を示せば、以下のようなものとなる。

内閣府モデル定款から読み解く公益・一般法人の法人運営手続　財団編（上巻）

【22-1　理事に対する提案書の書式例】

〔評議員会の決議の省略の方法により、理事の辞任に伴う後任者の候補者の決定を行う場合で、これにつき理事会の決議も決議の省略の方法で行う場合の例〕

令和○年○月○日

理事　各位

公益（一般）財団法人○○協会
代表理事（理事長）　○○○○

提　案　書

拝啓（時候の挨拶）

　さて、一般社団法人及び一般財団法人に関する法律第197条において準用する同法第96条及び定款第○条の規定に基づき、理事会の決議事項について、下記のとおり提案いたします。

　つきましては、下記「提案事項」につき、別紙「同意書」に記載の上、令和○年○月○日までに、当協会に必着すべくご送付下さいますようお願い申し上げます。

記

提案事項

1　評議員会の決議の省略についての決定
　　評議員会の決議につき、一般法人法第194条第1項の規定により、決議の省略の方法により行うこと。
2　評議員会の決議事項
　　理事2名選任につき、その候補者の決定の件
　　理事○○○○氏、○○○○氏の辞任に伴う後任の理事の候補者を、○○○○氏、○○○○氏と決定すること。

以上

(注)　1　役員等候補者に関する略歴等参考資料を添付する。
　　　2　理事のほかに、監事や評議員の補欠者の選任についても同時に行う場合には、「(1)理事○名選任につき、その候補者の決定の件、(2)監事○名選任につき、その候補者の決定の件、(3)評議員○名選任につき、その候補者の決定の件」として、区分して記載することになる。

第22条　評議員会の決議の省略

【22-2　監事に対する提案書の書式例】

令和○年○月○日

監事　各位

公益（一般）財団法人○○協会

代表理事（理事長）　○○○○

提　案　書

拝啓（時候の挨拶）

　さて、一般社団法人及び一般財団法人に関する法律第197条において準用する同法第96条及び定款第○条の規定に基づき、理事会の決議事項について、下記のとおり提案いたします。

　つきましては、下記「提案事項」につき、異議の有無を別紙「確認書」に記載の上、令和○年○月○日までに、当協会に必着すべくご送付下さいますようお願い申し上げます。

記

提案事項

1　評議員会の決議の省略についての決定

　　評議員会の決議につき、一般法人法第194条第1項の規定により、決議の省略の方法により行うこと。

2　評議員会の決議事項

　　理事2名選任につき、その候補者の決定の件

　　理事○○○○氏、○○○○氏の辞任に伴う後任の理事の候補者を、○○○○氏、○○○○氏と決定すること。

以上

（注）1　役員等候補者に関する略歴等参考資料を添付する。

　　　2　理事のほかに、監事や評議員の補欠者の選任についても同時に行う場合には、「(1)理事○名選任につき、その候補者の決定の件、(2)監事○名選任につき、その候補者の決定の件、(3)評議員○名選任につき、その候補者の決定の件」として、区分して記載することになる。

第5章　評議員会

内閣府モデル定款から読み解く公益・一般法人の法人運営手続　財団編（上巻）

【22-3　理事の同意書の書式例】

令和○年○月○日

公益（一般）財団法人○○協会
　代表理事（理事長）　○○○○　殿

理事　○○○○　㊞

同　意　書

　私は、一般社団法人及び一般財団法人に関する法律第197条において準用する同法第96条及び定款第○条の規定に基づき、令和○年○月○日付け提案書にて提案のありました理事会の決議事項についての下記「提案事項」について同意します。

記

代表理事（理事長）○○○○の提案事項
1　評議員会の決議の省略についての決定
　　評議員会の決議につき、一般法人法第194条第１項の規定により、決議の省略の方法により行うこと。
2　評議員会の決議事項
　　理事２名選任につき、その候補者の決定の件
　　理事○○○○氏、○○○○氏の辞任に伴う後任の理事の候補者を、○○○○氏、○○○○氏と決定すること。

以上

【22-4　監事の異議の有無の確認書の書式例】

令和○年○月○日

公益（一般）財団　法人○○協会
　代表理事（理事長）　○○○○　殿

監事　○○○○　㊞

確　認　書

　私は、一般社団法人及び一般財団法人に関する法律第96条及び定款第○条の規定

第22条　評議員会の決議の省略

に基づき、令和○年○月○日付け提案書にて提案のありました理事会の決議事項についての下記「提案事項」について、異議を述べません。

記

代表理事（理事長）○○○○の提案事項

1　評議員会の決議の省略についての決定

　　評議員会の決議につき、一般法人法第194条第1項の規定により、決議の省略の方法により行うこと。

2　評議員会の決議事項

　　理事2名選任につき、その候補者の決定の件

　　理事○○○○氏、○○○○氏の辞任に伴う後任の理事の候補者を、○○○○氏、○○○○氏と決定すること。

以上

【22-5　理事会の決議の省略の議事録の書式例】

理事会議事録

1　理事会の決議があったものとみなされた事項の内容

　(1)　評議員会の決議の省略についての決定の件

　　　(2)に係る評議員会の決議について、一般社団法人及び一般財団法人に関する法律第194条第1項の規定に基づき、評議員会を開催することなく、決議の省略の方法により行うこと。

　(2)　評議員会の決議事項

　　　理事2名の選任につき、その候補者の決定の件

　　　理事○○○○氏、○○○○氏の辞任に伴う後任の理事の候補者を○○○○氏、○○○○氏と決定すること。

2　決議事項を提案した理事の氏名

　　代表理事（理事長）　○○○○

3　理事会の決議があったものとみなされた日

　　令和○年○月○日

4　議事録の作成に係る職務を行った理事の氏名

　　代表理事（理事長）　○○○○

内閣府モデル定款から読み解く公益・一般法人の法人運営手続　財団編（上巻）

> 　上記のとおり、一般社団法人及び一般財団法人に関する法律第96条及び定款第○条の規定により、理事会の決議があったものとみなされたので、理事全員の同意があったこと及び監事全員の異議がなかったことを証するため、この議事録を作成し、議事録作成者が記名押印する。
>
>
> 　令和○年○月○日
>
> 公益（一般）財団法人○○協会
議事録作成者　代表理事（理事長）　○○○○　㊞

（注）　代表理事（理事長）の押印は、原則として登記所に提出している印鑑を押印する。

【22-6　評議員会における決議の省略の提案書の書式例】

> 令和○年○月○日
>
> 評議員　各位
>
> 公益（一般）財団法人○○協会
代表理事（理事長）○○○○
>
> 提　案　書
>
> 拝啓（時候の挨拶）
> 　さて、一般社団法人及び一般財団法人に関する法律第194条及び定款第○条の規定に基づき、評議員会の決議事項について、下記のとおり提案いたします。
> 　つきましては、下記「提案事項」につき、別紙「同意書」に記載の上、令和○年○月○日までに、当協会に必着すべくご送付下さいますようお願い申し上げます。
>
> 敬具
>
> 記
>
> 提案事項
> 　理事2名選任の件
> 　　理事○○○○氏、○○○○氏の辞任に伴う後任の理事に、次の者を理事に選任すること。
> 　　○○○○
> 　　○○○○
>
> 以上

第22条　評議員会の決議の省略

【22- 7　評議員の同意書の書式例】

令和○年○月○日

公益（一般）財団法人○○協会
　代表理事（理事長）○○○○殿

評議員　○○○○　㊞

同　意　書

　私は、一般社団法人及び一般財団法人に関する法律第194条及び定款第○条の規定に基づき、令和○年○月○日付け提案書にて提案のありました評議員会の決議事項についての下記「提案事項」について同意します。

記

提案事項
　理事2名選任の件
　　理事○○○○氏、○○○○氏の辞任に伴う後任の理事に、次の者を理事に選任すること。
　　○○○○
　　○○○○

以上

【22- 8　評議員会の決議があったものとみなされた評議員会議事録の書式例】

評議員会議事録

1　評議員の決議があったものとみなされた事項の内容
　　理事2名選任の件
　　理事○○○○氏、○○○○氏の辞任に伴う後任の理事に、○○○○氏、○○○○氏を選任した。
2　決議事項を提案した者の氏名
　　代表理事（理事長）○○○○
3　評議員会の決議があったものとみなされた日
　　令和○年○月○日
4　議事録の作成に係る職務を行った者の氏名
　　代表理事（理事長）○○○○

　上記のとおり、一般社団法人及び一般財団法人に関する法律第194条第1項及び定款第○条の規定により、評議員会の決議があったものとみなされたので、評議員

内閣府モデル定款から読み解く公益・一般法人の法人運営手続　財団編（上巻）

全員の同意があったことを証するため、この議事録を作成し、議事録作成者が記名押印する。

　　令和○年○月○日

　　　　　　　　　　　　　　　　　　　公益（一般）財団法人○○協会

　　　　　　　　　　　議事録作成者　代表理事（理事長）○○○○　㊞

【22-9　就任承諾書の書式例】

就任承諾書

　私は、令和○年○月○日（※1）可決確定した貴協会の一般社団法人及び一般財団法人に関する法律第194条第1項及び定款第○条の規定に基づく評議員会決議により、理事に選任されたので、その就任を承諾します。

　　令和○年○月○日（※2）

　　　　　　　　　　　　　　　　　　　　　　住所

　　　　　　　　　　　　　　　　　　　　　　氏名　○○○○　㊞

公益（一般）財団法人○○協会

　代表理事（理事長）○○○○　殿

（※1）評議員会の決議があったものとみなされた日を記載する。

（※2）上記の日を記載する。

（評議員会への報告の省略）
第23条 理事が評議員の全員に対して評議員会に報告すべき事項を通知した場合において、当該事項を評議員会に報告することを要しないことにつき、評議員の全員が書面又は電磁的記録により同意の意思表示をしたときは、当該事項の評議員会への報告があったものとみなす。

1 評議員会への報告の省略制度の趣旨

　理事が評議員の全員に対して評議員会に報告すべき事項を通知した場合において、当該事項を評議員会に報告することを要しないことにつき、評議員の全員が書面又は電磁的記録により同意の意思表示をしたときは、当該事項の評議員会への報告があったものとみなされる（法195条）。

　評議員会における理事の報告事項には、検査役による調査結果報告の内容を調査した結果の報告（法188条3項、87条3項・197条）、事業の内容の報告（法199条・126条3項）、計算書類の内容の報告（法199条・127条）などが存在する。

しかし、これらの報告事項について評議員が十分な情報を得ている場合には、それを評議員会で報告すべき必要性は乏しいと考えられる。

そこで、理事が評議員の全員に対して報告事項を通知した場合において、当該事項を現実に評議員会において報告することを要しないことにつき、評議員の全員が、評議員会開催に先立って書面又は電子メールなどの電磁的記録によって報告の省略について同意したときには、当該事項の評議員会への報告はあったものとみなされる。これによって、評議員会運営の費用負担を軽減することができる。

なお、報告事項は決議事項に対し重要性が低いため、決議の省略の場合（法194条）とは異なり、報告事項の省略の同意に係る書面又は電磁的記録の備置きや閲覧・謄写等に応じることは義務付けられていない。しかし、議事録の作成の基礎となるものであるので、実務的には、議事録と同期間保管しておくべきものと考えられる。

このように、一般法人法では決議事項のみならず報告事項の省略も認めているため、定時評議員会の開催についても全評議員の同意があれば、省略することが可能となっている。

2　報告の省略の要件

評議員会への報告があったものとみなされるためには、㋐理事（代表理事）が評議員の全員に報告事項を通知し、かつ㋑全評議員から当該報告事項について、評議員会を開催して報告しなくてもよいとの同意を書面又は電磁的記録で表示してもらうことが必要要件である。なお、決議の省略の場合の要件である評議員につき「議決に加わることができるもの」という制約はない。

評議員への通知の方法は法定されていないが、報告内容を明確にするためにも実務上は書面又は電磁的記録によることが適当と考えられる。

同意は、全評議員から得ることが必要であり、1人でも同意が得られない場合には、原則に戻って評議員会を開催して報告しなければならない。

第23条　評議員会への報告の省略

　同意書の記載事項は特別法律上定められていないが、評議員の誰が、いつ、どの報告について開催の省略に同意したかが分かる内容になっていることが必要であることから、同意の対象となる報告の内容を特定することが必要である。

　報告事項の省略については、報告を要しない旨の評議員の同意に関する書面や電磁的記録を法人が備え置かなければならない旨の規定はない。しかしながら、実務的には、一般法人法194条（評議員会の決議の省略）の同意書面等と同様、主たる事務所等に一定期間備え置くようにして、後日の紛争に対処できるようにすることが適切であると考えられる。

　なお、一般法人法195条には、決議の省略の制度とは異なり、一定の時点に定時評議員会が終結したものとみなす旨の規定（法194条4項）がない。しかし、決議の省略の場合（法194条4項）と同様に取り扱うべきであると解される。

3　議事録の作成・備置き・閲覧謄写請求

(1)　議事録の作成

　評議員会への報告の省略の場合にあっても、報告はあったものとみなされるため、議事録に関しては、一般法人法193条の適用があることについては、前条7(1)議事録の作成で述べたとおりである。

　この場合の議事録には、次の事項を記載するものとされている（法施行規則60条4項2号）。

① 　評議員会への報告があったものとみなされた事項の内容（4項2号イ）
② 　評議員会への報告があったものとみなされた日（4項2号ロ）
③ 　議事録の作成に係る職務を行った者の氏名（4項2号ハ）

(2)　議事録の備置き・閲覧謄写の請求

　評議員会への報告があったものとみなされた評議員会の議事録の備置き、閲

覧又は謄写の請求等の扱いについては、評議員会の決議があったものとみなされた評議員会の議事録と同じように、一般法人法193条2項、3項及び4項の規定によることとなる。

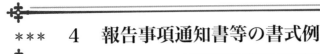 **4 報告事項通知書等の書式例**

　報告事項通知書、同意書、評議員会への報告があったものとみなされた場合の評議員会議事録の書式例を示せば、以下のようなものとなる。

【23-1　評議員への報告事項通知書の書式例】

　　　　　　　　　　　　　　　　　　　　　　　　令和○年○月○日

評議員　各位

　　　　　　　　　　　　　　　　公益（一般）財団法人○○協会
　　　　　　　　　　　　　　　　代表理事（理事長）○○○○

報告事項通知書

拝啓（時候の挨拶）

　さて、一般社団法人及び一般財団法人に関する法律第195条及び定款第○条の規定に基づき、評議員会への報告事項について、下記のとおりご通知申し上げます。

　つきましては、別紙「同意書」を、来る○月○日までに、当法人に必着すべくご送付下さいますようお願い申し上げます。

　　　　　　　　　　　　　　　　　　　　　　　　　　　　　　　敬　具

記

　1　報告事項　○○○○の件
　2　報告事項　○○○○の件
　　（報告事項の内容は省略）

(注)1．評議員会への報告の省略は、多くの場合、決議の省略と一緒に行われることが考えられる。つまり、決算の承認と事業報告をこの決議の省略と報告の省略で行う場合である。
　　2．この決議の省略と報告の省略の運用は、それぞれの法人の考え方によるものと解される。

第23条　評議員会への報告の省略

3．決議の省略は、役員の任期中に辞任の申出があったような場合、その制度の活用が考えられるが、報告の省略を単独で行う場合は比較的少ないのではないかと考えられる。

4．決議の省略、報告の省略も、全評議員の同意が要件となっているので、あらかじめ提案を行うに際しては、内諾を得ておく等の対応も必要と考えられる。

【23-2　評議員の同意書の書式例】

令和○年○月○日

公益（一般）財団法人○○協会

　代表理事（理事長）○○○○殿

評議員　○○○○　㊞

同　意　書

　私は、一般社団法人及び一般財団法人に関する法律第195条及び定款第○条の規定に基づき、評議員会への下記報告事項の省略について同意します。

記

1　報告事項　○○○○の件

2　報告事項　○○○○の件

【23-3　評議員会への報告があったものとみなされた評議員会議事録の書式例】

評議員会議事録

1　評議員会への報告があったものとみなされた事項の内容

　(1)　・・・・・

　(2)　・・・・・

2　評議員会への報告があったものとみなされた日

　令和○年○月○日

3　議事録の作成に係る職務を行った者の氏名

　代表理事（理事長）○○○○

上記のとおり、一般社団法人及び一般財団法人に関する法律第195条及び定款第

〇条の規定により、評議員会への報告があったものとみなされたので、評議員全員の同意があったことを証するため、この議事録を作成し、議事録作成者が記名押印する。

　令和〇年〇月〇日

　　　　　　　　　　　　　　　　　　公益（一般）財団法人〇〇協会

　　　　　　　　　　　　　議事録作成者　代表理事（理事長）〇〇〇〇　㊞

(議事録)
第24条　評議員会の議事については、法令で定めるところにより、議事録を作成しなければならない。
2　前項の議事録には、議長及びその会議に出席した評議員のうちから選出された議事録署名人2人〈議長及び出席した理事・出席した評議員及び理事〉が、記名押印しなければならない。

㊟　議事録署名人を議長及び評議員会に出席した評議員2人とした場合、〈　〉内は不要である。

1　評議員会の議事録の意義

　評議員会の議事については、法務省令で定めるところにより、議事録を作成しなければならない（法193条1項）。議事録の作成については、一般法人法施行規則60条に詳細に規定されている。
　評議員会の議事録の作成には、実務上の意義と法律上の意義の二つがある。
　実務上の議事録には、その法人の歴史を正確に記録するという役割を有している。例えば、その法人の設立後からの定款の変更状況、代表理事、業務執行

理事には誰が就任したか、理事、監事、評議員、会計監査人の任期期間、また
これらの者の報酬等の支給状況などを記録しておくことにおいて、議事録は重
要な役割を果しているということができる。

これに対して、法律上の意義については、次の三つがあるとされている（注１）。

① 証拠保全

評議員会の議事をめぐって紛争が起きた場合、どのような議事が、どのよう
な経緯で成立したか、または否決されたかを明らかにするためには、議事録に
記載しておくことが必要である。

評議員会議事録は、訴訟の段階では証拠として重要な機能を有する。評議員
会が実際に存在し、かつ決議が有効に行われたことを議事録の記載上から問題
なく読み取れるように作成することが必要である。

しかし、議事録は唯一の証拠方法ではないので、議事録の記載が反証によっ
て覆されることもある。

② 法人の登記申請時の添付書面

登記すべき事項につき、評議員会の決議を要するものについては、登記申請
書にその議事録を添付することが義務付けられている（法317条２項）。

いわゆる評議員会の決議があったものとみなされる場合（法194条１項）は、
書面又は議事録とされている（法317条３項、法施行規則60条４項１号。平成20年
９月１日法務省民商第2351号法務省民事局長通達。第３部一般財団法人・第２機関・３
評議員会(4)評議員会の決議の省略）。

記載すべき事項を欠いた評議員会議事録を登記申請書に添付した場合、当該
登記申請は原則として却下される（法330条・商業登記法24条８号）。

③ ディスクロージャーの充実

評議員会の議事録は、主たる事務所等に一定期間備え置き、評議員及び債権
者の閲覧又は謄写の請求に供される（法193条２項〜４項）。

また、評議員会の決議があったものとみなされた場合の同意書なども、決議があったものとみなされた日から10年間その主たる事務所に備え置くものとされている（法194条2項）。そして、閲覧又は謄写の請求に供されることになる（法194条3項）。

2　議事録の作成義務者

　一般法人法は、評議員会の議事録を作成しなければならないことは規定しているが（法193条1項）、誰が作成しなければならないかについては規定していない。

　なお、一般法人法施行規則において、「議事録の作成に係る職務を行った者の氏名」を評議員会議事録に記載しなければならないと規定されている（法施行規則60条3項7号）。したがって、評議員会議事録は、「議事録の作成に係る職務を行った者」が作成することになる。

　公益財団法人・一般財団法人の場合は、代表理事（理事長）、または理事会決議によって議事録の作成に係る職務を執行する理事と定められた理事が作成義務を負うものと考えられる。なお、定款に評議員会評議録を作成する者が定められている場合には、その者が作成義務を負うことになる。

　評議員が裁判所の許可を得て、評議員会を招集した場合の議事録を作成すべき者については、一般法人法上において特別の規定はない。この場合も代表理事（理事長）が作成することになろう。

3　議事録の作成時期と作成通数

(1) 議事録の作成時期

　議事録の作成時期について一般法人法上の規定はない。議事の内容が多い場合や記名押印すべき者が多い場合、議事録の速やかな作成は困難となることも

考えられるが、評議員会終了後遅滞なく作成されるべきものである。

評議員会議事録は、その主たる事務所等に備え置く義務（法193条2項・3項）があることから、作成が遅滞することは避けなければならない。

評議員会の決議事項が登記事項である場合には、登記申請に際して議事録を添付しなければならないし（法317条2項）、変更登記はその主たる事務所の所在地において、2週間以内にしなければならないことから（法303条）、その経過期間前に議事録を作成しなければならないことになる。

⑵　議事録の作成通数

議事録の作成通数について、一般法人法上に明確な規定はない。

法人は、評議員会の議事録を評議員会の日から10年間その主たる事務所に、その写しを5年間従たる事務所に備え置かなければならないと定めている（法193条2項・3項本文）ところから類推して、原本は一通作成すればよいことになる。

一般法人法や商業登記法には、「原本」という用語は使用されていないが、商業登記規則49条3項に「原本還付」という用語が使用されている。「原本」について特に定義されていないが、代表理事（理事長）が一定の内容を表示するため確定的なものとして、最初に作成した唯一の基となる文書だと言われている（注2）。

一般法人法302条2項各号に掲げる事項に変更が生じたときは、2週間以内に、その主たる事務所の所在地において、変更の登記をしなければならないが（法303条）、登記申請が2週間以内にできないことも考えられるので、法律的には原本を2通作成するという問題はあるが、原本のほか登記用の原本をもう1通作成することが一般的となっている。

なお、「写し」は、原本と記載内容が全く同じものでなければならないが、字体などが全く同じである必要はない。謄本と異なるのは、原本と全く記載内容が同一でなければならない点では同じであるが、代表理事（理事長）の原本と相違ない旨の認証がない点である（商業登記規則49条2項）。

4　議事録の作成

(1) 議事録の作成方法

　評議員会の議事については、法務省令で定めるところにより、議事録を作成しなければならない（法193条1項）。この定款24条1項もこのことを規定したものである。

　評議員会の議事録は、書面又は電磁的記録をもって作成しなければならない（法施行規則60条2項）。

　ここでいう「電磁的記録」とは、電子的方式、磁気的方式その他人の知覚によっては認識することができない方式で作られる記録であって、電子計算機による情報処理の用に供されるものとして法務省令で定めるものをいう（法10条2項・152条3項）。この場合の「法務省令で定めるもの」は、磁気ディスクその他これに準ずる方法により一定の情報を確実に記録しておくことができる物をもって調製するファイルに情報を記録したものである（法施行規則89条）。

　磁気ディスクには、フロッピー・ディスクなどが含まれるが、「その他これに準ずる方法により一定の情報を確実に記録しておくことができる物」には、磁気テープ、磁気ドラムのように磁気的方法により情報を記録するための媒体、ICカードなどのような電子的方法により情報を記録するための媒体、CD-ROM、DVD-ROMなどのような光学的方式により情報を記録するための媒体が含まれる。そのような記録媒体を用いて調製するファイルに情報を記録したものが、一般法人法10条2項・同法施行規則89条にいう電磁的記録に当たるとされている（注3）。

(2) 議事録の表題（名称）

　議事録が審議の過程及びその結果を明確にするものである以上、その審議がどの評議員会で行われたのかということも明確にしなければ意味がないので、

内閣府モデル定款から読み解く公益・一般法人の法人運営手続　財団編（上巻）

議事録の表題には評議員会の招集通知の表題と同様、「第○回定時評議員会議事録」（開催年月日・法人名）等と記載して、評議員会を特定することが適当と解される（注4）。

⑶　議事録の記載事項

評議員会の議事録は、次に掲げる事項を内容とするものでなければならない（法施行規則60条3項）

①　評議員会が開催された日時及び場所（当該場所に存しない理事、監事、会計監査人又は評議員が評議員会に出席した場合における当該出席の方法を含む。3項1号）

「かっこ書」は、評議員会を開催するに際し、その場所に物理的に出席しなくても、テレビ会議や電話会議のように、情報伝達の双方向性及び即時性が確保されるような方式で、評議員等が評議員会に出席することができることを前提とした規定である（注5）。

これにより、評議員会がインターネットや電話会議システム、テレビ会議システムを利用して開催されることができることが明文をもって許容され、このような方法により評議員会が開催される場合には、参加者の出席方法を評議員会の議事録に記載すべきこととされているものである。

②　評議員会の議事の経過の要領及びその結果（3項2号）

「議事の経過の要領」とは、開会宣言から閉会宣言に至るまでの会議の経過の要約をいう。具体的には、㋐議長の開会宣言、㋑決議事項、㋒監事の報告、㋓意見又は発言の内容の概要、㋔採決、㋕報告事項、㋖議長の閉会宣言などである。

評議員会における発言については、個々の発言を逐語録として記載する必要はない。ただし、個々の法人の判断により必要に応じて逐語録とすることは差し支えない。

「議事の結果」とは、評議員会に付議された各議案に対する採決の結果で、決議が成立したか不成立であったかを明らかにすることである。

第24条　議事録

③　決議を要する事項について特別の利害関係を有する評議員があるときは、当該評議員の氏名（3項3号）

評議員会の決議について特別の利害関係を有する評議員は、議決に加わることができないとされていることから（法189条3項）、そのような評議員が議決に加わっていないことを明らかにすることが必要であるため、これを記載することとしたものである。

④　次に掲げる規定により評議員会において述べられた意見又は発言があるときは、その意見又は発言の内容の概要（3項4号）

i　監事・会計監査人の選任若しくは解任又は辞任についての監事・会計監査人の意見（3項4号イ。法177条・74条1項・74条4項）

ii　辞任した監事・会計監査人による辞任した旨及びその理由の陳述（3項4号ロ。法177条・74条2項・74条4項）

iii　理事が評議員会に提出しようとする議案、書類その他法務省令で定めるものに法令若しくは定款に違反し、または著しく不当な事項があると監事が認めたときの、その調査の結果の報告（3項4号ハ。法197条・102条）

iv　監事の報酬等についての監事の意見（3項4号ニ。法197条・105条3項）

v　計算書類及び附属明細書が法令又は定款に適合するかどうかについて、会計監査人が監事と意見を異にするときの会計監査人（会計監査人が監査法人である場合にあっては、その職務を行うべき社員）の意見（3項4号ヘ。法197条・109条1項）。

vi　定時評議員会において会計監査人の出席を求める決議があったときの、会計監査人の意見（3項4号ヘ。法197条・109条2項）

以上のiからviまでの事項は、評議員の議決権行使にとって、重要な意見又は発言であり、かつ、そのような意見や発言を述べる機会が監事又は会計監査人に与えられたかどうかを後日確めるための記録を残しておくことが必要だからである（監事又は会計監査人にとっては、善良な管理者としての注意義務を尽して任務を果したことを立証するための証拠ともなり得る。注6）。

第5章　評議員会

内閣府モデル定款から読み解く公益・一般法人の法人運営手続　財団編（上巻）

⑤　評議員会に出席した評議員、理事、監事又は会計監査人の氏名又は名称（3項5号）

　評議員会に出席した理事、監事、会計監査人については、当該評議員会において意見を述べる可能性があるとともに、意見を述べなくとも、事実上の影響力を及ぼす可能性があるため、評議員会の出席者を議事録に含めることを要求するものである。

　理事会の議事録と異なり、出席した理事及び監事の氏名を評議員会の議事録に含めることが要求されているのは、理事会とは異なり、出席した理事及び監事も評議員会の議事録に署名又は記名押印を行うことが要求されていないからである。

　なお、評議員については、一般社団法人の社員と異なり、その任務懈怠により法人に損害を生じさせた場合には、法人に対する損害賠償責任を負う立場にある者であり（法198条・111条1項）、そこで理事会の場合と同様に、評議員会に出席し、その議決に加わった評議員を評議員会の議事録において明らかにすることが相当と考えられたものである（注7）。

⑥　評議員会の議長が存するときは、議長の氏名（3項6号）

　本号により、議長の存在が不可欠とされるわけではないが、議長を置いた場合には、議事録に議長の氏名を記載することとされているのは、議長は議事の進行に大きな影響力を与えるため、評議員会の議事録を閲覧等する評議員等にとって重要な情報であり得るからである。

　したがって、ここでいう「評議員会の議長」とは、その評議員会において議長を務めた者をいうと解される。

　議事の途中で議長が交代した場合には、すべての議長の氏名を、どの事項についての報告・審議について議長を務めたかを明らかにして、記載すべきであると解される。

⑦ 議事録の作成に係る職務を行った者の氏名（3項7号）

　この一般法人法施行規則60条3項7号の規定は、議事録の作成についての責任者を明らかにするためである。しかし、社員総会の議事録の場合と同様（法施行規則11条3項6号）、議事録の作成責任者を理事とか、あるいは評議員とかに限定していない。

　会社法においては、株主総会の議事録の作成に係る職務を行った取締役とされているが（会社法施行規則72条3項6号）、具体的には、議事録案の最終決裁者と解されている。

　評議員会の議事録の作成者については、定款に定めがある場合にはその定めに従い、定めがない場合には代表理事（理事長）、または理事会決議によって議事録の作成に係る職務を執行する理事と定められた理事が作成義務を負うと解される。

(4) 評議員会議事録への署名又は記名押印

　評議員会の議事録の作成に係る職務を行った者（その作成した評議員会議事録に記載し、または記録された事項について、公益（一般）財団法人に対し、その内容が虚偽でないことを担保する責任を負う者をいう。その者の指示を受けて実際に評議員会の議事録を作成した職員等は含まれない。）は、その氏名を議事録に記載し、または記録しなければならないが（法193条1項、法施行規則60条3項7号）、署名や記名押印（評議員会の議事録を電磁的記録によって作成した場合にあっては、電子署名）は要求されていない。

　これについては、会社法において株主総会の議事録につき、平成17年改正前商法においては議長及び出席した取締役が署名又は記名押印する必要があった（旧商法244条3項）のに対し、出席取締役等の署名又は記名押印が不要とされていることについての考え方、すなわち「株主総会の議事録に対する出席取締役等の署名には、取締役会議事録に対する署名とは異なり、法的な意味（会社法369条5項等・推定的効力）がなく、偽造や真正性の問題が署名や記名押印

を要求することによってどれだけ解消されるかについても程度問題にすぎないことから、特に法令上、署名等を義務付ける必要性がないと考えられたためである」(注8)とされている。評議員会の議事録に議長、出席理事等の署名等が不要とされる理由も同様に考えることができる。

しかし、実務上は、改正前の民法上の任意機関としての評議員会の議事録と同様に、評議員会議事録の内容を確認し、改ざんがなされないようにするため、定款の定めによって、本条(定款24条)2項のように、㋐議長及びその会議に出席した評議員のうちから選出された議事録署名人2人、㋑議長及び出席した理事、㋒出席した評議員及び理事、などが記名押印等することとする定款例が多いと思われる。

5　評議員会議事録の備置き・閲覧等

(1) 議事録の備置きの意義

評議員会の議事録(電磁的記録を含む。)は、法人の意思決定機関である評議員会において、議事がどのように執り進められ、どんな報告や決議が行われたかを明らかにする証拠資料となる。

また、定款・計算書類等と並んで評議員及び債権者の閲覧・謄写に供すべきものとされ、法人に関する情報を公示する役割を果たしている(法193条4項、156条、199条・129条)。

したがって、評議員会の議事録の備置きは、評議員及び債権者が法人の機関の行動を監視するための1つの手段を提供するとともに、評議員会の決議の取消し(法266条)、無効確認の訴え(法265条2項)、理事の違法行為の差止請求(法197条・88条)などの、違法・不当な法人運営を是正するための監督是正的権利を行使する上で重要な意味を有しているということができる。

第24条　議事録

⑵　議事録の備置き

　評議員会の議事録は、評議員会の日から原本を10年間その主たる事務所に（法193条2項）、その写しを5年間従たる事務所に（法193条3項本文）備え置かなければならない。

　主たる事務所で備え置くべき期間を10年とされているのは、会計帳簿の保存期間（法120条2項）を参考にしたためであるとされている。主たる事務所での備置期間が10年と定められたことにより、議事録の保存期間も同様に10年と解してよいと解される。しかし、法人によっては、永久保存として扱っても勿論差し支えない。

　次に、従たる事務所に備え置かれる議事録の「写し」については、原本をそのままコピーしたものであっても、勿論差し支えない。しかし、通常は、原本と同様のものを複数部プリント・アウトし、そこに「原本と相違ない旨」の認証文言を付記し、代表理事（理事長）が記名押印したものが用意される。

　なお、備え置くべき「従たる事務所」については、登記をしているかどうかにかかわらず、また名称の如何にかかわらず、事業活動の場所的中心として事務所の実態を備えている限りは、議事録の「写し」を備え置く必要があると解されている。

　議事録が電磁的記録により作成されている場合であって、従たる事務所で当該電磁的記録に記録された事項を法務省令で定める方法によって閲覧又は謄写ができる場合には、当該従たる事務所にその「写し」を備え置く必要はない（法193条3項ただし書・4項2号、法施行規則93条5号）。

　また、議事録に記載すべき事項を記載せず若しくは記録せず、または虚偽の記載若しくは記録をしたとき（法342条7号）、議事録の原本を主たる事務所に、その「写し」を従たる事務所に備え置かなかったとき（法342条8号）は、100万円以下の過料に処せられる（法342条）。

第5章　評議員会

(3) 議事録の閲覧・謄写

　評議員及び債権者は、法人の業務時間内であれば、いつでも、議事録の閲覧又は謄写の請求をすることができる（法193条4項）。

　議事録が書面をもって作成されているときは、当該書面又は当該書面の写しの閲覧又は謄写の請求を（同条4項1号）、また電磁的記録をもって作成されているときは、「電磁的記録に記録された事項を紙面又は映像面に表示する方法」（法施行規則91条12号）により表示したものの閲覧又は謄写の請求をすることができる（法193条4項2号）。

　なお、一般法人法193条4項の「謄写請求」とは、議事録を書き写すなどの方法で「写し」を作成することを請求することであって、議事録又はその写しを法人がコピーして交付するように請求することができることではない。ただし、法人の情報公開規則等において、コピーを認めるような場合にはもちろん問題はない。

　なお、正当な理由がないのに議事録の閲覧又は謄写の請求を拒んだときは、理事は100万円以下の過料に処せられる（法342条4号）。この場合の正当な理由の存在に関する挙証責任は請求者にはなく、反対に法人側において請求者の不当な理由を立証しなければならないこととされている。

　なお、評議員会の議事録の閲覧又は謄写の請求権について、それが権利の濫用に当たる場合には許されない（東京地裁昭和49年10月1日）ことは、言うまでもない。

6　評議員会議事録の書式例

　一般法人法193条1項及び同法施行規則60条の規定に基づく書面による評議員会の議事録の書式例を示せば、以下のようなものとなる。

第24条　議事録

【24-1　評議員会の議事録の書式例】

第○回定時評議員会議事録

1　開催日時　令和○年○月○日　午前○時から午前○時30分まで
2　開催場所　当協会会議室
3　出　席　者　評議員総数　○名
　　　　　　　出席評議員　○名

　　　　　　　　　　　　○○○○　○○○○　○○○○
　　　　　　　　　　　　○○○○　○○○○　○○○○

　　　　　　　出席理事　○名
　　　　　　　代表理事（理事長）○○○○
　　　　　　　専務理事　○○○○
　　　　　　　常務理事　○○○○
　　　　　　　理　　　事　○○○○　○○○○
　　　　　　　出席監事　○名
　　　　　　　　　　　　○○○○　○○○○
　　　　　　（会計監査人　○○○○）
4　議　　　長　○○○○（議事録作成者）
5　議事の経過の要領及びその結果
　　定款の定めに従い、出席した評議員の互選により選出された○○○○氏が議長
　となり、本評議員会は、定款第○条の規定に定める定足数を満たしており、適法
　に成立した旨を告げた。
　　なお、議事録署名人については、議長一任とする提案がなされたので、議長は
　○○○○氏と○○○○氏の２名を指名、全員異議なく承認され、両人も承諾した。
　直ちに議案の審議に入った。
〔報告事項〕
(1)　平成○年度の事業報告の内容報告について
(2)　○○○○○
　　(1)につき、○○理事より別紙「令和○年度事業報告書」により説明がなされ、こ
　れを了承した。
〔決議事項〕
(1)　第１号議案　令和○年度の計算書類等の承認について
　　議長は第１号議案を上程し、○○理事より別紙「令和○年度決算関係書類」に

第5章

評議員会

351

内閣府モデル定款から読み解く公益・一般法人の法人運営手続　財団編（上巻）

基づき説明がなされ、審議を経て、その賛否を諮ったところ、全員異議なくこれを承認可決した。

⑵　第2号議案　理事の任期満了に伴う選任の件

　　議長は、理事全員が本定時評議員会の終結と同時に任期満了し退任することとなるので、その改選の必要がある旨を述べ、その選任方法につき諮ったところ、出席評議員の中から議長の指名に一任したいとの発言があり、一同これを承認したので、議長は下記の者をそれぞれ指名し、各候補者ごとにその賛否を諮ったところ、全員異議なくこれに賛成したので、下記のとおり選任することを承認可決した。なお、被選任者は、全員その就任を承諾した。

理事　○○○○　○○○○　○○○○
　　　○○○○　○○○○　○○○○

　　議長は、以上をもって議事の全部の審議及び報告を終了した旨を述べ、午前○時○分閉会を宣し、解散した。

　　以上の決議を明確にするため、この議事録を作成し、議長及び議事録署名人2名がこれに記名押印する。

　　令和○年○月○日

公益（一般）財団法人○○協会定時評議員会

評議員（議長兼議事録作成者）　○○○○　㊞

評議員　○○○○　㊞

評議員　○○○○　㊞

㊟1．法律上は議事録署名人は不要であるが、この記載例は、定款に定めがある場合で、議長及び議事録署名人に選任された評議員が記名押印をする例である。

2．押印する印鑑については、認印でも差し支えない。

3．議事録の記載を訂正するときは、欄外の余白に「3字削除2字加入」、または「4字訂正」のように記載し、そこに議事録署名人全員が押印する。

【注記（第24条）】

(注1)　成毛文之『株主総会・取締役会・監査役会議事録作成マニュアル』（新訂第4版補訂版）、1〜4頁、商事法務。

(注2)　同上書、145頁。

(注3)　弥永真生『コンメンタール会社法施行規則・電子公告規則』、1202頁、商事法務。

(注4)　成毛前掲書、12頁。商事法務編『株主総会ハンドブック』、629頁、商事法務。

　　　熊谷則一他『詳解NPO法人実務必携』、168〜169頁、中央経済社。

第24条　議事録

(注5)　弥永前掲書、393頁。宇賀克也・野口宣大『Q＆A新しい社団・財団法人の設立・
　　運営』、117頁、新日本法規。

(注6)　弥永前掲書、394～395頁。

(注7)　宇賀他前掲書、118頁。

(注8)　相澤　哲『立案担当者による新会社法関係法務省令の解説』(別冊商事法務
　　№300)、12頁 ((3)株主総会の議事録の作成者)、商事法務。

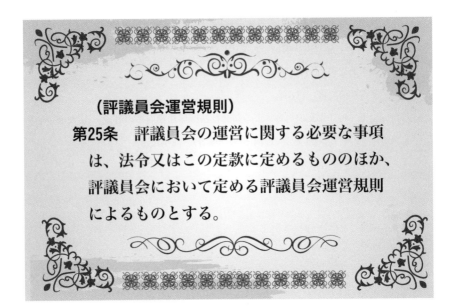

(評議員会運営規則)
第25条 評議員会の運営に関する必要な事項は、法令又はこの定款に定めるもののほか、評議員会において定める評議員会運営規則によるものとする。

1 定款と評議員会運営規則との関係

　定款は、その法人の基本的規則であり、その内容については、法人に関するすべてのことを記載することは不可能であり、またその必要もない。

　定款は、必要的記載事項、相対的記載事項、任意的記載事項から構成されているが、任意的記載事項をどのように記載するかによって、定款の条文構成も変ってくる。

　一般法人法については、会社法の条文構成と同じものが多く存在し、かなり詳細な規定内容となっている。その意味において、一般法人法に規定されている条項と同じものを定款に規定化することについては、検討が必要である。

　公益（一般）財団法人の法律上の機関としての評議員会、あるいは理事会の招集手続、議事等に関しては、一般法人法においてかなり詳細に規定されている。そのため、定款に更に細かく規定することは不適当であり、むしろこれらの会議体の運用手続は、それぞれの運営規則において規定するのが適当である。

2 評議員会運営規則の内容

　評議員会運営規則は、評議員会に関する事項の定款の施行細則である。この運営規則の主たる内容は、評議員会の議事運営に関するものである。

　評議員会を招集し、決議あるいは報告を行うまでの間には、様々な手続が必要とされるが、一般法人法及び定款に規定されていない事項で、評議員会の開催に当たって必要とされる事項については、例えば、様式が伴うものはこれを様式化すること（評議員会の決議の省略、評議員会への報告の省略の手続に際しての同意書の様式など）、議長の議事の進行順序などを定めておくことなどは、評議員会を円滑に運営していく上で必要なことであると考えられる。

　運営規則に定める内容は、それぞれの法人の実態に即して定めることが必要であるが、評議員会の開催の都度そのやり方が異なることがないよう、ある程度定型的な諸手続に関しては、この運営規則に定めておくようにすることが、会議体の運営の効率化・円滑化につながることになる。

　以上のようなことから、一定規模以上の法人にあっては、評議員会運営規則を制定し、評議員会の適正な運営を図ることにすべきであろう。

第6章

役員〈及び会計監査人〉

第26条　役員〈及び会計監査人〉の設置

(役員〈及び会計監査人〉の設置)
第26条　この法人に、次の役員を置く。
　(1)　理事　○人以上○人以内
　(2)　監事　○人以内
2　理事のうち1人を理事長とし、○人以内を副理事長、1人を専務理事、○人以内を常務理事とすることができる。
3　前項の理事長をもって一般社団法人及び一般財団法人に関する法律（以下「一般法人法」という。）上の代表理事とし、代表理事以外の理事のうち、専務理事及び常務理事をもって同法第197条において準用する第91条第1項第2号の業務執行理事とする。
〈4　この法人に会計監査人を置く。〉

(注)　会計監査人を置かない場合、〈　〉内は不要である。

1 旧民法法人における理事の員数の考え方

　改正前民法52条1項は、「法人には、1人又は数人の理事を置かなければならない」と規定していた。この規定の趣旨は、理事の員数は1人以上何人でも構わないということであり、そのため定款・寄附行為で一定数（例えば、5人とか8人とか）、または最低数と最高数（例えば、5人以上10人以内）の理事の員数を定めたり、なかには理事の員数を「若干名」として定めているものもあった。

　指導監督基準（4　機関(1)理事及び理事会①）においては、「理事の定数は、法人の事業規模、事業内容等法人の実態からみて適正な数とし、上限と下限の幅が大きすぎないこと」と定めている。

　さらに、運用指針((2)理事の定数)では、次のように説明している。すなわち、「理事の定数は、法人の事業規模からみて余りに少数であれば、法人の適正な運営を確保することが困難になるおそれがある。一方、余りに多数であれば、理事会の運営が法人にとって負担になる。いずれの場合においても、理事会の機能が形骸化し、特定の理事の専横を招くおそれがある。また、事業内容によっては、理事の間で職務の分担が必要であったり、一定の有識者等を理事に加える等の配慮が必要な場合もある。このため、理事の定数は法人の事業規模、内容等に応じ、また同種の公益法人の例等から判断して適切な数とする必要がある。また、理事の定数に関する定款、寄附行為等における規定については、その上限と下限が余りに開きすぎていると、成立要件及び議決要件がその時々で変わる等、理事会の運営上支障をもたらすおそれがあるので適当ではない。

　〔適当な例〕「6人以上10人以内　25人以上30人以内」である」と説明している。

　しかし、法人の中には、理事の数が数十人であって、しかも理事の多くが株式会社の代表取締役や団体の長であったりして、ほとんど理事会へは委任状の提出等により済ませ、実際には理事会に出席しない者であるというのが実態の

法人がかなり存在していた。

(1) 公益（一般）財団法人の場合

公益（一般）財団法人は、その構成員としての理事は3人以上でなければならない（法65条3項・177条）。

会社法においても取締役設置会社の場合は、「取締役は、3人以上でなければならない」とされているが（会社法331条5項）、これは、改正前商法255条と同じで従来型の株式会社につき規定している。取締役の員数を3人以上と規定したのは、改正前商法が株式会社について想定した会社の規模からみて、これが適当と考えたからであると解されている（注1）。

理事の3人以上という員数については、理事により構成される法律上の必須機関である理事会としては、会議体を構成できるようにするためには、最低員数として、3人は不可欠の員数と解することによるものと考えられる。

3人は、理事の法定の最低限であるから、法人は定款で最低限を高めて例えば5人以上としてもよいし、また定款で最高限を設けて例えば10人以内としてもよい。後者の場合には、理事の員数は「3人以上10人以内」と解することになるが、この範囲内で評議員会は適宜の数を定めて理事を選任することができ、いったん評議員会で6人の理事を選任しても、その数が定款所定の員数として確定するわけではなく、その後に理事の1人が退任しても、3人の員数を欠かない限り、一般法人法75条1項（法177条）にいう役員の員数が欠けた場合には当たらない。

(2) 理事の適正員数

理事の適正な員数については、それぞれの法人の事業規模等から適正と考え

内閣府モデル定款から読み解く公益・一般法人の法人運営手続　財団編（上巻）

られる員数とすべきであり、これについては、上述の「指導監督基準及び運用指針」、あるいは「FAQ問Ⅱ-5-①5（新制度の理事、監事、評議員の定数）」の考え方が参考になるものと解される。

新法人制度においては、従来、定款上の任意機関であった理事会は、公益（一般）財団法人にあっては、法律上の機関となったこと、理事と法人との委任関係により、これまで理事会に出席しない者に認められてきた代理人が出席して理事の議決権を行使すること、書面等による議決権の行使、持ち回り決議（決議の省略の場合を除く。）も認められなくなった。

そのため、欠席理事が余り多いと理事会の開催に必要な定足数（議決に加わることができる理事の過半数）を割ってしまうおそれも生じかねない。また、理事会の招集手続の省略（法94条2項・197条）、理事会の決議の省略（法96条・197条）などの場合には、理事全員の同意が必要とされているため、1人でも反対者がいればこれらのことは認められないので、理事の員数が多いと全員の同意を得ることが難しい面もあると考えられる。したがって、理事の員数を検討するに当たっては、以上のようなことを考慮し、その法人に最も適正と考えられる員数とすることが必要である。

⑶　定款上の理事の員数の定め方

公益（一般）財団法人にあっては、定款において理事の員数を定める場合、次のような定め方が考えられる。

①　理事は、「○人以内」と定款に定める場合

この場合には、法定の3人以上であれば○人以内（例えば、5人以内）で、理事を置くことができる。しかし、上限を余り高くすると、実際何人置くことが適当か、という問題も生じてくるし、また多い員数にするとその人選にも苦慮するとともに、理事会の運営が困難になることもあり得ることから、上限の定め方には注意が必要である。

第26条　役員〈及び会計監査人〉の設置

②　理事は、「○人以上」と定款に定める場合

　この場合には、法定の3人以上ならば何人でも差し支えないことになる。この規定形式の場合、上限に制限がないこと、下限を高くするとその員数は最低置かなくてはならないことになるので、下限の定め方に注意が必要である。

③　理事は、「○人」と定款に定める場合

　このような定め方の場合には、1人でも退任すると定款に定める員数を欠くことになってしまう。したがって、理事の員数の定め方としては不適当ということになろう。

④　理事は、「○人以上○人以内」と定款で定める場合

　この定め方が一般的であり、多くの法人が採用している方法である。例えば、定款に「6人以上10人以内」と定めた場合には、8人の理事を評議員会で選任したとしても、その8人が定款所定の員数として確定するわけではない。この場合において、1人の理事が退任しても、7人の理事が在任しているので、定款に定める理事の員数を欠くことにはならない。

　なお、理事の員数を「6人以上10人以内」と定款に定めた場合であっても、実際には最低限の6人を選任した場合は、1人でも退任すれば欠員が生じることとなる。結果的には、上記③と同じような員数の規定となってしまう。

　したがって、「○人以上○人以内」という規定形式の場合には、少なくとも最低限より1人以上上回った員数の理事を選任しておかなければ、この規定を置く意味がないものと解される。

　そのようなことから、本条（定款26条）1項1号では、「○人以上○人以内」という規定形式を採用しているものである。

第6章　役員〈及び会計監査人〉

363

3　監事の設置・員数

(1) 公益（一般）財団法人における監事の設置

　公益（一般）財団法人は、評議員、評議員会、理事、理事会及び監事を置かなければならない（法170条1項）。また、定款の定めによって、会計監査人を置くことができる（同条2項）。

　公益（一般）財団法人は、設立者が一定の目的のために拠出した一団の財産に法人格を付与する制度であり、その性質上、公益（一般）社団法人における社員総会のような機関が元来存在しないため、業務執行機関である理事が法人の目的に反する恣意的な運営を行うことが懸念される。また、準則主義への移行に伴い、主務官庁による業務の監督もなくなったことから、一般財団法人の機関設計上、理事等の選任・解任や法人の重要事項の決定を通じて、理事の業務執行を他の機関が監督するといったガバナンスの仕組みを構築することが重要と考えられる。

　そこで、公益（一般）財団法人においては、3人以上の評議員からなる評議員会制度を創設するほか、法人の業務執行の意思決定は、全面的に理事に委ねられることから理事会を必置として、その業務執行の意思決定を慎重なものとするとともに、その業務執行を監督する常設の機関として監事は必置とされたものである（注2）。

(2) 監事の員数の考え方

① 旧民法法人における監事の員数の考え方

　改正前民法58条は、「法人には、定款、寄附行為又は総会の決議で、1人又は数人の監事を置くことができる」と規定していた。監事は法人の任意機関であって、必ずしもこれを置くことを要するものとしなかったのは、法人の目的・

第26条　役員〈及び会計監査人〉の設置

規模その他の事情によって、法人の理事の業務執行の監査機関を設ける必要の
ない場合もあり得るからである（注3）。

　しかし、指導監督基準及び運用指針においては、「監事は、民法上任意に置
けることとされているが、法人の会計、財産、理事の業務執行等の状況を監査
するために重要な機関であることから、必ず1名以上置くこと」（4　機関(2)監
①・運用指針）とされている。したがって、ほとんどの旧民法法人には監事は
設置されている。

②　一般法人法における監事の員数の考え方

　一般法人法において、監事の設置が義務付けられている公益（一般）財団法
人の場合でも、一般法人法では監事の員数について、特に規定が設けられてい
ない。したがって、その員数は自由であり、最低1人いればよいことになる。

(3)　監事の適正員数

　監事の員数をどのようにするか（1人とするか、複数人とするか）は、それぞ
れの法人の事業規模等を勘案し、決定すべきものと解される。

　定款において監事の員数を定める場合、理事の場合と同様次のような定め方
が考えられる。

①　監事は、「○人以上」と定款に定める場合

　この場合、例えば「2人以上」とした場合には、2人以上ならば何人でもよ
いことになる。この規定形式の場合、例えば「3人以上」と規定した場合には、
最低3人は置かなければならないので、下限の定め方に注意が必要である。

②　監事は、「○人」と定款に定める場合

　このような定め方の場合（例えば、2人と定めた場合）には、1人でも退任す
ると定款に定める員数を欠くことになってしまう。したがって、監事の員数の
定め方としては不適当ということになろう。

第6章　役員〈及び会計監査人〉

365

③ 監事は、「○人以内」と定款に定める場合

　このような規定形式の場合（例えば「3人以内」と定めた場合）には、必ずしも上限である3人を置く必要はなく、1人から3人の範囲内で置くことができる。選任時においては3人の監事がいたが、任期中に1人又は2人の監事が退任しても、他に1人の監事が在任している限り、監事の欠員ということは生じないこととなる。

　本条（定款26条）1項2号も、この規定形式を採用しているが、監事の員数の定款の定め方として、一般的に採り入れられている方法である。

④ 監事は、「○人以上○人以内」と定款で定める場合

　例えば、定款において「2人以上5人以内」というように定める場合である。しかし、監事の員数につき、数人とするような法人は、余程大規模な法人でない限り一般的には考えられない。この場合でも、上記③と同じように、例えば「5人以内」と定款に定めれば、その範囲内で任意に監事を置くことができるので、「○人以上○人以内」という規定形式は、理事の員数の定め方の規定形式とは異なり、余り実益がないように考えられる。したがって、この規定形式は監事の員数の定め方としては、一般的に採用されることは少ない。

4　代表理事の員数

(1) 代表理事の設置

　公益（一般）財団法人においては、代表理事は必要的機関であり、理事会の決議によって選定する（法90条2項・3項・197条）。

(2) 代表理事の員数

　代表理事の員数については、一般法人法上は特に定めがない。

第26条　役員〈及び会計監査人〉の設置

　代表理事は、理事以外から選定することは許されないので、理事の員数が代表理事の員数の上限となる。代表理事の員数を１人とするか複数制とするかは、当該法人の規模・業務内容、活動地域等を考慮して定款で定めることになる。

　理事全員が代表理事とすることができるかについては、一般法人法上、理事全員を代表理事として選定することを禁止する規定はない。理事全員を代表理事とすることは、違法とは言えないとしても、理事会と代表理事との権限の分化と理事会により代表理事の監督を図っている一般法人法の趣旨からすれば、適当なこととは言えず、避けるべきものと解される。

　代表理事を複数制とする場合、㋐会長と理事長の２人を代表理事とする場合（一般社団法人・公益社団法人に多い。）、㋑理事長と専務理事（常務理事）を代表理事とするケースが一般的に多い。複数の代表理事が在籍している場合には、万一、１人の代表理事が欠けるようなことになっても、他の１人の代表理事が在籍しているので、代表理事の欠員ということは生じないので、法人の運営上からは便利である。

✤✤✤ 5　代表理事を「理事長」と定款に表記する場合の扱い ✤✤✤

　定款において、代表理事を「理事長」と一般法人法の名称とは異なる通称名を使用する場合には、「法律上の名称」と定款で使用する名称がどのような関係にあるかを、定款上、明確にする必要があるとされている（内閣府公益認定等委員会留意事項の各論２〔法律上の名称を定款において通称名で規定する場合の留意事項〕）。

　そこで、本条（定款26条）２項では、「理事のうち１人を理事長とし」、３項において２項の「理事長」を一般法人法上の「代表理事」とすることを明記している。したがって、この定款においては一般法人法上代表理事と表記されている条項については、これを理事長と表記することとなっている。

　なお、代表理事に関する一般的事項については、次条（定款27条）において

第6章　役員〈及び会計監査人〉

解説する。

6 理事長以外の役付理事の員数

　代表理事（理事長）以外の理事のうちから、どのような役付理事を置くかは、当該法人の事業規模、組織体系等から検討し、決定されるべきことである。

　例えば、副理事長を置く場合には、理事長が常勤か非常勤なのかにより置くか又は置かないかということになると考えられる。また、人数も1人なのか複数制にするのかも、それぞれ法人の実態に即して決めることになる。複数置くことが見込まれる場合には、副理事長の員数については「〇人以内」と規定しておくことが適当である。

　専務理事と常務理事については、専務理事は置くが常務理事は置かない。逆に専務理事は置かないが常務理事は置くということも考えられる。また常務理事について1人ではなく、業務の分担との関係で複数置くことも考えられる。

　したがって、この場合には、常務理事の員数については「〇人以内」と規定しておくことが適当である。

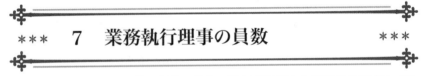

7 業務執行理事の員数

　代表理事（理事長）以外の理事のうち、誰を又は何人を業務執行理事とするかは定款の定め方による。本条(定款26条)3項では、専務理事と常務理事をもって業務執行理事とする旨を定めているが、常務理事を置かない場合には、専務理事のみを業務執行理事とすること、また逆に専務理事を置かない場合には、常務理事のみを業務執行理事とすることもできる。さらに必要によっては副理事長を加えた業務執行理事体制とすることも考えられる。

　法人によっては、非常勤の役付理事から業務執行理事を選定しているところもあるが、一般的には常勤の役付理事から選定することが望ましいと考えられる。

なお、法人によっては、代表理事（理事長）を除いた理事全員を業務執行理事としているところがあるが、業務執行理事の職責等から望ましいことではないと考えられる。

業務執行理事に関する包括的な解説は、28条（理事の職務及び権限）の中で行う。

8 会計監査人の設置

一般法人法においては、会計監査人の設置については、大規模公益（一般）財団法人（法2条3号）である場合を除いては、任意である（法171条、170条2項）。

一方、公益法人認定法においては、公益認定の基準の1つとして、「会計監査人を置いているものであること。ただし、毎事業年度のおける当該法人の収益の額、費用及び損失の額その他の政令で定める勘定の額がいずれも政令で定める基準に達しない場合は、この限りでない」と規定している（認定法5条12号）。具体的には、公益法人認定法施行令6条にその設置基準が定められている。

法人において会計監査人を設置しない場合には、本条（定款26条）4項は不要である。なお、会計監査人に関する解説は、27条以下において行う。

【注記（第26条）】

(注1) 竹内昭夫他編『新版注釈会社法(6) 株式会社の機関(2)』、34頁、有斐閣。
(注2) 新公益法人制度研究会編著『一問一答公益法人関連三法』、117頁、商事法務。
(注3) 前田達明他編『新版注釈民法(2) 総則(2)』、395頁、有斐閣。

内閣府モデル定款から読み解く公益・一般法人の法人運営手続　財団編（上巻）

> **（役員〈及び会計監査人〉の選任）**
> **第27条**　理事及び監事〈並びに会計監査人〉は、評議員会の決議によって選任する。
> 2　理事長、副理事長、専務理事及び常務理事は、理事会の決議によって理事の中から選定する。
> 3　監事は、この法人又はその子法人の理事又は使用人を兼ねることができない。

(注)　会計監査人を置かない場合、〈　〉内は不要である。

＊＊＊　1　役員及び会計監査人の選任（本条1項関係）　＊＊＊

　役員（理事及び監事）及び会計監査人は、評議員会の決議によって選任する（法63条1項・177条）。役員及び会計監査人は評議員会の決議によってこれを選任するという本条1項の規定は、役員及び会計監査人の選任を評議員会の権限に専属させる旨を明らかにしたものであって、定款をもってしても、この選任を理事会その他の機関又は第三者に委ねることはできない。選任決議は、普通決議である（法189条1項）。

370

第27条 役員〈及び会計監査人〉の選任

(1) 理事の選任

理事の選任に関する議案は、通常の議案と同様、理事会決議（法181条1項）によって決定される。

① 理事の選任議案の決議方法

理事の選任議案を評議員会で決議する方法について、例えば、8人の理事の選任議案の決議方法を8人一括して決議する方法を採った場合に、8人の理事候補者のうち、1人については反対、他の7人については賛成の議決権の行使をしたいと考えている評議員がいるとき、8人一括で決議する方法が採用された場合には、そのような意思を反映した議決権の行使をすることができないこととなるため、評議員会の議事の運営方法に関する定めの1つとして、「理事の選任議案の決議に際し、候補者を一括して採決（決議）すること」を一般的に許容する旨の定めを定款に設けることは認められないと解されている（注1）。

そこでこれに関する定款の条項（評議員会の決議）においては、「理事又は監事を選任する議案を決議するに際しては、各候補者ごとに第1項の決議（普通決議）を行わなければならない。理事又は監事の候補者の合計数が第○条に定める定数を上回る場合には、過半数の賛成を得た候補者の中から得票数の多い順に定数の枠に達するまでの者を選任することができる」と規定しているのである（定款21条4項参照）。

② 評議員会の理事の選任権限と第3者が関与できる範囲

評議員会の理事の選任権限は、定款の定めをもってしても、代表理事、理事会等の機関又は第三者に委ねることはできない。評議員会自身も、議長や選考委員会等に対し、理事たるべき候補者の指名を委ねることはできるが、理事の選任自体を一任することは許されない。

定款の定めにおいて、㋐「理事の選任は、○○（例えば、代表理事、設立者）が行う」との定めは、評議員会の理事の選任権限を奪っており無効である。㋑

内閣府モデル定款から読み解く公益・一般法人の法人運営手続　財団編（上巻）

「評議員会において理事を選任する場合には、○○（例えば、代表理事、設立者）の同意を得なければならない」旨の定めは（同意をもって決議の効力の発生要件とすること）、評議員会以外の者（機関）に拒否権（事実上の決定権）を与えることとなり得るため、無効である。ただし、㋑「評議員会が理事を選任又は解任する場合には、○○（例えば、設立者、定款で指定した者）の意見を参考にすることができる」旨の定めは、評議員会以外の者（機関）に拒否権（事実上の決定権）を与えているとまでいえないため許容されると解されている（注2）。

③　理事の選任の効果

i　被選任者の承諾と選任効果の発生

　理事の選任の効果が発生するためには、評議員会の選任決議のほかに、被選任者の承諾が必要である。

　選任決議は単なる法人の内部の意思決定又は被選任者に対する任用（就任）契約の申込みにすぎず、理事の選任は選任決議に基づき任用契約を締結することによって完成し、被選任者は理事の地位に就く（法172条1項・民法643条）とするのが通説である。

　就任承諾の意思表示は黙示的でもよい。選任決議のときに被選任者が評議員会に出席していながら何の留保もしなかったような場合には、承諾はあったものと推定するのが妥当であろう。

　理事の就任による変更登記の場合には、就任承諾の書面が必要であるが（法320条1項）、評議員会の席上で被選任者が就任承諾している場合には、申請書に「就任承諾を証する書面は、評議員会議事録の記載を援用する」と記載すれば、就任承諾書の添付を要しない。

　理事の就任承諾は要式行為ではないので、口頭による承諾でも法的には有効であるが、しかし、理事就任に関する証拠書類として、また理事の変更登記申請を行う際の添付書類として必要となるので、就任承諾書は作成することになる。

372

ii 法人から理事就任の申込み

　理事就任に際し法人が代表理事（理事長）を通じて被選任者に就任申込みの意思表示をすることを要するか否かにつき、解釈が分かれている。多数説は、評議員会の選任決議は法人内部の意思決定にすぎないから、これに基づき代表理事（理事長）が就任申込みの意思表示をすることを要すると解している。

　したがって、評議員会の決議に基づいて理事を選任する場合、評議員会での選任決議によって被選任者が当然に理事に就任するのではなく、その決議に基づいて法人の代表理事（理事長）より被選任者に対して任用契約の申込みをし、被選任者がこれを承諾して初めて理事の地位に就くものと解される（注3）。

④ 理事の就任承諾書の書式例

　理事の就任承諾書の書式例を示せば、下記のようなものとなる。

【27-1　理事の就任承諾書の書式例】

就任承諾書

　私は、令和○年○月○日開催の定時評議員会において、貴法人の理事に選任されたので、就任することを承諾します。
　　令和○年○月○日

　　　　　　　　　　　　　　　　　　　　○県○市○町○丁目○番地○号
　　　　　　　　　　　　　　　　　　　　　　　○○○○　　㊞

公益（一般）財団法人○○会　御中

(注)1．日付けは、就任承諾書を法人に提出する日付けを記載する。
　2．本例は、評議員会の当日に提出した形になっているが、「私は、評議員会において理事に選任されたときは、貴法人の理事に就任することを承諾します」というような文面の場合には、前もって提出することができる。
　3．日付けが評議員会の開催日より後の日となっているときは、理事の就任の日がその日までずれることとなる。
　4．理事の就任承諾書に押印する印鑑については、制約はない。

内閣府モデル定款から読み解く公益・一般法人の法人運営手続　財団編（上巻）

(2)　監事の選任

　監事の選任に関する議案も通常の議案と同様、理事会決議（法181条1項）によって決定されるが、理事が評議員会に監事の選任に関する議案を提出するには、監事（監事が2人以上ある場合にあっては、その過半数）の同意を得なければならない（法72条1項・177条）。この同意権は、監事の理事からの地位の独立性を確保するための究極の権限と考えられている。なお、同意の方式は法定されていないため、口頭でも差し支えないと解されている。理事より監事に対し監事選任議案に関し同意を求める場合、これに対する監事の同意を書面で行うときは、下記のような書式例となる。

　また、監事自身が理事に対し、監事の選任を評議員会に提出することを請求することができる（法72条2項・177条）。さらに、監事は、評議員会において、監事候補者の選任の是非についての意見を述べることができる（法74条1項・177条）。これは、監事の独立性を維持するために、監事にこのような意見陳述権を与えて、理事会で監事の選任についての議案を作る場合に、監事の意向を尊重することが期待されていることになる。

　なお、監事が評議員会での意見陳述を求めたのにその機会を与えなかった場合は、選任決議の取消事由になり得ると解される。

【27-2　監事への監事選任議案に関する同意を求める場合の書式例】

令和○年○月○日

公益（一般）財団法人　○○協会
　監事　○○○○殿

公益（一般）財団法人　○○協会
代表理事（理事長）　○○○○

監事選任議案に関する同意を求める件

第27条　役員〈及び会計監査人〉の選任

　令和○年○月○日開催の第○回定時評議員会に提出予定の○○○○氏、○○○○氏を候補者とする監事選任議案について、一般社団法人及び一般財団法人に関する法律第177条において準用する同法第72条第1項に基づき監事の同意を求めますので、○月○日までにご回答下さい。

　なお、各監事候補者の略歴等は別紙のとおりであります。

【27-3　監事選任議案に関する監事の同意書の書式例】

令和○年○月○日

公益（一般）財団法人　○○協会
　代表理事（理事長）　○○○○殿

公益（一般）財団法人　○○協会
監事　○○○○　㊞

監事選任議案に関する同意書

　私は、令和○年○月○日開催の第○回定時評議員会に提出予定の監事選任議案について、一般社団法人及び一般財団法人に関する法律第177条において準用する同法第72条第1項に基づき、○○○○氏、○○○○氏を監事候補者とする議案の提出に同意します。

(3)　会計監査人の選任

①　会計監査人の選任に関する監事の議案の内容の決定

　一般財団法人においては、会計監査人は、評議員会の決議（法63条1項・177条）により選任される。

　ところで、平成27年5月1日から施行された「会社法の一部を改正する法律の施行に伴う関係法律の整備等に関する法律」に基づく一般法人法の改正により、これまで一般財団法人においては、評議員会に提出される会計監査人の

第6章　役員〈及び会計監査人〉

375

選任に関する議案の決定は、理事会が行うこととしつつ（法181条参照）、監事は会計監査人の選任に関する議案について、同意権及び提案権を有することとされていた（改正前法73条・177条）が、監事の監査機能の強化を図るため、評議員会に提出する会計監査人の選任及び解任並びに会計監査人を再任しないことに関する議案の内容は、「監事が決定する」ものと改正された（改正後法73条1項・177条）。

これは、評議員の意思決定に資するためには、独立の立場から監査を行うべき会計監査人と、監査を受ける側の理事とは、利益相反が生じる可能性があること（重要な会計処理等に関して意見の相違がある場合に、理事側はその会計監査人を解任して、都合のよい意見を出しそうな後任会計監査人の選任議案を提出する場合があり得る。）、会計監査人と同様に経営者を監視する立場にある監事は、会計監査人と利益の相反がないことから、選任・解任・不再任議案の決定権を自ら持つべきであるとする考え方によるものである。

なお、複数の監事が存在する場合、監事の過半数で会計監査人の選任及び再任しないことに関する議案の内容を決定するが（改正後法73条2項・177条）、この趣旨は、監事が複数存在する場合に、会計監査人の再任及び再任しないことに関する議案の内容の決定権を決議の一般原則に従い、監事の多数決に委ねることによって会計監査人の独立性を図った点にある。

② 会計監査人の選任議案と記載事項

監事が会計監査人の選任に関する議案の内容を決定した場合には、当該議案について決議するための評議員会の招集の決定（法181条1項）をすべきことになる。

会計監査人の選任議案に関しては、株式会社の場合、株主総会参考書類には⑦候補者が公認会計士である場合は、その氏名、事務所の所在場所、生年月日及び略歴、⑦候補者が監査法人である場合は、その名称、主たる事務所の所在場所及び沿革、⑦監査役が当該候補者を会計監査人の候補者とした理由等を記載することが求められている（会社法施行規則77条）。

第27条　役員〈及び会計監査人〉の選任

しかし、一般法人法においては、そのような具体的な記載義務のある項目はない。会計監査人の選任議案の記載例としては、下記のようなものとなる。

【27-4　会計監査人の選任議案（候補者が監査法人である場合）の記載例】

第○号議案　会計監査人選任の件

　会計監査人である○○監査法人は、本定時評議員会の終結の時をもって退任いたしますので、新たに××監査法人を会計監査人に選任することにつき、ご承認をお願いするものです。

　なお、監事が××監査法人を候補者とした理由は、○○です（注）。

　××監査法人の主たる事務所は、次のとおりです。

　　主たる事務所　東京都○○区○○町○丁目○番○号

（注）　会計監査人の選任の議案を決定した理由としては、例えば、「当協会監事は、○○会計監査法人は、複数の法人の会計監査人を務めており豊富な経験を有していることから、当協会の会計監査人として適切であると考え、会計監査人の候補とすることを決定しました。」などと記載することになる。

③　会計監査人の意見陳述権

　会計監査人は、会計監査人の選任（解任、不再任、辞任についても同様）について、評議員会に出席して意見を述べることができる（法74条4項・177条）。

　これは、会計監査人の独立性を保障する観点から、会計監査人の選任等についての意見を直接に評議員会で表明できるようにしたものである。

④　会計監査人の就任承諾

　会計監査人は、選任された後法人の代表理事（理事長）と監査契約を締結し、会計監査人に就任する。

　就任承諾書は、会計監査人就任に関する証拠として、会計監査人の登記を申請するに際の添付書類として、選任に関する議事録（法317条2項）とともに、就任承諾書等が必要とされているので（法320条3項）、就任承諾書等の作成が必要である。

第6章　役員〈及び会計監査人〉

377

内閣府モデル定款から読み解く公益・一般法人の法人運営手続　財団編（上巻）

　なお、会計監査人の就任承諾書の書式例を示せば、下記のようなものとなる。

【27-5　会計監査人の就任承諾書の書式例】

就任承諾書

　私は、令和〇年〇月〇日開催の定時評議員会において、貴法人の会計監査人に選任されたので、就任することを承諾します。

　令和〇年〇月〇日

　　　　　　　　　　　　　　　　　　　〇〇県〇〇市〇〇町〇丁目〇番地〇号

　　　　　　　　　　　　　　　　　　　　　　　〇〇〇〇　　㊞

公益（一般）財団法人〇〇協会

　　代表理事（理事長）殿

⑷　補欠役員の選任

①　補欠役員の選任決議

　評議員会の決議により役員（理事及び監事）を選任する場合には、法務省令で定めるところにより、役員が欠けた場合又は一般法人法若しくは定款で定めた役員の員数を欠くこととなるときに備えて補欠の役員を選任することができる（法63条2項・177条、法施行規則12条・61条）。この補欠役員の選任決議に関する定款の定めは不要である。

　法人において何らかの事情で役員に欠員が生じ、例えば法定の理事員数（法65条3項・177条）に満たなくなってしまうと有効な理事会決議ができず、法人運営に支障をきたすことになる。無論欠員が生じた場合の措置は、別途一般法人法75条（法177条）に規定されているが、後任者の選定に手間取ることも想定される。そのような不都合が起こる前にあらかじめ補欠役員を準備しておくという対処方法が、この補欠役員制度である。

　この補欠役員の選任決議は、前任者の任期満了前に後任者を選任する決議で

378

あり、その法的性質は、条件付選任決議である（注4）。

② 決定事項

補欠役員を選任する際の決議事項の内容については、一般法人法施行規則12条（同規則61条）に規定が設けられている。

i 当該候補者が補欠の役員である旨（同条2項1号）

一般法人法施行規則12条2項1号は、評議員会の選任決議における、評議員の議決権の行使に当たって、候補者が補欠者であるかどうかが重要なので、理事又は監事の候補者ではなく、補欠の理事又は監事の候補者である旨を明らかにするというのが、その趣旨である。

ii 当該候補者を1人又は2人以上の特定の役員の補欠の役員として選任するときは、その旨及びその特定の役員の氏名（同条2項2号）

すべての理事、またはすべての監事の補欠者として、ある候補者を補欠の法人役員として選任することができることが本号の前提である。また、すべての理事又は監事の補欠者として、ある候補者を補欠の法人役員として選任することができると解されている。しかし、本号では、特定の法人役員の補欠として選任する場合には、その旨及び被補欠者の氏名を決定しなければならないというのが、その趣旨である。

iii 同一の役員（2人以上の役員の補欠として選任した場合にあっては、当該2人以上の役員）につき2人以上の補欠の役員を選任するときは、当該補欠の役員相互間の優先順位（同条2項3号）

本号は、特定の法人役員について、複数の補欠者を選任するときは、その補欠の法人役員相互間の優先順位を補欠の法人役員を選任する評議員会の決議によって決定しなければならないものと定めている。すなわち、補欠の法人役員間の優先順位を理事等が事後に自由に決定することはできないこととされている（注5）。

以上のように一般法人法施行規則12条2項により、具体的には、選任決議では例えば次のような定めが可能である（注6）。

内閣府モデル定款から読み解く公益・一般法人の法人運営手続　財団編（上巻）

(i)　候補者Aを、理事の補欠とすること（理事の誰が欠けても、Aが理事となる趣旨）

(ii)　候補者Aを、特定の理事Bの補欠として選任すること（理事Bが欠けた場合には、Aが理事となるが、理事Cが欠けた場合はAは理事とならない趣旨）

(iii)　候補者A及びBを補欠理事として選任し、Aを第1順位、Bを第2順位とすること（補欠者相互間の優先順位。なお、競合する複数の補欠理事を選任した場合には、優先順位を定める必要がある。）

　なお、一般法人法では、補欠役員を取り消す方法については特段の規定を設けていないため、補欠役員の選任決議の際に、就任前にその選任の取消しを行う場合には、その旨及び取消しを行うための手続を決定することを認めている（法施行規則12条2項4号）。

　補欠役員については、現に役員に就任するまでの間はあくまで補欠者であり、役員ではないため、役員の解任手続に関する規定（法176条）は適用されない。

　したがって、いったん選任した補欠役員の選任を取り消す場合には、当該選任決議において定められた方法により行われることとなる。具体的には、評議員会の普通決議による方法等が考えられる。

　なお、いったん補欠役員の選任時に評議員会で決定された取消手続は、後に評議員会の決議により変更することや、取消手続を定めていなかった場合に評議員会の決議により補欠役員の選任決議の取消しをすることは可能と解されている。

③　補欠役員の選任決議の効力期間

　一般法人法施行規則12条3項（同規則61条）は、「補欠の役員の選任に係る決議が効力を有する期間は、定款に別段の定めがある場合を除き、当該決議後最初に開催する定時評議員会の開始の時までとする。ただし、評議員会の決議によってその期間を短縮することを妨げない」と定めている。

　原則として、補欠の法人の役員の選任に係る決議が効力を有する期間が、そ

第27条　役員〈及び会計監査人〉の選任

の決議後最初に開催する定時評議員会の開催の時までとされているのは、選任決議は条件付決議であるから、これを無制限に認めると、多数者間の法律関係の画一的確定を妨げ、しかも、将来の評議員の議決権を実質的に制限することになること、あるいはその効力を長期化させると、補欠者の辞任・解任等のトラブルの発生が懸念されるからであると解されている（注7）。

補欠役員の選任決議が効力を有する期間は、通常の評議員会の決議では、これを伸長することはできないが、定款で別段の定めを設ければ、この有効期間を伸長することも可能である。ただし、選任決議を定款で伸長した場合でも、補欠役員の選任の効力は、次の制限に服することになる（注8）。

　i　選任決議の際に特定の補欠として選任した場合、当該被補欠者の任期が満了したときは、当該補欠役員は就任条件を満たすことがなくなるため、補欠役員の選任の効力は当然に失われる。

　ii　補欠役員が正規の役員に就任したときは、当該役員の任期は、補欠として選任された日から起算されるので、選任日から起算して補欠の対象となった役員の任期を超えることとなった場合には、補欠役員としての選任の効力も失われる。

　　なお、定款で有効期間を定めた場合に、評議員会の決議によってその有効期間を短縮することができる（法施行規則12条3項・61条）。

④　補欠役員の就任要件

補欠役員は、「役員が欠けた場合又は一般法人法若しくは定款で定めた役員の員数を欠くこととなるとき」に、役員としての選任の効力が生ずる。

具体的には、㋐役員が欠けた場合（法律上員数を明示していない役員が1人もいなくなった場合）、㋑一般法人法で定めた役員の員数が欠けた場合（公益（一般）財団法人における理事が3人を欠いた場合など、法律で最低員数が明示されている役員につき、当該法律上の最低員数を欠くこととなった場合）、㋒定款で定めた役員の員数が欠けた場合（役員につき定款で法律上の最低員数以上の最低員数を定めた場合において、当該定款上の最低員数を欠くこととなった場合）の場合がこれに該当する。

381

例えば、定款に「理事は8人以内とする」旨の定めがある場合、当該定款の定めは、理事の員数は3人以上8人以内とするものと解釈されるため、理事が8人選任されている状況で、選任されている補欠理事は、理事が1人辞任しても就任できない。定款で定める員数に欠員とはならないからである。

⑤ 補欠役員の任期

一般法人法においては、理事をはじめとする役員の任期については、就任時ではなく、その選任の時を起算点とすることとされている（法66条・67条1項・177条）。

補欠の役員の選任決議は役員の条件付選任決議に当たるため、一般法人法上の役員の任期に関する規定は、補欠の役員として選任された者が、被補欠者が欠け、正規の役員に就任することとなった場合であっても適用される。

したがって、例えば、補欠の理事として選任された者が正規の理事に就任した場合には、当該理事の任期については、就任の時ではなく、補欠役員としての選任時を起算点とすることとなる。

補欠役員の就任承諾については、時期的制約はない。補欠役員として選任された時でも、補欠の対象となる役員が欠けた後でもよい。

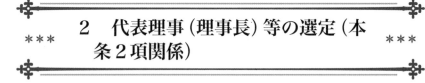

2　代表理事（理事長）等の選定（本条2項関係）

本条2項（定款27条第2項）は、定款26条2項に定める役付理事、3項の代表理事及び代表理事以外の業務執行理事の理事会での選定につき規定するものである。

(1) 代表理事の選定

公益（一般）財団法人では、理事の中から理事会の決議で代表理事（理事長）を選定しなければならない（法90条2項3号・3項・197条）。

第27条　役員〈及び会計監査人〉の選任

　公益（一般）財団法人においては、理事であるという資格で当然に業務執行
権・代表権を有するわけではないから、理事会において特に代表理事（理事長）
として選定されなければならないのであり、その選定は、一般法人法90条2
項3号・3項の定めに従って行うこととなる。

　また代表理事（理事長）は、法人における必要的機関であるから、一般法人
法90条3項は、理事会にその選定義務を課しているものである。

　ところで、代表理事の選定及び解職を定款の定めにより評議員会の権限とす
ることができるかという問題がある。これについては、一般法人法90条2項・
3項と同じ条文構成である会社法362条2項・3項の解釈において、見解が分
かれている。

①　代表取締役の選定・解職と株主総会の権限との関係

　会社法362条2項3号では、「代表取締役の選定及び解職」を取締役会の職
務とし、同条3項が「取締役会は、取締役の中から代表取締役を選定しなけれ
ばならない」と規定する中で、会社法の下では、定款に「代表取締役は、株主
総会の決議によって定めることができる」旨の定めを置いたときは、株主総会
の決議によって、代表取締役を選定することができると解されている（会社法
295条2項）。

　すなわち、株主総会が取締役会の上位機関であることを根拠とすれば、株主
総会が代表取締役の選定・解職権を有したとしても、それにより取締役会の監
督権が失われるわけでもなく、また基本的に定款自治を広く許容する会社法の
下での解釈としては可能と解するのが妥当とされている（注9）。ただし、会
社法362条3項の文言に照らし、取締役会の選定権限を奪うことはできないと
解されている（注10）。

②　代表理事の選任・解職と評議員会の権限との関係

　公益（一般）財団法人における代表理事の選定及び解職については、理事会
の決議によって行うこととされているが（法90条2項3号・3項、197条）、会社

第6章　役員〈及び会計監査人〉

383

内閣府モデル定款から読み解く公益・一般法人の法人運営手続　財団編（上巻）

法の下での解釈において定款の定めにより株主総会の決議によって代表取締役の選定・解職ができるとされているのと同様に、定款に定めることにより、評議員会の決議によって代表理事の選定・解職が可能かという問題がある。

　これについては、定款の定めに基づく評議員会の決議によって選定することも可能であり（法178条2項）、当該定款に定めのある一般財団法人においては、理事会（法90条2項3号・3項、197条）又は評議員会のいずれの決議によっても、選定することができると解されている（注11）。

③　理事会の決議省略の方法により代表理事を選定する場合

　理事会の決議省略の方法（法96条・197条）により代表理事を選定した場合には、定款及び理事会の議事録（法施行規則15条4項1号・62条）をもって、登記の申請書に添付すべき当該場合に該当することを証する書面（一般社団法人等登記規則3条、商業登記規則61条1項、法317条3項）として取り扱われる。

　この理事会の議事録には、原則として、理事全員の議事録への記名押印が必要となり、その押印した印鑑に係る市区町村長が作成した印鑑証明書を添付する必要がある（同登記規則3条・商業登記61条6項3号の類推適用）。なお、変更前の代表理事が登記所届出印を押印している場合には、各理事の印鑑証明書を添付する必要がないため（一般社団法人等登記規則3条、商業登記規則61条6項ただし書）、当該代表理事以外の者については、議事録に署名又は記名押印する必要もない。

　なお、当該理事会の議事録に理事全員の記名押印がない場合において、当該議事録のほか、一般法人法197条において準用する同法96条の同意書（各理事の記名押印があるもの）及び当該押印に係る印鑑証明書を併せて添付することでも差し支えないとして取り扱われている。

④　代表理事選定の理事会議事録・就任承諾書の書式例

　理事会において代表理事を選定した場合の理事会議事録及び代表理事の就任承諾書の書式例を示せば、次のようなものとなる。

第27条　役員〈及び会計監査人〉の選任

【27-6　代表理事選定時の理事会議事録の書式例】

理事会議事録

1　開催日時　令和○年○月○日　午前○時～○時
2　開催場所　当協会会議室
3　出　席　者　理事総数　○名
　　　　　　　出席理事　○○○○
　　　　　　　　　　　　○○○○
　　　　　　　　　　　　○○○○
　　　　　　　　　　　　○○○○

　　　　　　　監事総数　○名
　　　　　　　出席監事　○○○○
　　　　　　　　　　　　○○○○

4　決議事項
　　代表理事選定の件
5　議事の経過の要領及びその結果
　　理事○○○○は、選ばれて議長となり、当法人の代表理事の選定を行いたい旨を述べ、慎重に協議した結果、全員一致をもって次の者を代表理事に選定した。なお、被選定者は、その就任を承諾した。
　　代表理事　　○○○○
　　上記の決議を明確にするため、この議事録を作成し、出席理事全員及び出席監事がこれに記名押印する。
　　令和○年○月○日

　　　　　　　　　　　　　　　　　公益（一般）財団法人○○協会
　　　　　　　　　議長　代表理事（理事長）　○○○○　　㊞
　　　　　　　　　　　　　　　　理事　○○○○　　㊞
　　　　　　　　　　　　　　　　同　　○○○○　　㊞
　　　　　　　　　　　　　　　　　　〜
　　　　　　　　　　　　　　　　監事　○○○○　　㊞
　　　　　　　　　　　　　　　　同　　○○○○　　㊞

㊟1．出席理事の印鑑については、変更前の代表理事が登記所に提出している印鑑を押印している場合を除き、出席理事全員の実印を押印し、すべての印鑑について市区町村長が作成した印鑑証明書を添付する必要がある。

　2．理事会に出席した監事は、理事会議事録に記名押印することを要する。監事の印鑑証明書につ

内閣府モデル定款から読み解く公益・一般法人の法人運営手続　財団編（上巻）

いても、1の場合には、理事と同様の取扱いとなる。

3．理事会の席上で被選定者が就任を承諾し、その旨が記載がある場合には、申請書に別途就任承
　諾書を添付することを要しない。この場合には、申請書に「就任承諾書は、理事会議事録の記載
　を援用する」と記載する。

【27-7　代表理事の就任承諾書の書式例】

就任承諾書

　私は、令和○年○月○日開催の貴協会の理事会において、貴協会の代表理事に選
定されましたので、その就任を承諾します。
　令和○年○月○日

　　　　　　　　　　　　　　　　　　　　　　　　住所
　　　　　　　　　　　　　　　　　　　　　　　　氏名　　○○○○㊞

公益（一般）財団法人○○協会　御中

㊟1．理事会において代表理事に選定された者が、当該理事会に出席していない場合には、当該理事
　会の議事録に就任承諾の旨の記載をすることができないため、この就任承諾書を申請書に添付す
　る。

2．就任承諾書に押印する印鑑については、再任の場合を除き実印を押印し、その印鑑について市
　区町村長が作成した印鑑証明書の添付が必要である（一般社団法人等法人登記規則3条、商業登
　記規則61条2項・3項）。

⑤　代表理事の変更登記

　代表理事に関する事項に変更があったときは、その変更のあった時から2週
間以内に、主たる事務所の所在地において、変更の登記をしなければならない
（法303条）。

　代表理事の就任の登記の申請書には、当該代表理事の就任承諾書（法320条
1項）及びこれに押された印鑑につき市区町村長が作成した印鑑証明（一般
社団法人等登記規則3条、商業登記規則61条4項・5項、再任の場合を除く。）を添付
することを要する。

　また、代表理事を理事会において選定した場合には、理事会の議事録の添付

第27条　役員〈及び会計監査人〉の選任

を要するが（法317条2項）、定款の定めに基づき評議員会において代表理事を選定した場合には、評議員会の議事録（法317条2項）のほか、定款をも添付しなければならない（一般社団法人等登記規則3条、商業登記規則61条1項）。

評議員会議事録については、出席した理事又は監事による署名又は記名押印は、法令上、原則として要しないが（法193条1項・法施行規則60条3項）、法人登記手続においては、代表理事の選定に係る評議員会議事録については、原則として、議長及び出席した理事の記名押印がされているものであることを要し、併せて当該議事録に押印した者につき、市区町村長が作成した印鑑証明書を添付する必要がある（一般社団法人等登記規則3条、商業登記規則61条6項1号）。

また、理事会に出席した理事及び監事は、理事会議事録に署名又は記名押印をすることを要するが（法95条3項・197条）、代表理事の選定に係る理事会議事録には、出席した理事及び監事の記名押印がされていることを要し、その場合には、当該理事及び監事について、市区町村長が作成した印鑑証明書を添付しなければならない（一般社団法人等登記規則3条、商業登記規則61条6項3号）。

ただし、申請書に添付された評議員会議事録又は理事会議事録に変更前の代表理事が登記所に提出した印鑑と同一のものを押印している場合には、市区町村長の作成した印鑑証明書は不要である（一般社団法人等登記規則3条、商業登記規則61条6項ただし書）。

なお、この場合であっても、代表理事の就任承諾書の印鑑についての市区町村長の作成した印鑑証明書については、省略することができない（一般社団法人等登記規則3条、商業登記規則61条4項・5項。再任の場合を除く。）。

⑵　業務執行理事等の選定

①　代表理事以外の業務執行理事の選定

一般法人法91条1項（法197条）は、公益（一般）財団法人における業務執行の権限を有する理事についての定めである。理事会設置法人においては、理事は業務執行権限を有しないから、理事会の業務執行の決定を執行する機関が必

内閣府モデル定款から読み解く公益・一般法人の法人運営手続　財団編（上巻）

要であり、かかる機関は、代表理事と代表理事以外の業務執行理事であることを定めている。

　業務執行理事として一般法人法91条1項1号は代表理事を挙げるが、代表理事は、当然に業務執行権を有しており、それは、対外的な業務執行である対外的代表及び対内的な業務執行とを含んでいると考えられる。

　これに対し、同法91条1項2号は、代表理事以外の理事であって、理事会の決議によって業務を執行する理事として選定されたものが、当該法人の業務を執行すると規定する。

　なお、業務執行理事とは、㋐代表理事、㋑代表理事以外の理事であって理事会の決議によって公益（一般）財団法人の業務を執行する理事として選定されたもの及び㋒当該公益（一般）財団法人の業務を執行したその他の理事（代表理事から一部の行為を委託される等により法人の業務を執行した㋐、㋑以外の理事）をいうことから（法113条1項2号ロ・198条）、91条1項2号にいう理事については、㋑の代表理事以外の業務執行理事に関する定めであり、法人との間に雇用契約はないので、したがって、使用人兼務理事とは異なることとなる。

　この場合の業務執行理事は、実務上副理事長、専務理事、常務理事という呼称の理事であり、その権限は、法人の業務執行の統一性を確保する必要から、代表理事の指揮の下にその権限を行使すべきものとされるのが通例である。

②　副理事長・専務理事等の役付理事の選定

　定款の定めによって、役付理事として理事長、副理事長、専務理事、常務理事などの肩書きが付いた者が設けられる。代表理事である理事長については、理事会の決議により選定されるが（法90条2項3号・197条）、その他の役付理事については、どの機関が選定すべきかである。これらの役付理事については、当然理事会で決定すべきであると解されている（注12）。

　もっとも、一般的には、副理事長、専務理事、常務理事の役付理事が設けられる場合には、一般法人法91条1項2号（法197条）の業務執行理事と位置付けられるので、その場合には理事会において選定することになる。

3 役員の資格等

　一般法人法65条（法177条）は、役員の資格等につき規定する。そのうち1項各号はいわゆる欠格事由を列挙したもので、以下に記載したこれらのいずれかに該当するものは、役員になることができない。

(1) 役員の欠格事由

次に掲げる者は、役員となることができない（法65条1項・177条）。

① **法人**（法65条1項1号）

　法人も理事になれるかという問題があるが、多数説は、理事の職務は個人的性質のものであること、または個人に民事責任を課すことにより法人の運営の適正を図る必要があることを理由に、自然人に限られるべきとしている。

② **成年被後見人若しくは被保佐人又は外国の法令上これらと同様に取り扱われている者**（法65条1項2号）

　成年被後見人（民法8条）及び被保佐人（民法12条）は制限行為能力者である（民法9条・13条）。ところで、役員と法人の関係は委任（民法643条）であり（法172条1項）、委任契約上、受任者は委任者によって法律行為を委託されるものであるから、行為能力を有することが必要とされる。したがって、財産を管理する能力のないこれらの制限行為能力者が法人の役員となることができないのは当然である。

　なお、未成年者（民法4条）も制限行為能力者であるが（民法5条）、法定代理人の営業許可があった場合には、成年者と同一の能力が認められることから、欠格事由から除外される。

③ **一般法人法又は会社法の規定に違反し、または民事再生法等の罪を犯し、刑に処せられ、その執行を終わり、またはその執行を受けることがなくなった日から2年を経過しない者**（法65条1項3号）

④ 上記③に規定する法律の規定以外の法令の規定に違反し、禁錮以上の刑

に処せられ、その執行を終わるまで又はその執行を受けることがなくなるまでの者（刑の執行猶予中の者を除く。法65条1項4号）

なお、欠格事由に該当する者を選任する評議員会の決議は、決議の内容が法令に違反するものとして無効である（法265条2項）。

また、在任中に欠格事由に該当するに至った場合には、その時からその役員は資格の喪失によって退任し、その者は当然に役員としての地位を失うことになる。

(2) 定款による資格制限

定款上、理事の資格を一定の者に限ることは、各法人の具体的事情に応じ不合理な内容でない限り許されると解される。例えば、年齢や住所等によって制限すること、あるいは日本国籍を有する者に限定することなど、各法人が自主的に判断し、それぞれの法人にとって適切と思う方針に基づき定款で定めればよいと解される。

(3) 役員の兼任禁止

① 理事

理事は、監事又は評議員を兼任することはできない（法65条2項・177条、173条2項）。しかし、公益（一般）財団法人又はその子法人の使用人を兼任することは可能である。

② 監事

監事は、公益（一般）財団法人又はその子法人の理事又は使用人を兼ねることができない（法65条2項・177条）。この規定の趣旨は、監事が「監査機関」としての性質を有する以上、監査する側と監査される側とが同一であれば、監査の独立性と公正性を担保することができず、監査制度の趣旨を没却することになるからである。

第27条　役員〈及び会計監査人〉の選任

　一般法人法65条2項において兼任が禁止される対象としての「使用人」は、一般法人法上のいわゆる法人の使用人に限らず、法人と雇用関係にある者をいうと解される。

　監事が法人の「顧問」・「相談役」など法人運営に指導的な影響を与える継続的関係を有する地位を兼任することも、兼任禁止規定の趣旨から許されないとする見解が多い。

i　顧問弁護士等と監事資格

　法人の顧問弁護士等が監事との兼任が禁止される「使用人」に含まれるかについては議論がある。

　これについては、旧商法276条（現行会社法335条2項・一般法人法65条2項もこれに準ずる規定）に規定する「使用人」の範囲につき、弁護士である監査役が特定の訴訟事件について、会社の訴訟代理人となることが、旧商法276条の「使用人」に該当し、同条違反となるかが問題となった。

　これに関し最高裁（昭和61年2月18日）は、監査役と取締役・使用人の兼任禁止の規制は、弁護士の資格を有する監査役が特定の訴訟事件につき、会社から委任を受けてその訴訟代理人となることまでを禁止するものではないとしている。

　学説としては、法人から報酬を得て継続的な利害関係を有する顧問弁護士は「使用人」に該当するのであって、監査役の公正と独立を担保し、監査制度の実を上げるための兼任禁止規定の趣旨に鑑みれば、監査役と顧問弁護士の兼任は認められないとする見解があるが、通説は、顧問弁護士はその会社の使用人に当たらないとして、監査役となり得ると解している。

　監査役が法人の顧問弁護士（このほか、日常的に業務委託している司法書士、税理士等）を兼任することができるかどうかについては、顧問弁護士としての職務の実体が業務執行機関に対し継続的従属性を有するか否かにより実質的に判断すべきであるが、専属的である等の特段の事情がない限りその関係はないとする判例がある（大阪高裁昭和61年10月24日）。これに対して、原則としてその関係があるとする見解もある。

第6章　役員〈及び会計監査人〉

内閣府モデル定款から読み解く公益・一般法人の法人運営手続　財団編（上巻）

　この監査役と顧問弁護士等の兼任問題は、旧商法276条と会社法335条2項・一般法人法65条2項が同じような条文構成となっていることから、公益（一般）財団法人における監事と顧問弁護士等との兼任についても同様に考えることができると解される。

　この問題の解釈においては、顧問弁護士を使用人に準じて見るか、弁護士という職業的独立性に着目するかという差異が結論を左右しているものと考えられる。

ⅱ　横すべり監事

　事業年度の途中で招集された評議員会においてにおいて、それまで理事であった者が監事に選任されると、自己が理事であった期間につき自己を含む理事の職務執行を監査する「自己監査」の事態が生じる（いわゆる「横すべり監事」の問題）が生じる。

　これについて判例（東京高裁昭和61年6月26日）は、「(旧) 商法276条は〔監査役ハ会社又ハ子会社の取締役又は支配人其ノ他ノ使用人ヲ兼ヌルコトヲ得ズ〕と規定するのみで、会社の取締役又は支配人その他の使用人を監査役に選任することを禁止しておらず、また、同法273条（監査役の任期）が監査役の任期と監査対象期間の一致を要求していないことからすれば、同法は、いわゆる自己監査が必ずしも望ましくない点に留意しつつ、なおかつこれを許容する趣旨であると解すべきである。……取締役であった者を監査役に選任するかどうかは株主総会の判断に委ねるべき事項であって、株主総会において営業年度の途中で選任直前まで取締役の地位にあった者を監査役に選任したとしても、右選任が違法であるとは言えない」と判示している。最高裁は、「原審の適法に確定した事実関係のもとにおいて、所論の点に関する原審の判断は是認することができ、その過程に所論の違法はない」として、原審判決を支持し上告を棄却した（昭和62年4月21日）。この判例を支持する学説が多い。

　会社法335条2項と同じ条文構成をとっている一般法人法65条2項についても、理事と監事を同時に兼務することを禁止しているが、理事であったものが監事になること自体は禁止されていないこと、また実務上も理事から監事への

選任も行われていることから、判例に従った解釈・運用がなされていると解することができる。

iii　兼任禁止違反の監事監査

　監事が当該法人又はその法人の子法人の理事又は使用人に選任され、反対に当該法人又はその法人の子法人の理事又は使用人が、当該法人の監事に選任された場合には、その選任行為はそれぞれの選任当時における現職を辞任することを条件として効力を有し、被選任者が新たに選任された地位に就任することを承諾したときは、従前の職を辞任する意思を表示したものと解するのが一般的な考え方である。

　兼任禁止に触れる者が監事に選任された場合、従前の地位を辞任して監事に就任したとみなされ、その者が事実上、従前の地位を継続したものとしても、監事の任務懈怠となるに過ぎないとする判例（最高裁平成元年9月19日）がある。

　ただし、ある者が監事を務めるA法人が同時にその者が理事であるB法人を子法人にしたなど、監事が後発的に兼任禁止に触れる地位に就いたときは、B法人の理事を辞任せずにした監査は無効であるとする見解が有力である（注13）。

4　会計監査人の資格等

(1)　会計監査人の資格

　会計監査人制度は、会計の専門家による外部監査を公益（一般）財団法人の計算書類について行い、そして債権者等の利益保護を図るための制度である。

　このような観点から、一般法人法は、「会計監査人は、公認会計士又は監査法人でなければならない」旨を定めている（法68条1項・177条）。

　本条1項が会計監査人の資格を公認会計士又は監査法人に限定したのは、専門的能力と独立性を備えた職業会計専門家に会計監査人の職務を担当させるための積極的要件である（注14）。

内閣府モデル定款から読み解く公益・一般法人の法人運営手続　財団編（上巻）

①　公認会計士

　公認会計士法は、公認会計士の業務を「他人の求めに応じ報酬を得て、財務書類の監査又は証明をすることを業とする」と規定するが（公認会計士法２条１項）、公認会計士そのものの定義は、一般法人法にも公認会計士法にも規定されてはいない。

　しかし、公認会計士法によれば、公認会計士試験に合格した者であって、同法15条１項に規定する業務補助等の期間が２年以上であり、かつ同法16条１項に規定する実務補習を修了し、同条７項の規定による内閣総理大臣の確認を受けた者が公認会計士の資格を有するとされ（同法３条）、さらにこの者が公認会計士となるには、同法17条に定める公認会計士名簿に、氏名、生年月日、事務所等の事項の登録を受けることを要するとされている（同法17条）。したがって、会計監査人となることができるのは、この意味における公認会計士に限られることになる。

②　外国公認会計士

　一般法人法68条１項（法177条）は、外国公認会計士も公認会計士に含まれる旨を「かっこ書き」で定め、会計監査人になり得ることを認めている。

　しかし、公認会計士法は、「外国において公認会計士の資格に相当する資格を有し、かつ、会計に関連する日本国の法令について相当の知識を有する者は、内閣総理大臣による資格の承認を受け、かつ、日本公認会計士協会による外国公認会計士名簿への登録をけて、第２条に規定する業務を行うことができる」（公認会計士法16条の２第１項本文）と規定し、この登録を受けた者を「外国公認会計士」と呼んでいるから、会計監査人となり得る外国公認会計士も、この意味のものと解することになる。

③　監査法人

　公認会計士法は、監査法人の定義につき、「他人の求めに応じ報酬を得て、

394

財務書類の監査又は証明をすることの業務を組織的に行うことを目的として、公認会計士法に基づき設立された法人」をいうと定めている（公認会計士法1条の3第3項・2条1項）。

監査法人には、その社員の全部を有限責任社員とする有限責任監査法人（公認会計士法1条の3第4項）と、社員の全部を無限責任社員とする無限責任監査法人（同条5項）の2種類が認められている。

監査法人は、その社員のうちに5人以上の公認会計士を含むことを要し（同法34条の7第1項後段）、かつ、監査法人の社員のうちに公認会計士である社員の占める割合は、100分の50を下らない内閣府令で定める割合以上で占める必要がある（同法34条の4第3項）。

⑵　会計監査人の職務を行うべき社員の選定・通知

会計監査人に選任された監査法人は、その社員の中から会計監査人の職務を行うべき者を選定し、これを公益（一般）財団法人に通知しなければならない（法68条2項前段・177条）。監査法人が会計監査人に選任された場合、実際にはその社員が会計監査人の職務を担当することになるので、その責任の所在を明らかにする趣旨である。

監査法人は、一般法人法68条3項2号（法177条）に該当する社員を会計監査人職務担当者として選定することができないので（同条2項後段・177条）、その社員のうち、公益（一般）財団法人の子法人若しくはその理事若しくは監事から公認会計士若しくは監査法人の業務以外の業務により継続的な報酬を受けている者又はその配偶者である者を選定することはできない。監査の公正を確保するため、実際の監査の担い手について監査の公正を疑わせる事情がある者を排除する趣旨である。

監査法人が選定すべき会計監査人の職務を担当する社員の員数については、特段の要件が法定されているわけではないので、1人である必要はなく、2人以上であってもよいとされている。

会計監査人職務担当者として選定された監査法人社員は、その者自身が会計

内閣府モデル定款から読み解く公益・一般法人の法人運営手続　財団編（上巻）

監査人となるわけではなく、当該監査法人が会計監査人としての権限・義務を有することになる。したがって、会計監査人の職務を担当する監査法人社員に変更があっても、会計監査人の選任の手続は必要ではない（注15）。

(3)　会計監査人の欠格事由

　一般法人法68条3項（法177条）は、次に掲げる者は、会計監査人となることができないとしており、これは欠格事由の定めと解されている。会計監査人の被監査法人からの独立性を維持し、監査の公正さを保障するとともに、会計監査人としてふさわしくない者を排除しようとする趣旨である。

①　公認会計士法の規定により、一般法人法123条2項に規定する計算書類について監査をすることができない者（法68条3項1号）

　公認会計士法は、公認会計士・監査法人の提供する監査業務の適正確保のために、監査業務を行ってはならない場合を詳細に規定しており、一般法人法の会計監査人の資格に関する規制もそれに依拠させる趣旨である。

　これらの規定のうち、その主たるものは次のとおりである。

i　公認会計士法24条に定める業務制限の対象となる公認会計士

　(i)　公認会計士又はその配偶者が、会計監査人設置法人の役員、これに準ずるもの若しくは財務に関する事務の責任ある担当者であり、または過去1年以内にこれらの者であった法人の財務書類（同法24条1項1号）

　(ii)　公認会計士が会計監査人設置法人の使用人である場合、または過去1年以内に会計監査人設置法人の使用人であった法人の財務書類（同法24条1項2号）

　(iii)　その他公認会計士が著しい利害関係を有する法人の財務書類（同法24条1項3号、2項）

ii　公認会計士法34条の11に定める業務制限の対象となる監査法人

　(i)　監査法人の社員のうちに、会計監査人設置法人の役員、これに準ずるもの若しくは財務に関する事務の責任ある担当者である者又は過去1年以内にこれらの者である場合における法人の財務書類（同法34条の11第1項2号）

第27条　役員〈及び会計監査人〉の選任

(ii)　法人の財務書類について監査法人の行う監査・証明業務（公認会計士法2条1項）に社員として関与した者が、当該財務書類に係る会計期間又はその翌会計期間（関与社員会計期間）内に当該法人の役員又はこれに準ずる者となった場合における当該関与社員会計期間に係る当該法人の財務書類（同法34条の11第1項3号）。

(iii)　その他監査法人が著しい利害関係を有する法人の財務書類（同法34条の11第1項4号・2項）

iii　業務停止処分を受けた場合

　公認会計士法の規定により公認会計士又は監査法人が業務の全部又は一部（監査法人の場合）の停止の処分（公認会計士法29条2号・34条の21第2項）を受けた場合には、監査業務を行うことができず、したがって会計監査人となることができない。

> ②　公益（一般）財団法人の子法人若しくはその理事若しくは監事から公認会計士若しくは監査法人の業務以外の業務により継続的な報酬を受けている者又はその配偶者（法68条3項2号）

　公認会計士又はその配偶者が、監査の対象となる会計監査人設置法人から税理士業務その他公認会計士法2条1項又は2項に定める公認会計士としての業務以外の業務により継続的な報酬を受けた場合(公認会計士法24条1項3号・2項・同法施行令7条1項6号)は、一般法人法68条3項1号で欠格事由とされている。これに対して同法68条3項2号は、これを子法人やその役員から報酬を受けている場合にまで拡張する趣旨である。

> ③　監査法人でその社員の半数以上が前号に掲げる者であるもの（法68条3項3号）

　平成17年改正前商法特例法（4条2項3号・4号）では、監査法人の社員のうちに1人でも「業務の停止の処分を受け、その停止の期間を経過しない者」があると、当該監査法人全体が会計監査人の欠格事由に該当することとなっていたが、会社法ではこの規定は削除された（会社法337条3項3号）。

　会社法と同じ条文構成をとる一般法人法において、監査法人の社員の半数以

上が一般法人法68条3項2号に該当する場合だけを欠格事由とすることとしたものである。これは、多数の公認会計士が所属する大規模監査法人が存在する現状に鑑みて酷に過ぎること等の指摘があったためである。

(4) 違反の効果

① 無資格者による監査

公認会計士でも監査法人でもない者、または一般法人法68条の定める欠格事由に該当する者を会計監査人に選任しても、その選任は無効であり、その者が作成した監査報告書は法律上の効力を有しない。この場合、計算書類を承認する理事会決議（法124条3項）は無効である。

② 選任後の欠格

会計監査人として選任された時には適格であった者が、その後に公認会計士でなくなり、または一般法人法68条3項（法177条）所定の欠格事由に該当するに至れば、その時点から会計監査人の地位を失う。

5 公益法人における理事等の構成

(1) 同一親族等関係者が理事等に占める割合の制限

公益法人認定法5条10号は、「各理事について、当該理事及びその配偶者又は3親等内の親族（これらの者に準ずるものとして当該理事と政令で定める特別の関係がある者を含む。）である理事の合計数が理事の総数の3分の1を超えないものであること。監事についても、同様とする」と規定し、これを公益認定の基準の1つとして定めている。

公益法人が特定の利害を代表する集団から支配されるような場合には、不特定かつ多数の者の利益の増進に寄与するという公益法人本来の目的に反した業

務運営が行われるおそれがあることから、理事及び監事の構成について一定の制限を設けることは必要なことである。

なお、「これらの者に準ずるものとして当該理事と政令で定める特別の関係がある者」については、次に掲げる者とされている（公益法人認定法施行令4条）。

① 当該理事と婚姻の届出をしていないが事実上婚姻と同様の事情にある者（同施行令4条1号）

② 当該理事の使用人（同施行令4条2号）

③ 上記①及び②に掲げる者以外の者であって、当該理事から受ける金銭その他の財産によって生計を維持しているもの（同施行令4条3号）

④ 上記②及び③に掲げる者の配偶者（同施行令4条4号）

⑤ 上記①から③までに掲げる者の3親等内の親族であって、これらの者と生計を一にするもの（同施行令4条5号）

監事が2人の場合には、2人が同一親族であれば、認定基準に抵触すると考えられている。

(2) 他の同一団体関係者が理事等に占める割合の制限

上記(1)の場合と同じ趣旨で、同一団体関係者が理事及び監事に占める割合の制限につき、公益法人認定法5条11号は、「他の同一の団体（公益法人又はこれに準ずるものとして政令で定めるものを除く。）の理事又は使用人である者その他これに準ずる相互に密接な関係があるものとして政令で定める者である理事の合計数が理事の総数の3分の1を超えないものであること。監事についても、同様とする」と規定している。

① 「他の同一の団体」の意義

「他の同一の団体」については、人格、組織、規則などから同一性が認められる団体毎に判断される（ガイドラインⅠ-10）。

「他の同一の団体」の対象となる団体は、法人格の有無を問わないため、権利能力なき社団もこれに含まれる。

内閣府モデル定款から読み解く公益・一般法人の法人運営手続　財団編（上巻）

　次に、この権利能力なき社団かどうかは、㋐団体としての組織を備え、㋑多数決の原理が行われ、㋒構成員の変更にもかかわらず団体そのものが存続し、㋓その組織によって代表の方法、総会の運営、財産の管理その他団体としての主要な点が確定しているという基準（参考：最高裁昭和39年10月15日）に該当するかどうかで判断される（FAQ問Ⅳ-2-③）。

　「同一業界関係者」については、その業界に属する個々の企業の役員等が法人の理事等の一定割合を占めたとしても、同一親族や同一企業等の場合に比し利害が拡散し、弊害発生の危険性が低下すると考えられることから、法律上制限は課されていない（注16）。

②　政令で定める「他の同一の団体において相互に密接な関係にある者」

　公益法人認定法5条11号の政令で定める「相互に密接な関係にある者」は、次に掲げる者である（認定法施行令5条）。

ⅰ　当該他の同一の団体の理事以外の役員（法人でない団体で代表者又は管理人の定めのあるものにあっては、その代表者又は管理人）又は業務を執行する社員である者（同法施行令5条1号）

ⅱ　次に掲げる団体においてその職員（国会議員及び地方公共団体の議会の議員を除く。）である者（同法施行令5条2号）

　(i)　国の機関（5条2号イ）

　　　「同一の団体」と「国の機関」との関係については、どこまでを同一と捉えるかは、基準の趣旨に照らすと、その法人の目的、事業との関係において、利害を同じくする範囲と考えられる。したがって、国の機関については、一般的には事務分掌の単位である省庁単位で、法人の目的、事業が国全般に関係する場合には国の機関全体で考えることとされている（FAQ問Ⅳ-2-①）。

　(ii)　地方公共団体（5条2号ロ）

　　　「同一の団体」と「地方公共団体」との関係については、地方公共団体ごと、つまり県、市町村ごとに、また大学は個々の大学ごとということになる（注

17)。

(iii) 独立行政法人（5条2号ハ）

(iv) 国立大学法人又は大学共同利用機関法人（5条2号ニ）

(v) 地方独立行政法人（5条2号ホ）

(vi) 特殊法人（特別の法律により特別の設立行為をもって設立された法人であって、総務省設置法4条15号の規定の適用を受けるもの）又は認可法人（特別の法律によって設立され、かつ、その設立に関し行政官庁の認可を要する法人。5条2号ヘ）

③ 公益法人又はこれに準ずる団体

公益法人認定法5条11号において、「他の同一の団体」から「公益法人又はこれに準ずるものとして政令で定めるものは除く。」とされている。

公益法人については、公益法人認定法による組織運営上の種々の基準に従い、不特定かつ多数の者の利益の増進に寄与するために事業を行う法人であることから、仮に他の公益法人の理事・監事が理事・監事の一定割合以上になり、他の公益法人の利益に沿った法人運営がされたとしても、結局は、不特定かつ多数の者の利益が図られることになり、特定の者の利益が図られるおそれはないと判断される。その意味において、公益法人は「他の同一の団体」から除かれているものと解されている。

「公益法人に準ずるものとして政令で定めるもの」については、その目的、組織運営等において公益法人と同等と評価すべき団体は見当たらないことから、当面は、政令で定める必要はないということで規定化が見送られている。

④ 監事に関する3分の1規定の解釈

監事の員数は、理事の場合と異なり少なく、一般的には2人以下が多いと考えられる。公益法人認定法5条10号、11号では、理事と特別の関係がある者、または他の同一の団体において相互に密接な関係にある者の監事の「合計数」が、監事の総数の3分の1を超えてはならないとされている。

監事の総数が2人の場合に、別の団体からそれぞれ1人ずつ受け入れたとし

ても、それぞれの団体に属する者は１人であり、「合計数」を観念することはない。したがって、この場合は公益法人認定法５条11号の基準に抵触することはない。

監事の総数が１人の場合も同様に、「合計数」を観念することができないため、この「３分の１」という基準が問題となることはない。

一方、監事の総数が２人の場合に、他の同一の団体から２人の監事を受け入れた場合は、監事の「合計数」は２人となり、監事の総数の３分の１を超えてしまうため、この「３分の１」という基準に適合しないことになる。

また、監事の総数が３人の場合に、他の団体から監事をそれぞれ２人及び１人を受け入れた場合も、そのうち一方の団体の合計数（２人）が監事の総数の３分の２となり、上限の３分の１を超えてしまうため、この「３分の１」の基準に適合しないことになる（FAQ問Ⅳ-２-②）。

 6　租税特別措置法40条等の適用を受ける場合の役員等の構成

(1)　租税特別措置法40条１項後段の適用を受ける場合の役員等の構成

個人が公益法人に対して財産を寄附した場合において、一定の要件を満たし国税庁長官の承認を受けたときは、その譲渡所得等に係る所得税は非課税の扱いとなる（租税特別措置法40条）。しかし、この承認を受けるためには、公益法人の定款において、一般法人法及び公益法人認定法により記載しなければならない事項のほかに、次に掲げる要件を満たしていることが必要とされている（措置特別措置法40条１項後段・同法施行令25条の17第６項１号、同法通達〔同法施行令25条の17第５項３号及び６項関係〕（相続税等の負担の不当減少についての判定）18(1)イ）。

第27条　役員〈及び会計監査人〉の選任

> ①　定款において、その理事、監事、評議員その他これらの者に準
> ずるもの（以下「役員等」という。）のうち親族関係を有する者
> 及びこれらと次に掲げる特殊の関係がある者（以下「親族等」と
> いう。）の数がそれぞれの役員等の数のうちに占める割合は、い
> ずれも3分の1以下とする旨の定めがあること（租税特別措置法
> 施行令25条の17第6項1号・同法通達18(1)イ(イ)）

i　当該親族関係を有する役員等と婚姻の届出をしていないが事実上婚姻関
　係と同様の事情にある者（6項1号イ）

ii　当該親族関係を有する役員等の使用人及び使用人以外の者で当該役員等
　から受ける金銭その他の財産によって生計を維持しているもの（6項1号ロ）

iii　i又はiiに掲げる者の親族でこれらの者と生計を一にしているもの（6
　項1号ハ）

iv　当該親族関係を有する役員等及びiからiiiまでに掲げる者のほか、次に
　掲げる法人の法人税法第2条第15号に規定する役員（(i)において「会社役員」
　という。）又は使用人である者（6項1号ニ）

(i)　当該親族関係を有する役員等が会社役員となっている他の法人（6項
　1号ニ(1)）

(ii)　当該親族関係を有する役員等及びiからiiiまでに掲げる者並びにこれ
　らの者と法人税法第2条第10号に規定する政令で定める特殊の関係の
　ある法人を判定の基礎にした場合に同号に規定する同族会社に該当する
　他の法人（6項1号ニ(2)）

　したがって、この規定との関係においては、定款に次のような規定を設け
ることが必要となる。

第6章　役員〈及び会計監査人〉

内閣府モデル定款から読み解く公益・一般法人の法人運営手続　財団編（上巻）

【租税特別措置法40条の適用を受けるために必要な役員等の選任に関する規定例】

（役員等の選任）

第○条　この法人の理事のうちには、理事のいずれか１人及びその親族
その他特殊の関係がある者の合計数が、理事総数（現在数）の３分の
１を超えて含まれることになってはならない。

2　この法人の監事には、この法人の理事（親族その他特殊の関係があ
る者を含む。）及び評議員（親族その他特殊の関係がある者を含む。）
並びにこの法人の使用人が含まれてはならない。また、各監事は、相
互に親族その他特殊の関係があってはならない。

3　この法人の評議員のうちには、理事のいずれか１人及びその親族そ
の他特殊の関係がある者の合計数、又は評議員のいずれか１人及びそ
の親族その他特殊の関係がある者の合計数が、評議員総数（現在数）
の３分の１を超えて含まれることになってはならない。また、評議員
には、監事及びその親族その他特殊の関係がある者が含まれてはなら
ない。

> **②　定款において、公益法人が解散した場合にその残余財産が国若
> しくは地方公共団体又は租税特別措置法40条１項に規定する公
> 益法人等に帰属する旨の定めがあること（租税特別措置法施行令
> 25条の17第６項３号・同法通達18⑴イ⑷）**

　この規定との関係においては、定款に次のような規定を設けることが必要
となる。

【租税特別措置法40条の適用を受けるために必要な残余財産の帰属に関する規定例】

第○条　この法人が清算をする場合において有する残余財産は、評議員
会の決議を経て、国若しくは地方公共団体又は公益社団法人及び公益

第27条　役員〈及び会計監査人〉の選任

財団法人の認定等に関する法律第5条第17号に掲げる法人であって租税特別措置法第40条第1項に規定する公益法人等に該当する法人に贈与するものとする。

③　贈与又は遺贈に係る財産が贈与又は遺贈をした者又はこれらの者の親族が法人税法第2条第15号に規定する役員となっている会社の株式又は出資である場合には、その株式又は出資に係る議決権の行使に当たっては、あらかじめ理事会において理事総数（理事現在数）の3分の2以上の同意を得ることを必要とすること（租税特別措置法通達18(1)イ(ロ)）

この規定との関係においては、定款に次のような規定を設けることが必要となる。

【租税特別措置法40条の適用を受けるために必要な他の法人への議決権行使の制限に関する規定例】

〔例1〕

第○条　この法人が保有する株式（出資）について、その株式（出資）に係る議決権を行使する場合には、あらかじめ理事会において理事総数（現在数）の3分の2以上の承認を要する。

〔例2〕

第○条　この法人は、保有する株式（出資）に係る議決権を行使してはならない。

第6章　役員〈及び会計監査人〉

405

(2) 一般財団法人のうち法人税法上の非営利型法人における理事等の構成

① 非営利性が徹底された法人

　非営利性が徹底された法人（その行う事業により利益を得ること又はその得た利益を分配することを目的としない法人であって、その事業を運営するための組織が適正であるものとして政令で定めるもの〔法人税法2条9号の2イ〕）については、次の各号に掲げる要件のすべてに該当することが必要とされている（法人税法施行令3条1項）。

　i　定款に剰余金の分配を行わない旨の定めがあること（法人税法施行令3条1項1号）

　　この規定との関係においては、定款に次のような規定を設けることが必

【非営利性徹底法人に必要な剰余金分配禁止の規定例】

> 第〇条　この法人は、剰余金の分配を行うことができない。

要となる。

　ii　定款に解散時の残余財産が公益法人等の一定の公益的な団体に帰属する旨の定めがあること（法人税法施行令3条1項2号）

　　この規定との関係においては、定款に次のような規定を設けることが必

【非営利性徹底法人に必要な残余財産の帰属に関する規定例】

> 第〇条　この法人が清算をする場合において有する残余財産は、評議員会の決議を経て、公益社団法人及び公益財団法人の認定等に関する法律第5条第17号に掲げる法人又は国若しくは地方公共団体に贈与する

第27条　役員〈及び会計監査人〉の選任

> ものとする。

要となる。

iii　上記 i 及び ii の定款の定めに反する行為（上記 i 、ii 及び下記ivの要件の すべてに該当していた期間において、特定の個人又は団体に特別の利益を与えることを含む。）を行うことを決定し、または行ったことがないこと（法人税法施行令3条1項3号）

iv　各理事について、その理事及びその理事の親族等である理事の合計数が、理事の総数のうちに占める割合が、3分の1以下であること（法人税法施行令3条1項4号・法人税法施行規則2条の2第1項）

②　共益的活動を目的とする法人

共益的活動を目的とする法人（その会員から受け入れる会費により当該会員に共通する利益を図るための事業を行う法人であって、その事業を運営するための組織が適正であるものとして政令で定めるもの〔法人税法2条9号の2ロ〕）については、次の各号に掲げる要件すべてに該当することが必要とされている（法人税法施行令3条2項）。

i　会員に共通する利益を図る活動を行うことをその主たる目的としていること（3条2項1号）

ii　定款にその会員が会費として負担すべき金銭の額（会費）の定め又はその額を評議員会の決議により定める旨の定めがあること（3条2項2号）

iii　その主たる事業として収益事業を行っていないこと（3条2項3号）

iv　定款に特定の個人又は団体に剰余金の分配を受ける権利を与える旨の定めがないこと（3条2項4号）

v　定款に解散時の残余財産が特定の個人又は団体（一定の公益的な団体等を除く。）に帰属する旨の定めがないこと（3条2項5号）

vi　上記 i から v まで及び下記viiの要件に該当していた期間において、特定

内閣府モデル定款から読み解く公益・一般法人の法人運営手続　財団編（上巻）

　　の個人又は団体に特別の利益を与えることを決定し、または与えたことが

　　ないこと（3条2項6号）

ⅶ　各理事について、その理事とその理事の親族等である理事の合計数が、

　　理事の総数のうちに占める割合が、3分の1以下であること（3条2項7号・

　　法人税法施行規則2条の2第1項）。

【注記（第27条）】

（注1）　内閣府公益認定等委員会留意事項の各論4　社員総会及び評議員会の決議要

　　　　件（定足数）及び理事の選任議案の決議方法（考え方）②。

（注2）　前掲留意事項の各論5　社員総会及び評議員会の理事の選任権限と第三者が

　　　　関与できる範囲。竹内昭夫他編『新版注釈会社法(6)　株式会社の機関(2)』、7～9頁、

　　　　有斐閣。

（注3）　前田達明他編『新版注釈民法(2)　総則(2)』、355頁、有斐閣。

（注4）　神崎満治郎編集代表『株式会社の機関　商業登記全書　第5巻』、84頁、中

　　　　央経済社。

（注5）　相澤　哲編著『立案担当者による新会社法関係法務省令の解説』（別冊商事

　　　　法務№300。株主総会以外の機関Ⅰ役員の選任　1補充役員の選任手続⑴選任の際

　　　　の決議事項）、30頁、商事法務。

（注6）　相澤　哲他『論点解説新・会社法　千問の道標』、301～302頁、商事法務。

（注7）　弥永真生『コンメンタール会社法施行規則・電子公告規則』、550～551頁、

　　　　商事法務。江頭憲治郎「株式会社法」（第7版）、395頁（注4）、有斐閣。

（注8）　相澤前掲書（論点解説新・会社法　千問の道標）、302～303頁。

（注9）　江頭前掲書、318頁（注5）。前田　庸前掲書、478頁。落合誠一編『8会社

　　　　法コンメンタール　機関(2)』、220頁、商事法務。相澤前掲書（論点解説新・会社

　　　　法　千問の道標）、262頁。

（注10）　相澤同上書、262頁。

（注11）　江原健志編『一般社団・財団法人法の法人登記実務』（一般社団法人及び一

　　　　般財団法人に関する法律等の施行に伴う法人登記実務Q&A）、325～326頁（Q18、

第27条　役員〈及び会計監査人〉の選任

Q19)、テイハン。一般社団法人等登記規則3条・商業登記規則61条4項1号参照。
FAQ問II-7-⑤（注2）。

（注12）　前田　庸前掲書、465頁。

（注13）　酒巻俊雄他編『逐条解説会社法　第4巻桟関・1』、284頁、中央経済社。
江頭前掲書、524頁。

（注14）　竹内他編前掲書、529頁。

（注15）　同上書、539頁。

（注16）　新公益法人制度研究会編著『一問一答公益法人関連三法』、207頁、商事法務。

（注17）　第30回公益認定等委員会（平成20年2月1日）議事録、3頁。

第6章
役員〈及び会計監査人〉

(理事の職務及び権限)

第28条　理事は、理事会を構成し、法令及びこの定款で定めるところにより、職務を執行する。

2　理事長は、法令及びこの定款で定めるところにより、この法人を代表し、その業務を執行し、業務執行理事は、理事会において別に定める職務権限規程により、この法人の業務を分担執行する。

3　理事長及び業務執行理事は、毎事業年度に4箇月を超える間隔で2回以上、自己の職務の執行の状況を理事会に報告しなければならない。

1　理事の職務及び権限(本条1項関係)

(1) 理事の職務・権限

　理事は、評議員会において選任され（法63条1項・177条）、就任し、理事会の構成員として、その決議に参加する。理事として最も重要な役割は、理事会の決議を通じて法人の業務執行の意思決定をすることである（法90条2項1号・197条）。理事会の決議事項は法人の重要事項であり、その決定が法人の運営を左右することになるからである。

(2) 業務執行

　法人の業務執行の意思決定は理事会で行うが、理事会は合議体であり、必要の都度理事会を開催し、決定・執行することは困難である。そこで、理事会から権限を委譲された代表理事及び業務執行理事が業務を執行することになる。

　理事会は、法人のすべての業務執行について決定権限を有しているが、しかし、一般法人法90条4項及び一般法人法中の規定により、理事会で決定すべきとされている重要な業務執行事項以外については、代表理事等の下部組織に委ねることができる。

　同法90条4項はその各号において、理事会が自ら決定しなければならない事項を具体的に列挙しているが、4項柱書きで「その他の重要な業務執行の決定」を挙げている。この意味で、一般法人法は基本的に理事会における理事全員による協議、意見交換により決定が行われることを期待しており、代表理事等の業務執行理事に委ねることができる範囲は制限されている。

(3) 理事の職務執行の監督

　理事は、理事会の構成員として、代表理事及び他の業務執行理事の業務執行を監督する義務を負っている（法90条2項2号・197条）。2項2号は「理事の

職務の執行の監督」とあることから、代表理事等の業務執行理事の業務執行に限らず、広く各理事の職務の執行を監督することになる。

監督権の行使は、理事会の権限であるとともに、それを構成する各理事の権限であり義務でもある。したがって、各理事は理事会を通して監督権を行使するだけでなく、理事会を離れて各自個別に監督する義務を負っている。理事会に上程された事項ばかりではなく、各理事はその担当する職務上知り得る事項を中心に監督義務を負うが、職務外であってもたまたま知り得た事項を含めて、監督義務を負う。最高裁判所は、株式会社の取締役の監視義務について、「株式会社の取締役会は会社の業務執行につき監査する地位にあるから、取締役会を構成する取締役は、会社に対し、取締役会に上程された事柄についてだけ監視するにとどまらず、代表取締役の業務執行一般につき、これを監視し、必要があれば、取締役会を自ら招集し、あるいは招集することを求め、取締役会を通じて業務執行が適正に行われるようにする職務を有するものと解すべきである」と判示している（昭和48年5月22日）。この判決は、広く支持されている。

理事は、他の理事が違法行為や法人に損害を与えるような行為をしようとする場合には、理事会においてこれを指摘し、議論するなどして是正しなければならない。例えば、代表理事が法人にとって返済不能な多額の借入れを勝手に行おうとするような場合には、他の理事は、法定の要件に従って理事会を開催して、これを止めさせる必要がある（法93条2項・197条）。

✒ (4) 理事会で決定すべき事項

理事会は、法定の事項及び定款により理事会の権限と定められた事項以外については、理事会運営規則や個別の決議により、その決定を代表理事、代表理事以外の業務執行理事等に委任することができる。

ただし、一般法人法90条4項（法197条）において理事会で決定すべき業務執行にかかる事項として法定された事項については、定款の定めによっても代表理事等の下部機関に委任することはできず、必ず理事会自身で決定しなければならない（法90条4項）。一般法人法は、これらの重要事項については、代表

理事等の一部理事による独断専行で意思決定がされることなく、理事会全体で協議の上、決定すべきことを要求しているのである。

なお、大規模公益（一般）財団法人の理事会には、一般法人法90条5項に掲げる法人の業務の適正を確保するための体制の構築の基本方針（内部統制システム）の決定する義務がある（法90条5項・197条）。

理事会の権限等に関する事項については、「第7章　理事会・第38条（権限）」において解説する。

2　代表理事（理事長）と業務執行権

(1) 代表理事（理事長）

代表理事（理事長）は、理事会の決議によって理事の中から選定しなければならない法人の機関である（法90条2項3号・3項・197条）。

代表理事として選定された者は、評議員会・理事会で決議された事項及び理事会から委ねられた事項について、対内的及び対外的に業務執行を担当する者であるほか（法91条1項・197条）、法人の業務に関する一切の裁判上又は裁判外の行為をなす権限、すなわち、対外的な関係において包括的な業務執行権限（代表権）を有する者である（法77条4項・197条）。

本条2項（定款28条2項）において、「理事長は、法令及びこの定款で定めるところにより、この法人を代表し、その業務を執行し」と規定するのは、以上のことを指している。

(2) 代表理事（理事長）の権限

① 代表権の範囲

代表理事（理事長）の代表権の範囲は、「公益（一般）財団法人の業務に関する一切の裁判上又は裁判外の行為をする権限」である（法77条4項・197条）。

代表理事の権限は包括的かつ不可制限的である。一般の代表権が個別の事項について与えられるのと異なる。それゆえ、法文上代表理事の権限は「代理」ではなく、「代表」という表現が用いられているが、実質は代理と同じである（注1）。

「法人の業務に関する行為」とは、事業としてなされる行為であると、事業のためになされる行為であるとを問わない。また、法人が数種の事業を営み、または複数の事業所を有しているときも、この代表権は事業の種類ごと、または事業所ごとに限定されない権限である（注2）。

さらに、法人の業務に関するかどうかは、客観的に判断され、その主観的意図は問わない。したがって、例えば、法人の代表理事の資格で借入れをすれば、その代表理事の借入れの主観的意図が自分の個人的目的のためであっても、相手方が悪意でない限り、借入れの効果は法人に帰属する。

また、代表理事は裁判上又は裁判外の一切の行為をする権限を有するから、その資格で、法人のために事業に関して、訴えを提起すること（裁判上の行為）もできるし、あるいは第三者と契約を締結し、裁判外の請求をすること（裁判外の行為）もできる。

② 代表権の制限

代表理事の代表権は包括的であるが、一定の場合には、それが制限されている場合がある。その制限の性質は必ずしも同じではなく、したがって、その違反の効果も同じではない。

i 定款・評議員会の決議による制限

代表理事の権限に、定款・評議員会の決議で制限が加えられることがある。例えば、複数の代表理事を定款で設けている場合（例えば、理事長と副理事長を代表理事として登記している場合）で、「副理事長は、理事長に事故あるときは、この法人を代表する」と規定し、副理事長の代表権を制限する場合である。この事例の場合は、一般法人法77条5項（法197条）に規定する「権限に加えた制限」に該当することになる。

しかし、こうした代表権の制限は、善意の第三者に対抗することができない（法77条5項・177条）。このような善意者保護規定があるのは、定款による代表権の制限は登記によって公示されるものではなく、また公益（一般）財団法人と取引をする相手方に定款を見て代表理事の代表権が制限されていないか否かを確めることを要求するのも取引の安全・迅速を害することになり適当でないからである。

ここでいう「善意」については、代表権の制限があることを知らないことである。代表権の制限があることを知っているが（定款の中身を知っている。）、その制限が解除されたと信じていた場合（上記の例では、理事長に事故があり副理事長が法人を代表していると思った場合）は、相手方は「善意」ではないので一般法人法77条5項では保護されない。しかし、代表権が解除されていると信じたことは民法110条の表見代理の推類適用によって保護される余地があると解される（改正前民法54条〔理事の代理権の制限〕に関する判例として、最高裁昭和60年11月29日がある。）。

ⅱ 法定の決議の必要性による制限

代表権が法定の決議の必要性から制限を受ける場合として、㋐一般法人法90条4項（法197条）が要求する理事会の決議、㋑事業の全部譲渡の場合の評議員会の決議（法201条・189条2項4号）などがある。

㋐の場合、例えば、法人にとって重要な財産である事務所用建物の土地を第三者に売却する行為は、理事会の決議に基づくことが必要である。この場合、理事会の決議なしに代表理事が売買契約を第三者と締結した場合には、その効力が問題となる。

類似の規律（会社法362条4項）がある株式会社に関しては、必要な取締役会の決議を経ることなく行われた代表取締役の取引行為は、代表者の権限内ではあるが内部的な意思決定に瑕疵があるととらえられ、原則として有効であるが、相手方が必要な決議を経ていないことを知り又は知り得べかりしときには、法人から無効を主張できると解されている（最高裁昭和40年9月22日）。一般法人法90条4項が規定する取引についても、同様に解することになろう。すなわち、

一般法人法77条5項（代表権に加えた制限・法197条）は、同法90条4項（法197条）違反の場合については適用しないことになる（注3）。

　④の評議員会の決議を欠く代表行為は、事業譲渡等の行為の重要性から考えて、無効と解することになろう。したがって、この場合にも一般法人法77条5項は適用されず、評議員会の決議を必要とする法律の規定を知らなかった相手方は保護されない。ただし、評議員会の決議があると思ったのに実際にはなかったという場合は、民法110条の類推適用の余地があると解されている。

iii　利益相反行為となる場合の代表権の制限

　理事は、法人に対して忠実義務を負っており（法83条・197条）、その具体化として法人の利益と競合する行為（法84条1項1号）、理事と法人の利益とが相反する行為（同条1項2号・3号）については、理事会の承認が必要とされている（法84条・92条1項・197条）。このうち、代表権の制限に関係するのは、84条1項2号・3号が規定する場合である。

iv　代表理事の代表権の濫用

　「代表理事の代表権の濫用」とは、法人の代表権を有する者が、法人の代表者として、しかも代表権の範囲内において、第三者と取引をすることであるが、その真意においては、自己又は第三者の利益を図るためである場合をいう。例えば、法人の代表理事が法人の資金調達のためといって（「多額の借財」ではないので、理事会の決議は不要の場合を考える。）法人名義で第三者から融資を受けたが、代表理事の真意は、自己の借金の返済に充てるためであったような場合である。この場合、法人と融資銀行の間の融資契約は有効に成立するが、代表理事はその代表権を自己の利益のために濫用している。

　判例は、このような行為は原則として有効であるが、相手方である第三者が、当該法人代表者の真意を知り又は知り得べきものであったときは、民法93条ただし書の規定を類推適用し、その取引行為は効力を生じないとしている（最高裁昭和38年9月5日・昭和44年4月3日・昭和51年11月26日）。

　これに対して、判例に反対の学説は、表示行為と真意の不一致は存在しないし、第三者が代表者の真意につき善意ではあるが、過失がある場合にも無効と

なるのは問題であるとし、その法的構成は相違があるとしても、一般に第三者に悪意又は重過失がなければ有効と解している（注4）。

なお、訴訟行為について代表権の濫用があった場合（自己又は第三者の利益を図る意思でした場合）は、裁判外の取引行為のときとは異なる取扱いとなる。

判例（最高裁平成5年9月9日）は、法人の代表者が自己又は第三者の利益を図る意思で法人の代表者として訴訟行為をした場合、相手方が当該代表者の意思を知り又は知り得べきであったときでも、改正前民事訴訟法420条1項3号（現行338条1項3号）の再審事由に該当しないとされている。その理由としては、当該代表者は、法に特別の規定がある場合を除き、当該法人の代表権を有しているのであり、その代表権は、当該代表者の裁判上の行為をする際の意思又は当該行為の相手方における当該代表者の意思の知不知にかかわらないからであるとしている。

Ⅴ　法人の目的による制限

民法34条は、「法人は、法令の規定に従い、定款その他の基本約款で定められた目的の範囲内において、権利を有し、義務を負う」と規定している。本条は、法人の権利能力の範囲を示すとともに、行為能力の範囲を示すものと解されており、これらについて目的の範囲による制限を規定しているものと考えられている。

しかし、法人の取引活動は代表理事という法人の代表者による代理行為にほかならないという立場からは、法人の目的による制限は、代表理事の代表権（代理権）の制限にほかならないと考えられている（注5）。

ところで、代表理事は理事として法人の目的を遂行し、法人の財産の維持を図ることも、受任者としての義務である。したがって、代表理事が目的外の行為をすることは、法人に対する義務違反となる。

しかし、義務違反の行為が対外的に当然に無効となるわけではない。例えば、単なる「善管注意義務」違反の行為は、法人に対する代表理事の損害賠償責任を生じさせるが、その行為が第三者との間の取引行為である場合に、代表理事の代理権を越えるものとして当然に無効になるわけではない。

しかし、「目的」外取引は義務違反の中でも重大であり、法人の財産に予想外の不利益をもたらす危険が大きいことを考慮して、民法34条は、この義務（目的遵守義務）を代表理事の「権限」の制限にまで高め、目的外取引の効果は法人に帰属しないこととしたものである。つまり民法34条は、代表理事の目的外行為から法人の財産を守るための制限なのである（注6）。

3　代表理事以外の業務執行理事

(1) 業務執行理事の定義

業務執行理事の定義は、一般法人法113条1項2号ロにおいて、「代表理事、代表理事以外の理事であって理事会の決議によって一般財団法人の業務を執行する理事として選定されたもの及び当該一般財団法人の業務を執行したその他の理事をいう」と定められている（法113条1項2号ロ・198条）。

すなわち、法人には業務を執行する理事として、次の3類型があることになる。

① 　代表理事（法77条4項・5項・197条）

② 　代表理事以外の理事であって理事会の決議によって一般財団法人の業務を執行する理事として選定された者（法91条1項2号・197条。以下「選定業務執行理事」という。）

③ 　代表理事から一部の行為を委任される等により法人の業務を執行した上記①及び②以外の理事（法113条1項2号ロ・198条）

公益（一般）財団法人においては、①のみが必置の業務執行理事であり（法90条3項）、他は法律上必置の機関ではない。

(2) 選定業務執行理事の業務執行権限

代表理事の権限が一般法人法上、包括的なものであるのに対し、選定業務執行理事の権限は、その理事を業務執行理事として選定した理事会決議によって定められる。

すなわち、その理事会決議及びこれに基づく内部規程等（例えば、役員等職務権限規程など）により、業務執行の範囲（例えば、「法人の事業部の業務を担当する」など）を制約することができる。しかし、逆に一般法人法90条等により理事会の権限とされている事項の決定権限まで付与することはできない。

選定業務執行理事は、代表権はないので対外的業務を執行する権限はないが、代表理事からの委任に基づき代表理事の代理人として対外的業務を執行することは可能である（注7）。なお、選定業務執行理事は、実務上「業務担当理事」とも呼ばれている者であり、代表権のない副理事長、専務理事や常務理事という呼称の理事である。

①　業務執行の統一性

理事会が特定の理事を一定の業務についての業務執行理事として選定した場合、代表理事と選定業務執行理事とが重複して当該業務についての権限を有することになる。このような場合、法人の業務執行の統一性を確保する必要から、代表理事の指揮の下で選定業務執行理事が業務執行の一部を担当するというのが通例である（例えば、経理担当常務理事、法人事務局担当常務理事、一定地区担当常務理事など、注8。）。この選定業務執行理事は、法人の機関として対内業務を執行する者であり、使用人兼務理事とは区別される。

②　選定業務執行理事の選定権の問題

代表理事の選定に関して評議員会で選定できる旨を定款で定めることができるかと同じように、業務執行理事の選定についても同様な問題が考えられる。

評議員会が理事会の上位機関であることを根拠とすれば、評議員会の決議により、一般法人法91条1項2号（法197条）所定の業務執行理事を選定する旨の規定を定款に設けることができると解されている。

これに対して、理事会制度の下では、一般法人法91条1項2号所定の業務執行理事は理事会の下位機関であり、理事会において決定された事項を粛々と執行すべきであり、また同理事が暴走した場合に、迅速に解職等の対応が行わ

れなければならないことを含め、同理事に対するコントロールの問題を考慮した場合、同理事の選定権・解職権は理事会が保持しなければならないとする見解も有力である。

(3) 代表理事及び選定業務執行理事以外の理事

　一般法人法113条1項2号ロ（法198条）に規定する「当該一般財団法人の業務を執行したその他の理事」とは、業務執行理事として選定されていない理事が、代表理事から一部の行為を委任される等により、事実上法人の業務を執行している場合を指している。例えば、理事であって出先事務所の所長、法人本部の部課長の使用人の地位をも兼ねる使用人兼務理事が該当すると考えられる。したがって、この場合の理事は一般法人法91条1項でいう本来的な業務執行理事とは区別されることになる。

4　使用人兼務理事

(1) 意　義

　使用人兼務理事とは、理事でありながら使用人の地位を兼ねている者をいう。一般法人法上の観点からすると、理事と使用人とはそもそも同一人物において両立しにくい概念であるが、実務上、1人の人間がその両方の地位を兼ねる使用人兼務理事が数多く存在する。

　使用人及び理事の法人との関係については、使用人は労働契約の労働者の立場にあり、理事は委任契約（法172条1項）の受任者の立場にある。

　理事が使用人を兼務することには、次のようなメリットがあるとされている。
　① 　理事として、理事会での意思決定に直接加わっている者が使用人職制の陣頭に立って指揮できるため、法人の方針が徹底する。
　② 　法人業務の現場の状況が的確に経営上層部に伝わりやすい。
　③ 　使用人に支えられた現場の意思を理事会などに反映できる。

④　理事会と使用人とを含む法人全体の一体感を醸成しやすい。

したがって、使用人兼務理事に選任された者は、使用人と理事との立場の基本的な違いをよく知って、それぞれの役割を十分に果すだけでなく、こうした積極的な利点を活かすように心掛けるべきであるとされている。

(2) 業務担当理事と使用人兼務理事の違い

業務担当理事（法律上の用語ではなく俗称であるから、はっきりとした定義はない。）というのは、その理事が法人内部で何らかの業務を担当し、その部門の責任者であることを示すものである。役付理事（例えば、専務理事、常務理事など）であれば、当然その役名に応じた立場で法人業務を指揮監督するから、役付理事は業務担当理事でもある。

ところで、「総務部長兼理事」という場合には、使用人（総務部長）を兼務する理事であり、理事の中でも「平理事」である。

一方、「総務担当理事」は、「総務部門」という業務を担当する業務執行理事であり、使用人ではない。業務執行理事は、代表理事の業務の一部を分担し、使用人を指揮監督する立場にある。法律上は以上のような違いはあるが、実際の職務内容は異ならない場合もある。

(3) 業務執行理事が法人事務局長を兼務することとの関係

選定業務執行理事は、実務上多く見られる業務担当理事、役付理事とも呼ばれる者であり、代表権のない副理事長、専務理事や常務理事という呼称の理事である。

会社法においては、363条1項2号に選定業務執行取締役に関する規定が設けられているが、これは平成17年改正前商法260条3項の定めと同じであり、従来の実務慣行を会社法上で明確にしたものである。

一般法人法91条1項2号（法197条）の選定業務執行理事は、会社法363条1項2号の選定業務執行取締役と同じであり、その権限は、法人の業務執行の

内閣府モデル定款から読み解く公益・一般法人の法人運営手続　財団編（上巻）

統一性を確保するため、代表理事の指揮の下に行使すべきものである。その意味において、この選定業務執行理事は法人の機関として対内業務の執行を行う者であって、使用人兼務理事とは区別されているのである。

　ところで、会社においては、事業経営の多角化などの観点から、事業部制を採用している場合、役付取締役（業務執行取締役）が事業本部長などを兼任している例が少なくない。このような事業本部長の地位は、使用人と考えるべきかである。これと同じように、公益（一般）財団法人において法人事務局制度を設けた場合、その法人事務局の最高責任者（重要な使用人）である事務局長を選定業務執行理事が兼ねている場合、事務局長の地位は使用人と考えるべきかである。

①　法人税法上の使用人兼務役員の扱い

　なお、法人税との関係においては、法人税法34条5項は、使用人としての職務を有する役員を定義して、「役員(社長、理事長その他政令で定めるものを除く。)のうち、部長、課長その他法人の使用人としての職制上の地位を有し、かつ、常時使用人としての職務に従事するものをいう」とし、法人税法施行令71条において、使用人としての職務を有す役員と認められないものとして、代表取締役、代表理事、副社長、専務取締役、常務取締役などを挙げている。

　これは、法人税法上の取扱いに関する規定であって、副社長、専務取締役又は常務取締役という職についていても、業務執行を行うか否か及びその担当する業務執行の内容は、法人により、人により異なりうるから、このような職にある者が直ちに使用人としての地位を有することがないということはできないが、社長及び代表取締役は使用人を兼ねることはないし、副社長、専務取締役又は常務取締役等で法人の業務を執行する取締役の地位にある者は、その担当する業務に属する事務を行う場合には、使用人として行うということはできないと考えられている（注9）。

　したがって、取締役が使用人を兼ねる場合としては、代表取締役及び業務執行取締役以外の取締役、いわゆる平取締役が使用人を兼ねる場合及び業務執行

第28条　理事の職務及び権限

取締役がその担当する業務以外の業務に属する事務について、使用人を兼ねる場合とが考えられるとされている。

なお、法人税法上、専務取締役、専務理事、常務取締役及び常務理事が使用人兼務役員として認められない理由は、これらの役員が、一般にいわゆる「表見代表者」として、法人内部で主要な地位を占め、対外的にも表見上代表権を有する役員とみなされるからにほかならないためであるとされている（注10）。

しかしながら、専務取締役、常務取締役等の「専務」、「常務」という呼称は、必ずしも会社法、一般法人法その他の法令上制度化されたものではないから、これらの専務取締役等の地位がその法人の内部組織上明確にされていないことも多い。

そこで、法人税取扱通達（基本通達）では、法人税法施行令71条１項２号（使用人兼務役員とされない役員）に掲げる「副社長、専務、常務その他これらに準ずる職制上の地位を有する役員」とは、「定款等の規定又は総会若しくは取締役会の決議等によりその職制上の地位が付与された役員をいう」（基本通達9-2-4）とされている。

そのため、自称専務、通称常務のように、職制上は単なる平取締役であってその実質は使用人兼務役員として認められてしかるべき者については、その実質に即して取り扱うこととされている。

②　法人事務局長を兼ねる選定業務執行理事の取扱い

上記の会社の例の場合（役付取締役が事業本部長を兼務する場合）の解釈としては、事業本部長も会社の組織の長であることに変わりはないと考えれば、使用人と考えても差し支えない。他方、現実には、副社長や常務取締役というような業務執行取締役が兼任する例も多いことから、会社の業務執行の分担を示しいているとも考えられる。つまり、事業本部長というのは、組織の長たる地位というよりも、業務担当取締の担当業務を表現したものとも理解できる。使用人として位置付けるかどうかは、各会社の実情に合わせて考えるべきであると解している（注11）。

第6章　役員〈及び会計監査人〉

以上の考え方を法人事務局長に当てはめてた場合には、法人の事務局長というのは、選定業務執行理事が兼任する場合には、組織の長たる地位というよりも、業務執行理事（専務理事、常務理事など）の担当業務を表現したものと理解することになると考えられる。

5　表見代表理事

　代表理事以外の理事に理事長その他公益（一般）財団法人を代表する権限を有するものと認められる名称を付された理事のなした行為については、たとえその者が法人の代表権を有しない場合であっても、法人は善意の第三者に対してその責任を負わなければならない（法82条・197条）。この場合実際には法人の代表権を有しないにもかかわらず、これを有するものと認められる名称を付された理事のことを表見代表理事と呼んでいる。取引の安全確保のため、名称（肩書き）に対する外観主義に基づく信頼保護の制度である。

　代表理事であるか否かは登記されるから（法302条2項6号・303条）、取引の相手方は登記簿を見れば、代表権の有無がわかるはずである。この表見代表理事の制度は、取引相手方が名称から行為者を代表理事と信じて登記簿を閲覧せず取引した場合にも、その信頼を保護するものである（最高裁昭和42年4月28日）。

　なお、一般法人法82条（法197条）には、副理事長・専務理事・常務理事は掲げられていないが、一般法人法77条1項ただし書（法197条）によって、理事のうち特定の者が代表者となり、他の者が代表権なき場合にも、後者について「副理事長」、「専務理事」、「常務理事」という名称が付せられることがあることを考慮すると、「副理事長」、「専務理事」、「常務理事」も代表権を有するものと認められる名称に含まれると解すべきである（注12）。

　表見代表理事の成立要件は、次のとおりである。

(1) 代表権を有すると認められる名称

　法人が代表理事以外の理事に、代表権を有するものと認められる名称が付さ

(2) 外観創出への法人の帰責原因

　表見代表理事の行為について法人が責任を負うためには、法人側に何らかの外観創出に関する帰責原因がなければならない。

　法人の全く知らないところで勝手に表見代表理事の名称が使用された場合にまで、法人の責任は生じない（東京高裁昭和27年3月31日）。しかし、法人が黙認している場合には、法人の責任が生ずることがある（最高裁昭和42年4月28日）。

(3) 外観への信頼

　第三者、つまり表見代表理事を通じて法人と取引きを行った相手方が、当該理事に代表権がないことを知らなかったことが必要とされる。善意であることに過失がある場合でも適用されるが、重過失の場合は悪意と同視され、表見代表理事に関する一般法人法の適用はない（最高裁昭和52年10月14日）。

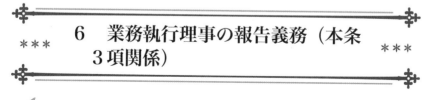

6　業務執行理事の報告義務（本条3項関係）

(1) 職務の執行状況の定期報告制度の意義

　代表理事及び選定業務執行理事（以下「代表理事等」という。）は、3箇月に1回以上、自己の職務の執行の状況を理事会に報告しなければならない。ただし、定款で毎事業年度に4箇月を超える間隔で2回以上その報告をしなければならない旨を定めた場合には、その方法により報告する（法91条2項・197条）。

　一般法人法91条2項本文（法197条）は、改正前商法260条4項・会社法363条2項の定めと同様である。

　この業務執行権限を有する理事に対して理事会への定期的な報告義務を課し

内閣府モデル定款から読み解く公益・一般法人の法人運営手続　財団編（上巻）

ているのは、理事会による理事の職務執行の監督機能を十分に発揮させるためには、各理事がそれぞれの業務執行理事の業務執行の状況について、情報を得ていることが必要だからである。そしてまた、監事は理事会に出席する権限が与えられているから（法101条1項・197条）、この報告は、監事に対してもなされることにより、監事の監査の充実にも役立つことになる。

　なお、この代表理事等の職務の執行状況の理事会への報告は、その重要性から「理事会への報告の省略」（法98条1項・197条）は認められていない（同条2項・197条）ので注意が必要である。

⑵　報告の回数とその時期

　代表理事等は、原則として、3箇月に1回以上、自己の職務の執行状況を理事会に報告しなければならない。3箇月に1回以上ということは、少なくとも3箇月に1回は理事会を開催する必要がある。

　法律は、定期的に「3箇月に1回以上」と定めているので、報告から次の報告までに3箇月を超えてはならないのであり、四半期ごとに1回理事会を開催すればよいということを意味するものではない。したがって、年4回の報告では、正確に3箇月に1回の要件を満たすことは容易ではなく、実際には年5回以上の報告が必要となると考えられる。

　なお、法人の業務の執行状況に急変を生じたような場合には、もっと頻繁に報告しなければならない。

　代表理事等の自己の職務の執行状況の理事会への報告は、原則として3箇月に1回以上であるが、定款に定めれば、毎事業年度に4箇月を超える間隔で2回以上の報告とすることができる（法91条2項ただし書・197条）。

　しかし、その時期に関しては、例えば5月又は6月の定時評議員会の招集決定を行う理事会、3月の翌事業年度の事業計画書・収支予算書等を承認する理事会の開催に併せて報告を行うことは形式的には2回以上という要件に適ったものと言える。しかしながら、年度の始めと終わりでは余りにも形式的であり、例えば、11月頃に上期の事業の状況等を報告することなども必要ではないか

と考えられる。

なお、報告につき特段の問題がないことを含め、全部門の状況を簡潔に文書化した上で、口頭でその重要な一部のみを報告することも可能とされている。

(3) 報告者と報告の内容・方法

① 報告者

一般法人法91条2項（法197条）は、代表理事等は、自己の職務の執行状況を理事会に報告しなければならないとする。そのため、代表理事が一括して報告するのは不適当であると解されている。法文上は、「自己の」職務の執行状況を報告するとされ、報告義務を負う理事が各自報告すべきようにも見えるが、他の理事による報告も可能と解され、また、現実の理事会の開催時間等を考えてみても、そのような理解が合理的であるとされている。

なお、この職務の執行状況の報告も、業務執行の一環としての性質を有するものと解されるから、この報告は業務執行を統轄している者（代表理事）がその責任において、自らするか、他の適当な業務執行理事にさせるかを選択することができるとする考え方もある。

いずれにしても、必ずしも代表理事がすべての職務の執行状況を報告する必要はなく、それぞれの業務執行理事がその職務分担に従い報告すればよいことになる。

なお、この報告を怠るときは、理事の任務懈怠に当たるため、善管注意義務違反を問われる場合がある。

② 報告内容

代表理事等の職務の執行状況の報告は、報告の具体的な内容は法定されていないので、制度の趣旨から合理的な範囲で、理事の裁量に委ねられている。

一般法人法が代表理事等に報告義務を課すのは、「職務の執行状況」についてであるが、代表理事等に報告義務を課している趣旨からみると、その定める

報告の内容は、その職務執行のうち業務執行の状況に限られると解されている。この職務執行の状況を報告させることにより、理事会による業務執行に対する監督機能が確保されていることになる。

この職務執行の状況の報告に関する規定は、業務執行に関する報告の包括的な規定であり、広範な報告を含みうるいわばバスケット条項である。例えば、重大な影響が生じかねない事故が発生した場合にも、その報告の根拠となる重要な規定である。

一方、特段の問題がない場合に、各部門の状況を順番に平板に報告を求めることの必要はない。この部門別の該当期間の事業実績数字を報告することをもって、状況報告と言える場合も多いと考えられる。管理部門の場合は、特段の問題がないこと自体も報告の一種と言える場合もありうる。

③　報告の方法

職務の執行状況の報告は、その内容として当該理事の職務の執行状況がわかるものであれば、文書でも口頭でもよいと解されている。例えば、報告内容を文書化した上で、その要点を口頭で行い、残りは文書のとおりとする報告方式も1つの方法である。

理事会へ報告した結果については、議事録にその内容を記載しなければならない。

なお、理事会への報告につき、報告書形式で行う場合には、その書式例は次のとおりである。

第28条　理事の職務及び権限

【28-1　職務執行状況報告書の書式例】

職務執行状況報告書

令和○年○月○日

報告者

代表理事（理　事　長）　○○○○

専務理事（業務執行理事）　○○○○

常務理事（業務執行理事）　○○○○

　この報告書は、一般法人法第197条において準用する同法第91条第2項及び定款第○条の規定に基づく代表理事（理事長）及び代表理事（理事長）以外の業務執行理事の自己の職務の執行の状況に関する報告であり、報告事項は下記のとおりである。

記

1　部門別の事業活動の概況

2　月次決算（四半期決算・半期決算）

3　四半期事業報告（半期事業報告）

4　事業及び経理上生じた重要事項

5　内部監査の状況

6　各種委員会その他重要な組織の活動状況

7　行政庁等に対する届出等のうち重要なもの

8　理事会の決議事項のうち特に重要な事項の経過

9　その他理事会から報告を求められた事項

(注)1　報告事項は、⑷の「理事会への報告事項の付議基準」に定めたものであるが、法人によって報告事項は異なるので、したがって、報告事項については、法人の定めた事項につき報告することとなる。

　2　理事会への報告事項には、法定報告事項として「理事の競業取引の報告」等があるので、この法定報告事項につき理事会に報告する場合には、職務執行状況の報告と一緒に行うことになる。

　3　各報告事項に関係資料が添付される場合には、これにより概要を説明し、詳細は資料のとおりとすることができる。

⑷　理事会への報告事項の付議基準

　代表理事等の職務の執行状況の報告は、「職務の執行」と表現されているが、報告主体から明らかなように「業務執行」の状況報告である。したがって、業

429

務執行として整理できない理事の職務の執行については、一般法人法91条2項（法197条）の報告とは別に行われる必要がある。

　以上のようなことから、理事会への法定報告を含め、報告事項について類型化して理事会運営規則等において、付議基準を定めておくことがよいのではないかと考えられる。なお、法定報告事項のうち、広範な内容を含みうる「職務の執行状況の報告」については、可能な範囲で特定して付議基準を定めることが適当と考えられる。

　理事会への報告事項に関する付議基準として、例えば次のようなものが考えられる。

① 　職務の執行状況の報告

　ⅰ　部門別の事業活動の概況

　ⅱ　月次決算（四半期決算・半期決算）

　ⅲ　四半期事業報告（半期事業報告）

　ⅳ　事業及び経理上生じた重要事項

　ⅴ　内部監査の状況

　ⅵ　各種委員会その他重要な組織の活動状況

　ⅶ　行政庁等に対する届出等のうち特に重要なもの

　ⅷ　理事会の決議事項のうち特に重要な事項の経過

　ⅸ　その他理事会から報告を求められた事項

② 　理事の競業取引の報告

③ 　理事の利益相反取引の報告

④ 　監事による理事の不正行為等の報告

⑤ 　その他理事及び監事がその職務の執行に関して報告が相当と思料する事項

【注記（第28条）】

（注1）　能見善久他『民法総則（法律学講座双書）』（第8版）、111頁、弘文堂。

（注2）　前田　庸『会社法入門』（第12版）、479頁、有斐閣。

第28条　理事の職務及び権限

（注３）　能見前掲書、113頁。

（注４）　落合誠一『会社法コンメンタール8　機関(2)』、21頁、商事法務。

（注５）　内田　貴『民法Ⅰ　総則・物権総論』（第４版）、240〜241頁、東京大学出版会。
能見前掲書、116頁。

（注６）　能見前掲書、117頁。

（注７）　酒巻俊雄他編『逐条解説会社法　第４巻機関・1』、530頁、中央経済社。会
社法実務研究会編『わかりやすい会社法の手引』、1148頁、新日本法規。

（注８）　江頭憲治郎『株式会社法』（第７版）、382頁（注５）、有斐閣。能見前掲書、
109頁。

（注９）　味村治・品川芳宣『役員報酬の法律と実務』（新訂第２版　平成13年１月12
日新訂第２版第１刷発行）、9頁、商事法務。

（注10）　同上、232頁。

（注11）　経営法友会会社法問題研究会編『取締役ガイドブック』（全訂第２版）、19
〜20頁、商事法務。

（注12）　江頭前掲書、411頁（注11）。

第６章　役員〈及び会計監査人〉

(監事の職務及び権限)

第29条　監事は、理事の職務の執行を監査し、法令で定めるところにより、監査報告を作成する。

2　監事は、いつでも、理事及び使用人に対して事業の報告を求め、この法人の業務及び財産の状況の調査をすることができる。

3　監事の監査については、法令及びこの定款の定めるもののほか、監事全員により定める監事監査規程によるものとする。

1　監事の職務と権限を定める一般法人法99条の趣旨

　一般法人法99条（法197条）は、監事の職務と権限に関し、次のように定めている。

　①　監事は、理事の職務の執行を監査する。この場合において、監事は、法務省令で定めるところにより、監査報告を作成しなければならない（法99

条1項)。

② 監事は、いつでも、理事及び使用人に対して事業の報告を求め、又は一般財団法人の業務及び財産の状況の調査をすることができる(法99条2項)。

③ 監事は、その職務を行うため必要があるときは、一般財団法人の子法人に対して事業の報告を求め、又はその子法人の業務及び財産の状況の調査をすることができる(法99条3項)。

④ 前項の子法人は、正当な理由があるときは、同項の報告又は調査を拒むことができる(法99条4項)。

1項では、監事は理事の職務執行を監査するという監事の基本的な職務内容を明らかにし、それを遂行するための権限として、2項で理事等に対する事業報告請求権及び業務・財産状況の調査権を、また3項ではその職務を行うため必要があるときは、子法人に対し事業報告請求権及び業務・財産状況調査権を定めているものである。

この定款29条1項は、一般法人法99条1項につき規定し、定款29条2項は、一般法人法99条2項につきそれぞれ規定しているものである。

2 監事の職務権限とその範囲

(1) 監事の監査の対象

監事の監査の対象となるのは、理事の職務の執行である。「理事の職務の執行」とは、理事が理事としての地位に基づいて行うすべての行為を意味し、業務の執行に限らない。すなわち、理事の職務は、㋐業務執行の決定(法90条2項1号・197条)、㋑業務の執行(法91条1項・197条)、㋒他の理事の職務執行の監督(法90条2項2号・197条)とされているが、監事の監査は、そのすべての行為を対象とする。したがって、業務執行理事(法91条1項・197条。代表理事又は業務担当理事)として行う業務執行行為のみならず、理事会の構成員として行う㋐及び㋒の行為も対象となる(注1)。

監事の監査の対象は、「理事の職務の執行」の全般に及ぶことから、理事が作成した計算書類及び事業報告並びにこれらの附属明細書を監査し（法124条1項・199条）、公益法人の場合には、財産目録等も監査する（認定法施行規則33条2項）。つまり、監事は、業務監査権限と会計監査権限とを有することになる。

なお、一般法人法99条1項において、理事の「業務の執行」でなく、「職務の執行」を監査の対象としている趣旨は、監査の対象となる理事の職務は、業務執行にとどまらず、理事の他の職務に関する監督や内部統制システムの構築などすべての範囲に及ぶためである（注2）。

(2) 業務監査

① 業務監査の意義

「業務監査」とは、会計以外に関する理事の職務執行全般の監査をいう。理事会の決議をはじめとする理事の業務執行に関する意思決定過程、業務執行を担当する理事の実際の業務執行状況に関して、法令・定款違反がないかどうか、法人のため善管注意義務を払い（民法644条）、忠実にその職務を行っているか（法83条）否か、につき監査をすることになる。

なお、ここでいう「理事の法令・定款違反行為」とは、定款等に定める手続規定や、一般法人法、刑法等のほか法人の業務に関連する各種業法を含め、法人が遵守すべきあらゆる法令違反がその対象となる。

② 適法性監査と妥当性監査

監事には理事の職務の執行についての監査権限があるが、理事会も理事の職務の執行についての監督権限がある。そこで、両者の監査又は監督権限の関係が問題になる。

この点に関して、理事会における理事の職務執行についての監督権限は、職務執行の適法性だけでなく、その妥当性にも及ぶことに異論がないが、監事の監査権限は、その適法性には及ぶが、妥当性監査にまで及ぶかどうかが問題と

されている。

　一般法人法99条と同じような条文構成からなる会社法381条において、監査役の業務監査の範囲の関係で、適法性監査と妥当性監査につき、適法性監査限定説と妥当性監査包含説の争いがある（注3）。

　まず、適法性監査限定説の理由としては、㋐取締役会と監査役との権限区分、㋑取締役の業務執行への過度の介入防止、㋒監査の本質が、監査の結果としての監査意見の表明であること、㋓規定（会社法382条〔監査役の取締役・取締役会への報告義務〕、384条〔監査役の株主総会に対する報告義務〕参照）の文言上、法令・定款違反及び著しく不当な事項に限られること（著しく不当であれば、善管注意義務違反となって違法性の問題となる。）が挙げられている。

　これに対して、妥当性監査包含説の理由としては、㋐監査役の調査権行使の場面では適法性に関する事項に限られない、㋑実務上適法性の問題と妥当性の問題を明確に区別することは困難である、㋒監査役の個別権限には、適法性監査に限定されないものがある、という点を挙げている。

　学説上は、原則として適法性監査に限られるとする適法性監査限定説が有力である（注4）。

　しかしながら、監査役の監査が適法性監査に限られるか、妥当性監査をも含むかについては、これを一律に決めることは無理があると考えられている（注5）。

　それは、監査役の監査活動は、日常的な種々の情報収集活動から始まるが、この場面では、その範囲を適法性が問題となる事項に限ることは実際のところ不可能である。他方で、取締役の違法行為等に関する報告（会社法382条）及び株主総会への報告（会社法384条）の場面では、著しく不当な事実又は事項も含めて、適法性の観点からの報告範囲が限られることになる。また、監査役の監査報告の場面では、主として適法性の観点からの報告内容を記載・記録するが、しかし内部統制システムに関する不相当意見（会社法施行規則129条1項5号）など、適法性に限られない事項も存在する（注6）。加えて、監査役の権限が妥当性にも及ぶとすることは、他方でそれが監査役の義務となり、その不作為は

内閣府モデル定款から読み解く公益・一般法人の法人運営手続　財団編（上巻）

監査役の任務懈怠につながることにも留意が必要である。

　したがって、結論としては、監査役の監査の範囲は、個々の権限行使ごとに判断せざるを得ず、またそれで十分であると考えられている。

　以上が会社法381条においての監査役の業務監査の範囲を巡っての適法性監査と妥当性監査との問題であるが、一般法人法99条における監事の業務監査の範囲についても、同じような考え方が存在する。

　したがって、その解釈についても、それぞれの立場において異なることになるが、基本的には通説とされている適法性監査限定説に従い、業務監査を行うことになるものと考えられる。

✐ ⑶　会計監査

　監事は理事の職務執行を監査するが、それは法人の会計の監査を通じても行われる。「会計監査」とは、理事の会計に関する職務の執行の監査をいい、㋐日常作成される会計帳簿に記載されるべき事項に記載漏れや不実の記載がないか、㋑その結果として作成される計算書類（貸借対照表・損益計算書）及びその附属明細書が法令・定款に適合しているか（公益法人の場合には、財産目録等を含む。）、㋒会計帳簿に法人財産の状況が正しく記載されているか等に関する監査をいう。

　一般法人法においては、会計帳簿の作成につき、「適時に、正確な会計帳簿を作成しなければならない」こと（法120条1項・199条）、また各事業年度に係る計算書類及びその附属明細書は、その事業年度に係る会計帳簿に基づき作成しなければならない旨が規定されている（法施行規則29条2項・64条）。

　監事の会計監査のあり方は、会計監査人が設置されているかどうかによって大きく異なる。会計監査人が設置されていない場合には、監事が専ら会計監査の職務を遂行することになり、自らの判断で、計算関係書類が法人の財産及び損益の状況をすべての重要な点において適正に表示しているかどうかに関する意見を、監査報告に記載することが求められる（法施行規則36条1項2号・64条）。

　会計監査人設置法人においても、監事は会計監査を行うが、会計の専門家で

ある会計監査人が第1次的に会計監査を担当する。したがって、ここでは既に専門家である会計監査人による会計監査がなされるから、監事は、会計監査人の監査を前提にそれを補完する形で、会計監査を行うこととなる。

すなわち、一般法人法においては、まず、会計監査人が自己の監査報告を作成し、これを特定監事及び特定理事にその内容を通知するものとし（法施行規則41条1項）、監事は会計監査人の監査報告の内容を調査し、その監査の方法又は結果を相当でないと認めた場合に、その旨及びその理由を自己の監査報告に記載・記録すべきものとしている（法施行規則40条2号・64条）。

したがって、会計監査人設置法人では、会計監査は第1次的には会計監査人の職責であり、監事による会計監査は第2次的ないし補充的なものにとどまっている。監事が会計監査人の会計監査を信頼して自己の監査報告をした場合において、会計監査人の監査方法と結果の相当性を疑うべき事情がなかったときは、監事は法人に対して任務懈怠の責任（法111条）を負わないと解される。

3 監事の各個の職務・権限

監事に認められる権限は、それを行使することが同時に監事の義務でもあり、それを行使すべきときに行使しなければ、任務懈怠の責任を問われることになる。また、監事が複数いる場合でも、その権限の行使は、他の監事に拘束されず、単独で行使できるのが原則であり、このことにより監事には独任制の長所が認められる。

監事に認められる個別的職務・権限（業務監査権に基づく職務・権限）は、次のとおりである。

(1) 理事・使用人に対する報告請求権と業務・財産状況調査権（本条2項関係）

監事は、いつでも理事及び使用人に対して事業の報告を求め、または法人（自分が監事をしている当該法人）の業務及び財産の状況の調査をすることがで

内閣府モデル定款から読み解く公益・一般法人の法人運営手続　財団編（上巻）

きる（法99条2項・197条）。この定款29条2項もこれにつき規定したものである。
これは、監事の任務遂行上、最も基本的な権限である。

①　理事・使用人に対する報告請求権

　この報告の対象は、法人の事業全般に及ぶ。報告を求める相手方は、理事及
び使用人で、報告請求の方法は、書面でも口頭でも差し支えない。ただし、監
事が特に書面による報告を求めた場合には、書面で報告しなければならない。
複数の監事のうち1人から報告を求められたときは、当該監事に報告をすれば
足りる。

　理事・使用人は、監事がその職務に基づく正当な請求をしたときは、単に法
人の企業機密に関することを理由に報告を拒否することはできない。請求を受
けた使用人は、その担当する業務の範囲内の事項に関しては、理事の指揮・命
令を待つことなく、その請求に応じなければならない。使用人が応じなければ、
監事は理事に対してその請求に応じることを使用人に命ずるよう求めることも
できる（注7）。

　一般法人法においては、この理事等に対する報告請求権が実効性を伴うよう
に、内部統制システムの決定事項として、理事等が監事に報告するための体制
その他監事への報告に関する体制が挙げられている（法施行規則14条8号・62条）。
また、監事は、その職務を適切に遂行するため、当該法人の理事及び使用人と
の意志疎通を図り、情報の収集及び監査環境の整備に努めなければならないも
のとされている（法施行規則16条2項1号・62条）。

　次に、この監事の職務権限と照応して、一般法人法は、理事が法人に著しい
損害を及ぼすおそれのある事実を発見したときには、直ちに監事に報告するこ
とを要するものとし（法85条・197条）、会計監査人にも類似の義務を課してい
る（法108条1項・197条）。

　法人に著しい損害を及ぼすおそれがある限り、損害の種類（財産的損害、信用
失墜等）・原因（理事の違法行為・災害等）の如何を問わず、また回復可能かどう
かにかかわらず、直ちに監事に報告しなければならない。

第29条　監事の職務及び権限

②　業務及び財産状況の調査権

　監事は、いつでも法人の業務及び財産の状況を調査することができる（法99条2項・197条）。調査の対象は、法人の業務及び財産の全般であり、会計の帳簿その他の資料の閲覧・謄写も当然含まれる。調査の方法についても、格別の制限はなく、監事は必要に応じて、法人の費用で補助者を使用することができる（法106条〔費用等の請求〕参照）。

　理事等の妨害や非協力により、監査に必要な調査ができなかったときは、監事はその旨及び理由を監査報告書に記載しなければならない（法施行規則45条4号・64条）。監事の調査を妨げたときは、100万以下の過料に処せられる（法342条5号）。

⑵　子法人に対する報告請求権と業務・財産状況調査権

①　子法人報告・調査権の趣旨

　監事は、その職務を行うため必要があるときは、当該法人の子法人に対して事業の報告を求め、またはその子法人の業務及び財産の状況の調査をすることができる（法99条3項・197条）。公益（一般）財団法人においても、複数の法人で企業グループを構成し、グループ経営により事業を遂行しているところがある。

　このような場合、監事が理事の職務執行を監査するには、当該法人のみに事業の報告を求め、または業務及び財産の状況を調査したのでは不十分であることが少なくない。また、過去の理事の違法行為の事例をみると、子法人による不良債権の肩代わり、子法人に対する支配関係を悪用した違法行為がなされる危険性が大きい。

　そこで、一般法人法においては、監事に、当該法人の子法人に対する報告請求権並びに事業及び財産状況の調査権を付与し、理事の職務執行の監査の実効性を確保するとともに、子法人を利用した違法行為を防止することを目的とし

第6章　役員〈及び会計監査人〉

439

内閣府モデル定款から読み解く公益・一般法人の法人運営手続　財団編（上巻）

ているものである。

　ここでいう「子法人」は、一般法人法2条4号に定義されているが、詳しくは、一般法人法施行規則3条に定める「子法人」を指す。

②　子法人報告・調査権の内容

　監事の子法人に対する報告請求権並びに業務及び財産の状況調査権は、監事の職務遂行に必要な場合に限られる。したがって、その範囲も理事の職務執行に関連する事項に限られ、またこれらの権限は、その対象を特定して行使すべきであり、一般的な事業状況の報告を求めることはできない。

　報告請求権の行使は、子法人の業務及び財産の状況調査権の行使の要件ではなく、監事は、事前に報告を求めることなく、子法人の業務及び財産の状況を調査することができる。業務及び財産の状況を調査することには、子法人の会計帳簿その他の資料を閲覧・謄写することも含まれ、必要があれば補助者を使用することもできると解されている（注8）。

③　報告・調査の拒絶

　子法人は、正当な理由があるときは、監事の子法人に対する報告請求又は業務及び財産の状況調査権の行使を拒むことができる（法99条4項・197条）。

　監事の子法人に対する報告請求又は業務及び財産の状況調査は、その職務遂行に必要である場合に、その範囲において認められる。子法人の独立性を尊重し、親法人監事による調査権の濫用によって、子法人の利益が損なわれることを阻止することがその趣旨である。

　ところで、子法人の事業上の秘密保持の必要がある場合に、この拒否権を行使できるかについては、次のように見解が分かれている。㋐その調査が権限濫用にならない限り、そのことを口実に調査を拒否することは許されず、したがって、この拒否権に関する規定（法99条4項）は、不必要な調査又は権限濫用的な調査を拒みうるという、当然の事理を注意的に規定したものと解すべきである（注9）。㋑一般法人法99条4項の規定は、当然の事理を定めたものではな

440

く、適法な報告請求・調査であっても、子法人に正当な理由があるとき（例えば、営業上の秘密の保持上調査に応じ難い客観的かつ正当な理由がある場合）は、子法人が報告・調査を拒絶できる旨を規定したものと解すべきである（注10）。

(3) 理事の報告義務

　理事は、公益（一般）財団法人に著しい損害を及ぼすおそれのある事実があることを発見したときは、直ちに、その事実を監事に報告しなければならない（法85条・197条）。

　理事が著しい損害を及ぼすおそれのある事実を発見した場合、その事実を監事に報告する義務を課すことで、法人の業務執行に関与することがない監事の監査の実施が容易となる。またこの報告により、法人の損害が生じることを未然に防止し法人等の保護を図ることになる。

① 法人に著しい損害を及ぼすおそれのある事実

　報告すべき事実、すなわち「法人に著しい損害を及ぼすおそれのある事実」とは、一体どのような事実であるかである。一般的に、法人の事業活動又は存続に関して損害を及ぼすおそれのある事実と解されている（注11）。このように解すると、例えば、法人の重要な取引先や投資先の倒産、法人財産に多額の横領があり、法人に著しい損害が発生した場合、あるいは法人商品の欠陥発生による信用失墜等により、法人に著しい損害が生ずる危険性のある事実などをいい、更に理事が利益相反取引や競業取引をしてこれらにより法人が著しい損害を被るおそれがあることも含まれる。

　一般法人法85条の規定上、「法人に〔著しい損害〕を及ぼすおそれのある事実」の場合に報告義務が生ずるのであって、単なる「損害」を及ぼすおそれのある場合には、報告義務は生じない。しかし、その区別はケース・バイ・ケースで具体的に判断しなければならず、必ずしも容易ではない。そこで、法人の実務においては、必ずしも著しくはないが法人に損害を及ぼすおそれのある事実についても、理事が報告するシステムが構築されていることが望ましいとされて

内閣府モデル定款から読み解く公益・一般法人の法人運営手続　財団編（上巻）

いる。

　なお、「著しい損害」であればよく、「回復することができない損害」である
必要はない。法人に著しい損害を及ぼすおそれのある事実であれば、それが理
事の違法あるいは不当な行為に基づくものであるか否かは関係ない。

　また、法人の受ける損害には、現在の法人財産に対する有形的損害に限らず、
得べかりし利益を喪失したり、法人の信用が失墜する場合も含まれると解され
ている（注12）。

②　報告義務のある理事

　報告義務のある理事としては、法人に著しい損害を及ぼすおそれのある事
実を発見した理事（業務執行理事に限定されない。）が該当することは当然として、
この理事から当該事実を知らされ、かつ、いまだ発見した理事が報告をしてい
ないことを知っている理事も該当するものと解されている。

　理事が法人に著しい損害を及ぼすおそれのある事実を発見しながら、これを
監事に報告しなかった場合には、一般法人法85条所定の報告義務に違反（法令
違反）し、これによって法人又は第三者に損害が生じたときは、報告を怠った
理事には、法人又は第三者に対する損害賠償責任が生じることになる（法111
条1項、118条・198条）。

③　報告の時期・方法

　理事が、法人に著しい損害を及ぼすおそれのある事実を発見したときは、そ
の段階で可及的速やかに報告することを要する。何故ならば、著しい損害の発
生を未然に回避するために設けられた報告義務であるからである。

　報告の方法については特に定めはなく、書面に限らず、口頭でもよく、ある
いは電磁的方法によるも理事の自由である。

　監事が複数いる場合、誰に報告すべきかについても規定はない。理事として
は、1人の監事に報告すれば足り、その後は、その報告を受けた監事が他の監
事にもその事実を知らせるということになろう。

442

④ 報告を受けた者の対応

　理事から報告を受けた監事は、その報告に基づいて、その事実の有無を確認しなければならない。理事会の招集を理事又は招集権者が定められているときは、招集権者に理事会の招集を求めることができ（法101条2項・197条）、この請求をした日から5日以内に、その請求があった日から2週間以内の日を理事会の日とする理事会の招集の通知が発せられない場合は、その理事会招集を請求した監事は、理事会を招集することができる（法101条3項・197条）。

　招集された理事会においては、報告を受けた事実について当該理事に確認し、更に必要があると認めるときには、意見を述べなければならない（法101条1項・197条）。

　また、一般法人法85条に定めるような事実があり、それが法人の目的の範囲外の行為その他法令・定款に違反する行為であったり、またはこれらの行為をするおそれがある場合において、当該行為によって著しい損害が生ずるおそれがあるときは、当該理事に対し、当該行為の差止めを請求することができる（法103条1項）。

(4) 理事会出席権・意見陳述義務

　監事は、理事会に出席し、必要があると認めるときは、意見を述べなければならない（法101条1項・197条）。これは、監事が法人の業務に関する重要な情報を入手することができ、また理事会で法令・定款に違反する決議又は著しく不当な決議がなされることを事前に防止しうるようにするためである。

　監事は、理事の職務執行を監査する権限を有する（法99条1項前段・197条）。理事の職務執行としては、㋐業務執行の決定、㋑業務の執行、㋒他の理事の職務執行の監督、があるが、㋐及び㋒の職の一部は理事会において行われる。そこで、監事の職務執行のためには、理事会に出席し、理事会における理事の職務執行を監査する必要がある。また、監事の監査は、理事の職務執行を事後的に評価する（事後監査）だけでなく、理事が違法・不当な業務執行をしない

ように防止する（事前監査）ことも含まれる。したがって、理事会において違法・不当な決議がなされるような場合には、監事は積極的に意見を述べる必要がある。更に、監事は、理事会へ出席することにより、法人業務に関する種々の情報を得ることができる。一般法人法101条1項は、以上のような効果を期待して、監事の理事会出席義務及び意見陳述義務を規定しているものである。

　このため、理事会の招集通知は各監事にも発することを要し（法94条1項・197条）、これを省略するには監事の同意も必要とされている（同条2項・197条）。また、理事会決議を書面又は電磁的記録により行う場合には、監事に異議申述権がある（法96条・197条）。

⑸　監事による理事会の招集請求等

　監事は、理事が不正の行為をし、若しくは当該行為をするおそれがあると認めるとき、または法令・定款に違反する事実又は著しく不当な事実があると認めるときは、理事（一般法人法93条1項ただし書により理事会の招集権者が定款又は理事会決議によって定めている場合には、その招集権者）に対し理事会の招集を請求することができる（法101条2項・197条）。

　このような場合には、監事に理事会への報告義務が生ずるが（法100条）、理事会が開催されないと、その義務を果たすことができないからである。この招集請求権も権利の形で規定されているが、招集の必要がある場合に一般法人法101条2項に基づく請求を行うことは、監事の善管注意義務の内容をなすものと解される。

　次に、一般法人法101条3項には、同条2項による理事会の招集請求がなされたにもかかわらず、請求日から5日以内に、請求日から2週間以内の日を理事会の日とする理事会の招集通知が発せられない場合は、請求者である監事は、自ら理事会を招集することができる旨定められている。これは、適宜迅速な理事会の開催を確保して、監事の職務遂行が確実になされることを確保する趣旨である。

第29条　監事の職務及び権限

⑹　評議員会提出議案の調査及び報告義務

　監事は、理事（代表理事）が評議員会に提出しようとする議案、書類その他
法務省令で定めるものを調査しなければならない（法102条前段・197条）。この
場合において、法令若しくは定款に違反し、または著しく不当な事項があると
認めるときは、その調査の結果を評議員会に報告しなければならない（法102条・
197条）。このことは、監事の職務の中心をなすものである。

①　調査義務

　監事は、理事（代表理事）が評議員会に提出する議案・書類その他法務省令
で定めるものをすべて調査しなければならない（法102条前段）。ここでいう「議
案」とは、一般法人法又は定款規定により評議員会で決議される事項（議題）
に関する議案（原案）であり、「書類」とは、計算書類のほか、評議員会に議案
に関連して資料として提出される一切の書類をいう（注13）。なお、一般法人
法施行規則17条では、一般法人法102条に規定する法務省で定めるものは、「電
磁的記録その他の資料」とされている。

　評議員会における議案の提案は、法人のみならず評議員によっても行われる
が（法186条）、監事が調査義務を負うのは、理事（代表理事）が提出しようとす
る議案に限られる。ただし、評議員が提案した議案に法令・定款違反又は著し
く不当な事項がある場合には、監事は、善管注意義務の一環としてそれを調査
し、必要があれば評議員会に報告すべきであると解されている（注14）。

　調査の方法は、監事の監査権限の範囲に関連する。すなわち、監事の職務が
適法性監査に限定されるか、それとも妥当性監査にも及ぶかという問題が関係
する。

　これについて、一般法人法102条に関しては、明文上法令・定款違反又は著し
く不当な事項に限定されていることから、適法性の観点以外には著しく不当
な事項があるかどうかの観点から調査することになると解されている（注15）。
理事等がこの監事の調査を妨げた場合には、100万以下の過料に処せられる（法

第6章　役員〈及び会計監査人〉

445

内閣府モデル定款から読み解く公益・一般法人の法人運営手続　財団編（上巻）

342条5号）。

②　報告義務

　監事は、調査の結果、法令・定款違反又は著しく不当な事項があると認める
ときは、その調査の結果を評議員会に報告しなければならない（法102条後段
197条）。

　本条にいう「法令」には、一般法人法のみならずあらゆる法令が含まれる。
また「著しく不当な事項」とは、理事の職務執行が善管注意義務ないし忠実義
務の違反となるような不当な事項であるが、必ずしも明白に違法性を帯びるも
のに限らない。

　監事は、理事の職務執行が善良な管理者の注意をもって（法172条1項、民法
644条）、法令及び定款を遵守して法人のために忠実に行われているか（法83条・
197条）を監査するので、理事が、法令・定款違反の議案、書類等を評議員会
へ提出することは理事の義務違反となり、また著しく不当な事項を内容とする
議案、書類等を提出することは、善管注意義務ないし忠実義務違反の可能性が
あることから、監事がこれらの事項を認めたときは、評議員会に報告するもの
とされている。

　監事による報告方法については、特別の定めが設けられていないので、書面
でも、電磁的記録でも、口頭でも差し支えないと解される。

　調査の結果、法令・定款違反等がなければ、評議員会で報告することを要し
ないが、別段の違法・不当な事項のないことを評議員会で報告することも差し
支えないとされている（注16）。

　監事が一般法人法102条の報告をする場合には、評議員会において報告に関
する質問に対して説明するために（法53条、190条）、監事はすべてやむを得な
い場合を除き、評議員会へ出席する必要がある。監事が複数いる場合でも、こ
の調査・報告権限は各監事が行使する。

　なお、監事による虚偽の申述又は事実の隠蔽については、100万円以下の過
料に処せられる（法342条6号）。

(7) 監事による理事の行為の差止請求権

　監事は、理事が法人の目的の範囲外の行為その他法令若しくは定款に違反する行為をし、またはこれらの行為をするおそれがある場合において、当該行為によって当該法人に著しい損害が生ずるおそれがあるときは、当該理事に対し、当該行為をやめることを請求することができる（法103条1項・197条）。

① 本条の趣旨

　一般法人法103条1項は、理事の違法行為によって法人に著しい損害が生ずるおそれがある場合に、監事にその行為を差し止める請求権を与えたものである。理事・理事会による監督義務（法85条、90条2項2号、3号・91条1項2号・197条）、評議員による理事の行為の差止め（法88条・197条）等とあわせて、理事の法令・定款違反行為を防止する権能をもつものである。

② 差止請求権の性質

　本条の差止請求権は、法令・定款を遵守するという理事の法人に対する忠実義務（法83条・197条）を履行させる法人の請求権を、監事が法人の機関として法人のために行使するもの、と理解されている。

　この差止請求権を行使することは、法人の機関としての監事の義務であると理解されている。この点において、行使するか否かが評議員の任意に委ねられている一般法人法88条（法197条）の評議員差止請求権とは異なる。

　なお、監事が本条に基づく差止訴訟を提起するときは、法人の機関として法人を代表して提起するのではなく、本条に基づく法定訴訟担当として提訴するものと考えられている。

③ 差止請求権の要件

i　差止請求権者

　本条に基づき差止請求をすることができる監事には、特に資格の制限は設け

内閣府モデル定款から読み解く公益・一般法人の法人運営手続　財団編（上巻）

られていない。

ii　対象となる行為

　本条の差止請求の対象となる行為は、一般法人法88条（法197条）の評議員の差止請求権と同じく、㋐「目的の範囲外の行為その他法令若しくは定款に違反する行為」であり、㋑「又はこれらの行為をするおそれがある場合」である。これらの要件については、一般法人法88条の場合と同一に考えられる。

iii　著しい損害が生ずるおそれ

　差止請求権のもう1つの要件として、当該理事の行為により「著しい損害が生ずるおそれ」が存在することである。一般法人法88条の評議員の差止請求権も原則として同一の要件を課しているが、公益（一般）財団法人での評議員による行使要件が、法人に「回復することができない損害」が生ずるおそれがある場合とされている（法88条）のに対して要件が緩和されている。

　一般法人法103条1項において、監事による差止請求権の要件として、法人に「著しい損害」が生ずることを要求としたのは、業務を執行する主体はあくまでも理事にあることから、監事による業務執行に対する介入は必要最小限度に留めるべきであるという考えに基づくものと解されている。

　なお、「著しい損害」の意義については、損害の質及び量において著しいことを意味し、損害の回復可能性は問わないと解されている（注17）。

④　差止請求権の行使の方法及び効果

　監事による差止請求権の行使の方法については法定されていないため、必ずしも訴えによる必要はないこと、差止めを請求する前に法人に対して差止めを請求する必要がないことも、評議員による差止請求と同じである。

　監事が差止訴訟を提起する場合は、法人の機関として差止請求権を行使するものと位置付けられることから、法定訴訟担当の一種と考えられている（注18）。

　監事による差止訴訟に関する判決は、法定訴訟担当の効果として当然に法人に及ぶ（民事訴訟法115条1項2号）。したがって、原告監事が負訴した場合には、

法人がそれに拘束される結果、他の監事が改めて差止訴訟を提起することができないばかりか、評議員による差止訴訟（法88条・197条）も提起できなくなる。

⑤　仮処分

差止訴訟の判決を待っていたのでは理事の違法行為が遂行されてしまう危険性がある場合には、監事は裁判所に仮処分を申請するのが普通である。裁判所が仮処分命令を出す場合には、担保の提供を求めることができることになっているが（民事保全法14条）、監事の差止請求権を被保全権利とするときは、裁判所は、担保提供を命ずることはできない（法103条2項）。

この担保提供を命じない理由は、そもそも監事は法人の機関として差止請求権を行使する義務を負っているのであって、私的利益の追求のために差止請求権を濫用するおそれが少ないことや、担保提供を命ずると監事が法人に対して監査費用として請求することになるが、そのような煩雑な手続をとることなく、この権利を行使できるようにしたものである（注19）。

⑻　法人と理事との間の訴訟の代表

①　法人と理事との間の訴訟における法人代表者

公益（一般）財団法人では、一般法人法77条4項（法197条。代表理事の包括的権限）の規定にかかわらず、法人が理事（理事であった者を含む。）に対し、または理事が公益（一般）財団法人に対して訴えを提起する場合には、その訴えについては、監事が公益（一般）財団法人を代表する（法104条1項・197条）。

法人・理事間の訴えにおいて、法人を代表する者を一般原則どおり代表理事とすると（法77条4項・197条）、訴訟の相手方である理事がその代表理事である場合はもちろん、それ以外の理事の場合でも、適切な訴訟追行がなされないおそれがあるので、理事会ないし代表理事からの独立性が保障されている監事が法人を代表することとされているのである。

この場合には、監事は法人・理事間の訴訟に関し、法人の業務を執行するこ

内閣府モデル定款から読み解く公益・一般法人の法人運営手続　財団編（上巻）

とになる。

②　監事が法人を代表すべき訴訟の範囲

　一般法人法104条に定める法人と理事との間の訴訟が、㋐法人が理事に対して提起するものと、㋑理事が法人に対して提起するものを含むことは条文上明らかである。いずれの場合でも、理事の地位に基づく法律関係に関する訴訟（例えば、法人の理事に対する責任追求訴訟〔法111条1項〕など）と理事個人としての法律関係に基づく訴訟（例えば、法人と理事間の取引など）とが考えられるが、一般法人法104条の訴訟は、それらをすべて含むものと解されている（注20）。

　次に、法人・理事間の訴訟は、代表理事等の業務執行理事に対する訴訟のみならず、すべての理事を相手とする訴訟を含むものと解されている。それは、この訴訟の趣旨が、理事間の仲間意識から生ずる馴れ合い訴訟の危険性を防止する点にあるからである。

　法人・理事間の訴訟に関する監事の法人代表権は、訴えの提起から訴訟の終了までのすべての訴訟手続における行為に及ぶ。監事が複数いる場合でも、各監事は独立して法人代表権を行使する。

⑼　理事の賠償責任額の制限の議案等の同意権

　監事には、㋐理事の賠償責任額の制限の評議員会議案（法113条3項・198条）の提出の同意権、㋑理事会で賠償責任額の制限をする旨の定款変更の評議員会議案及び賠償責任額の制限の理事会議案の提出の同意権（法114条2項・198条）、㋒非業務執行理事との責任限度の契約をする旨の定款の定めをする場合の定款変更の評議員会議案の提出の同意権（法115条3項・198条）が与えられている。

⑽　各種の訴えの提起権

　監事には、その業務監査権の一環として、評議員会の決議取消の訴え（法266条）、合併無効の訴え及び法人設立無効の訴え等の法人の組織に関する行為の無効の訴えの提起権が認められている（法264条2項）。

450

第29条　監事の職務及び権限

 (11)　会計監査人に対する報告請求権

　監事は、その職務を行うため必要があるときは、会計監査人に対し、その監査に関する報告を求めることができる（法108条2項・197条）。会計監査人設置法人においては、監事は会計監査人との連携のもとに監査を行うことが要請されている（法170条2項・171条）。

　監事による会計監査は、会計監査人による監査を基礎として、計算書類とその附属明細書(公益法人の場合には、財産目録等が含まれる。)について行われるが(法124条2項1号・199条、認定法施行規則33条2項)、具体的には会計監査報告を受け、会計監査人の監査方法や結果が相当でないかどうかを判断する（法施行規則40条2号・64条）。その判断のために、監事には会計監査人に対して、その監査報告について説明を求めることが当然必要になる。そこで、監事にはその職務を行うために必要があるときは、会計監査人に対して、その監査に関する報告を求める権限が与えられている。

　この権限は、会計監査人の作成した監査報告に関する説明請求に限定されず、時期や対象を限定しない一般的なものである。監事が報告を求めることができるのは、その職務を行うために必要な場合に限定されるが、その職務は会計監査に限られず、業務監査一般を意味する。その報告を求める内容としては、会計監査人が一定の事項に関して調査資料を有しているかどうか、どのような資料を得ているか、それに対してどのような評価をしているか等が挙げられる(注21)。

 (12)　監査費用

　法人と監事の間の法律関係は、委任に関する規定に従うとされているため（法172条1項）、民法上、費用の前払請求（民法649条）や必要費用の償還請求及び必要債務の弁済請求（民法650条）が認められる。しかし、民法の規定では、受任者である監事の方が必要性について証明責任を負う結果となることから、監査費用の支出に躊躇し、十分な監査を遂行できない危険性がある。そこで、一

451

般法人法では、証明責任を転換して、法人が監査のため不必要であることを立証しない限り、費用の前払又は償還を拒むことができないものとして、監事監査の実効性の確保を図ろうとするものである（注22）。

①　監査費用の範囲

「監査費用」とは、監事が理事の職務執行を監査するために必要な一切の費用をいう。具体的には、監事自身が実地調査等に要する費用、調査研究のための費用、訴訟提起に必要な費用等のほか、補助者として弁護士・公認会計士等を依頼する費用も含まれる。

②　監査費用の請求

監事が職務執行上必要とする費用の法人による支払については、㋐監査費用の前払の請求をした場合、㋑監事が支出した監査費用及びその支出の日以後における利息の償還を請求した場合、㋒監事がその費用につき負担した債務を自分に代わり弁済するよう法人に対し請求した場合（その債務が弁済期にない場合にあっては、相当の担保の提供を請求した場合）には、法人は、その費用が監事の職務に必要でないことを証明しなければ、これを拒むことができない（法106条・197条）。

法人が、監査のために必要でないことを証明しないまま、監査費用の支払を拒んだ場合には、監事は訴訟によって監査費用の支出を求めることができる。その場合には、これらの費用が監査のため不必要であることを法人が立証しない限り、勝訴することができるし、また、理事の法令違反としての責任を追求することができ、更にその結果、監査のために必要な調査をすることができなかった旨を監査報告書に記載することができると解されている。

4 監事監査規程の制定

(1) 監査に関する規程の整備の必要性

　改正前民法34条に基づき設立許可された公益法人の監事の監査については、59条において監事の職務権限が規定されているのみのため、監事が監査を実施するに当たり、その拠りどころとすべき基準に関しては、それぞれの公益法人の監事の責任において措置されてきた。しかし、公益法人の多くは、監事の監査基準を整備し、それに基づいて監査を実施せず、それぞれの監事の経験、知識、従来からの監査の慣行などにより実施されてきたのが実態である。

　一方、一般法人法においては、会社法の株式会社の監査役と同じように、制度としての監事の機能や権限は、十分に整備されている。しかし、監事が実際に監査を実施するに必要とされる実施基準については、特に公表されているものは存在しないので、従前どおり各法人において作成することが必要となっている。

　監事が法令及び定款に定めるところにより監査を適正に実施するためには、監事監査規程等の整備が必要と考えられる。

　監事の監査基準として監事監査規程を整備することについては、次のような意義があると解される。

① 監事の職務遂行の行動指針を示すことによって、監事個人の思いつきでない法的に監事として行うべき監査を実施することができる。
② 監事の監査の範囲が明らかにされ、その責任が明確になる。
③ 監事の監査により、理事が遵守すべき法定事項その他法人の特定事項が明確になる。
④ 法人に監事の監査の意義が理解され、法人の関係部署の協力が得られ易くなる。
⑤ 監事の監査の地盤を固めることとなる。

内閣府モデル定款から読み解く公益・一般法人の法人運営手続　財団編（上巻）

⑥　監事の監査の信頼を高め、法人の社会的信用を得ることとなる。

⑵　監事監査規程の作成

　監事監査規程（監査実施基準）を作成する場合、どのような内容のものとすべきかである。監査実施基準の代表的な例としての株式会社の監査役の監査に関する「監査役監査基準」（日本監査役協会制定・昭和50年３月25日）には、監査役としての理念や仕事に対する心構えなどについても規定され、内容的にはかなりの条文から構成されている。全体としては、10章から構成されている（第１章　本基準の目的、第２章監査役の職責と心構え、第３章　監査役及び監査役会、第４章　監査役監査の環境整備、第５章業務監査、第６章　会計監査、第７章　監査の方法等、第８章　会社の支配に関する基本方針等及び第三者割当、第９章　株主代表訴訟等への対応、第10章　監査の報告）。

　作成すべき監査実施基準の内容については、監事の員数、会計監査人の存在、法人の事業規模、組織体系等により異なることは当然であり、したがって、監事の協議により、それぞれの法人に適応した内容として決定することになる。

　なお、次に「監事監査規程」を例示するが、法人においてこれを作成するに際しては、更に必要とする条項を追加するなどして、その法人の監事監査規程としてふさわしい内容のものとすることが望ましいと考えられる。

【29-1　監事監査規程の例】

公益（一般）財団法人○○協会監事監査規程

（目的）
第１条　この規程は、公益（一般）財団法人○○協会（以下「この法人」という。）の監事の監査につき、必要な事項を定めることを目的とする。

（基本理念）
第２条　監事は、理事とはその職責を異にする独立した機関であることを自覚し、常に公正不偏の態度で監査を行うことにより、この法人の健全な事業運営と社会的信頼の向上に努め、もってこの法人の発展に応えるとともに、その社会的責任

の遂行に寄与するものとする。

（職務）

第３条 監事は、理事の職務の執行を監査する。

２ 監事は、次の各号に該当する事実があると認めるときは、その旨を速やかに理事会に報告しなければならない。

(1) 理事が不正の行為をしたとき。

(2) 理事が不正の行為をするおそれがあるとき。

(3) 法令若しくは定款に違反する事実があるとき。

(4) 著しく不当な事実があるとき。

３ 監事は、その職務の遂行のため、いつでも、理事及び使用人に対して事業の報告を求め、又はこの法人の業務及び財産の状況の調査をすることができる。

（監査計画）

第４条 監事は、毎事業年度の初めに、監査の実施日時、監査事項等についての監査計画を監事間の協議により作成するものとする。

（理事会等への出席）

第５条 監事は、理事会及びその他の重要な会議に出席し、必要があると認めるときは、意見を述べなければならない。

２ 監事は、前項の会議に出席できなかった場合には、議事録、資料等の閲覧を求めるものとする。

（理事会の招集請求）

第６条 監事は、必要があると認めるときは、理事（招集権者）に対し、理事会の招集を請求することができる。なお、その請求後一定の期間内に招集の手続が行われない場合には、自ら理事会を招集することができる。

（差止請求）

第７条 監事は、理事がこの法人の目的の範囲外の行為その他法令若しくは定款に違反する行為をし、又はこれらの行為をするおそれがある場合において、その行為によってこの法人に著しい損害が生ずるおそれがあるときは、その理事に対し、その行為をやめることを請求することができる。

（評議員会に対する報告義務）

第８条 監事は、理事が評議員会に提出する議案、書類等を調査し、法令若しくは定款に違反する事項、又は著しく不当な事項があると認めるときは、その結果を評議員会に報告しなければならない。

内閣府モデル定款から読み解く公益・一般法人の法人運営手続　財団編（上巻）

（評議員会における説明義務）

第9条　監事は、評議員会において、評議員から特定の事項について説明を求められた場合には、議長の議事運営に従い必要な説明をしなければならない。

（監事の選任等についての意見陳述）

第10条　監事は、評議員会において、監事の選任若しくは解任又は辞任について意見を述べることができる。

（監事の報酬等についての意見陳述）

第11条　監事は、評議員会において、監事の報酬等について意見を述べることができる。

（計算書類等の監査）

第12条　監事は、各事業年度に係る計算書類（貸借対照表及び損益計算書〔正味財産増減計算書〕）及び事業報告並びにこれらの附属明細書並びに財産目録及びキャッシュ・フロー計算書を監査する。

（監査報告書）

第13条　監事は、前条の監査の終了後、法令で定めるところにより、監査報告書を作成しなければならない。監事間において異なる意見がある場合には、その監事の意見を記載するものとする。

2　前項の監査報告書には、作成年月日を記載し、監事はこれに記名押印又は電磁的署名をするものとする。

3　監事は、前項の監査報告書を代表理事（理事長）に提出する。

（改廃）

第14条　この規程の改廃は、監事全員の合意により行い、理事会に報告しなければならない。

　　附　　則

この規程は、令和〇年〇月〇日から施行する。

5 監査体制の整備

(1) 監事の職務遂行のための組織の確立

① 監事の監査体制

監事の監査体制については、一般法人法に明らかにされている事項もあるが、その殆どは、監事の意思と実行力、監査を受ける理事の協力によってできるものである。

監事の監査体制については、㋐職務遂行のための組織の確立、㋑監事監査規程の制定と監査の協力体制の確立などが必要である。監事が職務を遂行するための組織には、特定監事、監事の職務分担、監事の監査機能の充実と補助機関の設置などが挙げられる。

② 特定監事

公益(一般)財団法人(監事が2人以上存する場合を含む。)において、事業報告に係る特定監事と計算関係書類に係る特定監事を定めることになっている(法施行規則37条5項、46条5項・64条)。

「特定監事」とは、次の職務を行うものとして定められた監事のことである。

i 2人以上の監事が存する場合において、一般法人法施行規則37条1項、46条1項(同規則64条)の規定による監査報告の内容の通知をすべき監事を定めたときは、当該通知をすべき監事として定められた監事をいう(法施行規則37条5項1号、46条5項1号)。この場合、「第1項の規定による監査報告の内容の通知をすべき監事」をどのように定めるかについては、規定が設けられていないので、監事の互選その他の方法をもって定めれば足りると解される。

ii 2人以上の監事が存する場合において、一般法人法施行規則37条1項、

46条1項（同規則64条）の規定による監査報告の内容の通知をすべき監事を定めていないときは、すべての監事をいう（法施行規則37条5項2号、46条5項2号）。

iii　上記 i 、ii に掲げる場合以外の場合は、その監事である（法施行規則37条5項3号、46条5項3号）。この規定は、監事が1人しか存しない場合に適用がある。

③　職務の分担

　監事は複数存在しても、それぞれが独立した存在であり、相互に干渉されることもなく、それぞれの意思決定に基づき職務を執行することができる。つまり、監事は独任制である。

　実務的に、監事の監査が組織的、効率的に行えるようにするためには、監事個人の知識、能力及び経験等を活かすことが必要である。したがって、監事が2人以上存在する場合は、監事が協議して、職務の分担を決めるのは有効である。

　監事の職務の分担を定めた場合でも、監事個人の職務権限を制限するものではないし、違った角度からの意見を徴することは意義があるので、監事は分担した職務の執行状況や監査の結果を他の監事に報告し、監査によって得られた情報を、全監事が共有することが必要である（注23）。

④　監事補助者

　一般法人法90条4項5号（法197条）に定める内部統制システムの構築において、監事との関係につき、次に掲げる体制を含むものとされている（法施行規則14条、62条）。

i　監事がその職務を補助すべき使用人を置くことを求めた場合における当該使用人に関する事項（法施行規則14条5号）

ii　上記 i の使用人の理事からの独立性に関す事項（同条6号）

iii　監事の上記 i の使用人に対する指示の実効性の確保に関する事項（同条7号）

iv　理事及び使用人が監事に報告するための体制その他の監事への報告に関する体制（同条8号）

v　上記ivの報告をした者が当該報告をしたことを理由として不利な取扱いを受けないことを確保するための体制（同条9号）

vi　監事の職務の執行について生ずる費用の前払又は償還の手続その他の当該職務の執行について生ずる費用又は債務の処理に係る方針に関する事項（同条10号）

vii　その他監事の監査が実効的に行われることを確保するための体制（同条11号）

監事は独任制であるとはいえ、監事の能力だけでは、その職務を果たすことが困難なのが現実である。したがって、監事には、次のような理由で監事補助者が必要と考えられている。

i　今日の社会は、監事の監査を通じて、法人（特に公益法人）が社会的責任を達成することを期待している。期待に応え、法人の信頼性を高めるために、監事の監査機能を充実、強化する必要がある。

ii　監事の監査は、広範囲で専門的知識を必要とし、監事の能力、員数で応じきれないおそれがある。

iii　監事の監査は、機動性のある動きが要求されるので、これに対応する必要がある。

iv　監事の監査に当たって、各部門からの要員の応援を得る方法をとっても、それには限界があるし、独立性にも問題があり、必要とする情報を入手することが困難である。

しかしながら、監事に監事補助者が必要であるとしても、当該法人の規模、業態、人材の有無、内部監査の状況等が異なるので、画一的に決めることは困難である。したがって、監事は、監事側の陣容、能力、経験及び監査に充当できる調査日数等のほか、法人の内部統制システムの整備及び運用の状況、特に法人の内部監査部署の陣容及び機能等を勘案して、監事補助者を必要とするか否かを判断する必要がある。監事補助者を決定する場合には、担当理事との協

議が必要であることはいうまでもない。

⑵　会計監査人との連携

　法人に会計監査人が設置されている場合、会計監査を実効的なものとするためには、監事と会計監査人とが密接に協調し合うことが不可欠である。

　例えば、会計監査人が十分な情報（監査証拠）を入手していないとすれば、会計監査人の監査計画や監査手続が不適切なものとなり、その結果、会計監査人の監査の方法・結果にも問題が残ることになる。そして、監事が、会計監査人による監査の方法又は結果が相当でないと判断した場合には、監事は、会計監査人の監査結果に依拠することなく、独自に会計監査を実施しなければならないことになってしまう。

　また、会計監査と業務監査とは密接に関係しており、截然と切り離して行うことは不可能であること、更に会計監査を端緒に、業務監査における重点監査事項を発見することも少なくないという現実を考えると、監事としては、会計監査人に適時に適切な情報を提供することによって、会計監査人の監査の効率性・実効性を高めることができるばかりでなく、監事自らの監査の効率性・実効性を高めることができると解される。

　一方、会計監査人が会計監査の過程において、理事の職務執行に関して、不正や法令・定款に違反する重大な事実を発見したときは、遅滞なく、監事に報告しなければならないものと定められている（法108条1項・197条）。

　以上のように、監事と会計監査とは、緊張関係と協調関係とのバランスを保ちつつ連携するというスタンスが重要と考えられる（注24）。

⑶　監事の職務の適切遂行に必要な理事等との意思疎通等

　監事は、理事の職務の執行を監査するが、その場合には、監事は、法務省令で定めるところにより、監査報告を作成しなければならないものとされている（法99条1項・197条）。一般法人法施行規則は、この規定の委任を受けて、監

事が監査報告を作成する際の前提となる事項について定めている。

監査の実効性を確保するためには、監査対象から独立していることが必要である一方で、十分な情報を適切に収集することができなければならない。

監事は、業務執行者である代表理事や業務執行理事から独立した役員であり、かつその人数も限定されていることから、監事の職務の遂行を実行性あらしめるためには、監事が監事同士のみならず、監事以外の者とも適切に連携を図る必要がある（注25）。

一般法人法施行規則16条（同規則62条）は、このような観点から、監事の職務の遂行に際しての一般的規定として、当該法人及び子法人の理事や使用人などとの意思疎通を図り、情報の収集及び監査の環境の整備に努めるべきことを規定している（法施行規則16条2項前段）。また、監事は必要に応じ、他の監事や子法人の監事などとの意思疎通及び情報の交換を図るよう努めるべきことも規定している（同条4項）。以下、これらについてその概要を説明する。

① 理事等との意思疎通・情報収集・監査環境の整備（法施行規則16条2項・62条）

一般法人法施行規則16条2項は、「監事は、その職務を適切に遂行するため、次に掲げる者との意思疎通を図り、情報の収集及び監査の環境の整備に努めなければならない。この場合において、理事又は理事会は、監事の職務の執行のための必要な体制の整備に留意しなければならない」と規定する。

ⅰ　当該公益（一般）財団法人の理事及び使用人（16条2項1号）

ⅱ　当該公益（一般）財団法人の子法人の理事、取締役、会計参与、執行役、業務を執行する社員、会社法第598条第1項の職務を行うべき者その他これらの者に相当する者及び使用人（16条2項2号）

ⅲ　その他監事が適切に職務を遂行するに当たり意思疎通を図るべき者（16条2項3号）

この一般法人法施行規則16条2項前段については、監事が適切な者との意思疎通を図り、情報収集や環境整備に努めることは、適切な監査を行うために当然必要なことであり、それは監事の善管注意義務の一内容に含まれていると

解せられる（注26）。その意味において、本項は、監事に新たな義務を課すものではないと考えられる。

次に、同条２項後段の「理事又は理事会は、監事の職務の執行のための必要な体制の整備に留意しなければならない」については、当該法人における内部統制システムの構築義務のうち、監事の監査体制の整備については、監事側のイニシアチブの下、業務執行者がその整備に留意しなければならないことを明らかにしたものである（注27）。

なお、同条２項３号の「その他監事が適切に職務を遂行するに当たり意思疎通を図るべき者」の例としては、会計監査人などが考えられる。

② 監事の独立性（法施行規則16条３項・62条）

一般法人法施行規則16条３項（同規則62条）では、「前項の規定は、監事が公正不偏の態度及び独立の立場を保持することができなくなるおそれのある関係の創設及び維持を認めるものと解してはならない」と定めている。

監事の職務の遂行に際しては、業務執行者等との意思疎通や監査環境の整備が必要であり、かつこれらの実施のためには、業務執行者等の協力が不可欠であるが、監事は、業務執行部門から独立した立場でその職務を行わなければならない。

したがって、監事がその職務の適切に遂行のために、理事や使用人などとの意思疎通等が必要であるといっても、それが監事の公正不偏の態度及び独立の立場を保持することができなくなるような事態になることは避けなければならない（注28）。本条３項は、このことを注意的に規定したものである。

「公正不偏の態度」とは、監査対象からの精神的独立性を意味する。これは、監事の基本的立場である。どこまでも正しいものを正しいとし、誤っているものは誤りとして他からの支配や干渉を排し、監事としての良心を保持し、公正不偏の態度と誠実性をもって監査に当たる監事個人の精神面に依存した独立性である。これは監事自らの人柄による面があり、他から測定困難であるだけに独立性の保証は困難であるが、この主体的独立性こそ監事は保持すべきもので

第29条　監事の職務及び権限

ある。

　監事が公正な監査報告を行い、監事監査に対する利害関係人の信頼を確保するためには、監事としての判断を歪めるおそれのある諸要因から、監事が影響を受けない精神状態が必要とされ、誠実性をもって行動し、客観性を確保し、監査対象である業務執行者など特定の者に有利な判断をすることなく、中立的な立場から、監査を行う必要があるためである。

　次に、「独立の立場」とは、外観的独立性を意味する。ここでいう「外観的独立性」とは、第三者の目から見て、誠実性、客観性、公正性、不偏性を欠くと合理的に推測されるような環境に監事がなく、誠実性、客観性、公正性、不偏性を欠くと合理的に推測されるような関係を監査対象との間で監事が有しないことをいう。これは、監事が精神的な独立性を維持していたとしても、もし、監査報告の利用者が、監事の精神的独立性に疑いを持ったとしたら、監査報告を信頼できず、監査制度の存在意義が失われるからである（注29）。

③　他の監事等との意思疎通・情報交換（法施行規則16条４項・62条）

　一般法人法施行規則16条４項（同規則62条）は、「監事は、その職務の遂行に当たり、必要に応じ、当該公益（一般）財団法人の他の監事、当該公益（一般）財団法人の子法人の監事、監査役その他これらの者に相当する者との意思疎通及び情報の交換を図るよう努めなければならない」と定めている。これは、当該法人においてはもちろんのこと、子法人の監事と意思疎通及び情報交換を図ることによって、監査の効率が高まり、また、実効性も高まると考えられるからである。

　確かに、監事については独任制がとられているが、不必要に重複して監査手続を実施することは非効率的であるから、監事間で監査重点について分担することが考えられるし、分担を行わなくても、情報交換により、無駄な活動を省き、必要な部分に資源を投入することが可能になるからである（注30）。

　「意思疎通及び情報の交換」を行う方法としては、例えば、子法人監事との連絡会を個別に開催することも考えられる。これによって、監査計画の調整、

第６章　役員〈及び会計監査人〉

463

監査方針・重点監査項目の統一あるいは必要な対応についての協議、必要な人材・資源の融通などが可能になると期待される。

なお、「子法人の監事、監査役その他これらの者に相当する者」とされているのは、子法人に設置されている監査機関の呼称には、監事のほか様々なものがあり得ると考えられるからである。

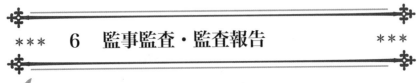

6 監事監査・監査報告

(1) 定時評議員会の日程と監事監査との関係

監事の行う期末監査は、事業年度終了後に招集する定時評議員会の日と密接に関係してくる。例えば、5月末に招集される定時評議員会において計算書類・財産目録等につき承認を受けるためには、その日から逆算し、理事会を開催して定時評議員会の招集を決定し（法181条）、招集通知を発すること（法182条）、さらに招集前に監事監査（会計監査人が置かれている場合には会計監査人監査を含む。）を受けることなど、定時評議員会までのタイムスケジュールを定めることが必要である。

したがって、そのためには毎年2月〜3月において、この定時評議員会への対応に向けての準備に取り掛かることになる。

監事監査の日程調整に当たっては、毎年同じような時期に監査を行うことで了解されていることではあるが、でき得る限り全員の監事が出席できるような日を選択し、実施すべきことである。これには、決算の調整事務の進捗状況が大きく影響することから、決算担当理事、事務局担当者、監事等が参加して、日程案を作成することが必要である。

なお、事業年度終了後の計算書類、事業報告等の作成から監事監査等を経て定時評議員会での承認・報告に至る一連の流れにつき、「定時評議員会関係日程と監事の対応例」として、会計監査人を設置していない法人と、設置している法人に分けて掲載すれば、概ね次頁以下に掲げる表1・2のようになる。

第29条　監事の職務及び権限

表1　定時評議員会関係日程と監事の対応例

（3月決算法人・会計監査人非設置法人場合）

法定期間	月　日	主　要　項　目	関係法令等
3ヵ月以内	3月31日	○決算期	・定款
4週間経過日まで	4月20日	○内定事業報告・計算書類の提出 ・事業報告、その附属明細書の提出 （理事→各監事） ・計算書類、その附属明細書の提出 （理事→各監事） ○特定理事の選定（理事会など）	この段階では、理事会の承認は要請されていない。
	4月22日	○監事協議 　監事監査の実施方法について協議 ○特定監事の選定	・監査の日程、職務分担などを決定する。 ・監事の互選
	5月10日	○監事協議 　監事監査報告の作成	この間、業務監査及び会計監査を実施する。 （4月22日〜5月10日）
	5月11日	○監事監査報告の提出 （特定監事→特定理事）	・法施行規則37条1項、2項、46条1項、2項・64条
	5月12日	○理事会 ・事業報告、計算書類及びこれらの附属明細書の承認の件 ・定時評議員会の招集の件	・法124条3項・199条 （理事会の承認） ・法181条1項
2週間前の日から	5月12日	○計算書類等の備置 計算書類、事業報告及びこれらの附属明細書、監事監査報告の備置（主たる事務所5年間、従たる事務所3年間）	・法129条1項、2項・199条 ・認定法21条2項、同法施行規則28条
1週間前まで	5月12日	○定時評議員会の招集通知発送	・法182条
	5月30日	○定時評議員会 ○理事会 （代表理事等の選定）	・法189条、126条・199条 ・法90条、91条1項2号・197条

第6章　役員〈及び会計監査人〉

内閣府モデル定款から読み解く公益・一般法人の法人運営手続　財団編（上巻）

表2　定時評議員会関係日程と監事の対応例

（3月決算法人・会計監査人設置法人の場合）

法定期間	月　日	主　要　項　目	関係法令等
3ヵ月以内	3月31日	○決算期	・定款
4週間経過日まで（5月19日まで）	4月20日	○内定事業報告・計算書類の提出 ・事業報告、その附属明細書の提出 （理事→各監事） ・計算書類、その附属明細書の提出 （理事→会計監査人・各監事） ○特定理事の選定（理事会など）	この段階では、理事会の承認は要請されていない。
	5月10日	○監事協議 事業報告、その附属明細書に関する監事監査報告の作成 （ただし、会計監査報告受領後、一括して「監事監査報告」として提出） ○特定監事の選定	・事業報告の監査の実施 ・監事の協議の前に各監事による「監事監査報告」の作成（法施行規則45条） ・監事の互選
	5月16日	○会計監査人の会計監査報告の受領 （会計監査人→特定理事・特定監事）	・法施行規則41条1項・64条
1週間経過日まで（5月24日まで）	5月19日	○監事協議 監事監査報告の作成（業務監査及び会計監査人の監査の方法・結果につき相当性の判断をした上で作成）	監事の協議の前に各監事による「監事監査報告」の作成
	5月21日	○監事監査報告の提出 （特定監事→特定理事・会計監査人）	・法施行規則43条1項、2項。46条1項、2項・64条
	5月23日	○理事会 ・事業報告、計算書類及びこれらの附属明細書の承認の件 ・定時評議員会の招集の件	・法124条3項・199条（理事会の承認） ・法181条1項
2週間前の日から	5月23日	○計算書類等の備置 計算書類、事業報告及びこれらの附属明細書、監事監査報告、会計監査報告の備置（主たる事務所5年間、従たる事務所3年間）	・法129条1項、2項・199条 ・認定法21条2項、同法施行規則28条
1週間前まで	5月23日	○定時評議員会の招集通知発送	・法182条
	6月7日	○定時評議員会 ○理事会 （代表理事等の選定）	・法189条、126条・199条 ・法90条、91条1項2号・197条

466

第29条　監事の職務及び権限

⑵　計算関係書類等の作成

　一般財団法人が各事業年度において作成すべき計算関係書類は、計算書類（貸借対照表及び損益計算書）及びその附属明細書であるが（法123条2項・199条、法施行規則26条2号・64条）、そのほかに事業報告及びこれの附属証明書を作成しなければならない（法123条2項・199条、法施行規則34条・64条）。

　この場合、計算関係書類に係る事項の金額は、1円単位、1,000円単位又は100万円単位をもって表示することとされている（法施行規則27条・64条）。

　なお、計算書類及び事業報告並びにこれらの附属明細書は、電磁的記録をもって作成することができる（法123条3項・199条）。「電磁的記録」とは、電子的方式、磁気的方式その他人の知覚によっては認識することができない方式で作られる記録であって、電子計算機による情報処理の用に供されるものとして法務省令で定めるものをいい（法10条2項）、この省令への委任を受けて一般法人法施行規則89条は、電磁的記録の具体的内容として「磁気ディスクその他これに準ずる方法により一定の情報を確実に記録しておくことができる物をもって調製するファイルに情報を記録したものとする」と定めている。

　磁気ディスクにはフロッピー・ディスクなどが含まれるが、「その他これに準ずる方法により一定の情報を確実に記録しておくことができる物」には、磁気テープ、磁気ドラムのような磁気的方法により情報を記録するための媒体、ICカードなどのような電子的方法により情報を記録するための媒体、CD-ROM、DVD-ROMなどのような光学的方式により情報を記録するための媒体が含まれる。そのような記録媒体を用いて調製するファイルに情報を記録したものが、この電磁的記録に当たる。

　なお、公益財団法人の場合には、上記の計算関係種類のほか、財産目録、キャッシュ・フロー計算書（作成している場合又は認定法5条12号の規定により会計監査人を設置しなければならない場合に限る。）及び運営組織及び事業活動の状況の概要及びこれらに関する数値のうち重要なものを記載した書類を作成しなければならない（認定法21条2項1号・4号、認定法施行規則28条1項）。

⑶ 計算書類等の監査の通則

　一般法人法施行規則35条において、㋑一般法人法124条１項及び２項の規定による監査（計算関係書類〔成立の日における貸借対照表を除く。〕に係るものに限る。以下同じ。）については、第５款（計算関係書類の監査。35条～43条）の定めるところによる（法施行規則35条１項）こと、㋑上記㋑に規定する監査には、公認会計士法２条１項に規定する監査（財務書類の監査）のほか、計算関係書類に表示された情報と計算関係書類に表示すべき情報との合致の程度を確め、かつその結果を利害関係者に伝達するための手続を含むものとする（法施行規則35条２項・64条）、と定められている。

　この一般法人法施行規則35条1項は、一般法人法の委任に基づき、各事業年度における計算書類（貸借対照表・損益計算書）及びその附属明細書の監査については、一般法人法施行規則第２章（一般社団法人）、第２節（計算）、第５款（計算関係書類の監査）の定めによるものとしているものである。

　また、同条２項は、上記第５款（計算関係書類の監査）にいう監査を定義するものである。この場合の監査は、会計監査人による監査のみならず、監事による監査を含むから、公認会計士法２条１項に規定する監査（財務書類の監査）より広い概念であるのは当然であるが、第５款が「計算関係書類の監査」について定めるものであるから、「計算関係書類に表示された情報と計算関係書類に表示すべき情報との合致の程度を確め、かつ、その結果を利害関係者に伝達するための手続を含む」ものとされているのである（注31）。

⑷ 会計監査人非設置法人における監事の計算関係書類の監査・監査報告

　一般法人法123条２項の計算書類及び事業報告並びにこれらの附属明細書は、法務省令で定めるところにより、監事の監査を受けなければならない（法124条１項・199条）。

第29条　監事の職務及び権限

①　監査報告の内容

監事は、計算関係書類を受領したときは、次に掲げる事項を内容とする監査報告を作成しなければならない（法施行規則36条1項・64条）。

ⅰ　監事の監査の方法及びその内容（36条1項1号）

監事の監査については、公認会計士又は監査法人による会計監査に適用されるような一般的な基準が存在しないため、その監査の方法はそれぞれの法人によって異なることから、その結果、その監査の方法及びその内容については、監査報告を利用する者が、監査の信頼性を正確に判断することができるように、ある程度具体的に記載する必要があると考えられる。

　（ⅰ）監査の方法

　　　「監査の方法」とは、どのような手法によったかということであり、現金や有価証券の現物の確認、棚卸等への立会い、金融機関からの残高証明書の入手、未収金の確認、未払金の確認、経理担当理事等からの報告の聴取、重要な決裁書類等の閲覧などをいう。

　（ⅱ）監査の内容

　　　「監査の内容」には、監査のスケジュール、監査の方法をどのように適用したか（例えば、どの事業所へ往査したか）が含まれる。また、どのようなポイントに重点を置いて監査を行ったのかも含まれると考えられる。さらに、公認会計士等を補助者として用いている場合には、それも監査の内容に含まれると解される。

ⅱ　計算関係書類が当該公益（一般）財団法人の財産及び損益の状況をすべての重要な点において適正に表示しているかどうかについての意見（同条1項2号）

「計算関係書類が当該公益（一般）財団法人の財産及び損益の状況をすべての重要な点において適正に表示している」とは、計算関係書類が法令及び定款に従い、当該法人の財産及び損益の状況を正しく示していることと一致すると考えられる。しかし、その判断の過程においては、㋐会計帳簿に記載若しくは

記録すべき事項がすべて会計帳簿に記載若しくは記録されていること、⑦会計帳簿に不実の記載若しくは記録がないこと、⑨貸借対照表、損益計算書及びそれらの附属明細書の記載若しくは記録が会計帳簿の記載若しくは記録と合致すること、⑨計算関係書類の作成に関する会計方針の変更が相当であること、⑪附属明細書の記載若しくは記録と会計帳簿、貸借対照表、損益計算書の記載若しくは記録とが合致すること等を確認すべきであろう。それは、会計帳簿の適正性については、計算関係書類の適正性の問題の前提問題として処理されることとされているからである（注32）。

　もっとも、法令・定款違反を発見した場合において、監事としては、その重要性を判断して、重要性が極めて乏しければ法令・定款違反に全く言及せずに、「計算書類及びその附属明細書は当該法人の財産及び損益の状況をすべての重要な点において正しく表示していると認める」という意見を表明すればよいと解される。

　また、指摘すべき程度の重要性はあるが、計算書類全体としては、当該法人の財産及び損益の状況を正しく示していると考えるのであれば、例えば、「○○の点で、法令・定款違反はあるが、計算書類及びその附属明細書は、当法人の財産及び損益の状況を全体として正しく表示しているものと認める」というように意見を表明してもよいのではないかと解される。

iii　監査のため必要な調査ができなかったときは、その旨及びその理由（同条1項3号）

　このような事項を監査報告に記載させるのは、監査報告を閲覧等する評議員・法人債権者（法129条3項・199条）に監査報告の信頼性と限界について注意を喚起するためのものである。

　「必要な調査ができない場合」としては、監査に対する当該法人又は子法人の理事・使用人等の非協力、災害や事故の発生、後発事象の調査が時間的に不可能な場合などが挙げられる。そして、必要な調査ができなかった程度によっては、監事が監査意見を表明することができない場合もあり、一般法人法施行規則39条1項2号と異なり、「意見があるときは」とされていないが、無責任

な意見表明を強制するのは不適当なので、「計算関係書類が当該法人の財産及び損益の状況をすべての重要な点において適正に表示しているかどうかについての意見を表明しない」という選択も監事には許されると解されている。

iv 追記情報（同条１項４号）

「追記情報」とは、㋐正当な理由による会計方針の変更、㋑重要な偶発事象、㋒重要な後発事象その他の事項のうち、監事の判断に関して説明を付す必要がある事項又は計算関係書類の内容のうち強調する必要がある事項をいう（法施行規則36条２項・64条）。

v 監査報告を作成した日（同条１項５号）

監査報告の内容を通知すべき日までに通知しないときは、当該通知をすべき日に、計算関係書類については、監事の監査を受けたものとみなされることとの関係で（法施行規則37条３項）、監事の監査報告には、監査報告の作成年月を含めなければならないとされている。

もっとも、監査報告を作成した日を記載することによって、その後に発生したいわゆる後発事象は監事の意見形成に反映されていないこと、また、監査報告に追記事項として含めることができなかったことを示すことができる。

なお、計算書類及びその附属明細書に対する監査報告書の記載の例を示せば、次のようなものとなる。実務上は、監査報告書は計算書類及びその附属明細書の監査報告と事業報告及びその附属明細書の監査報告とを１通にした監査報告書を作成することになるが、これについては別途示す。

【29-2 計算書類・その附属明細書に関する監査報告書の書式例】

監査報告書

令和○年○月○日

公益（一般）財団法人○○協会
　代表理事（理事長）○○○○殿

監事　○○○○　㊞

内閣府モデル定款から読み解く公益・一般法人の法人運営手続　財団編（上巻）

監事　〇〇〇〇　㊞

　私たち監事は、当協会の令和〇年〇月〇日から令和〇年〇月〇日までの令和〇年度に係る計算書類及びその附属明細書〈並びに財産目録等〉の監査を行いました。その方法及び結果について、以下のとおり報告いたします。

1　監査の方法及びその内容

　私たち監事は、理事及び使用人等と意思疎通を図り、情報の収集及び監査の環境の整備に努めるとともに、理事会その他重要会議に出席し、理事及び使用人等からその職務の執行状況について報告を受け、必要に応じて説明を求め、重要な決裁書類等を閲覧し、業務及び財産の状況を調査しました。

　さらに、会計帳簿又はこれに関する資料の調査を行い、当該年度に係る計算書類及びその附属明細書〈並びに財産目録等〉について検討いたしました。

2　監査意見

　計算書類及びその附属明細書〈並びに財産目録等〉は、当協会の財産及び損益の状況をすべての重要な点において適正に示しているものと認めます。

以　上

㊟1．署名・押印について

　一般法人法においては、法律効果が直接及ぶものについては、署名等の措置を講じているが、そうでないものについては特に規定を設けていない。例えば、一般法人法95条3項（法197条）では理事会の議事録に理事・監事の署名又は記名押印を義務付けているが、同条5項では議事録に異議をとどめないものは、その決議に賛成したものと推定されるので、その識別には署名等が必要になる。そのためには署名等の義務を明記する必要がある。

　そのようなことから、監査報告には署名等の規定が設けられていないため、監査報告には法人の任意で署名押印でも、記名押印でも法的には何ら制約を受けないこととなっている。

　しかしながら、監査報告書の真実性及び監査の信頼性を確保するためにも、各監事は自署した上で押印することが望ましいと考えられる。

2．監査報告書の提出先について

　一般法人法において、監査報告書の提出先は、「特定理事」とされている（法施行規則37条1項、43条1項、46条1項・64条）。したがって、あて先には、特定理事の肩書・氏名を記載することが考えられる。

　ただし、㋐評議員に対して監査報告書を提供する義務を負っているのは代表理事であること（法125条・199条）、㋑監査報告書を備え置く義務は法人、すなわち代表理事が負っていること（法129条1項・199条）等の理由により、この様式例では代表理事（理事長）をあて先としている。

3．〈　〉内は、公益財団法人の場合である。

第29条　監事の職務及び権限

②　監査報告の通知期限等

　一般法人法施行規則37条（同規則64条）においては、特定監事が特定理事に対して行う計算書類及びその附属明細書についての監査報告の内容の通知期限を定めるとともに、計算書類に関して通知を受けた日に監事の監査を受けたものとする旨及び特定監事による監査報告の内容の通知がない場合の監査についてみなし規定を定めている。

i　監査報告の通知期限等

　特定監事は、各事業年度に係る計算書類及びその附属明細書についての監査報告の内容を、次に掲げる日のいずれか遅い日までに、特定理事に通知しなければならない（法施行規則37条1項・64条）。

(i)　当該計算書類の全部を受領した日から4週間を経過した日(37条1項1号)

(ii)　当該計算書類の附属明細書を受領した日から1週間を経過した日（同条1項2号）

(iii)　特定理事及び特定監事が合意により定めた日があるときは、その日（同条1項3号）

「受領した日から4週間を経過した日」とは、受領した日の翌日から起算し、4週間を満了した日の翌日をいう。例えば、令和2年4月22日に受領した場合には、令和2年5月21日までが通知期限となる。

ii　監査の終了時点

　計算関係書類については、特定理事が上記 i の規定による監査報告の内容の通知を受けた日に、監事の監査を受けたものとされる（法施行規則37条2項・64条）。

　なお、ここでいう「通知」の方法については、特に規律が加えられていないので、適宜の方法で行えば足りる。

iii　監査報告の通知が期限内になされなかった場合

　上記 ii の規定にかかわらず、特定監事が i の規定により通知をすべき日までに、同項規定による監査報告の内容の通知をしない場合には、当該通知をすべき日に、計算関係書類については監事の監査を受けたものとみなす（法施行規

内閣府モデル定款から読み解く公益・一般法人の法人運営手続　財団編（上巻）

則37条3項・64条）と定められている。

　このような定めが設けられたのは、予定どおりの日時に定時評議員会を開催することを可能にするためであると考えられる。

iv　特定理事・特定監事

　監事の監査報告に関し2人以上の理事や監事が関与する場合に、通知等をすべての理事に対して行わなければならない、あるいはすべての監事が通知等を行わなければならないとすることは煩瑣である。そこで、それを避けるために特定理事及び特定監事という概念を定められている。

　一般法人法施行規則37条4項にいう「特定理事」とは、特定監事から監査報告の内容の通知を受ける理事として定められた理事（同項1号）及び監査を受けるべき計算関係書類の作成に関する職務を行った理事（同項2号）である。

　なお、特定理事の定義（4項1号）との関係で、「第1項の規定による通知を受ける理事」、すなわち、監査報告等の通知受領者をどのように定めるかについては、一般法人法施行規則においては、特に制限は設けられていない。そのため、特定理事は必ずしも理事会の決議によって定める必要はなく、互選その他の適宜の方法をもって定めれば足りると解されている。

　これに対して、選定方法については、理事会の決議によるべきであり、理事会で選定しない場合には、計算関係書類の作成に関する職務を行った理事（代表理事）が特定理事となると解する説もある（注33）。

　なお、「特定監事」については、5(1)②(特定監事)で説明済であるので省略する。

(5)　会計監査人設置法人における監事の計算関係書類の監査・監査報告

①　計算関係書類の提供

　計算関係書類を作成した理事は、会計監査人に対して計算関係書類を提供しようとするときは、監事に対しても計算関係書類を提供しなければならない（法施行規則38条・64条）。

474

会計監査人設置公益（一般）財団法人においては、計算関係書類は、会計監査人及び監事の監査の対象となる。計算関係書類の提供を行うのは、計算関係書類を作成した理事である。

監査の対象となる計算関係書類について、それを会計監査人に提供する前に理事会の承認を得る必要はない（法124条3項）。計算関係書類を作成した理事が適宜、計算関係書類の提供を行えばよい。

計算関係書類を提供すべき相手は、会計監査人だけではなく、監事に対しても計算関係書類を提供しなければならない。これは、監事の監査期間を確保し、監事が会計監査人の会計監査報告を受領する前に自らの監査を進めることを可能にし、会計監査人の監査の方法及び結果の相当性を判断する上で、必要な活動を行うことを可能にするものである。

また、会計監査人も監査に当たって、監事とコミュニケーションを図り、意見交換を行う可能性があるから、監事としては計算関係書類の提供を受けておく必要がある。複数の監事・会計監査人がいる場合には、計算関係書類を作成した理事は、それぞれについて計算関係書類を提供する必要がある。

なお、計算関係書類の提供期限の規定は存在しない。定時評議員会の開催時期を必要以上に拘束することを避けるためである。

② 監事の監査報告の内容

監事は、計算関係書類及び会計監査報告（法施行規則41条3項に規定する場合にあっては、計算関係書類）を受領したときは、次に掲げる事項を内容とする監査報告を作成しなければならない（法施行規則40条・64条）。

i 監事の監査の方法及びその内容（40条1号）

この事項の内容については、既に前記(4)① i において述べたとおりである。

会計監査人設置法人の監事の会計監査の役割は、監事が会計処理等が適切に行われているかどうかを監査することよりも、職業的専門家たる会計監査人の会計監査が適切な方法・体制によって行われているかどうかという会計監査人の職務の遂行の監査という点に重点が置かれることとなる。

内閣府モデル定款から読み解く公益・一般法人の法人運営手続　財団編（上巻）

　一般法人法においては、このような監事の役割を踏まえて、会計監査人の職務の遂行に関する事項の通知制度（法施行規則42条・64条）を設け、その内容を監査報告の内容とすることとしているのである（法施行規則40条4号・64条）。

ii　会計監査人の監査の方法又は結果を相当でないと認めたときは、その旨及びその理由（法施行規則41条3項に規定する場合にあっては、会計監査報告を受領していない旨・法施行規則40条2号）

　一般法人法124条2項において、会計監査人設置公益（一般）財団法人における計算書類及び事業報告並びにこれらの附属明細書の監査につき、㋐一般法人法123条2項の計算書類及びその附属明細書については、監事及び会計監査人、㋑一般法人法123条2項の事業報告及びその附属明細書については、監事の監査を受けなければならないとされている（法124条2項・199条）。

　このため、計算書類及びその附属明細書の会計に関する監査は、会計監査人と監事の職務・権限が競合することとなっている。計算関係書類の会計に関する監査については、その間の無意味な重複を避けるため、第1次的には計算関係書類に関する会計監査は会計監査人が行い（法施行規則39条・64条）、監事は、その会計監査人の監査を前提として、会計監査人の監査の方法又は結果についての各監事の報告に基づき、会計監査人の監査の方法又は結果を相当でないと認めた場合に、その旨及びその理由（法施行規則41条3項に規定する場合にあっては、会計監査報告を受領していない旨）を監査報告に記載するという構造をとっている（法施行規則40条2号・64条）。このことから、監事と会計監査人との間には、緊密な連携関係があることが不可欠とされているのである。

　監事は、会計監査人の監査の方法と結果を信頼することが客観的に見て相当と認める場合には、それに依存することを許される。ただし、単に専門家の監査というだけで安易に信頼したのでは免責されるわけではなく、少なくとも会計監査人の監査の方法及び結果の相当性については、当然、自ら調査・判断をしなければならない。

　会計監査人監査の相当性の監査方法や判断基準には、すべての法人に一律に該当する方法や基準が存在するというものではない。したがって、監事にはそ

れぞれの法人の事業規模、事業の種類等に照らしてその法人にふさわしい監査方法を確立し、相当性の判断を定めることが要請される。

監査の方法の相当性については、㋐会計監査人の適格性（独立性、専門性、会計監査人の職務の遂行が適正に実施されることを確保するための体制）、㋑監査手続、㋒監査計画の適否、㋓監査実施状況、㋔監事による監査との整合性などに注目して判断することになろう。一方、監査の結果の相当性については、会計監査人の監査の結果と監事自らが行った計算関係書類の監査等の結果と比較して判断することになる。

なお、報告期限までに会計監査報告の内容が通知されず、監査を受けたものとみなされた場合には、相当性の判断の余地がないので、「会計監査報告を受領していない旨」のみを内容とすれば足りる。

「相当である」と判断した場合には、監査結果として「会計監査人○○○○の監査の方法及び結果は相当であると認めます」と記載することとなる。

iii　重要な後発事象（会計監査報告の内容となっているものを除く。40条3号）

本号は、重要な後発事業に関する監査報告であり、会計監査報告の内容にならないものの報告が必要となる。具体的には、会計監査報告の通知を受けた後に生じた後発事象や、会計監査人は重要ではないと判断したが、監事は重要であると判断した後発事象を記載する（注34）。

iv　会計監査人の職務の遂行が適正に実施されることを確保するための体制に関する事項（40条4号）

この事項は、会計監査人設置法人の監事が計算関係書類の監査に際して、会計監査人の監査の方法が相当であるか否かの判断をする上で考慮に入れるべき事項であるため、監査報告に含めるべき事項とされている。

この事項との関連では、監事は「会計監査人の職務の遂行が適正に実施されることを確保するための体制」についての評価を示す必要はないが、そのような体制が不十分であれば、会計監査人の監査の方法が相当ではないという意見を表明することに繋がり、そのような意見を表明した理由に、そのような体制が不十分であることを含めることになろう。

v　監査のため必要な調査ができなかったときは、その旨及びその理由（40条5号）

これについては、既に前記(4)①ⅲにおいて述べたとおりである。

vi　監査報告を作成した日

これについても、既に前記(4)①ⅴにおいて述べたとおりである。

計算書類及びその附属明細書に対する監査報告書の書式例を示せば、次のようなものとなる。なお、計算書類及びその附属明細書の監査報告と事業報告及びその附属明細書とを１通にした監査報告書については、別途示す。

【29-3　会計監査人設置法人の監査報告書の書式例】

監査報告書

令和○年○月○日

公益（一般）財団法人○○協会
　代表理事（理事長）○○○○殿

監事　○○○○　㊞
監事　○○○○　㊞

私たち監事は、当協会の令和○年○月○日から令和○年○月○日の令和○年度に係る計算書類及びその附属明細書〈並びに財産目録等〉に係る会計監査人の監査報告を受け、監査を行いました。その方法及び結果について、以下のとおり報告いたします。

1　監査の方法及びその内容
　私たち監事は、理事会その他の重要な会議に出席するほか、理事等から事業の報告を聴取し、重要な決裁書類等を閲覧し、業務及び財産の状況を調査しました。また、会計監査人から、期中監査の開始時（６月）に監査計画の内容について、監査実施の状況及び結果について11月及び４月末に報告及び説明を受け、随時、情報の交換を行いました。さらに、計算書類及びその附属明細書〈並びに財産目録等〉の重要項目について、事業報告の監査を踏まえて問題点を把握した上で、会計監査人と○回にわたり、意見交換を行いました。

第29条　監事の職務及び権限

> 　2　監査意見
> 　(1)　会計監査人○○○○の監査の方法及び結果は、相当であると認めます。
> 　(2)　会計監査人の職務の遂行が適正に実施されることを確保するための体制については、会計監査人よりの通知のとおり適切であると認めます。
> 　3　監事○○○○の意見（異なる監査意見がある場合）
> 　4　後発事象（重要な後発事象がある場合）
>
> 　　　　　　　　　　　　　　　　　　　　　　　　　　　　　　　以　上

③　監査報告の通知期限

i　監査報告の通知期限

　特定監事は、次に掲げる日のいずれか遅い日までに特定理事及び会計監査人に対し、計算関係書類に係る監査報告の内容を通知しなければならない（法施行規則43条1項・64条）。

　(i)　会計監査報告を受領した日（法施行規則41条3項に規定する場合にあっては、同項の規定により監査を受けたものとみなされた日）から1週間を経過した日（法施行規則43条1項1号）

　(ii)　特定理事及び特定監事の間で合意により定めた日があるときは、その日（同条1項2号）

　この2号の規定により、特定理事と特定監事の合意によって監査報告の通知期限を延長することもできるが、報告期限を延長すれば、定時評議員会の招集通知を発出できる期限が遅れ、定時評議員会の開催日が遅れることになる。

ii　監査の終了時点

　計算関係書類については、特定理事及び会計監査人が上記iの規定による監査報告の内容の通知を受けた日に、監事の監査を受けたものとされる（法施行規則43条2項・64条）。

　なお、ここでいう「通知」の方法については、特に規律が加えられていないので、通知は適宜の方法で行えば足りる。

内閣府モデル定款から読み解く公益・一般法人の法人運営手続　財団編（上巻）

iii　監査報告の通知が期限内になされなかった場合

　上記 ii の規定にかかわらず、特定監事が i の規定により通知をすべき日までに同項の規定による監査報告の内容を通知をしない場合には、当該通知をすべき日に、計算関係書類は監事の監査を受けたものとみなされる（法施行規則43条3項・64条）。

　このような規定が設けられたのは、予定どおりの日時に定時評議員会を開催することを可能にするためであると考えられる。

⑹　公益法人における計算関係書類の監事監査

　一般法人法129条1項において、計算書類等（各事業年度に係る計算書類及び事業報告並びにこれらの附属明細書〔一般法人法124条1項又は2項の規定の適用がある場合にあっては、監査報告又は会計監査報告を含む。〕）を、定時評議員会の日の2週間前の日（一般法人法194条1項の場合にあっては、同項の提案のあった日）から5年間、主たる事務所に備え置かなければならないとされている（法129条1項・199条）。

　公益法人については、公益法人認定法21条2項は、毎事業年度経過後3箇月以内に⑦財産目録（1号）、④役員等名簿（2号）、⑨公益法人認定法5条13号に規定する報酬等の支給の基準を記載した書類（3号）、④上記⑦〜⑨に掲げるもののほか内閣府令で定める書類を5年間、主たる事務所に備え置かなければならないと定めている。

　この場合の内閣府令で定める書類とは、キャッシュ・フロー計算書（作成している場合又は公益法人認定法5条12号の規定により会計監査人を設置しなければならない場合に限る。）と運営組織及び事業活動の状況の概要及びこれらに関する数値のうち重要なものを記載した書類とされている（認定法施行規則28条1項）。

　そして、財産目録及びキャッシュ・フロー計算書については、定時評議員会（一般法人法127条の規定〔一般法人法199条において準用する場合を含む。〕の適用がある場合にあっては、理事会）の承認を受けなければならないとされている（認定法施行規則33条1項）。

この財産目録及びキャッシュ・フロー計算書に係る定時評議員会の承認を受けるための手続については、一般法人法124条から127条までと一般法人法施行規則35条から48条までの規定が準用される（認定法施行規則33条2項）。その結果、一般法人法124条1項の監事の監査は、計算書類及び事業報告並びにこれらの附属明細書のほか、財産目録とキャッシュ・フロー計算書（ただし、作成している場合に限る。）を対象として行うことになる。なお、会計監査人は、一般法人法107条1項の規定による計算書類及びその附属明細書のほか、財産目録及びキャッシュ・フロー計算書を監査することが定められている（認定法23条、同法施行規則40条、法197条）。

この監査の結果は、監事の監査報告、会計監査人の会計監査報告に記載されることになる。

① 事業報告等の監査

公益（一般）財団法人においては、「法務省令で定めるところにより、各事業年度に係る計算書類及び事業報告並びにこれらの附属明細書を作成しなければならない」とされている（法123条2項・199条）。また、「……計算書類及び事業報告並びにこれらの附属明細書は、法務省令で定めるところにより、監事の監査を受けなければならない」（法124条1項・199条）と、そして会計監査人設置公益（一般）財団法人においては、同条2項2号で「事業報告及びその附属明細書」は、法務省令で定めるところにより、「監事の監査を受けなければならない」と定めている。

さらに、理事は、定時評議員会の招集の通知に際しては、法務省令で定めるところにより、評議員に対し、理事会の承認（法124条3項・199条）を受けた計算書類及び事業報告並びに監査報告（一般法人法124条2項の適用がある場合にあっては、会計監査報告を含む。）を提供しなければならないと定められている（法

内閣府モデル定款から読み解く公益・一般法人の法人運営手続　財団編（上巻）

125条・199条）。

② 事業報告及びその附属明細書に関する監事の監査報告の内容

　監事は、事業報告及びその附属明細書を受領したときは、次に掲げる事項を内容とする監査報告を作成しなければならない（法施行規則45条・64条）。

i　監事の監査の方法及びその内容（同規則45条1号）

　単に監査の方法の概要では足りず、「方法及びその内容」を含めなければならない。監事の監査については、一般的な基準が存在しないため、その監査方法は法人によって異なり、その結果、その監査の方法及びその内容は、監査報告を利用する者が、監査の信頼性を正確に判断することができるように、ある程度具体的に記載する必要があると考えられる。

　（i）　監査の方法

　　　「監査の方法」とは、どのような手法によったかということであり、理事会その他の重要な会議への出席、経理担当理事等からの報告の聴取、これらの者に対する質問、重要な決裁書類等の閲覧、主要な事業所への往査などがこれに当たると解される。

　　　また、子法人の業務及び財産の状況調査も監査の方法の1つである。

　（ii）　監査の内容

　　　「監査の内容」には、監査のスケジュール、監査の方法をどのように適用したか（例えば、どの事業所へ往査したか）が含まれる。また、どのようなポイント（例えば、内部統制、理事の競業取引・利益相反取引、法人が無償でした財産上の利益の供与など）に重点を置いて監査を行ったのかも含まれると考えられる。さらに、公認会計士等を補助者として用いている場合には、それも監査の内容に含まれると解される。

ii　事業報告及びその附属明細書が法令又は定款に従い当該公益（一般）財団法人の状況を正しく示しているかどうかについての意見（同条2号）

　ここには、「法令又は定款に従い」と規定されていることから、監事としては、事業報告書及びその附属明細書に法令及び定款で要求されている記載事項がす

482

べて記載されているかどうか及びその記載事項が事実と合致しているかどうかを監査し、意見を述べなければならないと考えられる。そして、「当該公益（一般）財団法人の状況に関する重要な事項（計算書類及びその附属明細書の内容となる事項を除く。）」（法施行規則34条2項1号）をも記載しなければ、「法令」に従っているとは言えず、「当該公益（一般）財団法人の状況を正しく示していない」ということになろう。

　また、この2号の解釈については、監事の監査権限が適法性についてのみ及ぶと解するか否かにかかわらず、監事は自己の見識に基づき、自由に（すなわち、理事の判断を尊重しなければならないという要請はないので）、意見を述べることができると解さざるを得ないと考えられる。

iii　当該公益（一般）財団法人の理事の職務の遂行に関し、不正の行為又は法令若しくは定款に違反する重大な事実があったときは、その事実（同条3号）

　監事の業務監査が適法性監査に限られるか否かについては、株式会社の場合と同様に議論があるが、仮に、監事の権限は適法性監査に限られるという立場によったとしても、理事の職務の遂行に関し、不正の行為又は法令若しくは定款に違反する重大な事実があったときは、理事に善管注意義務違反があり、適法性の問題に帰着するので、本号に基づく記載を監事が監査を行うことができることには特に異論がない。

　「重大な事実」であるかどうかは、質的、量的に判断され、理事の違法行為が計算書類の数値あるいは法人の将来の財産及び損益の状況に重要な影響を与える場合にはもちろんのこと、そうではなくとも、違法行為の性質が重大である場合、とりわけ、理事の解任事由あるいは解任の訴えにおける請求認容事由との関連で重要な場合には、「重大」であるということができる。そして、違法行為が後に治癒された場合であっても記載を要する。

iv　監査のため必要な調査ができなかったときは、その旨及びその理由（同条4項）

　このような事項を監査報告に記載されるのは、監査報告を閲覧等する評議員・法人債権者（法129条3項・199条）に監査報告の信頼性と限界について注意を

内閣府モデル定款から読み解く公益・一般法人の法人運営手続　財団編（上巻）

喚起するためのものであるが、副次的には、監査に対する法人又は子法人の理事・使用人の協力を動機付けることができる可能性がある。

「必要な調査ができない場合」としては、監査に対する当該法人又は子法人の理事・使用人の非協力、災害や事故の発生、後発事象の調査が時間的に不可能な場合などが挙げられる。そして、必要な調査ができなかった程度によっては、監事が監査意見の表明をすることができない場合もあり、無責任な意見表明を強制するのは不適当であることから、「事業報告及びその附属明細書が法令又は定款に従い当該公益（一般）財団法人の状況を正しく示しているかどうかについての意見を表明しない」（45条2号）という選択も監事には許されると考えられる。

v　内部統制システムの整備（一般法人法施行規則34条2項2号に掲げる事項）に関する理事会の決議（監査の範囲に属さないものを除く。）がある場合において、当該事項の内容が相当でないと認めるときは、その旨及びその理由（同条5項）

監事は、内部統制システムの整備に関する理事会の決議が適切に事業報告に記載されているかという点と、理事会によって決定された内部統制システムの整備に関する事項が、その法人における業務の適正を確保するために相当であるかという点について判断をしなければならない。

すなわち、その法人の業務の内容、規模その他法人の具体的状況に照らして、業務の適正を確保することができるような体制に関する事項が決定されているかにつき留意する必要がある。

なお、「監査の範囲に属さないものを除く」とされているのは、内部統制システム等として定められている内容の範囲について特に制限が設けられていないことから、「念のため明らかにしているものである」と解されている（注35）。

vi　監査報告を作成した日（同条6号）

監査報告の内容を通知すべき日までに通知しないときは、その通知をすべき日に監事の監査を受けたものとみなされることとの関係で（法施行規則46条3項）、監事の監査報告には監査報告の作成日を含めなければならないとされている。

484

もっとも、監査報告を作成した日を記載することによって、その後に発生したいわゆる後発事象は監事の意見形成に反映されていないこと、また、監査報告に追記事項として含めることができなかったことを示すことができる。

なお、事業報告及びその附属明細書に対する監査報告書の書式例を示せば、次のようなものとなる。

【29-4　事業報告・その附属明細書に関する監査報告書の書式例】

監査報告書

令和○年○月○日

公益（一般）財団法人○○協会
　代表理事（理事長）○○○○殿

監事　○○○○　㊞
監事　○○○○　㊞

　私たち監事は、当協会の令和○年○月○日から令和○年○月○日までの令和○年度に係る事業報告及びその附属明細書の監査を行いました。その方法及び結果について、以下のとおり報告いたします。

1　監査の方法及びその内容

　　私たち監事は、理事会その他の重要な会議に出席するほか、理事等から事業の報告を聴取し、重要な決裁書類等を閲覧し、業務及び財産の状況を調査し、検討いたしました。

2　監査意見

　　令和○年度に係る事業報告及びその附属明細書は、法令及び定款に従い当協会の状況を正しく示していると認めます。

以　上

③　監査報告の通知期限等

i　監査報告の通知期限

特定監事は、次に掲げる日のいずれか遅い日までに、特定理事に対し、監査

報告の内容を通知しなければならない（法施行規則46条1項・64条）。

- (i) 事業報告を受領した日から4週間を経過した日（同規則46条1項1号）
- (ii) 事業報告の附属明細書を受領した日から1週間を経過した日（同条1項2号）
- (iii) 特定理事及び特定監事の間で合意により定めた日があるときは、その日（同条1項3号）

　一般法人法及び同法施行規則には、定時評議員会の一定期間前までに監事に計算書類を提供しなければならないとする規定はないが、本項（法施行規則46条1項）は、監査報告の通知期限を定めることによって、反射的に、監事による事業報告及びその附属明細書の監査期間を法律上保障するものである。

　附属明細書は、事業報告の内容を補足する重要な事項を内容とするものである以上、事業報告と附属明細書とを比較対照し、監査を行うことが必要であるという認識に基づくものであるが、附属明細書を事業報告と同時に作成することは事実上困難であるということから、少なくとも1週間は監査期間が重複するようにされている。

　監査期間の短縮の合意が認められていないのは、事業報告については十分な監査がなされる必要がある一方で、短縮を認めると、理事が監事に比べて強い交渉力を有している場合には、事実上、監事がそれに応じざるを得なくなり、十分な監査がなされないおそれがあるからである。なお、特定理事と特定監事との合意によって、報告期限を延長し、監査期間を伸長することができることとされている（同条1項3号）。

ii 監査の終了時点

　事業報告及びその附属明細書については、特定理事が上記iの規定による監査報告の内容の通知を受けた日に、監事の監査を受けたものとされる（法施行規則46条2項・64条）。

　なお、ここでいう「通知」の方法については、特に規律が加えられていないので、通知は適宜の方法で行えば足りる。

iii　監査報告の通知が期限内になされなかった場合

　上記 ii の規定にかかわらず、特定監事が i の規定により通知をすべき日までに監査報告の内容の通知をしない場合には、当該通知をすべき日に、事業報告及びその附属明細書については、監事の監査を受けたものとみなされる（法施行規則46条3項・64条）。

　このみなし通知制度は、理事会の承認決議（法124条3項・199条）を可能とするためのものであり、監査期限の柔軟化の代償とも言える。理事は、期限の伸長もできるものの、監事の監査が迅速性に欠ける場合等には、手続を進行するという選択肢をも与えられたと言える。

⑻　監査報告書の一体化

　監事が作成しなければならない監査報告の種類として、一般法人法施行規則では、事業報告と計算関係書類の監査手続が異なることに着目して、㋐計算書類及びその附属明細書についての監査報告の内容（法施行規則36条）、㋑会計監査人を設置している公益（一般）財団法人に関する計算書類及びその附属明細書についての監査報告の内容（同規則40条）、㋒事業報告及びその附属明細書についての監査報告の内容（同規則45条）を別々に規定している。

　このように一般法人法施行規則においては、監査報告の内容に関する規律は設けられているが、その具体的な作成方法、すなわちどのように書面又は電磁的記録に監査報告の内容を表示するかという点については、規定が設けられていない。

　監査報告の作成方法に関しては特に規制がないことから、㋐会計監査人を設置してない法人の計算書類及びその附属明細書と事業報告及びその附属明細書を一体化した監査報告書、㋑同様に会計監査人を設置している場合の監査報告書についても、これを一体化したものとして作成すること、また㋒各監事の監査報告をまとめて記載した一通の監査報告書として作成することも認められるものと解される。以下、監査報告を一体化した監査報告書の書式例を示せば、次のようなものとなる。

487

内閣府モデル定款から読み解く公益・一般法人の法人運営手続　財団編（上巻）

【29-5　会計監査人非設置法人の事業報告・計算書類等の監査報告書の書式例】

監査報告書

令和○年○月○日

公益（一般）財団法人○○協会
　代表理事（理事長）○○○○殿

監事　○○○○　㊞
監事　○○○○　㊞

　私たち監事は、当協会の令和○年○月○日から令和○年○月○日までの令和○年度の理事の職務の執行について監査を行いました。その方法及び結果について、以下のとおり報告いたします。

1　監査の方法及びその内容

　私たち監事は、理事及び使用人等と意思疎通を図り、情報の収集及び監査の環境の整備に努めるとともに、理事会その他重要な会議に出席し、理事及び使用人等からその職務の執行について報告を受け、必要に応じて説明を求め、重要な決裁書類等を閲覧し、業務及び財産の状況を調査しました。

　以上の方法によって、当該年度に係る事業報告及びその附属明細書について、検討いたしました。

　さらに、会計帳簿又はこれに関する資料の調査を行い、当該年度に係る計算書類及びその附属明細書〈並びに財産目録等・公益目的支出計画実施報告書〉について検討いたしました。

2　監査意見

(1)　事業報告等の監査結果

　①　事業報告及びその附属明細書は、法令及び定款に伴い、当協会の状況を正しく示しているものと認めます。

　②　理事の職務の執行に関する不正の行為又は法令若しくは定款に違反する重大な事実は認められません。

　〈③　事業報告に記載されている内部統制システムの整備に関する理事会決議及びその体制下の理事の職務の執行は、相当であると認めます。〉

(2)　計算書類及びその附属明細書〈並びに財産目録等〉の監査結果

　計算書類及びその附属明細書〈並びに財産目録等〉は、当協会の財産及び損益の状況をすべての重要な点において適正に示しているものと認めます。

第29条　監事の職務及び権限

〈(3)　公益目的支出計画実施報告書の監査結果

　　　公益目的支出計画実施報告書は、法令又は定款に従い、当協会の公益目的支出計画の実施の状況を正しく示しているものと認めます。〉

3　後発事象（重要な後発事象がある場合）

以　上

【29-6　会計監査人設置法人の事業報告・計算書類等の監査報告書の書式例】

監査報告書

令和○年○月○日

公益（一般）財団法人○○協会
　代表理事（理事長）○○○○殿

監事　○○○○　㊞
監事　○○○○　㊞

　私たち監事は、当協会の令和○年○月○日から令和○年○月○日までの令和○年度の理事の職務の執行について監査を行いました。その方法及び結果について、以下のとおり報告いたします。

1　監査の方法及びその内容

　私たち監事は、理事及び使用人等と意思疎通を図り、情報の収集及び監査の環境の整備に努めるとともに、理事会その他重要な会議に出席し、理事及び使用人等からその職務の執行について報告を受け、必要に応じて説明を求め、重要な決裁書類等を閲覧し、業務及び財産の状況を調査しました。

　以上の方法によって、当該年度に係る事業報告及びその附属明細書について検討いたしました。

　さらに、会計監査人から、当該年度の監査を行うに当たり特に考慮した監査上の危険、監査計画及び実施した監査手続等の報告を受け、会計監査人が独立の立場を保持し、かつ、適正に監査を行っていることを確かめました。

　以上の方法によって、当該年度に係る計算書類及びその附属明細書〈並びに財産目録等・公益目的支出計画実施報告書〉について検討いたしました。

2　監査意見

(1)　事業報告等の監査結果

第6章　役員〈及び会計監査人〉

① 事業報告及びその附属明細書は、法令及び定款に伴い、当協会の状況を正しく示しているものと認めます。

② 理事の職務の執行に関する不正の行為又は法令若しくは定款に違反する重大な事実は認められません。

〈③ 事業報告に記載されている内部統制システムに関する理事会決議及びその体制下の理事の職務の執行は、相当であると認めます。〉

(2) 計算書類及びその附属明細書〈並びに財産目録等〉の監査結果

　　会計監査人○○○○の監査の方法及び結果は、相当であると認めます。

〈(3) 公益目的支出計画実施報告書の監査結果

　　公益目的支出計画実施報告書は、法令又は定款に従い、当協会の公益目的支出計画の実施の状況を正しく示しているものと認めます。〉

3　後発事象（重要な後発事象がある場合）

以　上

(注) 1．〈③〉は、内部統制システムの整備に関する理事会決議がない場合は、不要である。

　　　2．〈並びに財産目録等〉は、公益財団法人以外は不要である。

　　　3．公益目的支出計画実施報告書については、移行法人以外は不要である。

【注記（第29条）】

(注1)　落合誠一編『8　会社法コンメンタール　機関(2)』、393～394頁、商事法務。

(注2)　相澤　哲他編『論点解説新・会社法　千問の道標』、409頁、商事法務。

(注3)　落合前掲書、394～395頁。

(注4)　江頭憲治郎『株式会社法』（第7版）、532頁、有斐閣。弥永真生『リーガルマインド会社法（第12版）』、192頁、有斐閣。

(注5)　落合前掲書、395頁。

(注6)　前田　庸『会社法入門』（第12版）、496頁、有斐閣。弥永前掲書、192～193頁。

(注7)　大隅健一郎他『新会社法概説』（第2版）、266～267頁、有斐閣。

(注8)　落合前掲書、400頁。

(注9)　前田前掲書、502～503頁。

(注10)　竹内昭夫他編『新版注釈会社法(6)　株式会社の機関(2)』、459頁、有斐閣。落合前掲書、400頁。

（注11）　落合前掲書、92頁。

（注12）　竹内前掲書、451頁。

（注13）　前田前掲書、500頁。落合前掲書、411頁。

（注14）　落合前掲書、411頁。

（注15）　落合前掲書、412頁。

（注16）　大隅前掲書、269頁。

（注17）　竹内前掲書、464頁。

（注18）　奥島孝康他編『新基本法コンメンタール会社法２』、240頁、日本評論社。

（注19）　同上。前田前掲書、505頁。

（注20）　落合前掲書、423頁。

（注21）　前田前掲書、526〜527頁。

（注22）　同上書、509頁。江頭前掲書、539頁。

（注23）　藤野信雄『会社法による監査役の法務＆実務』、81頁、税務経理協会。

（注24）　佐藤孝幸『詳解監査役の実務』、208頁、中央経済社。

（注25）　相澤　哲編『立案担当者による新会社法関係法務省令の解説』（別冊商事法務300号。株主総会以外の機関）、38頁、商事法務。

（注26）　阿部泰久他編集代表『会社法関係法務省令逐条実務詳解』（2016年２月５日改正）、286頁、清文社。

（注27）　相澤前掲書、38頁。

（注28）　同上書、38頁。

（注29）　弥永真生『コンメンタール会社法施行規則・電子公告規則』（2007年３月25日初版第１刷発行）、604頁、商事法務。

（注30）　同上書、604〜605頁。

（注31）　弥永真生『コンメンタール会社計算規則・商法施行規則』（2009年９月11日第２版第１刷発行）、640頁、商事法務。

（注32）　同上書、644〜645頁。

（注33）　森井英雄『新監査役の法律と実務』、393頁、税務経理協会。

（注34）　相澤　哲他編『論点解説新・会社法　千問の道標』、464頁、商事法務。

内閣府モデル定款から読み解く公益・一般法人の法人運営手続　財団編（上巻）

（注35）　相澤前掲書（注25）、58頁。

（会計監査人の職務及び権限）

第30条 会計監査人は、法令で定めるところにより、この法人の貸借対照表及び損益計算書（正味財産増減計算書）並びにこれらの附属明細書、財産目録、キャッシュ・フロー計算書を監査し、会計監査報告を作成する。

2 会計監査人は、いつでも、次に掲げるものの閲覧及び謄写をし、又は理事及び使用人に対し、会計に関する報告を求めることができる。

(1) 会計帳簿又はこれに関する資料が書面をもって作成されているときは、当該書面

(2) 会計帳簿又はこれに関する資料が電磁的記録をもって作成されているときは、当該電磁的記録に記録された事項を法令で定める方法により表示したもの

(注) 本条は、会計監査人を設ける法人の場合の規定であるので、会計監査人を置かない場合は、不要である。

1 会計監査人の基本的職務・権限

　会計監査人は、評議員会の決議によって選任され（法63条1項・177条）、法人と会計監査人との関係は、委任に関する規定に従う（法172条1項、民法643条以下）。一般法人法においては、会計監査人の設置は、大規模一般財団法人（法2条3号）である場合を除いては、任意である（法171条・170条2項）。

　一方、公益法人認定法においては、公益認定の基準の1つとして、「会計監査人を置いているものであること。ただし、毎事業年度における当該法人の収益の額、費用及び損失の額その他の政令で定める勘定の額がいずれも政令で定める基準に達しない場合は、この限りでない」と規定し（認定法5条12号）、具体的には、公益法人認定法施行令6条にその設置基準が定められている。

　監事は、財務及び会計に関する専門家である必要はないが、会計監査人は、会計の専門家である公認会計士又は監査法人でなければならない（法68条1項・177条）。このような会計監査人の監査は、債権者保護のため、また大規模一般財団法人等では、会計監査人の設置が必須とされているのは、これらの法人においては多数の利害関係人が存在し、計算書類の正確性を確保する必要性が非常に高いためである。

　会計監査人の基本的職務・権限は、法人の計算書類及びその附属明細書（公益法人の場合は、財産目録、キャッシュ・フロー計算書を含む。）の監査を行い、法務省令で定めるところにより、会計監査報告を作成することである（法107条1項・197条、法施行規則39条、認定法23条、同法施行規則40条）。本条1項（定款第30条第1項）は、このことを規定したものである。

　このように、会計監査人の職務・権限が計算書類等の監査、すなわち会計監査に限定され、業務監査一般には及ばない。しかし、その基本的職務権限を行

うのに必要な個別的職務・権限が与えられている。

なお、会計監査人には業務執行の監査権限がないため、理事の業務執行の違法等について、その調査をしなかったからといって任務懈怠とはならない。会計監査人は、事業報告及びその附属明細書の監査は行わない（法124条2項1号・199条）。

2 会計監査人の個別的職務・権限

会計監査人の個別的職務・権限は次のとおりである。

(1) 会計帳簿・資料の閲覧・謄写又は理事等に対する報告請求（本条2項関係）

会計監査人が、計算書類等を監査し、会計監査報告を作成するためには、監査対象たる法人に関する情報を収集する必要がある。そこで一般法人法は、会計監査人に対して、いつでも、次に掲げるものの閲覧及び謄写をし、または理事及び使用人に対し、会計に関する報告を求めることができることを規定している（法107条2項・197条）。本条2項（定款第30条第2項）は、このことを規定したものである。

① 会計帳簿又はこれに関する資料が書面をもって作成されているときは、当該書面（法107条2項1号）
② 会計帳簿又はこれに関する資料が電磁的記録をもって作成されているときは、当該電磁的記録に記録された事項を法務省令で定める方法により表示したもの（同条2項2号、法施行規則91条8号〔紙面又は映像画面に表示する方法〕）

「会計帳簿又はこれに関する資料」とは、法人の会計に関する限り一切の帳簿・資料を意味すると解されている（注1）。

正当な理由がないのに理事等が、会計監査人の会計帳簿・資料の閲覧・謄写を拒んだときは、100万円以下の過料の対象となる（法342条4号）。この点、

内閣府モデル定款から読み解く公益・一般法人の法人運営手続　財団編（上巻）

監査の日程や緊急の必要性から、休日や業務時間外に調査を行う場合もあることから、正当な理由による拒否かどうかは、事業ごとの個別的な判断となる。正当な理由の存在は、法人側が立証しなければならない（注2）。

　なお、会計帳簿・資料の閲覧・謄写については、業務及び財産状況の調査や子法人の調査（法107条3項・197条）と異なり、「その職務を行うため必要があるとき」との限定が付されておらず、したがって「いつでも」行使し得るとされている。

　会計帳簿・資料の閲覧・謄写だけでは、会計監査を遂行するに当たり不十分な場合に備えて、会計監査人の理事等に対する報告請求権も認められている（法107条2項柱書・197条）。会計監査人が報告を求めたのに使用人がこれに応じない場合には、会計監査人は、理事に対し、使用人に命じて報告させるよう要求することになる（注3）。

　なお、会計監査人の理事及び使用人に対する報告請求の方法、理事及び使用人が行う報告の方法については特に規定がないので、口頭・書面のいずれによってもよいが、会計監査人が特に書面による報告を求めた場合には、理事及び使用人はそれに応じなければならないと解される。

(2)　法人又は子法人の業務・財産状況の調査

①　法人の業務・財産状況の調査

　会計監査人は、その職務を行うため必要があるときは、法人の業務及び財産の状況を調査することができる（法107条3項・197条）。

　会計帳簿・資料の閲覧・謄写や理事等に対する報告請求と異なり、「その職務を行うため必要があるとき」との限定が付されているが、会計監査人は調査が必要であると判断するからこそ、この権限を行使するのが通常であって、原則として、いちいちその理由を法人に説明する義務がないとの考え方もある。

② 子法人の業務・財産状況の調査

　会計監査人は、その職務を行うため必要があるときは、子法人に対して会計に関する報告を求め、または子法人の業務及び財産の状況を調査することができる（法107条3項・197条）。

　この業務・財産の状況を会計監査人が調査する方法や時期については法律上規定がない。したがって、一般に公正妥当と認められる慣行に従って行使すべきである。

　子法人は、「正当な理由」があるときは、報告請求や業務・財産調査を拒否することができる（法107条4項・197条）。「正当な理由があるとき」とは、会計監査人の権限濫用の場合だけでなく、子法人の業務上の秘密の保持が必要な場合も含まれると解される（注4）。

(3) 補助者の欠格事由

　会計監査人は、その職務を遂行するに当たって補助者を使用することがあるが、当該補助者に関して欠格事由が規定されている（法107条5項・197条）。その趣旨は、補助者として不適任な者が会計監査にかかわることを排除して、会計監査人の独立性と監査の公正を確保する点にある。

　会計監査人は、その職務を行うに当たっては、次のいずれかに該当する者を使用することができない（法107条5項・197条）。

① 　一般法人法68条（会計監査人の資格等）3項1号（公認会計士法の規定により、一般法人法123条2項に規定する計算書類について監査をすることができない者）又は2号（公益（一般）財団法人の子法人若しくはその理事若しくは監事から公認会計士若しくは監査法人の業務以外の業務により継続的な報酬を受けている者又はその配偶者）に掲げる者（法107条5項1号・197条）

② 　会計監査人設置公益（一般）財団法人又はその子法人の理事、監事又は使用人である者（同条5項2号・197条）

③ 　会計監査人設置公益（一般）財団法人又はその子法人から公認会計士又

内閣府モデル定款から読み解く公益・一般法人の法人運営手続　財団編（上巻）

は監査法人の業務以外の業務により継続的な報酬を受けている者（同条5項3号・197条）

　なお、このような会計監査人に関する不適格者の規定は、会計監査人の補助者が公認会計士である場合についても適用されている。

⑷　定時評議員会における意見陳述

　一般法人法109条は、会計監査人の定時評議員会における出席及び意見陳述権と、定時評議員会で会計監査人の出席を求める決議があった場合の会計監査人の出席及び意見陳述義務とを定める。必要な範囲で意見を述べることは正当な理由に該当し、公認会計士法27条が規定する守秘義務や会計監査人としての守秘義務も免除されるが、具体的な事案において、どこまでが必要な範囲かの線引きは難しいと思われる（注5）。

①　会計監査人の意見陳述権

　会計監査人と監事は、互いに独立して監査を行うため、計算書類等につき双方の意見が異なる場合も生じることはあり得る。このような場合、最終的な判断は結局評議員会に委ねられるが、監事には評議員会における説明義務があるので（法190条）、評議員会において自らの意見の理由を敷衍することができる。

　これに対して、会計監査人は、当然に評議員会に出席する立場にはない。そこで、一般法人法109条1項により、一般法人法107条1項に規定する公益（一般）財団法人の計算書類及びその附属明細書（公益法人の場合には、財産目録なども含む。）が、法令又は定款に適合するかどうかについて、会計監査人が監事と意見を異にするときは、会計監査人（会計監査人が監査法人である場合にあっては、その職務を行うべき社員）は、定時評議員会に出席して意見を述べることができると規定した（法109条1項・197条）。

　なお、この1項にいう「会計監査人が監事と意見を異にする場合」とは、監事が複数いる場合に、そのうちの1人でも会計監査人と意見を異にすれば、また、会計監査人が複数いる場合に、そのうちの1人でも監事と意見を異にすれ

498

第30条　会計監査人の職務及び権限

ば、会計監査人に意見陳述権が認められる（注6）。この場合、評議員会の議長は、計算書類等の承認の採決に先立って、会計監査人に対して意見陳述の機会を与えなければならず、これを欠くときは決議の方法が法令に違反するものとして（法266条1項1号）、決議の取消しの原因になるものと解される。

② 会計監査人の意見陳述義務

　定時評議員会において、会計監査人の出席を求める決議があったときは、会計監査人は、定時評議員会に出席して意見を述べなければならない（法109条2項・197条）。

　一般法人法109条1項が会計監査人の権利であるのに対し、2項は義務である。定時評議員会は、監事と会計監査人との間に意見の相違がなくても、会計監査人の出席を求めることができる（法189条4項ただし書）。

　会計監査人に対するこの決議がなされた場合、会計監査人は定時評議員会に出席し、合理的な程度に意見を述べ、質問があればそれに答えなければならない。その程度については、当該会議の議長の判断するところによる。

　会計監査人の出席を強制する規定、出席しなかった場合の制裁規定はないが、会計監査人が定時評議員会において質問事項につき説明をしなかったり、あるいは虚偽の陳述をしたり、事実を隠ぺいしたときは、過料に処せられる（法342条6号・11号）。

(5)　会計監査人の善管注意義務

　一般法人法においては、法人と会計監査人との関係は、委任に関する規定に従うことが明記され（法172条1項）、会計監査人が法人に対して善管注意義務を負うことも明らかとなった（民法644条）。

　会計監査人には、監査のため上記(2)に述べたような調査権限が認められているが、これらは、あくまでも「権限」であるから、行使するか否かが全く自由に委ねられたものではない。法定の権限を善管注意義務をもって適切に行使することは、会計監査人の義務であるから、適切な監査手続を実施するのに必要

第6章　役員〈及び会計監査人〉

な権限を行使せず、そのために虚偽の会計監査報告を提出して、法人に損害を与えた場合には、法人に対して損害賠償責任を負うことになる（注7）。

(6) 意思疎通・監査環境の整備

　一般法人法では、会計監査人が会計監査報告を作成する際の前提事項として、会計監査人は、その職務を適切に遂行するため、法人の理事・使用人、子法人の理事・取締役・執行役等との意思疎通を図り、情報収集・監査の環境の整備に努めなければならないとされている（法107条1項後段、法施行規則18条2項）。ただし、意思疎通等が必要であるといっても、会計監査人が公正不偏の態度及び独立の立場を保持することができなくなるおそれのある関係の創設及び維持を認めるものと解してはならない（法施行規則18条2項柱書ただし書）。

　この意思疎通等の義務は、努力義務であり、その内容も一般的・抽象的であるから、意思疎通や監査環境の整備の不備があったとしても、そのことが直ちに会計監査人の善管注意義務違反を構成するわけではないが、会計監査人がそのための努力を怠り、意思疎通や監査環境の不備により、適切な監査手続が実施されなかった場合は、善管注意義務違反となり得る（注8）。

　なお、一般法人法施行規則18条2項に規定する「公正不偏の態度」とは、監査対象からの精神的独立性を、「独立の立場」とは外観的独立性をそれぞれ意味する。この場合の「外観的独立性」とは、会計監査人が一定の措置（安全策）を講じたとしても、第三者から見た際に、誠実性、客観性及び専門家としての懐疑心が阻害されていると合理的に推測されるような事実や環境を避けることをいうと解されている。

　これは、会計監査人が精神的な独立性を維持していたとしても、もし、会計監査報告の利用者が会計監査人の精神的独立性に疑いを持ったとしたら、会計監査報告を信頼できず、会計監査人による監査制度の存在意義が失われるからである。すなわち、会計監査人が精神的独立性を保持していることに対して利害関係者が疑念を抱くことを予防し、会計監査人による監査制度に対する社会的信頼性を確保することを図るものである（注9）。

⑺　会計監査人の守秘義務

　公認会計士法27条は、「公認会計士は、正当な理由がなく、その業務上取り扱ったことについて知り得た秘密を他に漏らし、又は盗用してはならない。公認会計士でなくなった後であっても、同様とする」として、公認会計士の守秘義務を定めている。一般法人法には、公認会計士の守秘義務について特に規定するところがない。しかしながら、会計監査人は、法人に対して善管注意義務を負う以上、当然に守秘義務を負うものと解される。

　ところで、会計監査人が法令の規定に従い、定時評議員会に出席して意見を述べる場合に、守秘義務との関係がどうなるかという問題がある。

　すなわち、一般法人法107条１項に規定する計算書類が法令又は定款に適合するかどうかについて、会計監査人が監事と意見を異にするときは、会計監査人（会計監査人が監査法人である場合にあっては、その職務を行うべき社員）は、定時評議員会に出席して意見を述べることができる（法109条１項・197条）。会計監査人による監査の結果については、原則として、会計監査報告により評議員に報告されるが、計算書類が法令・定款に合致しているか否かは重要な事項であることから、会計監査報告に加え、特に定時評議員会における会計監査人による意見陳述を認めているものである。

　また、定時評議員会において会計監査人の出席を求める決議があったときは、会計監査人（会計監査人が監査法人である場合は、その職務を行うべき社員）は、これに出席して意見を述べなければならない（法109条２項・197条）。

　このような場合に、必要な範囲で意見を述べることは正当な理由にあたり、公認会計士法上の守秘義務も、会計監査人としての守秘義務も免除されると解される。

3 会計監査人と監事との関係等

(1) 一般的関係

　監事は、法人の業務全般について監査を行うが、その中には会計監査も含まれる。会計監査人は、計算書類及びその附属明細書等の会計に関する監査をする権限を有するが、事業報告及びその附属明細書にはその監査権限は及ばない（法124条2項2号・197条）。

　しかし、いずれにしても計算書類等の会計に関する監査については、この点についての両者の職務・権限の関係が問題となる。この計算書類等の会計に関する監査については、その間の無意味な重複を避けるため、会計監査人が第一次的には会計監査を行い、監事は、その会計監査人の監査を前提として、会計監査人の監査の方法又は結果を相当でないと認める場合に、その旨及び理由を監査報告に記載するという構造となっている（法施行規則40条2号・64条）。

　このことから、会計監査人と監事との間には、緊密な連携関係があることが不可欠となる。そこで、一般法人法においては、この両者の緊密な連携関係を維持するために、以下のような規定を設け、監査制度の充実を図っている。

(2) 会計監査人の監事に対する報告義務

　会計監査人は、その職務を行うに際して理事の職務の執行に関し、不正の行為又は法令若しくは定款に違反する重大な事実があることを発見したときは、遅滞なく、これを監事に報告しなければならない（法108条1項・197条）。

　会計監査人の監査対象は、法令上会計帳簿等に限られているが、業務と会計は表裏一体のためその職務範囲は広汎であり、会計監査人がその職務遂行過程において、理事の職務の執行に関する不正行為等を発見しやすい立場にあるため、その場合には、その事実を監事に報告する義務を課したものである。この報告に基づき、監事による理事の職務執行に対する監査権限等の発動を促し、

理事の不正行為等の是正を図ろうとする趣旨である。

　会計監査人は業務監査の権限を有するものではないが、監事に業務監査の権限を発動してもらうための報告であるから、報告義務の対象となるのは、会計に関する事項に限定されない。不正行為はすべて報告対象となっているが、法令・定款違反の事実は重大なものに限定されているため、軽微な違反事実や、法人の運営状況が緊迫していることは報告の必要はない。報告の要否については、会計監査人が善管注意義務に従って判断しなければならない。

　「不正の行為」とは、理事がその義務に違反して法人に損害を生じさせる故意の行為、例えば法人財産の私消などとされている。法令・定款違反の場合のような重大性は特に要求されていないが、これは不正ということの性質上当然のことと解される。

　会計監査人が監事へ報告する義務を履行した場合、その後は、報告を受けた監事が善管注意義務に従って判断することになる。逆に、会計監査人が報告義務を怠った結果、法人に損害が発生した場合は、任務懈怠による損害賠償責任を負う場合がある。また、職務上の義務違反・職務懈怠として、解任事由となることもあるが罰則の制裁は規定されていない。

(3)　会計監査人に対する監事の報告請求権

　監事は、その職務を行うため必要があるときは、会計監査人に対し、その監査に関する報告を求めることができる（法108条2項・197条）。監事の監査の充実のため、監事が会計監査人からその収集した情報を活用できるように、一般的な報告請求権を認めたものであるが、上記(2)の不正行為等の報告義務とは異なり、本項は、会計監査人の本来の職務権限である会計監査に際して判明した事項についての報告を求めるものである。

　監事がその報告を求める内容としては、会計監査人が一定の事項に関して調査資料を有しているかどうか、どのような資料を得ているか、それに対してどのような評価をしているか等が考えられる（注10）。

　会計監査人が監事からの報告請求に応じなかった場合には、特に過料の制裁

は一般法人法に規定されていないが、解任事由となることがありうるにすぎない。

(4) 会計監査人の職務の遂行に関する事項の通知義務

　監事の会計監査における役割は、監事自身が、会計処理が適切に行われているかを監査することよりも、会計監査人の会計監査が適切な方法、体制によって行われているかどうか、すなわち、会計監査人の職務の遂行の監査という点に重点が置かれる。

　一般法人法では、このような監事の役割を踏まえて、会計監査人が、会計監査報告の内容を特定監事に通知するに際して、会計監査人の職務の遂行が適正に行われることを確保するための体制（いわゆる会計監査人の内部統制）を会計監査人が有しているか否かについて、通知することを要求し、その内容が監事の監査報告の内容とされる制度となったものである（法施行規則42条・40条4号）。

　これは、まず、会計監査人の職務の遂行が適正に行われることを確保する体制が整備されているかどうかは、監事が「会計監査人の監査の方法又は結果が相当」であるか否かについて意見を形成する上で考慮に入れるべき重要な要素であり、会計監査人の職務の遂行が適正に行われることを確保するための体制が整備されていない場合には、監事の監査の方法と内容に影響があると考えられるからである。

　また、「会計監査人の職務の遂行が適正に行われることを確保するための体制に関する事項」の通知義務を会計監査人に課すことによって、会計監査人がその職務の遂行が適正に行われることを確保するための体制を整備するインセンティブを与えることができると期待されることになる（注11）。

　会計監査人が特定監事に通知する事項は、次のとおりである（法施行規則42条）。

① 独立性に関する事項その他監査に関する法令及び規程の遵守に関する事項（42条1号）

　　ここに規定する事項は、会計監査人が、独立性に関する事項その他監査に関する法令及び規程について、どのような方針及び手続により遵守を担

第30条　会計監査人の職務及び権限

保しているかについての事項である。

②　監査、監査に準ずる業務及びこれらに関する業務の契約の受任及び継続
の方針に関する事項（同条2号）

　　これは、監査契約等の新規の締結及び更新の判断に当たって定められた
方針及び手続、これらの遵守に関する事項である。監査契約の内容や人員
の体制等によっては監査業務に支障をきたし、十分な監査が行われない可
能性や、会計監査人の独立性を揺るがしかねない事態を招く危険性もある。

③　会計監査人の職務の遂行が適正に行われることを確保するための体制に
関するその他の事項（同条3号）

　　これは、監査業務を審査する部門等が設置されている場合における当該
審査に関する事項、監査の実施者の人事に関する方針等、会計監査人の監
査の品質管理に関するその他の事項である。

　以上の事項については、いわば、会計監査人の内部統制ともいうべき事項で
ある。もっとも一般法人法90条4項5号等で定めなければならない、いわゆ
る「内部統制システム」が法人側の問題であるのに対し、一般法人法施行規則
42条において規定されている事項は、会計監査人である公認会計士・監査法
人側の問題であり、こうした事項を定めるのは会計監査人であって、法人が定
めるべきものではない（注12）。

　なお、本条に規定されているこれらの事項は、各事業年度の計算書類等の作
成に応じて決められるものではなく、通常、会計監査人側で定まっているもの
であることから、すべての監事が既に当該事項を知っている場合には、特に通
知することを要しないものとされている（法施行規則42条柱書ただし書）。

　そして、これらの事項は、監事が計算書類等の監査に際して、会計監査人の
監査の方法等が相当であるかどうかの判断をするに当たり参考とされるものと
なり、監事が監査報告をするに当たって、特に強調すべき事項又は明らかにし
ておくことが適切であると考えられる事項については、監査報告で明らかにす
ることとなる（法施行規則40条4号・64条）。

第6章　役員〈及び会計監査人〉

505

内閣府モデル定款から読み解く公益・一般法人の法人運営手続　財団編（上巻）

(5)　会計監査人の報酬等の決定に関する監事の関与

　理事が会計監査人又は一時会計監査人の職務を行うべき者の報酬等を定める場合には、監事（監事が2人以上ある場合にあっては、その過半数）の同意を得なければならない（法110条・197条）。

　これは、業務執行権限を有する理事からの会計監査人等の独立性を担保するため、その選解任と同様、その報酬等が適正な額であるか否かを監事の立場から判断させるためである。

　会計監査人に対する報酬等に関しては、監事の場合（法105条1項）とは異なり、定款や評議員会の決議によって定めることは特に要求されていない。したがって、理事（代表理事）がその業務執行権限に基づき、会計監査人との監査契約の内容として規定すれば足りるが（法90条・91条・197条）、会計監査人の理事からの経済的独立性を強化するために、一般法人法は監事に対して、会計監査人の報酬等の決定に関する同意権を与えたのである。

　会計監査人の監査を受ける立場の理事のみが、会計監査人に対する報酬等の決定にかかわると、会計監査人が法人に対し十分な質・量の役務を提供することが困難な低い水準に報酬等を抑制したいとのインセンティブが働きかねないので、これを防止するために、会計監査人の報酬等の決定においては、監事の同意が要求されていると言える。

　なお、報酬に関する合意は、必ずしも法人と会計監査人との間の監査契約成立の要素ではないため、監査契約自体を成立させることは妨げられない。

　したがって、監査当初は監事による報酬等についての同意が得られていない場合であっても、監査契約を締結し、監査を行い、その後で報酬等につき監事の同意を得ることでも差し支えない（注13）。

506

4　会計監査人の責任

(1) 会計監査人の法人に対する責任

① 任務懈怠による損害賠償責任

　会計監査人がその任務を怠ったことにより、法人に対して損害を与えた場合には、法人に対して損害を賠償する責任を負う（法111条1項・198条）。

　任務懈怠により法人に損害を発生させる例としては、例えば、㋐監査の実施が不適切なため法人の業務に支障を生じさせる場合、㋑守秘義務に違反する場合、㋒監事に対する報告義務に違反する場合等が考えられる。

　任務懈怠、損害の発生とその額、因果関係の立証責任は、理事・監事の責任追及の場合と同様に、法人側にある。任務懈怠による損害賠償責任は無過失責任ではないから、任務懈怠があった場合であっても、故意・過失がなかったことを会計監査人の側で立証した場合には、責任を負わない。

　会計監査人の法人に対する損害賠償責任の消滅時効については、一般法人法においては、会計監査人の法人に対する任務懈怠責任も理事の任務懈怠責任を規定する一般法人法111条以下にまとめられたことにもかんがみると、その消滅時効も10年と解することになるものと解される。

② 職員の不正行為と会計監査人の責任

　職員の業務上横領等の不正行為を発見できないまま無限定適正意見を記載した会計監査報告を提出した会計監査人が、発見が遅れたことにより拡大した損害について、法人に対して損害賠償責任を負うかである。

　ところで、財務諸表監査の主たる目的は、財務諸表が法人の財政状態及び経営成績を適正に表示しているか否かを検証して意見を表明することであるが、財務諸表の重要な虚偽の表示をもたらす不正・誤謬の発見に努めることは、財

務諸表監査の目的に含まれると解される。

この点は、会計監査人の法人に対する責任を検討する際にも考慮すべきであるが、不正・誤謬を発見できなかったからといって、ただちに会計監査人に任務懈怠があるということはできないと解されている。

③ 職務担当社員・補助者を選任した場合の責任

会計監査法人に選任された監査法人は、その社員の中から会計監査人の職務を行うべき者（職務担当社員）を選任し、これを法人に通知しなければならないこととされている（法68条2項・177条）。そうすることが法人にとって便利であり、責任の所在も明らかになるからである。職務担当社員は、監査法人の機関として準委任事務を行うのであるから、その者の職務の態様が会計監査人の任務懈怠の有無を判断する上で大きく影響するが、任務懈怠による損害賠償責任は、監査法人自体が負う。

また、会計監査人は、監査を行うに当たり補助者を使用することができるが（補助者の欠格事由については、法107条5項）、補助者が法人に加えた損害についても、会計監査人は法人に対する損害賠償責任を負う。この補助者は、履行補助者（債務者の債務履行について債務者を補助してその履行に従事する者）であって、履行代行者ではないから、会計監査人はその選任・監督について過失がなかったことを理由に免責されない（注14）。

④ 法人の損失と過失相殺

会計監査人が法人に対して損害賠償責任を負う場合で、法人側（特に、業務執行理事による場合）に故意・過失があった場合、過失相殺によって賠償額が軽減されるかである。

法人と会計監査人との関係が委任の関係であることからすれば（法172条1項）、委任者たる法人側に故意・過失があった場合は、過失相殺があり得ると考えるのが自然である（民法418条）。

この問題については、旧商法特例法のもとでも、過失相殺の適用を否定する

説と認める説とに分かれていた。

一般法人法において、この問題につきどのように解するべきかである。一般法人法のもとでは、任務懈怠責任の負担・減免やその追及については、「役員等」（法111条1項かっこ書）として括られ、会計監査人にも理事・監事と共通の規律が適用されることになったことから（法111条〜118条）、理事・監事の責任との均衡にも配慮しつつ、また、法人が原告となった場合のみならず、責任追及の訴えによって責任追及がなされる場合をも念頭において、この問題を論ずる必要があると考えられる。法人側に故意・過失がある場合に、会計監査人の責任を限定すべき場合があることは否定できないが、その場合の理論構成として、過失相殺の法理（東京地裁平成2年9月28日・福岡地裁平成8年1月30日など）によるのか、寄与度に応じた因果関係の割合的認定（大阪地裁平成16年12月22日）の考え方によるのかは、今後の検討課題として考えるべきことであろう。

⑤ 複数の会計監査人が選任された場合の責任

複数の会計監査人が選任された場合に、各会計監査人の職務分担を定めたとしても、会計監査人としての責任は、その分担範囲に限定されない（注15）。それぞれの会計監査人が損害賠償責任を負うときは、連帯債務となる（法118条）。この場合、各会計監査人の分担は、会計監査人相互間における求償の問題である。

(2) 会計監査人の責任の免除

会計監査人の任務懈怠によって損害賠償責任が発生したとしても、債権者たる法人が免除すれば責任は消滅する。

一般法人法においては、会計監査人の任務懈怠による損害賠償責任は、理事・監事等と同様、総評議員の同意により全額を免除することができると定めている（法112条・198条）。

ただし、その職務を行うにつき善意でかつ重大な過失がないときは、例外的に、総評議員の同意がなくても、㋐評議員会の特別決議による責任の一部免除（法113条・198条）、㋑定款の定めに基づく理事会決議による責任の一部免除（法

114条・198条)、⑦定款の定めに基づく責任限定契約による責任の限定（法115条・198条）の３つの責任の一部免除の方法が認められている。

　⑦及び④により免除できる額の限度額は、損害賠償責任を負う額から、会計監査人が在職中に法人から職務執行の対価として受け、または受けるべき財産上の利益の一年当たりの額に相当する額（法施行規則19条で定める方法により算定される額）に２を乗じた額（最低責任限度額）を控除した額である（法113条１項・114条１項）。すなわち、報酬の２年分に相当する最低責任限度額の部分は免除できないことになる。

　これに対して、⑦の責任限定契約による場合は、定款で定めた額の範囲内であらかじめ法人が定めた額と最低責任限度額とのいずれか高い額を限度とする契約を締結することになるため、定款の定め方や報酬の額によっては、最低責任限度額を損害賠償責任の額の上限とすることも可能となる（法115条１項・198条）。したがって、定款には具体的金額を定めず、最低責任限度額の範囲で責任を負う旨を定めることも適法と考えられる。

⑶　会計監査人の第三者に対する責任

　会計監査人がその職務を行うについて、悪意又は重大な過失があったときは、これによって第三者に生じた損害を賠償する責任を負う（法117条１項・198条）。

　会計監査人が会計監査報告に記載し、または記録すべき重要な事項についての虚偽の記載又は記録した場合は、その行為をすることについて注意を怠らなかったことを証明したときを除き、第三者に生じた損害を賠償する責任を負うことになる（法117条２項３号・198条）。

　本来、会計監査人は第三者に対しては直接の法律関係に立たないで、不法行為（民法709条）に該当する行為がない限り、第三者に対して損害賠償責任を負わないはずであるが、会計監査報告は第三者の利害に大きな影響を及ぼすので、第三者に対する直接の責任が規定されているのである。

　過失については、会計監査人側でその不存在について立証責任を負うが、会計監査報告の虚偽記載、損害の発生と額、因果関係については、責任を追及す

る第三者が立証責任を負う。会計監査報告の記載に「虚偽」があったか否か、会計監査人に故意・過失がなかったか否か、第三者に生じた損害と虚偽記載との間に因果関係があるか否か等は、事案ごとに判断されることになる。現実にこの責任が問題となる典型的な場合としては、いわゆる粉飾決算の疑いがあるにもかかわらず、会計監査報告において無限定適正意見が記載・記録されていた場合が挙げられる。

なお、会計監査人は、他の役員も法人又は第三者に対して当該損害賠償責任を負うときは、他の役員とともに連帯して損害賠償責任を負うことになる（法118条・198条）。

損害賠償を請求できる「第三者」範囲には、法人に対する債権者などが含まれる。

(4) 会計監査人の刑事責任

会計監査人が、その職務に関し、不正の請託を受けて、財産上の利益を収受し、またはその要求若しくは約束をしたときは、5年以下の懲役又は500万以下の罰金に処せられる（法337条1項2号）。

また、会計監査報告に記載し、若しくは記録すべき事項を記載せず、若しくは記録せず、または虚偽の記載若しくは記録をしたときは、100万円以下の過料に処せられる（法342条7号）。

5 一時会計監査人

会計監査人の辞任、死亡、解任、欠格事由の発生等によって、それが全く欠けた場合又は定款で定めた会計監査法人の員数が欠けた場合には、法人は、遅滞なく会計監査法人を選任しなければならないが、そのためにわざわざ臨時評議員会を開催することが困難なことがある。

そこで、会計監査人の員数が欠けた場合において、遅滞なく会計監査人が選任されないときは、監事は、一時会計監査人の職務を行うべき者を選任しなけ

内閣府モデル定款から読み解く公益・一般法人の法人運営手続　財団編（上巻）

ればならない（法75条4項・177条）。この選任の手続を怠った場合には、過料の処分が課せられる（法342条13号）。

　この一時会計監査人制度は、理事又は監事の員数を欠いた場合の「一時理事の職務を行うべき者」又は「一時監事の職務を行うべき者」（法75条2項・177条）の選任と同じ趣旨のものであるが、裁判所による選任ではなく、監事による選任である点において、理事や監事の場合とは異なっている。

　この一時会計監査人の選任についても、会計監査人の資格、欠格事由、会計監査人が監査法人である場合のその職務を行うべき社員の指名及びその欠格事由（法68条・177条）並びに監事による会計監査人の解任（法71条・177条）の規定が準用される（法75条5項・177条）。

　一時会計監査人の職務を行うべき者の就任による変更の登記については、一般法人法321条の規定により申請を行うことになる。

　この場合、変更の登記の添付書面（法321条1項）については、「会計監査人の就任による変更の登記」の場合と同様であるが、その場合の「選任に関する書面」（法321条1項1号）としては、監事の選任書等がこれに該当する（平成20年9月1日法務省民商第2351号法務省民事局長通達「一般法人法等の施行に伴う法人登記事務の取扱について」第3部第2・7(2)イ(ア)b）。

　一時会計監査人の職務・権限は、会計監査人のそれと全く同じである（それを制限する旨の規定は存在しない。）。その任期については、その性質上、会計監査人の任期に関する規定（法69条・177条）は適用されない。すなわち、理事は、一時会計監査人が選任された後、最初に招集される評議員会において会計監査人を選任する手続をとらなければならず、そこで新たに会計監査人が選任されて欠員が補充されることになるので、一時会計監査人は当然にその地位を失う。この場合、この選任手続において一時会計監査人を会計監査人に選任することも可能である。

6 会計監査人の監査、会計監査報告

(1) 会計監査人の監査

　会計監査人は、公益（一般）財団法人の計算書類（法123条2項に規定する計算書類。貸借対照表及び損益計算書をいう。）及びその附属明細書を監査する（法107条1項・197条）。

　公益法人の会計監査人については、一般法人法107条1項の規定によるもの（計算書類及びその附属明細書）のほか、財産目録及びキャッシュ・フロー計算書を監査する（認定法23条、同法施行規則40条）。

(2) 会計監査報告

　会計監査人は、計算書類及びその附属明細書につき監査をした場合には、法務省令で定めるところにより、会計監査報告を作成しなければならない（法107条1項後段）。なお、公益法人の会計監査人は、この会計監査報告には、財産目録及びキャッシュ・フロー計算書の監査の結果を併せて記載し、または記録しなければならない（認定法23条、同法施行規則40条）。

① 計算関係書類の提供

　計算関係書類（一般法人法123条2項に規定する計算書類〔貸借対照表及び損益計算書〕及びその附属明細書・法施行規則26条2号）は、会計監査人設置公益（一般）財団法人については、会計監査人及び監事の監査の対象となる。そこで、一般法人法施行規則38条は、計算関係書類を作成した理事は、会計監査人に対して計算関係書類を提供しようとするときは、監事に対しても計算関係書類を提供しなければならないと規定している。

　これは監事の監査期間を確保し、監事が会計監査人からの会計監査報告を受領する前に自らの監査を進めることを可能にし、会計監査人の監査の方法及び

内閣府モデル定款から読み解く公益・一般法人の法人運営手続　財団編（上巻）

結果の相当性を判断する上で必要な活動を行うことを可能にするものである。

　また、会計監査人にとっても、監査に当たり監事とコミュニケーションを図り、意見交換を行う可能性があるから、監事としては計算関係書類の提供を受けておく必要があるからである（注16）。

②　会計監査報告の作成

　会計監査人は、公益（一般）財団法人の計算書類及びその附属明細書を監査するが、この場合には、会計監査人は、法務省令で定めるところにより、会計監査報告を作成しなければならないこと（法107条1項・197条）を受けて、一般法人法施行規則18条（同規則62条）は、会計監査人が会計監査報告を作成するに際しての前提となる事項に関して定めている。

　会計監査人が監査の実効性を確保するためには、監査対象から独立していることが必要である一方、十分な情報を適切に収集することができなければならない。会計監査人は、計算関係書類の作成者である代表理事（理事長）・業務執行理事から独立している者として、一般法人法上は位置付けられているので、十分な情報を適時に入手できないおそれもある。そこで、この同規則18条においては、理事等との意思疎通や情報の収集等を図るよう努めることを会計監査人に求めている。

　会計監査人は、理事及び使用人に対し、会計に関する報告を求めることができ（法107条2項）、またその職務を行うために必要があるときは、会計監査人設置公益（一般）財団法人の子法人に対して会計に関する報告を求めることができるとされているが（法107条3項・197条）、一般法人法施行規則18条2項においては、その職務を適切に遂行するため、次に掲げる者との意思疎通を図り、情報の収集及び監査の環境の整備に努めなければならないと定めている。ただし、会計監査人が公正不偏の態度及び独立の立場を保持することができなくなるおそれのある関係の創設及び維持を認めるものと解してはならないとされている（法施行規則18条2項・62条）。

　i　当該公益（一般）財団法人の理事及び使用人（18条2項1号）

ii 当該公益（一般）財団法人の子法人の理事、取締役、会計参与、執行役、業務を執行する社員、会社法598条1項の職務を行うべき者その他これらの者に相当する者及び使用人（同条2項2号）

iii その他会計監査人が適切に職務を遂行するに当たり意思疎通を図るべき者（同条2項3号）

なお、2項柱書ただし書において「会計監査人が公正不偏の態度及び独立の立場を保持することができなくなるおそれのある関係の創設及び維持を認めるものと解してはならない」と定めているが、「公正不偏の態度」とは、監査対象から精神的独立を意味する。また、「独立の立場」とは、外観的独立性を意味する。

③ 会計監査報告の内容

会計監査人は、理事から計算関係書類を受領したときは、次に掲げる事項を内容とする会計監査報告を作成しなければならない（法施行規則39条1項・64条）。

i 会計監査人の監査の方法及びその内容（39条1項1号）

会計監査人の監査の方法及びその内容を会計監査報告の内容とすることを求めることは、会計監査人の監査の方法が適切なものとなるインセンティブを与えるとともに、会計監査人が適切な監査を行ったことを監査報告書を利用する者が認識して、会計監査人の監査報告書に対する法人債権者等の信頼を確保できるようにするという意義を有する（注17）。

ii 計算関係書類が当該公益（一般）財団法人の財産及び損益の状況をすべての重要な点において適正に表示しているかどうかについての意見があるときは、次の(i)から(iii)までに掲げる意見の区分に応じ、当該(i)から(iii)までに定める事項（同条1項2号）

(i) 無限定適正意見（同条1項2号イ）

監査の対象となった計算関係書類が一般に公正妥当と認められる会計の慣行に準拠して、当該計算関係書類に係る期間の財産及び損益の状況をすべての重要な点において適正に表示していると認められる旨

内閣府モデル定款から読み解く公益・一般法人の法人運営手続　財団編（上巻）

(ii)　除外事項を付した限定付適正意見（同条１項２号ロ）

　　監査の対象となった計算関係書類が除外事項を除き一般に公正妥当と認められる会計の慣行に準拠して、当該計算関係書類に係る期間の財産及び損益の状況をすべての重要な点において適正に表示していると認められる旨並びに除外事項

(iii)　不適正意見（同条１項２号ハ）

　　監査の対象となった計算家計書類が不適正である旨及びその理由

iii　(i)から(iii)までの意見がないときは、その旨及びその理由（同条１項３号）

　「意見がないとき」とは、会計監査人において重要な監査手続が実施されなかったこと等により、計算関係書類に対する意見を表明するための合理的な基礎を得ることができない場合をいうものであり、その場合には意見の表明をしない旨及びその理由を会計監査報告の内容とすることになる。

iv　追記情報（同条１項４号）

　「追記情報」とは、次に掲げる事項その他の事項のうち、会計監査人の判断に関して説明を付す必要がある事項又は計算関係書類の内容のうち強調する必要がある事項である（法施行規則39条２項・64条）。

(i)　正当な理由による会計方針の変更（39条２項１号）

(ii)　重要な偶発事象（同条２項２号）

　　「偶然事象」とは、計算関係書類作成日において存在する利益又は損失が発生する可能性について不確実性が存在する状況であり、その不確実性が将来事象の発生により、または発生しないことが確定することにより解消されるものをいう。例えば、係争中の訴訟や行政処分、債務保証などがある。

(iii)　重要な後発事象（同条２項３号）

　　「後発事象」とは、事業年度の末日後に生じた事実で、法人の財産又は損益の状態に重要な影響を及ぼすものをいう。

v　会計監査報告を作成した日（39条１項５号）

　会計監査報告の内容を通知すべき日までに通知しないときは、その通知をすべき日に計算関係書類については、会計監査人の監査を受けたものとみなされ

ることとの関係で（法施行規則41条3項）、会計監査報告の作成日を含めなければならないとされている。

　もっとも、会計監査報告を作成した日を記載することによって、その後に発生したいわゆる後発事象は会計監査人の意見形成に反映されていないこと、また会計監査報告に追記事項として含めることができなかったことを示すことができる（注18）。

④　会計監査報告の通知期限等

ⅰ　会計監査報告の通知期限

　会計監査人は、次に掲げる日のいずれか遅い日までに、特定監事及び特定理事に対し、各事業年度に係る計算書類及びその附属明細書についての会計監査報告の内容を通知しなければならない（法施行規則41条1項）。

（ⅰ）　当該計算書類の全部を受領した日から4週間を経過した日(41条1項1号)

（ⅱ）　当該計算書類の附属明細書を受領した日から1週間を経過した日（同条1項2号)

（ⅲ）　特定理事、特定監事及び会計監査人の間で合意により定めた日があるときは、その日（同条1項3号)

　一般法人法及び同法施行規則には、定時評議員会の一定期間前までに会計監査人に計算書類を提供しなければならないとする規定はないが、本条1項は、会計監査報告の通知期限を定めることによって、反射的に、会計監査人による各事業年度の計算書類及びその附属明細書の監査期間を法律上保障するものである（注19）。

　各事業年度の計算書類及びその附属明細書の監査については、少なくとも1週間は計算書類と附属明細書とを手許において、会計監査人は監査を行うことができる。これは、附属明細書は計算書類の内容を補足する重要な事項を内容とするものである以上、計算書類と附属明細書とを比較対照し、監査を行うことが必要であるという認識に基づくものである。

　なお、特定理事、特定監事及び会計監査人の合意によって報告期限を延長す

ることができるが、延長すればそれだけ定時評議員会の招集通知を発出できる
時期が遅れ、定時評議員会の開催日が遅れるだけのことである。

ⅱ　監査の終了時点

計算関係書類については、特定監事及び特定理事が上記ⅰの規定による会計
監査報告の内容の通知を受けた日に、会計監査人の監査を受けたものとされる
（法施行規制41条2項）。この通知がされれば、会計監査人による監査は終了す
ることになる。

なお、ここでいう「通知」の方法については、特に規律が加えられていない
ので、通知は適宜の方法で行うことで差し支えない。

ⅲ　会計監査報告の通知が期限内になされなかった場合

上記ⅱの規定にかかわらず、会計監査人がⅰの規定により通知をすべき日ま
でに会計監査報告の内容の通知をしない場合には、当該通知をすべき日に、計
算関係書類については、会計監査人の監査を受けたものとみなされる（法施行
規則41条3項）。

このような規定が設けられたのは、何らかの事情で、会計監査人が会計監査
報告を作成せず、または会計監査人が会計監査結果を特定理事及び特定監事に
通知せず、監査が終了しない場合であっても、会計監査人による監査を受けた
ものとして、予定どおりの日時に定時評議員会を開催することを可能にするた
めであると考えられる。

ⅳ　特定理事・特定監事

会計監査人の会計監査報告に関し、2人以上の理事や監事が関与する場合に、
通知等をすべての理事・監事に対して行わなければならないとすることは煩瑣
である。そこで、それを避けるために、特定理事及び特定監事という概念が定
められている。

一般法人法施行規則41条1項及び2項にいう「特定理事」とは、㋐同条1
項の規定による会計監査人から会計監査報告の内容の通知を受ける理事を定め
た場合は、その通知を受ける理事として定められた理事であり（4項1号）、㋑
上記㋐に掲げる場合以外の場合は、監査を受けるべき計算関係書類の作成に関

する職務を行った理事（4項2号）である。

　また、一般法人法施行規則41条1項及び2項にいう「特定監事」とは、㋐2人以上の監事が存する場合において、同条1項の規定による会計監査報告の内容の通知を受ける監事を定めたとき（互選その他の適宜の方法による。）は、その通知を受ける監事として定められた監事（5項1号）であり、㋑2人以上の監事が存する場合において、同条1項の規定による会計監査報告の内容の通知を受ける監事を定めていないときは、すべての監事（5項2号）、㋒上記㋐及び㋑に掲げる以外の場合（監事が1人しか存しない場合）は、その監事が特定監事とされる（5項3号）。

⑤　会計監査報告書の書式例

　公益（一般）財団法人の会計監査報告書の書式例については、日本公認会計士協会非営利法人委員会実務指針第34号（平成22年3月12日・平成24年4月10日改正・平成28年9月27日最終改正）「公益法人会計基準を適用する公益社団・財団法人及び一般社団・財団法人の財務諸表に関する監査上の取扱い及び監査報告書の文例」において、「付録　独立監査人の監査報告書の文例」として、次のような区分に従い記載されている。

i　無限定意見

（i）　公益社団・財団法人で法定監査である場合の文例（文例1）

（ii）　移行法人で法定監査である場合の文例（文例2）

（iii）　一般社団・財団法人（移行法人を除く。）で公益法人会計基準を適用した財務諸表について法定監査を実施した場合の文例（文例3）

ii　除外事項付意見

（i）　限定意見（文例4・5）

（ii）　否定的意見（文例6）

（iii）　意見不表明（文例7）

iii　追記情報（文例8）

内閣府モデル定款から読み解く公益・一般法人の法人運営手続　財団編（上巻）

【30-1　公益社団・財団法人で法定監査である場合の文例（文例１）】

独立監査人の監査報告書

令和×年×月×日

公益社団（財団）法人○○○○
　理事会御中（注１）

○○○○公認会計士事務所
　公認会計士　○○○○　印
○○○○公認会計士事務所
　公認会計士　○○○○　印
（注２）

〈財務諸表監査〉

　私たち（注３）は、公益社団法人及び公益財団法人の認定等に関する法律第23条の規定に基づき、公益社団（財団）法人○○○○の平成×年×月×日から平成×年×月×日までの○○事業年度（注４）の貸借対照表及び損益計算書（公益認定等ガイドラインⅠ-5(1)の定めによる「正味財産増減計算書」をいう。）並びにその附属明細書並びにキャッシュ・フロー計算書（注５）並びに財務諸表に対する注記について監査し、併せて、貸借対照表内訳表及び正味財産増減計算書内訳表（以下、これらの監査の対象書類を「財務諸表等」という。）について監査を行った。

財務諸表等に対する理事者の責任

　理事者の責任は、我が国において一般に公正妥当と認められる公益法人会計の基準に準拠して財務諸表等を作成し適正に表示することにある。これには、不正又は誤謬による重要な虚偽表示のない財務諸表等を作成し適正に表示するために理事者が必要と判断した内部統制を整備及び運用することが含まれる。

監査人の責任

　私たち（注３）の責任は、私たち（注３）が実施した監査に基づいて、独立の立場から財務諸表等に対する意見を表明することにある。私たち（注３）は、我が国において一般に公正妥当と認められる監査の基準に準拠して監査を行った。監査の基準は、私たち（注３）に財務諸表等に重要な虚偽表示がないかどうかについて合理的な保証を得るために、監査計画を策定し、これに基づき監査を実施することを求めている。

　監査においては、財務諸表等の金額及び開示について監査証拠を入手するための手続が実施される。監査手続は、私たち（注３）の判断により、不正又は誤謬による財務諸表等の重要な虚偽表示のリスクの評価に基づいて選択及び適用される。財務諸表監査の目的は、内部統制の有効性について意見表明するためのものではない

520

第30条　会計監査人の職務及び権限

が、私たち（注3）は、リスク評価の実施に際して、状況に応じた適切な監査手続を立案するために、財務諸表等の作成と適正な表示に関連する内部統制を検討する。また、監査には、理事者が採用した会計方針及びその適用方法並びに理事者によって行われた見積りの評価も含め全体としての財務諸表等の表示を検討することが含まれる。

　私たち（注3）は、意見表明の基礎となる十分かつ適切な監査証拠を入手したと判断している。

監査意見

　私たち（注3）は、上記の財務諸表等が、我が国において一般に公正妥当と認められる公益法人会計の基準に準拠して、当該財務諸表等に係る期間の財産、損益（正味財産増減）及びキャッシュ・フロー（注6）の状況をすべての重要な点において適正に表示しているものと認める。

〈財産目録に対する意見〉

　私たち（注3）は、公益社団法人及び公益財団法人の認定等に関する法律第23条の規定に基づき、公益社団（財団）法人○○○○の平成×年×月×日現在の○○事業年度（注4）の財産目録（「貸借対照表科目」、「金額」及び「使用目的等」の欄に限る。以下同じ。）について監査を行った。

財産目録に対する理事者の責任

　理事者の責任は、財産目録を、我が国において一般に公正妥当と認められる公益法人会計の基準に準拠するとともに、公益認定関係書類（注7）と整合して作成することにある。

監査人の責任

　私たち（注3）の責任は、財産目録が、我が国において一般に公正妥当と認められる公益法人会計の基準に準拠しており、公益認定関係書類（注7）と整合して作成されているかについて意見を表明することにある。

財産目録に対する監査意見

　私たち（注3）は、上記の財産目録が、我が国において一般に公正妥当と認められる公益法人会計の基準に準拠しており、公益認定関係書類（注7）と整合して作成されているものと認める。

利害関係

　公益社団（財団）法人○○○○と私たち（注8）との間には、公認会計士法の規定により記載すべき利害関係はない。

以　　上

（注）1．　宛名については、理事会又監事等、提出先に応じて決めることがでる。
　　　2．　①　会計監査人が無限責任監査法人の場合で、指定証明であるときには、以下とする。

内閣府モデル定款から読み解く公益・一般法人の法人運営手続　財団編（上巻）

　　　　　○○監査法人
　　　　　　指　定　社　員
　　　　　　業務執行社員　　　　公認会計士　　○○○○　印
　　　　　　指　定　社　員
　　　　　　業務執行社員　　　　公認会計士　　○○○○　印
　②　会計監査人が無限責任監査法人の場合で、指定証明でないときには、以下とする。
　　　　　○○監査法人
　　　　　　代　表　社　員
　　　　　　業務執行社員　　　　公認会計士　　○○○○　印
　　　　　　業務執行社員　　　　公認会計士　　○○○○　印
　③　会計監査人が有限責任監査法人の場合は、以下とする。
　　　　　○○有限責任監査法人
　　　　　　指定有限責任社員
　　　　　　業務執行社員　　　　公認会計士　　○○○○　印
　　　　　　指定有限責任社員
　　　　　　業務執行社員　　　　公認会計士　　○○○○　印
　3．　会計監査人が監査法人の場合には、「当監査法人」とする。
　4．　法人の会計年度の呼称に合わせる。
　5．　公益法人認定法の基準によりキャッシュ・フロー計算書を作成しない場合には、「貸借対照表
　　　及び損益計算書（公益認定等ガイドラインⅠ−5(1)の定めによる「正味財産増減計算書」をいう。）
　　　並びにその附属明細書とする。
　6．　公益法人認定法の基準によりキャッシュ・フロー計算書を作成しない場合には、「当該財務諸
　　　表等に係る期間の財産及び損益（正味財産増減）の状況」とする。
　7．　公益認定関係書類とは、公益認定申請書・移行認定申請書、定期提出書類、公益法人の事業
　　　報告等の提出書類をいう。
　8．　会計監査人が監査法人の場合には、「当監査法人又は業務執行社員」とする。

※　出典：日本公認会計士協会非営利法人委員会実務指針第34号（公益法人会計基準を適用する公
　　益社団・財団法人及び一般社団・財団法人の財務諸表に関する監査上の取扱い及び監査報告書の
　　文例）の「付録　独立監査人の監査報告書の文例　1．無限定意見(1)公益社団・財団法人で法定
　　監査である場合の文例（文例1）」による。

【注記（第30条）】

（注1）　江頭憲治郎『株式会社法』（第7版）、623頁、有斐閣。

（注2）　門口正人他編『会社法大系3　機関・計算等』、315頁、青林書院。

（注3）　同上書、313頁。

（注4）　竹内昭夫他編『新版注釈会社法(6)』、459頁、有斐閣。

（注5）　門口前掲書、317頁。

（注6）　竹内前掲書、620頁。

（注7）　同上書、560頁。

（注8）　門口前掲書、316頁。

（注9）　弥永真生『コンメンタール会社法施行規則・電子公告規則』、624〜625頁、商事法務。

（注10）　前田　庸『会社法入門』（第12版）、527頁、有斐閣。

（注11）　弥永真生『コンメンタール会社計算規則・商法施行規則』（第2版）、700頁、商事法務。

（注12）　相澤　哲編著『立案担当者による新会社法関係法務省令の解説』、101〜102頁、商事法務。

（注13）　相澤　哲他編著『論点解説新・会社法　千問の道標』、421〜422頁、商事法務。

（注14）　竹内前掲書、573頁。江頭前掲書、626頁（注25）。

（注15）　竹内前掲書、523頁。

（注16）　弥永前掲書（注11）、661頁。

（注17）　同上書、667頁。

（注18）　同上書、677〜678頁。

（注19）　同上書、695〜696頁。

(役員〈及び会計監査人〉の任期)
第31条　理事の任期は、選任後2年以内に終了する事業年度のうち、最終のものに関する定時評議員会の終結の時までとする。ただし、再任を妨げない。

2　監事の任期は、選任後4年以内に終了する事業年度のうち、最終のものに関する定時評議員会の終結の時までとする。ただし、再任を妨げない。

3　補欠として選任された理事又は監事の任期は、前任者の任期の満了する時までとする。なお、増員された理事の任期は、他の在任理事の任期が満了する時までとする。

4　理事又は監事は、第26条に定める定数に足りなくなるときは、任期の満了又は辞任により退任した後も、新たに選任された者が就任するまで、なお理事又は監事としての権利義務を有する。

〈5　会計監査人の任期は、選任後1年以内に終了する事業年度のうち、最終のものに関する定時評議員会の終結の時までとする。

ただし、その定時評議員会において別段の決議がされなかったときは、再任されたものとみなす。〉

㊟　会計監査人を置かない場合、〈　〉内は不要である。

1　理事の任期（本条1項関係）

(1) 理事の任期

　理事の任期は、原則として「選任後2年以内に終了する事業年度のうち、最終のものに関する定時評議員会の終結の時まで」である（法66条・177条）。ただし、定款によって、その任期を短縮することができる（法66条ただし書・177条）。

　一般法人法の下では、定款に何ら規定を設けていない場合には、いわば自動的に選任後2年以内の最終の決算期に関する定時評議員会の終結の時までが任期（法定任期）ということになる。法人の中には、「選任後1年以内に終了する事業年度のうち……」と定款で短縮しているものがあるが、事例としては少ない。

　一般法人法においては、会社法332条2項のような、定款による任期の伸長規定は置かれていない。会社法においては、非公開会社では、定款をもって取締役の任期を「選任後10年以内に終了する事業年度のうち、最終のものに関する定時株主総会の終結の時まで」伸長することが例外的に認められている（会社法332条2項）。これは、非公開会社は所有と経営の分離の程度が低い会社であり、株主構成の変動がほとんどなく、役員も変動しないことが多いため、任期を限定する必要性が乏しいからである。

理事の任期につき任期制を採用した趣旨は、理事が定期的に評議員会による
チェック（信任）を受けることにより、法人運営の民主性を確保することにあ
る（注1）。

理事の任期が「定時評議員会の終結の時まで」とされているのは、これは定
時評議員会で後任者を選任する便宜を考慮したものであり、次の選任の前に任
期切れとなり欠員状態を生じるのを防ぐためである（注2）。

(2)　任期の起算点

理事の任期は、従来のように「就任時」からではなく、「選任時（選任決議を
した時）」から起算される。任期は、法人側の意思によって定め、これを理事
が受託する性質のものであり、任期を就任日から起算すれば理事の意思により
任期が左右され、妥当でないからである。特に、選任時を選任決議時と解する
のは、条件付決議である補欠理事（法63条2項・177条）の任期の起算日との平
仄を考慮した解釈と考えられる。

「任期の起算点である選任時」とは、事実行為としての評議員会の選任決議
を意味し、選任決議の効力発生時期を遅らせることとしても、任期の起算点に
ついては、選任決議の日と解すべきであるとされている（注3）。

ただし、理事への就任には、選任行為に加え、就任承諾が必要であることに
変わりはないため、理事の選任登記を申請する際には、就任を承諾したことを
証するものの添付が必要である（法320条1項）。この就任承諾により、理事と
しての地位を取得するから、就任の承諾をした日が登記の原因日付となる。

なお、一般法人法66条と同じ条文構成からなる会社法332条1項の任期の起
算点に関し、選任決議において特に選任の効力の発生時点を「就任時」等と定
めれば、それも有効とする趣旨であると解されている。したがって、そのよう
な措置を採れば、就任時を起算点とするのとそれほど変わらない運用をするこ
ともできるとされている（注4）。

(3) 予選

「予選」とは、理事が任期満了等により退任する場合に、あらかじめそれらの者の後任理事を選任する決議をしておき、理事が退任のときに、後任理事の選任決議の効力が生ずる場合をいう。

予選は、無制限には認められない。これを無制限に認めるならば、一般法人法の理事の任期に関する規定が潜脱されるおそれがあるからである。

一般的には、前任者の任期満了までの期間が比較的短く（概ね1箇月位）、予選を行うにつき合理的な理由が存する場合には、有効であるとされている。予選の期間については、その必要性に応じ個別事案ごとに考慮せざるを得ないが、期間が6箇月以上にもわたる等の相当長期の予選は許されないと解されている。

後任者の予選決議は、前任者の退任を条件とする条件付決議であるため、予選決議の効力は、前任者が退任する時点で生じ、事前に就任を承諾していたとしても、就任の原因年月日は、前任者の退任日となる。またこれにより就任した理事の任期は、予選決議時から起算される（注5）。

(4) 定時評議員会が開催されない場合の任期の満了の時期

理事の任期は、選任後2年以内に終了する事業年度のうち、最終のものに関する定時評議員会の終結の時までとされているが（法66条・177条）、定時評議員会が開催されない場合、いつ任期が満了するかにつき説が分かれている。最近の判決例では、定時評議員会が開催されるべき時期の経過により満了となると考えられるとし、定款で定められた定時評議員会の開催されるべき時期の最終日をもって、理事は退任したと認められると解したものがある（東京高裁平成7年3月30日。東京地裁平成20年10月29日）。

(5) 任期の短縮と伸長

理事は、定時評議員会で選任されるが（法63条1項・177条）、定時評議員会

は必ずしも毎期同日に開催されるわけではない。

　一般法人法において、理事の任期は原則として選任後２年以内に終了する事業年度のうち、最終のものに関する定時評議員会の終結の時までとされていることから（法66条・177条）、例えば、決算期が３月末日で、ある年の５月25日の定時評議員会において理事を選任した法人が、２年後の定時評議員会を５月30日に開催するときは、５月30日が任期の満了の時であり、また５月20日に開催するときは、20日の定時評議員会の終結の時をもって任期が満了することになる。

＊＊＊　　2　監事の任期（本条２項関係）　　＊＊＊

　監事の任期は、選任後４年以内に終了する事業年度のうち、最終のものに関する定時評議員会の終結の時までである（法67条１項本文・177条）。監事の任期が理事の任期より長い任期が法定されているのは、理事の職務の執行を監査する監事の地位を強化し、その独立性を担保する趣旨である（注6）。

　監事の任期が「定時評議員会の終結の時まで」とされているのは、理事の任期が「定時評議員会の終結の時まで」とされているのと同じ趣旨である（前述1(1)参照）。また、任期の起算点についても理事の任期の起算点と同様に、選任の決議がされた時である。

　監事の任期は、定款によって、その任期を選任後２年以内に終了する事業年度のうち、最終のものに関する定時評議員会の終結の時までとすることを限度として短縮することができる（法67条１項ただし書・177条）。監事の任期については、従来から理事の任期と監事の任期は原則として同じ２年とされてきたことから（旧主務官庁の指導監督基準４　機関(2)監事③）、監事の任期を２年とする法人も多い。しかし、理事の法定の任期（２年）よりも短縮することはできない。

3　補欠の理事及び監事の任期（本条3項関係）

　任期の満了前に退任した監事の補欠として選任された監事の任期については、定款によって、退任した監事の任期の満了する時までとすることができる（法67条2項・177条）。

　任期の満了前に退任した監事の補欠（後任）として選任された監事の任期についても、原則どおりの法定任期を強制すると、複数いる監事の改選の時期を揃えていた法人では、任期途中の退任と後任の選任・就任があれば、そのような従来の運用を維持できなくなる。そこで、定款で定めておけば、任期の満了前に退任した監事の補欠として選任された監事の任期を、退任した監事の任期の満了する時までとすることができるのである。

　なお、ここでいう「補欠として選任された監事」とは、退任を受けて選任された監事のみならず、あらかじめ補欠監事として選任されていた者を含む。

　次に、理事の任期については、定款によって、その任期を短縮することが可能であるから、監事の場合と同様に、補欠として選任された理事の任期を、退任した理事の任期の満了する時までとすることができる（法66条ただし書・177条）。

　なお、理事全員が辞任した場合には、その任期は残存期間ではなく、定款所定の任期である（昭和30年8月8日民事甲第1665号民事局長回答）。

4　増員の理事及び監事の任期（本条3項なお書）

　理事の任期につき、実務上、定款に「補欠又は増員により選任された理事の任期は、前任理事又は他の在任理事の任期の満了する時までとする」と規定している場合がある。これは、一般法人法66条ただし書の規定により、定款によっ

て任期を短縮する例である。

この場合の「補欠」の意味は、前任者の退任後に補欠者を選任する場合と前任者の任期中に補欠者を予選する場合の双方を意図するものである。

なお、増員理事については、事柄の性質上、増員の事実が客観的に明らかであるため、その任期は、当然に上記の条項により規律されることとなる。これに対し補欠理事については、単に前任者の後任として選任されるだけでなく、補欠として選任されて（予選にあっては、さらに理事の員数を欠く場合に）初めてこの条項が適用されるのである（注7）。

次に、監事の任期に関し、定款で「増員により選任された監事の任期は、他の在任監事の任期の残存期間とする」旨を定めることができるかである。

監事の任期は、定款によって、選任後2年以内に終了する事業年度のうち、最終のものに関する定時評議員会の終結の時までとすることを限度として短縮することができるものとされており（法67条1項ただし書。法177条において準用する場合を含む。）、この限度を超えて短縮することはできない。そのため、監事の増員の場合の任期については、定款の定めがあっても、他の監事の任期に合わせることができない場合がある。

したがって、「増員により選任された監事の任期は、他の在任監事の任期の残存期間とする。」旨を定款で定めることが当然にできるものではないが、この定めと併せて、例えば、そのただし書として、「ただし、当該監事の選任時が他の在任監事の選任後2年以内に終了する事業年度のうち、最終のものに関する定時評議員会の終結の時を経過しているときは、選任後2年以内に終了する事業年度のうち、最終のものに関する定時評議員会の終結の時までとする」旨を定款で定める場合には、当該定款の定めは全体として有効となる、と解されている（注8）。

5　補欠役員の選任

(1)　補欠役員制度

　何らかの事情で役員（理事及び監事）に欠員が生じ、例えば法定の理事員数（法65条3項・177条）に満たなくなってしまうと有効な理事会決議ができず、法人運営に支障が生じる。無論、欠員が生じた場合の措置は別途規定されているが（法75条・177条）、選任に手間取る事態も想定される。そのような不都合が起る前にあらかじめ補欠役員を準備しておくという対処方法が、一般法人法63条2項（法177条）に定める補欠役員制度である。

　補欠役員の選任というのは、法務省令で定めるところにより、役員が欠けた場合又は一般法人法若しくは定款で定めた員数を欠くこととなるときに備えて、補欠の役員を選任することである。

　補欠役員の選任決議は条件付選任決議で、通常の役員選出に関する規律がそのまま適用される。補欠役員の選任に関しては、定款にそれを許容する旨の規定は、不要である。

(2)　補欠の役員を選任する場合決定しなければならない事項

　一般法人法63条2項に規定する評議員会決議により補欠の役員を選任する場合には、次に掲げる事項も併せて決定しなければならない（法施行規則12条2項・61条）。

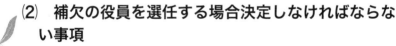

①　当該候補者が補欠の役員である旨（法施行規則12条2項1号）

　評議員会の選任決議における評議員の議決権行使に当たっては、候補者が補欠者であるかどうかが重要であるので、理事又は監事の候補者ではなく、補欠の理事又は監事の候補者である旨を明らかにするというのが、その趣旨である。

② 当該候補者を1人又は2人以上の特定の役員の補欠の役員として選任するときは、その旨及び当該特定の役員の氏名(同条2項2号)

すべての理事又はすべての監事の被補欠者として、ある候補者を補欠の役員として選任することが、本号の前提である。

また、ある候補者を補欠の役員として、あるいは例えば「非常勤監事の補欠」として選任することもできると解されている(注9)。

しかし、本号では、特定の役員の補欠として選任する場合には、その旨及び被補欠者の氏名を決定しなければならないというのが、その趣旨である(注10)。

③ 同一の役員(2人以上の役員の補欠として選任した場合にあっては、当該2人以上の役員)につき2人以上の補欠の役員を選任するときは、当該補欠の役員相互間の優先順位(同条2項3号)

特定の役員につき、複数の補欠者を選任するときは、本号は、その補欠の役員相互間の優先順位を補欠の役員を選任する評議員会の決議によって決定しなければならないものと定めている。すなわち、補欠の役員間の優先順位を理事等が事後に自由に決定することはできないことが前提となっている(注11)。

④ 補欠の役員について、就任前にその選任の取消しを行う場合があるときは、その旨及び取消しを行うための手続(同条2項4号)

補欠の役員について、その選任の取消しを行う場合には、当該補欠者は未だ正規の役員に就任していない以上、必ずしも役員の解任決議と同一の手続を求める必要はないと考えられる。

そこで、選任の取消しを行うための方法を選任決議の際にあらかじめ決議している場合には、当該方法に従い選任の取消しができることを本号は定めるものである。

選任時に当該手続を定めない場合であっても、選任後に開催された評議員会で補欠者の選任を取り消し、または追加的に選任の取消しに関する事項を定めることは可能であると解されている(注12)。

以上が一般法人法施行規則12条2項の規定により、評議員会の決議により

第31条　役員〈及び会計監査人〉の任期

補欠の役員を選任する場合に決定しなければならない事項であるが、具体的には、例えば次のような定め方が可能である（注13）。
① 候補者Aを、理事の補欠とすること（理事の誰が欠けても、Aが理事となる。）
② 候補者Aを、特定の理事Bの補欠として選任すること（理事Bが欠けた場合はAが理事となるが、理事Cが欠けた場合はAは理事とならない。）
③ 候補者A及びBを補欠理事として選任し、Aを第1順位、Bを第2順位とすること（補欠者相互間の優先順位。なお、競合する複数の補欠理事を選任した場合には、優先順位を定める必要がある。）
④ 候補者Aを、「理事又は監事」の補欠として選任すること（理事が欠けた場合でも、監事が欠けた場合でも、Aは就任することができる。）

(3) 補欠の役員の選任に係る決議が効力を有する期間（法施行規則12条3項）

　一般法人法施行規則12条3項（同規則61条）は、「補欠の役員の選任に係る決議が効力を有する期間は、定款に別段の定めがある場合を除き、当該決議後最初に開催する定時評議員会の開始の時までとする。ただし、評議員会の決議によってその期間を短縮することを妨げない」と定めている。
　補欠の役員の選任に係る決議が効力を有する期間が、その決議後最初に開催する定時評議員会の開始の時までとされているのは、選任決議は条件付決議の一種であるところ、条件付決議は、決議の内容が将来の一定の条件に係わらせるもので、これを無制限に認めると、多数者間の法律関係の画一的確定を妨げ、しかも将来の評議員の議決権を実質的に制限することになるとか（注14）、その効力を長期化させると、補欠者の辞任・解任等のトラブルの発生が懸念されるからである（注15）と説明されている。
　しかし、補欠者の効力は次期定時評議員会の開催までの間に限られるとの趣旨は、評議員の意思を可能な限り問うのが適切であるとの考えに基づくものであるが、補欠者ではない者はその任期が満了するまで評議員の意思を問うことなく存在することができるのに対し、補欠者に限って定時評議員会ごとに評議

員の意思を問わなければならないとするまでの必要性はないこと、合理的な範囲で評議員会決議に条件又は期限を付すことも可能であるとすれば、定款の定めによって、補欠者の選任の効力を有する時期が伸長されてもよいし、評議員の意思を問うことが適切であるというのであれば、短縮することも認めてよいと言えなくもない。そこで、「定款に別段の定めがある場合を除き」（法施行規則12条3項本文・61条）が定められているのである。また、同様に評議員の意思をできるだけ反映させようとの観点から、定款の定めにかかわらず、評議員会の決議によって、その期間を短縮することができるものとされているのである（法施行規則12条3項ただし書・61条）。

　なお、選任決議に際して、被補欠者として特定の者を定めていた場合（法施行規則12条2項2号・61条）には、選任決議の有効期間内であっても、その被補欠者の任期が満了した時に、補欠者の選任決議の効力は失われる。これは、補欠者の就任のための条件（被補欠者の任期満了前の辞任・退任等）が成就する余地がなくなるからである。

　他方、補欠の対象となる役員について一般法人法に定められた任期の満了によって、補欠者としての選任の効力は失われるので、補欠者が正規の理事又は、監事に就任した場合には、その者の任期は、補欠者としての選任時が起算点となる（注16）。

　この結果、選任決議の有効期間内であったとしても、選任後、補欠の対象となる役員について定められた法定任期（例えば、理事であれば通常、選任後2年以内に終了する事業年度のうち、最終のものに関する定時評議員会の終結の時まで）を超えた場合には、補欠の役員としての選任の効力も失われる。

第31条　役員〈及び会計監査人〉の任期

6　役員等に欠員を生じた場合の措置

(1)　一般法人法75条の趣旨

　一般法人法75条（法177条）は、役員（理事及び監事）及び会計監査人に欠員を生じた場合の措置について定めたものである。

　任期満了に伴う退任又は辞任等により、役員に欠員を生じたときは、補欠の役員が選任されていれば（法63条2項、法施行規則12条・61条）、別段の支障はないが、補欠の役員がない場合及び会計監査人に欠員を生じた場合には、本来、法人は、遅滞なく評議員会を招集して、後任の役員又は会計監査人の選任手続をしなければならず（法63条1項・177条）、これを怠った場合には、理事等は過料に処せられることになる（法342条13号）。

　しかし、一定規模以上の法人の場合には、そのために臨時評議員会（法179条2項）を招集するのは容易ではなく、またコストもかかることから、一定の場合における役員の権利義務の継続並びに一時役員及び一時会計監査人の選任という簡便な措置を認めたのが一般法人法75条である。

　なお、代表理事についても権利義務の継続につき規定されているが（法79条1項・197条）、この制度は、役職別に観念できるものであり、代表理事を兼ねる理事であっても、その検討は、理事と代表理事とに分けて行わなければならない。代表理事の権利義務の継続については、「7　代表理事に欠員を生じた場合の措置」において述べる。

(2)　役員に欠員を生じた場合（本条4項関係）

①　権利義務の継続の要件

　役員（理事及び監事）が欠けた場合又は一般法人法若しくは定款で定めた役

内閣府モデル定款から読み解く公益・一般法人の法人運営手続　財団編（上巻）

員の員数が欠けた場合には、任期の満了又は辞任により退任した役員は、新た
に選任された役員（一時役員の職務を行うべき者を含む。）が就任するまで、なお
役員としての権利義務を有する（法75条１項・197条。権利義務者）。

　これは、役員が任期（法66条・67条・177条）の満了又は辞任（法172条１項、
民法651条１項）により退任し欠員を生じた場合について、評議員会による後任
役員又は裁判所による一時役員の選任がなされるまでの間、後任の理事の選任
懈怠等により、理事が全く存在しなくなること等による法人の業務執行上の不
都合ないし混乱をできるだけ回避するための一時的な措置として、当該役員の
権利義務の継続を認めたものである。

ⅰ　退任事由

　権利義務役員となる退任事由は、任期満了と辞任に限定されている。これは、
役員の解任・欠格事由の発生・定款所定の資格喪失の場合に権利義務を継続さ
せることは不適当であり、役員の死亡・法人解散の場合は継続させることが不
可能だからである。

ⅱ　欠員

　任期の満了又は辞任による退任役員の権利義務の継続が認められるのは、役
員が欠けた場合、または一般法人法若しくは定款で定めた役員の員数が欠けた
場合である。具体的には、次の場合がこれに該当する（注17）。

ⅰ　役員が欠けた場合

　　一般法人法上員数を明示していない役員が１人もいなくなった場合であ
る。

ⅱ　一般法人法で定めた役員の員数が欠けた場合

　　公益（一般）財団法人における理事が３人を欠いた場合など、法律で最
低員数が明示されている役員につき、当該法律上の最低員数（法65条３項・
177条。３人以上）を欠くこととなった場合である。

ⅲ　定款で定めた役員の員数が欠けた場合

　　役員につき定款で一般法人法上の最低員数以上の最低員数を定めた場合
において、当該定款上の最低員数を欠くこととなった場合である。

536

第31条　役員〈及び会計監査人〉の任期

　公益（一般）財団法人が定款で、例えば理事の員数を「8人以内」と定めている場合、8人いる理事のうち4人が退任したとしても、退任者は権利義務者とはならない。この定款の規定は、「3人以上8人以内」の意味として解釈できるからである（法65条3項・177条）。

　同時に数人の理事が退任したことにより理事の員数を欠くとき（例えば、法人において5人の理事のうち4人の理事が退任したとき）は、退任した者の間に順位等の区別を付けることができないから、退任したすべての理事が権利義務者となる。また欠員の一部が補充されたものの、なおその最低数に達しない場合には、同様に退任した理事の全員が権利義務者となると解されている（この場合、定員に満たなくても、就任の登記は受理すべきであるとされている。昭和34年9月23日民事甲第2136号民事局長回答）。

　もっとも、それによって、従来の役員と権利義務者との合計数が定款所定の員数を超えることがあり得るが、それでも差し支えないと解されている（注18）。

②　権利義務者の地位

i　権利義務者の権限

　役員としての権利義務を有する者は、本来の役員と同様の地位を有する。本来、任期の満了又は辞任によって役員としての地位は喪失しているが、後任者が就任するまでは、その職務権限及び権利義務に関しては役員と全く同様に取り扱われるため、その限りにおいて実質的には、役員の地位を継続しているのと異ならない。したがって、理事の権利義務を有する者を代表理事に選定することもできる（昭和30年4月26日民事甲第673号民事局長回答）。

　理事又は監事としての権利義務を有する者は、理事・監事選任決議の取消しの訴えを提起することができる（法266条1項後段）。また理事の権利義務を有する者は、忠実義務（法83条・197条）を負うほか、競業取引及び利益相反取引の規制（法84条・197条）を受ける（東京地裁昭和51年6月22日、高知地裁平成2年1月23日）。

第6章　役員〈及び会計監査人〉

ii 権利義務者の辞任及び解任

役員としての権利義務を有するのは、次の定時評議員会（法179条1項）において新たに役員が選任され（法63条1項・177条）、または利害関係人の申立てに基づいて裁判所が一時役員を選任し（法75条2項・177条）、当該役員又は一時役員が就任するまでの期間である。その間は、登記簿上も役員の地位にあることを表示させるのが合理的であるから、退任による変更登記は認められないとされている（最高裁昭和43年12月24日）。なおその場合には、退任登記は就任登記と同時に行われることになる。

権利義務者は、その地位が法律の規定により与えられたものであるため、辞任することができず、また評議員会の決議により解任することもできない（昭和39年10月3日民事甲第3197号民事局長回答、最高裁平成20年2月26日参照）。権利義務者と法人との間の法律関係は、委任に関する規定に従うが、意思表示に基づく委任契約は存在しないため、民法651条の解除自由の原則は適用されないからである。

iii 権利義務関係解消の効果

権利義務関係が解消されれば、権利義務者に該当することで許されなかった辞任又は任期満了による退任登記の申請が可能となる。

権利義務者について退任の登記をするときは、その退任年月日は、辞任の効力発生日又は任期満了日となる。権利義務者は、それ自体が登記事項ではないため、権利義務関係の解消事由及び日付は、登記の対象とならないからである（注19）。

(3) 一時役員の選任

理事及び監事に欠員を生じた場合、その退任の事由の如何にかかわらず、裁判所は、必要があると認めるときは、利害関係人の申立てにより、一時役員の職務を行うべき者を選任することができる（法75条2項・177条）。この一時役員の制度は、退任した役員が一般法人法75条1項の権利義務者とならない場合や権利義務者となっても、例えば、その者が病気等により引き続き権利義務

者として職務を行うことができない場合等に備えるものである。

裁判所に対し一時役員の選任を申し立てることができる利害関係人とは、他の役員、会計監査人、使用人、債権者などである（法人は含まれない。）。

一時役員の選任手続は、法人の主たる事務所の所在地を管轄する地方裁判所の管轄に属する（法287条1項）。通常は、申立人が候補者を示して、裁判所は、選任の必要性の有無を判断した上で、理由を付した決定（法290条柱書本文）をもってその者を選任するが、しかし、この場合には、同条ただし書2号により理由の付記は不要であり、またこの決定については、不服の申立ては認められない（法293条1号）。

一時役員を選任した場合には、裁判所は、法人及び当該一時役員から陳述を聴いた上で、法人がその者に対して支払う報酬の額を定めることができる（法75条3項・289条2号、290条1号）。一時役員が選任されると、裁判所書記官は職権で嘱託によって、法人の主たる事務所の所在地を管轄する登記所において登記を行う（法315条1項2号イ・330条、商業登記法15条）。

一時役員の資格・欠格事由等は本来の役員と同じであり、その権限も同様である。一時役員は、役員に生じた欠員の全部が補充されたときは、当然にその地位を失う。

⑷ 一時会計監査人の選任

① 一時会計監査人制度

会計監査人が欠けた場合又は定款で定めた会計監査人の員数が欠けた場合において、遅滞なく会計監査人が選任されないときは、監事は、一時会計監査人の職務を行うべき者を選任しなければならない（法75条4項・177条）とされている。

会計監査人の辞任、死亡、解任、欠格事由の発生等によって、それが全く欠けた場合又は定款で定めた会計監査人の員数が欠けた場合には、法人は、遅滞なく、会計監査人を選任しなければならないが、そのためにわざわざ臨時評議

内閣府モデル定款から読み解く公益・一般法人の法人運営手続　財団編（上巻）

員会を開催することが困難なことがある。

　そこで、会計監査人の員数が欠けた場合において、遅滞なく定時評議員会又は臨時評議員会が開催される見込みがないときは、監事は、その決議によって一時会計監査人の職務を行うべき者を選任する必要がある（法75条4項・177条。これを怠った場合には、過料の処分が課せられる。法342条13号）。

　しかし、臨時評議員会が近く開催される予定である場合や、欠員が生じたのは定時評議員会の直前で、会計監査報告（法107条1項・197条）も提出されているような場合には、必ずしも一時会計監査人を選任する必要はないと解されている（注20）。

　この一時会計監査人制度は、理事又は監事の員数を欠いた場合の「一時理事の職務を行うべき者」又は「一時監事の職務を行うべき者」（法75条1項・177条）の選任と同趣旨のものであるが、裁判所による選任（法75条2項・177条）ではなく、監事による選任である点で、理事や監事の場合とは異なっている。

②　一時会計監査人の資格・権限・任期等

　一時会計監査人の選任についても、会計監査人の資格、欠格事由、会計監査人が監査法人の場合のその職務を行うべき社員の指名及びその欠格事由並びに監事による解任の場合の評議員会に対する報告の規定が準用されている（法75条5項・68条・71条・177条）。

　一時会計監査人の職務・権限は、一般法人法上これを制限する規定は存在しないので、本来の会計監査人と全く同じである。

　一時会計監査人の任期については、一時会計監査人は、本来の会計監査人の場合と異なり、評議員会で選任された者ではなく、会計監査人に欠員を生じた場合の一時的な救済措置にすぎないので、会計監査人の任期に関する規定（法69条・177条）は適用されず、したがって、自動再任とはならないと解される（法69条2項参照）。

　それゆえ、一時会計監査人を選任した場合には、理事は、選任後最初に招集する評議員会で、本来の会計監査人を選任する手続をとらなければならず（そ

れを怠った場合には、法342条13号により過料に処せられる。）、そこで会計監査人が選任されて欠員が補充されることによって、一時会計監査人は当然にその地位を失う。もっとも、この選任手続で一時会計監査人を会計監査人に選任することはもちろん可能である。

　一時会計監査人に選任されると、その者の氏名又は名称が登記される（法302条2項8号）。一時会計監査人の職務を行うべき者の就任による変更の登記の申請は、一般法人法321条の規定に基づき行うことになる。

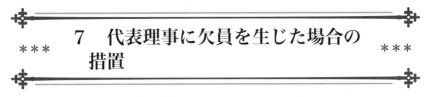

7　代表理事に欠員を生じた場合の措置

(1)　一般法人法79条の趣旨

　代表理事が退任しても、そのことによって欠員が生じなければ、特別の問題は起こらない。一般法人法79条は、代表理事が欠けた場合、または定款で定めた代表理事の員数が欠けた場合（代表理事に欠員が生じた場合）の措置について定めている。この場合の措置は、理事に欠員を生じた場合と同じであり（法75条参照）、任期満了又は辞任により退任した代表理事は、新たに選定された代表理事が就任するまでの間、引き続き代表理事としての権利・義務を有し（法79条1項・197条）、必要があるときは、一時代表理事が選任される（同条2項・197条）。裁判所は、一時代表理事を選任した場合には、法人がその者に対して支払う報酬の額を定めることができる（同条3項・197条）。

(2)　代表理事の権利義務者

　一般法人法79条1項は、「代表理事が欠けた場合又は定款で定めた代表理事の員数が欠けた場合には、任期の満了又は辞任により退任した代表理事は、新たに選定された代表理事（一時代表理事の職務を行うべき者を含む。）が就任するまで、なお代表理事としての権利義務を有する」と定める。

内閣府モデル定款から読み解く公益・一般法人の法人運営手続　財団編（上巻）

　代表理事は、任期満了、辞任、解任、死亡等によりその地位を退任（終任）することになるが、代表理事に欠員が生じた場合には、本条１項に基づき、任期満了又は辞任により退任する代表理事は、新たに選定される代表理事が就任するまで、引き続き代表理事としての権利・義務を有する。

①　代表理事の退任態様と留任義務

　代表理事が任期満了又は辞任により退任する場合は、次のように大別される。
ⅰ　代表理事が理事の地位を保持しつつ、代表理事としての任期満了又は辞任により退任する場合
ⅱ　代表理事が理事としての任期満了又はその辞任により退任した結果、代表理事からも退任する場合
　　ⅰの場合に一般法人法79条１項の規定が適用されることは当然である。
　　ⅱの場合には、さらに次のように分かれる。
　(ⅰ)　代表理事及び理事の員数が欠けるに至った場合
　(ⅱ)　代表理事の員数を欠くに至ったが、理事の員数は欠けていない場合
　(ⅰ)の場合には、退任者においては理事としての権利義務を継続して有するとともに（法75条１項・177条）、代表理事としての権利義務をも同法79条１項により継続して有することになる。
　それでは、(ⅱ)の場合について、退任者においては代表理事の権利義務を継続して有することになるかである。この場合、理事の員数が欠けていない以上、退任者においては理事としての権利義務を継続して有することはない。そして、代表理事という地位が理事という地位を前提として存在する以上、理事としての地位も権利義務も有さない者が代表理事としての権利義務を継続して保有するとは解せられない（東京地裁昭和45年７月23日）。

②　代表理事権利義務者の地位

　代表理事権利義務者は、代表理事の任期満了又は辞任により、本来は代表理事としての地位・資格を喪失してはいるが、一般法人法79条１項（法197条）

により、後任者が就任するまでは、従前の地位を適法に留保して任務を遂行するものであるから、その地位は法律上の代表理事と解されるべきものである。

明文上何ら制限なく代表理事としての権利義務を有している以上、本来の代表理事におけると同様の権限を行使することができるし、職務上の義務を負い（過料の制裁・損害賠償責任等）、報酬を受けることができる。

後任の代表理事の選任は、代表理事権利義務者の最も重要な職責であり、後任の代表理事が就任するまでは、本来の任期満了又は辞任につき退任による変更登記をすることは許されない（最高裁昭和43年12月24日）。

代表理事権利義務者と法人との関係は、委任ではなく、法律によって定められたものである。これを当事者（法人・権利義務者）が解除することはできない。すなわち辞任・解任はできない（解任の裁判につき、最高裁平成20年2月26日）。後任者の就任、一般法人法79条2項による一時代表理事の選任によって終任する。もっとも、権利義務者の死亡はもちろん、資格喪失は、その終任の事由になると解される。

(3) 一時代表理事の選任

代表理事が欠けた場合又は定款で定めた代表理事の員数が欠けた場合において、裁判所は、必要があると認めるときは、利害関係人の申立てにより、一時代表理事の職務を行うべき者を選任することができる（法79条2項・197条）。

代表理事が欠けた場合又は定款で定めた代表理事の員数が欠けた場合であっても、代表理事が任期の満了又は辞任により退任した場合には、本来、退任した代表理事が後任者が就任するまで、代表理事としての権利義務を有するのであるから、当然には、一時代表理事が必要となるわけではない。

これに対して、代表理事が選任されることになる場合としては、㋐理事全員が死亡した場合（福岡高裁昭和36年4月14日）、㋑退任代表理事において法律上又は事実上継続して職務を執行することが不可能な場合（欠格事由の発生・死亡・長期不在等）、㋒継続して職務を執行することが不適当な場合（解任・信任喪失・病気等）、㋓代表理事が死亡し、内紛により後任者を選任すべき理事会を開催

内閣府モデル定款から読み解く公益・一般法人の法人運営手続　財団編（上巻）

できない場合（東京高裁昭和32年11月18日）などが考えられる（注21）。

　上記㋐の理事全員が死亡した場合に理事を選任する方法としては、まず裁判所に一般法人法・定款所定の最低員数の一時理事を選任してもらった上で（法75条2項）、そのうちの1人を一般法人法79条2項により一時代表理事に選任してもらい、そしてこれらの者からなる理事会において理事選任のための評議員会の招集を決議（法181条1項）して、当該一時代表理事が当該評議員会を招集することになると解される。

　裁判所へ一時代表理事の選任の申立てをする「利害関係人」としては、理事、監事、使用人、債権者などが考えられる。

　一時代表理事の地位は、法定のものであって、法人との間に委任契約関係が成立するものではないが、その責任は一般の理事と同じである。一時代表理事は、暫定的に選任されたものではあるが、その権限は本来の代表理事におけるものと異ならない。この点は、代表理事の職務代行者の権限が「常務」に属する行為権限しか有しない点と異なる（法80条1項・197条）。なお、一時代表理事は、新たに本来の代表理事が就任したときは、当然にその地位を失う（注22）。

　なお、一般法人法79条1項所定の「新たに選定された代表理事」には、一時代表理事（同条2項）が含まれるので、辞任した代表理事は、利害関係人として、裁判所に対し一時代表理事の選任を申し立てることにより、辞任後に行われた法人の行為については、自己の責任を免れることができる（注23）。

　一時代表理事については、法人がその職務遂行の対価としての報酬を支払うべきであるが、その額はその選任をした裁判所が定めることができる（法79条3項・197条）。

　一時代表理事の選任の裁判は、非訟事件の手続による。管轄については、法人の主たる事務所の所在地を管轄する地方裁判所に属する。選任の裁判には、理由の付記は不要であり（法290条ただし書2号）、またこれらに対しては不服の申立てができない（法293条1号）。一時代表理事の選任の裁判があったときは、裁判所書記官は職権で嘱託によって、法人の主たる事務所の所在地を管轄する登記所に登記を行う（法315条1項2号イ、330条・商業登記法15条）。

544

8 理事の職務を代行する者の権限

(1) 職務執行停止・職務代行者の選任の趣旨

　理事の地位をめぐって法人内に争いがあったりして、理事の選任決議の不存在、無効の確認若しくは取消しの訴え（法265条・266条）、または理事解任の訴え（法284条）が提起されても、その判決が確定するまではその理事の職務を執行することができ、当該理事の地位に影響しない。

　しかし、その理事に職務を継続させることが適当でない場合もある。このような場合には、民事保全法上の一般原則により、仮の地位を定める仮処分（民事保全法23条2項）により、当該理事・代表理事の職務の執行を停止し、若しくはその職務を代行する者（法80条1項・197条）の選任を求める仮処分を申請することができる（民事保全法23条2項・56条）。

　そして、そのような理事・代表理事の職務の執行を停止し、若しくはその職務を代行する者を選任する仮処分命令又はその仮処分命令を変更し、若しくは取り消す決定がされたときは、第三者に公示されるべきであるから、その主たる事務所の所在地において、登記をすることが必要とされている（法305条、民事保全法56条）。

　職務代行者の資格について限定はないが、弁護士から選任されるのが通例である。

(2) 職務代行者の法的地位

　職務代行者（理事・代表理事の職務代行者）の法的地位は、仮処分命令によって創設された法律上のもの（公職）である（これは、一時理事などと同じである。）。したがって、法人に対し委任関係に立つものではない。その職務の執行行為自体は、仮処分命令の執行行為であり、その職務行為の内容は、理事のそれと同じである（注24）。したがって、善管注意義務・忠実義務の規定（法172条1項、

内閣府モデル定款から読み解く公益・一般法人の法人運営手続　財団編（上巻）

83条・197条）や、法人あるいは第三者に対する損害賠償規定（法117条・198条）は、類推適用されると解される。

　職務代行者の地位は、本案判決の確定又は仮処分命令の取消しによって失われる。当該職務執行停止対象理事の退任や、後任者の選任によってただちに、職務代行者の権限は消滅しない（最高裁昭和45年11月6日）。後任者も、仮処分命令の取消しまではその職務を行うことはできない。当該理事の退任は、仮処分の取消事由になる（民事保全法38条）。

　職務代行者の報酬は、その選任の仮処分をした裁判所が定めることになる（民事訴訟費用等に関する法律2条15号類推）。実務上は、その報酬額の半年分程度を費用として予納させることが通例とされているようである。

(3)　職務代行者の権限

　職務代行者の権限は、仮処分命令に別段の定めがある場合を除き、法人の常務に属しない行為をするには、裁判所の許可を得なければならない（法80条1項）。このように、職務代行者の権限が制限されるのは、職務代行者は、本案の確定までの間の暫定的地位を有するにすぎないからである。

　「法人の常務」の一般的意義に関しては、「当該法人として日常行われるべき通常の業務」（最高裁昭和50年6月27日）、「法人事業の通常の経過に伴う職務行為」、あるいは「法人として日常行われるべき事務」などと説明されてきている。しかし、この「常務」の範囲は、必ずしも明確ではない。

　具体例としては、通常の程度の原料の仕入れ、製品の販売、決算期の計算書類の報告・承認、任期満了等に伴う後任役員の選任等が含まれるものと解されている。これに対して、事業譲渡、定款の変更、理事の解任を目的とする臨時評議員会（法176条1項）の招集などは常務に属しないものと解されている。

(4)　裁判所の許可

　職務代行者が法人の常務に属しない行為をするには、裁判所の許可を得なければならない（法80条1項・197条）。裁判所の許可は、非訟事件の手続による。

第31条　役員〈及び会計監査人〉の任期

管轄は、法人の主たる事務所を管轄する地方裁判所である（法287条1項）。

　許可の申立ては、職務代行者が行うことになる。許可を要する事情（原因）、すなわち法人の利益のためその職務を行う必要があることの疎明（非訟事件手続法50条、民事訴訟法188条）が必要である（法288条）。判断のポイントは、必要性と重大性との兼ね合いということになる（注25）。申立却下の裁判には、即時抗告をすることができる（非訟事件手続法20条3項）。許可（申立認容）の裁判には、理由を付記することを要せず、不服の申立てもすることができない（法290条ただし書・293条4号）。

(5)　職務代行者の権限踰越行為と法人の責任

　職務代行者が裁判所の許可を得ないで、法人の常務に属しない行為をした場合、その行為については、無効とされる（法80条2項本文）。ただし、法人は、これをもって善意の第三者には対抗することができない（同項ただし書）。

　職務代行者を選任する仮処分命令が下された場合、その主たる事務所の所在地においてはその旨の登記がされるが（法305条）、職務代行者のする行為が常務に属するか否かは必ずしも明らかではない。また、裁判所の許可自体も登記事項ではなく、その有無も第三者には知り得ない場合が多い。

　したがって、職務代行者が裁判所の許可を得ないでした権限踰越(ゆえつ)行為に関しては、原則的には無効としつつも、善意の第三者保護の見地から、法人に善意の第三者に対する責任を認めたものである。この場合、文言上、第三者の過失の有無は問わない。

9　会計監査人の任期（本条5項関係）

(1)　会計監査人の任期の法定と当然再任制

　一般法人法69条1項（法177条）は、会計監査人の任期を「選任後1年以内

内閣府モデル定款から読み解く公益・一般法人の法人運営手続　財団編（上巻）

に終了する事業年度のうち、最終のものに関する定時評議員会の終結の時までとする」と定め、任期の最長期を法定している。同時に、定款をもってする任期短縮を認める旨の定めが置かれていないことから、本条1項は、会計監査人の任期の最短期をも規定するものとされている。

　本条1項（定款31条5項）は、会社法338条1項と同じ規定内容であるが、会計監査人の任期は、昭和56年の旧商法特例法の改正により法定（会計監査人の任期は、就任後1年以内の最終の決算期に関する定時総会の終結の時までとする。旧商法特例法5条の2）された。任期の起算点を「就任」時から「選任」された時へと変更しているが、会社法338条1項は、この旧商法特例法5条の2第1項の規律と同様の趣旨によるものである。

　昭和56年の商法特例法の改正により会計監査人の任期が決定された趣旨については、次のように説明されている（注26）。

①　任期の定めがない場合は、会社が会計監査人をいつでも解任できることになる反面、必要と認めて会計監査人を交替させるために常に解任というドラスチックな方法に頼らざるを得ないだけでなく、常に解任による損害賠償責任を当該会社に負担させるおそれをはらむ結果ともなる。それだけに、任期が法定されることで会計監査人に地位の保障を与え、その独立性の確保に役立つとともに、任期の終了時に再任の可否について見直しが行われるので、監査に緊張感をもたらすメリットを期待できる。

②　昭和56年の商法特例法の改正により、会計監査人の独立性保障のための措置として、選任機関が株主総会とされることとなった（旧商法特例法3条1項。改正前は、会計監査人の選任は、監査役の過半数の同意を得て取締役会の決議によって行い、その選任の事実を株主総会に報告すべきこと、とされていた。）ため、会計監査人の選任と監査契約の締結とが別個に行われるようになったことからも、会計監査人の任期を法定することが必要になった。

　問題は、会計監査人の任期を法定する場合、どの位の長さが適当かである。あまりに長い任期は被監査会社と会計監査人との癒着を生じさせ、厳正な会計監査を阻害する危険をはらむほか、途中で会計監査人を交替させる場合は、会

第31条　役員〈及び会計監査人〉の任期

計監査人の解任という方法によらざるを得なくなる。

　他方で、任期があまり短すぎると、会計監査人が被監査会社の状況を的確に把握できない状態で会計監査を行わざるを得なくなったり、自己の地位の保全に腐心するあまり、その独立性が損なわれたりするおそれがある。

　こうした観点から、昭和56年の商法特例法の改正で会計監査人の任期を「就任後1年以内の最終の決算期に関する定時総会の終結の時まで」としたのは、主として、会計監査人の職務が会計監査であって、対象となる株式会社が1年決算の制度を採用しているのが通常であるため、1年程度が適当であると考えられたことによるものである。

　その一方、会計監査人の選任決議を定時株主総会で毎年行うこととすると、会計監査人が地位の継続を考えるあまり公正な監査を行えなくなるため、その独立性の確保を阻害しかねないことが懸念された。そこで、検討の結果、原則として現任の会計監査人が再選されることとした上で、これを再任しない旨の別段の決議が行われた場合に限り、当該会計監査人は任期が満了し、退任することとしたものである。

　以上のように、会社法338条1項の会計監査人の任期につき、昭和56年の商法特例法の改正にかかわるものであり、これと全く同じ条文構成からなる一般法人法69条1項の会計監査人の任期も、同じ趣旨のもとに解釈することができるものと考えられる。

(2)　会計監査人の任期

　会計監査人の任期は、選任後1年以内に終了する事業年度のうち、最終のものに関する定時評議員会の終結の時までとされているので、会計監査人設置法人において会計監査人が定時評議員会で選任された場合、当該会計監査人の任期は、その定時評議員会から次の定時評議員会の終結の時までとなる（法69条1項・177条）。

　会計監査人と法人との間の法律関係は、委任に関する規定に従うので（法172条1項）、事業年度の途中でも会計監査人の側から辞任することは可能であ

内閣府モデル定款から読み解く公益・一般法人の法人運営手続　財団編（上巻）

る（民法651条1項）。ただし、会計監査人が法人に不利な時期に辞任をした場合は、やむを得ない事由があるときを除き、当該法人の損害を賠償しなければならない（民法651条2項）。

⚞ (3)　会計監査人の自動再任

　会計監査人は、一般法人法69条1項（法177条）の定時評議員会において、別段の決議がされなかったときは、当該定時評議員会において再任されたものとみなされる（法69条2項・177条）。

　「別段の決議」とは、直接現在の会計監査人を選任しない旨の決議を行うことである。そのほか、A会計監査人の後任としてB会計監査人を選任する旨の決議も含まれる。この場合、A会計監査人が当該定時評議員会の終結の時に退任する。

　しかし、A会計監査人が就任しているところへ、単にB会計監査人を選任する旨の決議が行われたにすぎないときは、会計監査人は2人になるだけで、A会計監査人の不再任の効果は生じず、A及びBの双方が会計監査人として併存することとなる（注27）。

　なお、会計監査人が選任後1年以内に終了する事業年度のうち、最終のものに関する定時評議員会の終結の時をもって、その地位を辞する旨の意思表示を行っている場合は、もとより当然再任の効果は生じない。

　会計監査人の独立性確保の観点から、会計監査人を再任しないことを評議員会の目的とする場合には監事が決定する（法73条1項・177条）、監事（監事が2人以上ある場合にあっては、その過半数）の同意が必要である（法73条2項・177条）。

　会計監査人は、会計監査人の選任、解任若しくは不再任又は辞任について、評議員会に出席して意見を述べることができる（法74条4項・1項・177条）。複数の会計監査人がいる場合に、会計監査人が他の会計監査人の不再任等について意見を述べることには、何ら問題はない。それでは、会計監査人が自己の不再任について意見を述べることができるかについてである。会計監査人が自己の再任について有する期待感は法律的な保護の対象となる利益ではないことを

理由に、自己の不再任を不当とする意見を評議員会で述べることは実際上考えられないという主張もなされている。しかし、法律上、自己の不再任についての意見陳述権が排除されるとまで解する必要はないと考えられている(注28)。

(4) 会計監査人設置に係る定款規定の廃止と会計監査人の退任

　会計監査人設置公益(一般)財団法人が会計監査人を置く旨の定款の定めを廃止する定款の変更をした場合には、当該定款の変更の効力発生時に会計監査人の任期は終了する(法69条3項・177条)が、大規模公益(一般)財団法人は会計監査人の設置が強制されるため(法171条)、この場合には一般法人法69条3項の適用が問題とならない(公益法人の場合においては、公益法人認定法5条12号・同法施行令6条に規定する要件に該当する場合には、会計監査人の設置が強制されている。)。

　この定款の変更の評議員会が、会計監査人の選任(再任)後1年以内に終了する事業年度のうち、最終のものに関する定時評議員会である場合は、当該事業年度をもって会計監査人の任期が満了することになるので問題はない。しかし、臨時評議員会で当該決議が行われた場合は、原則として期中に会計監査人設置法人でなくなることとなる。

　しかしながら、法人の意思により期中で会計監査人の監査を受けなくてもよいとすることを認めることが相当でないとすることなどから、定時評議員会以外の評議員会において会計監査人設置に係る定款の定めを廃止する定款の変更を行う場合は、実務上、当該定款の変更の効力発生時をその事業年度に関する定時評議員会の終結時とする旨を併せ決議することが求められると解されている(注29)。

　この定款の変更の効力が発生した場合は、その主たる事務所の所在地において、会計監査人設置法人である旨の定めを廃止する変更登記をしなければならない(法302条2項7号・303条)。なお、これと同時に会計監査人の退任による変更登記を一括して申請することとなる。

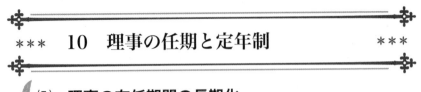

10　理事の任期と定年制

(1) 理事の在任期間の長期化

　理事の任期について、一般法人法66条（法177条）は「理事の任期は、選任後2年以内に終了する事業年度のうち最終のものに関する定時社員総会・定時評議会の終結の時までとする。ただし、定款〈又は社員総会の決議〉によって、その任期を短縮することを妨げない」と規定している。

　一般財団法人、公益法人の理事の任期満了に伴う後任理事の選任に際しては、法人によっては、再任の反復により在任期間が長期化し、また理事の年齢も高齢化の傾向にある。

　在任期間の長期化の理由としては、以下のもの等が挙げられる。

理事の在任期間長期化の理由

㋐　法人の運営手腕・専門知識への評価
㋑　担当職務の安定的継続
㋒　後任適任者の確保が困難
㋓　当該理事の功績への配慮
㋔　派閥上の均衡人事
㋕　該当者に対する退任勧告への心理的抵抗感

　また理事の在任期間の長期化の得失を挙げると以下のとおり等である。

第31条　役員〈及び会計監査人〉の任期

理事の在任期間長期化のメリット

㋐　一貫性のある法人運営

㋑　優れた人材の確保

㋒　選任事務の負担、手数の節減

理事の在任期間長期化のデメリット

㋐　特定理事との利害関係の深化

㋑　特定理事による独断専行的法人運営

㋒　理事の欠席恒常化による理事会の会議体機能の減退・喪失

㋓　人事のマンネリ化による運営活性化への阻害

(2)　在任期間長期化への対応策と定年制

　理事の在任期間の長期化についての短所が顕在化し、理事の長期在任や高齢化を抑制する必要が生じた場合、その対応策としては、以下のもの等が考えられる。

理事の長期在任・高齢化抑制対応策

㋐　理事の再任回数の制限

㋑　抜群の功績者に対する名誉的地位による処遇

㋒　理事の定年制の採用

　会社法下における取締役会の運営実績において、取締役の定年制について調査した結果（平成21年1月東京、大阪、名古屋等5証券取引所に上場されている国内会社2,532社にアンケート調査を実施した結果。商事法務№.334）では、419社（回答会社全体の46.5％）が「定年制がある」と回答されている。

理事の定年制については、改正前民法法人（改正前民法34条に基づく公益法人）にあっても、各般において論じられてきた。しかし、現実に理事会においてこれを採り上げて議論するには、当該理事会の構成員の中には、既に設けようとする定年制設定基準を超えている理事が含まれていること等から、意見調整ができず、多くの場合これまで見送られてきたというのが実態である。この実態は、新しい法人制度に移行した現在においても、変わっていないと考えられる。

(3) 理事の定年制導入の方法

理事の定年制を設けることについては、理事の高齢化に伴う法人運営の硬直化を防ぎ、若返りを図り、そして法人運営の活性化を図るためには、その有用性が認められることはいうまでもない。

理事に定年制を設けようとする場合、㋐定款で定める方法、㋑定款以外の法人の理事会規則で定める方法とが考えられる。

① 定款で理事の定年制を設ける方法

一般法人法は、理事の欠格事由として一般法人法65条1号ないし4号（第177条）の事由を掲げているが、他に積極的な資格要件として挙げているものはない。

定款自治の一環として、上記の欠格事由とは別に、法人の個別事情に応じ、定款で理事の資格について、合理的な内容の制限を設けることは許されると考えられる。

i 定年制の具体的内容

理事の定年制を定款で定める場合、その具体的内容については、次のとおり、様々な方法が考えられる。

(i) すべての理事に同一の上限年齢を定める方法（例えば、75歳とすること）

(ii) 再任の期数に制限を設ける方法（例えば、5期以内とすること）

(iii) 理事のうち、代表理事（理事長）については定年制を定めない方法

(iv) 副理事長、専務理事、常務理事について定年の年数に差を設ける方法

第31条　役員〈及び会計監査人〉の任期

また、任期途中に定年に達した場合、次のとおりとする方法も考えられる。

(ⅰ)　定年に達した日で退任する方法

(ⅱ)　定年に達した日の月末で退任する方法

(ⅲ)　定年に達した場合、任期満了までその任に当たる方法

ⅱ　定款で定年制を定めた場合の効果

　一般法人法では、定款による理事の資格制限については、特段の規定は設けられていない。そのため、法人が定款をもって、理事の資格要件を自治的に定めることは自由であると解されている。

　しかし、その場合でも、無制限に自由なのではなく、法の趣旨に反するもの、あるいは不合理なものは許されないと解されている。

　そこで、問題は、定年制が法の趣旨に反するか、あるいは不合理なものであるかどうかということになる。勿論例外はあるが、高齢になれば体力も低下し、また判断力・思考力の柔軟性の低下もみられることから、理事の新陳代謝を図ることは、法人の活力を持続させるためにも、年齢等による合理的なものとして、定年制の導入は、許されると一般に考えられている。

　ただし、定款で理事の定年年齢をあまり低いところで定めた場合には、不当な制限となることがありうると考えられる。

ⅲ　定年制の導入と定款の変更

　定款で理事の定年制を導入する場合には、定款の変更が必要となる。定款変更は、評議員会の特別決議を経ることが必要である（法200条1項本文・189条2項3号）。

　定款で定める定年の規定形式としては、一般的に次のような規定が考えられている。

定款で定年を定める場合の規定

（役員の定年）

第○条　理事の定年日は、満○歳に達した日の属する定時評議員会の終
　　結の日とする。

内閣府モデル定款から読み解く公益・一般法人の法人運営手続　財団編（上巻）

　なお、定款において理事の定年制を設けたとき、既に定年年齢を超えている者に対する取扱いとしては、定款附則で経過措置として、例えば、「現在在任している理事で、定年年齢を超える者は、任期満了までその任に当たるものとする。」等の規定が設けられることになろう。

②　理事会規則で理事の定年制を設ける方法

ⅰ　株式会社の取締役について、社内規則（取締役会規則）で定年制を設けることの可否

　会社法の下において、社内規則（取締役会規則）で一定年齢に達した取締役につき、当然に取締役の地位を喪失する効力を認めることは、法令や株主総会決議や定款の定めによらずに取締役の任期を制限し、取締役の地位の終了事由を創出することに等しいことになるので、そのような内容を社内規則（取締役会規則）で定めたとしても、その効力は無効と解され、定年制を設ける場合には定款にその規定を置くべきものと解されている。

ⅱ　理事会規則で理事の定年制を設けることの可否

　一般法人法において、理事の選任（法63条1項・177条）及び解任（法176条1項）は、評議員会の決議によるものとされている。

　また、理事の任期については、原則として、「選任後2年以内に終了する事業年度のうち最終のものに関する定時評議員会の終結の時まで」と定められており、ただし定款により、これを短縮することができるとされている（法66条・177条）。

　一方、理事の地位の終任事由は、任期の満了（法66条本文・177条）、理事の辞任（民法651条1項）、資格喪失事由（法65条1項・177条）とされている。

　理事会規則で理事の定年制を設けることの可否については、上記ⅰの株式会社の取締役について、社内規則（取締役会規則）で定年制を設けることの可否の場合と同様に解すべきと考えられる。

　理事会規則は、定款との関係においては、少なくとも定款の下位に属する規則であって、理事会によって制定されるものである。評議員会において、定款

以外にそのような細目的規則と考えられるものを制定するとは考えられない。

また、定款に具体的に根拠をおいた上で、それを受けて理事会規則を定めているということも考えられない。

とすれば、理事会規則に基づく理事の定年制は、定款に定めのない定年制ということになる。理事の定年制の定めは、理事の資格喪失（終任）事由を定めたもので、これを根拠として理事の退任の登記等もなされる上、評議員の利害にも直接関係する重要事項であるので、理事の定年制については、法人の根本規則である定款に規定されるべきものと考えられる。

iii　理事会規則で理事の定年制を定めた場合の効力

理事の定年制を定款でなく、理事会規則として定めるということは、株式会社における社内規則（取締役会規則）での取締役の定年制に関する規定と同様に、考えることができる。

理事会規則で理事の定年制を設ける方法としては、㋐一定年齢（例えば、75歳）に達した日の月末で辞任（退任）すること、㋑一定年齢に達した場合、当該理事の任期満了日に退任すること、というような方法が考えられる。

（i）　一定年齢に達した日の月末で退任するという規定形式の場合

理事会規則で、一定年齢（例えば、75歳）に達した日の月末で退任するという規定を定めた場合（例えば、次のような規定の場合）、これをもって当該理事は拘束されるかである。

定年（75歳）に達した時点で退任する場合の規定

> （役員の定年）
> **第○条**　理事は、満75歳に達したときは、その月末をもって退任するものとする。

定年制につき、定款で定めた場合はともかく、理事会規則で定めた場合には、その規定に基づき理事を退任させることは認められないとする考え方が一般的

内閣府モデル定款から読み解く公益・一般法人の法人運営手続　財団編（上巻）

であると解される。

　なお、この規定形式の下で定年基準に達した理事が自発的に辞任した場合には問題にならない。しかし、定年年齢に達した理事のうち、自発的に辞任する者と辞任しない者とが生じて、公平性を欠くという問題も発生しかねない。その意味において、理事会規則でこの規定形式により理事の定年制を定めることには、慎重に検討されるべき問題である。

(ii)　一定年齢に達した理事は、当該任期満了日に退任するという規定形式の場合

　この場合の理事会規則での規定形式としては、次のような規定が考えられる。

定年(75歳) に達した後、任期満了までその任にあたる場合の規定

　（役員の定年）

第○条　理事は、満75歳に達したときは、退任する。

2　理事が、任期途中で前項に定める定年に達したときは、その任期満了の時までその任に当たるものとする。

　この規定形式の場合、任期満了時に理事の地位を失うことになり、後任理事の選任に当たり、非常に実践的な規定であると言える。

　また、このような規定が存在する場合には、理事候補者を選考するときは年齢を考慮するという推薦基準としての意味を持つことになると解される。

(4)　理事の定年制導入と留意点

①　定年制導入に関する定款変更と理事会の同意

　定款を変更して理事に関する定年制を導入する場合、評議員会の招集に際し、その会議の目的事項として理事会において「理事の定年制」を決定する必要がある（法181条1項2号）。

第31条 役員〈及び会計監査人〉の任期

　理事の定年制の導入に関しては、理事会において、その必要性につき相当議論が行われることが前提となる。これまで、理事会の中で定年制につき検討すべきであるというような意見が存在していたような場合を除き、正式に理事会の議題として提案することは、至難のことと考えられる。

　法人の理事の年齢が例えば80歳以上の者が多い場合、その80歳以上の理事の中から提案者が出て、議論を進めていくというような方法でないと、問題は進展しない。

　定款を変更して、理事の定年制を導入することは、理事会の中での問題提起ができなければ、非常に難しいのではないかと考えられる。

　一方、評議員会に提案された定款変更による理事の定年制については、理事会の決議を経ているものである（法181条1項）。この提案について、評議員会がどのような決断をするかは、評議員会での審議の結果によるものであるが、これを否認することは難しいのではないかと解される。

> ## ② 理事会規則に定める理事の定年制についての留意点

　理事会規則で理事の定年制を定める場合は、上記(3)②ⅲ(ⅱ)のような規定形式が一般的と考えられる。

　この規定形式で定年制を定めた場合、一定年齢に達した理事は、その任期満了後は、次の定時評議員会の理事候補者として推薦しないという法人の方針を定めた訓示的規定と解釈すべきものと考えられる。

　理事会規則による理事の定年制を定める場合には、当該法人の理事候補者の選考の方法（例えば、業界団体の会長などが推薦される方式など）もあるので、それぞれの理事の年齢構成の実態を踏まえて、定年基準を定めるようにすることが必要ではないかと考えられる。

【注記（第31条）】

（注1）　新公益法人制度研究会編著『一問一答公益法人関連三法』、56頁、商事法務。

　神田秀樹『会社法　法律学講座双書』（第15版）、190頁、弘文堂。

（注2） 新公益法人制度研究会前掲書、56頁。商事法務編『取締役・執行役ハンドブック』、86頁、商事法務。

（注3） 相澤　哲他編著『論点解説 新・会社法　千問の道標』、286頁、304頁、商事法務。

（注4） 江頭憲治郎『株式会社法』（第7版）、392頁（注2）、有斐閣。松井信憲『商業登記ハンドブック』（第2版）、435〜436頁、商事法務。

（注5） 鈴木龍介編『株式会社の機関　商業登記全書第5巻』、66頁、中央経済社。

（注6） 新公益法人制度研究会前掲書、56頁。

（注7） 松井前掲書、50頁。

（注8） 江原健志編『一般社団・財団法人法の法人登記実務』、333〜334頁（Q35）、テイハン。

（注9） 相澤　哲編著『立案担当者による新会社法関係法務省令の解説　株主総会以外の機関』、30頁、商事法務。

（注10） 弥永真生『コンメンタール会社法施行規則・電子公告規則』、549頁、商事法務。酒巻俊雄他編『逐条解説会社法　第4巻機関・1』、238頁、中央経済社。

（注11） 相澤前掲書（注9）、30頁。弥永前掲書、550頁。

（注12） 相澤前掲書（注9）、31頁。

（注13） 相澤前掲書（注3）、301〜302頁。

（注14） 弥永前掲書、551頁。

（注15） 江頭前掲書、396頁（注4）。

（注16） 相澤前掲書（注9）、31頁。弥永前掲書、551〜552頁。

（注17） 相澤前掲書（注3）、305頁。

（注18） 竹内昭夫他編『新版注釈会社法(6)　株式会社の機関(2)』、84〜85頁、有斐閣。大審院決定大正15年12月10日。

（注19） 昭和31年4月6日民事甲第746号民事局長回答、『登記研究』102号31頁。

（注20） 竹内前掲書、556頁。

（注21） 落合誠一編『会社法コンメンタール8　機関(2)』、29頁、商事法務。

（注22） 竹内前掲書、153頁。

（注23） 相澤前掲書（注3）、310頁。

（注24）　竹内前掲書、415頁。

（注25）　酒巻前掲書、408頁。

（注26）　同上書、316〜317頁。

（注27）　竹内前掲書、544頁。前田　庸『会社法入門』（第12版）、521頁、有斐閣。

（注28）　竹内前掲書、555頁。前田前掲書、522頁。

（注29）　酒巻前掲書、322頁。

(役員〈及び会計監査人〉の解任)
第32条　理事又は監事が、次のいずれかに該当するときは、評議員会の決議によって解任することができる。
　⑴　職務上の義務に違反し、又は職務を怠ったとき。
　⑵　心身の故障のため、職務の執行に支障があり、又はこれに堪えないとき。
〈2　会計監査人が、次のいずれかに該当するときは、評議員会の決議によって、その会計監査人を解任することができる。
　⑴　職務上の義務に違反し、又は職務を怠ったとき。
　⑵　会計監査人としてふさわしくない非行があったとき。
　⑶　心身の故障のため、職務の執行に支障があり、又はこれに堪えないとき。〉
〈3　監事は、会計監査人が前項第1号から第3号までのいずれかに該当するときは、(監事全員の同意により、)その会計監査人を解任することができる。この場合、監事は、

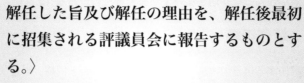

解任した旨及び解任の理由を、解任後最初に招集される評議員会に報告するものとする。〉

(注) 会計監査人を置かない場合、〈 〉内は不要である。

1 理事及び監事の解任

(1) 解任事由

　理事及び監事は、次の①、②のいずれかに該当するときは、評議員会の決議によって解任することができる（法176条1項）。

① 職務上の義務に違反し、又は職務を怠ったとき（法176条1項1号）

　理事、監事と法人とは委任関係にあるので（法172条1項）、その職務の執行につき善管注意義務を負う（民法644条）。本号は、これに明白に反した場合をいうものと解される。

② 心身の故障のため、職務の執行に支障があり、又はこれに堪えないとき（同条1項2号）

　この判断に当たっては、医師の診断を必要とすると解される。

　評議員会に理事及び監事の解任権が与えられているのは、評議員会の理事及び監事に対する監督機能の実効性を担保する趣旨であるが、解任事由を限定したのは、評議員会の理事及び監事に対する適正な監督権限を確保しつつ、評議

員会の権限が強大になり過ぎないようにするためである（注1）。

(2) 解任手続

　理事を解任する場合の決議の方法は、選任の場合と同様、普通決議であるが、監事を解任する場合には、その地位の安定性を考慮し、特別決議（法189条2項1号）が必要とされている。

　監事は、評議員会において、監事の解任について意見を述べることができる（法74条1項・177条）。この制度があることによって、理事会は、監事の解任議案を決定する際に、監事の意見を聞くことが普通となり（そうしないと、評議員会で監事が意見を述べれば評議員会が混乱してしまうからである。）、それが監事の理事からの独立性を高めることにつながるものと期待されている。

　監事の評議員会における意見陳述権は、監事の解任の場合にも、他の監事の解任のみならず、自己のそれについても意見陳述権を行使することができると解されている。

　意見陳述権を有する監事は、評議員会の日現在において在任している者であるが、この中には、監事としての権利義務を有する者（法75条1項・177条）、一時監事（法75条2項・177条）、監事の職務代行者（法305条、民事保全法56条）が含まれると解される。

　評議員会の議長が、正当な理由がなく、監事に意見陳述の機会を与えなかったときは、当該評議員会でなされた解任決議は、決議方法の法令違反として決議取消事由となると解されている（法266条1項1号。東京高裁昭和58年4月28日）。

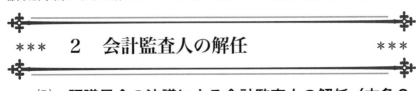

2　会計監査人の解任

(1) 評議員会の決議による会計監査人の解任（本条2項関係）

　会計監査人が、次のいずれかに該当するときは、評議員会の決議によって、

その会計監査人を解任することができる（法176条2項・71条1項）。

①　職務上の義務に違反し、又は職務を怠ったとき（法176条2項・71条1項1号）

会計監査人が当該法人に対する監査の遂行において、その職務に反したか、職務を遂行しないときである。

「職務上の任務懈怠」とは、例えば、粉飾決算がなされていることを知りながらそれを指摘せず、または当然行うべき監査をしなかった場合などが考えられる（注2）。

②　会計監査人としてふさわしくない非行があったとき（法176条2項・71条1項2号）

「非行」とは、典型的には他の法人の監査において、粉飾決算の見逃し等の重大な職務懈怠のような職務上の非行である。もとより刑事訴追や公認会計士法上の懲戒処分（公認会計士法29条以下）もこれに該当するが、私法上の非行は原則として解任事由に当たらない。

しかし、弁護士を兼ねる公認会計士が弁護士として非行を行った場合や、公認会計士が税理士業務において非行を行った場合も該当すると解されている。このほか、詐欺その他の破廉恥罪を犯した場合も、「公認会計士としての信用を傷つけるような行為」（公認会計士法26条）であり、解任事由に含まれると解されている（注3）。

③　心身の故障のため、職務の執行に支障があり、又はこれに堪えないとき（法176条2項・71条1項3号）

「心身の故障」とは、心身の病気により、補助者を使用しても、その職務を遂行することができない場合等が挙げられる（注4）。

(2)　監事による会計監査人の解任（本条3項関係）

監事は、会計監査人が次のいずれかに該当するときは、その会計監査人を解任することができる（法71条1項・177条）。

会計監査人の解任権は本来評議員会にあるが（法171条2項）、一般法人法71

内閣府モデル定款から読み解く公益・一般法人の法人運営手続　財団編（上巻）

条1項（法177条）は、一定の重大事由が生じた場合に限り、例外的に、監事の全員の同意をもって会計監査人を解任することができることを定めたものである。

　解任事由が生じた場合に、評議員会を開かなければその解任ができないとすると、多くの時間と費用を必要とするおそれがあり、また、その会計監査人を引き続き在任させることが相当でない場合も生じ得るからである（注5）。

①　解任事由

i　　職務上の義務に違反し、又は職務を怠ったとき（法71条1項1号・177条）

ii　　会計監査人としてふさわしくない非行があったとき（法71条1項2号・177条）

iii　心身の故障のため、職務の執行に支障があり、又はこれに堪えないとき（法71条1項3号・177条）

この解任事由は、評議員会が会計監査人を解任することができる場合の解任事由と同じである（法176条2項）。

②　解任手続

　監事の員数は1人でもよいが、定款で自由にその員数を定めることができるので、監事が2人以上ある場合には、会計監査人解任の同意には、監事全員の同意を必要とする（法71条2項・177条）。

　会計監査人を解任した場合には、監事（監事が2人以上ある場合にあっては、監事の互選によって定めた監事）は、その後最初に招集される評議員会において、解任の事実及びその理由を報告しなければならない（法71条3項・177条）。

　なお、ここにいう「解任の理由の報告」とは、上記①i〜iiiの解任事由のうち、いずれに該当すると判断したかを説明することである。

　他方、解任された会計監査人も、不当な解任だと思えば評議員会に出席して意見を述べることができる（法74条4項・177条）。

　この評議員会への事後報告及び会計監査人の意見陳述の制度は、監事全員の

同意による会計監査人の解任が、あくまでも緊急の場合に認められる例外的な措置にすぎないため、解任権の濫用を防ぎ、解任手続の公正さを図る見地から、評議員会の実質的な審査を経ることを認めたものである。

このため、一般法人法71条1項各号所定の解任事由がある場合にあっても、評議員会の開催が近く予定されており、それを待って解任しても、法人に著しい損害を生ずるおそれがないときには、監事は一般法人法71条1項（法177条）に基づいて会計監査人を解任すべきではなく、評議員会の解任決議に委ねるべきものと解されている（注6）。

3 役員等の解任決議不成立と解任の訴え

(1) 評議員会の解任決議

役員等（理事、監事又は評議員・法284条）の職務の執行に関し不正の行為又は法令若しくは定款に違反する重大な事実があったにもかかわらず、評議員会で解任決議が得られないことがある。一般法人法284条は、この場合に対処するため、評議員は、当該評議員会の日から30日以内に、訴えをもって当該役員等の解任を請求することができる旨を定めている。

この役員等の解任を請求することができる制度は、評議員会の多数派が非行のある役員等を支持して解任決議を成立させない場合に、少数派の評議員が原告となって、訴えによって当該役員等の解任を可能とするものである（注7）。

(2) 解任事由

役員等が解任訴訟の対象となるには、「職務の執行に関し不正の行為又は法令若しくは定款に違反する重大な事実があったこと」が必要である。

「職務の執行に関し」というのは、職務の遂行自体についてのみならず、その遂行に直接間接に関連してなされた行為、例えば法人の承認なく競業取引を

内閣府モデル定款から読み解く公益・一般法人の法人運営手続　財団編（上巻）

実施した場合を含むと解されている（注8）。

　「不正の行為」とは、法人財産の私消など故意で実行された加害行為であり、「法令若しくは定款に違反する重大な事実」とは、過失によるものも含まれるが、重大な違反となり得るものに限定される。軽微な違反についてまで裁判所の介入を認めると評議員会の自治を侵しかねないという配慮に基づくものである。「重大な違反」の例としては、例えば、法人設立以来2年から3年の間に一度も評議員会を招集しなかったような場合が挙げられる。経営判断に関する任務懈怠行為も善管注意義務・忠実義務に違反する行為であることから、重大な違反に該当する場合は、解任の対象となり得る（神戸地裁昭和51年6月18日。監事については東京地裁平成17年9月21日）。

　また、「あったにもかかわらず」（法284条）とは、役員等の解任議案が否決された後に当該役員等について生じた不正行為又は法令若しくは定款に違反する重大な行為をもって役員等解任の訴えの解任事由とすることはできないが、当該役員等解任議案が否決された時点までに生じた解任事由については、役員等解任の訴えの解任事由とすることができることを意味する（高松高裁決定平成18年11月27日参照）。なお、解任を「否決された」場合とは、議題とされた解任の決議が成立しなかった場合を意味し、定足数に達する評議員の出席がないため流会となった場合も含まれる。

(3)　提訴権者等

　この訴えを提起しうる者は、評議員である（法284条2号）。

　訴えの提訴期間は、当該解任の決議をした評議員会から30日以内であり（法284条）これはいつまでも相手方を不安定な立場に置くことは望ましくないからである。被告は、当該法人及び解任請求の対象となる役員等である（法285条）。

　また、この訴えは、当該法人の主たる事務所の所在地を管轄する地方裁判所の管轄に専属する（法286条）。

(4) 職務執行停止の仮処分、訴えの利益及び判決の効果

　役員等の解任の訴えは形成訴訟であり、権利関係の変動（当該役員等が役員等でなくなること）の判決による宣言を求めるものである。このため、役員等の解任の訴えが提起されただけでは、その時点では当該役員等の地位に影響しない。

　しかし、理事の解任の訴えが提起された場合には、当該理事に職務を継続させることが適当でない場合もある。このような場合には、原告は、民事保全法上の仮の地位を定める仮処分として、当該理事の職務執行を停止し、さらにその職務を代行する者の選任を申し立てることができる（民事保全法23条2項）。

　この場合、民事保全法上は、保全すべき必要性（民事保全法23条2項）を疎明しなければならないが（民事保全法13条2項）、当該理事に不正行為か、法令定款に違反する重大な事実があることを疎明できれば、一般に仮処分の必要性があると考えられている（注9）。当該仮処分については、法人の主たる事務所の所在地において嘱託登記される（民事保全法56条、法305条）。

　役員等の解任の訴えが係属中に対象となる当該役員等が任期の満了により退任したときは、当該解任訴訟の目的が達成されるので、訴えの利益がなくなり、棄却される（大阪高裁昭和53年4月11日）。

　それでは、当該役員等が退任後再任された場合はどうかである。その役員等が退任後次の評議員会で役員等に再任された場合、評議員会の新たな判断がなされているのであるから、訴えの原因たる違法行為が再任後も継続していない限り、訴えの利益は失われるものと解されている（注10）。

　役員等の解任の訴えは請求が認容されれば、当然に解任の効果を生ずる。これに伴い当該役員等が解任されたことにつき嘱託登記がなされる（法315条1項1号ニ）。

内閣府モデル定款から読み解く公益・一般法人の法人運営手続　財団編（上巻）

【注記（第32条）】

（注１）　新公益法人制度研究会編著『一問一答公益法人関連三法』、123頁、商事法務。

（注２）　前田　庸『会社法入門』（第12版）、523頁、有斐閣。

（注３）　同上書。竹内昭夫他編『新版注釈会社法(6)　株式会社の機関(2)』、551頁、有斐閣。

（注４）　前田前掲書、523頁。竹内同上書。

（注５）　新公益法人制度研究会前掲書、58頁。

（注６）　奥島孝康他編『新基本法コンメンタール会社法２』、110頁、日本評論社。

（注７）　新公益法人制度研究会前掲書、175頁。

（注８）　竹内前掲書、74頁。

（注９）　江頭憲治郎『株式会社法』（第７版）、403頁（注１）。

（注10）　竹内前掲書、79頁。

【(A案) 報酬を支給する場合の例】
（役員〈及び会計監査人〉の報酬等）
第33条　理事及び監事に対して、評議員会において定める総額の範囲内で、評議員会において別に定める報酬等の支給の基準に従って算定した額を報酬等として支給することができる。
2　理事及び監事には、その職務を行うために要する費用の支払いをすることができる。この場合の支給の基準については、評議員会の決議により別に定める。
〈3　会計監査人に対する報酬等は、監事の(過半数の) 同意を得て、理事会において定める。〉

【(B案) 無報酬を原則とする例】

（役員〈及び会計監査人〉の報酬等）

第33条　理事及び監事は、無報酬とする。ただし、常勤の理事及び監事に対しては、評議員会において定める総額の範囲内で、評議員会において別に定める報酬等の支給の基準に従って算定した額を報酬等として支給することができる。

2　理事及び監事には、その職務を行うために要する費用の支払いをすることができる。この場合の支給の基準については、評議員会の決議により別に定める。

〈3　会計監査人に対する報酬等は、監事の（過半数の）同意を得て、理事会において定める。〉

(注)　会計監査人を置かない場合、〈　〉内は不要である。

第33条 役員〈及び会計監査人〉の報酬等

1 一般法人法89条・105条の趣旨

　一般法人法89条（法197条）は、理事の報酬等につき「理事の報酬等（報酬、賞与その他の職務執行の対価として一般社団法人等から受ける財産上の利益をいう。以下同じ。）は、定款にその額を定めていないときは、評議員会の決議によって定める」と規定する。

　一方、監事の報酬等については、一般法人法105条（法197条）において、「監事の報酬等は、定款にその額を定めていないときは、評議員会の決議によって定める」（同条1項）、「監事が2人以上ある場合において、各監事の報酬等について定款の定め又は評議員会の決議がないときは、当該報酬等は、前項の報酬等の範囲内において、監事の協議によって定める」（同条2項）、「監事は、評議員会において、監事の報酬等について意見を述べることができる」（同条3項）と規定されている。

　一般法人法89条と105条1項は、同じ規制であるが、その趣旨は異なっている。すなわち、一般法人法89条は、理事が報酬の額を定めることによるお手盛りを防止する趣旨であるのに対し、一般法人法105条1項は、報酬等の決定を理事ではなく評議員会にさせることを通じて、監事の理事からの独立性を報酬の面から確保することが主たる目的である（注1）。

2 委任と報酬との関係

(1) 委任無償の原則

　公益（一般）財団法人と役員（理事及び監事）及び会計監査人との関係は、委任に関する規定に従うこととなっている（法172条1項）。

　民法648条1項は、「受任者は、特約がなければ、委任者に対して報酬を請求することができない」旨を規定し、委任は原則として無償とし、特約がある

573

ときにのみ有償たりうることを示しているものと解されている。このような二元主義は、日本に限らず、諸外国でも採用しているところであるが、多少ニュアンスの相違はあるものの類似している。ただ、英米法は、有償が原則で無償が例外となっているのに対し、他は無償を原則とする。

ところが、ドイツにおいては、無償委任しか認めない。無償でなければ委任ではないとされている（注2）。これには沿革がある。ローマ法では、委任事務の内容は自由人の自由労務であって、有償労務は雇傭の目的となる不自由人（奴隷身分）の不自由労務であったのと対照をなし、委任の目的は高級な知的労務の提供であり、対価になじまないという観念があった。したがって、ローマ人の名誉にかけて、「委任は無償でなければ無効だ」とされたのである。ローマ法にならって無償委任しか認めないドイツでは、医師や弁護士のような有償の高級事務でも、委任によらず、雇傭又は請負になるとしているが、これでは実状に即さない場合が出てくる。かかる場合のために、委任に関するドイツ民法675条は、これらを一応雇傭又は請負だとしておきながら、これらに委任の規定を準用している（注3）。

⑵　わが国の無償原則

わが国の民法は、ドイツ民法のように委任を無償であることを要件としていない。委任契約の成立要件としては、報酬について一応無色である（民法643条）。委任は、原則として無償であるが（民法648条）、これは、委任には委任者の受任者に対する信任を中核とする精神的要素が含まれているからである。受任者は、報酬を受けなくてもなお善良な管理者の注意をもって、その債務を履行することを要する（民法644条）。

無償の受任者も有償の受任者と同じく善管注意義務を負うのは、委任は当事者間の信任関係に基づくものであるから、契約の有償・無償とは本来無関係の問題である。また、現実の社会生活においても、受任者を信頼して委託する委任者は、たとえ事実上無償の場合においても、有償の場合と同様の注意力を受任者に期待するのが通常であるからである。

委任は、特約によって有償とすることができるが（民法648条）、特約がなくても、慣習ないし黙示の意思表示によって有償であると認められる場合もある。弁護士への訴訟委任において報酬の合意が成立していなかった場合につき、判例は、「弁護士の報酬額につき当事者間に別段の定めがなかった場合において裁判所がその額を認定するには、事件の難易、訴額及び労力の程度だけからこれに応ずる額を定めるべきではなく、当事者間の諸般の状況を審査し、当事者の意思を推定して相当報酬額を定むべき」ものとし、合理的な報酬額を請求できることを認めている（最高裁昭和37年2月1日）。

(3) 報酬請求権の発生要件

役員と法人との法律関係には、委任に関する規定に従うとされているから（法172条1項）、法文上は役員任用契約は無償が原則であり、民法は、受任者は特約がなければ報酬を請求できないと定める（民法648条1項）。しかし、これは委任契約の歴史的由来によるもので、今日では、たとえ報酬の合意がなくても、報酬を支払う黙示又は慣行があると解されている（前掲最高裁判例）。受任者が商人の場合には、商法512条により常に「相当の報酬」の支払義務がある。

しかし、報酬額が定款又は評議員会の決議（法89条・105条1項・197条）により定められない限り、具体的な報酬請求権は発生しないとされているから（大阪高裁昭和43年3月14日、東京地裁昭和47年11月1日）、無償とみようが有償とみようが、実際の結果はほとんど異ならないことになる。

なお、2017（平成29）年の民法改正により、648条の2の規定が新設され、委任には事務処理に対して報酬を支払う類型と、事務処理による成果に対して報酬を支払う類型があることが明定された。

3 報酬等の意義

一般法人法89条は、報酬等につき「報酬、賞与その他の職務執行の対価として一般社団法人等から受ける財産上の利益をいう」と定義している（公益法

内閣府モデル定款から読み解く公益・一般法人の法人運営手続　財団編（上巻）

人認定法5条13号においては、公益法人の理事、監事及び評議員に対する報酬等につき、「報酬、賞与その他の職務執行の対価として受ける財産上の利益及び退職手当をいう」と定義している。）。

(1)　職務執行の対価としての法人から受ける財産上の利益

　役員が法人から利益を得た場合、一般法人法89条・105条1項（法197条）により定款の定め又は評議員会の決議が必要か否かについては、㋐それが職務執行の対価として提供されているか、㋑財産上の利益であるか、㋒法人から出捐されているか、の基準（以下①～③参照）によって決せられると解されている（注4）。

①　職務執行の対価

　「職務執行の対価」というためには、役員の職務上の地位に基づき、当該法人から職務執行の反対給付として受ける経済的利益であることを要するものと解されている。「職務執行の対価」の概念は広く解され、職務執行の期間と経済的利益との関係が明確なものに限らず、例えばインセンティブや福利厚生目的で付与される利益等、およそ役員としての地位に着目して付与される利益をも広く含まれる（注5）。

　その一方、役員がその職務執行以外の行為を行ったことの対価として法人から支給される財産上の利益には、一般法人法89条・105条1項の適用はない（大審院昭和9年2月27日・注6）。

　役員が法人から金銭等の支給を受けても、それが㋐職務執行に必要な費用の弁済ないし償還とみられる場合、㋑法人の一般的な福利厚生施設や制度の利用と認められる場合、㋒使用人兼務理事が使用人としての便益を受ける場合、㋓便益の程度が僅少な場合などには、職務執行の対価には含まれない（注7）。

　報酬等は、職務執行の対価として法人から支給される限り、名称の如何を問わない。退職慰労金（退職手当）は、在職中の職務執行の対価の性質をもつも

576

のである。特別功労金の支給についても、職務執行の対価と解されている。在職中の特別の功労が具体的にどのような功労であるのかは、法人、役員によって様々であるが、いずれにしても役員が職務を執行することを通じて特別に法人に貢献し、法人の発展に寄与したことをいうもので、役員の職務執行の成果に属するとされている。したがって、在職中の特別の功労に応えるため法人が支給するものは、在職中の職務執行の成果を法人が再評価して、その職務執行に対する報酬の後払いを行うものと考えられるため、報酬等に当たると解されている（注8）。

弔慰金も、小額の香典と認められる場合は別として、職務執行の対価と認められる限り報酬に当たる（最高裁昭和48年11月26日）。

②　財産上の利益

「財産上の利益」には、金銭で評価しうるすべての経済的利益が含まれる。例えば、役員に法人所有の物件を低廉な賃料で使用させている場合、客観的に算出された賃料と実際に役員が負担している賃料との差額が「報酬等」となる。用役の給付も、これが金銭で評価しうるものである限り、「報酬等」に当たる。

③　法人から出捐されているか

「法人から出捐されているか」の要件で問題となるのは、親法人の理事が子法人の理事を兼任している場合で、子法人の理事としての報酬は、親法人の定款規定又は評議員会の決議を必要とするか、が問題となる。

この問題につき、親法人（一般財団法人）が全額出資して完全子法人を設立し、親法人の代表理事が完全子法人の代表理事を兼任している場合、子法人がかかる兼任代表理事に対して報酬を支給することについて、親法人の評議員会の決議が必要であるかにつき、必要であるとする見解がある。

完全子法人の理事の報酬は、子法人の定款又は評議員会決議で決定することが必要であるが、これに加えて、親法人の評議員会の決議は必要ではないと解されている（注9）。

(2) 職務執行のための費用の支給と報酬規制との関係（本条2項関係）

　職務執行の対価は、職務執行の費用とは区別されるべきものである。役員としての職務執行に対する対価としてでなく、役員としての職務以外の事務に対する報酬として法人が支給するものは、役員報酬ではない。

　法人が、役員の職務執行に関連して役員に職務執行の対価以外の金銭又は物品を支給しても、これは役員報酬ではない。その最も顕著な例は、役員の職務執行に必要な費用の支出である。役員がその職務を執行するについては、旅費交通費などの費用を必要とするが、法人がこのような費用を役員に支払うことは、費用の交付であって、報酬ではない。

　委任は、委任者のためにその事務を処理する契約ではあるが、そのため受任者に損害を生ぜしめないことを要する。受任者は、委任事務の処理に必要な費用の支給を委任者に請求することができる（民法649条・650条）。もっとも、法人がその判断により費用として役員に支給できる範囲は、これら民法の規定に基づき法人が支給を義務付けられている範囲よりも広いものと解される。

　役員の職務執行に必要な費用と職務執行の対価とは観念上は異なるものであっても、実際には、そのいずれに属するか微妙な場合がある。この区分は、もちろん法人の一存で決まるものではなく、社会通念に照らして判断されるべき事項である。一般論としては、職務との関連性、職務執行のための必要性及び役員が職務を離れて私的な便益を受けているか、といった観点から費用と報酬等とを区別すべきであろうと考えられる（注10）。

　実務上は、税務基準（所得税基本通達28-7〔委員手当等〕参照）により給与とされなければ、一般法人法上も報酬等に当たらないという理解が強いと考えられる。この税法上の基準は、一般法人法の解釈においても参照できるであろう。しかし、一般には、税務基準は税法独自の観点から課税すべき経済的利益の有無を判断するものであり、それと一般法人法の報酬該当性の判断とは必ずしも一致しないものと思われる（注11）。

第33条　役員〈及び会計監査人〉の報酬等

(3) 費用弁償の支給とその額

① 費用弁償の意義

　「費用弁償」とは、職務の執行等に要した経費を償うため支給される金銭をいう（地方自治法203条2項参照）。「実費弁償」（地方自治法207条参照）と同じ意味である。報酬が職務執行の対価として「給与」に入るのに対し、「費用弁償」は、実費を償うという意味において「給与」には入らない。

　「実費弁償」は、非常勤の者に対して支給される「費用弁償」に比べ、実際に要した費用の補償の意味が強いが、その実態は同じである。

② 費用弁償の額・支給方法

　費用弁償も実費弁償と同様、必ずしも実際に要した経費と厳密に同額である必要はなく、規程に定めるに当たっては、一定の基準を定め、定額により支給することも差し支えないと解されている（地方自治法207条。行政実例〔昭和22年8月8日地発乙第556号〕参照）。

　費用弁償として支給される種類は、交通費（旅費）、宿泊料、日当等である。

　なお、予算の執行科目中の「旅費」には、費用弁償、実費弁償が含まれるとされている（行政実例〔昭和38年12月19日自治丁行発第93号〕参照）。

　費用弁償の支給方法、その額、支給対象者等については、「費用弁償規程」等に明記することが必要である。

　同一法人で同日に2つの会議が開催され出席した場合の費用弁償の支給については、1回分の支給が至当と考えられる（行政実例〔昭和29年5月19日自丁行発第77号〕参照）。

　費用弁償につき、具体的金額がどの程度までであれば適当かに関しては、費用弁償の性格から考え、理事会・評議員会への出席に係わるものについては、一般的には、5,000円以下が妥当ではないかと考えられる。

　非常勤の役員や評議員などに対して、職務執行の対価として支給する日当や、

交通費実費相当額を超えて支給するお車代等を支給する場合には、報酬等に含まれることになる（FAQ問V-6-②、V-6-③・3）。

(4) 使用人兼務理事の使用人給与分と報酬規制との関係

① 使用人兼務理事の意義

i 一般法人法上の使用人兼務理事

「使用人兼務理事」とは、使用人の地位を兼ね備えている理事のことである。一般法人法の観点からすると、理事と使用人とはそもそも同一人物において両立しにくい概念であるが、わが国の法人においては、1人の人間がその両方を兼ねる使用人兼務理事が数多く存在する。

例えば、使用人という言葉が頭に付くもの、主体はあくまで理事で、本来理事である者が、法人事務局長・○○部長などという使用人の地位を兼ねる場合である。

一般法人法65条2項（法177条）は、「監事は、公益（一般）財団法人又はその子法人の理事又は使用人を兼ねることができない」、また同法173条2項は、「評議員は、公益（一般）財団法人又はその子法人の理事、監事又は使用人を兼ねることができない」と規定し、監事、評議員が使用人を兼ねることを禁止しているが、理事については、このような禁止規定がないため、一般に、理事の使用人兼務は許されると解されている。

ii 法人税法上の使用人兼務役員

一方、法人税法においては、使用人としての職務を有する役員を定義して、「役員（社長、理事長その他政令で定めるものを除く。）のうち、部長、課長その他法人の使用人としての職制上の地位を有し、かつ、常時使用人としての職務に従事するものをいう」（法人税法34条6項）とし、法人税法施行令71条では、使用人としての職務を有する役員としては認められないものとして、「代表取締役、代表理事、清算人、副社長、専務、常務その他これらに準ずる職制上の地位を有する役員」などを挙げている。

なお、これらの者のうち、専務取締役、専務理事、常務取締役及び常務理事が使用人兼務役員として認められない理由は、これらの役員が、一般にいわゆる「表見代表者」として、法人内部で主要な地位を占め、対外的にも表見上代表権を有する役員とみなされるからにほかならないためであるとされている（注12）。

しかしながら、専務取締役（専務理事）、常務取締役（常務理事）の「専務」、「常務」という呼称は、必ずしも会社法その他の法令上制度化されたものではないから、これらの専務取締役等の地位がその法人の内部組織上明確にされていないことも多いのが実態である。

そこで、法人税取扱通達（基本通達）では、法人税法施行令71条1項2号（使用人兼務役員とされない役員）に掲げる「副社長、専務、常務その他これらに準ずる職制上の地位を有する役員」とは、定款等の規定又は総会若しくは取締役会の決議等によりその職制上の地位が付与された役員をいう、とされている（基本通達9-2-4）。

また、法人税法34条6項（使用人兼務役員）に規定する「その他法人の使用人としての職制上の地位」とは、支店長、工場長、営業所長、支配人、主任等法人の機構上定められている使用人たる職務上の地位をいう。したがって、取締役等で総務担当、経理担当というように使用人としての職制上の地位でなく、法人の特定の部門の職務を統括しているものは、使用人兼務役員には該当しない、とされている（基本通達9-2-5）。

そのため、自称専務、通称常務のように、職制上は単なる平取締役であってその実質は使用人兼務役員として認められてしかるべき者については、その実質に即して取り扱うこととされている。

② 使用人兼務理事と法人との関係

理事と法人との関係は、委任に関する規定に従う（法172条1項、民法643条）。理事は、法人に対しては受任者の地位に立つので、委任者たる法人に対しては、委任の本旨に従い、善良な管理者の注意をもって委任事務に当たる義務を負う

内閣府モデル定款から読み解く公益・一般法人の法人運営手続　財団編（上巻）

（民法644条）。

　一方、「法人と使用人」とは、民法にいう雇用の関係に立ち（民法623条以下）、両者の間には使用人が使用者（法人）のために労務に服し、これに対して使用者が報酬を支払うことを互に約する契約（労働契約）が存在する。

　使用人兼務理事は、このように、1人の人間が一方において法人との間に委任契約を結び、それに基づいて善管注意義務、忠実義務（法83条・197条）を負い、さらに監視義務を尽くさなければならず、他方、使用人として法人との間に労働契約を結び、上司の指揮下に入ることになる。ときによって序列上位の理事の業務執行を監視すべき義務を負う者が、同時に就業規則の適用を受けて上司の命令に服する立場に立つことにもなる。

③　使用人兼務理事制度のメリット

　理事が使用人を兼務することには、次のような積極的なメリットがあると考えられる。

　　i　理事として、理事会での意思決定に直接加わっている者が使用人職制の陣頭に立って指揮ができるため、法人の方針が徹底する。

　　ii　法人業務の現場の状況が的確に代表理事をはじめとする経営上層部に伝わりやすい。

　　iii　使用人に支えられている現場の意思を理事会などに反映できる。

　　iv　理事会と使用人とを含む法人全体の一体感を醸成しやすい。

　したがって、使用人兼務理事に選任された者は、使用人と理事との立場の基本的な違いをよく理解し、それぞれの役割を果すだけでなく、こうした積極的なメリットを活かすように心掛けるべきものと考えられる。

④　使用人兼務理事の使用人としての給与

　理事が使用人を兼ねている場合の使用人分の給与については、理事が法人から受ける財産上の利益には該当するものの、それは使用人としての職務の対価であって、理事の職務としての対価性がないものである限り、その支給は、一

般法人法89条（法197条）の承認の対象とはならない。

　この使用人兼務理事の使用人の給与分に関して、会社法361条（旧商法269条）との関係において、最高裁（昭和60年3月26日）の判例がある。

　判旨は、「旧商法269条（会社法361条）の規定の趣旨は、取締役の報酬額について取締役ないし取締役会によるお手盛りの弊害を防止する点にあるから、株主総会の決議で取締役全員の報酬の総額を定め、その具体的な配分は取締役会の決定に委ねることができ、株主総会の決議で各取締役の報酬額を個別に定めることまでは必要でなく、この理は、使用人兼務取締役が取締役として受ける報酬額の決定についても、少なくともY会社のように使用人として受ける給与の体系が明確に確立されており、かつ、使用人として受ける給与がそれによって支給されている限り、同様であるということができる」としている。

　実務的にも使用人としての職務執行の対価を含まない額であることを明示した上で、取締役としての職務執行に相当する部分についてのみ株主総会決議を行うのが一般的である。

⑤　使用人兼務理事の使用人給与支払と自己取引との関係

　使用人兼務理事の使用人給与分が理事の報酬等に含まれないとすると、理事と法人との間の利益相反取引の規制を受けるため、公益（一般）財団法人では理事会の承認を受けなければならないのが原則である（法92条1項、84条1項2号・197条）。

　これは、使用人兼務理事が使用人として法人から金銭を何らの制約もなく受領できるとすると、法人の利益を損なう可能性がある。しかし、それは理事が法人と何らかの取引をして、法人の利益を損なう可能性がある場合と同じである。つまり、使用人兼務理事が法人から使用人としての給与の支払を受けるのは、その理事が法人と給与の支払を伴う雇用契約をしたからにほかならず、それは一般法人法84条1項2号にいうところの自己取引に当たると考えられる（使用人としての報酬を全く受領しないのであれば、法人に使用人としての労務を提供するだけで、法人にはなんらの不利益ももたらさないから自己取引には当たらない。）。

内閣府モデル定款から読み解く公益・一般法人の法人運営手続　財団編（上巻）

　使用人としての給与の支給基準が就業規則（給与規程）で明記されていると
きには、普通取引約款による取引と同様に定型的取引であって、法人に不利益
を与える可能性はないか、極めて少ないと考えられるから、理事会の承認を受
くべき自己取引には当たらないと解される。

　したがって、使用人兼務理事が使用人給与の支給を受けることについて、理
事会の決議を経なければならないのは、使用人としての給与の支給基準が就業
規則（給与規程）によって明記されていない場合である。

　なお、これに関連する最高裁の判例（昭和43年９月３日。株式会社の使用人兼務
取締役の使用人分給与の支給について）も、「株式会社の取締役が会社の使用人た
る地位を兼ね、取締役としてではなく使用人としての給与を受ける場合におい
ては、その給料の支払は旧商法265条（会社法356条１項２号）所定の取締役と
会社との間の取引にあたり、これについて取締役会の承認を受けることを要す
るものと解すべきである。もっとも、使用人としての特定の職務を担当する取
締役が、あらかじめ取締役会の承認を得て一般的に定められた給与体系に基づ
いて給料を受ける場合には、その都度あらためて取締役会の承認を受けること
は必ずしも必要でないものと解することができる。しかし、このような給与体
系によらないで、特定の取締役について裁量により個別的に給料の額が定めら
れる場合には、使用人としての職務に不相当な金額が支払われることによって
会社に損失を及ぼすおそれがないとはいえないから、具体的に取締役会の承認
を受けなければならない」としている。

　実務上は理事に使用人の地位を委嘱する旨の理事会決議の後に、何らかの形
でその使用人の地位に対して、給与規程に基づく使用人給与を支払う旨の決議
もしておくことが一般的である。なお、使用人兼務理事に対する報酬を使用人
部分、理事部分の全部をまとめて月額いくらと代表理事（理事長）が定めるよ
うな取決め、あるいは慣行のある法人では、当該理事に対する報酬額の決定は、
代表理事（理事長）に一任する旨の理事会決議がなされ、これで一応自己取引
承認の要件が満たされるものと解される。

第33条　役員〈及び会計監査人〉の報酬等

✤✤✤　4　報酬等の決定方法　✤✤✤

(1) 定款又は評議員会で定める意義

　役員の報酬等は、定款にその額を定めていないときは、評議員会の決議によって定める（法89条、105条1項・197条）。「定款又は評議員会の決議を必要とする理由」は、理事については、本来、報酬は業務執行に関する決定として理事会の決定事項であるが、報酬の決定を理事会に委ねると、同僚意識から制御が効かなくなり、不当に高額の報酬を定めることとなるため、「お手盛り」を防止する必要がある。

　一方、監事の報酬等については、その規定形式は同じであるが、その趣旨は理事の場合とは異なり、報酬等の決定を理事ではなく評議員会にさせることを通じて、監事の理事からの独立性を確保することが主たる目的である。

(2) 定款又は評議員会の決議による決定の方法

　定款又は評議員会において、役員の個人別の報酬額を定めることももとより可能であるが、しかし実務上は、個人別の報酬額が明らかになることを避ける等の理由から、理事の報酬については、評議員会では理事全員の報酬総額の最高限度のみを定め、その枠内で各理事に対する報酬額を理事会の決議によって定めること（いわゆる総額枠方式）は差し支えないと解されている（最高裁昭和60年3月26日）。

(3) 監事の協議による決定の方法

　一方、監事の報酬額については、監事が2人以上あるときは、評議員会では監事全員の報酬総額を定め、その範囲内で、監事の協議によって各監事の報酬額を決定することもできる（法105条2項）。

　なお、次のような方法で監事の報酬等を定めることは許されないものと解さ

れている（FAQ問Ⅴ-6-⑤〔監事の報酬等〕）。

① 監事の報酬等と理事の報酬等とを一括してその総額を定めること

② 監事の報酬等の総額のみを定め、各監事の報酬等は、理事（又は理事会）が決定すること

③ 各監事の報酬等の上限額等を定め、その範囲内で理事（又は理事会）が各監事の報酬等の具体的な金額を決定すること

「監事の協議」とは、監事全員一致で決定することを意味する（注13）。監事の協議が成立しないときは、どの監事も法人から報酬を受けることができない。このような場合には、監事は法人を被告として訴えを提起し、定款又は評議員会で定めた範囲内で、具体的報酬額を裁判所に決定してもらうことができるという見解がある。しかし、そのような訴えを認める法令上の根拠は見出し難いため、できないと考えられる。どうしても監事の協議が成立しないときは、改めて評議員会を開き、各監事の報酬額を決めるほかはないと解されている（注14）。

なお、監事が1人しかいないときに、定款又は評議員会において同人の報酬額そのものではなく、その最高限度額を定め、その範囲内で、当該監事が自分の報酬額を決めるものとしてよいかどうかについては、一般法人法上の明文の規定がない。この場合、最高限度額の範囲内において、当該監事が自己の具体的な報酬額を定めることができると解されている。このような取扱いを認めても、監事の独立性の観点から問題はないと考えられるからである（注15）。

(4) 評議員会における監事の報酬等についての意見陳述権

監事の報酬等は評議員会が決定するといっても、その報酬議案を評議員会に提出することを決定するのは基本的には理事会であるため（法181条）、監事の報酬議案が適切に提案されない場合や、その内容が不適切である場合も考えられる。そこで一般法人法は、監事に評議員会で意見を述べる権利を認めている（法105条3項・197条）。

この監事による意見陳述権が認められるのは、監事の報酬等に関する議題が審議されている場合はもちろん、議題として付議されていない評議員会においても行使できるものと解されている。それは、報酬議案が提案されるべきなのにそれがなされないような場合にこそ、監事の意見陳述を認める必要があるからである（注16）。

5　賞与

賞与は、報酬等に含まれることが明文で示された結果、一般法人法89条・105条の規制が賞与にも及ぶことが明確にされた。しかし、賞与を役員に支給するかどうかは、それぞれの法人の判断による。

6　退職慰労金（退職手当）・弔慰金

(1)　報酬該当性

退職慰労金（退職手当。以下「退職慰労金」という。）が在職中における職務執行の対価として支給されるものである限り、報酬規制の適用があると解するのが現在の判例・通説である（最高裁昭和39年12月11日。公益法人認定法5条13号において、報酬等の定義につき、「報酬、賞与その他の職務遂行の対価として受ける財産上の利益及び退職手当をいう」としている。）。

死亡した役員に対して法人が支払う弔慰金も、金額が少額であって死者への弔いの趣旨で支払われる香典と認められる場合は別として（注17）、一般にはやはり在職中の職務執行の対価として、報酬規制の適用を受けるものと解される（最高裁昭和48年11月26日。以下、退職慰労金には、弔慰金を含む。）。

内閣府モデル定款から読み解く公益・一般法人の法人運営手続　財団編（上巻）

⑵　退職慰労金（退職手当）の決定方法

①　理事の退職慰労金

i　理事会への評議員会の一任決議の可否

　退職慰労金は、定款で定めない限り評議員会決議で定めなくてはならないと解した場合、問題はその決議方法である。

　会社の場合、退職慰労金については、ある事業年度に退職する取締役の人数が限定されている場合、総額を株主総会で決議すると、個々の取締役に支払われる退職金額が容易に推知できてしまう。そこで実務上は、支給総額の上限も明示せずに、単に「一定の支給基準」に従い退職慰労金を支払うこととし、具体的な支給額・支給期日及び支給方法は、取締役会に一任する旨の株主総会決議を行うことが多い。

　判例は、無条件に取締役会等に一任するのではなく、支給基準（会社業績、退任取締役の地位・勤続年数・功績等から決まるのが通例）を株主が推知し得る状況において、当該基準に従い決定すべきことを委任する趣旨の決議であれば、無効ではないとしている（最高裁昭和39年12月11日、昭和44年10月28日、昭和48年11月26日、昭和58年2月22日）。

　一般財団法人の理事の退職慰労金の支払いについても、上記判例に従い一定の支給基準によって支払うことはできると解される。

ii　退職慰労金の支給基準の存在

　上記判例により評議員会から理事会への一任決議が有効とされるためには、まず、第1の要件として退職慰労金について、一定の支給基準が確立していることが必要とされる。

　一般財団法人においては、通常、支給基準では、退職理事の退職時の報酬月額に、在職期間（年数又は月数）と一定の係数とを乗じて算出された金額をもって退職慰労金の支給額と定めている。

　このような支給基準は、必ずしも理事会の定めた明文の規定（内規）とい

う形で存在する必要はなく、確立した慣行の形でもよいとされている（注18）。しかし、一般財団法人の場合にあっては、一般的には、評議員会の決議によって退職慰労金の支給基準を設けている例が多いのではないかと思われる。

iii　評議員の推知可能性

判例上、退職慰労金の評議員会から理事会への一任決議が適法とされるための第2の条件は、当該支給基準が評議員に推知し得る状況になっていることである。そのためには、評議員が当該支給基準を知ることができるようにするための適切な措置（例えば、支給基準を記載した書面等をその主たる事務所に備え置いて評議員の閲覧に供する等）を講じる必要があると解される（会社法施行規則82条2項参照）。評議員がその主たる事務所で請求すれば、支給基準の説明を受けられるような措置を講じていないと、一任決議が無効とされる可能性がある（前掲最高裁昭和58年2月22日。注19）。

iv　支給基準自体について評議員会の決議を経る方法

理事一般に妥当する退職慰労金の算定方法（支給基準）について評議員会において承認を得ておき、以後は個々の理事について評議員会の承認を得ることなく、理事の就任時に法人と理事との間で、拘束力のある退職慰労金支給契約を結ぶことが許されるかどうかである。

一般法人法89条の規定から、評議員会で限度額を決定すれば、その限度額を変更するまで新たに決議を経る必要はないと解されていることから、報酬等に関する評議員会の決議は、決議以後に就任する理事の報酬等の決定についても、一般的な授権の効果があるものと解される。そうだとすれば、支給基準自体について評議員会決議を採る方法も、退職慰労金の支給方法として許容されると解される（注20）。

したがって、この方法によるときは、退職理事に支払われる退職慰労金については、評議員会の決議を経ることなく、当該支給基準に基づき算定された退職慰労金を、理事会の決議によって支給することができることとなる。

内閣府モデル定款から読み解く公益・一般法人の法人運営手続　財団編（上巻）

②　監事の退職慰労金

　監事に対する退職慰労金は、理事に対するものと同様に、一般的には職務執行の対価であると解されるため、一般法人法105条に従い定款又は評議員会の決議によって定めることが必要である。監事に対する退職慰労金の額に関する評議員会の決議で適法と認められるものには、次のような決議の方法がある（注21）。

ⅰ　退任する監事の退職慰労金の額を各別に確定額をもって定める決議

ⅱ　退任する監事が2人以上である場合、監事に対する退職慰労金の総額の最高限度を確定金額をもって定める決議

　この場合には、監事の協議によって、その最高限度額の範囲内で定められた額が、各監事の退職慰労金の額となる。退職慰労金の支給を受ける監事は退任しているが、協議を行う監事はその監事であって、現在の監事ではないと考えられている。それは、この協議は、退任した監事に支給されるべき退職慰労金の分配に関する協議と考えられるからである。

ⅲ　退任する監事に対し自動的に退職慰労金の額が算定できる支給基準に従って退職慰労金を支給する旨の決議

　監事の退職慰労金の額の算定が自動的に行われるような支給基準を理事会において決議しておいて、評議員会においては、監事の退任の都度、その支給基準に従って決定される額の退職慰労金を退任監事に支給する旨の決議を行うことが考えられる（最高裁昭和56年5月11日参照）。

ⅳ　退任する監事に対し一定の基準に従って監事の協議で決定する額の退職慰労金を支給する決議

　この方法によるときは、一定の基準に従い相当額の範囲内で退職慰労金を支給することとし、その具体的金額、支給時期、支給方法等は監事の協議に一任するというような決議である。

　なお、この場合における「一定の基準」は、理事会において定められた支給基準である。

　次に、監事が退任する都度、評議員会に退職慰労金支給議案を提出しないで、

590

評議員会において退職慰労金支給基準を定め、一定の事由により退任した監事に対しては、この退職慰労金支給基準に従って監事の協議により定める額の退職慰労金を支給する旨の決議をすることが、退職慰労金に関する法人と監事との法律関係を明確にし、安定する上で望ましいと考えられる。

この場合、その退職慰労金支給基準により、監事の退職慰労金が自動的に算出できるときは、監事の協議を経ることとしないことができる（注22）。

なお、監事の退職慰労金について、理事会への一任が認められる場合があるとすれば、評議員会が決議した「一定の基準」（支給基準）からその額が機械的に算出できるケースに限ると解すべきものとされている（注23）。

③　「一定の基準」を決定する主体

監事の退職慰労金の支給基準自体は、理事会が定めることができると解されている。それは、評議員会に提出する監事の報酬議案を理事会が定めるのと同じく（法181条）、法人の重要な業務執行の一内容だからである（注24）。

⑶　役員等の責任軽減後における退職慰労金に関する特則

役員等の退職慰労金の額も、役員等の法人に対する責任の一部免除が行われる場合には、免除限度額を算定する一基準となる（法113条1項1号・114条1項・115条1項・198条、法施行規則19条2号）。また、役員等の法人に対する損害賠償責任の一部を免除する評議員会の決議があった場合において、法人がその決議後にその役員等に対し退職慰労金その他の法務省令で定める財産上の利益を与えるときは、評議員会の承認を受けなければならない（法113条4項・114条5項・115条5項・198条、法施行規則20条）。

これは、理事会決議によって、役員等の法人に対する損害賠償責任の一部を免除する場合又は非業務執行理事等が責任限度契約によって責任限度を超える部分について損害を賠償する責任を負わないとされた場合においても同様である（法114条5項・115条5項・198条）。一般法人法施行規則20条は、一般法人

法113条4項の委任を受けて、「退職慰労金その他の法務省令で定める財産上の利益」を定めたものである。「財産上の利益」とは、次に掲げるものである（法施行規則20条・63条）。

① 退職慰労金（法施行規則20条1号）
② 当該役員等が当該公益（一般）財団法人の使用人を兼ねていたときは、当該使用人としての退職手当のうち当該役員等を兼ねていた期間の職務執行の対価である部分（同条2号）
③ 上記①・②に掲げるものの性質を有する財産上の利益（同条3号）

このような規定が置かれているのは、最低責任限度額は、その役員等がその法人から受けた退職慰労金の額、役員等がその法人の理事、その他の使用人を兼ねていた場合におけるその理事としての退職慰労金又はその他の使用人としての退職手当のうち、その役員等を兼ねていた期間の職務執行の対価である部分の額、その他これらの性質を有する財産上の利益の額を算定基礎に含めて算定されるので（法施行規則19条2号・63条）、責任の一部免除の決議や責任限定契約に基づいて責任限度を超える部分について、損害を賠償する責任を負わないとされた後に、退職慰労金等を支給することによって、最低責任限度額を減少させることが可能だからである。

すなわち、退職慰労金の支給の決定時期などを動かすことによって、一般法人法施行規則19条の定めの実効性を損なうことが可能なので、責任の一部免除の決議や責任限定契約に基づいて責任限度を超える部分について損害を賠償する責任を負わないとされた後に、退職慰労金等を支給する場合には、個別に評議員会の決議を要するものとし、評議員会のチェックを働かせようとしているものである。

7　公益財団法人の理事等に対する報酬等についての規制

公益財団法人の理事、監事及び評議員（以下「理事等」という。）に対する報

第33条　役員〈及び会計監査人〉の報酬等

酬等については、公益法人認定法5条13号の規制を受ける。

(1) 報酬等の支給基準を定めることの趣旨

　公益財団法人の理事等の報酬等が、民間事業者の役員の報酬等や当該公益財団法人の経理の状況に照らし不当に高額な場合には、法人の非営利性を潜脱するおそれがあり、適当ではない。

　このため、理事等に対する報酬等について、民間事業者の役員の報酬等及び従業員の給与や当該公益財団法人の経理の状況等を考慮して、不当に高額なものとならないよう支給の基準を定めていることを認定基準として設けることとし、理事等に対する報酬等の適正な水準を確保することとしたものである（認定法5条13号）。

　そのため、公益認定の申請に際しては、公益認定申請書（様式第1号・認定法施行規則5条1項）には、公益法人認定法5条13号に規定する「報酬等の支給の基準を記載した書類」を添付しなければならないことになっている（認定法7条2項5号）。

(2) 報酬等の支給の基準に定める事項

　公益法人認定法5条13号に規定する理事等に対する報酬等の支給の基準においては、理事等の勤務形態に応じた報酬等の区分及びその額の算定方法並びに支給の方法及び形態に関する事項を定めるものとされている（認定法施行規則3条）。具体的には、次の4つの事項につき定める必要があるが、対象は、公益財団法人については理事、監事及び評議員であるため、これらを漏れなく定めていることが必要である（FAQ問V-6-⑥（注1））。

① 理事等の勤務形態に応じた報酬等の区分（FAQ問V-6-⑥：①）

　「理事等の勤務形態に応じた報酬等の区分」とは、常勤役員、非常勤役員の報酬の別等をいい、例えば、常勤理事への月例報酬、非常勤理事への理事会等への出席の都度支払う日当等になる。なお、非常勤の理事等に対する日当等が、

第6章　役員〈及び会計監査人〉

交通費実費相当額を超える場合は、報酬等に該当する場合がある。

② その額の算定方法（FAQ問V-6-⑥：②）

「その額の算定方法」とは、報酬等の算定の基礎となる額、役職、在職年数等により構成される基準等をいい、どのような過程をたどってその額が算定されるかが第三者にとって理解できるものとなっている必要がある。

例えば、役職に応じた1人あたりの上限額を定めたうえ、各理事の具体的な報酬金額については理事会が、監事や評議員については評議員会が決定するといった規定は、許容されるものと考えられる（国等他団体の俸給表を準用している場合、準用する給与規程（該当部分の抜粋も可）を支給基準の別紙と位置づけ、支給基準と一体のものとして行政庁に提出することになる。）。

一方、評議員会の決議によって定められた総額の範囲内において決定するという規定や、単に職員給与規程に定める職員の支給基準に準じて支給するというだけの規定では、どのような算定過程から具体的な報酬額が決定されるのかを第三者が理解することは困難であり、認定基準を満たさないものと考えられる。

また、退職慰労金については、退職時の月例報酬に在職年数に応じた支給率を乗じて算出した額を上限に各理事については理事会が、監事や評議員については評議員会が決定するという方法も許容されるものと考えられる（FAQ問V-6-④及び⑤参照）。

なお、いずれの報酬についても、不当に高額なものとならないよう支給の基準を定める必要がある。

③ 支給の方法（FAQ問V-6-⑥：③）

「支給の方法」とは、支給の時期（毎月か出席の都度か、各月又は各年のいつ頃か）や支給の手段（銀行振込か現金支給か）等をいう。

第33条　役員〈及び会計監査人〉の報酬等

④　支給の形態（FAQ問Ⅴ-6-⑥：④）

「支給の形態」とは、現金・現物の別等をいう。ただし、「現金」、「通貨」といった明示的な記載がなくとも、報酬額につき金額の記載しかないなど金銭支給であることが客観的に明らかな場合は、「現金」等の記載は特段なくても構わない。

(3)　報酬等支給基準を決定する主体

　一般財団法人の場合は、株式会社が役員の報酬等の支給基準（一定の基準）を取締役会で決定するのと同様に、理事会の決議により定めることが多いと考えられる。

　一方、公益財団法人の場合には、公益法人認定法5条13号の規定の趣旨から、理事、監事に係る報酬等支給基準については、①評議員会で決定する方法と、②評議員会においては、報酬等の総額を定めることとし、支給基準は理事については理事会で、監事が複数いる場合は監事の協議によって決定する方法の2通りが考えられる（法89条、105条。FAQ問Ⅴ-6-④：2）。したがって、必ずしも理事会で決定する必要はないが、上記のうち、いずれかの方法での決定が必要となる。

　一方、評議員の報酬等の額は、定款で定めることになるが（法196条）、その支給基準については、定款又は評議員会のいずれかで決定することになる（FAQ問Ⅴ-6-④：3）。

　内閣府公益認定等委員会のモデル定款（以下「モデル定款」という。）においては、役員に報酬等を支給する場合の考え方として、「評議員会において定める総額の範囲内で、評議員会において別に定める報酬等の支給の基準に従って算定した額を報酬等として支給することができる」（公益財団法人の場合については、定款27条1項〔Ⓐ及びⒷ〕）旨を規定している。

　すなわち、役員の報酬等の支給に当たっては、理事、監事の報酬総額はそれぞれ区分し、評議員会で定め、また支給基準も評議員会で定めることとし、それに基づいて具体的に算定された報酬額を支給することができることとしている。

第6章　役員〈及び会計監査人〉

595

⑷　退職慰労金の決定方法

　理事の退職慰労金について、報酬等支給基準が評議員会の決議により定められ、退職慰労金の額が機械的に算出できる場合(例:退職時の月額報酬×在職年数〔在職月数〕×係数) には、評議員会に退職慰労金支給に関する議案を提出しないで、上記の算出額を上限に理事会の決議を経て決定できると解される。

　監事の退職慰労金については、理事の場合と同様に報酬等支給基準が評議員会の決議により定められ、これにより退職慰労金の額が機械的に算出できるときは、算出額を上限に監事の協議により決定できるものと考えられる。また、評議員会の決議により決定する方法も考えられる。

　なお、評議員の退職慰労金については、評議員会の決議により決定するという方法も考えられる（FAQ問Ⅴ-6-⑥:②）。

⑸　モデル定款のＡ（案）、Ｂ（案）の選択について（本条１項関係）

①　モデル定款Ａ（案）について

　モデル定款Ａ（案）（公益財団法人については第27条第１項）は、役員は無報酬では経済的余裕がある者しか参加できず、あるいは業務に専念してもらえなくなることから、職務執行の対価として、その責任に見合った報酬を支払うべきとする考え方によるものである。

　したがって、常勤・非常勤の役員につき報酬等を支給する法人の場合、Ａ（案）の規定形式を採用することが適当である。なお、定款第33条第１項（Ａ案）は、モデル定款Ａ（案）の規定と同じ内容となっている。

②　モデル定款Ｂ（案）について

　モデル定款Ｂ（案）（公益財団法人については第27条第１項）は、Ａ案に対し、非営利・公益法人である以上、役員は自主的に無償で社会貢献すべきものであ

り、原則的には無報酬（民法648条）であるとの考え方によるものである。

ただし、常勤の役員についてのみ、報酬等を支給することができる旨を定めるものである。したがって、B案には、非常勤の役員についての報酬等の支給は、含まれないことになる。なお、定款第33条第1項（B案）は、常勤役員についてはモデル定款A（案）の規定と同じ内容となっている。

(6) 常勤・非常勤の概念

一般財団法人、公益財団法人、株式会社その他の法人において、常勤の役員、非常勤の役員が一般に置かれている。しかし、どのような基準で常勤と非常勤とを区分すべきかは明確ではない。

① 勤務日数による常勤・非常勤の区分

何日以上法人に勤務する役員をもって常勤役員とするか（職員と同様、1週間勤務する役員を除く。）、特別の基準は存在しない。例えば、内閣府編「平成29年〔公益法人の概況及び公益認定等委員会の活動報告〕～概要～」においては、常勤理事を「週3日以上出勤する者」として整理されている（表1－2－12常勤・非常勤別の理事数　法2）。これは、常勤理事と非常勤理事を区分して統計上整理する必要性からくる1つの基準と考えられる。これも、常勤・非常勤を区分する1つの考え方である。

公益財団法人の中にはこの基準を採用している法人もあるが、中には、「1月に13日以上勤務する者」を常勤として扱っている法人もある。

また、役員の報酬等の支給基準（支給規程）等において、用語の定義として、常勤役員を「当該法人を主たる勤務場所とする者をいう」と位置付けている法人がかなり多い。

地方公務員の常勤・非常勤の例を見ると、常勤の職員とは、地方公務員法3条3項2号（法令又は条例、地方公共団体の規則若しくは地方公共団体の機関の定める規程により設けられた委員及び委員会（審議会その他これに準ずるものを含む。）の構成員の職で臨時又は非常勤のもの）、3号（臨時又は非常勤の顧問、参与、調査員、

嘱託員及びこれの者に準ずる者の職）及び5号（非常勤の消防団員及び水防団員の職）等にいう「非常勤」に対応する概念で、常時勤務する職員を指すものと解されている。

この場合の「常勤の職員」の意義については、「隔日勤務、1週に一度定められた曜日の勤務等の職員であって、その職務の内容の性質から他の常勤の職員の勤務と同一のものとして取り扱われるものについては、常勤の職員に該当する（地方自治法92条2項関係。昭和26年8月15日地自行発第216号行政課長回答）とするものがある。

② 役員報酬の有給・無給との関係からの常勤・非常勤の区分

役員には、職務の執行の対価として報酬を支払うことができるが、月額報酬として支払われる場合、または日額報酬として支払われる場合がある。

一般に、評議員会、理事会等に法令上出席するだけの役員には、定款等の定めによって日額報酬を支給することができる。この場合の役員は、非常勤役員の区分に該当すると解される。

しかし、無給であっても、常勤役員として勤務している者もいる。したがって、月額報酬の支給対象役員だけをもって、常勤役員と位置付けることはできないことになる。

③ 会社法上の常勤監査役の「常勤」の意義

会社法390条3項は、「監査役会は、監査役の中から常勤の監査役を選定しなければならない」旨規定している。しかし、常勤監査役については、明確な定義規定が設けられていない。

通説的には、「常勤監査役」とは、他に常勤の仕事がなく、会社の営業時間中原則としてその会社の監査役の職務に専念する者と解されている（注25）。したがって、この説によれば、常勤監査役を2社以上兼任することは認められないことになる。

常勤の法的定義としては、個々の会社の状況を問うことなく、外形的・形式

的に決定すべきであり、ほかに常勤の職を有していないことが常勤監査役の消極的要件であり、原則として毎日監査役としての仕事をすることが積極的要件とされる（注26）。

④ 実務上の常勤・非常勤の区分

　一般財団法人、公益法人の役員等の常勤・非常勤の区分については、例えば、1週間の勤務日数を基準として区分するか、月額報酬支給対象者を常勤者として扱うか等については、それぞれの法人の実態に即して決定すべきものと考えられる。

8　会計監査人に支払うべき報酬等（本条3項関係）

　会計監査人に対する報酬等に関しては、監事の場合（法105条1項）とは異なり、定款や評議員会の決議によって定めることは特に要求されていない。

　しかし、理事が当該報酬等を定める場合には、監事（監事が2人以上ある場合にあっては、その過半数）の同意を得なければならない（法110条・197条）。会計監査人の監査を受ける立場の理事（経営者）のみがその決定に関わると、会計監査人が法人に対し十分な質・量の役務を提供することが困難な低い水準に報酬等を抑制したいとのインセンティブが働きかねないので、これを防止し、会計監査人の理事からの経済的独立性を強化するために、一般法人法は会計監査人の報酬の決定においては、監事の同意が要求されているのである。

　本条3項では、モデル定款と同様に、「会計監査人に対する報酬等は、監事の（過半数の）同意を得て理事会において定める」と規定している。したがって、法人が会計監査人と監査契約を締結するときは、その報酬等については、理事会の決議により定めることが必要とされる。

9　理事等に対する報酬等の支給基準の開示

(1) 公益財団法人の理事等に対する報酬等の支給基準の開示

　公益法人認定法20条は、公益財団法人は、公益法人認定法5条13号に規定する報酬等の支給の基準に従って、その理事、監事及び評議員（以下「理事等」という。）に対する報酬等を支給しなければならない（同法1項）と規定するとともに、その報酬等の支給の基準を公表しなければならず、またこれを変更したときも、同様とする（同条2項）旨を定めている。

　公益財団法人は、不特定かつ多数の者の利益のために活動するものであるから、国民に対し広く情報開示を行い、透明性の高い事業運営を行うことが望ましい。同時に情報開示により、国民の公益財団法人に対する理解が深まり、当該公益財団法人への支援が促進される効果が期待できると考えられる。

　公益財団法人の理事等の報酬等が、民間事業者の役員の報酬等や当該公益財団法人の経理の状況に照らし不当に高額な場合には、法人の非営利性を潜脱するおそれがあり、適当ではない。

　このため、理事等に対する報酬等について、民間事業者の役員の報酬等や当該公益法人の経理の状況等を考慮して、不当に高額なものとならないよう支給の基準を定めていることを認定基準として設けることとし、理事等に対する報酬等の適正な水準を確保することとされている（認定法5条13号）。

　したがって、理事等に対する報酬等の支給の基準を国民の不断の監視下に置き、その理解と納得を得るため、遵守事項として、これを公表しなければならないとされているのである（認定法20条2項）。

　また、理事等の報酬等の支給の基準は、毎事業年度経過後3箇月以内に、5年間その主たる事務所に、その写しを3年間その従たる事務所に備え置き、一

般の閲覧に供することとされている（認定法21条2項3号、4項）。

(2) 一般財団法人の理事等に対する報酬等の支給基準の開示

　一般財団法人における各事業年度に理事等に支払った報酬等の総額は、事業報告の内容の形で、評議員、法人債権者に対し開示されるものである（法123条2項・125条・129条・199条、法施行規則34条2項1号・3項・64条）。

　一般法人法施行規則34条2項は、「事業報告は、次に掲げる事項をその内容としなければならない」とし、その1号において「当該一般財団法人の状況に関する重要な事項（計算書類及びその附属明細書の内容となる事項を除く。）」が、事業報告の内容となるとしている。

　この「法人の状況に関する重要な事項」にどのような事項が含まれるかは、その法人の状況に関する「重要な」事項であると言えるかどうかによって判断されるが、いかなる事実をどの程度に記載するかは、それぞれの法人の工夫によるものである。

　また、事業報告の附属明細書には、事業報告の内容を補足する重要な事項を内容とするものとされている。なお、事業報告及びその附属明細書に関しては、この定款10条（事業報告及び決算）の「4　事業報告及びその附属明細書」を参照されたい。

10　役員等の報酬等及び費用弁償に関する規程の作成について

(1) 役員の報酬と評議員会の決議との関係

　役員の報酬等は、定款にその額を定めていないときは、評議員会の決議によって定めることとなっているが（法89条、105条・197条）、具体的には、公益財団法人の場合には、評議員会の決議によって定められた総額の範囲内で、評議員

会において定める報酬等の支給基準（役員報酬規程）に従って算定した額を支給することとしている。

　なお、一般財団法人の場合には、役員報酬規程を理事会の決議によって定めることでも差し支えないと解される。

　この場合、支給基準では次のような定め方をしている場合が多い。しかし、これ以外にも様々な定め方が採用されている。

①　理事の報酬（常勤）

　i　評議員会の決議によって定められた理事全体の年間報酬総額の範囲内で、理事会の承認を経て、各理事に配分する方法

　ii　役付理事の報酬については、個々の役付理事の年間報酬総額の範囲内で、各月に支給する方法

　iii　常勤役員俸給表（例えば、1号から20号まで）を作成し、理事会の承認を経て、個々の理事の号給を決定する方法

　iv　各常勤役員の月額報酬を支給基準で固定額で定める方法

②　監事の報酬（常勤）

　i　評議員会の決議によって定められた監事全体の年間報酬総額の範囲内で、監事の協議によって、各監事に配分する方法

　ii　監事の年間報酬総額の範囲内で、月額で支給する方法

　iii　常勤役員俸給表により、各監事の協議によって号給を決定する方法

　iv　月額報酬として固定額で定める方法

(2)　評議員の報酬の定め方

　非常勤の評議員の報酬については、定款において㋐日額で記載する方法、㋑評議員全体の年間報酬総額を記載し、報酬等の支給基準では、その範囲内で日額で規定しているのが一般的である。

　常勤の評議員の報酬については、年間支給報酬総額を定款に記載し、報酬等

の支給基準では、その範囲内で月額で規定することになる。

(3) 報酬等の支給の基準の作成

以上のことから、役員及び評議員の報酬等の支給基準として、以下のような考え方で作成した。

① 公益（一般）社団法人と公益（一般）財団法人に区分したこと
② 非常勤役員及び評議員の報酬は、日額として規定したこと
③ 常勤役員には、賞与、退職手当を支給することができることとなっているが、支給しない場合は削除すること
④ 報酬については、評議員会での支給総額の決議がなされていることが前提とされていること
⑤ 役員及び評議員に対し報酬を支給しないで、費用弁償のみを支給するものについては、単独の費用弁償規程を作成したこと

【33-1　役員及び評議員の報酬等に関する規程の例】

役員及び評議員の報酬等に関する規程

（目的）
第1条　この規程は、公益（一般）財団法人○○協会（以下「この法人」という。）定款第○条及び第○条の規定に基づき、役員（理事及び監事）及び評議員（以下「役員等」という。）の報酬等の支給の基準について定めることを目的とする。

（報酬等の支給）
第2条　役員等には、その勤務形態に応じ、次の報酬等を支給する。
(1) 常勤役員等（週3日以上勤務する者・この法人を主たる勤務場所とする者）　報酬、賞与及び退職手当
(2) 非常勤役員等（常勤役員等以外の者）　報酬
2　常勤役員等に対する退職手当等は、役員等として円満に勤務し、かつ、任期の満了、辞任又は死亡により退任した者に支給するものとし、死亡により退任した者については、その遺族に支払うものとする。

（報酬等の額の算定方法）
第3条　常勤役員等に対する報酬等の額は、次の各号に掲げる報酬等の区分に応じ、

内閣府モデル定款から読み解く公益・一般法人の法人運営手続　財団編（上巻）

当該各号に定める額とする。

(1)　報酬　別表第1に定める額

(2)　賞与　別表第2に定める算式により算出される額

(3)　退職手当　別表第3に定める算式により算出される額

2　非常勤役員等に対する報酬の額は、当該会議に出席した場合日額として○,○○○円を支給する。

（報酬等の支給方法）

第4条　常勤役員等に対する報酬等の支給の時期は、次の各号に掲げる報酬等の区分に応じ、当該各号に定める時期とする。

(1)　報酬　毎月○日（その日が休日に当たるときは、職員給与規程第○条第○項に準じた日）

(2)　賞与　毎年○月及び○月

(3)　退職手当　任期の満了、辞任又は死亡により退職した後○箇月以内

2　非常勤役員等に対する報酬は、当該会議に出席した都度、支給する。

3　報酬等は、通貨をもって本人に支払うものとする。ただし、本人から申出があったときは、本人の指定する本人名義の金融機関口座に振り込むことができる。

4　報酬等は、法令の定めるところにより控除すべき金額及び本人から申出のあった立替金、積立金等を控除して支給する。

（通勤手当）

第5条　常勤役員等には、通勤手当を支給する。

2　通勤手当は、職員給与規程第○条第○項に規定する通勤手当に準ずる額とする。

（報酬等の日割計算）

第6条　新たに常勤役員等に就任した者には、その日から報酬を支給する。

2　常勤役員等が退任し、又は解任された場合は、前日までの報酬を支給する。

3　月の中途において就任し、又は退任し、若しくは解任された場合における報酬の額については、その月の総日数から日曜日及び土曜日の日数を差し引いた日数を基礎として日割によって計算する。

4　第2項の規定にかかわらず、常勤役員等が死亡により退任した場合には、その月までの報酬を支給する。

（端数の処理）

第7条　この規程により計算金額に50銭未満の端数が生じたときは、これを切り捨て、50銭以上1円未満の端数を生じたときは、これを1円に切り上げるものとする。

第33条　役員〈及び会計監査人〉の報酬等

　（公表）

第8条　この法人は、この規程をもって、公益社団法人及び公益財団法人の認定等に関する法律第20条第1項に定める報酬等の支給基準として公表するものとする。

　㊟　公表は、公益財団法人にのみ適用する。

　（改廃）

第9条　この規程の改廃は、評議員会の決議を経て行う。

　（補則）

第10条　この規程の実施に関し必要な事項は、代表理事（理事長）が理事会の決議を経て、別に定める。

　　　附　　則

　この規程は、令和○年○月○日から施行する。

別表第1（第3条第1項第1号関係）

役職名	報酬の額
○○○○	月額　○○○,○○○円
○○○○	月額　○○○,○○○円

別表第2（第3条第1項第2号関係）

　6月の賞与：報酬の月額×○箇月分

　12月の賞与：報酬の月額×○箇月分

別表第3（第3条第1項第3号関係）

　報酬の月額×在職年（月）数×係数

【33-2　役員等の費用弁償規程の例】

役員等の費用弁償規程

　（目的）

第1条　この規程は、公益（一般）財団法人○○協会（以下「この法人」という。）定款第○条第○項（評議員の費用弁償規定）及び第○条第○項（役員の費用弁償規定）〈及び第○条第○項（顧問等の費用弁償規定）〉の規定に基づき、この法人の評議員（監事）及び役員〈及び顧問等〉（以下「役員等」という。）の費用弁償の支給の基準について定めることを目的とする。

（費用弁償の金額）

第2条 役員等が職務のため旅行（出張）をしたときは、費用弁償としてこの法人の旅費規程に基づき、旅費（交通費、日当、宿泊料（食事料金を含む。））を支給する。

2 前項の規定にかかわらず、役員等が職務により評議員会、理事会その他の会議に出席したときは、費用弁償として交通費実費弁償等（1日につき、〇,〇〇〇円）を支給する。ただし、常勤の役員等については、交通費実費弁償等を支給しない。

3 役員等が遠隔地から前項の会議に出席するため、特別の経費を要する場合には、この法人の旅費規程に定める基準に準じて、その費用を支給することができる。

（支給方法）

第3条 前条第2項の交通費実費弁償等及び第3項の特別の経費は、役員等が前条第2項の会議に出席する都度、現金により支給する。

（改廃）

第4条 この規程の改廃は、評議員会の決議を経て行う。

（補則）

第5条 この規程の実施に関し必要な事項は、代表理事（理事長）が理事会の決議を経て、別に定める。

附 則

この規程は、令和〇年〇月〇日から施行する。

【注記（第33条）】

(注1) 新公益法人制度研究会編著『一問一答公益法人関連三法』、68頁、76頁、商事法務。

(注2) ドイツ民法662条「委任ノ受託ニ因リテ受任者ハ委任者の為メ無償ニテ委任事務ヲ処理スル義務ヲ負フ」。東 季彦訳『全訳ドイツ民法』（昭和23年9月30日、第5版発行）、有斐閣。

(注3) 内田 貴『民法Ⅱ債権各論』（第2版）、272頁、東京大学出版会。広中俊雄他編『新版注釈民法(16)』（平成22年11月30日復刊版第1刷発行）、247〜249頁、有斐閣。水本 浩『契約法』、329頁、有斐閣。岩田 新「委任及準委任ノ観念ヲ論ズ」、『法学協会雑誌』35巻2〜10号。

〔ドイツ民法675条(前掲東訳全訳ドイツ民法)〕

第33条　役員〈及び会計監査人〉の報酬等

事務ノ処理ヲ目的トスル雇傭契約又ハ請負契約ニ付テハ第663条、第665条乃至第670条、672条乃至674条ノ規定ヲ準用シ義務者カ告知期間ヲ保タスシテ解約ヲ告知スルコトヲ得ルトキハ第671条第2項の規定モ亦之ヲ準用ス。

（注4）　酒巻俊雄他編『逐条解説会社法　第4巻機関・1』、461頁、中央経済社。

（注5）　門口正人他編『会社法大系　機関・計算等第3巻』、136頁、青林書院。相澤哲他編著『論点解説　新・会社法　千問の道標』、313頁、商事法務。落合誠一編『会社法コンメンタール8　機関(2)』、150頁、商事法務。

（注6）　味村　治他『役員報酬の法律と実務』（新訂第2版）、5頁、商事法務。

（注7）　大隅健一郎他『新会社法概説』（第2版）、198頁、有斐閣。酒巻前掲書、461～462頁。

（注8）　味村他前掲書、23～24頁。

（注9）　酒巻他前掲書、463頁。

（注10）　味村他前掲書、24頁、落合前掲書、151頁。

（注11）　落合前掲書、151頁。

（注12）　味村他前掲書、232頁。

（注13）　江頭憲治郎『株式会社法』（第7版）、544頁（注1）、有斐閣。

（注14）　落合前掲書、432～433頁。

（注15）　同上書、431頁。味村他前掲書、82頁。

（注16）　落合前掲書、431頁。味村他前掲書、83頁。

（注17）　味村他前掲書、132頁。

（注18）　同上書、166頁。

（注19）　江頭前掲書、464頁（注26）。

（注20）　落合前掲書、177頁。味村他前掲書、148頁。

（注21）　味村他前掲書、183～184頁。

（注22）　同上書、186頁。

（注23）　江頭前掲書、545頁（注3）。

（注24）　森井英雄『新監査役の法律と実務』、60頁、税務経理協会。

（注25）　江頭前掲書、540頁。竹内昭夫他編『新版注釈会社法(6)　株式会社の機関(2)』、

625頁、有斐閣。落合前掲書、472〜473頁。

（注26）　竹内他前掲書、625頁以下。

（取引の制限）
第34条　理事が次に掲げる取引をしようとする場合は、理事会において、その取引について重要な事実を開示し、その承認を受けなければならない。
(1)　自己又は第三者のためにするこの法人の事業の部類に属する取引
(2)　自己又は第三者のためにするこの法人との取引
(3)　この法人がその理事の債務を保証することその他理事以外の者との間におけるこの法人とその理事との利益が相反する取引
2　前項各号の取引をした理事は、その取引後、遅滞なく、その取引についての重要な事実を理事会に報告しなければならない。

1　一般法人法84条の趣旨

　理事は、法人の業務執行又はその決定に関与するので、当然のことながら法人のノウハウ、顧客その他の法人に関する内部情報を知り、または入手しやすい地位にある。このような立場にある理事が、法人と競業する取引に関係するとき、本来法人の事業のために用いられるべき情報や取引関係等が、理事の行う競業的事業のために利用されるおそれが大きい。

　また、他にも理事が個人として、あるいは第三者のために法人と取引をするとき、理事としての地位を法人外の者の利益のために利用するおそれがある。法人が第三者との間で行う取引でも、それによって理事と法人との利益が相反するときは、同様の危険性が認められる。

　そこで、一般法人法84条（法197条）は、理事が法人の利益を犠牲にして自己又は第三者の利益を図る危険性の大きい行為を類型化し、理事が当該行為を行うこと、あるいは法人が理事の利益を図るような行為を行うことを規制する。

　すなわち、㋐理事が自己又は第三者のためにその法人の事業の部類に属する取引をしようとするとき（法84条1項1号・197条）、㋑理事が自己又は第三者のためにその法人と取引をしようとするとき（同項2号・197条）、㋒その法人がその理事の債務を保証することその他理事以外の者との間においてその法人とその理事との利益が相反する取引をしようとするときは、理事会において、その取引についての重要な事実を開示し、その承認を受けなければならない（法84条1項・197条）。

2 理事の競業避止義務（本条1項1号関係）

(1) 競業避止義務の意義

　理事は、善良なる管理者の注意をもって委任事務を処理する義務を負い（法172条1項、民法644条）、また、法人のために忠実にその職務を遂行する義務を負っている（法83条・197条）。

　したがって、理事は自己の個人的利益を追求することによって法人の利益を害してはならないばかりか、積極的に法人の利益を優先して行動しなければならない。すなわち、理事は法人の最高機密に接する機会があるので、それを利用して法人の利益を害し、自己の個人的利益を図ることは許されないのである。そこで、理事がその地位から得た法人事業の機密を利用して法人の取引先を奪うなど、法人の利益を犠牲にして私利を図ることを防ぐ必要があることから、「理事が自己又は第三者のために法人の事業の部類に属する取引をしようとするときは、理事会においてその取引についての重要な事実を開示し、その承認を受けなければならない」とされているのである（法84条1項1号・197条）。

　また、その違反によって生じた損害については、法人に対して損害賠償の責任を負うことになる（法111条2項・198条）。

　このような一般法人法84条1項1号（法197条）を中心とした理事の取引規制を「理事の競業避止義務」という。

　なお、この「競業避止義務」の本質に関しては、理事の忠実義務（法83条・197条）を具体化するところの忠実義務より派生する義務ないし分肢的義務と解する立場と、善管注意義務の一内容若しくはその特殊形態と解する立場とに分かれている（注1）。

⑵ 規制の対象

① 法人の事業の部類に属する取引

　理事は、理事会の承認を受けなければ、自己又は第三者のために、法人の事業の部類に属する取引を行うことができない（法84条1項1号・197条）。

　「法人の事業の部類に属する取引」とは、定款所定の法人が事業の目的として掲げている取引を基準にして、それよりも広く、法人の事業と同種又は類似の商品又は役務を対象とする取引であって、法人が事業の目的として行う事業と市場において取引が競業し、法人と理事との間に利益の衝突をきたす可能性のある取引をいう。したがって、定款所定の法人の目的である事業でも完全に廃業している事業は含まれないが、一時的に休止している事業や開業準備に着手している事業は含まれる（注2）。

　なお、「事業の部類に属する取引」と規定しているのは、競業行為に営利的ないし商業的性格を要求していると解すべきであるから、非営利的性質の行為は、ここにいう取引には含まれない（注3）。そのような行為を規制対象に含めることは、理事の法人外における経済活動の過剰な制限となるからである。

　法人の主たる事業に関連する各種の付帯事業も「事業の部類に属する取引」に含まれるが（最高裁昭和24年6月4日）、主たる事業の維持便益のためになされる補助的行為は含まれないというのが通説である（注4）。

　理事が同種の事業を目的とする他の法人の（代表）理事に就任すること自体は、禁止されていない（東京地裁昭和45年7月23日）。ただし、同種の事業を目的とする他の法人の代表理事となった場合の代表行為は、当然第三者のために法人の「事業の部類に属する取引」をなす場合に該当し、その取引については競業規制に服することになる（注5）。

② 「自己又は第三者のために」の意味

　理事は、法人の事業の部類に属する取引を、自己又は第三者のために行うこ

とが禁止されている。「自己又は第三者のために」の意味については、⑦「自
己又は第三者の名において」(自ら当事者となって又は第三者を代理若しくは代表し
てという意味。形式説・名義説)と解する説と、⑦「自己又は第三者の計算にお
いて」(行為の経済的効果が自己又は第三者に帰属するという意味。実質説・計算説・
大阪高裁平成2年7月18日)と解する説に分かれている。実質説が法人の利益保
護の範囲を拡大させる意味で、多数説は実質説が妥当であるとしている。した
がって、理事が法人の名においてなした取引であっても、その経済的効果が自
己又は第三者に帰属する場合には、競業避止義務規制に服することになる(注
6)。

　なお、会社法356条1項1号(一般法人法84条1項1号と同じ条項)の「自
己又は第三者のために」とは、立法上の解釈としては、「自己又は第三者の名
義において」という趣旨であるとされている。介入権が廃止された会社法にお
いては、計算説をとる実益はなく、また、会社法では「ために」と「計算にお
いて」(会社法120条1項)とは区別して用いられていることから、会社法356
条1項1号についても、民法99条と同様、「名義において」と解すべきことは
明らかであるとされている。

(3)　重要な事実の開示と理事会の承認

①　重要な事実の開示

　理事が、自己又は第三者のために、法人の事業の部類に属する取引を行おう
とするときは、その取引に関する重要な事実を開示し、理事会の承認を受けな
ければならない(法84条1項・197条)。

　「重要な事実」とは、その取引の内容中、法人の利益と対立するような重要
な部分、例えば、取引の相手方、目的物、数量、価額、取引期間、利益などを
いうと解されている。なお、競業法人の代表理事(理事長)に就任する等のた
め包括的な承認等を得る場合であれば、当該法人の事業の種類、規模、取引範
囲等を開示すべきことになると解される(注7)。

内閣府モデル定款から読み解く公益・一般法人の法人運営手続　財団編（上巻）

理事会の承認を要件として競業取引を認めるのは、理事会による相互牽制・監督が期待できるほか、不適切な承認決議等がなされた場合には、理事の任務懈怠責任が認められるからである。

②　理事会の承認の方法と時期

取引の承認は、原則として具体的な取引について、個別的になされなければならないが、それに限定する必要はなく、重要な事実の開示によって法人の事業に対する今後の影響が予測でき、それによって理事会の構成員がそれぞれその地位に立って具体的な判断をなすことが可能であれば、その承認は一定の範囲に限って包括的に行うことができる（注8）。

理事会の承認は、競業取引の前になされるべきであり、事後の承認は一般法人法84条1項1号（法197条）などにいう「承認」には当たらない。そして、事後の承認があっても、いったん発生した理事の損害賠償責任（法111条1項・198条）は消滅しない（注9）。

承認決議における当該理事は特別利害関係人に該当するので、議決に加わることはできない（法95条2項・197条）。

理事会において競業取引について承認を求める場合には、「第○号議案　理事の競業取引承認の件」として、議案には、㋐取引の内容、㋑取引の相手方、㋒売上高、㋓売上数量、㋔取引期間等を記載することになる。

⑷　競業避止義務違反の行為の効力

①　取引の効力

理事が理事会の承認を受けずに競業取引を行った場合でも、その取引は、相手方が違反事実を知っているか否かを問わず、その取引は有効である。何故なら、この取引は理事が自己のためにするにせよ、または第三者のためにするにせよ、その相手方との間になされるものであって、この取引の効力を否定することは、規制の対象とされていない相手方が、この規制によって不利益を受け

ることになり、不都合だからである（注10）。

② 損害賠償責任

理事が一般法人法84条1項1号（法197条）に違反する競業取引を行うと、法令違反行為をしたことになり、任務懈怠に基づく損害賠償責任を負う（法111条1項・198条）。

その場合、その取引によって理事又は第三者が得た利益の額は、「法人に生じた損害」の額と推定される（同条2項）。理事が、法人との競業的取引を行う場合には法人の利益が害される危険性が大きいが、その取引と相当因果関係のある法人の損害を証明することは困難である。そこで、一般法人法は、競業的取引によって理事又は第三者が得た利益の額を法人の損害額と推定することにより、損害賠償責任を追及する法人の証明の負担を軽減したものである。ただし、一般法人法111条2項（法198条）はあくまでも推定規定であるので、理事は、法人が実際に被った損害額を証明して、推定を覆すことができる。

理事が理事会の承認を得て取引を行った場合でも、その結果として法人が損害を被った場合は、理事は善管注意義務（民法644条）・忠実義務（法83条・197条）違反の責任を負うことがある（法111条1項・198条）。この場合には、損害額の推定規定（法111条2項・198条）の適用はなく、責任を追及する側は、理事に善管注意義務・忠実義務の違反があったこと及びそれと相当因果関係のある損害の額を証明しなければならない（注11）。

なお、理事が競業避止義務に違反した事実は、解任の正当事由（法176条1項参照）となるとともに、その事実が重大であれば理事解任の訴えの事由（法284条）となりうる。

3 理事の利益相反取引の規制（本条1項2号・3号関係）

(1) 規制の趣旨

㋐理事が当事者として（自己のために）、または他人の代理人・代表者として（第三者のために）、法人と取引（製品等法人財産の譲受け、法人に対する財産の譲渡、金銭の貸借等）をしようとするときは、その取引についての重要な事実を開示して理事会の承認を受けなければならない（法84条1項2号・197条）。㋑法人が理事の債務を保証すること、その他理事以外の者との間で、法人・理事間の利害が相反する取引をしようとする場合も同様である（法84条1項3号・197条）。㋐は直接取引の規制、㋑は間接取引の規制と呼ばれるが、理事が法人の利益の犠牲において自己又は第三者の利益を図ることを防止する趣旨で設けられている。

上記の規制は、その危険性にかんがみ予防的・形式的に設けられたものであり、それ以外の取引についても、法人を代表する理事が法人の犠牲において相手方の利益を図る行為をすれば、忠実義務違反の責任が生じ得る（注12。東京地裁平成17年6月14日、東京地裁平成19年9月27日）。

(2) 規制の対象

① 直接取引

直接取引（直接取引には、理事・法人間の契約だけでなく、法人が理事の債務を免除すること〔民法519条〕、法人を保険契約者・保険受取人とする生命保険契約の保険金受取人を理事の親族に変更すること〔仙台高裁決定平成9年7月25日〕等の単独行為〔形成権の行使〕による理事への利益付与も含まれる。注13）については、理事（代表理事・それ以外の業務執行理事等、業務執行に関与する者に限らない。）が自己又は第三者（他

の法人等)のため法人となす取引であれば、法人を代表する者が同人であろうと、他の理事であろうと、理事会の承認を要する。それは、法人を別の理事が代表しても、両者の結託の危険があるからである。

しかし、A法人の理事Bが代表理事を務めるC法人との取引であっても、C法人をB以外の代表理事が代表するときは、A法人において右の承認は不要と一般に解されている。

ところで、一般法人法84条1項2号の立法趣旨にかんがみれば、その趣旨は、法人の利益保護にあることから、理事と法人との間の取引(直接取引)であっても、類型的に、両者の利害が相反せず法人に不利益を及ぼすおそれが類型的にみてないもの、裁量の余地のないものについては承認を要しない(大審院大正9年2月20日)。例えば、次のような取引である。

i　理事が法人に対してする負担付でない贈与(大審院昭和13年9月28日)

ii　理事が無利息・無担保で法人に対してする金銭の貸付け(最高裁昭和38年12月6日)

iii　債務を履行する場合(大審院大正9年2月20日)

iv　相殺適状にある債権債務を相殺する場合

v　定型的取引(相手が誰であっても同じ条件で行われる取引)

vi　理事が一般顧客として法人の店舗で販売されている商品を購入する場合

vii　理事に対する報酬や賞与等の支給

これについては、別途規制が定められているので(法89条・197条、認定法5条13号・同法施行規則3条)、一般法人法84条1項2号(法197条)の適用はない。

使用人兼務理事の使用人分給与は、原則的に一般法人法84条1項2号の適用を受ける。ただし、理事会の承認のある給与規程に基づいて支給される場合には、個別的に理事会の承認(法92条1項・197条)を受ける必要はない。評議員会において使用人兼務理事の使用人分給与も含めて理事の報酬を決定した場合(法89条・197条)、使用人分給与について理事会の承認は不要であると解されている(注14)。

内閣府モデル定款から読み解く公益・一般法人の法人運営手続　財団編（上巻）

ⅷ　手形行為

　法人の理事に対する手形行為がこの取引に含まれるかについては、見解が分かれている。通説、判例（最高裁昭和46年10月13日）は、手形の振出しが原因関係におけるとは別個のあらたな債務を負担し、しかも、その債務は、挙証責任の加重、抗弁の切断、不渡処分の危険等を伴い、原因関係上の債務よりも一層厳格な支払義務であることを理由にこれを肯定している（注15）。

②　間接取引

　一般法人法84条1項3号（法197条）は、間接取引を規制する。理事が利益を得て法人が不利益を被る危険性が類型的に認められる取引を、法人が第三者との間で行うことが規制対象となる。法人が第三者との間で行う取引によって生じ得る法人と理事との利益相反は、程度の大小を問わなければ無限にあり得るので、間接取引としてどこまで規制対象とするかが問題となる。

　一般法人法84条1項3号の例示する、「法人が理事の債務を保証する取引」は、法人の犠牲において理事に利益が生ずることが外形的・客観的に明らかである（最高裁昭和45年3月12日）。法人が理事の債務を引き受ける場合（最高裁昭和43年12月25日）、理事の債務について法人が担保を提供する場合（東京地裁昭和50年9月11日）も同様である（注16）。甲乙両法人の代表理事を兼任する者が乙法人の債務につき、甲法人を代表して保証する場合も、理事会の承認が必要となる（最高裁昭和45年4月23日）。

(3)　重要な事実の開示と理事会の承認

　理事が、自己又は第三者のために法人と取引を行おうとするときは、その取引に関する重要な事実を開示し、理事会の承認を受けなければならない（法84条1項・197条）。法人が、間接取引を行おうとするときも同様である。

　承認の前提となる重要な事実の開示は、理事会が承認をすべきか否かを判断するための資料を提供するために行われる。したがって、重要性の判断も、この見地からなされる。具体的には、取引の相手方、目的物、数量、価額、取引

期間などである。間接取引の場合は、相手方、主債務者の返済能力（保証契約の場合）なども開示される。

理事会の承認は、競業取引の場合と同じように、反復継続的に行われる利益相反取引については、必ずしも個々の取引について逐一与えられる必要はなく、一定の範囲に限って包括的に行うことができる。

理事会の承認を受けるべき者は、一般法人法84条1項（法197条）の文言上、直接取引では取引の相手方である理事、間接取引では法人を代表して取引を行おうとする理事である。決議の際、利益相反理事は特別利害関係人となるので、決議に加わることができない（法95条2項・197条）。

理事会の承認は、事前に受けておく必要があり、事後承認を認めると、理事があらかじめ事後承認を見越して法人と無断で取引を行い既成事実を形成した上で、他の理事に承認を強制するという弊害があるから、事後の承認は認められないとする見解がある。

しかし、通説は事後承認を認めている。理事会の承認なく行われた利益相反取引は、原則として無効（相対的無効）となるが、事後承認は、あたかも無権代理の追認のように（民法116条）、無効の取引をはじめに遡って有効にする効果を有すると解されている（東京高裁昭和34年3月30日）。

(4) 利益相反取引規制違反の行為の効果

① 取引の効力

理事会の承認を受けない取引につき、法人は、理事又は理事が代理した直接取引の相手方に対しては、常に取引の無効を主張することができる（注17）。

一般法人法84条1項（法197条）に違反してなされた同条1項2号・3号に該当する行為の効力については、従来から、いわゆる相対的無効説が判例・学説における一般的見解である。

判例は、まず間接取引（株式会社における事例）について、「取締役と会社との間に直接成立すべき利益相反する取引にあっては、会社は、当該取締役に対

して、取締役会の承認を受けなかったことを理由として、その行為の無効を主張し得る……が、会社以外の第三者と取締役が会社を代表して自己のためにした取引については、取引の安全の見地より、善意の第三者を保護する必要があるから、会社は、その取引について取締役会の承認を受けなかったことのほか、相手方である第三者が悪意（その旨を知っていること）であることを主張し、立証して初めて、その無効をその相手方である第三者に主張し得る」と判示している（最高裁昭和43年12月25日）。

　続いて直接取引である手形振出行為（株式会社における事例）について、「会社は、当該取締役に対しては、取締役会の承認を受けなかったことを理由として、その手形の振出の無効を主張することができるが、いったんその手形が第三者に裏書譲渡されたときは、その第三者に対しては、その手形の振出につき取締役会の承認を受けなかったことのほか、当該手形は会社からその取締役に宛てて振り出されたものであり、かつ、その振出につき取締役会の承認がなかったことについて右の第三者が悪意であったことを主張し、立証するのでなければ、その振出の無効を主張して手形上の責任を免れえない」と判示している（最高裁昭和46年10月13日）。

　以上のように、間接取引の相手方及び法人が理事を受取人として振り出した約束手形（一種の直接取引）の譲受人という第三者との関係においては、取引安全の見地から、㋐当該取引が利益相反取引に該当すること及び㋑理事会の承認を受けていないこと、を当該第三者が知っていることを法人が主張・立証して初めて、法人は同人に対し取引の無効を主張できるものとされている。

　なお、「悪意」の意義については、当該取引が利益相反取引であること（違法性を基礎付ける事実の認識）及び必要な理事会の承認がないことを、第三者が知っている場合を意味する。善意であるが過失のある第三者は保護されるべきであるが（第三者は、法人が適法に承認するであろうことを信頼できる。）、重過失である第三者は悪意者に含めてよいと解されている（注18）。

② 無効を主張できる者

　一般法人法84条1項（法197条）に違反する取引が相対的に無効であるとしても、この規定は法人を保護する趣旨の規定であることから、無効は法人の側のみ主張でき、直接取引の相手方である理事や間接取引の相手方である第三者から無効を主張することはできないとするのが判例である（最高裁昭和48年12月11日）。

　法人が理事に対して債務を負担した場合、法人はその取引の無効を主張して債務の履行を免れるのであれば、当該法人の債務を保証した第三者も債権者である理事に対して、主債務の無効を主張して、保証債務の履行を免れると解されている。そうでなければ、保証債務を履行した保証人が法人に求償を求めた場合に、法人が主債務の無効を主張して、求償を拒むおそれがあるからである（名古屋高裁金沢支部昭和42年4月28日。注19）。

　ただし、当該保証人が、法人の債務負担が一般法人法84条1項違反の取引によるものであることを知って保証契約を締結していた場合は、信義則上無効を主張できないと解されている（最高裁昭和50年12月25日、東京高裁昭和51年2月18日）。

　約束手形の受取人である法人が、理事会の承認なしに手形を理事に裏書譲渡した場合、手形の振出人（第三者）は、裏書の無効を主張して所持人である理事による請求を拒むことができるかどうかについては、見解が分かれているが、法人が無効を主張することが確実であれば、法人の利益保護の面からも、振出人は無権利の抗弁又は権利濫用の抗弁を主張し、支払を拒むことができるとする有力説もある（注20）。

③ 損害賠償責任

　理事が一般法人法84条1項2号・3号に違反する取引を行うと、法令違反行為をしたことになり、任務懈怠に基づく損害賠償責任を負うことになる（法111条1項・198条）ほか、解任請求（法284条）の対象にもなる。また、理事会

内閣府モデル定款から読み解く公益・一般法人の法人運営手続　財団編（上巻）

の承認のない利益相反取引の事実は、監事の監査報告に記載される（法施行規則45条3号・64条）。

　理事が理事会の承認を得て取引を行った場合であっても、その結果として法人が損害を被った場合は、理事は善管注意義務・忠実義務違反の責任を負うことがある（法111条1項・198条）。

　利益相反取引により法人が損害を被った場合、損害賠償責任を負わされるのは⑦直接取引の場合においては、法人と取引をした相手方である理事（その者が第三者のためにした場合も含む。）Aだけでなく、法人を代表してAと取引をした理事も含まれる（この者も法令に違反したことに変わりがないため）。④間接取引の場合においては、法人と利益が相反する理事、⑦法人が当該取引をすることを決定した理事、②当該取引に関する理事会の決議に賛成した理事は、任務を怠ったものと推定される（法111条3項・198条）。

　上記⑦〜⑦は、理事会の承認を得た取引かどうかを問わない。任務懈怠責任と位置付けられるので、報酬等を基準とする責任軽減の対象となる（法113条〜115条）。

　理事が自己のために法人と直接取引を行った場合の任務懈怠責任は、任務を怠ったことが当該理事の責めに帰することができない事由によるものであることをもって免れることができない（法116条1項・198条）。この場合には、責任軽減の適用はない（同条2項・198条）。

(5)　民法108条との関係

　利益相反取引のうち直接取引（法84条1項2号・197条）であって、理事会の承認を受けたものについては、民法108条の規定は適用しないものとされている（法84条2項・197条）。

　民法108条は、債務の履行行為及び本人の事前の承諾がある場合を除き、自己契約・双方代理をなし得ないとしている。

　一般法人法84条2項に規定する直接取引のうち、理事が自己のために法人と行う取引は、民法108条の自己契約（代理人が本人の相手方となること。例えば、本人Aからその所有家屋を売却する代理権を与えられた代理人Bが、自ら買主となるこ

とである。)に相当し、理事が第三者のためになす取引は、民法108条の双方代理(例えば、上記の例の場合、Bが一方でAの代理人として、他方で買主Cの代理人として取引をすることである。)に相当する。

平成29年6月20日に公布された民法の改正(令和2年4月1日施行)により、民法108条は、1項において自己契約及び双方代理の効果につき、「代理権を有しない者がした行為とみなす」と規定し、無権代理行為とみなされることになった(新法においても、「債務の履行」と「本人があらかじめ許諾した行為」については、除外)。

また2項本文において、自己契約及び双方代理に該当しない利益相反行為についても、無権代理行為とみなされることとなった(本人があらかじめ許諾した行為については、除外)。

この民法の改正に伴う「民法の一部を改正する法律の施行に伴う関係法律の整備等に関する法律」により、一般社団法人法84条2項の規定につき、1項の理事会の承認を受けた2号(直接取引)に加え、3号(間接取引)についても、民法108条の規定は適用されないこととなった。

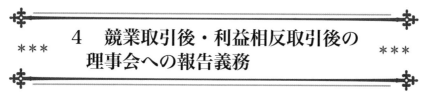

4 競業取引後・利益相反取引後の理事会への報告義務

(1) 報告義務者

理事会の承認を受けていたか否かにかかわらず、競業取引・利益相反取引を行った理事は、当該取引後、遅滞なく、当該取引についての重要な事実を理事会に報告しなければならない(法92条2項・197条)。

本条2項に基づく報告をしなければならない理事は、競業取引の場合にあっては競業取引を行った理事である。利益相反取引の場合の報告すべき理事については、直接取引を法人を代表して行った理事、直接取引の相手方である理事及び間接取引を会社を代表して行った理事である。しかし、実務としては、直

接取引であれ間接取引であれ、法人を代表して取引を行った理事から報告をする運用をしているのが一般的である。なお、報告義務の違反には、100万円以下の過料に処せられる（法342条14号）。

(2) 報告の意義

　この理事の理事会への報告義務は、理事会が、競業取引・利益相反取引が行われた場合の事後的なチェックを行い、理事に対する責任の追及その他の措置を適切に講じることができるようにするために定められているものである。

　また、この報告は、理事会の承認を受けた競業取引・利益相反取引であれば、実際に行われた取引が承認を受けた範囲内にとどまっているかどうかを明らかにするとともに、その取引が法人にどのような影響を及ぼすものであるかを評価して対処策を検討する資料を理事会に提供することが目的となる。

　理事会の承認のない競業取引・利益相反取引であれば、取引の内容や取引に至る経緯などを報告させることにより、理事に対する責任の追及や取引の無効の主張を行うかどうかの判断材料が提供されることになる。

　報告の対象となる事実の重要性は、このような報告義務の趣旨から判断されることになる。理事の報告義務違反が法人の上記判断を誤らせ、法人に損害を与えたときは、当該理事には損害賠償責任が生じることになる（法111条1項・198条）。

(3) 報告の時期・内容

　理事会への報告義務は、個別的な取引を念頭において規定されており、また条文上も「遅滞なく」とされていることから、原則的には取引が終了し、報告が可能となった後、最初に開催される理事会にて重要な事実につき報告がなされるべきものと解される。

　競業法人の代表理事に就任する場合や、同種の取引を法人との間で継続的に行う場合など、競業取引・利益相反取引が包括的に承認された場合には、報告はある程度のインターバルで定期的に理事会に報告することで足りると解される。な

お、報告の頻度はケース・バイ・ケースであるが、一応の目安として職務執行状況の報告（法91条2項・197条）に準じて行うという考え方がある。その場合でも包括的承認を行ったときに、理事会メンバーが予想していなかった事態が発生したときは、遅滞なく報告しなければならない。その事情の変更が重要である場合には、先になされた包括的承認の効力はその後に及ばないから、改めて重要な事実を開示して理事会の承認を受ける必要があると解されている（注21）。

報告の内容は、「当該取引についての重要な事実」とされていることからも、承認時に説明した「当該取引についての重要な事実」に準じることになろう。制度の趣旨からは、承認時の説明内容との相違点など（例えば、承認時の推定値と報告時の実績値の差異）について特に説明の必要性が高いとされている（注22）。

【注記（第34条）】

（注1）　竹内昭夫他編『新版注釈会社法(6)　株式会社の機関(2)』、205〜207頁、有斐閣。

（注2）　同上書、207〜210頁。弥永真生『リーガルマインド会社法』（第12版）、176頁、有斐閣。江頭憲治郎『株式会社法』（第7版）、439頁、有斐閣。落合誠一編『会社法コンメンタール8』、66〜67頁、商事法務。

（注3）　竹内前掲書、210頁。弥永前掲書、176頁。

（注4）　竹内前掲書、208頁。

（注5）　東京弁護士会会社法部編『新・取締役会ガイドライン』、226〜227頁、商事法務。

（注6）　酒巻俊雄他編『逐条会社法　第4巻機関・1』、428〜429頁、中央経済社。

（注7）　竹内前掲書、216頁。江頭前掲書、440頁（注3）。

（注8）　竹内前掲書、217頁。

（注9）　弥永前掲書、177頁。

（注10）　前田　庸『会社法入門』（第12版）、416頁、有斐閣。弥永前掲書、177頁。

（注11）　落合前掲書、76頁。江頭前掲書、440頁。

（注12）　江頭前掲書、443〜444頁。

（注13）　同上書、445頁（注1）。

（注14）　落合前掲書、79頁。

内閣府モデル定款から読み解く公益・一般法人の法人運営手続　財団編（上巻）

（注15）　前田前掲書、418頁。弥永前掲書、180頁。落合前掲書、80頁。

（注16）　江頭前掲書、446頁。落合前掲書、82頁。

（注17）　江頭前掲書、448頁。

（注18）　落合前掲書、88頁。

（注19）　落合前掲書、89頁。

（注20）　落合前掲書、90頁。

（注21）　落合前掲書、241〜242頁。竹内前掲書、220頁。

（注22）　沢口　実『取締役会の運営の実務』、86頁、107頁、商事法務。

(役員等の責任の一部免除又は限定)
第35条　この法人は、役員〈及び会計監査人〉の一般法人法第198条において準用する同法第111条第1項の賠償責任について、法令に定める要件に該当する場合には、理事会の決議によって、賠償責任額から法令に定める最低責任限度額を控除して得た額を限度として、免除することができる。

2　この法人は、役員〈及び会計監査人〉との間で、前項の賠償責任について、同法第115条の規定により、理事会の決議によって、賠償責任を限定する契約を締結することができる。ただし、その契約に基づく賠償責任の限度額は、金〇〇万円以上であらかじめ定めた額と法令の定める最低責任限度額とのいずれか高い額とする。

(注)　会計監査人を置かない場合、〈　〉内は不要である。

1　一般法人法111条の趣旨

　一般法人法111条1項（法198条）は、役員等（理事、理事又は会計監査人）又は評議員の法人に対する損害賠償責任について規定する。

　この損害賠償責任について、一般法人法111条が民法415条（債務不履行による損害賠償）とは別に規定しているのは、役員等又は評議員の任務が、委任契約（法172条1項）の内容だけで定まるのではなく、当事者の意思とは別に法律上当然に生じる場合があるため、そのことを考慮して法律上の任務に違反する場合にも、これらの者に法人に対する損害賠償責任を負わせるためである。

　なお、評議員の法人に対する損害賠償責任については、評議員には業務執行権がなく、評議員会という会議体の構成員としての任務を行うものであることから、個々の評議員の任務懈怠により法人に直接損害が発生するケースは少ないと考えられる。しかしながら、評議員も法人との関係では、受任者の立場にあり、委任の本旨に従い、善良な管理者の注意をもってその任務を行わなければならないのであるから、その任務懈怠に基づく損害賠償責任が問題となり得る。そこで、評議員についても法人に対する損害賠償責任に関する規定を置くこととしているものである（注1）。

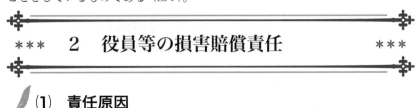

2　役員等の損害賠償責任

(1) 責任原因

① 任務懈怠

ⅰ　一般的責任

　役員等又は評議員は、法人に対して受任者の立場にあり（法172条1項）、委任の本旨に従い、善良なる管理者の注意をもって、その職務を行わなければな

らない。したがって、その任務を怠って法人に損害を与えた場合には、当該法人に対し、その損害を賠償する責任を負う（法111条1項・198条）。

一般法人法111条1項の責任は、旧商法266条1項5号の法令・定款違反の責任に相当するもので、会社法423条1項（法111条1項相当規定）の解釈においても基本的に維持されている。

会社法423条1項の下では、次のような2つの見解の対立がある。たとえ具体的な法令違反があっても、⑦それが善管注意義務違反と評価されて初めて任務懈怠となり、この要件の中で取締役が注意義務を果したか否かが判断されるという考え方（一元説）に対して、④具体的な法令違反だけで任務懈怠と評価される考え方（二元説）がある。

二元説では、責任を追及する側が具体的な法令違反を主張・立証したら、取締役の側で故意・過失のなかったことを立証できなければ責任を問われることになる。一元説では、具体的な法令違反と善管注意義務違反のそれぞれの場合について、取締役の責任を一元的に判断するのに対し、二元説はそれぞれを分けて把握する点で異なる。

役員等又は評議員と法人との関係は、委任に関する規定に従うので（法172条1項）、これらの者の任務懈怠とは、法人に対する善管注意義務・忠実義務（理事の場合）に違反することであり、つまり、法令・定款に違反する行為をしたことを意味する（民法644条・法83条）。

その「法令」には、一般法人法、公益法人認定法に限らず、他の法令（刑法、独占禁止法、その他業法など）を含む（最高裁平成12年7月7日）。また、委任契約に基づく善良な管理者としての注意義務（民法644条）を含む。この役員等又は評議員がその任務を怠ったことにより負う責任の性質は、債務不履行責任（過失責任）である（法116条1項参照。注2）。

ii 業務執行上の注意義務違反

理事は、その善管注意義務違反の業務執行行為により法人に生じた損害を賠償する責任を負う。しかし、理事の業務執行は、不確実な状況で迅速な決断を迫られる場合が多い。

内閣府モデル定款から読み解く公益・一般法人の法人運営手続　財団編（上巻）

　法人運営においては、流動的かつ不確実な状況の下ですぐれた個性的、創造的な判断が業務執行者に要求されるものであり、考慮すべき事情は不確実な将来予測も含めて多岐にわたる上、対象となる選択肢も複数存在することが通常であって、そのいずれか１つのみが正解ということはほとんどなく、仮に同じような状況下に置かれた理事の過半数が、当該選択肢を選ばなかったといって、それが必ずしも不当な選択であったということにはならず、理事の経営判断は、専門的な知識経験及び政策的配慮を要するなどの特殊性にかんがみ、自ら広い裁量が認められるべきものである。

　このように、業務執行理事の善管注意義務違反の成否の認定判断は、事柄の性質上個別的・具体的なものであって、法人の規模、事業内容、問題となっている取引ないし事業計画の内容及び必要性、当該業務執行理事の知識経験や担当業務、当該事業計画等への関与の程度その他諸般の事情を考慮した上で判断されるべきものであると考えられる。

　したがって、業務執行理事が善管注意義務を尽したか否かの判断は、行為当時の状況に照らし合理的な情報収集・調査・検討等が行われたか及びその状況と業務執行理事に要求される能力水準に照らし不合理な判断がなされなかったかを基準になされるべきであり、事後的・結果論的な評価がなされるべきではない。注意義務違反（過失）の証明責任は、業務執行理事の責任を追及する原告側にある（注３）。

iii　不作為による任務懈怠

　理事の善管注意義務違反は、他の理事・使用人に対する監督（監視）義務違反を含む理事の不作為（懈怠）について問題となるケースが多いと考えられる。

　会社法において、取締役の監督（監視）義務については、取締役が自己の業務執行権限外の事項に関し会社の損害を疑わしめる事実を知った場合、どこまで行動すべき義務があるかということがある。例えば、取締役会設置会社の場合、取締役会において発言し（会社法362条２項２号）、監査役に報告した（会社法357条）にもかかわらず何の措置もとられないとき、当該取締役は何もしなければ注意義務違反となるかという問題もある（注４）。

第35条　役員等の責任の一部免除又は限定

　株式会社の場合には、取締役の監督義務に関しては、ある程度以上の規模の会社の代表取締役には、業務執行の一環として、会社の損害を防止する内部統制システムを整備する義務が存在する。内部統制システムの整備が不十分であることが取締役の任務懈怠となるとの判例（大阪地裁平成12年9月20日）があることなどからして、監視義務が認められる場合があり得る。

　一方、一般財団法人の場合にも大規模法人（法2条3号）に関しては、内部統制システムを決定する義務があるので（法90条5項・197条）、監視義務が認められる場合があり得ると解される。

iv　賠償額

　賠償すべき損害額は、役員等又は評議員の行為によって法人が被った額である。理事の法令違反の行為等から法人が同時に利益を受けたときは、場合により損益相殺は可能である。

　競業取引（法84条1項1号・197条）の場合には、その取引によって自己又は第三者が得た利益の額が法人が被った損害の額と推定される（法111条2項・198条）。

②　競業取引による損害賠償責任の特則

i　一般法人法111条2項の趣旨

　理事が競業取引に関する規定（法84条1項1号・197条）に違反した場合について、その取引によって理事又は第三者が得た利益の額は、一般法人法111条2項によって損害の額と推定される（法111条2項・198条）。

　法人の内部事情に通じている理事が法人と競業関係に立つようなことがあれば、それは法人にとって大きな脅威である。そのような危険から法人を保護するため、一般法人法は、理事に対して競業取引を事前に禁じるとともに、そのような行為を認めるための手続を定め、さらに違反に備えて一般法人法111条2項による救済方法も用意しているのである。

ii　立証困難への対処

　役員等は、自己の任務懈怠と相当因果関係のある法人の損害について賠償す

内閣府モデル定款から読み解く公益・一般法人の法人運営手続　財団編（上巻）

ることが求められる（民法416条〔損害賠償の範囲〕）。この場合の損害額の立証責任は、責任を追及する法人側にある。理事が理事会の承認を得ずに競業取引を行った場合には、その取引によって理事又は第三者が得た利益の額が、法人損害額と推定される（法111条2項・198条）。

　この推定規定は、競業取引違反による損害の立証は必ずしも容易ではないことから、法人側の立証の困難さを軽減するために設けられた規定である。また、この規定は、競業取引の場合に理事が得た利益を吐き出させることを目的としている。

③　利益相反取引による損害賠償責任の特則

i　一般法人法111条3項の趣旨

　利益相反取引（法84条1項2号・3号・197条）による理事の任務懈怠責任は、過失責任とされている。そして、利益相反取引は常に損害を及ぼすおそれのある行為であることから、このような取引については、当該取引が行われた結果、法人に損害が生じた場合には、理事は任務を怠ったものと推定することで、これらの者に慎重に行為をすることを求めている。理事が当該取引につき理事会の承認（法84条1項・197条）があっても、任務懈怠の推定が働くことになる。

ii　適用範囲

　任務懈怠の推定について、一般法人法84条1項2号（法197条）又は一般法人法84条1項3号（法197条）により法人に損害が生じたときは、次の者は任務を怠ったものと推定される（法111条3項・198条）。

(i)　直接取引における法人の相手方たる理事及び間接取引においてその者の利益と法人の利益が相反する理事（法111条3項1号・198条）

(ii)　法人がその取引をすることを決定した理事（法111条3項2号・198条）

(iii)　利益相反取引に関する理事会の承認決議に賛成した理事（法111条3項3号・198条）

　　なお、理事会の決議に参加した理事であって議事録に異議をとどめないものは、その決議に賛成したものと推定されるので（法95条5項・197条）、

第35条　役員等の責任の一部免除又は限定

自己取引や利益相反取引の承認に係る理事会決議に反対した理事も、議事録に異議をとどめておかないと決議に賛成したものと推定され、その結果、任務懈怠が推定されることになる。

iii　効果

利益相反取引により法人に損害が生じた場合は、原則的に理事が責任を負うことになるため、その責任を免れるためには、理事は自らの任務懈怠が存在しないことを証明する必要がある。

④　理事が自己のためにした取引に関する特則

i　一般法人法116条の趣旨

一般法人法116条1項（法198条）は、「一般法人法第84条第1項第2号の取引（自己のためにした取引に限る。）をした理事の第111条第1項の責任は、任務を怠ったことが当該理事の責に帰することができない事由によるものであることをもって免れることができない」と規定する。

理事が自己のために法人と取引を行った場合は、その行為の利益相反の度合が著しく高いため、一般法人法111条3項で任務懈怠が推定されるとともに、一般法人法116条で法人に対する損害賠償責任を加重し、同条1項で過失責任の例外（無過失責任）を規定しているものである。

ii　特則の内容

一般法人法116条の規制対象となる理事は、自己について「責めに帰すべき事由」のないことを主張することはできない。ただし、当該理事は、自らの任務懈怠がないという主張自体はすることができることから、適法な手続を経ており理事としての善管注意義務を尽くしていたということを立証すれば、任務懈怠責任を免れることができる。

一般法人法116条の対象となる理事は、任務懈怠について責任がなくても、対法人の損害賠償責任を免れることはできず、本条2項によって、一般法人法113条から115条に定める責任免除の規定は適用されず、免責は認められない（法116条2項・198条）。

第6章　役員〈及び会計監査人〉

633

(2) 役員等の責任の免除

① 責任の免除の種類

　公益（一般）財団法人の役員等は、法人を取り巻く流動的な経済情勢の下で難しい法人運営の判断を迫られることも多く、その判断が事後的に見て常に正確なものであったと評価されるとは限らない。そのため、役員等に対する損害賠償責任の制度を徹底してしまうと、高額な賠償をおそれた役員等の判断が萎縮してしまうおそれがある。

　そこで、一般法人法は、役員等又は評議員の法人に対する責任について、一定の要件の下に責任の免除ができるよう、次のとおりその種類を定めている。

　ⅰ　総評議員の同意（法112条・198条）
　ⅱ　評議員会決議による最低責任限度額を超える額の免除（法113条・198条）
　ⅲ　定款の定めとそれに基づく理事会による最低責任限度額を超える額の免除（法114条・198条）
　ⅳ　非業務執行理事等につき定款の定めに従い責任限定契約を締結することにより、法人が定めた額と最低責任限度額とのいずれか高い額を超える額の免除（法115条・198条）

② 責任の全部免除

　役員等又は評議員の法人に対する損害賠償責任は、総評議員の同意がなければ免除することができない（法112条・198条）。これは、理事が業務執行の一環として債務免除（民法519条）をすることができないことを意味する。

　総評議員の同意を要するのは、責任の免除の判断をより慎重なものとするためである（注5）。

　なお、一般法人法112条(法198条)は、「総評議員の同意」としているが、これは、必ずしも評議員全員一致の評議員会決議を要求しているわけではなく、各評議員から個別に同意を得る方法によることでも差し支えないと解されている

（注6）。

③ 責任の一部免除

i 責任の一部免除の制度趣旨

　役員等又は評議員の法人に対する責任を免除する制度が一般法人法112条に規定されているが、全部免除されるためには総評議員の同意が要件とされており、この免除要件は厳格である。

　そこで、例外的な手続として、善管注意義務や忠実義務を負う理事が軽微な過失により多額の損害賠償責任を負担することをおそれて業務執行が萎縮することを防止するとともに、外部からの人材の確保を容易にする目的で導入されたのが、この責任の一部免除の制度である（注7）。

　なお、評議員の公益（一般）財団法人に対する損害賠償責任については、評議員会決議による責任の一部免除及び理事会による免除に関する定款の定めは認められていない。これは、評議員は業務執行を担わないことから、実際に賠償責任を負うケースは非常に少ないと考えられ、総評議員による責任免除に加え、これよりも軽い要件による免除の制度を認める必要がないと考えられることによるものである（注8）。

ii 評議員会の特別決議による責任の一部免除

（i） 免除額の限度

　　役員等の一般法人法111条1項の法人に対する任務懈怠の責任は、当該役員等が職務を行うにつき善意でかつ重大な過失がないときは、その賠償責任を負う額のうち、役員等が法人から職務執行の対価として受ける財産上の利益の1年間当たりの額に相当する額に、以下の数を乗じた額（この額を最低責任限度額という。）を超える部分については、評議員会の決議（法189条2項による特別決議）により免除することができる（法113条1項・198条）。

　①　代表理事　　6

　②　代表理事以外の理事であって、次に掲げるもの　　4

　　⑦　理事会の決議によって一般財団法人の業務を執行する理事として

内閣府モデル定款から読み解く公益・一般法人の法人運営手続　財団編（上巻）

　　　　選定されたもの

　　(イ)　当該一般財団法人の業務を執行した理事（(ア)に掲げる理事を除く。）

　　(ウ)　当該一般財団法人の使用人

　(iii)　理事（(i)及び(ii)に掲げるものを除く。）、監事又は会計監査人　　2

　　　責任の一部免除を受けるためには、当該役員等がその職務を行うにつき、「善意でかつ重大な過失」がないことが必要である。一般法人法111条1項の行為に関する理事の責任であっても、当該理事が私的な利益を得ること又は犯罪行為等に起因する損害賠償責任は、通常、悪意又は重大な過失と認定されており、かかる場合にまで責任を免除する合理性が認められないから、この要件を満たさないことになる。

　　　また、軽過失の行為のうち、理事が業務執行上の判断の誤りにより責任を負う事態は多くないから、結局、賠償責任の一部免除がなされるのは、他の理事への監督（監視）義務違反を含む不作為（懈怠）の責任が多いと考えられる（注9）。

(ii)　**責任の一部免除の手続**

　　　責任の一部免除をするための手続は、評議員会の特別決議である（法189条2項2号）。この場合、評議員に免除の当否に関する判断材料を提供するために、次に掲げる事項を開示することが必要とされている（法113条2項・198条）。

　(i)　責任の原因となった事実及び賠償の責任を負う額（法113条2項1号）

　(ii)　前項の規定により免除することができる額の限度及びその算定の根拠

　　　（法113条2項2号）

　(iii)　責任を免除すべき理由及び免除額（法113条2項3号）

　　　さらに、公益（一般）財団法人においては、責任の一部免除に関する議案を評議員会に提出するに際し、当該一部免除が理事の責任の免除に関するものであれば、監事（監事が2人以上ある場合にあっては、各監事）の同意を得る必要がある（法113条3項・198条）。

(iii)　**責任免除者への退職慰労金の支給**

評議員会の決議による免除があった後に、法人が、免除を受けた役員等に対し退職慰労金その他の法務省令（法施行規則20条）で定める財産上の利益を与えるには、評議員会の承認を受けなければならない（法113条4項・198条）。

なお、一般法人法施行規則20条で定める財産上の利益とは、次のものである（法施行規則20条・63条）。

ⅰ　退職慰労金（20条1号）

ⅱ　当該役員等が当該法人の使用人を兼ねているときは、当該使用人としての退職手当のうち、当該役員等を兼ねていた期間の職務執行の対価である部分（20条2号）

ⅲ　上記ⅰ及びⅱに掲げるものの性質を有する財産上の利益（20条3号）

ⅳ　評議員会決議による責任限度額の算定

評議員会決議により免除を受ける額は、次のⅰからⅱを控除した金額である。

ⅰ　役員等が賠償責任を負う額（法113条1項1号・198条）

ⅱ　法務省令（法施行規則19条・63条）で定める方法で計算した1年間の職務執行の対価に、代表理事の場合は6、代表理事以外の理事であって一般法人法113条1項2号ロに掲げるものの場合は4、上記以外の理事・監事・会計監査人の場合は2を乗じて得た金額（法113条1項2号・198条）

ⅲ　法務省令（法施行規則19条・63条）で定める報酬等の額の算定方法
次の(イ)と(ロ)の合計額が1年間の職務執行の対価とされる。

(イ)　次の㋑から㋩までに定める日を含む事業年度及びその前の事業年度について、各事業年度ごとの合計額のうち、最も高い額の報酬、賞与その他の職務執行の対価（使用人兼務の場合は、使用人としてのものも含む。同規則19条1号・63条）

㋑　責任免除の評議員会決議を行った場合には、当該決議の日（同規則19条1号イ）

㋺　定款規定（法114条1項）に基づく責任免除の同意を行った場合に

は、その理事会決議の日（同規則19条1号ロ）

㋩　責任限定契約（法115条1項）を締結した場合には、責任の原因となる事実が生じた日（同規則19条1号ハ）

(ロ)　次の㋑から㋩までの額を、代表理事の場合は6、代表理事以外の理事であって非業務執行理事でないものの場合は4、非業務執行理事・監事・会計監査人の場合は2（これらの数が、役員等の就職年数を超えている場合にあっては、当該数）で割って得た額（同規則19条2号・63条）

㋑　役員等の退職慰労金の額（同規則19条2号イ(1)）

㋺　使用人兼務役員等の場合は、使用人としての退職手当のうち役員等兼務期間の職務執行の対価部分の額（同規則19条2号イ(2)）

㋩　上記㋑又は㋺の性質を有する財産上の利益の額（同規則19条2号イ(3)）

iii　評議員会の決議で責任の一部を免除することができる責任限度額の計算例

(i)　代表理事

ⓘ　法人に対する賠償責任額　1億円

ⓘⓘ　年間報酬額　1,000万円

ⓘⓘⓘ　退職慰労金　1,200万円

ⓘⓥ　在職期間　6年

【最低責任限度額】

(1,000万円〔法施行規則19条1号〕＋1,200万円÷6〔法施行規則19条2号ロ(1)〕)×6〔法113条1項2号イ〕＝7,200万円

ⓥ　在職期間　8年

(1,000万円〔法施行規則19条1号〕＋1,200万円÷8〔法施行規則19条2号ロ〕)×6〔法113条1項2号イ〕＝6,900万円

したがって、一部免除可能額は、ⓘⓥの場合では、2,800万円（1億円−7,200万円）となり、ⓥの場合では、3,100万円（1億円−6,900万円）となる。

なお、報酬等の額が0の場合には、最低責任限度額は0となるので、損害賠償責任を負う額の全額が免除となる。

(ii) 常務理事（非業務執行理事以外の理事）

- ① 法人に対する賠償責任額　6,000万円
- ② 年間報酬額　800万円
- ③ 退職慰労金　1,000万円
- ④ 在職期間　4年

【最低責任限度額】

（800万円〔法施行規則19条1号〕＋1,000万円÷4〔法施行規則19条2号ロ(2)〕）×4〔法113条1項2号ロ〕＝4,200万円

したがって、一部免除可能額は、1,800万円（6,000万円－4,200万円）となる。

iv　監事の同意書等の書式例

(i)　監事の同意書

一般法人法113条3項（法198条）に基づき評議員会に同法111条1項の理事の責任の免除に関する議案を提出するには、監事の同意を得ることが必要とされている（法113条3項・198条）。

この場合の監事の同意書の書式例としては、次のようなものとなる。

【35-1　責任免除に関する監事の同意書の書式例】

令和○年○月○日

公益（一般）財団法人○○協会

代表理事　○○○○　殿

公益（一般）財団法人○○協会

監事　○○○○　㊞

理事の責任免除議案に関する同意書

令和○年○月○日開催の第○回定時評議員会に提出予定の別紙理事の責任免除議案に関し、一般法人法第198条において準用する同法第113条第3項に基づき同議案の提出に同意します。

(ii) 評議員会の議事録

評議員会における役員等の責任の一部免除に関する議事録は、通常の書式例と変わるものではないが、評議員会の議事録の書式例を示すと次のようなものとなる。

【35-2　評議員会において役員等の責任の免除を議案とした場合の議事録の書式例】

第○回定時評議員会議事録

1　開催日時　令和○年○月○日　午前○時から午前○時○分まで
2　開催場所　当協会会議室
3　出　席　者　評議員総数　○名
　　　　　　　　出席評議員　○名
　　　　　　　　　　　　　　○○○○
　　　　　　　　　　　　　　○○○○
　　　　　　　　出席理事　○名
　　　　　　　　代表理事　○○○○
　　　　　　　　専務理事　○○○○
　　　　　　　　常務理事　○○○○
　　　　　　　　出席監事　○名
　　　　　　　　　　　　　　○○○○
　　　　　　　　（会計監査人　○○○○）
4　議　　　長　○○○○（議事録作成者）
5　議事の経過の要領及びその結果
〔報告事項〕
　(1)　令和○年度の事業報告の内容について
　(2)　○○○○
〔決議事項〕
　(1)　第1号議案　令和○年度の計算書類等の承認について
　　　　〜
　(n)　第○号議案　理事の責任免除の件
　　　議長は、代表理事○○○○及び常務理事○○○○の責任免除に関し、下記の

とおり一般法人法所定の事項を開示した上、提案理由を詳細に説明し、審議を求めたところ、原案のとおり、議決に加わることができる評議員の3分の2以上の多数の賛成をもって承認可決された。

記

1．代表理事　○○○○
　(1)　責任の原因となった事実及び賠償の責任を負う額
　　①　責任の原因となった事実
　　②　損害額　○○○○万円
　(2)　責任を免除できる限度額及びその算定根拠
　　①　責任を免除できる限度額　○○○○万円
　　②　算定根拠
　　　　損害額より令和○年度の報酬の6年分……を控除
　(3)　責任を免除すべき理由及び免除額
　　①　責任を免除すべき理由
　　②　免除額　○○○○万円
2．常務理事　○○○○
　　　　　　　（略）

　議長は、以上をもって議事の全部の審議及び報告を終了した旨を述べ、午前○時○分閉会を宣し、散会した。

　以上の決議を明確にするため、この議事録を作成し、議長及び議事録署名人2名がこれに記名押印する。

　　令和○年○月○日

公益（一般）財団法人○○協会

第○回定時評議員会

議　長（議事録作成者）　○○○○　㊞

評議員　○○○○　㊞

評議員　○○○○　㊞

Ⅴ 定款の定めに基づく役員等の責任の一部免除（本条１項関係）

(ⅰ) 一般法人法114条の趣旨

役員等又は評議員の法人に対する責任を免除する制度が一般法人法112条で規定されているが、免除されるためには総評議員の同意が要件となり、この免除要件は厳格である。

そこで、一般法人法114条（法198条）は、機動的な責任免除ができないと業務執行が萎縮するおそれがあることを危惧して、一般法人法113条（法198条）に定める評議員会の決議に基づく場合とは別に、定款で定めている場合に、理事会の決議による役員等に対する責任の一部免除を認めることを規定したものである。

(ⅱ) 定めるべき定款規定の内容

本条１項の免除は、評議員会の特別決議による免除と異なり、責任を発生させる役員等の行為がなされる前に、定款により、理事会に免責権限が授権されていることが必要である。

定款には、次の要件を満たす場合に責任を免除することができる旨を定めていなければならない（法114条１項・198条）。

① 役員等の任務懈怠の責任であること

② 職務を行うにつき役員等が善意でかつ重大な過失がないこと

③ 責任の原因となった事実の内容、当該役員等の職務の執行の状況その他の事情を勘案して特に必要と認めるときであること

④ 免責されるのは最低責任限度額を超える金額の部分であること

上記③の要件につき「特に必要と認めるとき」が挙げられているが、１つの考慮要素として、当該理事の過去の功績等が損失を十分埋め合わせるようなものであることが挙げられる。また、別の考慮要素としては、一部免除がされるかどうか不明であるという不安定な状態から、当該理事を早く解放するということが挙げられると解されている（注10）。これらの事情にその他の具体的事情を総合考慮してその必要性が判断されることになる。

第35条　役員等の責任の一部免除又は限定

(iii) **理事の責任免除に関する議案提出に対する監事の同意**

次の場合には、監事の同意が必要とされている（法114条2項・113条3項・198条）。

ⓘ 定款を変更して理事の責任免除に関する定款の定めを設ける議案を評議員会に提出する場合

ⓘⓘ 定款の定めに基づく責任の免除について、理事会に議案を提出して決議を求める場合

なお、監事が2人以上いるときは、各監事の同意が必要である（法114条2項・113条3項）。

(iv) **役員等の責任免除の同意・理事会の決議を行った場合の通知義務（法114条3項・198条）**

理事会の決議を得た場合であっても、それだけで責任の一部免除がなされるのではなく、さらに、評議員に対し、理事は、遅滞なく、次の事項を通知しなければならない（法114条3項・113条2項・198条）。

ⓘ 責任の原因となった事実及び賠償の責任を負う額

ⓘⓘ 免除可能限度額及びその算定の根拠

ⓘⓘⓘ 責任を免除すべき理由及び免除額

ⓘⓥ 1箇月以上の期間内に異議がある場合には異議を述べる旨

(v) **評議員の異議があった場合の責任免除**

総評議員の10分の1（定款の定めによる緩和は可能）以上の評議員が、期間内（法114条3項ただし書の期間内）に異議を述べたときは、法人は定款の定めに基づく責任免除をすることができない（法114条4項・198条）。

理事会に対し責任免除権限を授権する定款の規定は、登記される（法302条2項9号）。

(vi) **責任免除者への退職慰労金の支給**

定款の定めに基づき責任を免除した場合において、法人がその後に役員等に退職慰労金その他法務省令で定める財産上の利益を与えるときは、評議員会の承認を得ることが必要である（法113条4項、114条5項・198条）。

第6章　役員〈及び会計監査人〉

643

内閣府モデル定款から読み解く公益・一般法人の法人運営手続　財団編（上巻）

vi　責任限定契約（本条２項関係）

(i)　一般法人法115条の趣旨

　非業務執行理事等については、定款の定めに基づき、法人と非業務執行理事等との契約によって、その責任の限度額を定めることができる（法115条１項・198条）。

　役員等の責任を免除する制度としては、総評議員の同意による責任の免除（法112条・198条）、評議員会決議による責任の一部免除（法113条・198条）及び定款規定に基づく理事会決議による責任の一部免除（法114条・198条）があるが、これらの制度では、損害賠償の問題が生じた後、実際に免除がなされるのかどうか、免除額がいくらになるかにつき不確実性が残り、非業務執行理事等にとって確実性のある制度とは言い難いものである。

　そこで、責任制限に関する定款の定めを置き、責任限度契約を締結できる体制を整えることによって、あらかじめ賠償責任を負う額の上限を定めることができるようにし、いくら賠償責任を負わされるかの予測が可能になり、非業務執行理事等にとっては賠償責任に対する不安が軽減されることになるとともに、また、法人にとっては非業務執行理事等としての能力を十分に発揮できる有能な人材が確保しやすくなることが期待できる。これがこの制度の目的である。

　なお、「非業務執行理事」とは、次の者をいう（法115条１項かっこ費・198条）。

　　① 次の(イ)及び(ロ)を除く理事

　　　(イ) 業務執行理事（代表理事、代表理事以外の理事であって理事会の決議によって当該法人の業務を執行する理事として選定されたもの及び当該法人の業務を執行したその他の理事）

　　　(ロ) 当該法人の使用人

　　② 監事

　　③ 会計監査人

(ii)　定めるべき定款規定の内容

　責任限定契約に関しては、定款には次の要件を満たす場合に責任を免除

第35条 役員等の責任の一部免除又は限定

することができる旨を定めていなければならない（法115条1項・198条）。

ⓘ 非業務執行理事等の任務懈怠の責任であること

ⓘⓘ 非業務執行理事等が職務を行うにつき善意でかつ重大な過失がないこと

ⓘⓘⓘ 非業務執行理事等の責任について、定款で定めた額の範囲内であらかじめ法人が定めた額と最低責任限度額とのいずれか高い額を限度とする旨の契約（責任限定契約）を締結することができる旨

⑾ 責任限度額の範囲

なお、責任限定契約締結後に、非業務執行理事等がその法人の業務執行理事又は使用人に就任したときは、その契約は、将来に向ってその効力は失われることになる（法115条2項・198条）。

⒤ 責任限定契約による免責を認める定款規定への変更に関する議案提出に対する監事の同意

定款を変更して、あらたに定款に契約による責任の限度に関する定め（この場合は、非業務執行理事と契約を締結することができる旨の定めに限られる。）をすることができる旨の規定を設ける場合には、その議案の評議員会の提出につき、監事の同意（監事が複数人いるときは、各監事の同意）が必要とされる（法113条3項、115条3項・198条）。

⒱ 法人が非業務執行理事等の行為により法人に損害を生じたことを知った場合の措置（評議員会に対する開示）

非業務執行理事等とこの責任の限定に関する契約をした法人が、その契約の適用のある事態が生じたこと（非業務執行理事等が任務を怠ったことにより法人が損害を受けたこと）を知ったときは、その後最初に招集される評議員会にその内容等を開示する必要がある。

すなわち、法人がその相手方である非業務執行理事等による任務を怠ったことにより損害を受けたことを知ったときは、法人は、その後最初に招集される評議員会において、次の事項を開示することを要する（法115条4項・198条）。

第6章 役員〈及び会計監査人〉

645

ⓘ　責任の原因となった事実及び賠償の責任を負う額（法115条４項１号）

ⓘⓘ　最低責任限度額及びその算定の根拠（同条４項１号）

ⓘⓘⓘ　非業務執行理事等との契約の内容及びその契約を締結した理由（同条４項２号）

ⓘⓥ　非業務執行理事等の任務懈怠により法人に生じた損害のうち、当該非業務執行理事等が賠償する責任を負わないとされた額（同条４項３号）

なお、非業務執行理事等との責任限定契約に関する定款の定めは、登記事項である（法302条２項10号）。

(vi)　責任免除者への退職慰労金の支給

非業務執行理事等が定款の定めに基づく契約による限度で責任を負った場合において、その後に退職慰労金等の支給を受けるときは、評議員会の承認が必要である（法113条４項、115条５項・198条）。

(vii)　責任限定契約によって非業務執行理事等が責任を負うべき額

責任限定契約によって非業務執行理事等が責任を負うべき額は、㋐定款で定めた額の範囲内で、㋑あらかじめ法人が定めた額と、㋒最低責任限度額とのいずれか高い額を限度として、その賠償の責めに任ずるものである。

「定款で定めた額の範囲内であらかじめ一般財団法人が定めた額」（法115条１項・198条）というのは、例えば、定款では非業務執行理事等の損害賠償責任を「100万円以上」と定め、責任限度契約では責任の限度額を「300万円」と定めることである（注11）。定款で定められた下限以上であれば、具体的に非業務執行理事等との間で、責任限定契約を締結する場合の限度額は自由に設定することができる。

このようなことから、非業務執行理事等の報酬の実態に応じて低廉な額を設定することも考えられる。実務上は、額を定めない例も多い。そのため、定款の規定形式において、定款35条２項ただし書につき、これを「ただし、当該契約に基づく責任限度額は、法令が規定する額とする」といった記載もよく用いられている。

このように、責任を負わされる額は、評議員会又は理事会の決議等に左右

第35条　役員等の責任の一部免除又は限定

されることなく、あらかじめ予測することができる（最低責任限度額も自分の受ける報酬等の額により予測が可能である。）から、非業務執行理事に就任する者にとって、不測の賠償責任を負わされることがないことになるとされている。

(ⅷ) 責任限定契約と理事会決議

　非業務執行理事等との責任限定契約の締結は、重要な業務執行に当たるので、理事会の決議が必要と解される。

　なお、この場合、契約の相手方となる非業務執行理事は、特別利害関係人に該当するので、決議には参加できない（法95条2項・197条）。

(ⅸ) 責任限定契約書の書式例

　法人と非業務執行理事等との間で締結する一般法人法115条（法198条）の規定に基づく責任限定契約書の書式例としては、次のようなものとなる。

　なお、契約書の内容は、非業務執行理事及び監事を対象としている。

【35-3　責任限定契約書の書式例】

責任限定契約書

　公益（一般）財団法人〇〇協会（以下「甲」という。）と公益（一般）財団法人〇〇協会の非業務執行理事（監事）〇〇〇〇（以下「乙」という。）とは、一般社団法人及び一般財団法人に関する法律（以下「一般法人法」という。）第198条において準用する同法第115条第1項の規定に基づいて、乙の甲に対する損害賠償責任の限定について、以下のとおり契約を締結する。

（責任限度額）
第1条　乙が甲の非業務執行理事（監事）として、本契約締結後、その任務を怠ったことにより甲に損害を与えた場合において、乙がその職務を行うに当たり善意でかつ重大な過失がないときは、金〇〇万円と一般法人法第198条において準用する同法第113条第1項に定める最低責任限度額のいずれか高い額を限度として、甲に対し損害賠償責任を負うものとする。ただし、損害額のうち損害賠償責任額を上回る部分については、甲は乙を当然に免責するものとする。

（再任の場合の効力）
第2条　乙が甲の非業務執行理事（監事）の任期満了時に甲の非業務執行理事（監事）

第6章　役員〈及び会計監査人〉

内閣府モデル定款から読み解く公益・一般法人の法人運営手続　財団編（上巻）

に再任され、就任した場合は、就任後の行為についても本契約はその効力を有するものとし、その後も同様とする。ただし、再任後新たに甲と乙との間で乙の責任を限定する旨の契約を締結する場合は、この限りでない。

（契約の効力発生日）

第3条　本契約は、甲の定款第○条第○項の規定に基づき、甲の理事会において承認を受けた日から、その効力を有するものとする。

（責任限定契約の失効）

第4条　乙が本契約を締結した後、甲の業務執行理事又は使用人に就任したときは、本契約は、将来に向ってその効力を失う。

（責任限定契約の開示）

第5条　甲は、法令の規定により必要があるときは、本契約の存在及び内容を第三者に開示することができる。

本契約の締結を証するため本書2通を作成し、甲及び乙が記名押印の上、甲及び乙が各1通を保有するものとする。

令和○年○月○日

甲（住所）

公益（一般）財団法人○○協会

代表理事　○○○○　㊞

乙（住所）

氏名　○○○○　㊞

---

④　役員損害賠償責任保険

　役員に対し損害賠償請求がなされることにより、同人が被る損害を填補する責任保険が保険会社から発売されている。各保険会社が発売している役員損害賠償責任保険は、代表訴訟、法人による責任追及訴訟、第三者による責任追及訴訟等を受けた場合にその責任を担保するものである。

　保険は、法人が契約者となるので、損害賠償及び訴訟に要した費用等が保険金として支払われている。

　保険契約の保険料のうち、役員が法人に対して負う賠償責任に関する部分を法人が支払うことについては、㋐法人の損害賠償請求権の事前かつ一般的放棄に当たり違法とする見解、㋑定款・理事会決議等で定めれば可能とする見解、

648

㋑当該保険の填補範囲にかんがみればそれは法人の利益になる支出であり当然に可能とする見解がある（注12）。

3 役員等の第三者に対する損害賠償責任

(1) 一般法人法117条の機能

一般法人法117条（法198条）は、役員等又は評議員の第三者に対する損害賠償責任について規定している。本条１項は、役員等又は評議員の職務執行についての悪意又は重大な過失に基づく損害賠償責任を、また２項は、役員等の虚偽記載等に基づく損害賠償責任をそれぞれ定めている。

役員等又は評議員は、本来、法人に対してのみ責任を負い、第三者に対しては一般の不法行為（民法709条）責任以外の責任は負わないはずであるが、役員等又は評議員の任務懈怠によって損害を受けた第三者を保護する観点から、その職務を行うにつき悪意又は重大な過失があった場合には、役員等又は評議員が直接第三者に対して責任を負うこととしているものである（法117条・198条）。

２項の行為に関しては、情報開示の重要性とその内容が虚偽である場合の危険性から、悪意又は重大な過失があった場合のみならず、過失責任とし、かつ、その職務について注意を怠らなかったことを当該役員等が自ら証明しなければならないとされている（法117条２項・198条）。

(2) 一般法人法117条１項の責任

① 責任の性質

役員等又は評議員がその職務を行うについて悪意又は重大な過失があったときは、当該役員等又は評議員は、これによって第三者に生じた損害を賠償する責任を負う（法117条１項・198条）。

内閣府モデル定款から読み解く公益・一般法人の法人運営手続　財団編（上巻）

　この責任の性質については、㋐不法行為責任の一種であるとする不法行為責任説と、㋑一般法人法が特に定めたものであるとする法定責任説とに分かれている（注13）。

i　不法行為責任説

　この説によると、役員等又は評議員の第三者に対する責任は不法行為責任であって、民法709条の不法行為責任（第三者への加害について故意又は過失があった場合に責任が生じる。）と比較すると、役員等又は評議員の職務執行上の行為による第三者に対する権利侵害による責任については、役員等又は評議員に悪意又は重大な過失がある場合のみ発生し、単なる過失があっても発生せず、この意味で、民法の一般原則を緩和したもの（責任成立の要件を厳しくしたもの）と解している。そして、このように責任を緩和する根拠としては、理事は繁雑な事務を迅速に処理しなければならないからであるとされている。

ii　法定責任説

　この説は、この責任は、民法の不法行為責任とは別に法律が特別に定めた責任であると解し、役員等又は評議員は一般の不法行為責任を負うほかに、一般法人法による責任を負うと解している。

　この説によれば、役員等又は評議員の第三者に対する責任は、不法行為責任説による場合とは逆に、一般法人法117条1項の規定により一般原則によるよりも加重されることになる。そして、この説によれば、役員等又は評議員が職務執行について悪意又は重大な過失があれば、一般の不法行為責任が要求する第三者への加害についての故意又は過失がなくとも責任を負うこととなる点において、不法行為責任説と異なる（職務執行と第三者の損害との間に因果関係があることを要するのは、損害賠償責任の性質上、当然とされる。）。

　そして、このように役員等又は評議員の責任が加重されるのは、これらの者の職務が多岐にわたることから、それにより損害を受ける第三者を保護しようとすることにある。役員等又は評議員に対する責任が一般原則より緩和される根拠は存しないから、不法行為責任説はとり得ず、法定責任説をとるべきであるとされている（注14）。判例（最高裁昭和44年11月26日）・通説もこの立場に立っている。

650

iii　昭和44年11月26日最高裁判例

　この最高裁の判決（民集23巻11号2150頁）は、公益（一般）財団法人の理事、監事の第三者に対する損害賠償責任についても、先例として引用されるものと考えられる。この判決は、改正前商法266条の３第１項の法意に関して最高裁の立場を明らかにしたものであるが、これは会社法429条１項及び連帯責任について定める430条に相当するものである。また、一般法人法に関しては117条１項及び118条がこれに相当することになる。その判旨は、次のようなものである。

　「法は、株式会社が経済社会において重要な地位を占めていること、しかも株式会社の活動はその機関である取締役の職務執行に依存するものであることを考慮して、第三者保護の立場から、取締役において悪意または重大な過失により義務に違反し、これによって第三者に損害を被らせたときは、取締役の任務懈怠の行為と第三者の損害との間に相当の因果関係があるかぎり、会社がこれによって損害を被った結果、ひいて第三者に損害が生じた場合であると、直接第三者が損害を被った場合であるとを問うことなく、当該取締役が直接第三者に対し損害賠償の責に任ずべきことを規定したのである。……したがって、以上のことは、取締役がその職務を行うにつき故意または過失により直接第三者に損害を加えた場合に、一般不法行為の規定によって、その損害を賠償する義務を負うことを妨げるものではない。……代表取締役は、対外的に会社を代表し、対内的に業務全般の執行を担当する職務権限を有する機関であるから、善良な管理者の注意をもって会社のため忠実にその職務を執行し、ひろく会社業務の全般にわたって意を用いるべき義務を負うものであることはいうまでもない。したがって、少なくとも、代表取締役が、他の代表取締役その他の者に会社業務の一切を任せきりとし、その業務執行に何等意を用いることなく、ついにはそれらの者の不正行為ないし任務懈怠を看過するに至るような場合には、自らもまた悪意または重大な過失により任務を怠ったものと解するのが相当である」と判示している。

　この判決は、第三者に間接的に損害が生じた場合であっても、第三者に直接

に損害が生じた場合であっても、取締役が悪意又は重大な過失により取締役の義務に違反し、これによって第三者に損害を被らせたときは、取締役の任務懈怠の行為と第三者の損害との間に相当の因果関係がある限り、損害賠償責任を負うという法理を明らかにしているが、検討すべき問題が多いとされている（注15）。

② 任務懈怠行為と悪意・重過失の対象

i 任務懈怠行為の内容

第三者に対する損害賠償責任を発生させる役員等又は評議員の行為には、これらの者の職務と無関係な行為が含まれないことは明らかであるが、一般法人法117条1項は、「職務を行うについて」と規定するのみで、その具体的内容を定めていない。

この点、前掲最高裁判例（昭和44年11月26日）は、取締役の善管注意義務（旧商法254条3項、会社法330条、法172条1項、民法644条）と忠実義務（旧商法254条の3、会社法355条、法83条・197条）を前提として、悪意又は重大な過失によりこれらの義務に違反した場合を任務懈怠行為として、改正前商法266条の3第1項（会社法429条1項、法117条1項・198条）による責任の対象とし、この任務懈怠行為は、法人に対するものであれば足りるとしている。

なお、何をもって「悪意又は重大な過失」というかについては、法人に対する任務懈怠であることを知っていることが悪意であり、任務懈怠に当たることを知るべきなのに、著しく注意を欠いたためにそれを知らなかったことが重大な過失であると解されている（注16）。

この任務懈怠行為は、第三者への損害の発生形態により、直接損害と間接損害に大別される。

ii 直接損害

「直接損害」とは、理事の悪意又は重大は過失のある職務執行により、法人に損害がなく、直接第三者が被った損害をいう。

具体例としては、㋐法人が倒産に瀕した時期に、理事が返済見込みのない金

第35条　役員等の責任の一部免除又は限定

銭の借入れ、⑦代金支払の見込みのない商品の購入等を行ったことにより契約相手方である第三者が損害を被る場合が挙げられる（注17）。

iii　間接損害

「間接損害」とは、理事の悪意又は重大な過失による任務懈怠から法人が損害を被り、その結果第三者に損害が生じる場合をいう。

具体例としては、理事の放漫な法人運営（東京高裁昭和58年３月29日、大阪地裁平成８年８月28日、大阪地裁平成21年５月21日）、利益相反取引（東京地裁昭和59年５月８日、東京地裁平成６年４月26日）等により法人が倒産した場合に法人債権者が被る損害が挙げられる（注18）。

③　「第三者」の範囲

一般法人法117条１項の「第三者」に「債権者が含まれることは問題がない。

④　損害賠償責任の消滅時効

役員等の損害賠償責任については、消滅時効が問題になることがある。不法行為責任説によれば、民法上の不法行為責任の３年（民法724条１号）の適用があると解する余地もあるが、法定責任説による場合には、10年（2017（平成29）年の改正前民法167条１項）と解することになる（最高裁昭和49年12月17日、最高裁平成20年１月28日）。

損害賠償責任の消滅時効が10年間である場合には、理事などを退任した後にも損害賠償責任を問われる可能性が残ることになる。なお、理事などが仮に死亡したとしても、死亡は損害賠償責任を消滅させるものではなく、また時効期間を満了させるものでもない。

理事などの損害賠償責任（損害賠償義務）は、相続人に相続によって承継されるものであり、適法に相続放棄、限定承認がなされない限り（民法915条）、法人相続分に応じて分割して相続人に承継されることになる（注19）。

なお、一般法人法117条１項による債務は、履行の請求を受けた時から遅滞になり、その遅延損害金の利率は年５分とされている（最高裁平成元年９月21日）。

賠償すべき損害額を算定するに当たり、第三者にも過失があるときは、民法722条2項の類推適用により、過失相殺をなし得る（最高裁昭和59年10月4日）。

(3) 一般法人法117条2項の責任

① 一般法人法117条2項の趣旨

　一般法人法における役員等又は評議員の第三者に対する損害賠償責任は、これらの者がその職務を行う際に悪意又は重大な過失があった結果、第三者に損害が生じたときに発生するが（法117条1項・198条）、この場合の損害及び悪意又は重大な過失の立証責任は、損害賠償を請求する側が負っている。

　ただし、理事による計算書類等への虚偽記載、監事による監査報告への虚偽記載、会計監査人による会計監査への虚偽記載等が行われた場合については、情報開示の重要性及びその虚偽の場合の危険性から、特則が設けられており、その虚偽の書面を信頼したことに起因する第三者の損害との関係では、当該役員等には任務懈怠があるとみなされ、かつ、役員等が注意を怠らなかったことについて立証責任を負うこととされている（法117条2項ただし書・198条）。

　したがって、法人の備置書面のうち、一般法人法117条2項の対象とならないものについては、原則どおり、同法1項の規定が適用され、任務懈怠の存在及び役員等の悪意又は重大な過失の立証責任は、損害賠償を請求する側が負うこととなる（注20）。

② 役員等の計算書類等の虚偽記載・虚偽公告等の責任

　一般法人法117条2項は、次の各号に定める者が、当該各号に定める行為をしたときについても責任を認めている。これは、不実の情報開示に関する役員等の責任であり、その性質は第三者の直接損害の一種であるが、情報開示の重要性及びその虚偽の場合の危険性から、一般法人法117条1項の責任と異なり、過失責任とされ、しかも証明責任の転換がされていることである。

　ところで、各要件である「虚偽」については、積極的に内容を偽る場合だけ

ではなく、必要事項の記載を怠ること（不記載・不記録）も含まれる（注21）。

i 理事

（i）計算書類及び事業報告並びにこれらの附属明細書に記載し、または記録すべき重要な事項についての虚偽の記載又は記録（法117条2項1号イ・198条）

（ii）虚偽の登記（同項1号ハ・198条）

（iii）虚偽の公告（法128条3項に規定する措置を含む。同項1号ニ・198条・199条）

ii 監事

監査報告に記載し、または記録すべき重要な事項についての虚偽の記載又は記録（同項2号・198条）

iii 会計監査人

会計監査報告に記載し、または記録すべき重要な事項についての虚偽の記載又は記録（同項3号・198条）

(4) 役員等及び評議員の連帯責任

役員等又は評議員が法人又は第三者に生じた損害を賠償する責任を負う場合において、他の役員等又は評議員も当該損害を賠償する責任を負うときは、これらの者は、連帯債務者となる（法118条・198条）。

一般法人法は、これらの者の連帯責任の文言を、一般法人法111条1項（役員等又は評議員の法人に対する損害賠償責任・法198条）及び117条（役員等又は評議員の第三者に対する損害賠償責任・法198条）上に置かず、この一般法人法118条にまとめて規定することとしている。

複数の役員等又は評議員が、同一の損害について、それぞれ損害賠償責任を負うときは、これらの者は、連帯債務者となる。

具体例としては、例えば、理事に法令違反行為等があった場合に、㋐当該行為を行った理事、㋑その違反行為が行われないように監督すべき義務を懈怠した他の理事、㋒監査の職務を懈怠した監事などが連帯して損害賠償責任を負うことなどが考えられる（注22）。

内閣府モデル定款から読み解く公益・一般法人の法人運営手続　財団編（上巻）

【注記（第35条）】

(注1)　新公益法人制度研究会編『一問一答公益法人関連三法』、139頁、商事法務。

(注2)　同上書、78頁。

(注3)　江頭憲治郎『株式会社法』（第7版）、470〜473頁、有斐閣。

(注4)　同上書、474頁（注5）。

(注5)　新公益法人制度研究会前掲書、139〜140頁。

(注6)　竹内昭夫他編『新版注釈会社法(6)　株式会社の機関(2)』、292頁、有斐閣。

(注7)　江頭前掲書、482頁。

(注8)　新公益法人制度研究会前掲書、140頁。

(注9)　江頭前掲書、482〜483頁（注18）。

(注10)　門口正人他編『会社法大系3　機関・計算等』、243頁、青林書院。

(注11)　江頭前掲書、489頁（注29）。熊谷則一「遂条解説一般社団・財団法人法」、352頁、全国公益法人協会。

(注12)　江頭前掲書、491〜492頁。鳥飼重和編著『新公益法人制度における公益認定と役員の責任』、187〜188頁、商事法務。

(注13)　前田前掲書、451頁。河本一郎他『日本の会社法』（新訂第10版）、283頁、商事法務。

(注14)　前田前掲書、451頁。

(注15)　江頭前掲書、512頁。

(注16)　竹内前掲書、318頁。

(注17)　江頭前掲書、513頁。

(注18)　同上書、512頁。

(注19)　升田　純『一般法人・公益法人の役員ハンドブック　役員の責任と責任追及の対応策』、97〜98頁、民事法研究会。

(注20)　相澤　哲他編『論点解説・新会社法　千問の道標』、355頁、商事法務。

(注21)　江頭前掲書、517頁。

(注22)　新公益法人制度研究会前掲書、83頁。

（名誉理事長及び顧問）
第36条　この法人に、任意機関として、名誉理事長〇人以内及び顧問〇人以内を置くことができる。
2　名誉理事長及び顧問は、次の職務を行う。
(1)　理事長の相談に応じること。
(2)　理事会から諮問された事項について意見を述べること。
3　名誉理事長及び顧問の選任及び解任は、理事会において決議する。
4　名誉理事長及び顧問の任期は、2年とする。ただし、再任を妨げない。
5　名誉理事長及び顧問は、無報酬とする。ただし、その職務を行うために要する費用の支払いをすることができる。

1　任意機関の設置と定款上の定め

　公益（一般）財団法人において、一般法人法に規定がない任意の機関として、総裁、名誉理事長、相談役、最高顧問、顧問などの名称（役職）を付した者を、それぞれの法人の必要に応じ定款に定め、法人運営を行っているところがある。

　これについては、旧民法法人（改正前民法34条に基づく社団法人・財団法人）においても同様に、定款・寄附行為において、民法上の機関でないものが設けられ（指導監督基準4機関(1)理事及び理事会・運用指針(1)参照）、法人運営が行われてきた。

　任意機関としてどのような名称（役職）を付した者を置くかについては、それぞれの法人の思惑もあり、必ずしも一定しているわけではない。

2　公益法人における任意機関の設置の場合の留意事項

　内閣府公益認定等委員会留意事項の「各論　1　役員等（理事、監事及び評議員）以外の者に一定の名称を付すこととする場合の留意事項」において、役員等以外の者に一定の名称を付する者を設ける場合の留意事項として、次のような考え方が示されている。

　一般法人法は、法人のガバナンスを確保するため、理事、監事、社員、評議員、代表理事、業務執行理事及び会計監査人などの法人のガバナンスを担う機関を法定し、これらのものの地位と役割に関し、選任・解任手続、資格、定数、任期、権限、責任、設置義務の範囲、報酬、欠員が生じた場合の措置等についてそれぞれ規律を設けることにより、ガバナンスを担うこととなるものの位置付けを明確化し、併せて機関相互の権限関係をも規定することにより適正な法人運営がなされるよう図っており、対外的にも、法人のガバナンスを担う立場にあるものの地位や役割を明らかにしている。

また、特に、一般法人法は、法人が事業活動を行うに際して、その相手方が不測の損害を被るのを防止するため、対外的に法人を代表する権限を有する理事を「代表理事」と規定した上で（法21条、162条1項）、代表理事以外の理事に「理事長」その他法人を代表する権限を有するものと認められる名称を付した場合には、当該理事がした行為について、善意の第三者に対して法人がその責任を負う（法82条・197条）ものとしている。

さらに、公益法人については、公益法人認定法において、その高い社会的信用を保ちつつ、公益目的事業を適正に実施するための体制を確保するための種々の規律が設けられているところである。

上記のような関係法令の趣旨を踏まえ、公益法人においては、役員等（理事、監事及び評議員）以外の者に対して、法律上の権限はないが、権限を有するかのような誤解を生じさせる名称（役職）を付す場合には、原則として、定款に、その名称、定数、権限及び名称を付与する機関（社員総会、理事会など）についての定めを設けることが望ましい、とされている。

✲✲✲ 3 任意機関を設置する場合の要件 ✲✲✲

法人が任意機関を設置し法人運営を行う場合には、次のような事項を定めることが必要と考えられる。

(1) 任意機関の設置根拠

任意機関を設ける場合には、定款又は理事会決議（設置規則）で、どのような任意機関を設けるかを定めることが必要である（法90条4項4号参照）。

(2) 任意機関の設置目的

任意機関には、それぞれ固有の目的をもったものが存在する。また、それが任意機関の性格ということでもある。しかし、その任意機関に関する設置目的が明確に表示されていなければならない。

(3) 任意機関の職務・権限

　任意機関がどのような職務を行うのか、例えば、顧問の場合には、理事会からの諮問に応えるとか、あるいは理事長の相談に応じることなどが、その主たる職務になると一般的には考えられる。

　しかし、名誉理事長・最高顧問・相談役などの中には、全く名誉職的な位置付けとなっている者もいる。

(4) 任意機関の選任・解任

　任意機関の選任は、一般的には理事会の普通決議により行うのが普通である。そのほか、理事会の同意を経て、代表理事（理事長）が委嘱する方法などもある。解任の場合には、選任機関の決議により行うのが一般的なやり方である。

(5) 任意機関の人数・任期

　任意機関の人数がかなり多い法人もある。一般的に設置基準により選出されることになるが、その基準の決め方如何により多くの者が選ばれることになる。

　人員が多い場合には、任意機関の存在が形式的なものとなり、任意機関を設置する意義が失われることがある。

　任期については、これを定めないで終身扱いとしているものもある（例えば、名誉理事長など）。確かに任意機関としての性格上、任期を定め難いものもあるが、原則的には、1期2年で3期までで、かつ、年齢80才までとか、何か制限基準を設けないと、名誉理事長のような場合には、定数（設置基準）を上回るような場合が生じるおそれがある。

(6) 報酬等の支払いの有無

　任意機関に対し報酬等を支払うかどうかは、それぞれの法人の判断による。例えば、顧問が理事会からの諮問事項に応じ、理事会で意見を述べることとなった場合、その日の報酬を日額報酬として支払うのか、あるいは旅費規程などに

より旅費交通費のみを支払うのか、それぞれの法人の定款又は関係規則の定め方によることとなる。

なお、任意機関としての顧問で、月額報酬で支払っている法人の例もある。毎月2〜3日定期的に勤める場合には、日額報酬としてではなく、月額報酬として支払うこともありうる。

(7) 任意機関の形骸化の防止

任意機関を設けても、その機能が発揮されていないもの（単なる処遇的な任意機関を除く。）は、廃止すべきであろう。任意機関として設置している以上、その必要性があると判断されたことに基づくものであるから、もし実際的にその必要性がないとなれば、形だけで存在しておくことは、意義のないことである。

処遇的な任意機関の存在には、その法人固有の理由がある場合が多いが、一般的にはできるだけ任意機関の存在はない方がよいのではないかと思われる。

4　本条に基づく任意機関の設置

(1) 名誉理事長及び顧問の設置は例示

本条（定款第36条）においては、任意機関として「名誉理事長及び顧問」を規定しているが、これは例示であって、その他「総裁」、「会長（理事でない者）」、「相談役」、「最高顧問」、「参与」などの名称（役職）者を任意機関として置くことができる。

条文構成としては、本条のように名誉理事長と顧問を1つの条項としないで、それぞれ別々の条項として整理することでも差し支えない。

(2) 名誉理事長等の定数（本条1項関係）

名誉理事長及び顧問の定数を何人とするかは、それぞれの法人の判断により定めることになる。例えば、名誉理事長につき「2人以内」という定数を定め

内閣府モデル定款から読み解く公益・一般法人の法人運営手続　財団編（上巻）

た場合には、名誉理事長の選任基準の定め方（例えば、理事長を３期以上やった者とする基準）によっては、２人を超えることになる場合もありうる。そのような場合には、先順位の名誉理事長に退任してもらうか、または定数増をしなければならないことになる。

　定数の定め方として「若干名を置く」というような規定形式のものがあるが、通常「若干名」とは「２〜３名」という概念と解されている。

　一方、顧問には、法人の業務に携わってきた役職員で、退職後も引き続きその専門的知識・経験が必要とされ顧問として残る場合、または法人外の者で経営的視点・技術的視点等から、法人の事業運営上必要な者として採用される場合がある。顧問の定数としては、必要な人材を確保するという観点から、あらかじめ「○人以内」とする場合には、幅のある定め方が必要ではないかと考えられる。

　次に、相談役については、株式会社の場合には、よく置かれる役職であるが、公益財団法人又は一般財団法人の場合には、採用されることは比較的少ない。

　そのほか、「参与」というような名称で、法人の業務運営に長年従事し、法人の発展に大きな功績のあった役職員が就任することがある。定数は最小限にとどめるべきものと解される。

(3)　名誉理事長等の職務・権限

　名誉理事長及び顧問の職務としては、一般的に㋐理事長の相談に応じたり、㋑理事会からの諮問事項につき意見を述べたりすることであるが、実際にそのようなことが行われることは少ない。

　したがって、任意機関として設けられた者が存在していても、これを積極的に活用している法人は極めて少ないのが現状である。つまり、形式的な存在になっていると言える。

　また、任意機関は自ら積極的に法人に関与する立場ではなく、法人側からの要請等に基づき意見等を述べるものであるから、法人側の任意機関に対する関与の仕方が大きなポイントになる。

662

(4) 名誉理事長等の選任・解任（本条３項関係）

　名誉理事長及び顧問は使用人ではないが、重要な使用人（法90条４項３号・197条）以上に法人の事業運営方針に大きな影響を与えることから、その任免には理事会の決議が必要である。

　名誉理事長及び顧問が、その立場上ふさわしくない非行があったときは、理事会の決議によって解任することとなる。

(5) 名誉理事長等の任期（本条４項関係）

　名誉理事会などのように半ば処遇的なものについては、任期を定めないで終身的な扱いとしている場合が多いようである。しかし、顧問、相談役、参与などについては、任期を定めることが適当と解される。

　多くの場合、任期を定めるに当たっては１期２年として、再任を妨げないとしながらも、３期程度を限度としている例が一般的のようである。

　任期については、何期でも連続して再任できるとすると、本人から辞任の意思表示がない限り終身扱いとなってしまい、かつ高齢となってしまうので、任期の定め方については、再任の回数、あるいは年齢制限（例えば、80才までとか）を加味することが必要ではないかと考えられる。

　定年制を規則等で定めることは、人間関係の配慮から難しい面があるが、内々理事会の申合せ事項として整理しておくことも１つの方法ではないかと思われる。

(6) 名誉理事長等に対する報酬等の支払い（本条５項関係）

　任意機関である名誉理事長及び顧問に対しては、報酬を支払わないのが原則である。しかし、これは定款又は規則の定めによって報酬を支払うことができる。

　報酬を支払わない場合には、費用弁償として当該法人の役員等旅費規程等に基づき、旅費交通費等を支払うこともありうる。

報酬を支払う場合、公益財団法人にあっては、役員に対する報酬と同様に、評議員会の決議により別に定める支給基準で報酬額を定めるべきである。したがって、この関係については、「役員の報酬等に関する規程」の中に含めて規定化することがよいと解される。

日額報酬の決定に当っては、非常勤の理事、監事、評議員に支払われる日額と比較し、著しく高額とならないように配慮する必要がある。名誉理事長は、長年理事長の地位にあったことから、どうしても理事等の日額報酬の額より、一般的には高い。しかし、理事等の日額報酬の額を基準にし、妥当な額とすることが求められる。

―――著者略歴―――

渋谷　幸夫（しぶや・ゆきお）

昭和30年　東京都立大学人文学部卒業。
　　　　　神奈川県出納局指導課長、福祉部参事（社会福祉法人神奈
　　　　　川県総合リハビリテーション事業団に総務局長として出
　　　　　向）、企業庁総務室長、出納局長を歴任。
平成元年　財団法人神奈川県企業庁サービス協会理事長に就任（平成
　　　　　7年まで）。
平成7年　株式会社ケイネット常勤監査役（平成12年まで）
平成11年　神奈川県旧津久井町代表監査委員（平成18年まで）
現　　在　全国公益法人協会特別顧問、（公財）相模原市まち・みどり
　　　　　公社評議員、（公財）全国里親会第三者委員、（公社）非営
　　　　　利法人研究学会会員
著　作　等　共著『実務必携公益法人』（運輸政策研究機構）、著書『伝
　　　　　票会計・経理の手びき』（神奈川弘済会）、『公益法人の機
　　　　　関と運営』、『寄附行為の逐条解説』、『【増補2訂版】一般
　　　　　社団・財団法人　公益社団・財団法人の理事会Q&A精選
　　　　　100』、『増補改訂版　公益社団法人・公益財団法人、一般
　　　　　社団法人・一般財団法人の機関と運営』、『公益法人　一般
　　　　　法人の理事・監事・会計監査人になったらまず初めに読む
　　　　　本Q＆A100』、『公益・一般法人の法人運営Q&A実践編
　　　　　115』（全国公益法人協会）等。論文「『公益性』の概念に
　　　　　関する論点」『公益法人研究学会誌』創刊号、1999年。現在、
　　　　　『公益・一般法人』（全国公益法人協会）で「公益法人制
　　　　　度の変遷と今後の課題」を連載中。そのほか公益法人に関
　　　　　する論文等多数。

内閣府モデル定款から読み解く

公益・一般法人の
法人運営手続　財団編（上巻）　著　者　渋谷幸夫

令和元年12月21日　初版発行

発行人　宮内　章　　　　発行所　**全国公益法人協会**

〒101-0052　東京都千代田区神田小川町3-6-1栄信ビル9階　☎03-5577-2023　編集局　FAX 03-5577-2024

装　幀　城田愛美　　　　印刷・製本　勝美印刷株式会社

ⒸZenkoku Kouekihoujin Kyokai 2019 Printed in Japan　　ISBN978-4-915668-68-5 C2034

乱丁本・落丁本はお取り替えいたします。本書の一部あるいは全部について著作者から文書による承
諾を得ずにいかなる方法においても無断で転載・複写・複製することは固く禁じられています。

◇◇◇ 著者の本 ◇◇◇

公益・一般法人の法人運営Q&A実践編115　渋谷幸夫[著]

A5判　488頁　4445円

ベテランの職員でさえ悩ませる理事会・社員総会・評議員会等の運営手続をQ&A形式で解説。既存の解説書にはない、より実践的で濃い内容を完全収録!!

【増補改訂版】
公益社団法人・公益財団法人・一般社団法人・一般財団法人の機関と運営　渋谷幸夫[著]

A5判　1288頁　8572円

新公益法人運営のすべてをこの一冊に。ロングセラーの新制度対応版。遂に発刊。公益法人関係者必携。規程・規則入りのCD-ROM付。

公益法人一般法人の理事・監事・会計監査人になったら　Q&A100　まず初めに読む本　渋谷幸夫[著]

A5判　640頁　4537円

法人の適正な運営に不可欠な法令の正しい理解と実践をQ&A形式でわかりやすく解説。これから新たに理事、監事又は会計監査人に就任される方々、または既に就任された方々の座右に必須の書。

【増補2訂版】
一般社団・財団法人の理事会Q&A　精選100
公益社団・財団法人の理事会Q&A　精選100　渋谷幸夫[著]

A5判　464頁　3546円

理事会の制度、権限から開催そして議事録作成等、理事会運営の全てをQ&A形式で網羅。改正一般法人法・登記規則も含めて解説を一新!!

（価格は税抜）